中国社会科学院创新工程学术出版资助项目

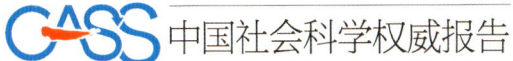 中国社会科学权威报告

CHINA PENSION REPORT 2017

中国养老金发展报告2017
——长期护理保险试点探索与制度选择

郑秉文 主编

图书在版编目（CIP）数据

中国养老金发展报告.2017/郑秉文主编.—北京：经济管理出版社，2017.12
ISBN 978-7-5096-5476-7

Ⅰ.①中… Ⅱ.①郑… Ⅲ.①退休金—劳动制度—研究报告—中国—2017
Ⅳ.①F249.213.4

中国版本图书馆CIP数据核字（2017）第274257号

组稿编辑：张永美
责任编辑：王格格
责任印制：黄章平
责任校对：雨　千

出版发行：经济管理出版社
　　　　　（北京市海淀区北蜂窝8号中雅大厦A座11层　100038）
网　　址：www.E-mp.com.cn
电　　话：（010）51915602
印　　刷：北京印刷集团有限责任公司印刷二厂
经　　销：新华书店
开　　本：880mm×1230mm/16
印　　张：22.5
字　　数：792千字
版　　次：2017年12月第1版　2017年12月第1次印刷
书　　号：ISBN 978-7-5096-5476-7
定　　价：198.00元

·版权所有　翻印必究·

凡购本社图书，如有印装错误，由本社读者服务部负责调换。
联系地址：北京阜外月坛北小街2号
电话：（010）68022974　邮编：100836

《中国养老金发展报告2017》编委会

名誉主任： 胡晓义

指导委员会： 朱进元　赵　宏　吕建设　姚大锋

专家委员会： 谭中和　彭　毅　周　沛　高　菁

主　　编： 郑秉文

编委会成员： （按姓氏笔划排序）

丁诗聪　丁敬芳　于　环　王　未　王金才　王雪莹　冯文猛　冯鹏程
边　昇　朱大中　朱沁宇　刘大为　刘洪波　齐传钧　齐维珊　江崇光
汤晋军　孙永勇　孙守纪　孙　洁　孙健健　杜　宇　杜彦斌　李夫路
李亚军　李免哲　李青宜　李泽岳　李艳华　杨　爽　杨雪明　杨馥亿
吴庆涛　何宇鹏　辛　丹　沈　潋　宋湘茵　张盈华　张　浩　张新梅
陈本毅　周海珍　周雄志　周　斌　房连泉　赵秀斋　胡洪耀　高庆波
黄　尖　黄莹丽　黄硕辉　舒高勇　鲁　蓓　蔡梓煜　弗兰西斯·凯瑟勒　卫　然

序言

中国社会保险学会会长
胡晓义

2015年，中共十八届五中全会提出"探索建立长期护理保险制度"，作为应对人口老龄化挑战的重要举措。2016年6月，人社部印发《关于开展长期护理保险制度试点的指导意见》，部署在15个城市开展试点，并确定了"十三五"期间基本形成我国长期护理保险（以下简称长护保险）制度政策框架的目标。几乎与此同时，中国社会保险学会与中国社会科学院世界社保研究中心合作开展了《中国长期护理保险的制度构建与模式选择》的课题研究，以期从理论与实践相结合的角度为试点工作及其后的政策提炼提供参考。经过近一年的广泛调研和潜心研究，课题完成，研究成果作为年度主题发布于《中国养老金发展报告（2017）》。

对于建立长护保险制度的必要性，官民产学各界已从我国老龄化趋势明显、老年群体长期照料护理需求剧增的现况中意识到严峻挑战，达成了普遍共识。如果进一步拓宽时空视角，可以看到，在人类几千年文明史上，最近几十年是年龄结构变化最剧烈的时代——平均预期寿命从50多岁向100岁的目标挺进（我国只是比别国速率更快）。这使我们意识到，在可见的未来，传统所谓老年阶段必定会长于进入劳动领域之前的少年儿童阶段，甚至可能长于劳动年龄阶段，因此，以往把老年当作人生"残余末段"的观念要改一改了。当社会经济政策更加重视青少年的培育和养成、更加重视劳动者的权益保护时，也必须加大对老年基本服务的权重。基于这一认识，建立长护保险的目标，就不应仅仅设定为被动地对"病态"老年人进行照护以使其"了此余生"，而应是主动介入人口结构变化，配置更多资源，努力使老年人有安详、温馨的晚年生活，这也算是对《礼记·大同》所称"老有所终"——善其所终的新解吧。

长护保险虽已在多个老龄化国家建立，但对我国来说还是个新事物，而且相对于现有的5项社保来说更有其特殊的复杂性。社会保险制度，按待遇类型（现金或服务）和提供期限（短期或长期）两个维度分析，有4个象限：

	短期	长期
现金给付	①失业及工伤、疾病、生育津贴	②养老保险
服务提供	③医保及工伤、生育医疗	④长护保险

我国现有的5项社保分别属于第一、第二、第三象限，至今还没有建立第四象限类型制度的经验；在第三象限医保及工伤、生育医疗的服务提供中，我们有成熟的医疗机构服务体系和大批专业人力资源，而这些在第四象限中是严重短缺的。所以，切不可低估建立长护保险制度的艰巨性，这也就是人社部一定要通过试点总结经验的原因。

一年多的试点，积累了初步实践经验，也提出了许多亟待回答的问题，如面对广泛的需求，如何科学界定长护保险的覆盖范围？在社会援助、社会保险、商业保险、家庭责任等多种制度模式中如何取舍与统合？筹资和支付方式如何确定？构建怎样的服务系统才能有效利用各类社会资源？如何保证具有专业资质的人力资源的及时充分供给？如此等等。

由郑秉文教授率领的研究团队，在考察试点城市和分析国外经验的基础上，得出一些方向性的研究结论，尽管还不可能完全回答实践中出现的所有问题，但足以作为我国长护保险制度顶层设计的重要参考。其中的亮点是3个"统"：

统合多层次体系构架。报告建议，务必汲取以往几十年我国社会保险改革发展的经验教训，从一开始就规划多层次的长护保险体系。鉴于长护需求的多样性，在强调政府、社会责任的同时，重视发挥商业保险的补充作用和家庭功能，统筹考虑一、二、三支柱的结合问题，基本保障适宜度，将较高的长护需求交由补充保险来承担，发扬尊老的优良传统，避免过度加重第一支柱的负担而难以持续。

统一覆盖范围和标准。研究者对长护服务与一般医疗服务的内容、手段进行了对比分析，认为前者较为常规、内部差异相对较小，至少在规定区域内完全有可能形成统一的筹资、给付和服务规制。因此报告建议，不应因循医疗保险分建职工和居民制度的路径，而应直接建立统一的、全覆盖的长护保险制度及统一的服务需求认定和等级评定标准，这既有利于防止群体攀比，也降低了现在分立制度、今后再统一的转型成本。

统筹利用社会资源。中共十八大以来，政府与社会资本合作创造出更高资源配置效率的实践提供了有益的经验。中共十九大提出在保障和改善民生领域坚持"人人尽责、人人享有"的原则，也为我们开启了新思路。报告建议，长护保险在资金筹资、经办服务、管理监督等环节都要更广泛地引入社会资源，这也符合众人之事众人来办的理念。

大背景、新挑战、跨领域，使建立长护保险制度成为当下社会高度关注的议题。无论是政府相关部门、学界还是社会经济组织，都应从人民群众的根本利益出发，立足实践，深化认知，积极探索，砥砺前行，而公众（无论是有老人还是无老人的家庭）的充分理解和支持永远是任何一项社会政策得以贯彻和持续的基础。

前言

《中国养老金发展报告2017》以中国构建长期护理保险体系为主题，凸显了两个"首次"：一是国内首次发布的全面研究长期护理保险"多层次"体系的著作；二是国内首个长期护理保险领域囊括国内试点与国外经验、运行实践与理论分析的全方位研究成果。全书近50万字，包括1个主报告和28个分报告。研究主题和成果来自中国社会科学院世界社保研究中心与中国社会保险学会联合设立的《中国长期护理保险的制度构建与模式选择》年度研究课题，本书是这个课题的最终研究成果。中国社会保险学会会长、人力资源和社会保障部原副部长胡晓义先生为本书撰写序言。

本书由五个部分组成。第一部分"年度发展篇"有2个分报告，分别对2010年以来基本养老保险制度运行和2016年度企业年金市场发展情况做了深入分析：自2010年以来，我国基本养老保险制度扩面取得突出成效，但制度负担的地区差异并未因此缩小，放低门槛扩面的做法影响了制度的财务可持续，未来扩面应聚焦具有持续缴费能力的群体；基本养老保险基金在2011年出现拐点，之后当期结余率和可支付月数都开始下滑，工资增速放缓遏制了养老金替代率下滑趋势，制度财务状况的地区差距进一步扩大；居民基本养老保险参保人数低速增长、领取待遇人数占参保人数比例持续上升，基金整体运行状况尚好。2016年企业年金基金市场投资收益下滑，参与企业年金的职工人数几近停滞、覆盖范围日渐固化，各类主体"市场集中度指数"显示竞争格局依旧较强。

本书的其他四个部分分别是"制度探索篇""试点实践篇""境外经验篇"和"补充保险篇"，分别由6个、6个、9个和5个分报告组成。这些报告按研究类别可分为12个综合研究和14个个案（国别、地区）研究；按"多层次"构架可分为4个总体研究、17个"基本险"研究和5个"补充险"研究。各篇主要研究内容和基本结论如下：

"制度探索篇"对中国构建长期护理保险提出了制度设计与创新：从全国24个城市的问卷调查中发现，80岁及以上老人空巢率超过40%，被调查者自我评价身体状况不好或非常不好的占11%；ADL调查显示有0.6%的受访者至少有一项日常生活完全依赖他人，WHODAS调查显示有0.8%的受访者至少有一项极度严重或无法完成；有8.8%的受访者需要护理却得不到服务，主要是缺少亲友照顾、经济能力不足和找不到合适的人员或机构。在巨大的失能人员保障压力下，建立长期护理保险制度具有重大意义，有助于减轻家庭负担、合理配置医疗资源和优化人力资源配置。失能风险不同于疾病风险，在发生率上向高龄集中，服务具有复杂性、风险具有长尾性，传统的非正式支持系统显然已经不能满足需要，激发一些老龄化程度较高城市率先走向长期护理保险制度试点的道路。针对中国构建长期护理保险制度体系，报告提出六个原则：独立建制,商保并行；科学决策,精算平衡；属地管理,中央调剂；市场经办,政府监管；财政补助,责任前置；统一标准,严把出口。建议以0.5%的费率起步，第一层次"全覆盖"、第二层次"团体参与"、第三层次"政府扶持"，建立长期护理风险储备基金，提出筹资和调待的制度设计和"个人健康账户"的制度创新。在长期护理保险的政商结合上，报告分析了商业保险机构"代理人""管家"和"盟友"三类角色，以及可为长期护理保险信息化管理提供服务的技术手段。

"试点实践篇"除了一个试点比较总况分析外，还选取了国内3个试点城市和2个非试点地区进行了深入研究：青岛实现全覆盖，以医疗护理支出为主，辅之以低收入失能者的生活补助，实证分析结果显示现有筹资标准可以为继，但应尽早考虑覆盖到生活照料和失智人员带来的财务压力。南通更强调生活照料和居家服务，在全覆盖的假设测算下，南通制度在2025年之前可维持当期盈余，据此提出《照护保险基金投资办法》的建议。北京市海淀区探索了"政府推动、政策支持、自愿投保、商业化运营、市场化运作"的互助保险模式，引入商业保险，构建了个人、政府、保险机构参与的风险分担机制，具有创新性。成都市在国内率先实验"相互保险社"，以非营利、会员制为运行形式，以风险共担、利益共享为原则，探索全过程健康管理的创新经办模式。报告运用某市数据进行精算，结果显示以收定支原则下厘定的费率为0.47%，但随着政策知晓率提高、覆盖人数增多，存在财务平衡压力，需要扩充筹资渠道。在对已开展试点的十多个地区的政策和实施情况比较后，认为划拨医保基金存在可持续性压力，筹资能力不足造成保障水平和覆盖对象有限，据此提出完善筹资、给付、评估、经办以及服务能力提升等方面的政策建议。

"境外经验篇"对5个实行长期护理社会保险制度的国家以及新加坡和中国台湾地区的长期护理筹资计划进行了逐一研究：荷兰为最早建立该项制度的国家，运行半个多世纪以来，覆盖面广、待遇水平高造成了财务压力，直接推动了2015年改革。德国最早出台独立的长期护理保险法案，长期护理的社会保险和强制商业保险分别覆盖90%和10%的人口，运行20多年，用提高缴费率化解基金支付压力，用建立储备基金应对未来支付压力。以色列长期护理保险制度的老年覆盖率最高、占比超过15%，因缴费率很低，60%以上的资金来自其他险种的结余。日本高龄老年人占比最高，在长期护理保险制度出台前已建成较为完善的护理服务体系，财政负担一半的支出，从而将基金支出规模和个人自付负担降至更小，尽管如此仍面临费率不断上升的压力。韩国制度起步的人口与社会条件更接近中国，筹资和待遇均采取谨慎起步，并着力发展护理服务，改革重点也集中在加强服务体系管理上。新加坡采取"政府主导、商业承办"的制度模式，40岁及以上人口中约65%加入到"乐龄健保计划"，低保费、广覆盖、低给付，并辅之"乐龄健保补充计划"以提高待遇，其"自动加入、选择退出"机制颇具特色。中国台湾地区为应对老龄化，着力发展培育长期照护服务，并正处于由税收筹资转向保险缴费筹资的改革探索中。在两个国际比较分报告中，分别从美、英、德、日的长期护理筹资模式比较和德、日、韩制度借鉴两个角度，总结制度建立背景、设计理念、运行经验，提出从"未富先老"的基本国情出发，建立多元化和多层次保障体系，制度设计时重点关注融资成本、待遇水平、覆盖面和资格认定、服务供给质量等关键问题，并注重制度参数的弹性。

"补充保险篇"对国内外商业长期护理保险发展做了历史回顾和深入分析：我国商业长期护理保险从2005年开始至今经历了早期探索、高速发展和全新发展三个时期，已有12家公司涉及此类产品开发，但市场规模很小；国外商业长期护理保险有美国的自愿性、德国的强制性和新加坡的半强制性三类典型代表，在需求和供给两方面的多种因素阻碍市场的扩大。两个分报告分别对美国和法国这两个世界最大的商业长护险市场做了研究：美国最大长护险公司Genworth的经验展示了传统定价策略的不足，而法国健康领域最大的相互保险机构MGEN的实例展示了非营利机构在长护险市场的优势，这两个分报告用大量数据和事实做了全景展示。在亚洲这个"儒文化"盛行的区域，长期护理市场偏好于均衡保费、终身保障、附加价值、增值服务，负担能力弱但需求标准高，也使商业长期护理保险的发展离不开政府组织的社会保险的"互补"，显示了多层次并举在长期护理保险体系构建上的重要性。

总目录

主　报　告　一年半来长期护理保险试点进展：归纳总结与深层思考 / 1

第一部分　年度发展篇

分报告一　2010年以来基本养老保险基金运行情况评估与展望——形势日趋严峻，应坚决深化改革 / 15

分报告二　2016年企业年金基金市场状况评估——覆盖范围日渐固化，投资收益再度下滑 / 35

第二部分　制度探索篇

分报告三　中国构建长期护理保险体系的框架定位与制度创新 / 53
分报告四　中国长期护理现况与需求分析：基于全国24个城市的问卷调查 / 73
分报告五　中国建立长期护理保险体系的背景与意义 / 83
分报告六　中国长期护理保险制度的基本特征与政策推进 / 94
分报告七　商业保险机构介入长期护理基本险的三个层次分析 / 102
分报告八　新兴信息技术在我国长期护理保险实践中的应用和展望 / 113

第三部分　试点实践篇

分报告九　国内长期护理保险制度的政策比较与试点进展 / 125
分报告十　长期护理保险制度的成本控制：以青岛市"长期医疗护理保险"为例 / 138

分报告十一　长期照护保险制度的可持续性分析：以南通市"基本照护保险"为例 / 149

分报告十二　长期护理保险制度的运营模式创新：以北京市海淀区"长期失能护理互助保险"为例 / 164

分报告十三　长期照护保险制度的经办模式创新：以成都"相互保险社"为例 / 172

分报告十四　长期护理保险制度的费率厘定测算：以某市数据为例 / 177

第四部分　境外经验篇

分报告十五　境外长期照护保险制度的模式比较与经验借鉴 / 191

分报告十六　中国引入长期护理社会保险制度——德国、日本和韩国的经验启示 / 198

分报告十七　荷兰长期照护制度：财务压力，渐进改革 / 212

分报告十八　德国长期护理保险制度：立法最早，关联收入 / 220

分报告十九　以色列长期护理保险制度：社会保险，服务外包 / 229

分报告二十　日本长期护理保险制度：财政支持，持续变革 / 238

分报告二十一　韩国长期护理保险制度：谨慎起步，开放市场 / 251

分报告二十二　新加坡长期护理保险计划：政府主导，商业承办 / 262

分报告二十三　中国台湾地区长期照护计划的筹资模式与借鉴意义 / 273

第五部分　补充保险篇

分报告二十四　国内商业长期护理保险的十年探索 / 283

分报告二十五　国外商业长期护理保险：市场状况与发展启示 / 289

分报告二十六　境内外消费者市场调查：长期护理需求与市场偏好 / 302

分报告二十七　美国长期护理保险市场：税收激励与发展轨迹 / 318

分报告二十八　法国长期护理保障体系：政策全景与MGEN实例 / 326

编后记 / 339

中国社会科学院世界社保研究中心/社会保障实验室年度学术活动和成果一览 / 343

目 录

主报告 一年半来长期护理保险试点进展：归纳总结与深层思考 / 1
 一、构建长期护理保险制度的重大理论及现实意义 / 1
 二、构建长期护理保险体系应处理好八大关系 / 2
 三、报告的整体结构及分报告内容概况 / 5
 四、报告的未尽之处及进一步研究的空间 / 10

第一部分　年度发展篇

分报告一 **2010年以来基本养老保险基金运行情况评估与展望**——形势日趋严峻，应坚决深化改革 / 15
 一、2010年以来城镇职工基本养老保险参保状况评估 / 15
 二、2010年以来城镇职工基本养老保险基金运行状况评估 / 21
 三、城乡居民基本养老保险制度发展状况评估 / 26
 四、城镇职工基本养老保险财务制度改革应顺势而为 / 29
 五、城乡居民基本养老保险制度应继续深化改革 / 33

分报告二 **2016年企业年金基金市场状况评估**——覆盖范围日渐固化，投资收益再度下滑 / 35
 一、中国企业年金基金市场总体状况 / 35
 二、2016年企业年金基金受托管理市场分析 / 37
 三、2016年企业年金基金账户管理市场分析 / 41
 四、2016年企业年金基金托管市场分析 / 44
 五、2016年企业年金基金投资管理市场分析 / 46

第二部分 制度探索篇

分报告三 中国构建长期护理保险体系的框架定位与制度创新 / 53
  一、中国构建长期护理保险制度所面临的时代背景、历史机遇和挑战 / 53
  二、中国构建长期护理保险制度的模式探索、道路选择和制度定位 / 58
  三、中国"多层次"长期护理保险的体系构建 / 63
  四、中国构建长期护理保险体系必需的若干制度创新 / 69

分报告四 中国长期护理现况与需求分析：基于全国24个城市的问卷调查 / 73
  一、中国老龄化进程与长期护理预测 / 73
  二、老年人长期护理需求调查概况 / 75
  三、老年人护理服务需求意愿、偏好与展望 / 80

分报告五 中国建立长期护理保险体系的背景与意义 / 83
  一、人口老龄化形势严峻 / 83
  二、医疗保险支付压力不容乐观 / 86
  三、建立长期护理保险制度意义重大 / 89

分报告六 中国长期护理保险制度的基本特征与政策推进 / 94
  一、长期护理保险制度的提出 / 94
  二、长期护理保险制度的基本特征 / 95
  三、中国长期护理保险制度的政策演进 / 97
  四、主要挑战与未来展望 / 100

分报告七 商业保险机构介入长期护理基本险的三个层次分析 / 102
  一、商业保险机构介入长期护理基本险服务的角色与定位 / 102
  二、我国商业机构介入长期护理保险三个层次的实践经验 / 107
  三、推动商业机构介入长期护理基本险发展的政策建议 / 110

分报告八 新兴信息技术在我国长期护理保险实践中的应用和展望 / 113
  一、长期护理保险云平台 / 113
  二、长期护理保险信息化管理系统 / 116
  三、大数据分析及实施挑战 / 120
  四、美国顶级研发机构在长期护理方面的创新实践 / 120
  五、新兴信息技术在长期护理保险实践中的展望和建议 / 122

第三部分　试点实践篇

分报告九　国内长期护理保险制度的政策比较与试点进展 / 125
  一、国内试点基本情况 / 125
  二、共同做法与存在问题 / 133
  三、解决问题的对策建议 / 134

分报告十　长期护理保险制度的成本控制：以青岛市"长期医疗护理保险"为例 / 138
  一、青岛医疗护理保险政策由来和积极意义 / 139
  二、青岛医疗长期护理保险的服务内容和受益人群 / 140
  三、青岛医疗长期护理保险的资金构成和服务提供机构 / 141
  四、青岛医疗长期护理保险运行的实证分析 / 141
  五、青岛长期护理的生活照料和失智照料探索 / 145
  六、青岛模式的启示：建立一个完善的长期护理保险政策 / 147

分报告十一　长期照护保险制度的可持续性分析：以南通市"基本照护保险"为例 / 149
  一、南通市长期照护保险制度建立背景 / 149
  二、南通市基本照护保险制度的主要内容和特征 / 150
  三、南通市基本照护保险制度的长期财务收支测算 / 152
  四、南通市照护保险制度长期收支情况测算和财务可持续性分析 / 157
  五、南通市照护保险制度优点与潜在财务不可持续风险 / 160
  六、政策建议 / 161

分报告十二　长期护理保险制度的运营模式创新：以北京市海淀区"长期失能护理互助保险"为例 / 164
  一、北京市海淀区开展长期失能护理互助保险试点的背景 / 164
  二、北京市海淀区长期失能护理互助保险的制度创新 / 165
  三、北京市海淀区长期失能护理互助保险面临的挑战及建议 / 170

分报告十三　长期照护保险制度的经办模式创新：以成都"相互保险社"为例 / 172
  一、背景介绍 / 172
  二、通过相互保险模式经办与运营长期照护保险的意义与社会价值 / 173
  三、业务体系规划 / 174
  四、治理结构规划 / 174
  五、成都相互保险社的筹建优势及下一步重点工作分析 / 175

分报告十四　长期护理保险制度的费率厘定测算：以某市数据为例 / 177

　　一、长期护理保险费率确定的依据 / 177

　　二、参数研究 / 178

　　三、测算过程 / 179

　　四、以支定收确定长期护理保险的费率 / 184

　　五、当地城镇职工医保基金的负担能力与政策建议 / 187

第四部分　境外经验篇

分报告十五　境外长期照护保险制度的模式比较与经验借鉴 / 191

　　一、国外长期照护保险制度的发展情况 / 191

　　二、国外长期照护保险制度的分析 / 192

　　三、国外长期照护保险制度对中国的影响和建议 / 196

分报告十六　中国引入长期护理社会保险制度——德国、日本和韩国的经验启示 / 198

　　一、长期护理社会保险制度的属性特点 / 198

　　二、德国、日本、韩国三国案例的比较分析 / 200

　　三、对中国引入长期护理社会保险制度的几点启示 / 207

分报告十七　荷兰长期照护制度：财务压力，渐进改革 / 212

　　一、荷兰最早的长期照护制度法——"特殊医疗成本法案" / 212

　　二、引入社会支持法案（Wmo）制度 / 215

　　三、2015年长期照护制度改革的原因和措施 / 215

　　四、改革评价及小结 / 218

分报告十八　德国长期护理保险制度：立法最早，关联收入 / 220

　　一、德国建立长期护理保险制度的背景 / 220

　　二、德国长期护理保险制度概述 / 221

　　三、德国长期护理保险的现状及趋势 / 224

　　四、德国长期照护保险的评价 / 226

　　五、德国长期护理保险的制度改革 / 228

分报告十九　以色列长期护理保险制度：社会保险，服务外包 / 229

　　一、以色列长期护理保险（LTCI）制度的产生和背景 / 229

　　二、以色列长期护理保险的失能测试 / 231

  三、以色列长期护理保险的覆盖面及其资金来源 / 233
  四、结论 / 236

分报告二十　日本长期护理保险制度：财政支持，持续变革 / 238
  一、日本长期护理保险制度的出台背景 / 238
  二、日本长期护理保险的基本制度安排 / 242
  三、长期护理保险实施后的主要改革及问题点 / 247
  四、日本长期护理保险的未来发展趋势 / 249

分报告二十一　韩国长期护理保险制度：谨慎起步，开放市场 / 251
  一、韩国长期护理保险制度建立的背景和过程 / 251
  二、韩国长期护理保险制度的运行框架 / 253
  三、以私人部门为主体的护理服务提供体系及政府监管 / 256
  四、韩国长期护理保险取得的成绩与面临的挑战 / 257
  五、总结 / 261

分报告二十二　新加坡长期护理保险计划：政府主导，商业承办 / 262
  一、新加坡中长期护理服务与支持政策的总体概况 / 262
  二、新加坡乐龄健保计划 / 265
  三、新加坡乐龄健保计划启示 / 271

分报告二十三　中国台湾地区长期照护计划的筹资模式与借鉴意义 / 273
  一、台湾地区长期照护历史与现状 / 273
  二、台湾地区长期照护十年计划 / 274
  三、台湾地区全民健康保险与长期照护保险 / 275
  四、台湾地区长期照护计划筹资模式 / 276

第五部分　补充保险篇

分报告二十四　国内商业长期护理保险的十年探索 / 283
  一、国内商业长期护理保险的发展历程及现状 / 283
  二、国内长期护理保险发展存在的问题 / 286
  三、国内长期护理保险的发展前景 / 287

分报告二十五　国外商业长期护理保险：市场状况与发展启示 / 289
  一、商业长期护理保险的特征 / 289

二　国际商业长期护理保险发展状况 / 290

三　商业长期护理保险发展"困惑"——文献综述 / 291

四　商业长期护理保险近期发展趋势 / 294

五　长期护理社会保险和商业长期护理保险的比较 / 295

六　发达国家相互制保险公司发展现状及启示 / 296

分报告二十六　境内外消费者市场调查：长期护理需求与市场偏好 / 302

一　调研背景 / 302

二　消费者的看法 / 304

三　保险的作用 / 307

四　结论 / 314

附录：方法和人口统计 / 314

分报告二十七　美国长期护理保险市场：税收激励与发展轨迹 / 318

一　长期护理保险产生的背景及重要意义 / 318

二　美国长期护理保险体系概况 / 320

三　美国长期护理保险市场的发展、挑战及经验借鉴 / 323

分报告二十八　法国长期护理保障体系：政策全景与 MGEN 实例 / 326

一　老年失能的社会风险逐渐得到正式确认 / 326

二　失能老人公共政策发展 / 329

三　相互保险机构长期护理补充保险：MGEN 实例 / 333

编后记 / 339

中国社会科学院世界社保研究中心 / 社会保障实验室年度学术活动和成果一览 / 343

主报告
一年半来长期护理保险试点进展：归纳总结与深层思考

习近平总书记在十九大报告中详细论述了如何"提高保障和改善民生水平"，明确提出"实施健康中国战略，人民健康是民族昌盛和国家富强的重要标志"。对于健康中国战略的含义与实现路径，十九大报告也给出了明确的回答："要完善国民健康政策，为人民群众提供全方位、全周期健康服务"；"积极应对人口老龄化，构建养老、孝老、敬老政策体系和社会环境，推进医养结合，加快老龄事业和产业发展"。正如十九大报告所阐述的，实现健康中国需要为人民群众提供全生命周期的健康服务，也需要加快发展老龄产业和医养结合，积极面对中国快速老龄化这一国情，构建长期护理保险正是在这样的大背景下提出的。

长期护理保险的最大受益群体是老年人，它不同于养老、医疗等传统社会保险项目的经济保障理念，是服务与补偿并重的保险项目。2016年3月《"十三五"规划纲要》提出"探索建立长期护理保险制度，开展长期护理保险试点"，2016年6月人力资源和社会保障部办公厅发布《关于开展长期护理保险制度试点的指导意见》（人社厅发〔2016〕80号）（以下简称"80号文件"），标志着长期护理保险被正式纳入中国社会保障制度建设序列，成为"健康中国"的重要内容。

一、构建长期护理保险制度的重大理论及现实意义

在社会保险大家族中，长期护理保险是最年轻的成员，直至20世纪70年代才被视作一项社会责任纳入西方国家的公共政策视野。长期护理保险制度未单独设立之前，长期护理责任或由社会救助承担，或从属于医疗保险，或由工伤及残障保险分担。伴随人口老龄化趋势，失能人口增加、家庭保障能力逐渐弱化，处于其他社会保障项目边缘的长期护理保障无法继续应对社会化的失能风险。一些欧洲国家，如荷兰、以色列和德国先后于20世纪中后期建立了独立的长期护理保险制度。

长期护理保险制度的建立，不仅有助于优化医疗资源配置、节约财政开支，更是治理社会化的失能风险、顺应劳动力市场发展规律、维护社会稳定及经济稳态的公共福利安排，对"供给方"和"需求方"均有利：从"供给方"看，可控制医疗费用支出，使医疗保险回归医事服务的本质，同时可带动养老服务产业的发展；从"需求方"看，长期护理保险可以缓解失能者的经济压力，改善生活质量，使失能者生活得"有尊严"，既是经济保障，也是人文关怀。

建立并发展长期护理保险制度是将失能风险的治理主体由家庭过渡到公共体系，减轻家庭负担，彰显社会责任。根据家庭生命周期理论，一位老人的失能会加速整个家庭进入"衰退期"。如果没有公共融资的长期护理服务，失能风险远超家庭的应对能力，在女性受教育年限增加、劳动市场参与率快速提高的情况下，传统的依靠家庭提供长期护理服务将越来越困难。只有大力发展"政府—非营利组织—市场机构—社区—家庭互助"等多元一体的照护模式，才能让劳动力回归市场，提高家庭的经济参与能力。

建立并发展长期护理保险制度有利于合理配置医疗资

源，助推中国的医疗体制改革。国外建立长期护理保险制度的初衷是解决医疗保险或社会救助的财务困局。慢性病或身体机能退化具有不可逆性，如果没有社会融资将其引入长期护理服务机构，这些失能者的最优选择是长期占用医院床位。其影响是，挤占了稀缺的医疗资源，将较低成本的护理服务转化为较高成本的医疗服务，造成医疗资源的低效配置。通过长期护理保险制度，将失能者从医院中分流出来，转入专业的长期护理服务机构，甚至可居家接受照护服务，医疗服务和护理服务的责任边界得以清晰化，可避免稀缺医疗资源的低效利用，符合我国"新医改"节约资源、避免过度医疗的理念。失能者得到更专业的长期护理服务，这对公共医疗资源与失能者及其家庭来说都是福利增进，符合公共政策的"帕累托改进"。

建立并发展长期护理保险制度需要冷静面对"未富先老"的国情，助力推动积极应对人口老龄化事业的发展。中国目前处于上中等收入国家发展阶段，面临"未富先老"的基本国情，2016年我国人均GDP为8100美元，尚不足发达国家建立长期护理保险制度时人均GDP的一半；但从人口老龄化程度上看，2016年我国65岁及以上老年人口占比为10.8%，与韩国2008年建立护理保险制度时的老龄化程度很接近。根据联合国的人口预测，我国将于2027年前后进入"深度老龄化"社会（65岁及以上老年人口占比超过14%），距今仅10年。同时，中国还面临两个其他国家从未遇到的难题，一是人口基数大，60岁以上老年人口已超过2.3亿，居全世界之最；二是"4-2-1"的家庭结构使得老年照护问题更加严峻。韩国在人口老龄化高峰之前引入长期护理保险的做法对中国是一个借鉴，即赶在窗口期内及早建立制度，防患于未然。

建立并发展长期护理保险制度有利于优化人力资源配置，拉动养老服务产业发展。长期护理保险需要繁荣的老年服务市场作为支撑，离不开充沛的专业护理人才供给。发展长期护理保险必然带动供给端的劳动力配置需求，以"需求侧"发展带动"供给侧"改革，拉动养老服务产业的快速发展，形成新的经济增长点。养老服务产业既可以通过培训就业困难的"40""50"群体以及进城务工人员就业，也能够吸纳较高层次的技术和管理人才加入。作为融资来源，长期护理保险对优化劳动力配置的作用是兼顾两端的、全方位的，提升失能群体的服务购买能力，推进提高长期护理服务质量，促进全社会护理设施和护理市场的体系化、标准化、精细化，带动整个行业的规模发展。

二、构建长期护理保险体系应处理好八大关系

2016年6月，人力资源和社会保障部确定15个试点城市，截至2017年7月底，已有14个城市出台试点政策，但各地试点还仅处于分散探索阶段，模式选择千差万别：从覆盖范围看，山东青岛实现了城乡全覆盖并将群体范围扩大到了失智人群，以医疗护理支出为主，辅之以低收入失能者的生活补偿；江苏南通强调生活照料和居家服务，基金支出压力不大并产生较大盈余，已经在考虑长期护理保险基金的投资策略。从服务项目看，上海整合了卫生、民政两类资源，社会资本成为长期护理服务的主力，服务项目全面包括了上门护理、社区日间集中照护、机构照护和住院医疗护理；而吉林长春失能人员获得长期护理保险补偿的条件是入住养老或医疗机构，暂未提供居家上门服务。一些地区在商业保险参与模式上也做了积极探索：成都市在国内率先实验"相互保险社"，采用非营利、会员制的形式，以风险共担、利益共享为原则创新经办模式；北京海淀不是试点地区，但创新探索了"政府推动、政策支持、自愿投保、商业化运营、市场化运作"的模式，将商业保险引入长期护理体系，构建个人、政府、保险机构参与的风险分担机制。

中国长期护理保险试点现阶段的特征是不同地区的模式选择及发展实际差异较大，共识性比较模糊。按照80号文件试点一两年的规定，最晚到2019年将要探索建立统一的长期护理保险制度。时间很紧迫，亟须在总结地方试点经验基础上，结合国外经验和中国国情，厘清思路，厘清关系，做好顶层设计。为此，建立中国特色的长期护理保险制度，需要处理好以下八大关系：

（一）处理好融资端和服务端的关系

长期护理保险与养老保险、医疗保险等其他"五险"最大的区别在于服务供给与现金流同样重要。"五险"的支付端或是现金（养老、失业），或是报销（医疗、工伤和生育），维护制度的正常运转需要处理好融资端与现金支付的关系，以确保基金收支平衡。而长期护理保险的支付端既有现金给付，也有服务给付，现金给付的目的也是帮助失能者购买到合适的护理服务，服务给付的意义重于现金给付。因此，长期护理保险制度的正常运转有两个条件并重：一是充分的融资和基金的财务平衡；二是成熟的服务市场和充分的护理人才供给。长期护理保险需要融资端与服务端并重，不可偏废其一。在融资端，养老保险、

医疗保险已经提供了一定的经验教训，而服务端的对接则是一个新的挑战，即如何带动长期护理服务产业的发展，提升护理服务品质。地方试点阶段既是正式制度建立之前的"过渡期"，更应是服务机构发展的"准备期"。在这方面，日本与韩国提供了一正一反两个案例。日本充分利用10年"黄金计划"，大力发展护理服务设施，效果显著；而韩国在护理保险制度启动前忽略了服务市场，初期就遭遇"瓶颈"。现阶段中国大部分地区的长期护理服务市场尚不成熟，必须把握好试点阶段这个窗口，加大力度扶持护理服务行业的发展，做好护理服务人才培育和引进，让融资端与服务端齐头并进。

（二）处理好顶层设计与地方特点的关系

如第（一）点所述，长期护理保险的制度特征是融资端与服务端的制度供给要并重，不宜偏废。一方面，在服务端，长期护理保险要进行制度的顶层设计和长远规划，设定全国统一的筹资比例、评估标准、待遇资格条件，形成国家层面的指导意见，确保制度的公平性。另一方面，在融资端，长期护理保险基金无须很高的统筹层次，更无须全国统筹。因此，长期护理保险的制度设计应考虑到如下因素：一是中国不同地区间经济社会发展程度不同，居民生活水平、护理服务价格差异较大，生活习惯也各不相同，市县级统筹更容易让长期护理服务"落地"，让失能人员便捷地获得护理服务。二是失能者和政府监管方更熟悉当地的服务市场，低统筹层次可以确保信息透明，降低管理成本。三是大多数失能者都会在常住地区（即缴费地区）申请护理服务，异地护理的需求量比较小，对制度便携性要求不高，市县级统筹可以满足群众基本需求。

（三）处理好增加险种与不提高企业负担的关系

在社会保险项目中增设长期护理保险势必要增加企业或个人的缴费负担，在企业的"五险"（目前，医疗保险正与生育保险合并中）缴费水平已经很高的大环境下，必须科学厘定费率，处理好增加险种与不提高企业负担的关系。中国开始探索长期护理保险之际，恰逢供给侧结构性改革要求降税减费和经济进入中高速增长的"新常态"，设定费率应注意如下几点：第一，应在保持社会保险的总体费率不增加的情况下，通过其他险种降费，为长期护理保险预留缴费空间。第二，长期护理保险费率不宜过高，应将费率控制在经济增速可承受的范围之内。第三，确保长期护理保险融资端产生稳定现金流的方式不是高费率，而是明确缴费对象，增强制度吸引力，扩大制度覆盖面，让大数法则充分发挥作用，进而保证制度的有效性和财务可持续性。

（四）处理好长期护理社会保险与多层次补充保险的关系

本报告的内容既包括长期护理基本险，又涵盖了商业险，这是因为，长期护理保险应避免由社会保险"大包大揽"，从制度设立之初就应着力发展"多层次"体系。首先，中国企业的社会保险缴费负担过重，同时发展社会险与商业险可以降低企业缴费压力，减轻医疗保险基金划转压力。其次，商业保险公司在精算、保险人才储备、市场灵活性、产品研发等方面具有天然的优势，商业保险介入长期护理保险也应是多层次的，既可参与基本险的经办，又可发展第二层次的团体护理保险和第三层次的个人护理计划。最后，在第二层次和第三层次中应充分借鉴外国经验，引入相互制等新的保险形式，同时结合中国保险市场的发展情况充分论证，避免新型保险带来新的道德风险和财务风险。现阶段中国的长期护理保险试点以社会险为主，团体险和个人长期护理保险发展不足。中国应在统一制度出台之前尽快弥补这一缺陷，均衡发展多层次长期护理保险体系，形成"社会险保基本，团体险做补充，个人计划满足个性化需求"的多层次长期护理保险格局。

（五）服务供给端应处理好政府与市场的关系

2015年11月，《国务院办公厅转发卫生计生委等部门关于推进医疗卫生与养老服务相结合指导意见的通知》中强调要进一步鼓励民间参与社会服务福利事业，积极探索政府和民营资本合作（PPP）的投融资模式，激发市场活力，促进社会资本进入老龄领域，促进中国长期照护产业健康有序发展。中国长期护理保险的服务端应鼓励民营资本介入，释放民营资本的服务供给潜力，增强老龄服务业的职业吸引力，形成"民营资本是服务主体，政府负责购买服务、监管及引导"的良性局面。中国的快速老龄化为长期护理服务的供需两端带来一个矛盾点：一方面是服务需求快速增长，另一方面是供给严重不足，长期护理服务高价难购。服务供需的不平衡成为长期护理保险发展的"瓶颈"。供给不足，一是因为很多地方仍然主要依靠有限的、传统的政府福利机构提供长期护理服务，民营资本在服务市场上所占份额较低，发展迟缓，对长期护理服务市场的投资不足；二是因为年轻人和专业技术人才的从业积极性不高，护理工作待遇低、事务繁杂、相关培训不到位、职业发展通道未打通。上海在这方面提供了较好的范例：上海的护理从业人员可以获得与职工平均工资水平相当的薪资并参与职业等级评定，职业资质与收入水平挂钩，人社部门加大职业培训力度,提升了护理行业整体素质和服务水平。目前,南通、上海的护理服务机构已经由民营资本发挥主要作用,这在提高服务质量、增强老龄产业就业吸纳能力上发挥了很大作用。

(六)处理好覆盖老年群体与覆盖全部群体的关系

长期护理保险应从老年人起步,逐渐向全年龄段失能人群的全覆盖过渡。毋庸置疑,老龄群体的慢性病、老年病发病率最高,失能率也最高,因此很多国家及中国一些试点地区的长期护理保险都没有申请资格的年龄限制。不过,未满60岁及的青壮年群体同样面临两类风险:一是心脑血管等疾病的发病率呈现年轻化趋势;二是青壮年人口也可能因为意外事件而失能。实现全年龄段覆盖是长期护理保险制度公平性的要求,也是化解社会风险的现实需求。全国统一的长期护理保险指导意见应放开年龄限制,具体可采取"分三步走"的策略。第一阶段为制度初建时期,比如,在第一个10年内,应采取谨慎策略,保障对象仍然为60岁及以上老龄人口,避免待遇支付的出口不可控,给基金带来较大压力。第二阶段开始分梯次降低年龄门槛,这一阶段可借鉴日本经验,日本65岁及以上的老年人为第一类参保人,无论因何种原因而失能都可申请护理服务,第二类参保人是40~64岁参加医疗保险的人群,因癌症晚期或者风湿性关节炎等特定疾病而失能才可以申请服务。这一阶段是长期护理保险覆盖老年人和全人群覆盖之间的过渡时期。第三阶段为全覆盖时期,即待中国长期护理保险基金财务夯实、运转良好之后,可借鉴德国经验,实现全覆盖。

(七)处理好夯实数据基础与科学决策的关系

中共十八届三中全会确定了建立"更加公平可持续"社会保障制度的基本原则,其中之一就是"坚持精算平衡",而夯实基础数据是实现精算平衡的一手资料和根本依据。大数据库与精算平衡机制共同影响着长期护理保险决策的科学性,但这两者在中国都尚未建立。在基础数据方面,中国还未出台统一的失能认定和等级评定标准,基础数据或是缺乏,或是标准不统一。仅官方统计的失能率就存在两个口径:一是全国老龄办的调查数据,2016年全国老年人口的失能率为18.3%;二是"六普"的数据,2010年城镇60岁及以上老年人口失能率为2.5%,农村为3.3%①。试点城市的"失能率"及其使用口径的差距就更大了,比如,青岛测算的重度失能率为4.6%②,而南通测算的失能率为3%,上海的测算数据约为6%,而南通以全部人口为基数测算出的失能率为0.4%~0.5%。我们有条件利用领取养老金的1亿城镇退休职工和1.5亿城乡老年居民进行一次调查,统一评定标准和数据归集口径,可在较短时间内获取长期护理保险的第一手基础资料,建立大数据库,在此基础上用精算方法进行评估测算并科学厘定费率和待遇水平,定期发布精算报告。

(八)处理好经办管理的政府主导与市场参与的关系

中国的社保经办机构普遍存在"小马拉大车"的超负荷运转现象,委托第三方经办机构开展社会保险业务已经成为共识性的解决途径。长期护理保险同样应充分发挥第三方机构的服务能力,鼓励第三方机构介入经办业务。例如,南通规定"按照照护保险经办事务委托第三方参与经办、政府监督的管理模式,将受理评定、费用审核、结算支付、稽核调查、信息系统建设与维护等部分经办服务,通过政府招标委托有资质的专业机构参与经办,提高经办服务能力③"。青岛也将护理保险经办工作委托给两家保险公司。这是长护试点地区的新探索,也是中国建立统一制度值得借鉴的地方。商业保险公司介入长期护理保险经办是PPP模式的组成部分之一,也是政府职能转型,发展"小政府、大社会"的客观要求。在商业保险介入长期护理保险进程中应注意两点:一是分阶段放开商业保险机构参与长期护理保险经办的程度,从简单经办入手逐步转为全面承办;二是允许商业经办机构之间开展良性、充分的市场竞争,政府设立评估考核机制及准入退出机制,要保障参保人的利益,保证经办质量。

以上是关于发展长期护理保险应处理好的八大关系。在探索并解决这八大关系的过程中,中国应以理性而开放的态度来借鉴其他国家和地区的经验。荷兰、卢森堡、以色列、德国、日本和韩国等国家都通过建立长期护理保险制度来满足老年人护理需求、减轻医疗保险财务负担。各国的长期护理制度模式选择主要考虑三方面因素:长期护理保险筹资模式如何、服务主体是谁和谁有资格享受服务,这三大因素的不同排列组合形成了各国千差万别的制度框架。例如,德国建立与医疗、收入关联的"社会保险+商业保险"模式。日本采用以个人缴费为主、中央政府和地方政府补贴为辅的筹资模式。作为"福利国家橱窗",瑞典的长期护理服务主要由国家提供,但在经济衰退后开始允许私人公司介入长期护理服务行业。美国的长期护

---

① 《十城市万名老人居家养老服务调研结果》,《第四次中国城乡老年人生活状况抽样调查》。
②③ 转引自赵秀斋:分报告九,国内长期护理保险制度的政策比较与试点进展。

理保险制度以商业保险为主，辅之"老年医疗保险计划"（Medicare）和"医疗救助计划"（Medicaid）中的长期护理服务，这与美国发达的市场经济相匹配。根据中国的社会、经济、文化现状，理性分析并借鉴国外先进经验，摸索出符合中国国情的发展道路，将成为发展长期护理保险的"捷径"。

三、报告的整体结构及分报告内容概况

接下来，我们将鸟瞰《中国养老金发展报告（2017）》的整体结构及各分报告的主要内容和结论。

本报告共有五部分：年度发展篇、制度探索篇、试点实践篇、境外经验篇和补充保险篇。"年度发展篇"有2个年度研究报告。"制度探索篇""试点实践篇""境外经验篇"和"补充保险篇"，分别由6个、6个、9个和5个分报告组成。这些报告按研究类别可分为12个综合研究和14个个案（国别、地区）研究；按"多层次"构架可分为4个总体研究、17个"基本险"研究和5个"补充险"研究。第一部分"年度发展篇"对中国多支柱养老保险的制度运行及市场发展情况做了深入分析，从中可见长期护理保险的前提条件和市场基础。第二部分"制度探索篇"对中国构建长期护理保险提出了制度设计与创新。第三部分"试点实践篇"对中国长期护理保险试点发展情况进行了比较研究与总况分析，并选取了国内3个试点城市和2个非试点地区作为样本进行深入研究。第四部分"境外经验篇"对6个国家的长期护理保险制度（或筹资计划）以及中国台湾地区的长期护理筹资计划进行逐一研究。第五部分"补充保险篇"探讨了国内外长期护理商业险发展总况，进行市场需求调查及分析。其中，第一部分"年度发展篇"依然是传统的固定板块，2个分报告分别对2010年以来基本养老保险制度运行和2016年度企业年金市场发展情况做了深入分析。分报告一是《2010年以来基本养老保险基金运行情况评估与展望——形势日趋严峻，应坚决深化改革》。评估了2010年以来城镇职工基本养老保险参保状况、基金运行状况和城乡居民基本养老保险制度发展状况，提出城镇职工基本养老保险财务制度改革应顺势而为，坚持统账结合的制度模式，将基础养老金标准设计规范化，简化个人账户设计，并制订长期的财政补助计划。分报告二是《2016年企业年金基金市场状况评估——覆盖范围日渐固化，投资收益再度下滑》。指出2016年企业年金基金市场投资收益下滑，参与企业年金的职工人数增幅几近停滞，年金覆盖范围日渐固化，各类主体竞争格局依旧较强。

（二）多层次、创新型的长护险制度亟待建立

从第二部分"制度探索篇"开始，本书进入专题讨论。第二部分包含6个分报告（分报告三至分报告八）。

分报告三是《中国构建长期护理保险体系的框架定位与制度创新》。是本书的主要内容，体现了本书的主要观点和思想。中国建立长期护理保险面临特定的时代背景：人口环境方面，劳动年龄人口趋势调转趋于减少，同时65岁及以上老年人口增加；社会环境方面，老龄化加速上升和高龄化程度加重，这都异于建立养老保险等"五险"的历史时期。上述变化在劳动力市场上表现为社会劳动时间延长及强度增大，家庭劳动精力削弱，家庭难以应对失能风险并履行护理责任。在面临上述困难的同时，新的时代背景也为养老服务产业带来了全新的历史机遇，从2006年中央提出要"加快发展养老服务业"到2016年的80号文件和2017年的《"十三五"健康老龄化规划》，政策红利将养老产业带入快车道，"政府和社会资本合作模式"正处于全力推广期，社会保障事业也进入全面深化改革期。但中国也面临三大挑战：医疗保险基金结构赤字难以实现向长期护理保险的划转、长期护理保险面临"降成本"的政策压力、试点地区因担心财务状况而缓步慎行。放眼国际，长期护理保险制度有五种模式：社会救助式、国家保障式、政府津贴式、商业保险式和社会保险式。在当今背景下，中国理应选择"独立建制的社会保险模式"，并遵循六大基本原则：第一，长期护理保险必须建立"多层次"体系，形成独立建制、商保并行的同步发展格局；第二，坚持精算平衡机制，实现长期护理保险的公平可持续；第三，以属地管理方式确保服务可及性，以"中央调剂金"解决基金分布不均的现实问题；第四，推行长期护理保险市场化运作，政府职能转变为监督管理；第五，将政府责任前置为财政补贴，而非无限制地"兜底"；第六，建立统一的需求认定和等级评定标准，"低起步"预留老龄化高峰期的费用增长空间。以联合国2012年"中生育率"人口预测数据、"六普"失能率数据和全国老龄办调查数据为基础，计算出不同方案的缴费率可见，2015~2055年长期护理保险的缴费率每20年翻一番，2035年之前的压力更大，通过多层次保障体系预留缴费空间是理性选择。中国的长期护理保险体系应包含三个层次：第一层次是"全覆盖"的基本长期护理保险，应设立统一费率和中央调剂金，建立精算平衡和动态调整机制，以提供服务为主现金给付为辅；第二层次是"团体参与"

的长期护理补充险，应借鉴法国"雪中送炭"的补充保险理念，保费可从个人账户结存中划转或在征缴城乡居民医疗保险时"增收"；第三层次是"政策扶持"的个人长期护理保险，应谨慎设置保险参数，合理把握税优力度。在制度创新上，中国应调整"五险"费率给长期护理保险留下空间，建立缴费与待遇的动态调整机制，推出"个人健康账户"制，打造平等互惠的"经办合作伙伴关系"。

分报告四是《中国长期护理现况与需求分析：基于全国24个城市的问卷调查》。选取全国24个城市进行问卷调查，发现80岁及以上老人的空巢率超过40%，被调查者自我评价身体状况不好或非常不好的占11%；ADL调查显示有0.6%的受访者至少有一项日常生活完全依赖他人，WHODAS调查显示有0.8%的受访者至少有一项极度严重或无法完成，8.8%的调查对象的护理需求无法满足。造成这些困境的原因包括家庭照护能力有限、经济支持不足和养老服务产业供应链不成熟。在如此巨大的保障压力下，只有建立长期护理保险制度才能减轻家庭负担、合理配置医疗资源和优化人力资源。

分报告五是《中国建立长期护理保险体系的背景与意义》。中国长期护理保险制度的建立背景之一是人口老龄化形势严峻，为社会保障体系带来很大的变革压力；二是医疗保险支付压力不容乐观，人口老龄化将助推医疗负担。发展长期护理保险制度的意义在于减轻家庭负担并发挥保险的互助共济功能，合理配置医疗资源提升医院的竞争力，优化护理服务的人力资源并发挥就业拉动作用。

分报告六是《中国长期护理保险制度的基本特征与政策推进》。长期护理保险制度的产生实质上是失能风险社会化的过程，制度的基本特征包括失能风险具有长期性、连续性和不可逆性，覆盖范围特定为失能群体，服务内容包罗万象，服务主体责任交叉，运营主体专业独立。中国长期护理保险制度演进可划分为混沌初开期（2005~2012年）、萌芽期（2012~2015年）和初步发展期（2016年至今）。在当下初步发展期，试点地区配套政策和措施比较完善，制度的覆盖面逐步扩展，给付标准较高，服务更为专业，基础设施包括信息系统发展情况较好，制度设计包含了强制性或激励性。尽管取得初步进展，未来长期护理保险仍可能面临如下挑战：各试点地区标准不统一、缺乏更为细致的配套措施、可能面临筹资压力、护理服务能力亟待提高。

分报告七是《商业保险机构介入长期护理基本险的三个层次分析》。商业保险介入长期护理保险已经具备了政策支持和实践基础，商业险更适应长期护理保险的复杂性和"小政府、大社会"的公共服务发展方向。商业保险公司的优势体现为较强的精算能力、商业化运营管理体系和较高的资源配置效率。其经办长期护理基本险的角色包括"代理人"—购买服务（如济南）、"管家"—委托管理（如江苏）以及"盟友"—购买产品（如北京）。但商业保险公司介入长期护理基本险也面临一定困境：顶层设计缺失、统筹层次较低、配套支持政策有待进一步完善、社会力量对护理服务供给的参与不足、控费难、保险公司自身专业人才缺乏等。推动商业保险公司顺利介入长期护理基本险，应优化资源配置效率、完善配套护理服务体系、加强制度顶层设计和对商业保险机构的扶持力度，提高商业保险机构经办服务的能力。

分报告八是《新兴信息技术在我国长期护理保险实践中的应用和展望》。以中国某家商业保险公司实际操作为案例，介绍长期护理云平台全流程系统解决方案、机构专业服务解决方案和政府经办管理解决方案，长期护理保险信息化管理系统已经可以处理服务机构申请和进度查询、照护管理和排班管理等事项。美国的长期护理及康复智能化途径较多，包括音乐康复、生物机械人类肢体增强康复、脑神经电路康复等。中国在长期护理新型技术变革中应紧紧依托新兴生命科学技术、加大技术创新方面的政策支持、加强对外交流与合作。

（二）分散探索过后亟待建立统一化标准

第三部分是"试点实践篇"，共6个分报告（分报告九至分报告十四），包括一篇中国试点地区情况总体比较分析，3个试点城市和2个非试点地区的专门研究报告。

分报告九是《国内长期护理保险制度的政策比较与试点进展——形势日趋严峻，应坚决深化改革》。从江苏南通、上海、山东青岛和吉林长春4个试点地区的制度框架、实际运营、特点及现存问题入手，发现各个地区有如下共存问题：基金筹集过度依赖医保基金而缺乏可持续性、保障水平有限且保障对象以重度失能人员为主、服务项目与护理需求脱节且服务能力提供不足。各地区的共同经验包括充分发挥第三方机构的经办服务能力和鼓励居家照护。解决试点地区现存问题的对策建议包括：构建多渠道筹资模式并明确财政筹资责任，设定全国统一的失能评定标准，规范待遇支付形式和基金支付范围，积极培育长期护理市场。

分报告十是《长期护理保险制度的成本控制——以青岛市"长期医疗护理保险"为例》。介绍了青岛长期护理保险的政策演进、服务内容、受益人群、资金构成和服务提供机构，重点解读了成本控制机制。目前青岛长期护理保险的筹资水平每年达到了9亿元，按照现在的服务内容价格和失能人口比例，基本可以满足支出。但现在还不是老龄化的高峰期，而长护险的供款主体——劳动力的数量却接近顶峰，成本控制将成为长期护理保险基金管理的重要环节。从2017年1月1日起，青岛市长期护理保险试行"失智专区"，为重度失智老人提供长期照护、日间照护、"喘息服务"三种服务。这减轻了失智老人家庭照护负担，但也给长期护理保险基金平衡带来了新的挑战。

分报告十一是《长期照护保险制度的可持续性分析：以南通市"基本照护保险"为例》。通过对南通人口结构、失能率、缴费起始年龄和缴费率、居家照护与机构照护的比例、实物提供与现金津贴的比例、经济增长、护理服务人员的工资变动趋势进行测算，分析出长期照护保险制度的财务收支及可持续性。经测算，2060年照护保险支出占GDP比重最高水平为0.33%~0.41%，而低经济增长情景下则在0.5%~0.63%，基金总支出规模得到较好的控制。从收入角度看，南通当期照护保险收入占GDP的比重在0.15%~0.2%，但在高经济增长和低人口增长组合下可能出现赤字。经综合分析，南通基本照护保险当期收支盈亏是一个横跨时间轴的"U"形曲线，2025年之前所有情景下当期收支保持盈余，此后开始出现赤字，并不断增加。在高经济增长和高人口增长组合的情景下，当期赤字占GDP的比重于2060年达到峰值并可能出现基金缺口。基于上述分析，保持长期护理保险财务可持续性的对策建议包括：减缓少子化和人口老龄化进程、推动经济中高速增长、"优化护理服务+生活照护"的照护保险制度设计、完善融资渠道、中央或省级政府出台《照护保险基金投资办法》。

分报告十二是《长期护理保险制度的运营模式创新：以北京市海淀区"长期失能护理互助保险"为例》。介绍了北京市海淀区开展长期失能护理互助保险试点的背景、制度内容和创新点。护理互助保险的定位是覆盖全人群，以服务给付为导向的政策性护理保险。筹资方式采用"一人为众，众为一人"的互助性质，社会统筹基金账户与个人账户相结合。个人缴费记入个人账户，政府补贴和照护服务机构互助基金记入统筹基金账户。长期失能护理互助保险在实施中可能面临的困难包括自愿参与原则导致投保人数短时间内难以扩大、服务供给方式单一、服务内容规划缺少统一专业标准、未搭建全系统产业链等。长期失能护理互助保险的发展离不开商业保险与社会保险的有机融合、政府与市场的良性互动、质量保证与成本控制的合理兼顾，更需要国家政策的大力扶持。

分报告十三是《长期照护保险制度的经办模式创新：以成都"相互保险社"为例》。成都相互制长期护理保险与社会保险业务自然对接，参保人既是保险受益人，也是相互保险公司的会员及所有者，可以通过会员代表大会行使管理权。相互保险公司不设外部股东，保费收入盈余由全体会员共享。相互保险和长期照护保险二者在我国均处于起步阶段，两者相结合对治理结构、产品技术、运营管理服务等方面都产生较大创新挑战，操作细节也需要进一步验证。

分报告十四是《长期护理保险制度的费率厘定测算：以某市数据为例》。以马尔科夫链为理论基础建立精算模型，以某试点城市为研究样本（该试点城市长期护理保险基金来源于医疗保险基金划拨和财政补贴），测算参数包括能够自理持续的概率、康复概率、不能自理人群死亡率、不能自理发生概率以及不能自理持续概率，再运用迭代法则计算出护理给付期望值，最后厘定出能达到收支平衡的费率为0.47%。结合这个试点城市的政策实际对比研究发现，如果不划拨长期护理保险基金，城镇职工基本医疗保险基金自身刚好能够实现当期收支平衡，略有结余；如果划拨，医疗保险基金就不能实现当期收支平衡。随着享受长期护理待遇的人员越来越多，基金支出必将越来越大，考虑到目前该市城镇职工医疗保险基金的承担能力有限，所以不建议进一步提高划拨比例到0.47%的水平，而是充分利用其他的筹资渠道，比如适当划拨部分个人账户基金充实长期护理基金，以确保长期护理保险基金的长期平衡。

（三）多元化国际经验有待结合国情理性"落地"

第四部分是"境外经验篇"，共包含9个分报告（分报告十五至分报告二十三），其中2个分报告为综合研究，7个分报告为个案研究。个案选取包括5个实行长期护理社会保险制度的国家，2个建立长期护理筹资计划的国家及地区。

分报告十五是《境外长期照护保险制度的模式比较与经验借鉴》。回顾了国外长期护理保险的发展情况、概念界定、分类，并以德国、日本、英国、美国为案例分析长护险的共同特征。1968年荷兰通过《特殊医疗费用支出法》，将长期护理项目作为医疗保险立法的一部分。独立的长期照护保险起源于20世纪70年代的美国，长期照护保险制度化可以追溯到1986年的以色列《国家保险法》

第61号法案，长期护理保险立法起源于1994年的德国。模式的差异由不同国家社会传统、政治文化、社会保障制度、执政理念、民众的观念和意识、经济发展水平以及社会保险与商业保险的发展情况等多方面因素共同决定，但不同的国家带给了中国共性化的启示：加强顶层设计并完善制度建设、实现长期照护保险社会公平性、建立多元化的保障体系、实现较为灵活的缴费方式及给付模式等。

分报告十六是《中国引入长期护理社会保险制度——德国、日本和韩国的经验启示》。长期护理风险是现代社会"最迟到来"的一项风险项目，国际上的融资方式主要有税收融资的救助型制度、社会保险制度和商业保险三种，从理论上分析社会保险模式是最佳保障方式。韩国在人口高龄化"爆发"前把握住了制度的最佳窗口期。德国长期护理保险于1995年正式实施，到2000年以后随着财务压力增大及给付水平不足，才陆续做出参数式调整。日本建立长期护理保险是为了应对住院率上涨，进而降低医疗费用。从覆盖面上分析，上述三国长期护理保险都基本实现了全民参保；在待遇标准上，日本的"福利化"程度更高，韩国的待遇水平最低；在经办管理上，德国和韩国都由医疗保险组织来进行统一管理长护保险，而日本则由地方政府来承担经办以及部分融资的职责；护理服务的供给上，三国都引入市场竞争因素，弥补了护理设施不足的问题；从改革方向看，德国一直强调财务稳定的原则，基金在出现短暂赤字后转亏为盈，并通过保费上调促使盈余上升。日本的改革包括进一步细分护理等级，建立照护预防服务体系和地区援助业务，加强市町村地方政府的作用。韩国政府鼓励民营机构介入，许多民间营利性的小型社区照护中心开始建立。分析这三国的经验与教训，中国应确立保险制的长期护理筹资方式，费率设定上不应束缚于当前"降费"硬约束的条件限制，实施"渐进式"的待遇调整策略，在制度启动时就考虑提高服务质量。

分报告十七是《荷兰长期照护制度：财务压力，渐进改革》。荷兰于1967年12月14日通过了"特殊医疗成本法案"（AWBZ），成为最早建立长期护理项目的国家（但归属于医疗保险）。作为斯堪的纳维亚模式的代表，荷兰选择强制性的、基于缴费的社会保险制度。荷兰受经济危机、人口老龄化、家庭结构以及劳动力市场结构变化的影响，机构照护支出占比过高。为预防财务危机，荷兰长期照护制度也进行改革，形成了特殊医疗成本法案和"社会支持法案"（Social Support Act，Wmo）。2015年，荷兰开始了自1967年以来最大幅度的制度改革，颁布了长期照护法案（Wlz），实现从住院护理向非住院护理的转变。此次改革收效良好，各长护制度支出由2005年的全部由AWBZ制度开支变为2015年的Wlz制度、Wmo制度和医疗保险制度三足鼎立。

分报告十八是《德国长期护理保险制度：立法最早，关联收入》。德国是最早出台独立的长期护理保险法案的国家，建立了"基本险+商业险"的保障模式，工薪阶层必须加入长期护理基本险，高收入群体可以加入基本险或者商业险。德国长期护理基本险和强制商业险的覆盖率分别为90%和10%，共同覆盖了全体国民。德国长期护理保险将失智人群纳入其中，提供多样化的服务组合，鼓励居家护理及近亲属提供非正式照护，国家以补贴优惠的方式鼓励商业险发展。运行20多年，德国也曾出现短暂的基金收不抵支现象，也出现过待遇水平过低的问题，这些缺陷促成了2008~2017年的长期护理保险系列改革，具体措施包括提高缴费率、建立储备基金、将心理障碍和认知障碍者纳入保障范围、细化评估等级、设立基金的动态审核机制等。

分报告十九是《以色列长期护理保险制度：社会保险，服务外包》。以色列长期护理保险制度的老年覆盖率最高，超过15%。因缴费率很低，以色列60%以上的长期护理资金来自其他险种的结余。以色列政府认为，正规护理不是对家庭护理的替代，而仅仅是补充，因此其长期护理保险主要是为了在体力上、精神上和经济上分担家庭成员照顾失能老人的负担。以色列长期护理保险有三大成功之处：一是法律制度完善，三部法律稳健而又具有前瞻性。以色列在1980年和1986年通过长期护理保险缴费方案和护理机构服务法案后，在1988年才正式开始实施长期护理保险。二是外包服务颇具特色，长期护理具体服务由各类营利组织和非营利组织提供，由三方机构组成的地方专业委员会发挥核心作用。三是资金来源具有多样性，长期护理保险的资金主要来自个人和雇主缴费、政府财政补贴和其他险种缴费盈余补贴。

分报告二十是《日本长期护理保险制度：财政支持，持续变革》。日本是世界上老龄化程度最高的国家，在长期护理保险制度出台前已建成较为完善的护理服务体系。2000年4月日本正式实施长期护理保险，筹资方式为税费并用，50%来自税收，50%来自参保人缴纳的保费。日本长期护理保险仅提供服务而不提供现金支付，保险主体是地方政府，参保者为40岁及以上的居民，给付对象为65岁及以上的老人或40岁及以上患有特定疾病的参保人。

自2000年正式实施之后，日本的长期护理保险迄今已经实施了六期，做了四次修订。修订内容一是相关部门更加积极主动地对老年人生活进行干预，以从根本上减少被需要护理人员数量；二是不断强化地方政府作用；三是护理服务日益完善，将政策的主要发力点放在构建地区综合护理体系上，旨在对有需要护理服务的人群实现全覆盖的精细化照料；四是注重制度的可持续性，每三年对保险费用定期调整并提升个人负担比例；五是注重对低收入群体的保护。

分报告二十一是《韩国长期护理保险制度：谨慎起步，开放市场》。韩国于2008年开始实施长期护理保险制度，其制度起步的人口与社会条件更接近中国。韩国长期护理保险与国民医疗保险制度密切相连，参保对象为全体国民，保险费由个人和雇主各承担50%。但韩国的待遇对象仅包括65岁及以上的老年人，不满65岁但患有特定疾病的失能者，自2014年7月起覆盖老年痴呆症患者，筹资和待遇给付均谨慎起步。韩国从2002年开始发展护理服务，并通过全面开放举办权、平等对待等方式鼓励私人部门介入，政府也加强服务体系管理与评估。但韩国仍面临对医疗保险支出替代作用不明显、费用支出控制难、开放服务导致护理质量下降等问题。尽管如此，韩国重视财务可持续性、选择最有限的政府责任、谨慎提高待遇水平等经验仍值得中国借鉴。

分报告二十二是《新加坡长期护理保险计划：政府主导，商业承办》。新加坡于2002年建立了由政府主导、商业保险承办的长期护理保险——乐龄健保计划（Eldershield），筹资体系是3M，即强制性公积金账户"保健储蓄"（Medisave）、大病医疗保障制度"健保双全计划"（Medisheild）、政府托底保障制度"保健基金"（Medifund）。乐龄健保计划实行公私合作（PPP）及补充计划，可"自动加入、选择退出"。这一计划的优点是设定较低的费率并保持较高参保率，40岁及以上人口中约65%加入到计划当中。缺点是保障水平低和保障时间短。2017年关于乐龄健保计划改革有如下建议：一是取消年龄和现有疾病等限制，并强制全民参与，索赔金额与通货膨胀率挂钩，延长索赔期限至终身并进行经常性评估。二是给予年长国人的看护者更多的支援。三是中长期护理服务人员以新加坡的劳动力为主。

分报告二十三是《中国台湾地区长期照护计划的筹资模式与借鉴意义》。中国台湾地区为应对老龄化一直在进行长期照护计划"费制"和"税制"的讨论，在未能化解筹资模式争议时采用了非常有效的过渡计划筹资机制，即先导计划和长期照顾十年计划，并鼓励长期护理服务私有化模式。当下，中国台湾地区正着力发展培育长期照护服务，并正处于由税收筹资转向保险缴费筹资的改革探索中，其改革优势体现在长期照护覆盖人群、给付项目、年度总体预算相对稳定，也已经建立了完整和安全的长照储备金机制。中国台湾地区在过渡计划中，有效地统计了各项参数指标，通过精准的服务匹配模型准确测量了长期照护年度总规模。不管未来的筹资模式如何选择，都具备实施的基本条件。

（四）商业长护险市场亟待培育

本书的第五部分是"补充保险篇"，共5个分报告（分报告二十四至分报告二十八），包括亚洲商业长期护理市场需求与偏好调查、国内和国外商业长期护理保险发展总况以及美国和法国这两个最大商业长期护理保险市场的分析。

分报告二十四是《国内商业长期护理保险的十年探索》。我国商业长期护理保险从2005年开始至今经历了早期探索（2005~2006年）、高速发展（2006~2011年）和全新发展（2016年至今）三个时期，现仅有12家公司涉及此类产品开发，市场规模小且集中度高，国内主要的专业健康险公司开发的产品占市场上全部护理保险产品的85%以上。国内商业长护险面临的困境有相关政策及法律法规尚不完善、护理保险产品无明确定义、缺乏相关精算数据、不符合大多数客户的消费偏好以及欠缺健全的护理服务体系。2015年以来，人身险公司纷纷调整各自长期护理保险产品的市场定位，去除其短期理财特征，弱化长期储蓄功能，重点加大护理保障责任，同时结合国际市场的营销经验及风险管控手段，各类具有高保障责任的商业护理保险将逐渐投放市场，商业型长期护理保险产品进入新的发展阶段。

分报告二十五是《国外商业长期护理保险：市场状况与发展启示》阐述了商业长期护理保险的基本特征及国际发展状况。国外商业长期护理保险有美国的自愿性、德国的强制性和新加坡的半强制性三类典型代表。但国外商业保险也在需求和供给两方面存在多种障碍性因素，需求方面存在巨大的失能风险、高昂的专业护理费用、复杂的委托—代理关系、逆向选择、需求复杂性、消费者"短视效应"等；供给方面的原因包括失能发生概率及护理费用测算难度大、系统性风险、长期合约履约保障弱、公共养老计划的挤出效应等。为此，各国也采取了积极的解决措施。

如美国一直在寻找减轻 Medicaid 费用负担的方法，具体包括商业保险服务范围扩大、免赔期限延长、强化保险责任、显著提高保费和开发复合型产品。商业健康保险领域的变革性发展是相互保险的再次繁荣，如美国凯撒健康计划基金会实现了医疗保险与医疗服务提供的整合、供方和需方利益的整合、服务提供模式的纵向和横向整合以及线上和线下服务整合。中国发展相互保险应利用各行业协会组织，研究医疗责任保险等领域相互制模式，并警惕发展过程中以相互保险名义获得保险公司牌照套利并"去相互化"的可能性。

分报告二十六是《境内外消费者市场调查：长期护理需求与市场偏好》。对六个亚洲主要市场的护理资金需求和解决方案进行了研究，以深入了解消费者如何应对自身和家庭的未来护理需求。研究表明，亚洲消费者对长期护理保险的接受程度普遍较高，但很多消费者并未从心理上和财务上做好充分的准备，很大一部分受访者预计未来护理需求仍会存在资金缺口。亚洲消费者自发采取的解决措施包括储蓄、健康生活方式、购买金融产品等。但亚洲消费者仍存在不知如何准备护理计划、发生失能风险才考虑护理、认为护理不是必需品等问题。在亚洲这个"儒文化"盛行的地区，消费者倾向于经济可负担、终身保障、附加价值高、保险责任易于理解的产品以及癌症和心血管类产品，这都为保险公司的产品研发指明了方向。

分报告二十七是《美国长期护理保险市场：税收激励与发展轨迹》。研究了美国长期护理保险产生、架构、问题和启示以及美国最大长护险公司 Genworth 的发展，揭示了美国长期护理商业保险的现状、问题和经验。美国公共长期护理计划包括 Medicare、Medicaid、州政府生活补助金、社区生活辅助支持计划(CLASS)及长期护理合作计划(LTCPP)等，商业长期护理保险主要满足不被公共长期护理保险所覆盖的中高产阶级的长期护理需求，但市场占有率一直较低。Genworth 的经验显示，长期护理商业险"走弯路"的因素包括传统定价策略不足、精算假设经验不足、公众存在短视效应、Medicaid 对商业保险市场的挤出效应等。这些经验表明，商业长期护理保险的发展离不开政府组织的社会保险的"互补"。美国政府通过税收优惠鼓励投保长期护理保险，保险公司也在产品开发上寻求创新，包括降低赔付、缩减赔付项目、增加保费、引入附加险等。

分报告二十八是《法国长期护理保障体系：政策全景与 MGEN 实例》。用法国健康领域最大的相互保险机构 MGEN 的实例展示了非营利机构在长护险市场的优势，显示出多层次长期护理保险体系的重要性。从 1962 年的《拉洛克报告》开始，老年失能的社会风险逐渐得到正式确认，个性化护理计划、机构护理服务得到发展。MGEN 为法国教育系统提供基本医疗管理以及健康和长期护理补充险，失能风险由各个年龄层的相互保险会员共同分担，长期护理缴费额度较低。除团体险外，MGEN 还提供自选性的额外附加长期护理保险。MGEN 长期护理保险实施六年以来的经验表明，法国社会对老龄化和长护需求的关注度提升，未来研究的重点是如何保持财务稳定性。MGEN 的创新点是对失能会员提供更强大的资金支持：将原有两个级别的给付金额拓展为四个级别，为刚进入失能状况的会员提供资金，并增加失能风险发生之前的预防举措投入。

通过回顾各分报告我们可发现，中国长期护理保险一年半的试点探索，是无规律、无经验、无统一标准"摸着石头过河"的艰难时期，但更是未来长期护理保险发展规范化、制度化最好时期的开端。构建长期护理保险制度，需要业界和学术界将各地试点经验有机整合、理性思考，更需要从面向未来、提升人民福祉的视角，建立统一的制度参数和评估标准，设计长远的制度规划。

四、报告的未尽之处及进一步研究的空间

由于时间有限，《中国养老金发展报告（2017）》无法全面总结中国长期护理保险一年半以来的经验、教训及启示，在诸多方面还留有进一步研究的空间，需要团队的继续探讨和同行的不懈努力。

第一，失能风险的特殊性及治理方式研究。失能风险不同于疾病风险，其特点是资格人群高龄化，服务具有复杂性，风险具有长尾性，容易引发长期护理保险基金的财务赤字。结合失能风险的特殊性来发展长期护理保险，探索新的风险治理渠道，是需要深入研究的领域之一。

第二，中国 15 个试点地区的各类标准差异很大，如何建立统一的筹资、评估、准入标准，形成全国性的指导意见。从失能状况评估标准看，有的地区直接使用传统的 Barthel 指数评定量表，有的地区开发了一套更复杂的指标评估体系。从缴费标准看，既有不要求参保人或者企业缴费的，也有要求缴费的；既有从基本医疗保险基金中直接扣缴的，也有单独建立长期护理保险基金的。从受益对象看，有的地区仅包括重度失能者，有的地区包括中度失能者，有的地区还包含了更广泛的补偿对象。中国不同地区之间的人口老龄化程度、社会经济发展水平的差异都

比较大，筹资与缴费水平不能形成"绝对值"上的统一，但应统一比例，最关键的是应统一评估标准，统一待遇享受的资格条件。否则可能同一位失能者，在试点 A 地区被界定为中度失能，在 B 地区评估为重度失能；或是在 A 地区可以享受长期护理保险待遇，在 B 地区则无待遇资格。上述情况都将影响制度的横向公平性，甚至影响激励性及可持续性。评估标准、比例、资格条件如何设定，还有待时日，需要学界与业界的充分研讨。

第三，如何建立全方位、体系化的长期护理服务配套措施。长期护理保险制度不是一个孤岛，它对社会服务、市场供给和政策支持的依存程度高于其他"五险"。这些配套措施包括服务机构的准入与淘汰机制、专业人员培训与职业发展机制、基金管理与运营、服务标准设定及质量监管、税收等政策优惠等。上海、青岛等试点城市已经做出有益探索，可为其他地区提供经验借鉴。

第四，中国长期护理保险未来将面临巨大的支付压力，应对财务风险必须做到未雨绸缪。我国人口老龄化高峰尚未到来，2015 年中国部分失能和完全失能老年人已经超过 4000 万人，城乡失能率据测算已经超过 10%[①]。未来的长期护理保险开支将不容小觑。当前，各地长期护理保险制度刚刚建立，没有出现基金收支失衡，但风险因素已经存在。例如，试点地区的筹资在很大程度上依赖于基本医疗保险基金划转和财政补贴，个人或无须缴费，或缴费比例很低。当"银色浪潮"到来，筹资不足与开支过大将成为并存的风险因素，特别是经济欠发达地区的财政压力将会十分明显。预防长期护理保险基金财务危机需要建立精算平衡机制，通过失能等级评估严把待遇支付这个"出口关"，并设立风险准备金。以上措施的具体细节也是今后的研究方向。

第五，如何更好地倡导居家服务，以合理使用长期护理服务资源。居家服务是控制长期护理保险费用支出、优化护理资源配置的有效途径，也是其他国家的成功经验。德国长期护理保险一直鼓励居家照护和近亲友照护，为选择居家照护的失能者提供较高的服务标准，为全职从事照护服务的近亲友缴纳失业保险和养老保险。中国各个试点地区也采用了鼓励居家的策略，除长春暂时未提供居家护理服务外，其他试点地区基本上是按照居家服务和机构服务两种形式向参保人提供长期护理服务的。居家照护不仅与国际惯例相一致，更符合中国人几千年来家庭养老的文化传统，因此受到政府职能部门、服务提供机构和保障人群的共同认可，也值得学界深入探讨。

第六，如何将新的保险形式融入长期护理保险，实现制度创新。例如，四川成都采用了相互保险的形式，突破了在社会保险和商业保险之间进行选择的思维惯性。其实，相互保险在中国是一个新名词，但它是人类社会最早出现的保险形式，如今在世界保险市场，特别是西方发达国家保险市场中也占有很大份额。法国 MGEN 相互保险公司就成功增设了相互制长期护理保险。但国际上的成熟经验在中国"落地"有一定难度，需与具体国情相结合进行优化改造升级，也需要引进相关专业人才以及建设辅助系统，更需要验证"政府引导、市场自发"这一模式是否可行。此外，偿付能力监管、会计准则适用、工商与税务细则方面也期待更多"量体裁衣"的新规和技术创新手段。

各国的长期护理保险制度都是在特定的背景下应运而生的，如以色列是为了安置好民族迁移而带来老年移民，日本是为了解决人口高龄化问题，这些国家都有"不得已而为之"的无奈。而当今中国着手发展长期护理保险可谓恰逢其时，一是中国人口老龄化速度很快但并未达到峰值，现在建立长期护理制度属于"未雨绸缪"，可避免"亡羊补牢"带来的巨大沉淀成本。在中国进入"深度老龄化"之前，长期护理保险很幸运地拥有 10 年建立、发展、稳态的"窗口期"，随着时间的推移，这个窗口会越来越小。把握机遇尽快建立长期护理保险，是时不我待的历史任务。二是社会保障整体向好，养老保障和医疗保障的良好发展为长期护理保险准备了前提条件。基本养老保险基金投资体制已运行一年，企业年金市场在税收优惠政策指引下稳定发展，个人税优健康商业险已在全国铺开。三是中国正面临最丰厚的长期护理服务及保障行业制度红利。中共十八届五中全会通过的《"十三五"规划建议》首次从国家战略层面上提出探索建立长期护理保险制度，80 号文件将这一国家战略推向实践。这些都促成长期护理保险制度来到千载难逢的十字路口，理性定位并瞄准改革方向才可能飞速前行。

正如习近平总书记在中共十九大报告中所言，"要坚持在发展中保障和改善民生，在幼有所育、学有所教、劳有所得、病有所医、老有所养、住有所居、弱有所扶上不断取得新进展，保证全体人民在共建共享发展中有更多获得感"。毋庸置疑，失能老人在经济上、生活能力上、保障上都是弱势群体，也可能导致整个家庭进入"衰退期"。尽力改善生活质量，减轻家庭经济负担，为人生暮年点亮生命之光，让失能老人有尊严，也让整个家庭有尊严，这不仅有助于提升失能老人及家庭成员的获得感，也是学界和业界乃至整个社会保障体系的共同责任。

[①] 民政部：三部门发布第四次中国城乡老年人生活状况抽样调查成果，http://www.mca.gov.cn/article/zwgk/mzyw/201610/20161000001974.shtml。

第一部分
年度发展篇

分报告一
2010年以来基本养老保险基金运行情况评估与展望
——形势日趋严峻，应坚决深化改革

一、2010年以来城镇职工基本养老保险参保状况评估

截至2016年底，城镇职工基本养老保险制度的参保人数为3.79亿人，比2015年增长了7.26%，增速提高了3.64个百分点。其中，参保职工人数为2.78亿人，比2015年增长了6.13%，增速提高了3.43个百分点；离退休人数为1.01亿人，比2015年增长了10.51%，增速提高了4.13个百分点。因此，制度赡养率进一步上升至36.31%，比2015年提高了1.44个百分点。回顾2010年以来城镇职工基本养老保险参保状况，可以注意以下五点：

（一）扩面工作已经取得了突出成效

为了让尽可能多的劳动者及其家属可以从中获得基本养老保障，城镇职工基本养老保险制度一直将"广覆盖"作为基本方针，因此，扩面也一直被当作政府城镇职工基本养老保险工作的重心之一。例如，国家"十二五"规划已把"广覆盖"作为社会保障四大方针之一[①]，在2005年颁布的一项重要改革法规中，国务院明确要求"当前及今后一个时期，要以非公有制企业、城镇个体工商户和灵活就业人员参保工作为重点，扩大基本养老保险覆盖范围"[②]，《社会保障"十二五"规划纲要》还提出了城镇职工基本养老保险参保人数目标[③]。政府的扩面工作也因此取得了显著成效，2016年的总参保人数超过了1998年新制度开始实施时总参保人数的3倍，占当年城镇就业人数的67.17%。特别是，从城镇职工基本养老保险金中领取养老金的人数已经超过了1亿人，是1998年的3.7倍。扩面带来的缴费人数快速增长，再加上社会平均工资不断上涨带来的缴费基数的快速提高，使得作为养老保险基金主要来源的征缴收入快速增长，使得基金累计结余也快速增长，从而保证了城镇职工基本养老保险制度支付能力的不断提高。

为了更好地展示扩面的效果，我们可以关注一个更长时期内城镇职工基本养老保险制度赡养率的变化。如图1-1所示，1990~1998年，每年的离退休人数增长率都高于职工人数增长率，使得制度赡养率快速地从18.55%上升到32.17%。统账结合的新制度在1998年实行之后，直到2011年，大部分年份职工人数增长率都高于离退休人数增长率，使得制度赡养率虽然有所波动，但波动幅度不大，始终保持在31%~34%，这在我国人口急剧老龄化的背景下是十分难得的。这一成绩主要得益于政府多年来大力推进扩面工作。一方面，城镇职工基本养老保险制度覆盖面从企业部门向其他部门的扩展，曾经也有助于降低整个制度的赡养率。例如，2010~2012年，企业的制度赡养率分别为36.10%、33.61%和33.96%，其他人员的制度赡养率分别为21.31%、25.13%和29.69%；而在2011年和

[①] 参见《中华人民共和国国民经济和社会发展第十二个五年规划纲要》，网址：http://news.xinhuanet.com/politics/2011-03/16/c_121193916_19.htm。

[②] 参见《国务院关于完善企业职工基本养老保险制度的决定》，网址：http://www.gov.cn/zwgk/2005-12/14/content_127311.htm。

[③] 参见《国务院关于转批社会保障"十二五"规划纲要的通知》，网址：http://www.gov.cn/zwgk/2012-06/27/content_2171218.htm。

2012年，企业参保人数增长率分别为10.20%和6.15%，其他人员参保人数增长率分别为14.87%和12.48%①。其他人员参保人数以快得多的速度增长，显然有助于稳定城镇职工基本养老保险制度的制度赡养率。另一方面，从企业部门看，城镇职工基本养老保险制度覆盖面从国有企业和集体企业向其他经济类型企业扩展，这也有利于降低整个企业部门的制度赡养率。近些年来，国有企业和集体企业的参保人数增速一直比较低，而港澳台及外资企业、其他各种经济类型企业的参保人数以较快的速度增长，到2015年底，其他各种经济类型企业的参保人数已经达到1.21亿人，比国有企业参保人数多3926.53万人；港澳台及外资企业的参保人数也已经达到2303.45万人，比城镇集体企业参保人数多182.61万人。从参保人员的年龄结构来看，国有企业和集体企业参保人员的制度赡养率长期处于高位，在2010~2015年，国有企业的制度赡养率持续上升，从65.02%上升至70.85%，而同期集体企业的制度赡养率一直处于第一位，从68.94%上升至77.07%。与此相比，其他各种经济类型企业和港澳台及外资企业参保职工的制度赡养率仍然处于较低的水平，2010~2015年，港澳台及外资企业的制度赡养率一直保持在3%~4%；其他各种经济类型企业的制度赡养率也一直保持在15%左右。这也正是在人口老龄化加剧的背景下企业部门基本养老保险制度赡养率近些年来仍然处于下降趋势的基本原因。

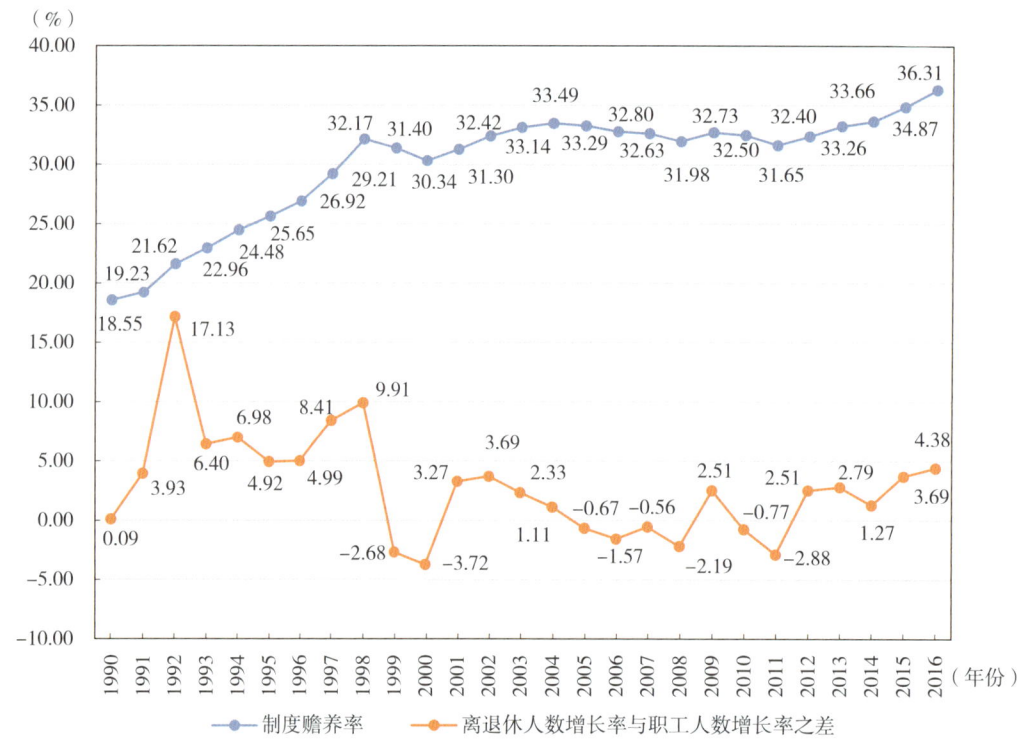

图1-1　1990~2016年城镇职工基本养老保险参保状况

资料来源：人力资源和社会保障部。

（二）制度负担的地区差异没有因扩面而缩小

城镇职工基本养老保险制度负担的地区差异不仅没有随着时间的推移自动缩小，反而有扩大的趋势。2010~2015年，32个省份（含新疆兵团）城镇职工基本养老保险制度的制度赡养率标准差从12.24%上升至13.82%（见图1-2）。最高的5个省份制度赡养率平均值与最低的五个省份制度赡养率平均值之差也从38.34%上升至40.99%（见图1-3）。制度赡养率地区差异的扩大，除了历史原因外，劳动人口从经济欠发达地区向经济较发达地区大规模流动是一个重要因素。它意味着负担较重的省份负担更重了，而负担较轻的省份负担更轻了。因此，如果不能尽快推动基础养老金全国统筹的实现，中央财政将不得不持续增加对负担较重省份的支持。

---

① 郑秉文：《中国养老金发展报告2014》，经济管理出版社2014年版。

分报告一　2010年以来基本养老保险基金运行情况评估与展望

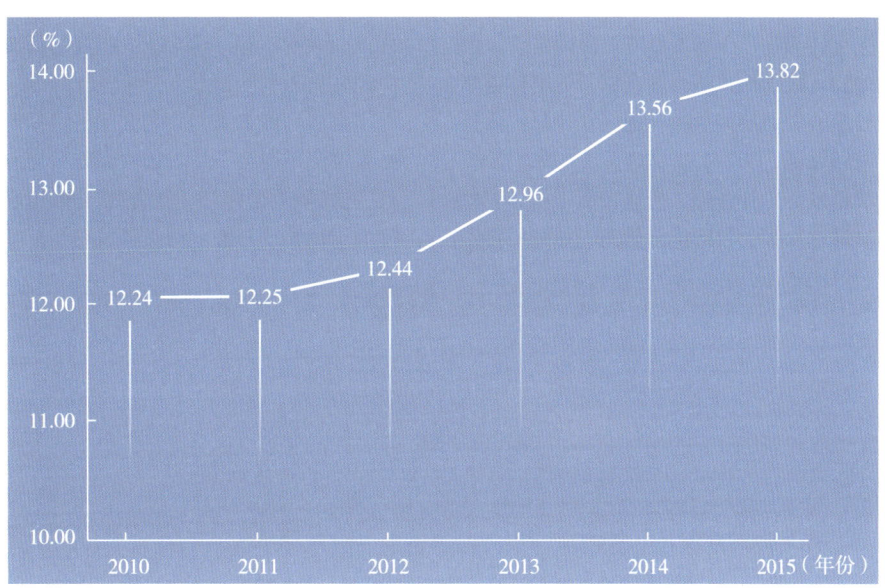

图1-2　2010~2015年各个省份城镇职工基本养老保险制度赡养率标准差

资料来源：人力资源和社会保障部。

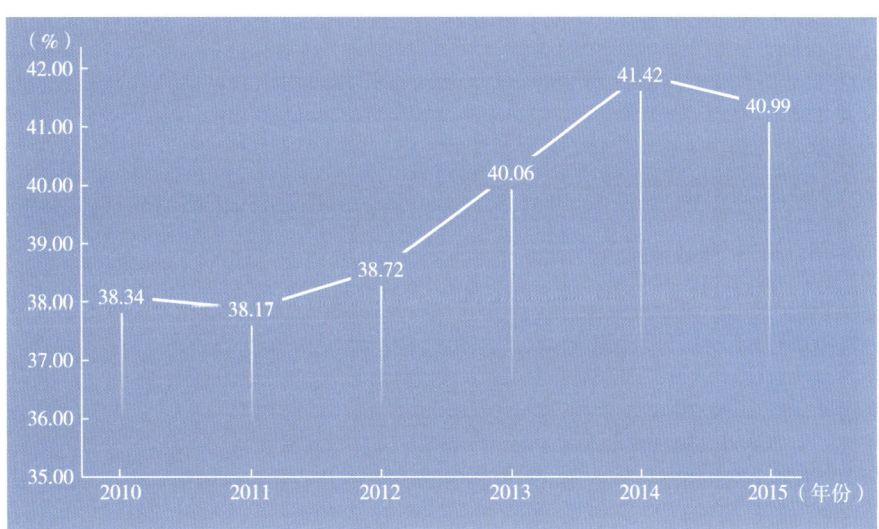

图1-3　2010~2015年各个省份城镇职工基本养老保险制度赡养率前五名平均值与后五名平均值之差

资料来源：人力资源和社会保障部。

（三）此前的扩面工作将对制度财务可持续性产生深远影响

这么多年的扩面工作尽管已经取得了突出成效，但也会对城镇职工基本养老保险制度的财务可持续性产生深远影响。强有力的扩面工作把越来越多缺乏可持续缴费能力的劳动者拉入城镇职工基本养老保险制度覆盖范围之中，使得这些年未缴费人数占参保职工人数的比重持续上升。这一比例在2006年为10.02%，到2015年已经上升至19.07%，也就是说，每10个参保职工中就有接近2个人处于未缴费状态。具体到一些省份，情况就更加严重了。例如，海南省2015年企业部门（包括企业和以个体身份参保的人员）的缴费人数占参保职工人数的比例只有58.26%，广东和河南的这一比值也都低于70%（见图1-4）。如果将这种状况与最低缴费年限15年结合起来，就足以对制度未来的财务可持续性产生重要影响。除此之外，经过强力扩面工作才加入城镇职工基本养老保险的群体通常是平均收入水平较低的中下层劳动者，他们往往是收入再分配的受益者，也就是说，加入的群体越多，国家需要投入的再分配资金就越多。另外，为了推进扩面工作，一些地方政府采取了增强制度吸引力的优惠措施，如降低特定群体的缴费率等，这会减少制度的征缴收入，却没有相对应地降低未来养老金支付责任。当然，这里需要强调的是，并不是因恐惧未来的养老金支付责任而反对扩面，而是有必要提醒不要为了暂时的"好处"而忽视未来的风险。而且，这里涉及另一个问题，就是城镇职工基本养老保险制度的定位及其与城乡居民基本养老保险的边界问题。如果

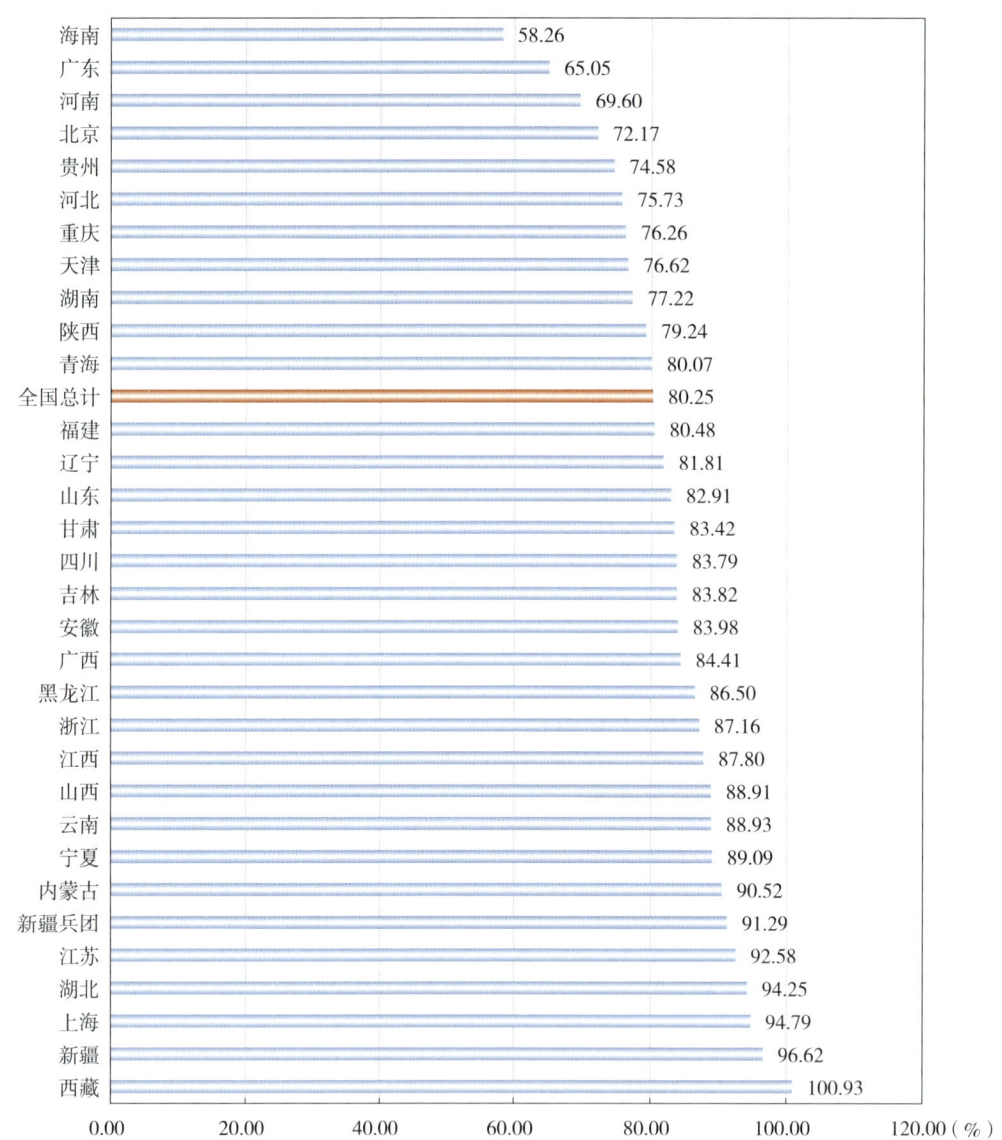

图 1-4　2015年各个省份企业部门缴费人数占参保职工人数的比例

注：笔者所得到的西藏缴费人数为9万，而参保职工人数为8.92万，考虑到缴费人数通常不会超过参保职工人数，所以，可以推定西藏缴费人数数据为四舍五入的结果，这也造成了图1-4中相应比例超过100%。

资料来源：缴费人数数据来自《中国社会保险发展年度报告2014》和《中国社会保险发展年度报告2015》，比率数据由作者计算而得。

将城镇职工基本养老保险制度界定为带有一定再分配功能的社会保险制度,它理论上的覆盖对象就应该是有一定的可持续缴费能力的劳动者;如果将它界定为一种更具福利色彩的制度安排,那么,它与城乡居民基本养老保险制度的边界又在哪里?它与国家为了帮助低收入群体而设置的各种社会救助制度在功能上是否重叠?因此,较为合理的思路应该是:城镇职工基本养老保险制度仅覆盖有一定的可持续缴费能力的劳动者,而将缴费能力较差或缴费缺乏持续性的劳动者引向城乡居民基本养老保险制度。

(四)扩面任务已经大致完成,制度拐点已经出现,趋势明显

随着机关事业单位职工加入城镇职工基本养老保险,可以说,作为政府工作重心的扩面工作已经大致完成了其主要任务。原因是,2007~2016年的10年间,城镇职工基本养老保险参保职工人数与城镇就业人数之比从49.05%上升至67.17%(见图1-5)。也许会存在这样的疑问:不是还有超过30%的城镇就业者没有参加?首先,两者的统计口径不一致,例如,2015年参加城镇职工基本养老保险的机关和事业单位职工只有大约1600万人,而同期统计年鉴中仅教育业城镇单位就业人数、公共管理和社会组织城镇就业人数之和就超过了3300万,因此,如果机关事业单位职工都加入进来,上述比值应该会被提高。当然,也存在这样的情况,参加了城镇职工基本养老保险制度的就业者没有被中国统计年鉴统计进去;但是,也同样存在被中国统计年鉴统计进去的就业者没有参加城镇职工基本养老保险制度的情况。关键是,2015年城镇单位就业人数只有大约1.8亿人,而当年城镇职工基本养老保险参保职工人数已经超过了2.6亿人,两者相差8000万人,这足以说明正规部门的就业者已经大多参加了城镇职工基本养老保险制度,许多有较强缴费能力的非正规就业者也已经加入(2015年以个体身份加入的参保者超过了5800万人),剩下的尚未加入的潜在群体大多是缴费能力较差、参保意愿不强的劳动者,因而基本上都属于较难扩面的群体。

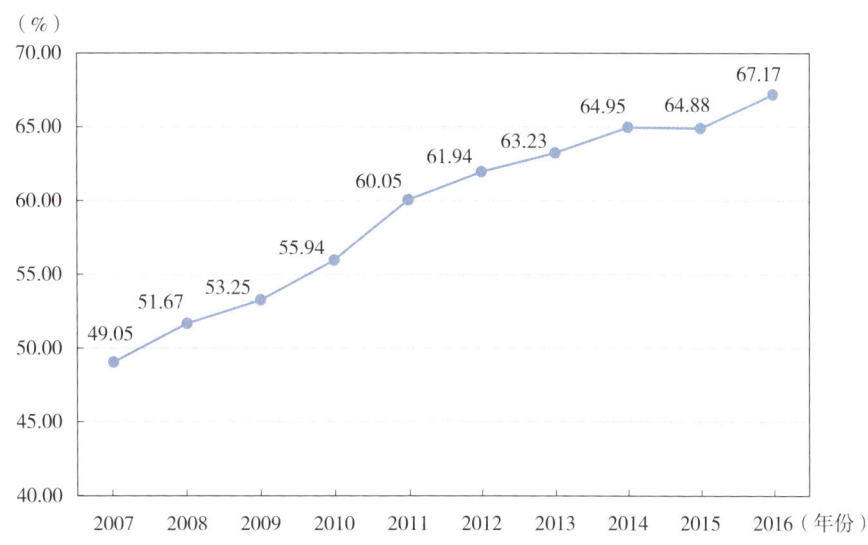

图1-5 2007~2016年城镇职工基本养老保险参保职工人数与城镇就业人数之比

资料来源:人力资源和社会保障部。

更重要的是,城镇职工基本养老保险制度的发展拐点已经在2011年出现。如果说1998~2011年是城镇职工基本养老保险制度的快速发展与收割期,其突出表现是随着参保人数的快速增长制度赡养率稳中有降,那么,2011年之后制度赡养率的连年上升(到2016年已经达到36.31%,见图1-1),则意味着制度发展已经进入了"压力上升"期,也意味着依靠扩面将再也不能遏制城镇职工基本养老保险制度的制度赡养率不断上升的趋势。如图1-6所示,尽管企业的制度赡养率在2010~2015年不断下降,但其他人员(即以个体身份参保的人员)的制度赡养率在同一时期以更快的速度上升,成为总制度赡养率在2011年之后不断上升的主要原因。那么,继续扩面能否扭转这一趋势？答案是：设计良好的扩面政策也许在一定时期内还能缓解这种趋势，但不可能从根本上扭转这种趋势。基本原因是：随着人口老龄化高峰的快速逼近，潜在的扩面对象也在快速老化，他们不可能不受影响。仅在2013~2016年，我国16~59岁劳动适龄人口占总人口的比重就从67.58%下降到65.63%，而同期60岁及以上老龄人口占总人口的比例由14.88%上升至16.70%（见图1-7）。根据联合国人口司的预测，中国15~64岁劳动适龄人口规模在2025年将减少至9.81亿人，2035年减少至9.09亿人，2045年减少至8.29亿人，2055年减少至7.34

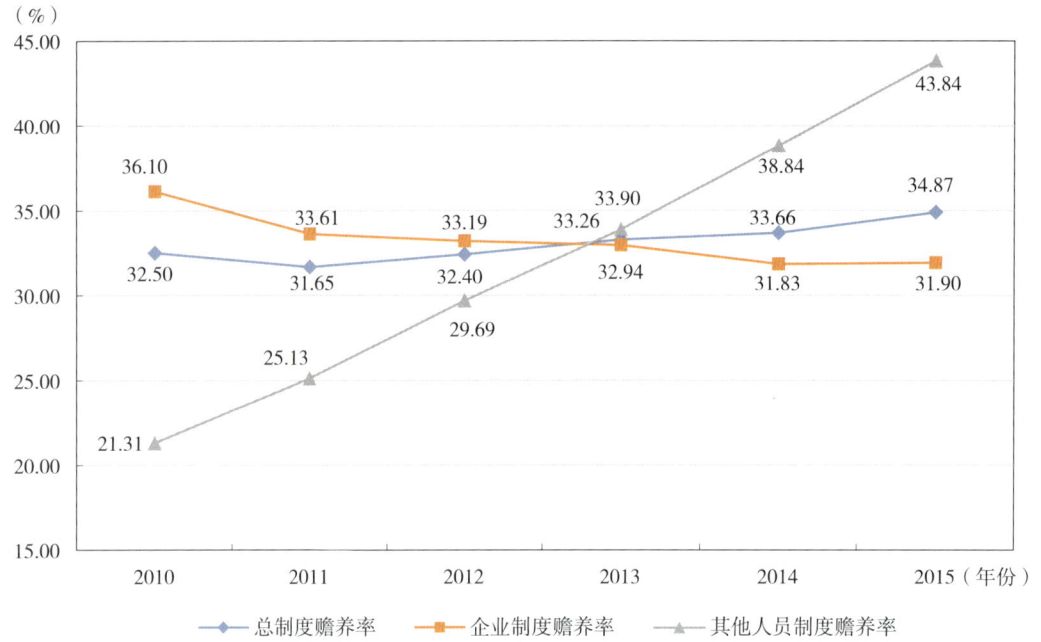

图1-6　2010~2015年城镇职工基本养老保险制度的制度赡养率

资料来源：人力资源和社会保障部。

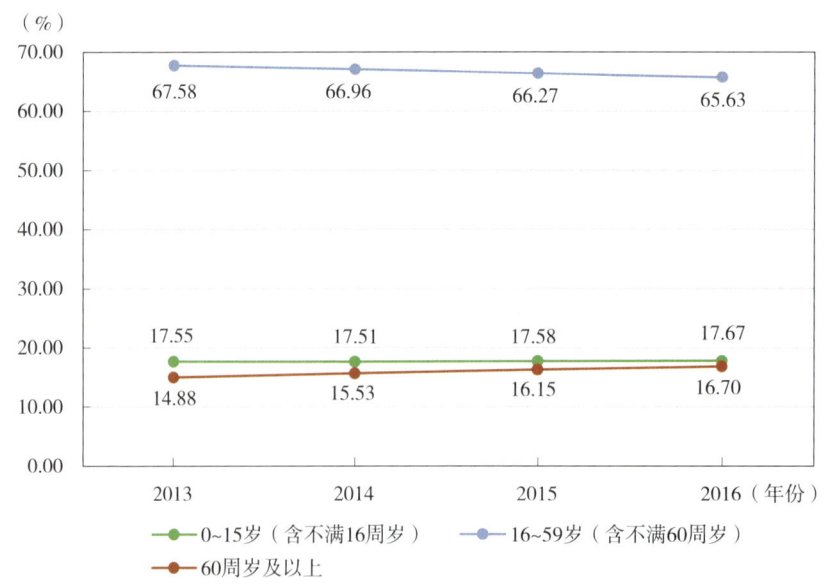

图1-7　2013~2016年中国人口年龄结构变化

资料来源：2013~2016年的《国民经济和社会发展统计公报》。

亿人；65岁及以上老年人口规模则逐年增加，到2030年激增至2.29亿，2045年达到3.23亿。在这种背景下，只有快速提高法定标准退休年龄，才能在一定的时期内缓解城镇职工基本养老保险制度的制度赡养率不断上升的压力，但这种政策短期内无论是从政治上还是从经济上看都几乎是不可能的。

（五）未来的扩面工作应聚焦于有一定的可持续缴费能力的特定群体

随着扩面的潜力逐步耗尽，通过扩面提升城镇职工基本养老保险制度财务可持续性的窗口已经基本关闭，而制度财务可持续性问题又日益严峻，已经引发了人们越来越大的忧虑，因此，政府应该更重视基金的财务可持续性问题，而降低扩面的重要性。为了做到"应保尽保"，政府仍然需要继续推进扩面工作，但扩面工作的重点应该是那些拥有一定的可持续缴费能力的就业者。鉴于国有企业和集体企业是最早加入城镇职工基本养老保险制度的单位，而且有较好的内部民主管理制度，其职工应该基本上都已经被该制度所覆盖，港澳台及外资企业和其他各种经济类型企业应该成为重点关注的对象。如图1-8所示，港澳台及外资企业职工的参保比例（参保职工人数与就业人数之比，下同）在2010年曾经达到94.25%，但到2015年已经下降至74.36%；其他各种经济类型企业职工的参保比例一直处于较低的水平，2010年为61.22%，2015年下降至54.21%，因此，这些企业还有一定的扩面潜力。而且，如前文所述，这些企业的制度赡养率还比较低，继续扩面工作有助于缓解总制度赡养率不断上升的压力。对于个体就业者而言，除非有比较充分的依据证明其有较强的可持续缴费能力，还是鼓励其参加城乡居民基本养老保险制度为好。无论如何，应当尽量避免出现"盲目扩面"的现象。

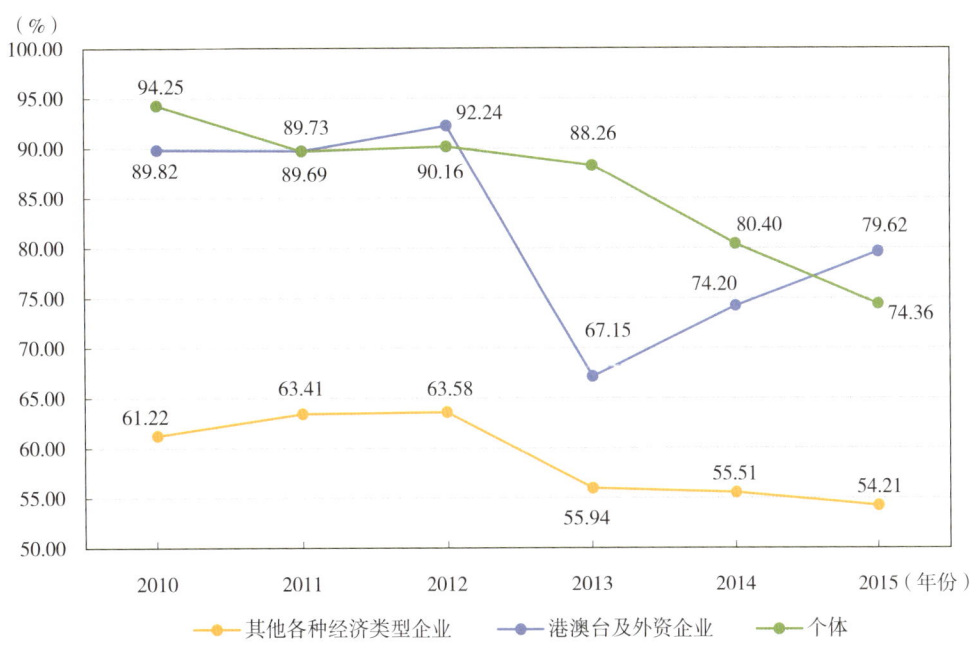

图1-8 2010~2015年三类就业群体的参保比例

资料来源：港澳台及外资企业、其他各种经济类型企业和个体参保职工人数来自人力资源和社会保障部，港澳台及外资企业与个体的就业人数来自《中国统计年鉴2016》，其他各种经济类型企业就业人数是将《中国统计年鉴2016》中各类相关企业就业人数加总而得。

二、2010年以来城镇职工基本养老保险基金运行状况评估

截至2016年底，城镇职工基本养老保险基金收入为35058亿元，比2015年增长了19.49%，增速提高了3.56个百分点；但是，基金支出达到了31854亿元，比2015年增长了23.40%，增速提高了4.74个百分点；当期结余为3204亿元，比2015年减少了324亿元；累计结余为38580亿元，比2015年增长了9.15%，增速下降了1.99个百分点。回顾2010年以来城镇职工基本养老保险基金

运行状况，可以注意以下三点：

（一）统账结合制度实施以来基金运行的拐点已经出现

如图1-9所示，城镇职工基本养老保险基金运行状况的变化与城镇职工基本养老保险制度的参保状况变化基本上是一致的。在1998年统账结合制度实施以前，虽然存在一定的波动，但城镇职工基本养老保险基金无论是当期结余率还是累计结余的可支付月数，总体上都呈下降趋势。1998年新制度实施之后，这两个指标都出现了快速上升，说明新制度的财务可持续性得到了不断加强。然而，到2011年新的拐点出现。这一年，基金当期结余率达到24.44%的峰值，同时也使得累计结余的可支付月数在2012年达到18.46%的峰值。此后，当期结余率就直线下滑，到2016年只剩下9.14%；累计结余的可支付月数也随之逐年下滑，到2016年下降至14.53个月。因此，可以进一步确定，2011年是城镇职工基本养老保险基金运行的拐点之年：这之前的13年属于基金运行状况不断改善的快速发展期，基金当期结余和累计结余都快速增长，基金的支付能力也得到了快速提升；这之后，基金运行进入"压力上升"期，当期结余率下降，基金的支付能力下滑。

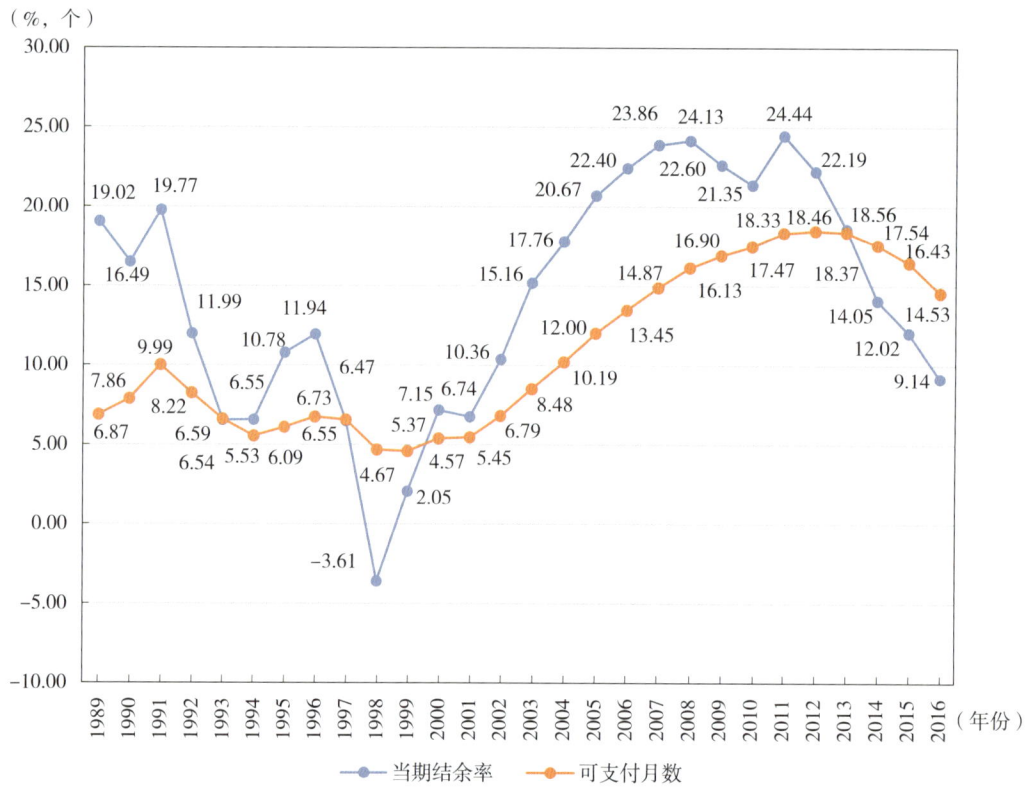

图1-9　1989~2016年城镇职工基本养老保险基金的当期结余率和可支付月数

注：可支付月数等于当年基金累计结余除以基金支出后乘以12。

资料来源：人力资源和社会保障部。

（二）养老金替代率下滑的势头得到遏制

在1998年统账结合的新制度实施之后，城镇职工基本养老保险所支付的基本养老金水平长期处于下滑之中，到2005年，人均基本养老金替代率（人均基本养老金与当期城镇单位就业人员平均工资之比）已经从大约70%急剧下降至47.01%，已经远远低于当初设计的目标替代率。此后的年份里，尽管政府每年都大幅度提高养老金水平，但企业部门人均基本养老金的替代率还是处于不断下降之中，到2012年已经下降至43.26%。其主要原因是，在2006~2011年，尽管企业部门人均基本养老金年均提高了13.18%，但城镇单位就业人员平均工资年均提高了14.88%。不过，在2012年之后，企业部门人均基本养老金的替代率下滑的趋势得到了有效遏制,其主要原因是,一方面,政府仍然坚持以每年较大的幅度提高基本养老金水平;另一方面,城镇单位就业人员平均工资上涨速度放缓。而且,如果按照全国城镇职工基本养老保险制度的缴费基数平均值,可以计算出另一种基本养老金替代率,其结果是该基本养老金替代率在近些年来的波动中有所提高(见图1-10)。这不仅说明了能够遏制基本养老金水平下滑实属不易,也从另一个角度证明了做实缴费基数的重要性。

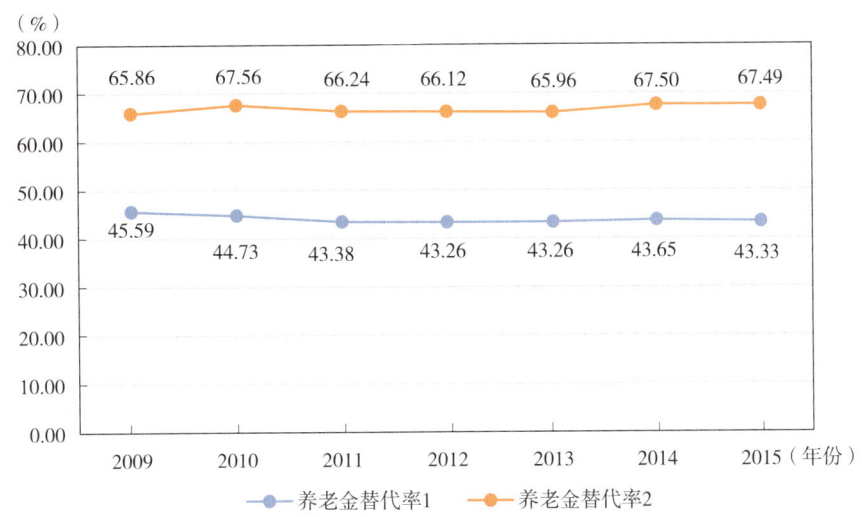

图1-10 2009~2015年城镇职工基本养老保险制度下基本养老金替代率

注:表中养老金替代率1为人均基本养老金与当期城镇单位就业人员平均工资之比;养老金替代率2为人均基本养老金与缴费基数的平均值之比。

资料来源:人力资源和社会保障部。

(三)财务状况的地区差异进一步扩大

与城镇职工基本养老保险制度赡养率的地区差异进一步扩大一样,城镇职工基本养老保险基金财务状况的地区差异也进一步扩大。也就是说,与那些城镇职工基本养老保险基金财务状况本来就较好的地方相比,那些财务状况本来就较差的地方经过这些年之后差距进一步拉大。如图1-11所示,2010~2015年,各个省份(含新疆兵团,下同)城镇职工基本养老保险基金当期结余率的标准差从11.15%上升至13.46%,标准差系数(标准差与平均值之比)也从0.65上升至1.39。从各个省份城镇职工基本养老保险基金当期结余率的前五名平均值与后五名平均值对比来看,2010年前五名的平均值为36.40%,后五名的平均值为2.62%,两者相差33.78个百分点;到了2015年,前者的平均值为32.94%,后者的平均值为-9.26%,两者相差42.20个百分点,差距拉大了8.42个百分点(见图1-12)。这些已经足以说明城镇职工基本养老保险基金当期结余状况的地区差异进一步扩大。在此期间,各个省份城镇职工基本养老保险基金累计结余也呈现出同样的趋势。2010~2015年,各个省份城镇职工基本养老保险基金累计结余的标准差系数从1.02上升至1.19;而2010年累计结余前五名平均值是后五名平均值的27.93倍,到2015年已经上升至41.98倍。相应地,各个省份城镇职工基本养老保险基金累计结余的支付能力差异进一步拉大。2010~2015年,各个省份城镇职工基本养老保险基金累计结余的可支付月数标准差从9.95上升至10.53,而标准差系数从0.56上升至0.65(见图1-13)。从各个省份城镇职工基本养老保险基金可支付月数的前五名平均值与后五名平均值对比来看,2010年前五名的平均值为34.27个月,后五名的平均值为7.23个月,两者相差27.04个月;到了2015年,前者的平均值为35.14个月,后者的平均值为5.64个月,两者相差29.50个月,差距拉大了2.46个月(见图1-14)。

这里需要再次强调的是,各个省份城镇职工基本养老保险基金财务状况差异的进一步扩大,将使决策者不得不思考以下问题:是尽快实现基础养老金全国统筹,用优势省份较多的累计结余去补贴劣势省份资金的不足,还是一方面掏更多的财政资金去补贴劣势省份，另一方面继续让优势省份掌握较多的累计结余？

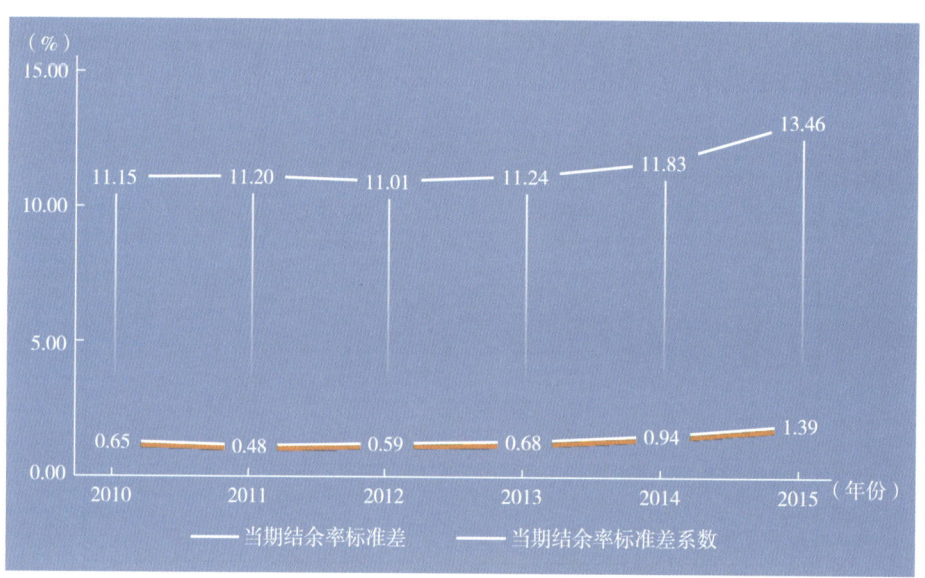

图 1-11　2010~2015 年各个省份城镇职工基本养老保险基金当期结余率标准差与标准差系数

注：标准差系数为标准差与平均值之比，下同。
资料来源：人力资源和社会保障部。

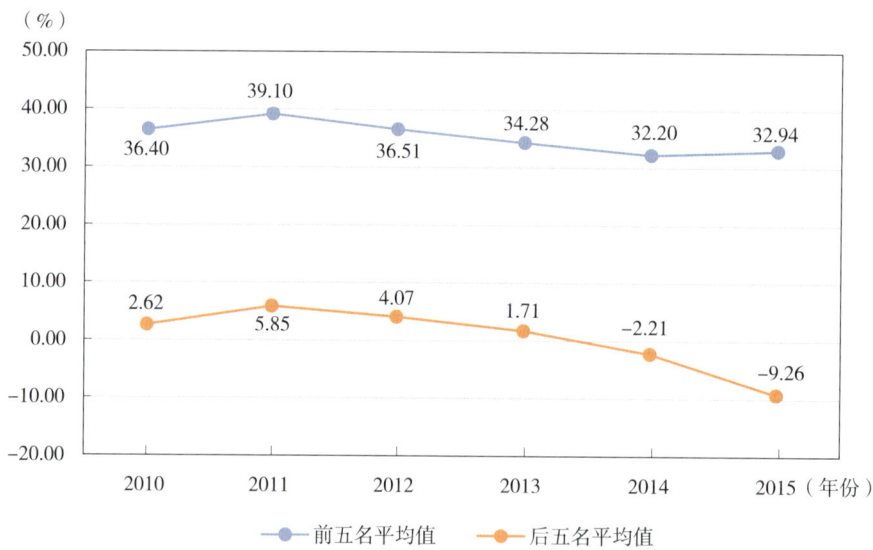

图 1-12　2010~2015 年各个省份城镇职工基本养老保险基金当期结余率前五名平均值与后五名平均值

资料来源：人力资源和社会保障部。

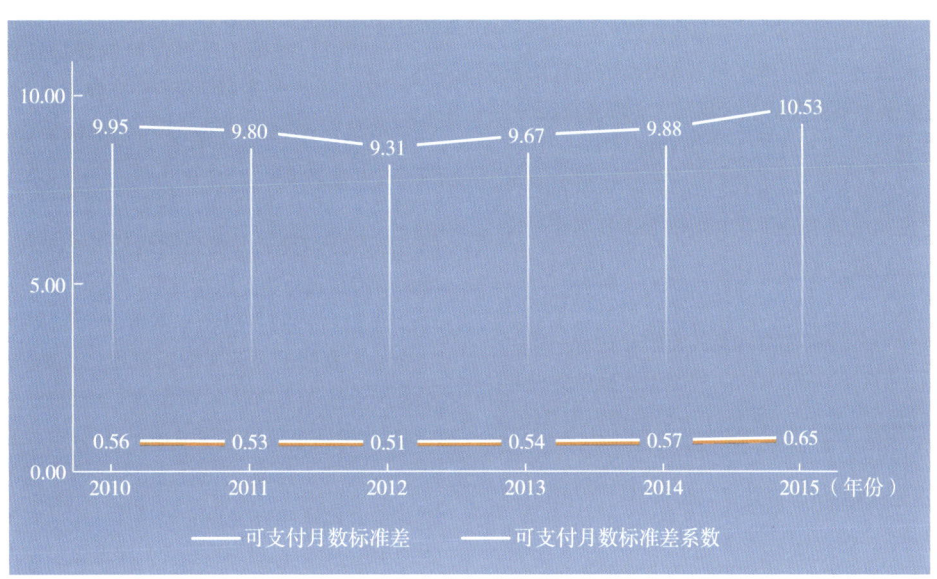

图 1-13　2010~2015 年各个省份城镇职工基本养老保险基金可支付月数标准差与标准差系数
资料来源：人力资源和社会保障部。

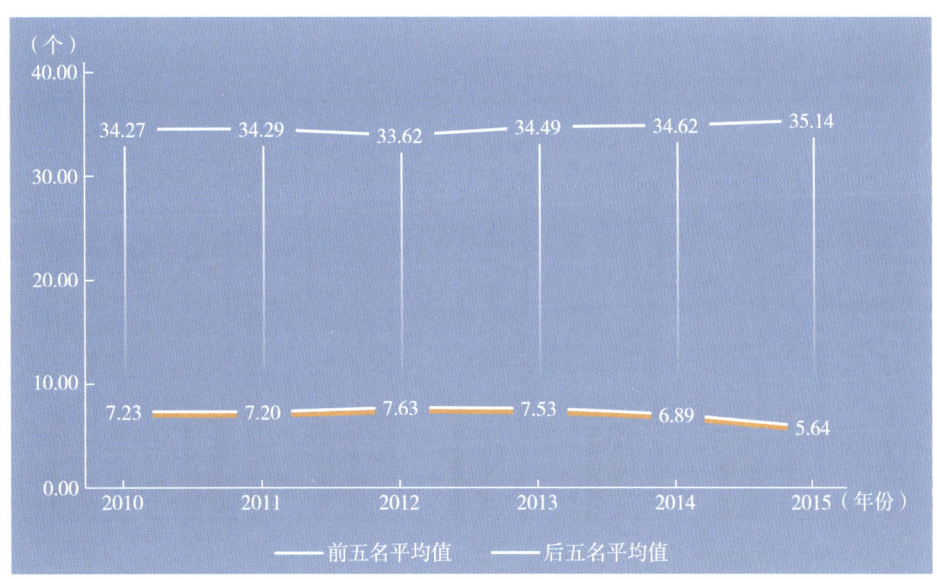

图 1-14　2010~2015 年各个省份城镇职工基本养老保险基金可支付月数前五名平均值与后五名平均值
资料来源：人力资源和社会保障部。

三、城乡居民基本养老保险制度发展状况评估

随着社会经济发展，逐步建立和完善基本养老保障制度，为全体国民提供水平适度的养老保障，实现老有所养，是我国社会保障制度改革与建设的主要目标之一。但是，一直到20世纪末，对于绝大部分越来越需要基本养老保险的广大农村居民和城镇居民而言，城镇职工基本养老保险制度在当时却又显得可望而不可即。进入21世纪以后，在民政系统的推动下，一些地方开始探索建立农村基本养老保险制度。虽然当时的制度设计及其实施存在着一系列比较突出的问题，但在此基础上的一些努力，最后促使新型农村基本养老保险制度于2009年在全国范围得以建立。2011年，城镇居民基本养老保险制度建立，从而宣告我国实现了基本养老保险制度全覆盖。2014年，新型农村基本养老保险制度与城镇居民基本养老保险制度合并为城乡居民基本养老保险制度，标志着我国养老保险制度已经跨越城乡分别建设的阶段，进入城乡制度共同设计、共同发展的新阶段。回顾2011年以来的城乡居民养老保险制度发展，可以发现：

（一）参保人数增长已转入低速，领取待遇人数所占比例稳步上升

在城镇居民基本养老保险制度最初建立的2011年，城乡居民基本养老保险制度的参保人数实现了"爆炸式"增长，猛增至3.26亿人，增长率达到了217.64%；同年，领取待遇人数也猛增至8922万人，增长率达到了211.67%。到了2012年，城乡居民基本养老保险制度参保人数和领取待遇人数分别达到了4.84亿人和1.34亿人，增长率均快速下滑，但增速仍然分别有48.18%和49.99%。2013年以后，城乡居民基本养老保险制度参保人数和领取待遇人数都进入低速增长阶段。2016年城乡居民基本养老保险参保人数达到了5.08亿人，比2015年只增长了0.74%，增速也仅提高了0.01个百分点。其中，领取待遇人数达到了1.53亿人，比2015年也只增长了3.17%，增速下降了0.23个百分点（见图1-15）。由于潜在参保群体已经变少，估计城镇居民基本养老保险制度的参保人数和领取待遇人数都难以再恢复高速增长。2011~2016年，受人口老龄化加速等因素的影响，城镇居民基本养老保险制度领取待遇人数占参保人数的比例一直在上升，从27.33%上升至30.03%（见图1-16），预计这种趋势还将继续下去。

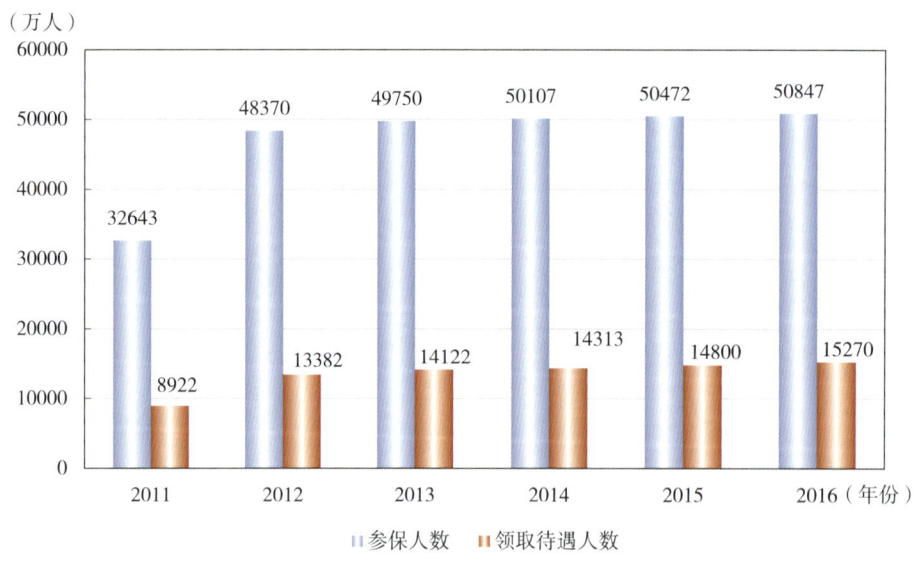

图1-15 2011~2016年城乡居民基本养老保险制度参保人数与领取待遇人数

资料来源：人力资源和社会保障部。

分报告一　2010年以来基本养老保险基金运行情况评估与展望

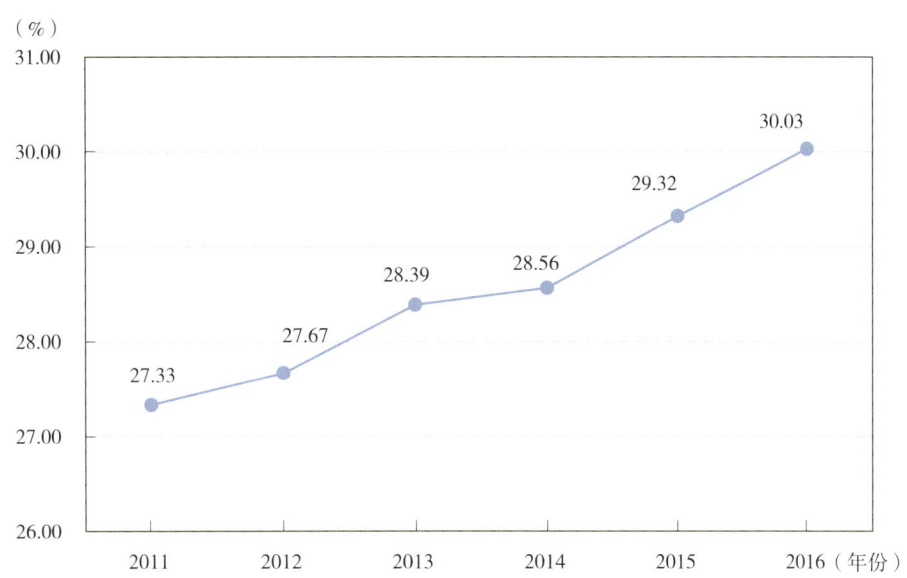

图1-16　2011~2016年城乡居民基本养老保险制度领取待遇人数占参保人数的比例

资料来源：人力资源和社会保障部。

（二）城乡居民基本养老保险基金运行状态依然良好

2011~2016年，虽然城乡居民基本养老保险基金收入、支出和累计结余的增速都有所下降，但基金整体运行状况尚好。在此期间，城乡居民基本养老保险基金收入从1070亿元增长到2933亿元，增长了174.19%；而基金支出从588亿元增长到2150亿元，增长了265.84%。但是，由于财政的大力支持，基金累计结余从1199亿元增长到5385亿元，增长了349.06%（见图1-17）。相应地，基金累计结余可支付月数也在波动中有所上升，从2011年的24.49上升到2016年的30.06（见图1-18）。

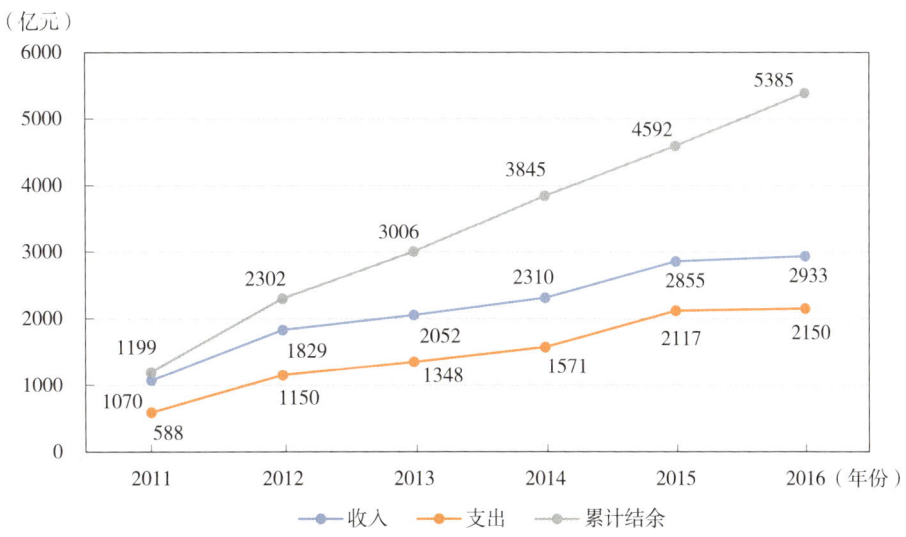

图1-17　2011~2016年城乡居民基本养老保险基金收入、支出和累计结余

资料来源：人力资源和社会保障部。

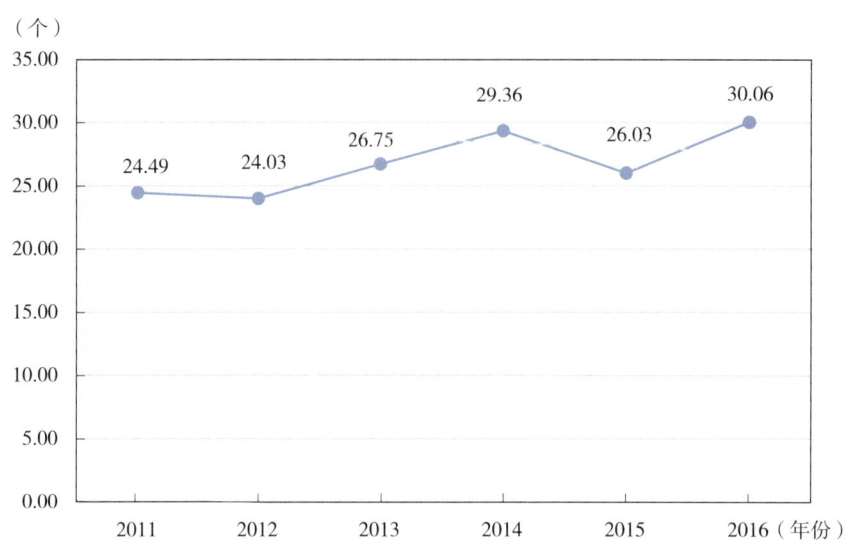

图1-18 2011~2016年城乡居民基本养老保险基金可支付月数

资料来源：人力资源和社会保障部。

(三) 个人人均缴费上升缓慢，但基金人均支出增长较快

2011~2016年，城乡居民基本养老保险制度的个人人均缴费上升缓慢，从2011年的177.59元上升到2016年的205.75元，仅上升了15.86%，特别是2012年相对于2011年竟然有所下降（见图1-19）。同期全国人均可支配收入由14551元上升至23821元，上升了63.71%。这说明，尽管已经对缴费制度进行了调整或改进，城乡居民基本养老保险制度对个人缴费的吸引力仍然有限。因此，同期个人缴费占城乡居民基本养老保险基金收入的比例大幅下滑，从2011年的39.38%下降至2016年的24.96%；不过，2016年相对2015年有小幅反弹（见图1-20）。与此相反，城乡居民基本养老保险基金人均支出在此期间以较快的速度增长，从2011年的659元增长至2016年的1408元，增长了113.75%，但是，2016年相对2015年有小幅下降（见图1-21）。

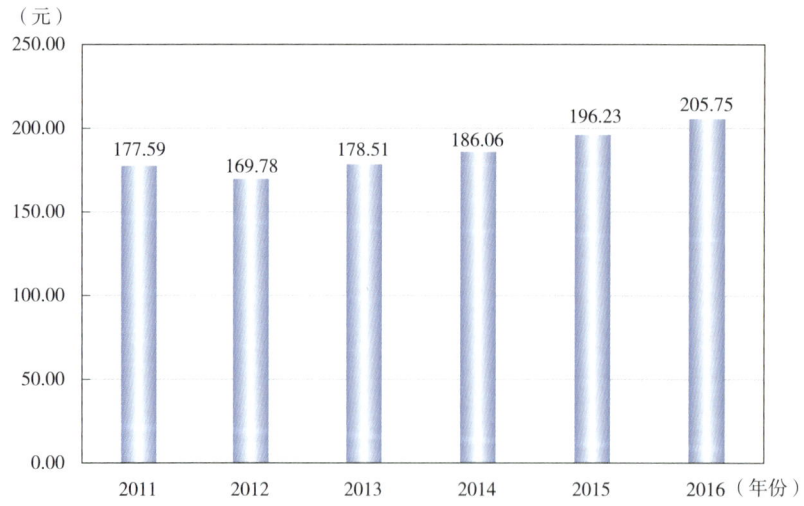

图1-19 2011~2016年城乡居民基本养老保险制度个人人均缴费

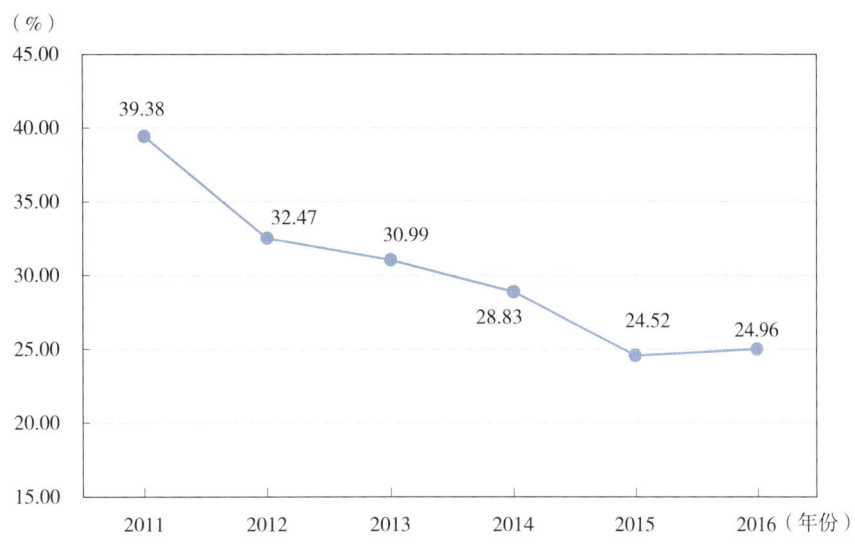

图 1-20　2011~2016 年城乡居民基本养老保险制度个人缴费占基金收入的比重

资料来源：人力资源和社会保障部。

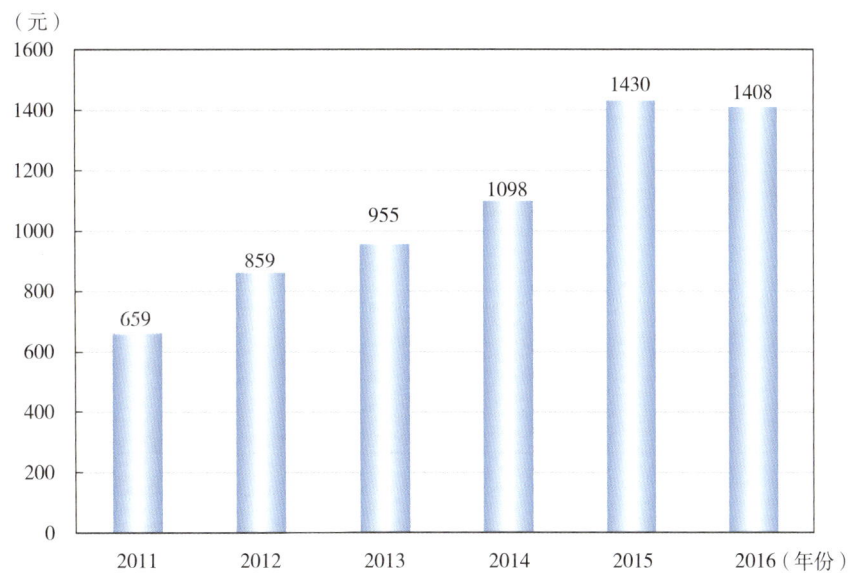

图 1-21　2011~2016 年城乡居民基本养老保险基金人均支出

资料来源：人力资源和社会保障部。

四、城镇职工基本养老保险财务制度改革应顺势而为

法定退休年龄调整政策迟迟难以出台，降低费率呼声很高，但难以一蹴而就，不断提高养老金水平几乎已经成了一种政治需要，缓解财务压力的各种主要手段的推行都面临重重障碍，可以说，城镇职工基本养老保险制度的发展正面临严峻挑战。不过，财务制度改革才是影响当前城镇职工基本养老保险制度发展的基本问题。目前，围绕这个问题存在各种观点和主张，但是，要使改革顺势而为，就应该引入名义账户制度。

（一）做实个人账户，费力却不讨好

自辽宁试点开始，做实个人账户一直是政策努力的方向。然而，事实已经证明，继续做实个人账户不仅是一件很费力的事情，而且，即使做实了个人账户，也许带来的新问题比解决的问题还要多。

1. 继续做实个人账户的难度正与日俱增

第一，试点做实个人账户地区情况很不理想，做实后基金结余仍大幅减少，缺口重新出现。2000年《国务院关于印发完善城镇社会保障体系试点方案的通知》明确提出了要逐步做实个人账户。从2001年算起，目前已经经过了17个年头，但是，试点省份的基金累计结余自2014年达到高峰后，开始呈现负增长，2015年的年增长率为-34.5%。一些省份已经出现当期赤字，如黑龙江2015年当期赤字为192.43亿元，且已经连续三年赤字；辽宁2015年当期赤字为113.05亿元①。更糟糕的是，个人账户基金被挪用现象已经在试点省份重新出现，这等于宣告做实个人账户的政策事实上已经失败。以辽宁为例，试点做实三年之后，由于不能继续挪用个人账户资金，出现当期统筹资金不足以发放退休金的状况，国家和地方财政分别承担了当期支付缺口的75%和25%。此后，支付缺口越来越大，中央财政补贴也难以维系如此庞大的养老金支付要求，于是，辽宁省再次挪用个人账户资金并持续至今。

第二，城镇职工基本养老保险个人账户累计记账额规模已经十分庞大，而且增长速度快，即使把城镇职工基本养老保险基金累计结余全填进去，仍需要另外筹集大量资金才能补齐缺口。2015年个人账户累计记账额已达47144亿元，而同期基金累计结余为35345亿元，即使将累计结余全部充入个人账户，仍然有11799亿元的空账；如果要考虑必须留足资金用于养老金支付，空账规模将会更大。更重要的是，基金累计结余不仅在绝对值上低于个人账户累计记账额，近几年来在增长速度上也低于累计记账额，而且随着制度赡养率进一步上升，这种状况会进一步恶化，这将使得两者之间的差距不断扩大（见图1-22）。要想补上这个缺口，不仅需要财政投入更多的资金，国有资产转持规模也要大幅度提高，而且这两方面都要制定周密的长远规划。

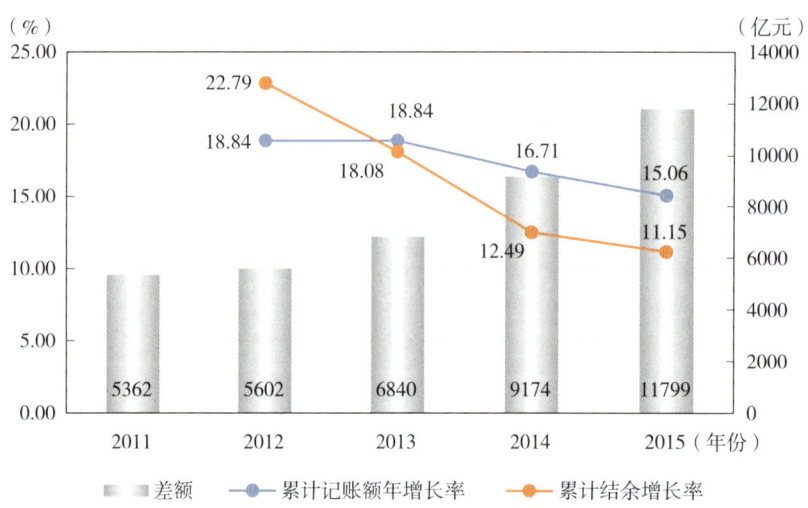

图1-22　2011~2015年城镇职工个人账户累计记账额与基金累计结余增长率比较

资料来源：人力资源和社会保障部。

2. 即使做实个人账户，带来的问题也可能多于解决的问题

毋庸置疑的是，如果动用规模庞大的国有资产并辅之以更为强有力的财政支持及其他手段，个人账户是能够被做实的。然而，事情并非到此为止，做实个人账户的目的何在？依据保罗·萨缪尔森的研究，如果"生物回报率"（工资的增长率加上劳动力增长率之和）大于利率，那现收现付制在长期运作中是有优势的；如果"生物回报率"小于利率，完全积累制则更具优势②。那么，做实后的个人账户能够有多大的可能性实现完全积累制的优势？

如果按照这么多年来个人账户基金的实际收益率或记账利率，肯定是远远达不到的。根据国务院1997年发布

---

① 郑秉文：《中国养老金发展报告2016》，经济管理出版社2016年版。
② 李珍：《社会保障理论》，中国劳动保障出版社2013年版。

的《关于建立统一的企业职工基本养老保险制度的决定》，个人账户储存额每年参考银行同期存款利率计算利息；后来虽然政策进行了一些微调，但并没有大的变化。特别是，银行一年期存款利率自2011年后只降不升，从2011年7月的3.50%、2014年11月的2.75%，到2015年10月的1.5%[①]，收益率非常低。因此，每年利息收入占基金收入的比重一直很低，2015年只有3.6%[②]。

对于职工基本养老保险基金这种极低的收益率状况，可以将之归咎于政策规定得过严，但政策制定者也有不得已的苦衷。然而，即使被当作社保类基金投资的成功典范，全国社会保障基金的年收益率与生物回报率（即社会平均工资增长率与人口增长率之和）的比较仍然不理想。2005~2015年，生物回报率的平均值为18.41%，明显高于全国社保基金收益率的平均值11.90%（见图1-23）。虽然生物回报率有缓慢下降的趋势，但全国社保基金收益率的波动幅度要大得多。更重要的是，投资市场的机会是一定的，做实后的个人账户基金将与全国社会保障基金追逐比较类似的投资机会，其结果很可能是，个人账户基金难以取得与全国社保基金一样的投资收益，全国社保基金的投资收益率也可能因此受到影响。从这个角度看，做实个人账户在一定时期内可能是不经济的。

此外，在个人账户做实之后，一系列相关问题将凸显出来。如果考虑到基金的重要意义及其可能面对的投资风险，就需要拷问现行监管体系是否足够高效、可供选择的投资管理人是否合适、投资政策如何适时做出恰当调整、如果投资失败应该采取什么样的应对措施等一系列棘手问题。如果考虑到个人账户基金的产权问题，就需要讨论职工个人在基金管理中有多大的发言权，进而衍生出投资选择权等问题。如果考虑到个人账户基金管理分散等因素，还需要制定恰当的控制成本等措施。这些问题如果不能得到比较好的解决，个人账户基金的投资收益率将会受到影响。

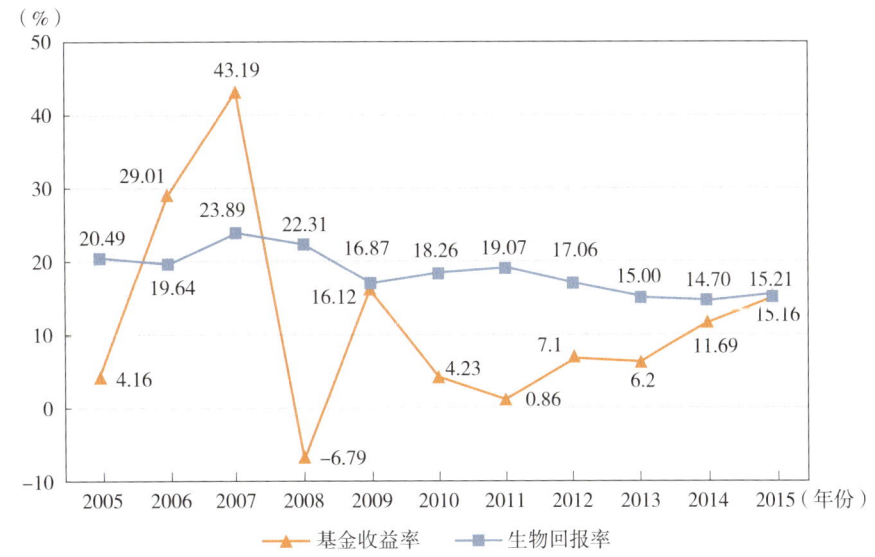

图1-23　2005~2015年生物回报率与全国社保基金年收益率的比较

资料来源：有关社会平均工资增长率和人口增长率的数据来自国家统计局官网；有关全国社保基金收益率的数据来自全国社保基金理事会官网。

（二）可以重返传统的现收现付制度只是一种奇妙的幻觉

1. 重返传统的现收现付制将产生"蝴蝶效应"

从职工基本养老保险制度中剔除个人账户，首先意味着这20多年来的探索几乎被彻底否定，而这20多年不仅是中国社会经济发展的重要机遇期，也是人口年龄结构演变的重要机遇期。因此，对于基本养老保险制度来讲，这一否定的机会成本太高，高到必须要有牢不可破的充分依据。至少到目前为止，这种依据看上去还不够充分，而不放弃的依据却有很多。这种放弃会带来一系列连锁反应，

---

① 数据来源于中国人民银行货币政策司，金融机构人民币存款基准利率（2015年10月24日更新）。
② 郑秉文：《中国养老金发展报告2016》，经济管理出版社2016年版。

除了在原有转制成本尚未解决的情况下可能带来新一轮的转制成本（包括对制度变革产生的利益受损者的补偿）之外，已经渐入正轨的管理结构需要重新撤换，制度的决策体系和运转体系也全部需要进行调整，养老金的缴费比例、待遇的计发公式（之前老中新人的待遇发放办法）、缴费年限等都需要重新制定，其他相关的法律法规等也需要调整。

2. 仅靠统筹账户难以应对人口老龄化挑战

如果职工基本养老保险制度仅保留统筹账户，将可能面临左右为难的局面。如果仅保留统筹账户，按照目前的制度设计，基本养老保险制度将只提供基础养老金，其替代率水平大约只有20%。无论如何，这样的养老金水平是不可能实现"保基本"的目标的。如果取消个人账户，不仅很有可能会导致越来越多的参保者完全失去对基本养老保险制度的信任，危及制度的稳定发展，更重要的是，其政治后果将十分严重。试想一下，在20世纪末基本养老保险制度改革之前，旧养老金制度提供了超过70%替代率水平的养老金，改革之后替代率已经大幅度下降，到2015年只约43.33%。如果下一步的改革使得替代率水平进一步急剧下降，政府的公信力何在？社会主义中国所提供的基本养老保险替代率水平远远低于资本主义发达国家，甚至也低于很多发展中国家，社会主义制度的优越性何在？因此，仅从政治上讲，这种思路就应该被否决。那么，能不能扩大统筹账户，在传统的模式下提高基础养老金水平呢？这显然也很难！中国的人口老龄化来势汹汹，2015年65岁及以上人口占总人口的比例已经高达10.47%①。在如此严峻的情况下，重返传统的现收现付制不是要走欧洲福利国家的老路吗？人口老龄化将推动基础养老金总支出快速膨胀，国家财政不得不提供越来越大的支持进而导致赤字膨胀，影响国民经济发展。

3. 以职业养老金计划代替基本养老保险个人账户并不是十分靠谱

将个人账户从基本养老保险制度中剥离出来，确实会为职业养老金计划或个人养老储蓄计划提供更大的发展空间，但是，职业养老金计划或个人养老储蓄计划并不能自动补上改革带来的养老金缺口。从世界范围内职业养老金计划或个人养老储蓄计划发展的情况看，职业养老金计划或个人养老储蓄计划的参保群体往往比较有限，即使是英国、美国、加拿大等私营养老金行业十分发达的国家，参与率也只在50%左右②，发展中国家的参与率会更低。从中国企业年金制度10多年的发展历程来看，到2015年底，参与人数也只有2316万人，仅占城镇职工基本养老保险参保人数的6.55%③。考虑到中国经济情况，即使基本养老保险规模缩小为企业年金制度发展腾出一定的空间，在今后相当长的一段时间内大部分城镇职工都难以加入自愿性企业年金计划。如果中国引入企业年金自动加入机制，企业年金参与人数也许能够大幅度增加，但整体参与状况在一定时期内仍然会与职工基本养老保险有相当大的差距。即使是那些加入企业年金计划的职工，从计划中领取的年金也会差异很大。英国曾经尝试缩小公共养老金规模，通过协议退出机制，将一部分养老责任转向私营部门，结果以失败告终。问题的关键在于职业养老金的覆盖面窄，而且第一支柱养老金过低，比较容易导致老年人贫困化问题，同时高昂的管理费用也会严重侵蚀基金本身④。因此，英国不得不放弃协议退出机制，并引入"自动加入"机制，以增强职业养老金计划的强制性。

4. 强制性个人账户有其自身存在的价值

时至今日，当初坚持统账结合的一些基本依据仍然存在。有关个人账户在基本养老保险制度中是否应该继续存在的争论，很多都是围绕现收现付制与基金积累制之间的优劣展开的。如前文所述，现收现付制与完全积累制相比在一定时期内仍然具有优势，但这并不意味着个人账户就失去了存在的价值。显然，个人账户制与基金积累制是两个层面的概念。基金积累制强调的是通过筹集资金并运用这些资金进行投资以获取收益，个人账户则强调的是对职工个人的激励。在"统账结合"模式下，个人账户承担着"自我保障，强化个人责任，提高制度激励性"的功能。个人账户所具有的"多缴多得"特性不仅有助于鼓励参保人多缴费，尤其是遏制费基被严重打折的趋势，而且有助于鼓励劳动者更长时间地努力工作，从而有利于推动经济发展。此外，将个人账户赋予强制性，还有助于纠正部分人的短视行为，形成制定长远养老计划的好习惯。基于这些考虑，可以认为，个人账户"空账"主要是一个基金积累问题，并不能成为剔除个人账户的充分理由。还有观点认为产权独立是个人账户激励机制的基础⑤，因而自愿性私营养老金计划更有激励性。但是，从各国的私营职业养

---

① 数据来源于国家统计局官网。
② 柳发根：《我国企业年金覆盖面扩展问题研究文献综述》，《改革与战略》2014年第2期。
③ 数据来源于人力资源和社会保障部网站。
④ 胡继晔：《英国养老金：挑战、改革与监管》，《中国社会保障》2011年第10期。
⑤ 郑秉文：《"名义账户"制：我国养老保障制度的一个理性选择》，《管理世界》2003年第8期。

老金计划看,个人账户的产权基本上都有或多或少的弱化。更重要的是,在养老金计划中,真正起主要激励作用的是制度承诺的未来养老待遇,因此,"多缴多得"的激励机制并不会因为产权弱化而被严重削弱。

(三)引入名义账户制度就是顺势而为

关于引入名义账户的理论与现实依据,已经有大量研究成果。这里需要进一步强调的是,十八届三中全会提出"完善个人账户制度",取代了之前"继续做实个人账户试点"的提法。这说明,决策者已经认识到还有其他选项。"名义账户制"就是其中之一,其核心思想是将个人账户建立在现收现付的基础之上,即社会缴费直接用于支付当前的退休者,它的账户系统仅是一种"记账"的管理方式,而无须实际存入缴费,回报率取决于政府规定的名义回报率[①]。目前引入这样一种制度安排,具有一系列的便利条件:第一,职工基本养老保险个人账户已经存在并且空账化,从法律上将其确认为名义账户,可以避免继续做实个人账户所带来的各种困扰,而且易于操作。只要废止有关做实个人账户的规定(这些规定事实上也已经失效),并将已经做实的账户资金重新整合为大规模储备基金,建立记账利率的确定与调整机制,有关名义账户的一些新规定就容易顺利实行。第二,将已有的个人账户置于现收现付制度之上既可以继续利用现收现付制的比较优势,又可以发挥个人账户的激励机制,经过恰当的宣传,可以在一定程度上被人们理解和接受。第三,可以为解决基本养老保险个人账户的收益问题提供一个比较可接受的方案。长期以来,基本养老保险基金过低的收益率一直备受诟病,而名义账户的利率主要是依据非金融性指数和制度参数进行计算和调整,受金融市场风险的影响较小,相对稳定,能够较好地保护参保人养老金权益。第四,名义账户制下的基金管理可以发挥规模优势,也比较符合我国目前的国情。在名义账户制度下,虽然每个账户主要只保留了记账功能,但整个制度却可以也有必要建立一定的基金储备。这种基金可以集中管理,发挥规模优势,以更低的管理成本获得更好的收益。与此相比,在一般职工缺乏投资基础知识、金融市场还不够完善的情况下,将个人账户做实并赋予参保职工投资选择权,往往会带来更高的成本、更大的风险。因此,尽管名义账户制度在理论上存在的优势还没有得到充分检验,内在矛盾仍然存在,风险也没有被充分认识,但是,它是一种"向前走"的选项,应该比"退回去"更好一些。

五、城乡居民基本养老保险制度应继续深化改革

现行城乡居民基本养老保险制度曾被认为既通过基础养老金的发放促进社会公平,又可以发挥个人账户提高效率的优势。然而,现实却更多地展现了两者的冲突。一方面,完全依靠财政资金支持的基础养老金虽然对农村老年人的生活有所帮助,但由于水平过低,效果没有想象中那么显著;另一方面,对个人账户所采取的配套性财政补贴的措施所起到的鼓励多缴费效应比较有限,多数人仍然选择较低的缴费档。因此,需要考虑的问题是:如果个人缴费档次的复杂设计与财政对个人账户的配套支持仍然是政策考虑的重点,那么需要怎样复杂的设计和强有力的财政配套支持才能吸引人们按照制度设计者所期望的那样以较高的档次缴费?这种付出与得到的结果相比是否值得?这种明显带有"反向再分配"特征的财政支持是否严重损害了城乡居民养老保险制度的公平性?特别是,如果与城镇职工基本养老保险制度和企业年金制度相比,对城乡居民养老保险制度个人账户的财政支持是否是对其他制度中的个人账户的"歧视"?鉴于此,可以考虑沿着另一个思路对城乡居民养老保险制度设计进行调整,特别是进一步调整财政支持的着力点。

(一)将基础养老金标准设计规范化,同时逐步提高基础养老金水平

养老金水平的高低是居民参保与否的关键所在,只有设定合理的养老金水平,才能有效吸引城镇居民参保。因为水平偏低,目前的基础养老金对许多城乡老年居民而言主要还是一种"安慰",这不仅低于人们的普遍期盼,也会引起人们对相关公平性的忧虑,甚至引发一定的不满。更重要的是,这种基础养老金标准的依据何在?如果没有科学的依据,人们对未来基础养老金的调整可能会充满忧虑,这会侵蚀人们对该制度未来发展的信心。鉴于此,城镇职工基本养老保险的基础养老金以社会平均工资为基准,城乡居民养老保险的基础养老金以城乡居民人均可支配收入为基准。如果说以20%为替代率显得过高,那么比这要低得多的替代率(如10%)应该是可以承受的。这样的设计,可以使城乡居民基本养老保险的基础养老金随着城乡居民人均可支配收入的提高而逐步得到提高。而且,这样的设计,还有可能吸引更多的缴费能力较差的城镇职工基本养老保险参保者转移过来,从而减轻城镇职工基本养老保险制度的压力。

---

① Holzmann R. and Palmer, E., "Pension Reform: Issues and Prospects for Non-Financial Defined Contribution,(NDC) Schemes",Washington,D.C, The World Bank, 2006.

(二)简化个人账户政策设计可能会是更好的选择

在目前这种福利性较强的制度安排下,越是经济状况等方面条件较差的居民,越是参保意愿较强;越是经济状况等方面条件较好的居民,越是参保意愿较弱。特别是,参保人群缴费档次水准偏低,基本都处于中低水平,并且"扎堆"现象严重。如前文所述,全国个人缴费平均值到2016年才只有205.75元。这说明,现行制度中复杂的缴费档次及其分档补贴的政策难以取得相应的激励效果,应该制定新的政策。考虑到制度间的公平性,可以参照城镇职工基本养老保险制度和企业年金制度的做法对城乡居民养老保险个人账户政策进行简化设计:以当地城乡居民上一年度人均可支配收入为城乡居民养老保险个人账户的缴费基数,按照一定的基本费率(如8%)缴费;只有至少按该费率缴费,才能获得领取基础养老金的资格;对于这部分缴费,可以给予一定的"负所得税"补贴。允许额外增加缴费(即附加缴费),可以在一定的额度内(如另外8%的费率以内)按照较低的标准给予"负所得税"补贴。对于确实无能力缴费的居民,应该由最低生活保障制度解决,而不列为城乡居民基本养老保险制度的覆盖对象。

(三)应该制定一个长期的财政补助计划

从2015年城乡居民基本养老保险基金收入构成看,财政补助所占比重高达70.72%,比2014年提高了5.87个百分点。鉴于财政不仅要支持基础养老金的发放,还要对个人账户缴费提供一定的补助,而个人账户缴费以低档缴费为主,投资收入和集体补助都还没有发力,财政补助占这样高的比重是可以理解的。考虑到中低收入的居民是城乡居民养老保险的主要参与者,基础养老金水平又存在适当提高的必要,越来越多的财政补助将成为常态。这就要求制定一个比较完善的长期补助计划,以应对未来制度财务可能面临的风险。同时,这样一个计划也有助于提升民众对该制度未来可持续发展的信心。

分报告二
2016年企业年金基金市场状况评估
——覆盖范围日渐固化，投资收益再度下滑

2016年中国企业年金基金市场的情况主要表现在以下三个方面：一是在债券市场先扬后抑和股票市场急跌慢涨的背景下，企业年金基金投资的加权平均收益率仅为3.03%，显著低于2015年的9.88%，创出自2011年后的新低；二是企业年金规模扩张速度进一步降低，相对2015年，建立企业年金的企业数和参加的职工人数增长有限，几乎陷入停滞，说明企业年金覆盖范围已经日渐固化，越来越难以担负起构建"多层次"养老保障体系的重任，因此亟待重大改革；三是从市场集中度上看，投资管理人市场竞争依旧最为充分，而其他三个市场的竞争程度继续保持在合理范围内。

一、中国企业年金基金市场总体状况

(一)2016年基金投资收益再度下滑

2016年中国企业年金基金投资的加权平均收益率为3.03%，显著低于2015年的9.88%，创出自2011年后的新低（见表2-1）。根据相关规定，企业年金基金只能投资国内市场，因此其投资收益率基本取决于国内资本市场状况。首先来看国内债券市场，2016年资金面前松后紧，具体表现为前三季度，货币市场利率窄幅震荡，10月下旬开始货币市场利率加快上行；而债券市场波动加大，国债收益率曲线整体上移。因此，银行间市场债券指数由2015年末的171.37点上升到2016年末的174.44点，升幅1.79%；交易所市场国债指数由2015年末的154.54点上升到2016年末的159.79点，升幅3.39%。再来看股票市场，2016年股票市场主要指数先急速下跌，然后止跌缓慢回升，但全年整体下跌，成交量也明显下降。上证综指年初开盘于3536点，很快跌至2638点，年末仅收于3103点，较2015年末下跌12.31%；深圳成指开盘于12650点，快速下跌至8986点，年末收于10177点，全年下跌19.64%[①]。显然，2016年债券市场表现一般，而股票市场受到年初急速下跌影响，全年整体表现较差，导致企业年金基金投资收益率偏低。

表2-1 2008~2016年企业年金基金投资收益率

年份	2008	2009	2010	2011	2012	2013	2014	2015	2016
加权平均收益率（%）	-1.83	7.78	3.41	-0.78	5.68	3.67	9.30	9.88	3.03

资料来源：人力资源和社会保障部网站。

[①] 参见中国人民银行网站，《2016年金融市场运行情况》。

(二) 企业年金扩面速度进一步降低

截至2016年底，企业年金基金累计结存11075亿元，较2015年的9526亿元增长了16.26%，分别低于2013年25.18%、2014年27.41%和2015年23.89%的增长率，连创新低，企业年金规模扩张速度进一步降低（见图2-1）。理论上讲，企业年金基金规模的增长来自三个方面：一是参加企业年金职工人数的增长；二是企业年金基金投资收益的增加；三是参加企业年金职工工资（费基）的提高。在前两项给定的前提下可以粗略估算出第三项，即参加企业年金职工工资（费基）的提高幅度。

首先，从参保职工人数增长上看，建立企业年金的企业数和参加企业年金的职工人数从2015年的7.55万个和2316万人分别提高到2016年的7.63万个和2325万人，增长幅度分别为1.12%和0.37%。其次，2016年企业年金基金加权平均收益率为3.03%，假定这一收益率完全是由2015年底基金投资贡献所得[①]。不难近似地估算出，参加企业年金的职工工资（费基）增长高达12.43%[②]。因此，2016年企业年金基金累计结余出现增长首先归因于参加企业年金的职工工资的增长，其次是投资收益率的增长。相反，参加企业年金的职工人数几近停滞，结合2015年的情况，说明企业年金覆盖范围已经日渐固化，越来越难以担负起构建"多层次"养老保障体系的重任，因此亟待重大改革。

图2-1　2008~2016年企业年金基金规模增长情况

资料来源：人力资源和社会保障部网站。

(三) 市场竞争程度较高的总体格局维持不变

在企业年金基金投资运营过程中涉及四种业务类型，并由取得相应资格的机构分别经营，因此整个企业年金市场可以细分为受托人市场、账户管理人市场、托管人市场和投资管理人市场四个相对独立的子市场。

为分析企业年金的市场竞争/垄断程度，中国社会科学院世界社保研究中心开发编制了中国企业年金"市场集中度指数"。"市场集中度指数"具体反映的是企业年金基金各个子市场的竞争程度，取值区间均为0~1000，数值越大说明市场集中度越高；反之则越小。研究中心认为：如果集中度指数低于100则意味着市场竞争非常充分；如果集中度指数介于100~300则意味着市场竞争不够充分，但可以接受；如果集中度指数高于300，则认为市场已经出现了垄断倾向或实质上的垄断。

根据企业年金基金的"市场集中度指数"，2016年受托人市场、账户管理人市场、托管人市场和投资管理人市场的竞争格局依旧较强，短时间内很难发生改变（见表2-2）。具体解读如下：

（1）受托人市场集中度指数从2015年的185点提高到2016年的189点，受托人市场继续保持一定集中倾向，但当前这种较为充分的竞争格局短时间内不会因此发生实质性转变；

（2）账户管理人市场集中度指数从2015年的229下降到2016年的222，回到之前的下降趋势中，在这几个

[①] 上述数据来自人力资源和社会保障部网站。
[②] 因为无法获得详细数据，只能按如下公式粗略估算：费基增长率 =（1+16.26%）÷［（1+0.37%）×（1+3.03%）］−1。

子市场中仍为最高，但市场竞争程度仍然较为充分；

（3）托管人市场集中度指数在这几个子市场中也较高，2015年为211点，2016年下降到204点，竞争程度继续得到加强；

（4）投资管理人市场集中度指数在这几个子市场中最低，2015年为79点，2016年提高到81点，但市场竞争程度仍然非常充分。

比较而言，投资管理人市场竞争最为充分，而其他三个市场集中度指数虽然相对较高，但鉴于目前中国企业年金市场规模非常有限，我们认为较高的集中度指数也是完全可以接受的。

表2-2 2008~2016年中国企业年金市场集中度指数

年 份	2008	2009	2010	2011	2012	2013	2014	2015	2016
受托人	201	176	162	165	174	175	172	185	189
账户管理人	280	270	270	259	243	231	226	229	222
托管人	234	209	216	220	218	222	218	211	204
投资管理人	92	86	82	80	78	76	78	79	81

资料来源：中国社会科学院世界社保研究中心研究并编制（CISS Index Series）。

二、2016年企业年金基金受托管理市场分析

（一）市场份额

2016年共有11家法人受托机构参与企业年金受托管理，接受受托管理的全部企业数、职工数和基金额分别为56016个、1333.01万人和6927.72亿元。

1. 受托管理的企业数量

从受托人受托管理的企业数量来看，少数几家公司依旧占据了绝大多数市场份额。其中，平安养老保险股份有限公司受托管理的企业数高达23426个，占全部法人受托企业数的42%，市场份额高达四成以上，在所有受托管理人中继续保持领先的绝对优势；而中国人寿养老保险股份有限公司、太平养老保险股份有限公司和长江养老保险股份有限公司排在第2~4位，受托管理的企业数依次分别为9407个、7325个和7040个，均超过了7000个，所占市场份额分别为17%、13%和12%；排在第5位的泰康养老保险股份有限公司管理的企业数和市场份额占比为4379个和8%。因此，这前5家受托人管理的企业数高达51577个，占全部市场份额的92%，也就是说，其余6家法人受托机构全部只占这一市场份额的8%（见图2-2）。

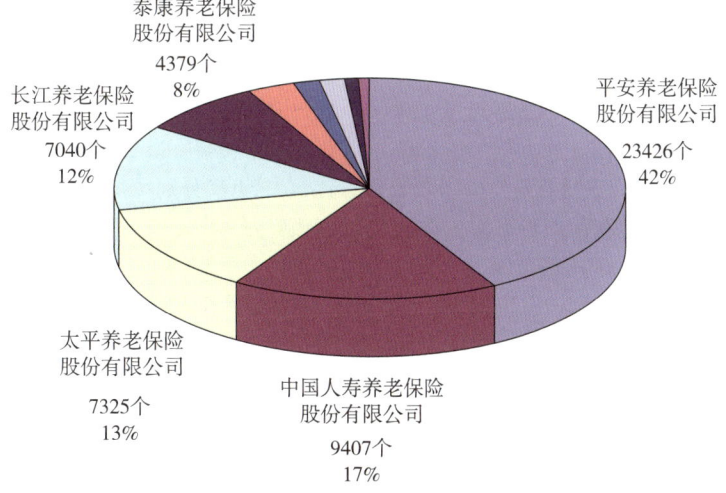

图2-2 2016年底受托人管理的企业数和份额

资料来源：人力资源和社会保障部网站。

2. 受托管理的职工数量

从各法人受托机构受托管理的职工数来分析，排在第1位和第2位的中国人寿养老保险股份有限公司和平安养老保险股份有限公司对应的职工数分别为418.29万人和318.99万人，分别占所有受托管理职工数的31%和24%，领先优势特别突出；排在第3~5位的中国工商银行股份有限公司、太平养老保险股份有限公司和长江养老保险股份有限公司也取得了较大的市场份额，即分别对应的职工数为142.95万人、121.00万人和115.09万人，对应的市场占有率为11%、9%和9%。不难发现，前5家受托人受托管理的职工数合计高达1116.32万人，占全部市场份额的84%，而其他的6家受托人分享了余下16%的市场份额（见图2-3）。

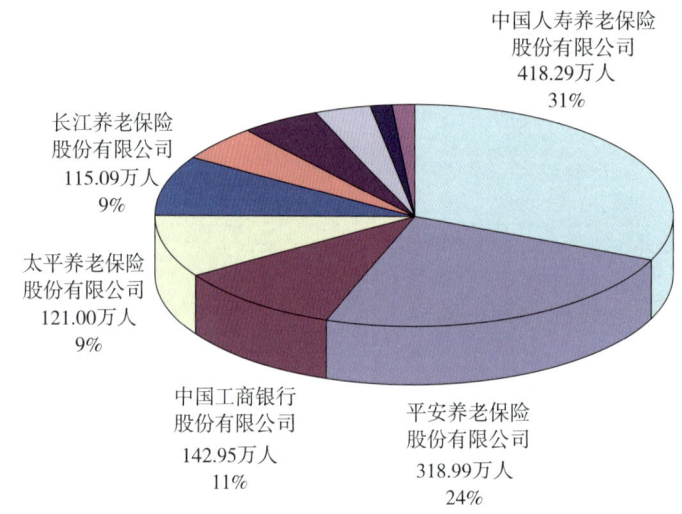

图 2-3　2016年底受托人管理的职工数和份额

资料来源：人力资源和社会保障部网站。

3. 受托管理的资产规模

从各法人受托机构管理的基金额来看，前5家受托人占有的市场份额较大。其中，中国人寿养老保险股份有限公司和平安养老保险股份有限公司优势较为突出，所管理的基金额分别为2138.20亿元和1656.07亿元，分别占全部受托基金额的31%和24%，因此排在第1位和第2位；排在第3~5位的中国工商银行股份有限公司、长江养老保险股份有限公司和太平养老保险股份有限公司也取得了不错的市场份额，即分别管理的基金额为923.35亿元、579.15亿元和537.28亿元，分别占有市场份额的13%、8%和8%。因此，排在前5位的受托人管理的基金额达到5834.05亿元，占全部市场份额的84%，而剩下的6家受托人共同分享了16%的市场份额（见图2-4）。

（二）市场分析

总体来看，2016年企业年金基金受托管理的企业数、职工数和基金数额继续保持增长，但增长速度却不尽相同。具体来说，全部受托人管理的基金数额继续提升，由2015年的5734.90亿元进一步提高到2016年的6927.72亿元，增长幅度为20.80%；受托管理的企业数和职工数比2015年仅分别增加了4829个和112.06万人，增长幅度相应为9.43%和9.18%。

1. 受托管理的企业数量

从各受托人管理的企业数来看，除中信信托有限责任公司没有变化以外，其他受托人管理的企业数量都继续保持一定幅度的增长，因此2016年所有管理人的市场排名与2015年大体不同[①]。具体来看，中国人寿养老保险

[①] 2015年底，经国务院批准，中国建设银行股份有限公司设立建信养老金管理有限责任公司，后者于2016年初取得了企业年金基金受托管理、账户管理和投资管理资格，而原来中国建设银行企业年金基金受托管理和账户管理资格将从2017年1月1日起失效。显然，这两家公司2016年企业年金基金受托管理和账户管理将受到影响。因此，本报告在企业年金基金受托管理和账户管理的市场分析中，暂不考虑这两家公司。

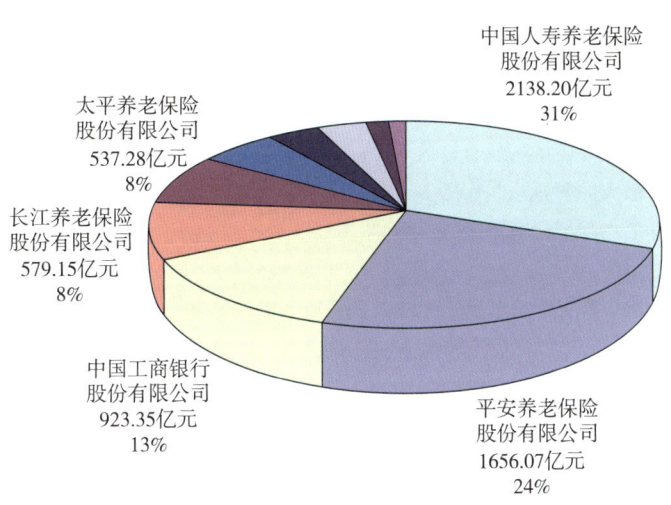

图 2-4 2016 年底受托人管理的基金额和份额

资料来源：人力资源和社会保障部网站。

有限公司增长速度最高，其受托管理的企业数在该年增加了 1451 个，相应增幅为 18.24%，但 2016 年市场占有率排名相对 2015 年并没有发生变化。另外，长江养老保险有限公司、中国工商银行股份有限公司和泰康养老保险股份有限公司也取得了较快增长，增长幅度大体处于 9.45% 和 14.49% 之间，均超过了总体情况。与之相比，招商银行股份有限公司受托管理的企业数虽然也增长了 4 个，但增长幅度仅为 0.87%，因此明显低于行业总体情况（见表 2-3）。

表 2-3 2016 年底企业年金基金法人受托市场的动态变化（受托管理的企业数）

管理人	2016 年底受托管理企业数（个）	2015 年底受托管理企业数（个）	受托管理企业数变化	
			个	%
中国人寿养老保险股份有限公司	9407	7956	1451	18.24
长江养老保险股份有限公司	7040	6149	891	14.49
中国工商银行股份有限公司	916	829	87	10.49
泰康养老保险股份有限公司	4379	4001	378	9.45
总体情况	56016	51187	4829	9.43
太平养老保险股份有限公司	7325	6816	509	7.47
华宝信托有限责任公司	352	328	24	7.32
平安养老保险股份有限公司	23426	22130	1296	5.86
招商银行股份有限公司	466	462	4	0.87
中信信托有限责任公司	20	20	0	0
建信养老金管理有限责任公司	930	—	—	—
中国建设银行股份有限公司	1755	2496	—	—

资料来源：人力资源和社会保障部网站。

2. 受托管理的职工数量

从各受托人管理的职工数变化上来看，2016年两极分化比较严重，即其中5家受托管理的职工数继续增长，而4家出现了不同程度的下降，但对市场排名没有构成实质性影响。具体来看，增长幅度最大的管理人是泰康养老保险股份有限公司和中国人寿养老保险股份有限公司，分别增加了16.85万人和70.97万人，增长幅度依次为33.52%和20.43%，远远超过总体平均增长幅度。比较而言，招商银行股份有限公司、中国工商银行股份有限公司和中信信托有限责任公司受托管理的职工人数出现了较大幅度的下降，相应为-11.34%、-5.18%和-4.19%（见表2-4）。

表2-4 2016年底企业年金基金法人受托市场的动态变化（受托管理的职工数）

管理人	2016年底受托管理职工数（万人）	2015年底受托管理职工数（万人）	受托管理职工数变化 万人	%
泰康养老保险股份有限公司	67.11	50.26	16.85	33.52
中国人寿养老保险股份有限公司	418.29	347.32	70.97	20.43
总体情况	1333.01	1220.95	112.06	9.18
长江养老保险股份有限公司	115.09	106.15	8.94	8.42
太平养老保险股份有限公司	121.00	113.91	7.10	6.23
平安养老保险股份有限公司	318.99	310.74	8.25	2.65
华宝信托有限责任公司	15.15	15.24	-0.09	-0.56
中信信托有限责任公司	0.46	0.48	-0.02	-4.19
中国工商银行股份有限公司	142.95	150.75	-7.80	-5.18
招商银行股份有限公司	18.39	20.74	-2.35	-11.34
建信养老金管理有限责任公司	47.09	—	—	—
中国建设银行股份有限公司	68.49	105.35	—	—

资料来源：人力资源和社会保障部网站。

3. 受托管理的资产规模

从各受托人管理的基金额上来分析，2016年市场增幅排名进入前3位的管理人依次是平安养老保险股份有限公司、泰康养老保险股份有限公司和中国人寿养老保险股份有限公司，增长幅度均超过总体平均水平，领先优势得以继续扩大。比较而言，招商银行股份有限公司、华宝信托有限责任公司和中信信托有限责任公司受托管理的企业年金基金规模虽然也出现了增长，但增长幅度都不足10%，因此市场排名依然靠后（见表2-5）。

表2-5 2016年底企业年金基金法人受托市场的动态变化（受托管理的基金额）

管理人	2016年底受托管理金额（亿元）	2015年底受托管理金额（亿元）	受托管理金额变化 亿元	%
平安养老保险股份有限公司	1656.07	1272.26	383.80	30.17
泰康养老保险股份有限公司	253.34	202.99	50.35	24.80
中国人寿养老保险股份有限公司	2138.20	1715.61	422.59	24.63
总体情况	6927.72	5734.90	1192.82	20.80
太平养老保险股份有限公司	537.28	455.41	81.86	17.98

续表

管理人	2016年底受托管理金额（亿元）	2015年底受托管理金额（亿元）	受托管理金额变化	
			亿元	%
中国工商银行股份有限公司	923.35	807.26	116.09	14.38
长江养老保险股份有限公司	579.15	523.58	55.56	10.61
中信信托有限责任公司	3.22	2.96	0.26	8.83
华宝信托有限责任公司	87.43	82.58	4.85	5.87
招商银行股份有限公司	111.20	110.98	0.22	0.20
建信养老金管理有限责任公司	384.23	—	—	—
中国建设银行股份有限公司	254.24	561.25	—	—

资料来源：人力资源和社会保障部网站。

三、2016年企业年金基金账户管理市场分析

（一）市场份额

2016年底共有18家账户管理人开展了企业年金基金账户管理业务，全部账户管理业务涉及76298个企业账户和2324.75万个个人账户。

1. 账户管理的企业数量

从各账户管理人管理的企业账户数上来看，继续保持"一超多强"的局面。其中，中国工商银行股份有限公司排在第1位，管理的企业账户数高达30467个，占全部企业账户数的40%，优势依然明显；排在第2位的中国人寿养老保险股份有限公司也取得了较大的市场份额，即得到的企业账户数为8116个，占有11%的市场份额；排在第3位和第4位的中国建设银行股份有限公司和中国银行股份有限公司管理的企业账户数分别为6710个和6567个，两者均占市场份额的9%；排在第5位的长江养老保险股份有限公司管理的企业账户数和市场份额为6468个和8%。将排在前5位的账户管理人管理的企业账户数和市场份额加总后发现，前5家账户管理人管理的企业账户数高达58328个，占全部市场份额的77%，而剩下23%的市场份额被余下的13家账户管理人不同程度地分享（见图2-5）。

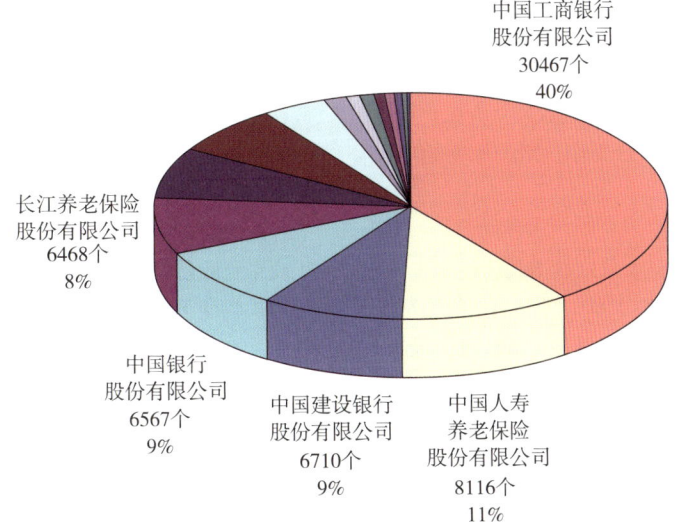

图2-5 2016年底企业账户数和份额在各账户管理人之间的分布

资料来源：人力资源和社会保障部网站。

2. 账户管理的职工数量

与企业账户数在各家账户人之间的分布类似，各账户管理人管理的个人账户数继续保持原有的"一超多强"的格局。其中，中国工商银行股份有限公司排在第1位，管理的个人账户数高达974.08万个，占全部个人账户数的42%，市场份额超过四成；排在第2位的中国建设银行股份有限公司也取得了较多的市场份额，即管理的个人账户数为326.71万个，占有14%的市场份额；排在第3位的中国银行股份有限公司管理的个人账户数和市场份额为260.01万个和11%；排在第4位和第5位的招商银行股份有限公司和中国人寿养老保险股份有限公司管理的个人账户数分别为168.83万个和150.02万个，分别占市场份额的7%和6%。将排在前5位的账户管理人得到的个人账户数和市场份额加总后发现，前5位账户管理人管理的个人账户数高达1879.65万个，占全部市场份额的80%，而剩下20%的市场份额被余下的13家账户管理人分别获得（见图2-6）。

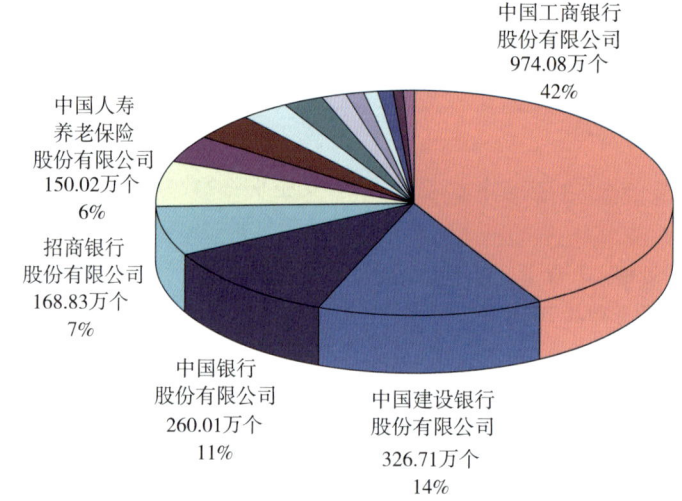

图2-6 2016年底个人账户数和份额在各账户管理人之间的分布

资料来源：人力资源和社会保障部网站。

（二）市场分析

总体来看，2016年企业年金基金账户管理市场增长继续放缓，全部管理人管理的企业账户数和个人账户数比2015年分别增加了844个和8.53万个，增长幅度相应仅为1.12%和0.37%。

1. 账户管理的企业数量

从各账户管理人管理的企业账户数增长速度上来看，共有10家公司超过总体的平均水平。其中，中信银行股份有限公司和中国农业银行股份有限公司增长速度最快，管理的企业账户数分别由2015年的321个和85个扩大到2016年的532个和122个，相应增加了211个和37个，增长幅度对应为65.73%和43.53%；长江养老保险股份有限公司、泰康养老保险股份有限公司和中国人寿养老保险股份有限公司也增长较快，管理的企业账户数分别增加了824个、48个和739个，增幅相应为14.60%、13.37%和10.02%。比较而言，新华人寿保险股份有限公司、平安养老保险股份有限公司、中国民生银行股份有限公司、中国工商银行股份有限公司和上海浦东发展银行股份有限公司的增长幅度不仅低于总体平均水平，而且还出现了负增长。其中，新华人寿保险股份有限公司和平安养老保险股份有限公司下降幅度非常显著，分别为-23.08%和-14.08%（见表2-6）。

表2-6 2016年底企业年金基金账户管理市场的动态变化（企业账户数）

管理人	2016年底企业账户数（个）	2015年底企业账户数（个）	企业账户数变化 个	企业账户数变化 %
中信银行股份有限公司	532	321	211	65.73
中国农业银行股份有限公司	122	85	37	43.53
长江养老保险股份有限公司	6468	5644	824	14.60
泰康养老保险股份有限公司	407	359	48	13.37
中国人寿养老保险股份有限公司	8116	7377	739	10.02
中国银行股份有限公司	6567	6008	559	9.30
华宝信托投资有限责任公司	394	368	26	7.07
招商银行股份有限公司	5546	5338	208	3.90
交通银行股份有限公司	5228	5107	121	2.37
中国光大银行	3089	3027	62	2.05
总体情况	76298	75454	844	1.12
上海浦东发展银行股份有限公司	675	689	-14	-2.03
中国工商银行股份有限公司	30467	33132	-2665	-8.04
中国民生银行股份有限公司	219	254	-35	-13.78
平安养老保险股份有限公司	671	781	-110	-14.08
新华人寿保险股份有限公司	20	26	-6	-23.08
太平养老保险股份有限公司	6	0	6	—
建信养老金管理有限责任公司	1061	—	—	—
中国建设银行股份有限公司	6710	6938	—	—

资料来源：人力资源和社会保障部网站。

2. 账户管理的职工数量

从各账户管理人管理的职工账户数增长情况来分析，2016年共有10家公司超过总体的平均水平。其中，中国农业银行股份有限公司和中信银行股份有限公司管理的职工账户数增长最为明显，即分别从2015年的1.75万个和12.62万个提高到2016年的3.26万个和20.45万个，相应增加了1.51万个和7.83万个，增长幅度分别高达86.50%和62.04%；泰康养老保险股份有限公司也实现了较快增长，管理的职工账户数增长幅度为13.63%。同样，长江养老保险股份有限公司、中国人寿养老保险股份有限公司和招商银行股份有限公司也实现了平稳增长，管理的职工账户数增长幅度都超过了5%。此外，华宝信托投资有限责任公司、交通银行股份有限公司、中国工商银行股份有限公司和平安养老保险股份有限公司也有一定程度的增长，并超过总体平均水平。相比之下，中国银行股份有限公司、中国民生银行股份有限公司、新华人寿保险股份有限公司、上海浦东发展银行股份有限公司和中国光大银行的增长速度未能达到总体平均水平，而且都为负增长。其中，中国银行股份有限公司和中国民生银行股份有限公司降幅较大，其下降幅度相应为-13.46%和-10.13%（见表2-7）。

表 2-7 2016 年底企业年金基金账户管理市场的动态变化（个人账户数）

管理人	2016 年底个人账户数（万个）	2015 年底个人账户数（万个）	个人账户数变化 万个	%
中国农业银行股份有限公司	3.26	1.75	1.51	86.50
中信银行股份有限公司	20.45	12.62	7.83	62.04
泰康养老保险股份有限公司	13.82	12.16	1.66	13.63
长江养老保险股份有限公司	88.77	82.45	6.32	7.67
中国人寿养老保险股份有限公司	150.02	139.68	10.34	7.40
招商银行股份有限公司	168.83	158.46	10.37	6.54
华宝信托投资有限责任公司	20.99	20.36	0.63	3.08
交通银行股份有限公司	92.70	90.62	2.07	2.29
中国工商银行股份有限公司	974.08	957.71	16.37	1.71
平安养老保险股份有限公司	28.00	27.57	0.43	1.55
总体情况	2324.75	2316.22	8.53	0.37
中国光大银行	70.77	71.20	-0.43	-0.60
上海浦东发展银行股份有限公司	33.83	34.30	-0.47	-1.36
新华人寿保险股份有限公司	0.15	0.17	-0.01	-8.44
中国民生银行股份有限公司	12.74	14.18	-1.44	-10.13
中国银行股份有限公司	260.01	300.43	-40.43	-13.46
太平养老保险股份有限公司	0.03	0	0.03	—
建信养老金管理有限责任公司	59.59	—	—	—
中国建设银行股份有限公司	326.71	392.56	—	—

资料来源：人力资源和社会保障部网站。

四、2016 年企业年金基金托管市场分析

（一）市场份额

2016 年共有 10 家金融机构对企业年金基金提供托管服务，全部托管金额为 11074.62 亿元。总体来看，与 2015 年一样，除 1 家金融机构取得较多企业年金基金托管业务外，其余 9 家金融机构获得的托管业务较为均衡。具体来看，排在第 1 位的中国工商银行股份有限公司获得的基金额高达 4226.99 亿元，占全部托管基金额的 38%，继续保持绝对优势；排在第 2 位的中国建设银行股份有限公司也取得了较大的市场份额，即得到的企业年金基金额为 1647.89 亿元，占 15% 的市场份额；排在第 3 位的中国银行股份有限公司获得的基金额为 1475.85 亿元，占市场份额的 13%；排在第 4 位和第 5 位的招商银行股份有限公司和交通银行股份有限公司管理的基金额分别为 876.48 亿元和 642.03 亿元，占市场规模的 8% 和 6%。将排在前 5 位的金融机构托管的企业年金基金额加总后发现，前 5 家托管人获得的企业年金基金托管业务高达 8869.24 亿元，占全部市场份额的 80%，而剩下 20% 的市场份额被余下 5 家托管人不同程度地分享（见图 2-7）。

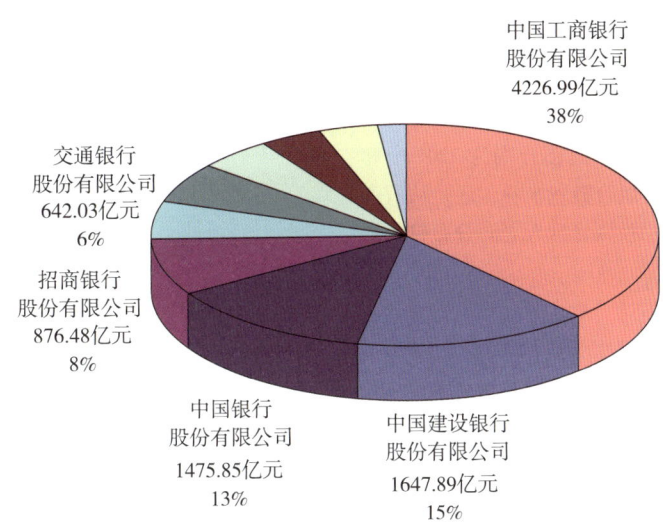

图 2-7 2016 年底各托管人管理的基金额与份额

资料来源：人力资源和社会保障部网站。

（二）市场分析

2016 年企业年金基金托管总额比 2015 年增加了 1549.11 亿元，增幅为 16.26%。从市场占有份额增长速度来看，各家托管人都出现了较快增长，共有 6 家金融机构的增长速度超过了总体平均水平。其中，中信银行股份有限公司增长幅度最大，从 2015 年托管的 393.04 亿元大幅增加到 2016 年的 513.21 亿元，提高了 120.17 亿元，增长幅度高达 30.57%；中国农业银行股份有限公司和中国银行股份有限公司也实现了较快发展，其托管金额分别增加了 145.46 亿元和 249.13 亿元，增幅相应为 29.65% 和 20.31%。另外，交通银行股份有限公司、中国工商银行股份有限公司、上海浦东发展银行股份有限公司和中国光大银行股份有限公司 4 家金融机构托管金额的增速虽然都低于总体平均水平，但都继续保持一定幅度的增长（见表 2-8）。

表 2-8 2016 年底企业年金基金托管市场的动态变化

管理人	2016 年底托管金额（亿元）	2015 年底托管金额（亿元）	托管金额变化	
			亿元	%
中信银行股份有限公司	513.21	393.04	120.17	30.57
中国农业银行股份有限公司	636.04	490.57	145.46	29.65
中国银行股份有限公司	1475.85	1226.72	249.13	20.31
中国民生银行股份有限公司	195.62	166.14	29.49	17.75
招商银行股份有限公司	876.48	745.31	131.17	17.60
中国建设银行股份有限公司	1647.89	1411.58	236.31	16.74
总体情况	11074.62	9525.51	1549.11	16.26
交通银行股份有限公司	642.03	565.73	76.30	13.49
中国工商银行股份有限公司	4226.99	3749.89	477.10	12.72
上海浦东发展银行股份有限公司	443.16	395.80	47.36	11.96
中国光大银行股份有限公司	417.35	380.73	36.62	9.62

资料来源：人力资源和社会保障部网站。

五、2016 年企业年金基金投资管理市场分析

(一) 市场份额

2016 年共有 21 家金融机构参与企业年金基金投资管理,全部投资组合数量和资产规模分别为 3207 个和 10673.04 亿元。无论是从投资组合数量来看,还是从资产规模来分析,整个市场在各家投资管理人之间分布较为均匀的态势仍然得以维持。

1. 投资管理的组合数量

从各投资管理人管理的基金组合数量来看,排在第 1 位的中国人寿养老保险股份有限公司管理的基金组合数量为 567 个,占全部组合数量的 18%;排在第 2 位和第 3 位的平安养老保险股份有限公司和泰康资产管理有限责任公司也持有较多的组合数量,即分别管理组合数量为 550 个和 457 个,分别占有市场全部组合数量的 17% 和 14%;排在第 4 位和第 5 位的太平养老保险股份有限公司和华夏基金管理有限公司管理的组合数量分别为 289 个和 188 个,分别占全部组合数量的 9% 和 6%。如果把前 5 家公司投资管理的组合数加总后将会发现,它们的组合数量共计为 2051 个,占全部市场份额的 64%,超过全部组合数量的六成,而剩下 36% 的组合数量由其他 16 家投资管理人共同分享(见图 2-8)。

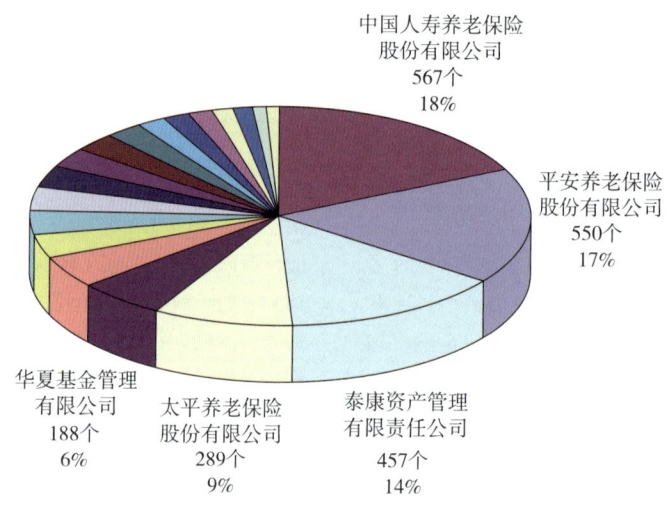

图 2-8 2016 年底各投资管理人管理的投资组合数与份额

资料来源:人力资源和社会保障部网站。

2. 投资管理的资产规模

从投资管理人管理的企业年金资产规模来看,排在第 1 位的平安养老保险股份有限公司管理的资产规模为 1325.86 亿元,占全部资产规模的 14%;排在第 2 位的泰康资产管理有限责任公司也取得了较大的市场份额,即管理的资产规模为 1127.92 亿元,占市场份额的 12%;排在第 3 位和第 4 位的中国人寿养老保险股份有限公司和华夏基金管理有限公司管理的资产规模分别为 1105.29 亿元和 724.08 亿元,分别占总市场份额的 12% 和 8%;排在第 5 位的太平养老保险股份有限公司管理的资产规模为 517.87 亿元,占全部资产规模的 6%。进一步,将排在前 5 位的投资管理人管理的资产规模加总后发现,前 5 家投资管理人管理的资产规模为 4801.02 亿元,占全部市场份额的 52%,超过整个市场份额的一半,而剩下 48% 的市场份额由其他 16 家投资管理人共同分享(见图 2-9)。

分报告二　2016年企业年金基金市场状况评估

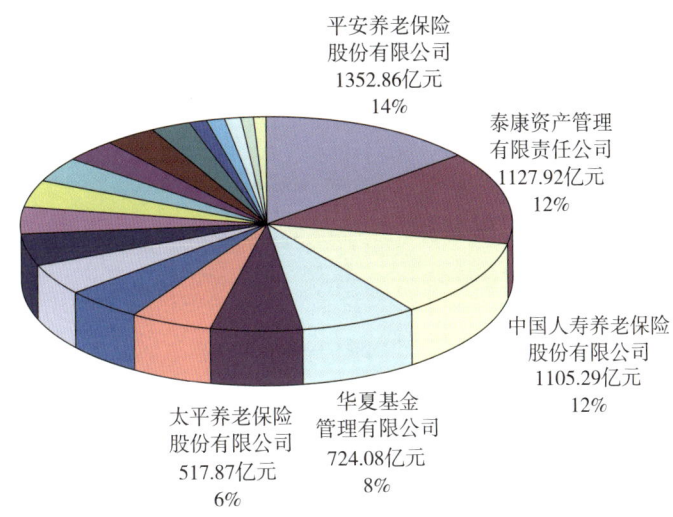

图 2-9　2016 年底各投资管理人管理的资产规模与份额

资料来源：人力资源和社会保障部网站。

（二）市场分析

总体来看，2016 年企业年金基金投资组合数量增长平稳，而资产规模继续保持较快上涨，但增长幅度继续放缓。其中，企业年金基金投资组合数量由 2015 年的 2993 个增加到 3207 个，增加了 214 个，增长幅度为 7.15%；企业年金基金资产规模由 9260.30 亿元增加到 10673.04 亿元，增加了 1412.73 亿元，增长幅度高达 15.26%。

1. 投资管理的组合数量

从各家投资管理人持有组合数量的增长幅度来看，共有 9 家公司持有的组合数量的增幅均超过了总体平均水平。其中，招商基金管理有限公司增长最为明显，增长幅度为 35.29%，列第 1 位；南方基金管理有限公司、泰康资产管理有限责任公司、富国基金管理有限公司、太平养老保险股份有限公司、平安养老保险股份有限公司和易方达基金管理有限公司出现了明显增长，其增幅都超过 10%。中国国际金融有限公司和国泰基金管理有限公司也取得了不错的成绩，相应增幅均接近 10%。比较而言，博时基金管理有限公司和中信证券股份有限公司不仅没有达到总体平均水平，而且管理的组合数量出现了不同程度的下降（见表 2-9）。

表 2-9　2016 年底企业年金基金投资管理市场的动态变化（组合数）

管理人	2016 年底组合数（个）	2015 年底组合数（个）	组合数变化 个	组合数变化 %
招商基金管理有限公司	23	17	6	35.29
南方基金管理有限公司	87	74	13	17.57
泰康资产管理有限责任公司	457	389	68	17.48
富国基金管理有限公司	62	53	9	16.98
太平养老保险股份有限公司	289	255	34	13.33
平安养老保险股份有限公司	550	492	58	11.79
易方达基金管理有限公司	92	83	9	10.84
中国国际金融有限公司	56	51	5	9.80
国泰基金管理有限公司	40	37	3	8.11

续表

管理人	2016年底组合数（个）	2015年底组合数（个）	组合数变化	
			个	%
总体情况	3207	2993	214	7.15
中国人保资产管理股份有限公司	45	42	3	7.14
银华基金管理有限公司	50	47	3	6.38
华泰资产管理有限公司	28	27	1	3.70
华夏基金管理有限公司	188	182	6	3.30
长江养老保险股份有限公司	114	111	3	2.70
海富通基金管理有限公司	77	75	2	2.67
嘉实基金管理有限公司	111	109	2	1.83
工银瑞信基金管理有限公司	117	115	2	1.74
中国人寿养老保险股份有限公司	567	565	2	0.35
博时基金管理有限公司	103	110	−7	−6.36
中信证券股份有限公司	145	159	−14	−8.81
建信养老金管理有限责任公司	6	—	—	—

资料来源：人力资源和社会保障部网站。

2. 投资管理的资产规模

从企业年金投资资产规模增长情况来看，共有7家公司管理的资产规模增幅均超过了总体平均水平。其中，泰康资产管理有限责任公司提高幅度最大，即由2015年的1127.92亿元提高到2016年的1489.71亿元，增加了361.80亿元，增长幅度高达32.08%。太平养老保险股份有限公司、华泰资产管理有限公司和易方达基金管理有限公司投资管理的资产规模也增长迅速，比2015年提高幅度都超过了20%。同时，投资管理的资产规模增长速度在15%以上的公司还有中国人保资产管理股份有限公司、南方基金管理有限公司和招商基金管理有限公司，且都超过总体平均水平。比较而言，博时基金管理有限公司和中国国际金融有限公司管理的资产规模增幅均未超过5%，排名靠后（见表2-10）。

表2-10 2016年底企业年金基金投资管理市场的动态变化（资产规模）

管理人	2016年底资产规模（亿元）	2015年底资产规模（亿元）	资产规模变化	
			亿元	%
泰康资产管理有限责任公司	1489.71	1127.92	361.80	32.08
太平养老保险股份有限公司	639.49	517.87	121.62	23.48
华泰资产管理有限公司	108.99	89.32	19.67	22.02
易方达基金管理有限公司	492.41	405.99	86.43	21.29
中国人保资产管理股份有限公司	132.34	110.36	21.98	19.92
南方基金管理有限公司	390.73	333.09	57.64	17.30
招商基金管理有限公司	125.69	108.55	17.14	15.79
总体情况	10673.04	9260.30	1412.73	15.26

续表

管理人	2016年底资产规模（亿元）	2015年底资产规模（亿元）	资产规模变化 亿元	%
平安养老保险股份有限公司	1522.32	1325.86	196.45	14.82
银华基金管理有限公司	80.71	70.62	10.09	14.28
中国人寿资产管理有限公司	1263.03	1105.29	157.75	14.27
华夏基金管理有限公司	814.12	724.08	90.04	12.44
长江养老保险股份有限公司	576.19	514.09	62.10	12.08
富国基金管理有限公司	280.44	250.69	29.75	11.87
工银瑞信基金管理有限公司	531.48	480.43	51.05	10.63
国泰基金管理有限公司	88.98	80.99	7.99	9.86
中信证券股份有限公司	446.23	406.58	39.65	9.75
嘉实基金管理有限公司	530.88	497.85	33.03	6.63
海富通基金管理有限公司	370.04	349.86	20.18	5.77
中国国际金融有限公司	436.75	421.04	15.71	3.73
博时基金管理有限公司	349.64	339.83	9.81	2.89
建信养老金管理有限责任公司	2.87	—	—	—

资料来源：人力资源和社会保障部网站。

第二部分
制度探索篇

分报告三
中国构建长期护理保险体系的框架定位与制度创新

中国政府高度重视老龄事业发展。进入21世纪以来，相继完善了职工基本养老保险制度，整合了城乡居民养老保险制度，出台了机关事业单位养老保险制度，发布了基本养老保险基金投资管理办法，利用税优引导第二支柱企业年金发展，启动职业年金制度，第三支柱个人养老金的税优政策很快也将落地。医疗保险制度的改革逐步推进，推出大病保险制度，允许个人账户结存资金购买商业健康保险，20年来打造多层次医疗保障体系的不懈努力将收得成果。尤其是中共十八届三中全会之后，社会保障进入全面深化改革时期，中共十八届五中全会通过的"十三五"规划建议首次从国家战略层面上提出探索建立长期护理保险制度。

2015年我国80岁及以上人口大约2300万人，2035年超过5000万人，2055年超过1亿人，这其中有三成甚至更多是需要长期照护的失能者。人们常说"一人失能，全家失衡"，在老龄化大潮面前，失衡的不单是家庭，如无有效制度化解，将不可避免地演化成社会失衡。目前，我国距"深度老龄化"还有十年时间，这十年，将是14亿中国人全方位应对老龄化、全面深化社会保障改革的重要"窗口期"，此机绝不可失。利用这个"窗口期"，早起步、稳推进、远着眼、准备充分，建立和完善长期护理保险制度，以应对10年后第一波以及随后不断加剧的一波又一波的老龄化巨浪。

一、中国构建长期护理保险制度所面临的时代背景、历史机遇和挑战

2016年《人力资源和社会保障事业发展"十三五"规划纲要》提出，"探索建立以社会互助共济方式筹集资金，为长期失能人员的基本生活照料和与基本生活密切相关的医疗护理提供基金或服务保障的社会保险制度"。这个文件基本敲定了我国长期护理保险的制度定位：一是采取社会互济方式，二是归属社会保险项目。

与其他国家相比，当前中国建立长期护理保险制度的环境稍显宽松一些，不过，未来的发展局势更严峻。表3-1展示了几个主要国家建制时的环境条件，大致可分成三组：①荷兰和以色列为一组，在建立制度时，国家富裕、老龄化不严重、人口预期寿命也不像现在这么长。荷兰建制时恰遇经济持续向好，激发了政府的福利热情；以色列则是因为"犹太人回归"带来大量老年移民，为了解决这些移民养老问题，推出了长期护理保险制度。②德国和日本为一组，两个国家在建立制度时都面临严峻的高龄化问题。③中国可以与韩国列为一组，两国建制时的老龄化程度、高龄人口占比、社保支出规模（占GDP比重）相近，未来均是世界老龄化最快的国家[①]，未雨绸缪地建立了长期护理保险制度。

时下讨论建立长期护理保险制度，需要清醒地分析中国的经济社会局势，为这项制度找准定位，定准目标。

[①] 韩国长期护理保险制度的建立历经金大中和卢武铉两届政府，这两届政府均对老龄化问题高度重视。

表 3-1 各国建立长期护理保险制度时的环境条件

	制度建立年份	当年人均 GDP（以 2010 年不变价格，美元）	65 岁及以上人口比例（%）	80 岁及以上人口比例（%）	当年全部人口出生预期寿命（岁）	当年社会保障支出的 GDP 占比（%）
荷兰	1968 年	20283 a)	9.8	1.6	73.7	20% b)①
以色列	1988 年	19927 c)	8.9	1.6	75.7	—
德国	1995 年	32832	15.5	4.1	76.6	25
日本	2000 年	33161	17.4	3.8	81.2	19.2 d)
韩国	2008 年	28673	10.2	1.6	79.6	9.5 e)
中国	2016 年（试点）	8100	10.8	1.8	76 f)	9.3 g)

注：a) 1969 年数据。b)1970 年数据。c) 根据世界银行统计数据计算。d) 1999 年数据。e) 2007 年数据。f)2015 年数据。g) 中国社会保障支出的 GDP 占比＝［五项社会保险基金总支出 46888 亿元＋财政对社会保险基金的补助 7634 亿元＋财政补充全国社会保障基金 200 亿元＋财政支付行政事业单位离退休 5235 亿元＋社会福利财政支出 617 亿元＋残疾人事业支出（扣除行政运行费用）420 亿元＋最低生活保障支出 1658 亿元＋临时就业 140 亿元＋特困人员供养 228 亿元＋其他生活救助 104 亿元＋医疗保障财政支出 6220 亿元］／GDP744127 亿元。

资料来源：OECD.Stat，国家统计局年度数据。

（一）三大时代背景

我国社会保险的五大项目，即养老、医疗、失业、工伤和生育保险②，均是在 20 世纪末国企改革中孕育、在社会主义市场经济转型过程中诞生和发展起来的，均是先从城镇企业中萌芽、发展并逐渐推向包括城乡居民的全体社会成员，均是由社会转型的应急措施到逐渐被认知、接受，进而转为公民权利，均是在人口尚年轻且劳动力较充裕时建立、在老龄化冲击下不断完善。与"五险"不同，当前构建长期护理保险体系面临全新形势。

1. 积极应对人口老龄化被列入国家战略，构建长期护理保险体系的人口环境与"五险"不同

20 世纪 90 年代至 21 世纪初，"五险"建制的主要目的是用社会保障替代企业保障、配合国企改革和现代企业制度的建立；时过境迁，当前社会保障面临的最大挑战是人口老龄化，"五险"深入改革也是为了应对老龄化，此时构建长期护理保险体系，必须要有"积极应对人口老龄化"的国家战略视角。健康老龄化和积极老龄化是世界卫生组织（WHO）在 20 世纪 90 年代至 21 世纪初提出的战略建议，直指世界主要经济体越来越严重的老龄化问题。这些建议已被广泛认可和采纳。我国在"十一五"规划纲要中首次提出"积极应对人口老龄化"，并在"十三五"规划纲要列入民生保障的重要内容。

按世界卫生组织的估计，2015 年我国人口健康预期寿命是 68.5 岁③，与预期寿命 76.1 岁之间相隔 7~8 年时间，这期间会有不同程度的照护需求。从国外经验数据来看，年龄越高，失能风险越大，80 岁将是一个"分水岭"，超过 80 岁，失能概率倍增。积极老龄化和健康老龄化强调全生命周期的健康管理，向前和向后"拉伸"了保障覆盖范围。中央确定"十三五"期间推进健康中国建设，在"十三五"规划纲要中提出"探索建立长期护理保险制度"，随即人社部发文确定试点城市名单，2017 年 3 月卫计委等十三个部门联合发布《"十三五"健康老龄化规划》，把"探索建立长期护理保险制度"列为"十三五"健康老龄化的四大目标之一。十三个部门联合发文的现象并不多见，体现了推进长期护理保险制度建设的决心。

在深度老龄化到来之前的 10 年"窗口期"里建立长期护理保险制度，为社会成员搭建"终极安全网"，补上长期失能期间社会保障的空白。这既是积极应对人口老龄化的应有之道、必由之路，也是国家治理的重要使命。

2. 中国处于重要转型期，构建长期护理保险体系的技术经济社会环境与"五险"不同

从技术条件上讲，中国正与世界同步经历第四次工业革命，互联网、人工智能、清洁能源、生物技术等全新技术广泛渗透，改变着人们的生活方式，也大大改进了社会

---

① 戴卫东：《OECD 国家长期护理保险制度研究》，中国社会科学出版社 2015 年版。
② 生育保险正在与医疗保险合并。为了方便理解，本报告均采用"五险"的说法。
③ WHO, "World Health Statistics 2016: Monitoring health for the SDGs", 2016.

保险管理机制和经办服务的绩效,这是技术带来的积极因素。

从经济形势来看,我国正处于"三期叠加"期和经济转型提质升级过渡期,国民收入和财政收入已由高速增长转入长期、中低位、稳定增长,民政保障的政府支出既要得到"有力保障",更要"精打细算",只有"精打细算"才能践行"有力保障",这是对社会保险事业提出的新要求。

从社会环境来看,我国正处于老龄化加速上升、高龄化程度加重的时期,我国65岁及以上老年人每年增加500多万,增量相当于挪威的总人口,80岁及以上高龄老人超过2300万,规模相当于澳大利亚的总人口,未来这一趋势还将加速。人口基数大,长期失能的人口规模会很大,这是长期护理保险体系将要承受的最大压力。

从社会认知和文化环境来看,经过20多年的渗透,人们放弃了单位保障的思维,已将社会保险视作公民权利,对社会保障权益的群体差别和待遇歧视"零容忍"[①],长期护理保险不可能再像"五险"那样分群体建制。

3. 劳动年龄人口趋势逆转,构建长期护理保险体系的劳动力市场环境与"五险"不同

2012年我国劳动年龄人口(15~59周岁)趋势掉转,减少345万,同时60岁及以上老年人增加891万;2014年15~64周岁按照国际惯例统计的劳动年龄人口趋势调转,减少159万,同时65岁及以上老年人口增加594万。这"一增一减",影射出经济活动人口的三重压力:一是工作时间增加,以弥补劳动年龄人口减少带来的供给缺口,在传统的体力劳动行业尤为突出;二是劳动强度加大,以应对不断升级的劳动力市场需求,在现代服务业、知识生产领域等技术含量较高的行业更常见;三是家庭照护负担更重,就业者需要同时面对职场和家庭两头重压,外出就业者和大龄就业者更甚。

家庭照护负担加重,不仅"挤出"了工作一代用于教育和学习的精力、金钱和时间,而且也强化了大龄就业者对延迟退休的抵触情绪。在北欧,女性劳动参与率很高,如瑞典,45~54岁女性劳动参与率接近90%,55~59岁也达到85%,这要归功于社会服务很普遍,使这些女性摆脱长期护理家人的束缚;相反,南欧的文化是家庭成员互助,结果女性的劳动参与率就很低,如西班牙,45~54岁的女性劳动参与率不到80%,55~59岁只有63%[②]。构建长期护理保险体系,一项重要的职能就是要购买社会服务,"置换"家庭劳动,让家庭照护者重归劳动力市场。

(二)三个重要历史机遇

1. 养老服务业正处于发展最快的历史时期

2006年中央提出要"加快发展养老服务业"[③],那时的养老服务业仅是一个"行业",2013年在中共十八届三中全会时升级为产业,文件中提出要"发展老年服务产业";2013年,国发35号文[④]和国发40号文[⑤]的提法又扩展了,提出要"培育养老产业集群"和"支持发展健康服务产业集群"。此后,全国老龄委、民政部、国土资源部、财政部、卫计委、商务部、发改委、人社部、一行三会(中国人民银行、银监会、证监会、保监会)、工信部等国家部委和监管部门密集发文,纷纷支持健康养老服务业发展;2017年《"十三五"健康老龄化规划》更是"把老年健康产业发展作为推动产业结构调整、拉动经济、扩大就业的主要内容",养老服务业已然上升为具有战略地位的新兴产业。

在这些政策的支持和引导下,我国养老服务设施建设进入快车道。2009年民政部牵头实行"基本养老服务体系建设工程",开启全面建设养老服务体系的历史时期;2008~2016年,养老服务机构数由3.56万个增加到14万个;增长了3倍;养老服务床位数由235万张增加到730万张,增长了2倍多,数量已经接近医疗卫生床位总数[⑥]。养老服务设施增加是长期护理服务供给从家庭走向社会的必要条件,为建立长期护理保险制度打好了基础。

2. "政府和社会资本合作模式"正处于全力推广期

2013年《国务院机构改革和职能转变方案》提出要"加强社会管理能力建设,创新社会管理方式",提出要在包括医疗卫生等公共服务领域加强政府购买力度;2015年3月李克强总理在第十二届全国人民代表大会上提出要"用政府权力减法,换取市场活力乘法";同年10月财政部、发改委和中国人民银行联合发布的《关于在公共服务领域推广政府和社会资本合作模式的指导意见》,提出充

---

① 自人民网在每年"两会"期间进行网上调查开始,养老保险"双轨制"数年霸占"头条",直至2015年机关事业单位也采取与企业一致的社会保险制度,社会的激烈舆论方才偃旗息鼓。
② 参见 OCED.Stat。
③ 参见全国老龄委办公室等十部委联合发布的《关于加快发展养老服务业的意见》。
④ 参见《国务院关于加快发展养老服务业的若干意见》(国发〔2013〕35号)。
⑤ 参见《国务院关于促进健康服务业发展的若干意见》(国发〔2013〕40号)。
⑥ 参见民政部各年民政事业发展或社会服务发展统计公报。

分发挥市场机制作用,提高公共服务供给量和效率。这些文件的背后,是政府职能的转变,是市场参与公共服务的历史机遇。

社会保障是最大的公共服务领域,2016年各地社保中心经办服务25亿人次[①],人均负荷比超过10000∶1,是德国的10倍、荷兰的6倍、智利和乌拉圭的2~5倍、美国的3倍、日本的2倍[②]。受人员编制和经费的限制,社保经办队伍不可能与服务对象同步增加,超负荷运转必定严重影响公共服务质量的提升,政府和社会资本合作模式(PPP)恰恰是解决这一问题的最佳途径。2012年8月国家推出由商业机构承办的城乡居民大病保险,截至2016年9月底,已覆盖全国31个省(市、区),总体超过9.2亿人;2016年1~9月,大病保险患者实际报销比例在基本医保的基础上提升了13.85%,个案最高赔付达到了111.6万元[③]。大病保险的商保经办是成功的,提供了很好的经验,即长期护理保险完全可以借助PPP之力,配合中央落地"放管服"改革,实现"社会参与公共服务均等化",可一举解决困扰"五险"多年的经办能力不足问题。

3. 社会保障正处于全面深化改革期

中共十八届三中全会开辟了中国社会保障事业发展的新局面,创新提出了"建立更加公平可持续的社会保障制度""完善个人账户制度""坚持精算平衡原则"等深化社会保障改革的重大理论。归纳"十三五"社保制度改革规划,重点任务是:①提高统筹层次;②完善个人账户制度;③健全稳定可持续的筹资机制;④建立更加便捷的转移接续机制;⑤形成多层次的保障体系。这些改革要点是社会保险事业发展20多年来遇到的、长期难以解决的、十分关键的问题,是20多年来事业发展经验教训的总结,也是长期护理保险需要谨慎对待、全盘考虑、着眼长远的制度设计关键。

在2016年6月人力资源和社会保障部确定的15个试点城市中,截至2017年8月底,正式出台试点政策的已有13个,此外,北京市海淀区、浙江省嘉兴市、河北邢台市巨鹿县等非试点地区也相继出台了办法。从试点情况来看,差异很大:有的地方全覆盖,如青岛,而大多数地方只从城镇参保群体和个别区域入手;有的地方纳入了中度失能人员,如广州、青岛等,而大多数地方仅覆盖重度失能者。在保障范围、报销种类、待遇水平等方面,各地的试点政策也有明显差异。人社部2016年80号文件设定的试点时间是1~2年,试点期结束后,要面对全国制度的道路选择。长期护理保险完全可以借鉴"五险"运行的经验,避开绕弯路。

(三) 三个不容忽视的挑战

1. 医疗保险基金总量结余但结构赤字,划转筹资的机制恐难长久

按照人社部80号文件规定,试点期间,长期护理保险可通过划转医保基金、调剂医保费率来筹资,调研发现,各试点城市基本都是采用划转方式[④]。这种政策设计的"利"在于无须另行缴费,符合当前"降成本"的大环境;"弊"在于加大医保基金赤字风险。

我国医保基金的特征是总量结余、结构赤字。以2015年为例,当年城镇职工医疗保险统筹基金结余6568亿元,全国平均备付月数[⑤]为10.5个月(见图3-1),北京、天津、重庆、贵州、湖北的结存月数不足6个月,已经穿破国家警戒线[⑥]。据世界银行预测,2015~2035年中国医疗卫生支出还将以每年8.4%的增长率递增[⑦],这将大大超出同期GDP和财政收入增速。以医保基金结存作为主要资金来源,不仅很难保证长期护理保险制度的持久性,还会加速拖垮医疗保险制度。

---

① 人力资源和社会保障部网:"2017年上半年人力资源社会保障统计数据",2017-08-18,http://www.mohrss.gov.cn/SYrlzyhshbzb/zwgk/szrs/dtyjsu/201708/t20170818_275927.html。

② 2012年数据显示共计17.2万人。相关数据参见:郑秉文:《中国养老金发展报告2013》,经济管理出版社2013年版。

③ 保监会网:"黄洪出席国新办发布会 全方位完善大病保险制度",2016-10-19,http://www.circ.gov.cn/web/site0/tab5207/info4047335.htm。

④ 有个别例外,如南通规定试点区域的城乡居民需按每人每年30元缴费。

⑤ 备付月数=累计结余÷(基金支出×12)。

⑥ 根据人力资源和社会保障部、财政部发布的《关于进一步加强基本医疗保险基金管理的指导意见(人社部发〔2009〕67号)》,"统筹地区城镇职工基本医疗保险统筹基金累计结余原则上应控制在6~9个月平均支付水平。城镇职工基本医疗保险统筹基金累计结余超过15个月平均支付水平的,为结余过多状态,累计结余低于3个月平均支付水平的,为结余不足状态"。

⑦ 《深化中国医药卫生体制改革,建设基于价值的优质服务提供体系》,世界银行,2016年,http://documents.worldbank.org/curated/en/707951469159439021/pdf/107176-REVISED-PUBLIC-CHINESE-Health-Reform-In-China-Policy-Summary-Oct-reprint-CHN.pdf。

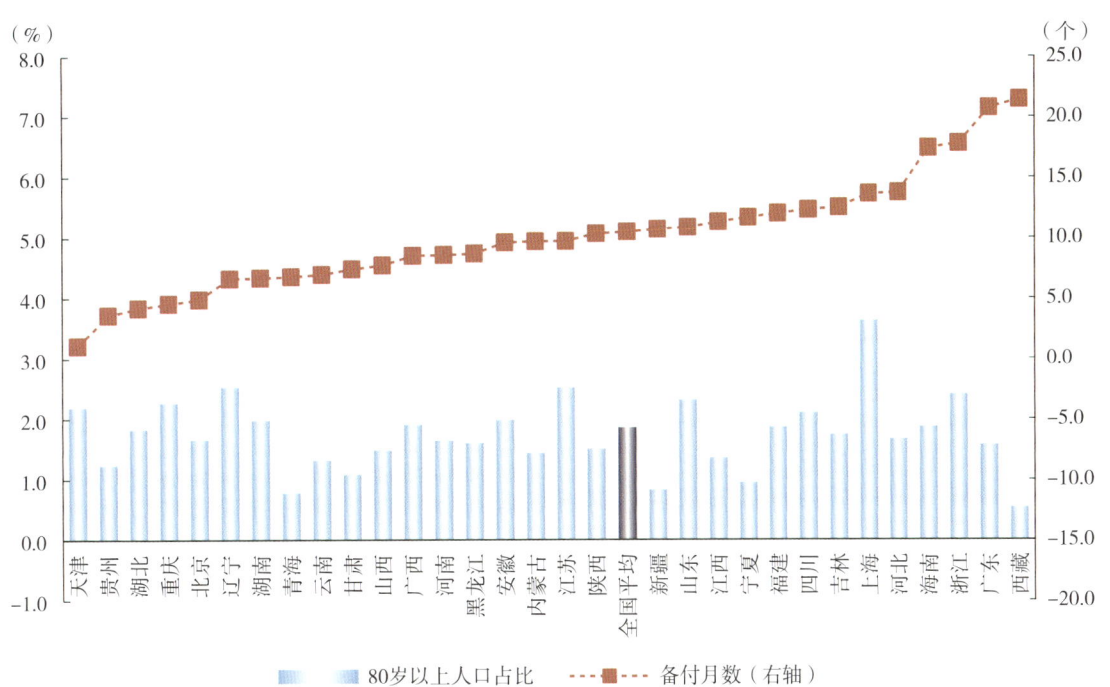

图 3-1　2015 年医疗保险基金结存月数与 80 岁及以上人口比

资料来源：结存月数根据人力资源和社会保障部《中国社会保险发展年度报告 2015》发布的数据，80 岁及以上人口比例来自中国社科院世界社保研究中心精算小组的分省人口预测数据，由作者计算。

2. 长期护理保险独立建制，不得不面对"降成本"的政策压力

从医保基金中划转筹资难以为继，单独筹资同样也存在现实阻力。从国外经验来看，长期护理保险的缴费率从 0.4%（韩国）到 2.55%（德国）不等，荷兰更是高达 12.15%[1]；从国内来看，部分试点地区的缴费率从 0.4%（成都）到 1.1%（上海）不等[2]。与养老、医疗等社会保险项目相比，长期护理保险的缴费率虽然低，但增速快。德国自 1995 年建制，日本自 2000 年建制，到 2017 年时，缴费负担翻了一番[3]；在 OECD 国家中，长期护理保险支出的增速已经或将要超过医疗保险[4]。这些经验数据给决策者形成不小的压力：法国萨科齐政府曾提出建立长期护理社会保险，却因德国费率持续上涨这一点被反对党抓住不放，导致该计划最终"胎死腹中"。

我国长期护理保险的缴费在试点期间尚可通过医保结存基金划转，但长期护理保险最终要独立建制，必须要单独筹资。2015 年底中央经济工作会议确定"三去一降一补"（即去产能、去库存、去杠杆、降成本、补短板）五大任务，2016 年 8 月国务院发布第 48 号文[5]，进一步提出为实体经济企业降低六大成本（税费、融资、制度性交易、人工、能源和物流成本），要求合理降低企业"五险一金"缴费占工资总额的比例。在这种背景下，中央是绝不允许向企业增加缴费的。构建长期护理保险体系，征缴阻力和缴费压力是绕不开的问题。

---

① 韩国、德国、荷兰的长期护理保险缴费率数据分别来自：Colombo, F. et al., "Help Wanted? Providing and Paying for Long-Term Care", OECD 2011；德国卫生部官网；Esther Mot, etc., "The Long-Term Care System for the Elderly in the Netherlands", ENEPRI Research Report No. 90, 2010（6）.

② 来自各地公布的长期护理保险试点政策文件。

③ 德国缴费率从 1% 升至 2.5%，日本从 2911 日元增长到 5514 日元。

④ OECD, "Projecting OECD Health and Long-Term Care Expenditures: What Are The Main Drivers? OECD", Economics Department Working Papers, 2006, No.477.

⑤ 参见《国务院关于印发降低实体经济企业成本工作方案的通知》。

3. 地方政府对长期护理保险的财务状况心存顾虑，在推行试点上缓步慎行

长期护理社会保险的强制性解决了道德风险和逆向选择问题，但不能化解长尾风险。目前，由于失能鉴定统一标准未出，保障群体和保障范围也没有统一规范，各地在推进长期护理保险试点时都是谨小慎微、微步缓走，受益面迟迟不敢扩大。截至2017年6月，几个主要城市长期护理保险的受益人数占60岁及以上老年人的比例不到2%，成都的预测值也不过2.52%（见表3-2），这与其他国家差距不小，如德国2016年共有243万老年人享受护理保险待遇，大约占60岁及以上人口的12%[1]。试点地区的"谨慎"还表现在覆盖人群上，除了青岛从2017年略微放开口子，将部分失智人群纳入进来以外，其他试点地区[2]仍主要以身体残障程度界定失能。实际上，失智者在失能群体中占比不小，例如，据美国最大商业长期护理保险公司Genworth的数据，因老年痴呆症/阿尔茨海默症触发理赔的投保人占比28%、保险金支出占55%[3]。在我国，目前这个庞大的失能群体还被排除在试点政策之外。

表3-2 四个城市长期护理保险试点政策覆盖人数

试点城市	人口总数（万人）		受益面		
	总人口	60岁及以上人口	享受待遇人数（人）	占总人口（%）	占60岁及以上人口（%）
成都	1591.8	299.5	75500a)	0.47	2.52
青岛	920.4	168	30000b)	0.33	1.79
长春	753.8c)	131.6	7162	0.10	0.54
南通	730.2	216.2	3373	0.05	0.16

注：人口数据截至2016年底，享受待遇人数截至2017年6月。成都市60岁及以上人口来自"成都2016年老年人口信息和老龄事业发展状况报告"，成都日报，2017-05-16第7版，成都市受益人数来自人社局前期研究的估计数；青岛市60岁及以上人口数据来源参见"青岛60岁及以上老人占20% 2020年将达193万人"，大众网，2017-02-09；长春市人口数据为2015年，其中总人口为户籍人口，60岁及以上人口数据来自"长春已进入老龄化社会 老年人口占户籍人口17.4%"，长春晚报，2016-03-14；南通市人口数据由南通市社保局提供。

资料来源：各试点城市调研数据和作者的计算。

二、中国构建长期护理保险制度的模式探索、道路选择和制度定位

（一）国际上长期护理保障的五个模式

各国长期护理保障的制度选择与其福利文化有很深渊源。目前，实行独立的长期护理保险制度的国家屈指可数，主要包括荷兰、以色列、德国、卢森堡、日本和韩国。除了社会保险模式以外，还有社会救助、国家保障、政府津贴和商业保险等多种长期护理保障模式。需要说明的是，这些模式并非单一存在，各国不同程度地混合使用上述多种模式，构建了多层次的制度结构。

1. 社会救助模式

社会救助模式多见于盎格鲁·萨克逊国家，以美国的医疗救助（Medicaid）最具代表性。这种模式将社会成员丧失生活自理能力视为个人风险，由个人在市场上寻求化解风险的方式，如购买商业长期护理保险产品。政府只为收入过低、无力负担的群体购买最基本的长期护理服务，避免这些人因为失能陷入贫困。根据美国CMS的数据，2015年Medicaid覆盖7000万人、总支出5523亿美元，其中老年人560万、支出近800亿美元，分别占全体人员的8%和全部费用的14.5%；救助型制度的待遇有限，Medicaid平均为每位老年人支付14323美元[4]，相对于平均超过9万美元的机构照护费，这些钱只是杯水车薪。德国在独立建制之前，也是社会救助型的长期护理保障模式，但因为失能人数增加让社会救助难堪重负，最终选择了社会保险模式。

2. 国家保障模式

国家保障模式主要在北欧福利国家，以瑞典为代表，受"社会民主主义"福利思想影响，将社会成员的失能风险视为国家风险，由国家组织力量为失能人员提供全方位的长期照护服务，个人几乎无须自付，长期照护的资金基本都来自财政收入。国家保障模式一般有以下几个特征[5]：①公共支出规模大，瑞典长期护理保障支出约占GDP的3.6%，比例是世界最高的，其中80%出自政府；②机构照护使用多，瑞典80岁及以上老年人中有16%住在各类照护机构中，这一比例在历史上曾达到30%之高；③社会服务支出多，瑞典长期护理保障支出中，与医疗相关的不到20%，超过80%用于社会服务；④正规就业比例高，

---

[1] 德国2016年保险统计年鉴。
[2] 上海在需求评估上包含了失智因素，但权重只有5%。
[3] 由Genworth公司CEO Thomas Mclnerney提供。
[4] Centers for Medicare & Medicaid Services (CMS), "2016 Actuarial Report on the Financial Outlook for Medicaid", Table 2.
[5] 瑞典的数据参见：张盈华：《老年长期照护：制度选择与国际比较》，经济管理出版社2015年版；Colombo, F. et al., *Help Wanted? Providing and Paying for Long-Term Care*, OECD Health Policy Studies, OECD Publishing, 2011.

这种模式多为国家雇用人员提供照护服务,如瑞典的正式照护者占15~65岁劳动年龄人口的3.6%,可谓世界第一,相当于每100个瑞典人中就有2个人在正规部门从事照护服务工作;⑤照护服务密度大,这种模式的照护服务很密集,瑞典每100名80岁及以上老年人对应40个照护服务人员,这在世界上也是名列前茅的,这个数字在东欧和南欧国家不足15人。

3. 政府津贴模式

政府津贴模式是大多数国家都采用的长期护理保障模式,又以"家庭主义"福利模式国家最为常见,财政筹资,主要以现金形式给付。这种模式认为失能人员给家庭带来负担,影响了劳动者就业,政府通过家计调查,向失能者发放照护津贴,由其自行购买社会服务,也包括向家人"购买"照护服务。如荷兰的"个人照护预算"(Personal Care Budget)、法国的"个性化自治津贴"(Personalized Allowance for Autonomy,APA)、奥地利的长期照护津贴、中国地方政府发放的高龄津贴等。政府津贴模式与社会救助模式的区别在于资格条件不同,除了失能状况以外,前者主要考虑年龄,后者则需进行家计调查(Mean-tests)。

4. 商业保险模式

商业保险模式是政府强制社会成员投保长期护理保险产品,具有代表性的是新加坡的"乐龄健保计划"。新加坡于2002年启动这项计划,并在2007年进行了升级,规定所有40~69岁的公积金会员均自动加入该计划中;规定在计划实施时已年满70岁的老年人不会自动加入,而是进入另一项政府援助计划,这样就将高风险的老年人与中低龄参保人分开,有利于降低乐龄健保计划的保费;采取定额赔付,并规定了最长赔付年限①。该计划由商业保险公司承保。截至2015年投保人数122万,占总人口的21%,理赔人数1.25万,占总人口的0.22%②。准强制性手段最大的好处就是投保比例高,40岁及以上的新加坡人中大约有65%的人都加入了乐龄健保计划。除了乐龄健保计划外,新加坡还向最弱势群体提供了政府津贴和免费入住乐龄公寓的机会。

5. 社会保险模式

社会保险模式多被"法团主义"福利国家采用,这种模式认为个人的失能风险会放大成社会风险,遵循社会团结宗旨,社会成员之间应互助共济、共同出资。目前,全世界长期护理保险独立建制的国家屈指可数——荷兰、德国、卢森堡、以色列、日本和韩国,其中德国最具典型性。

在实行长期护理社会保险制度之前,德国对低收入、高失能的群体也是采取社会救助方式,政府向营利性的"福利法团"购买,免费向这些人提供长期护理服务。进入20世纪90年代,长期护理服务价格上升很快,加上老龄化,社会救助支出不断增加,地方政府难堪重负,于是,在1995年德国推出长期护理社会保险。与其他社会保险项目一样,德国的长期护理保险也是由各个基金经办管理,打破了"福利法团"的垄断地位,长期护理服务市场也跟着发展起来。

社会保险模式卸下了政府的长期护理支出负担。长期护理费用上升,德国就不断调高缴费率,而不是向政府要钱。1995~2016年,德国长期护理社会保险的受益人数由106万增加到275万,人均待遇年支出由4165欧元增加到10295欧元③,这些都是靠提高缴费率支撑的,缴费率由最初的1%增加到2.35%,2017年起增加到2.55%(无子女者缴费率是2.8%)。与德国略有不同,日本和韩国长期护理支出由基金、财政和个人分担,基金承担45%~50%。由此可见,各国长期护理保险模式的"纯度"不同,这与制度环境、福利理念、制度沿袭等都有关系。

(二)中国长期护理保险制度的道路选择:"独立建制+社会保险"

1. 传统的社会救助模式不能适应新形势的长期护理需求

一直以来,我国只有城镇"三无"人员或农村"五保户"的失能老人可以获得社会救助,地方财政给予城镇"三无"人员生活补助,对农村"五保户"实行集中供养或分散供养。无论是生活补助还是两种供养形式,财政补助和覆盖人群都十分有限。

当前,中国积极应对人口老龄化,失能老人的保障已经跨越民政工作,传统的"补缺式"社会救助已经不能适应新形势要求。这些新形势包括:①中产阶级壮大,人们对社会保障的需求不再满足于"三无"和"五保"的接济,需要更有尊严的老去,且正在为这种需求进行自我储备。②政府大力推行积极老龄化政策,在养老服务领域,提倡以需求引导供给侧改革,打造"医养结合"体制,多部门已出台政策支持。③服务需求增加、要求提高,国家亦有战略要求,在这种情况下,如果仍用社会救助方式,结果必定如同德国建制之前那样,地方财政支撑不下去。

2. 国家保障模式不符合中国社会保障体制改革新方向

中国从20世纪90年代建立基本养老保险和基本医疗

---

① 2007年之后分别为每月400新元和6年。
② 数据来自新加坡卫生部。
③ 德国2016年保险统计年鉴。

保险制度时,选择了社会保险道路。经过20多年发展,社会保险深入人心,在观念中,国家保障模式已经成为历史,一去无返。中国构建长期护理保险体系,必须要合理分配政府、单位、个人和家庭的责任,单纯依靠任何一个主体既无必要也不现实,其实,北欧国家已经在给国家保障模式"松绑",开始注重引入个人责任。

3. 政府津贴模式易出现挪作他用的道德风险

政府津贴是最原始、最普遍的长期护理保障方式,一般都设有年龄、收入等门槛。确定受益资格后,有的直接给被照者,功能类似"购物券",让其购买服务,有的给照者,作为其提供服务的"工资"。但在实际操作中,长期护理津贴的资格筛查比较难,要精确评估生活自理能力,工作量大、难度高,依靠基层政府机构几乎无法精准完成。目前地方政府实行的高龄津贴制度,用的是"年龄"门槛,相比失能鉴定,年龄门槛则简单易行得多。这是现实的选择。

因此,实行政府津贴模式,最关键的是"瞄准",要让津贴使用在规定的长期护理服务上,不能挪作他用。从我国城乡低保制度运行和管理来看,瞄准度尚欠。在这一点上,我国与公共管理体制成熟的国家还有距离。

4. 商业保险模式需要特殊土壤才能充当"基本险"

新加坡的乐龄健保计划是中央公积金计划的自然延伸,是新加坡"政府集中管理＋私有化保险"的特殊土壤上的产物,很难作为"基本险"复制到其他国家,但其在商业长期护理保险中采用"自动加入"机制的做法,值得借鉴。

5. 我国长期护理保险已具备独立建制的条件

这些条件包括:①中央已将探索和试点长期护理保险制度列入"十三五"规划,作为推进健康中国、健全全民医疗保障体系的重要内容,人力资源和社会保障部将其作为重大民生工程加以落实,中央从战略层面推进建设。这是构建长期护理保险制度的政治条件。②中国自20世纪90年代全面建立社会保险制度以来,已经形成了权责分明、责权对应的社保理念。这是构建长期护理保险制度的文化条件。③此轮全面深化社保改革,要推进健全社保体系,构建长期护理保险体系,能够填补中国社会保障在应对长期失能风险方面的空白。④我国医疗保险经过20多年历程才实现制度全覆盖,而现在构建长期护理保险体系,采取将医保参保群体直接纳入进来,可以一步到位地实现全员参保。这是其他"五险"所不能及的优势。⑤近年来商业机构在承办经办社会保险事务上非常积极,政府与社会资本合作模式在社会保险事业上越来越多地被使用,如城乡居民大病保险成绩斐然,为长期护理保险制度的落地提供了充足的经验。

按照联合国的预测,到2025年我国65岁及以上老年人口比例将达到13.5%,也就是说,我国距离深度老龄化(65岁及以上老年人口占比超过14%)还有10年左右的时间,这为我国完善社会保险体系提供了"窗口期"[1]。我们可以利用这段时间加快构建长期护理保险体系,为全体社会成员打造"终极安全网"。

(三) 中国构建长期护理保险制度应遵循的六个原则

1. 独立建制,商保并行

长期护理保险必须建立"多层次"体系。养老保险和医疗保险制度建设中最大的教训是"一柱独大""制度跛行"。到2016年底,基本养老保险参保已有3.8亿人,而加入企业年金的人数不足8.4%,基本养老保险的累计结余已经超过3.8万亿元,而第三支柱的资产不到GDP的3%,规模与美国占比超过GDP 40%的个人退休账户(IRA)相比实在太小[2]。长期护理保险是社会保险,与其他社会保险项目一样,财政有"保底"的天然责任和民众共识,现实中,社会保险基金统筹层次较低,"保底"责任落在地方政府身上,尽管有中央转移支付,但对于财力较弱地区,仍有困难,"寅吃卯粮"现象常态化。从全世界范围来看,单一的或主要依靠第一支柱的社会保险,都面临着支付风险,严重的还会演化成国家的债务危机,如几年前的希腊。从世界银行提出"三支柱"至今已超过20年,各国实践经验表明,搭建"多层次"制度体系,将公共保障与私人保险合并发力,才能保证长期护理保险制度长久运行。

长期护理保险的多个层次应当"并行建立"。我国社会保险"多层次"体系举步艰难,归根结底是第二、第三支柱"营养不良"。从1997年全国基本养老保险制度统一,到2004年企业年金试行办法出台、2009年财税27号文对单位的补充保险缴费给予税优、2013年财税103号文对个人的年金缴费给予税优,第二支柱的制度建设落后于第一支柱5~10年;2015年8月试点延税型商业健康险,2017年7月才开始向全国推开,而延税型的商业养老保险以及第三支柱个人养老金制度至今仍停留在争论中,迟迟没有政策落地,第三支柱的制度建设落后于第一支柱不止20年。"多层次"社会保险体系推进缓慢,严重制约了

---

[1] 德国和日本在建制时均已进入深度老龄化时期。
[2] 郑秉文主编:《中国养老金发展报告2015》,经济管理出版社2015年版。

补充保险的发展，反过来又加重了人们对第一支柱"基本险"的依赖。

长期护理保险"多层次"体系一定要汲取其他"五险"用巨额学费换来的经验，让社会保险与补充保险和商业保险①"并行建立"，同步发展。

2. 科学决策，精算平衡

"坚持精算平衡"是中共十八届三中全会确定的建立"更加公平可持续"社会保障制度的基本原则之一，也是社会保险制度科学决策的根本依据。目前，我国还没有建立公开的社会保险精算报告制度，社会保险费率和待遇的科学调整机制还没有建立起来，调整具有很大的随意性，如基本养老保险自2005年连续十三年提高待遇，前11年调整幅度超过10%，第12、第13年调整幅度降至6.5%和5.5%。因为没有公开的测算报告，增速下降引起民众种种猜忌和质疑。

与养老保险和医疗保险相比，长期护理保险隐性债务的影响因素更复杂，不仅有年龄和性别结构的影响，还有生活方式和医疗水平对预期寿命的影响，更有长期护理服务市场价格变化的影响。这些因素需要综合考虑，运用大数据和精算方法进行评估测算，并在此基础上科学调整费率和待遇。

3. 属地管理，中央调剂

长期护理服务的可及性要求"属地管理"。理论上，社会保险的覆盖面越大，越有助于分散风险，所以"基本险"以全国统筹为最好。不过，需要区分不同社会保险项目的特殊性：以现金给付，当然统筹层次越高越好，因为互济性强，如基本养老保险；以实物给付，考虑更多的是服务可及性，建立全国统筹就没有必要了，如基本医疗保险。长期护理保险属于实物（护理服务）给付，各地护理服务价格差别大、服务使用量监督难度大，基金管理的层次应当尽可能地接近服务提供和监管层级。所以，长期护理保险基金应当采取属地管理。

基金分布不均的现实性要求"中央调剂"。从各国实践来看，属地管理的社会保险项目都有中央（联邦）政府的拨款，拨款是为了补助困难地区。我国社会保险面对的最大现实问题是各地之间筹资能力、高龄化程度、财政支持能力的差距非常大，而且，财力越好的地方基金越充裕，基金越充裕的地方反倒制度供养负担（待遇领取人数/缴费人数）越轻。以医疗保险统筹基金为例，2015年全国累计6569亿元，平摊下来每个省404亿元，但实际上只有8个省市（广东、浙江、上海、江苏、山东、四川、北京、河北）的统筹基金超过平均数，最高结余（广东）与最低结余（新疆兵团）之间相差70倍；山东省80岁及以上老年人数最多，相当于广东的130%，但医保基金结余只有广东的40%②。

长期护理保险基金支出与高龄化分布的关联度更高，单纯依靠省内统筹不够，应当考虑建立更高一级的调剂金机制。德国长期护理保险实行的是自治管理，由各个医疗基金（Sickness Funds）负责征缴、经办和给付，参保人员可以在不同基金之间自由选择，结果造成各个基金之间出现了负担不均的问题，一些基金为了节省成本，不愿承接高风险人群投保，故意向高风险人群设置投保障碍。德国政府正视这个问题，在2009年进行改革，建立了中央基金，按照平衡公式（含有年龄、性别、慢性病发病率等指标）向各家基金拨付资金，成功化解各个基金之间对投保人"挑肥拣瘦"的问题。目前，我国正在探索建立养老保险的中央调剂金机制，应借此机会，综合考虑将该机制扩展应用到长期护理保险制度上。

4. 市场经办，政府监管

中国社会保险事业的快速发展有目共睹，2009~2015年，城镇职工的基本养老保险参保率由47.7%升至67.2%、基本医疗保险参保率由53.1%升至71.3%、失业保险由37.8%升至43.7%、工伤保险由34.7%升至52.8%、生育保险由21.8%升至44.5%③；2009年我国开始实施新型农村社会养老保险、新型农村合作医疗保险和城镇居民基本医疗保险，2012年开始实施城镇居民社会养老保险，养老保险基本实现了制度全覆盖，医疗保险基本实现了全员参保，中国政府也因此获得了国际社会保障协会（ISSA）颁发的"社会保障杰出成就奖"（2014~2016年）。社会保险每年仅参保经办就已超过25万亿人次，其中医疗保险还涉及认定、审核、结算、风控、服务监督、定点机构稽核等经办业务，显然，单靠政府经办机构不可能保证管理效率和服务质量。自2012年发改社会〔2012〕2605号④提出"支持商业保险机构承办大病保险"以来，

---

① 因为参保人员并非都是企业职工（雇员），且大部分是无雇主或自雇人员（城乡居民），雇主组织的补充险覆盖面不全。因此，长期护理保险体系中发挥补充作用的将主要是商业保险。
② 根据人力资源和社会保障部《中国社会保险发展年度报告2015》的各省统筹基金结存数和中国社科院世界社保研究中心精算小组的分省人口预测数统计得出。
③ 来自各年的"人力资源和社会保障事业发展统计公报"。
④ 参见《关于开展城乡居民大病保险工作的指导意见》。

2014年国办发〔2014〕50号①提出"稳步推进商业保险机构参与各类医疗保险经办服务",2015年安徽出台皖政办〔2015〕24号②和2016年青海出台青政办〔2016〕80号③均要"推进商业保险机构经办城乡居民基本医疗保险"。这些文件的出台和实施,无不彰显商业保险机构作为"社会保险市场化运作的积极参与者"④的功能定位。

"十三五"期间,中央将大力推进"简政放权、放管结合、优化服务改革",与此同时,继续完善基本公共服务体系,努力提升人民群众的获得感,到2020年,要总体实现基本公共服务均等化。一方面,政府要从基本公共服务提供上"收手";另一方面,基本公共服务要比以往任何时候更快、更准、更方便地递送给人民群众,这"一收一放",离不开社会力量的参与,政府则按照"政事分开、管办分离"的原则,由直接经办转向监督管理。

5. 财政补助,责任前置

一般地,政府对社会保险的财力支持主要表现在:①缴费补助,以增强参保缴费能力,激励参保。②经费支持,以维持社保经办机构的正常运行。③基金兜底,以弥补基金收不抵支时的缺口。其中,"基金兜底"责任最大、负担最重,运营不好就会拖累地方财政。仅看我国基本养老保险的财政补助,远观欧洲福利国家的债务危机,财政"兜底"实际上就是"国家保障"的变异形式:1998~2016年,我国城镇职工基本养老保险年度财政补贴由24亿元增长到6511亿元,占当年基金收入的比重由1.6%增至18.57%⑤,制度运行20年,财政合计补贴3.3万亿元,占基金累计结余的85.8%⑥;法国萨科齐政府时,曾因财政无力承担,不得不依靠银行贷款发放养老金,银行贷款发放比例达到10%⑦;希腊更是受养老金拖累,引发债务危机⑧。政府扮演"兜底"责任,犹如在本应封闭运行的社会保险制度上开了一个"口子",将财政资金与社保基金之间的"防火墙"穿透。

长期护理保险的长尾风险高,在制度建立伊始,要对基金长期运行做出精算和预测,未来可根据参数变化做出相应调整;在此基础上确定缴费率,并将政府的责任前置,把"缺口兜底"改为"缴费补贴"。这样做的目的就是要在财政与基金之间"修墙",让长期护理保险制度自主管控、自我约束、封闭运行,绝不能"攀附"财政。

6. 统一标准,严把出口

我国还未出台统一的长期护理需求认定和等级评定标准,各地试点的标准差异很大,结果是,"失能率"众说不一:①官方公布的数据。来自全国老龄办的调查:第一个调查是在2014年,显示20.6%的被调查者(主体是60岁及以上老年人,还有部分是50~59岁)有照护需求,算下来约合4375万人;第二个是2016年调查的"自报需要照护",占60岁及以上被调查者的15.3%,算下来约合3300万人;第三个是2016年调查的评估数,"全国有4063万失能老人,占老年人数的18.3%"⑨。来自"六普"的数据:城镇60岁及以上老年人口中有2.5%"生活不能自理",农村的这一比例为3.3%,换算成2010年的人口数,失能人数约为523万。②民间调查数据。国内学者通过调研发现,各类失能老人加总起来约占老年人口的5%,算下来约合1150万⑩。③试点城市的数据。如前所述,截至2017年6月,各试点城市审核通过的待遇人数未超过当地60岁及以上老年人口的2%。④对比国外的经验数据,按2014年德国256.9万人享受长期护理保险待遇,占总人口的3.2%,占60岁及以上人口的11%⑪套算,我国失能人数应在2540万左右。上面的这些数据,差异很大,归根结底是没有统一的失能评定标准,这给制度设计、费率确定、资格认定以及长期运行埋下巨大的不确定。

长期护理保险建制,首先就是要建立一套科学的、全面的、符合中国长期护理特征的长期护理需求认定和等级评定标准;制度起步阶段还是要有小步缓走的谨慎态度,不可将资格门槛放得过低或待遇给付标准定得过高,否则未来制度调整的空间太小。日本是"高起步",结果不到10年,缴费负担就增加了1倍;韩国是"低起步",2025

---

① 参见《国务院办公厅关于加快发展商业健康保险的若干意见》。
② 参见《安徽省人民政府办公厅关于推进商业保险机构经办城乡居民基本医疗保险业务试点的指导意见》。
③ 参见《青海省人民政府办公厅关于全面开展商业保险机构经办城乡居民基本医保服务的指导意见》。
④ 参见《国务院关于加快发展现代保险服务业的若干意见》(国发〔2014〕29号)。
⑤ 2016年城镇职工基本养老保险基金收入35058亿元,其中财政补贴6511亿元。
⑥ 财政补贴来自财政部公布各年"全国财政决算"。
⑦ "法国抗议延迟退休的罢工",中央新闻,2010-10-20。
⑧ 郑秉文主编:《中国养老金发展报告2011》,经济管理出版社2011年版。
⑨ 数据分别来自:《十城市万名老人居家养老服务调研结果》、《第四次中国城乡老年人生活状况抽样调查》。
⑩ 唐钧:《中国有多少失能老人》,《中国社会保障》2016年第12期。
⑪ 根据德国卫生部公布的数据:2016年底,德国长期护理保险受益者中60岁及以上老年人占84%。

年后韩国将步入老龄化高速增长期,低起步可避免高速老龄化对制度财务的毁灭性打击。中国与韩国的老龄化进程十分相近,应当"严把出口",把制度调整的空间留给老龄峰值期。

三、中国"多层次"长期护理保险的体系构建

"多层次"是我国社会保险制度的基本原则,在养老保险和医疗保险领域已达成共识。建立"多层次"的长期护理保险体系,同样是为了在政府、企业、社会、家庭和个人之间合理分担责任,让政府举办的"基本险"既要做到应保尽保,又要避免过高待遇加重工作一代的缴费负担。这里做一简单测算,看看我国长期护理保险的财务负担,以及发展"多层次"长期护理保险体系的必要性。

基本假设:①失能率假设。"低失能率"方案采用的是"六普"数据,"高失能率"方案采用的是全国老龄办调研数据[1],"国外对比"方案是用德国卫生部数据计算出的各年龄段失能率(见表3-3)。全国老龄办的调研数据与德国数据相近,"六普"与民间调研和试点地区经验数据相近。②缴费和待遇的计算基数假设。与其他险种一样,缴费按照平均工资的一定水平计算,为简便起见此处未考虑缴费上下限,以社会平均工资为缴费基数;待遇以实物给付为主,支付标准以部分覆盖服务人工费用为主,故这里采用社会平均工资的一定比例。③目标待遇假设。分别以社会平均工资的40%、50%、60%和70%作为由低到高不同方案的目标待遇。④缴费人群假设。以20+、40+和40~80岁作为三个缴费群体方案,其中,20+表示20岁及以上,40+表示40岁及以上。

表3-3 失能率假设 单位:%

年龄段	60~64岁	65~69岁	70~74岁	75~79岁	80~84岁	85岁+	占60岁+比例
"低失能率"方案	0.9	1.5	2.7	4.3	8.0	15.0	2.9
"高失能率"方案	2.9	3.1	6.5	9.5	17.1	32.2	6.8
"国外对比"方案	1.9	2.8	4.5	9.3	19.1	42.4	6.2

注:"低失能率"方案为2010年数据,"高失能率"为2014年数据,"国外对比"方案是2015年数据。"占60+比例"是根据各方案失能率假设,计算出我国失能人口占60岁及以上人口的比例。

资料来源:国家统计局,全国老龄办内部数据库,德国卫生部网站;各年龄段人口数据根据联合国2012年人口预测。

以联合国2012年"中国生育率"人口预测数据为基础,按照上述假设,计算出不同方案的缴费率(见表3-4),可以看出2015~2055年,长期护理保险的缴费率每20年翻一番,2035年之前的压力更大。在同等情况下,"高失能率"方案比"低失能率"方案的缴费率高出1倍以上。

表3-4 不同方案下长期护理社会保险的缴费率 单位:%

	失能率	低失能率(按"六普"数据)					高失能率(按全国老龄办调查数据)					国外对比(按德国卫生部的数据)				
	待遇水平	40	50	60	70%	80	40	50	60	70	80	40	50	60	70	80
①20岁及以上缴费	2015	0.2	0.3	0.3	0.4	0.4	0.5	0.6	0.8	0.9	1.0	0.5	0.6	0.7	0.9	1.0
	2020	0.3	0.3	0.4	0.4	0.5	0.6	0.7	0.9	1.0	1.1	0.6	0.7	0.8	1.0	1.1
	2025	0.3	0.4	0.4	0.5	0.6	0.7	0.8	1.0	1.2	1.4	0.6	0.8	1.0	1.1	1.3
	2030	0.4	0.4	0.5	0.6	0.7	0.8	1.0	1.2	1.4	1.6	0.8	1.0	1.2	1.4	1.6
	2035	0.4	0.5	0.6	0.7	0.8	1.0	1.2	1.4	1.7	1.9	0.9	1.2	1.4	1.6	1.9
	2040	0.5	0.6	0.7	0.8	1.0	1.1	1.4	1.6	1.9	2.2	1.1	1.4	1.6	1.9	2.2
	2045	0.5	0.7	0.8	1.0	1.1	1.2	1.5	1.9	2.2	2.5	1.3	1.6	1.9	2.2	2.5
	2050	0.6	0.8	0.9	1.1	1.3	1.4	1.8	2.1	2.5	2.8	1.5	1.8	2.2	2.6	2.9
	2055	0.7	0.9	1.0	1.2	1.4	1.5	1.9	2.3	2.7	3.1	1.6	2.0	2.5	2.9	3.3

[1] 从全国老龄办内部数据中调取2014年20个省份分城乡、分生活自理状况的调研数据,这20个省(市、区)分别是:北京、山西、上海、黑龙江、陕西、辽宁、江苏、浙江(仅城市)、湖北、四川、云南、广东、福建、湖南、安徽、河北、山东、河南、新疆和广西。

续表

	失能率	低失能率（按"六普"数据）					高失能率（按全国老龄办调查数据）					国外对比（按德国卫生部的数据）				
	待遇水平	40	50	60	70%	80	40	50	60	70	80	40	50	60	70	80
②40岁及以上缴费	2015	0.4	0.5	0.6	0.7	0.7	0.9	1.1	1.3	1.5	1.7	0.8	1.0	1.3	1.5	1.7
	2020	0.4	0.5	0.6	0.7	0.8	0.9	1.2	1.4	1.6	1.9	0.9	1.1	1.4	1.6	1.8
	2025	0.5	0.6	0.7	0.8	0.9	1.1	1.3	1.6	1.8	2.1	1.0	1.3	1.5	1.8	2.0
	2030	0.5	0.6	0.8	0.9	1.0	1.2	1.5	1.7	2.0	2.3	1.1	1.4	1.7	2.0	2.2
	2035	0.6	0.7	0.9	1.0	1.2	1.3	1.7	2.0	2.3	2.7	1.3	1.6	2.0	2.3	2.6
	2040	0.7	0.9	1.0	1.2	1.4	1.5	1.9	2.3	2.7	3.1	1.5	1.9	2.3	2.7	3.1
	2045	0.8	1.0	1.2	1.4	1.5	1.7	2.2	2.6	3.0	3.5	1.8	2.2	2.7	3.1	3.5
	2050	0.9	1.1	1.3	1.5	1.7	2.0	2.5	2.9	3.4	3.9	2.0	2.6	3.1	3.6	4.1
	2055	0.9	1.2	1.4	1.7	1.9	2.1	2.6	3.2	3.7	4.2	2.2	2.8	3.4	3.9	4.5
③40~80岁缴费	2015	0.4	0.5	0.6	0.7	0.8	0.9	1.1	1.3	1.6	1.8	0.9	1.1	1.3	1.5	1.7
	2020	0.4	0.5	0.6	0.8	0.9	1.0	1.2	1.5	1.7	2.0	0.9	1.2	1.4	1.7	1.9
	2025	0.5	0.6	0.7	0.8	1.0	1.1	1.4	1.7	1.9	2.2	1.1	1.3	1.6	1.8	2.1
	2030	0.5	0.7	0.8	0.9	1.1	1.2	1.5	1.8	2.1	2.4	1.2	1.5	1.8	2.1	2.4
	2035	0.6	0.8	0.9	1.1	1.3	1.4	1.8	2.1	2.5	2.9	1.4	1.8	2.1	2.5	2.8
	2040	0.7	0.9	1.1	1.3	1.5	1.7	2.1	2.5	2.9	3.3	1.7	2.1	2.5	2.9	3.3
	2045	0.9	1.1	1.3	1.5	1.7	1.9	2.4	2.9	3.4	3.8	1.9	2.4	2.9	3.4	3.9
	2050	1.0	1.2	1.5	1.7	2.0	2.2	2.8	3.3	3.9	4.4	2.3	2.9	3.5	4.0	4.6
	2055	1.1	1.4	1.6	1.9	2.2	2.4	3.0	3.6	4.2	4.8	2.6	3.2	3.9	4.5	5.2

资料来源：作者计算。

上述各方案及其缴费率可归纳成八个组合（见表3-5）。作为"终极安全网"，长期护理保险理应惠及每一个老年人，即"全覆盖、广受益"；同时，考虑到未来高龄化人口增速快的现实，目标待遇不能过高。在表3-5中，如果将目标待遇定位为社平工资的80%，"高失能率"方案的缴费率到2055年至少提高2个百分点；再将人工成本考虑进去，提高幅度会更大——实际上，根据OECD国家的经验和预测，服务成本的增加比人口结构变化更能推高缴费率[1]——两者合力后，对下一代人的负担太重，代际之间不公平。

表3-5 各方案缴费率组合

	失能率	目标待遇	缴费年龄	缴费率	比较（缴费率水平相当于）	到2055年的变化
组合一	低	40%	20岁及以上	0.2%	—	+0.5%
组合二	低	40%	40岁及以上	0.4%	韩国长期护理保险的缴费率	+0.5%
组合三	低	80%	20岁及以上	0.4%	韩国长期护理保险的缴费率	+1.0%
组合四	低	80%	40岁及以上	0.7%	—	+1.2%
组合五	高	40%	20岁及以上	0.5%	目前试点地区的筹资水平	+1.0%
组合六	高	40%	40岁及以上	0.9%	日本2003年之前的缴费率	+1.2%
组合七	高	80%	20岁及以上	1.0%	德国1995年建制时的缴费率	+2.1%
组合八	高	80%	40岁及以上	1.7%	德国2002~2007年的缴费率	+2.5%

[1] OECD, "Projecting OECD Health and Long-Term Care Expenditures: What Are The Main Drivers?", Economics Department Working Papers No.477, 2006.

考虑到诸如失能需求等级鉴定标准、长期护理服务标准及其服务供求议价机制等还未建立和完善，在长期护理保险制度建立初期，不宜把缴费空间"用满"。建议"基本险"的缴费率从0.5%起步，这个比率与当前试点水平相近，中央调剂的也就是这部分。各地可在此基础上发展补充保险，构建"多层次"的长期护理保险体系。

（一）第一层次："全覆盖"的基本长期护理保险

建立"全覆盖"的长期护理保险制度，既是社会保险事业20年发展的经验所得，也是确保"更加公平可持续"的宗旨使然。

1. 建立统一费率、统筹调剂的筹资机制

试点期间各地筹资标准各异，在正式建制时应将费率统一起来。在这一点上，我国基本养老保险制度走过曲折道路：1991年"允许不同地区、企业之间存在一定的差别"，1995年"应逐步做到……统一制度、统一标准、统一管理和统一调剂使用基金"，1997年"建立统一的企业职工基本养老保险制度"，历时6年完成了制度统一，但缴费率始终没有统一，最高的黑龙江超过30%，最低的广东部分城市低于10%。费率不统一，各地企业的人工成本差异大，直接影响基础养老金的全国统筹迟迟不能实现。为了避免基本养老保险制度走弯路，长期护理保险建制应采取统一费率、统筹调剂。

2. 运用动态调整、精算平衡的管理手段

长期护理的风险预估很复杂，远胜于其他"五险"。德国长期护理保险制度从1995年初开始实施，仅过了一年半，到1996年7月便将费率由1%调高至1.7%，2008年上调至1.95%，2013年上调至2.05%，2015年上调至2.35%，2017年上调至2.55%，频繁的调整费率归因于缺乏科学预测和控费手段，已经引起学界和民众的质疑，呼吁提高费率调整的科学性，彰显出长期护理保险制度参数设定与精算平衡的重要性。

3. 采取实物为主、现金为辅的给付方式

长期护理保险与医疗保险相似，在参保人发生风险时提供实物待遇，包括生活照料服务、与之相关的医疗护理服务和耗材，不同失能程度对应不同的服务包或服务时数。但在以下情况下也配合有现金给付：①接受非正式照护者[①]的服务，向其提供"报酬"；②让被照护者拥有一定的自由选择权，满足其对服务形式、服务机构和服务量的差异需求。

在国内长期护理保险试点城市中，南通、成都等地试行照护津贴，用于"购买"家庭成员的照护服务。需要注意的是，照护津贴的使用指向要明确，要有约束，杜绝用于非照护行为（如被未提供照护服务的子女侵占）上。

（二）第二层次："团体参与"的长期护理补充险

长期护理补充险是"基本险"的拓展和延伸。人社部2016年80号文提出长期护理保险以"长期失能"为保障对象，又以"重度失能"为保障重点，设定的保障水平是"符合规定的长期护理费用"的70%左右。这里有两个重要的政策含义：享受待遇的资格条件是"长期+重度"失能，受益面不大；待遇率（基金给付占长期护理费用的比率）为70%，受益水平不低。各地的试点情况也确实如此：享受待遇的人占60岁及以上人口不足2%；青岛床日定额最高可达170元（"专护"），占当地社平工资的比例达到104.5%。

待遇水平高固然好，但必定会限制受益面，待遇资格和待遇标准是制度设计的关键指标，在基金规模有限的情况下，是要"受益面窄、保障度高"还是要"受益面宽、保障度低"？显然应当是后者，这是社会保险的本质要求，也是中国社会保险"全覆盖""保基本"的原则体现，须通过"多层次"实现"可持续"。这给商业保险发挥补充作用提供了空间。

1. 国外长期护理补充险的经验

从国外的实践来看，商业长期护理保险的补充作用可分为几个不同类型：①"扩面"。自1995年长期护理保险制度落地以来，德国的强制商业长期护理保险始终是社会保险的有力补充。2016年，德国长期护理社会保险覆盖了87%人口，有275万人受益，人均基金支出10295欧元；强制商业长期护理保险覆盖11%人口，有17.8万人受益，人均理赔支出5334欧元；长期护理社会保险和强制商业长期护理保险的受益人数分别占德国总人口的3.32%和0.22%；长期护理社会保险缴费收入320亿欧元、待遇支出283亿欧元，强制商业长期护理保险保费收入22亿欧元、理赔支出9.5亿欧元[②]。德国的规则是在社会保险和商业保险之间"二选一"，所以强制商业长期护理保险起到扩大覆盖面的作用。②"补足"。法国长期护理保障的"基石"是"自治个人津贴"（l'Allocation personnalisée

---

[①] 非正式照护者是指提供非合同约定的照护行为，主要是被照护者的亲友、子女和邻里等。

[②] 长期护理社会保险数据截至2016年底，来自德国卫生部；强制商业长期护理保险数据截至2015年底，来自德国2016年保险统计年鉴。

d'autonomie，APA）[①]，面向60岁及以上老年人，报销比例最高90%。如2011年，119万法国人享受了APA，占当年总人口6291.8万人的1.9%，总支出51亿欧元，相当于人均支出4250欧元[②]。无论是受益面还是待遇水平，法国的APA与德国的长期护理社会保险都有明显差距，但这种差距由法国的商业长期护理保险"填补"了。法国拥有世界上最高的商业长期护理保险参与率，18岁及以上的法国人口中有570万持有商业长期护理保险的保单，相当于当年总人口的11%（2012年）；保费平均约为470美元/年（2010年），平均投保年龄在40~44岁，投保人以中产阶级家庭为主[③]。法国商业长期护理保险理赔的触发与APA一致，待遇在APA之上叠加，起到"补足"基本保障的作用。③"增添"。与法国商业长期护理保险"雪中送炭"功能不同，美国的商业长期护理保险可谓是"锦上添花"。2015年Medicaid覆盖了560万美国老年人，约占总人口的1.74%，人均待遇支出14323美元，与每年超过92000美元的机构照护费用相比，待遇支出仅是"补缺"的，这是因为，Medicaid的定位是面向低收入群体的社会救助。美国的成年人中大约有730万，占人口的3%持有商业长期护理保单[④]，且以中高收入群体为主——平均保费2283美元，投保人的收入中位数是87000美元，资产32.5万美元，赔付上限是140美元/天或4200美元/月，大部分购买者在55~60岁[⑤]。美国的商业长期护理保险相对"昂贵"，这与其"昂贵"的医疗健康市场匹配，起到为较高收入阶层"增补"保障的作用。

在上述三个类型中，法国的商业长期护理保险的"补足"功能更适合中国国情：将"基本险"的待遇维持在中等水平，并着重扩大受益面，再用商业保险"补足"待遇，发挥"个人和家庭商业保障计划的主要承担者、企业发起的养老健康保障计划的重要提供者"[⑥]的作用。

2. 我国长期护理补充险的实现

在绝大多数情况下，长期护理保险的保险期要跨越数十年，这意味着风险较低的群体，如年轻人、身体健康者，将在数十年里是"纯贡献者"，这些人对商业长期护理保险的需求意愿不会太高。在一些国家，商业长期护理保险市场之所以还有些规模，要么是因为实施"准强制参与"，如新加坡，21%的人口加入了"乐龄健保计划"；要么是通过"团体参与"，如法国和美国，两国团险占长期护理保险市场的比例都超过了70%。显然，"团体参与"更适合中国，这一点上，城乡居民大病保险已经做出了卓有成效的尝试。

借鉴大病保险的经验，可以用医疗保险个人账户的结存资金"团购"长期护理补充险：城镇职工基本医疗保险的参保人员可从个人账户结存中直接划转；没有建立医疗保险个人账户的城乡居民，可在征缴城乡居民医疗保险时"增收"，同时财政"增补"，合并筹资后，由经办机构统一购买长期护理补充险。《中国保监会关于促进团体保险健康发展有关问题的通知》（保监发〔2015〕14号）规定，"政府作为投保人为城镇职工、城镇居民、新农合参保人群、计生家庭和老年人等特殊群体投保的具有公益性质的团体保险"可不必提供被保险人的同意证明，这也给利用医疗保险结存资金"团购"长期护理补充险提供了政策依据。

（三）第三层次："政策扶持"的个人长期护理保险

个人长期护理保险是在基本险和雇主补充险之外的风险保障，属于长期护理保险体系的"第三层次"。在理赔的触发上，与商业医疗保险相似，均以评估（诊断）结果为准；在保障周期上，又与商业养老保险相似，风险集中发生在老龄尤其是高龄阶段。所以，对"第三层次"个人长期护理保险的设计，可以比照和借鉴商业医疗保险和商业养老保险。

1. 个人长期护理保险期限长，参数设计需谨慎

按照现行政策，触发理赔不仅要求"失能"，还要求"长期"。一般地，以生活自理能力的评分认定"失能"，如ADL量表，各国标准不一，如美国商业保险公司以量表中两项活动不能自理即触发理赔，国内试点多以40分以下认定待遇资格；"长期"一般以6个月为限，要求失能状态持续6个月以上。这两个条件"合力"拉长保险期

[①] 2002年开始实施，面向60岁及以上的老年人，由"国家自治团结基金"（Caisse national de solidarite pour l'autoomie，CNSA）付费，CNSA的资金来自税收和医疗保险基金划拨（2008年分别是170亿欧元和114亿欧元）。数据来自：OECD，"France long-term care，" 2011-05-18, http://www.oecd.org/france/47902097.pdf。

[②] OECD，"France long-term care，" 2011-05-18, http://www.oecd.org/france/47902097.pdf。

[③④] P. Doty, P. Nadash, and N. Racco，"Long-Term Care Financing: Lessons From France"，Journal of Milbank Quarterly。

[⑤]（记者）李致鸿："Genworth金融集团总裁McInerney详解美国长期护理保险发展"，21世纪经济报道，2017-06-30, http://m.21jingji.com/article/20170630/herald/25b58f82b6a5f14b1a74ecf50b527cfa.html；部分数据来自"中国长期护理保险的制度构建与模式选择"课题组与McInerney先生及其随行的座谈。

[⑥] 参见《国务院关于加快发展现代保险服务业的若干意见》（国发〔2014〕29号）。

限,例如,美国长期护理保险投保年龄在55~60岁,理赔年龄为80~85岁,之间相差20~30年;德国强制商业长期护理保险受益者中54%是80岁及以上老年人,75岁以上者占68%,触发理赔的年龄明显晚于退休年龄。所以,与商业健康险不同,长期护理保险的"出险"更晚,账户积累的时间更长。

对于保险人来说,保险期限越长,产品的参数设计就越要谨慎。美国在20世纪70年代首次推出长期护理保险产品,到21世纪初高峰时,美国曾有130多家保险公司运营长期护理保险,但随着投保人陆续"出险",到2017年仅剩12家,很多公司不堪亏损最终破产。亏损的根本原因是参数设计过于"慷慨"。以美国最大的长期护理保险公司Genworth为例,该公司于1974年推出首款长期护理保险产品,直到2017年,公司手中还有近80万份"老保单",相当于120万份个人保单总数的2/3,这些"老保单"保费低、赔付高、理赔门槛低。目前,这家公司每年因为这些"老保单"亏损2.5亿美元。在汲取惨痛教训后,

表3-6 美国最大长期护理保险公司Genworth的新、老保单参数对比

	老保单	新保单
指标预设值	保费投资收益率7%~8% 退保率5%~6% 通胀率5%	保费投资收益率3.25% 退保率0.5% 通胀率2~3%
赔付限制	未设赔付额和赔付期上限	设定最长赔付4年、最多赔付20万美元

资料来源:Genworth公司提供数据。

该公司在新保单设计上大幅度收紧各个参数(见表3-6)。

2. 政策支持对个人长期护理保险的发展必不可少,但"力度"是关键

长期护理保险的长尾风险很高,只有吸引更多"纯贡献者",才能有降低保费的空间。问题是,保费不降低,根本吸引不到"纯贡献者",这是一个"两难"境地。美国商业长期护理保险平均投保年龄在55岁以上,而法国却在45岁以下,加上多为非营利的相互保险公司运营[①],所以法国的长期护理保险产品价格更低,人均保费仅相当于美国的十分之一。

我国长期护理的相互保险模式刚刚起步探索,四川省成都市于2017年7月在武侯区设立"相互制长期护理保险实验室"[②],相互制长期护理保险的会员界定、运营模式以及社会保险与商业保险如何联合创新等问题还在研究中。目前,开展商业长期护理保险仍是以营利机构为主,既要平衡公司的营利要求,又要降低保费以鼓励"纯贡献者"投保,尤其是在模式探索期,政府的支持必不可少。

政府支持一般有两种形式,一是税优,通过减少税收"让利"于个人,降低其购买商业保险的成本。二是补助,通过转移支付"贴补"个人,增强其购买长期护理保险的能力。2013年,德国政府推出补助政策:只要每月支付的保费不少于10欧元,就可得到联邦政府提供的5欧元补助。此举旨在激励年轻人和健康者投保商业长期护理保险。补助政策实施后,德国自愿购买商业长期护理保险的人数增多(见图3-2),2013~2015年分别新增36万、55.9万和68.4万人投保,保费收入分别增加0.5亿、1.4亿和1.9亿欧元[③]。

政府支持能在多大程度上引导投保,关键要看激励力度。我国2015年起试行个人税优健康险,规定每月200元可从应税工资中扣除,由于我国实行的是分项所得税,这200元在应税工资中占比太低,税优力度"难被感知",又加上不能拒绝"带病投保"等限制挫伤了保险人的积极性,结果实施效果并不理想。截至2017年3月31日,保单总件数67272件,总保费约1.18亿元[④],仅相当于2016年健康险保费收入的万分之三。

税优要发挥"撬动"投保的作用,需要"支点":一种是所得税制,加快推进综合所得税制改革,以"年度申报纳税"替代"月月代扣缴税",让税优的"实惠"落入

---

① 例如,法国的MGEN共为超过200万人提供长期护理保障,占法国长期护理保险市场的四成以上。这家机构是会员制的、非营利的相互保险公司。
②(记者)戴璐岭:"成都市武侯区成为相互制长期护理保险实验室试点单位",四川新闻网,2017-07-13。
③ 德国2016年保险统计年鉴。
④(记者)崔启斌、许晨辉:《税优健康险只是"看上去很美"》,北京商报网,2017-05-09,http://www.bbtnews.com.cn/2017/0509/192611.shtml。

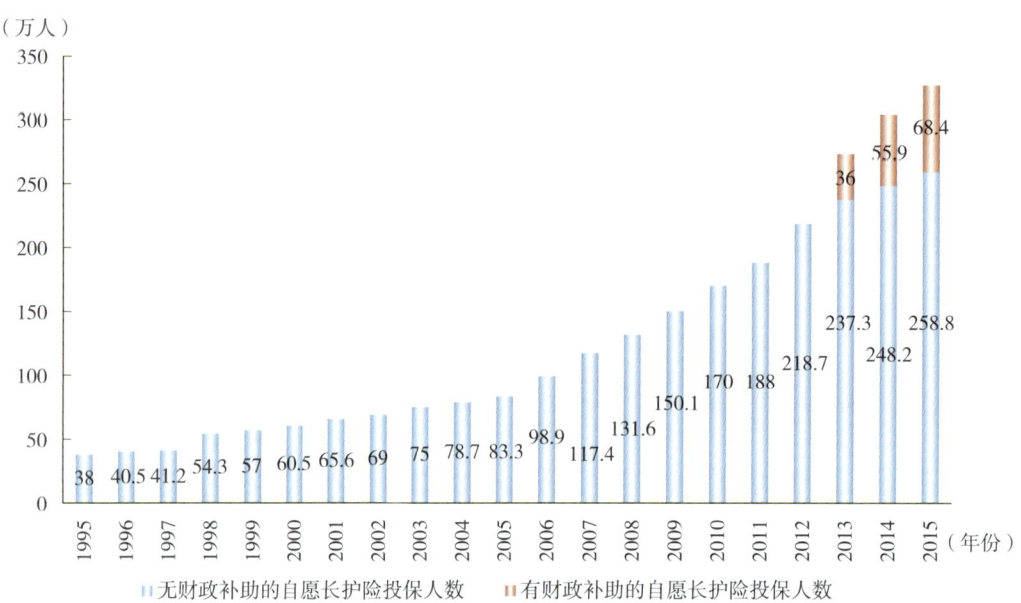

图3-2 德国联邦财政补助激励增加投保商业长期护理保险

资料来源：Pamela Nadash, Alison Evans Cuellar, "The emerging market for supplemental long term care insurance in Germany in the context of the 2013 Pflege-Bahr reform", Health Policy 121 (2017), 590.

投保人的"感知阈限"内；另一种是个人账户制，将享受税优的相关产品汇集到一个账户中，改"税优指向产品"为"税优指向账户"，税优力度可化零为整。

（四）建立长期护理风险储备基金

各国在应对人口老龄化对福利制度进行改革时，最常用且阻力最小的是建立风险储备基金，用资本增值来化解未来支付压力。在支付压力还可承受或经济形势尚好时"预筹"，并进行长期的资本运营，在未来支付高峰期时，或者用于"填补缺口"，或者用于"平减缴费"。

在建立长期护理保险风险储备基金上，德国较有经验。制度设计之初，德国就考虑到要进行基金储备，给每年基金结存设定了目标，而实际的储存数高于目标数，如2002年的结存目标是22亿欧元，实际结存48亿欧元，2015年结存目标是37亿欧元，实际结存93亿欧元（见表3-7）。此外，考虑到将在2035年前后迎来首批"婴儿潮"一代的长期护理需求高峰，届时80岁及以上高龄人口将占到总人口的10%，相当于2015年的1.8倍，德国政府于2015年起启动长期护理保险储备基金制度，从长期护理保险基金收入中按0.1个百分点划拨到储备基金中，

表3-7 德国长期护理社会保险的基金收支与结余情况 单位：亿欧元

年份	基金收入	基金支出	当期结余	累计结余	目标结余
2002	169.8	173.6	-3.8	48	22
2003	168.6	175.6	-6.9	49	22
2004	168.7	177.0	-8.2	42	23
2005	174.9	178.8	-3.6	34	23
2006	184.9	180.3	-3.2	32	23
2007	197.8	191.4	6.2	38	25

续表

年份	基金收入	基金支出	当期结余	累计结余	目标结余
2008	213.1	203.3	9.9	48	26
2009	217.8	214.5	3.4	51	27
2010	222.4	219.3	3.1	54	28
2011	230.4	229.4	1.0	55	29
2012	249.6	243.3	6.3	62	31
2013	259.1	254.5	4.6	66	32
2014	306.9	290.1	16.8	83	35
2015	320.3	310.0	10.3	93	37

资料来源：德国卫生部，Pflegeversicherung, Zahlen und Fakten，2017 年 4 月 20 日。

每年大约筹集 12 亿欧元[①]。

四、中国构建长期护理保险体系必需的若干制度创新

（一）调整"五险"的费率结构

统筹规划社会保险各项目的职能分工，调整费率结构，为长期护理保险筹资腾出空间。中共十八届三中全会提出要"适时适当降低社会保险费率"，2015 年 6 月失业保险率率先降低，此后，工伤保险和生育保险相继跟进，平均来看，三险分别降低 1 个、0.25 个和 0.5 个百分点；2015 年 12 月中央经济工作会议提出研究精简归并社会保险项目；2016 年 4 月人社部与财政部联合发文，明确合并生育保险和医疗保险，将"五险"归并为"四险"，与此同时，按两年时间逐步对养老保险和失业保险再降费率，幅度分别为 1 个和 0.5~1 个百分点。"五险"费率降低给建立长期护理保险制度留下空间，长期护理保险可在不增加企业缴费的情况下独立建制。

调整后的社会保险应当分工明确，对于老年群体来说，养老保险管消费，医疗保险管疾病，长期护理保险管失能，这是老龄社会不可或缺的三个社会保障项目。参照德日的长期护理保险制度，借社保降费之机，拿出 0.5~1 个百分点的费率空间，建立长期护理社会保险制度。这里用城镇单位在岗平均工资和城镇集体单位就业人员平均工资这两个一"高"一"低"的工资作为缴费基数，按 0.5%作为缴费率，考虑到"五险"缴费下限一般是平均工资的 60%，简单测算各地每月的缴费额（见表 3-8）。这里只

表 3-8　2015 年按两个基数计算各地长期护理保险缴费额　　　单位：元/月

地区	大基数	小基数	地区	大基数	小基数	地区	大基数	小基数	地区	大基数	小基数
北京	47	21	上海	46	26	湖北	23	17	云南	23	23
天津	34	20	江苏	28	24	湖南	22	17	西藏	46	15
河北	22	17	浙江	28	23	广东	28	19	陕西	24	19
山西	22	18	安徽	24	20	广西	23	17	甘肃	23	16
内蒙古	24	24	福建	24	22	海南	24	19	青海	26	19
辽宁	22	14	江西	22	19	重庆	26	18	宁夏	26	21
吉林	22	17	山东	24	21	四川	25	20	新疆	25	26
黑龙江	21	16	河南	19	17	贵州	26	27	/	/	/

注："大基数"是城镇单位在岗职工平均工资；"小基数"是城镇集体单位就业人员平均工资。
资料来源：作者根据国家统计局公布的 2015 年地区数据计算。

[①] 德国卫生部网站："Pflegevorsorgefonds"，http://www.bundesgesundheitsministerium.de/service/begriffe-von-a-z/p/pflegevorsorgefonds.html#c1188。

有城镇单位的就业人员，如果将参保范围扩大到城乡居民和灵活就业人员，缴费额还有下调空间。

（二）建立缴费与待遇的动态调整机制

长期护理保险制度要考虑基金的长期动态平衡，缴费率和待遇标准是关键指标，对于社会保险和商业保险皆如此。

在长期护理社会保险上，德国自1995年起的缴费率不断上调，由1995年的1%上调到2017年的2.55%（无子女者为2.8%），缴费负担增加了150%。主要原因是：①参保人数增加速度赶不上享受待遇人员增速，1995~2014年德国长期护理社会保险参保人员由5092万增至5295万，增幅4%，而同期享受待遇人数由106万增至257万，增幅142%；②待遇支出一路走高，"逼迫"不断抬高缴费率，1995~2014年德国长期护理社会保险年人均待遇支出由4166欧元增至9436欧元，因参保人数增加不多，故只能依靠提高缴费，这段时间里人均缴费由163欧元增加到488欧元[①]。

在商业长期护理保险上，以美国市场份额最大的长护险公司Genworth为例，该公司在20世纪设计产品时，预估的投资收益率是7%~8%，而实际只有3.25%，预估的退保率为5%~6%，而实际只有0.5%[②]，加之投保人年龄较高（55~60岁），且政府要求必须采用平准保费，再加上严重低估了老年痴呆的发病率和保险支出，综合因素汇集起来，造成公司在该项目上连年巨额亏损，不得不在新保单设计上大幅度压缩待遇和提高保费。

无论是德国的长期护理社会保险还是美国的商业长期护理保险，对长期护理风险发生率和费用支出的预估不足，导致初始缴费率（保费）设定过低而待遇资格过松，造成后期不断调高缴费率（保费）的压力。因而，对长期护理保险进行精算就十分重要了。中国建立长期护理保险制度，应当有精算报告制度，费率和待遇的调整应以此为据；制度运行过程中可能产生的缺口应采用动态调整费率和待遇加以解决，财政责任前置，但不"兜底"，在财政与基金缺口之间扎牢"隔离墙"。

（三）研究推出"个人健康账户"制

1. "个人健康账户"的功能

"个人健康账户"可囊括个人医疗、个人保健、个人长期护理等多种项目，具有（但不限于）以下功能：①为远期风险进行储备。年龄越大，健康风险越大，失能概率越高，商业健康险和长期护理保险的保费就越高。越早着手储备，保费成本就越小。②资本运营与积累。个人健康账户可以成为员工福利的载体，账户资金具有超长"滞留期"，需要保值增值，应当进行资本运作。美国2004年推出"健康储蓄账户"（Health Savings Account，HSA）[③]，截至2017年6月底，共有427亿美元资产，其中有16%是投资资产，投资账户的平均余额比储蓄账户高6倍[④]。③实现家庭成员"互济"。一种是"保费互济"，个人账户的资金可为家庭成员缴纳相关保费，例如，新加坡规定可用个人保健储蓄账户的资金为亲属参加健保双全计划进行缴费[⑤]，再如，我国厦门推出的"健康综合子账户"于2017年7月起允许为相关家庭成员[⑥]缴纳居民医疗保险费[⑦]；另一种是"税优互济"，个人可将未用足的免税份额分享给家庭其他参保成员，例如，加拿大的注册退休储蓄计划（RRSP）[⑧]，允许将部分退休储蓄转移到收入较低的家庭成员账户里，这样做可拉低税阶，达到省税的目的。④承接财政支持。这是"个人健康账户"最重要的功能。税优指向"账户"与指向"产品"是有区别的：后者具有"专属性"，确保财政让渡的收入不被用作他途，缺点是投保人的选择范围窄。实际上，投保人的偏好差别是显著的，中老年时期倾向于失能保障，年轻时期更愿意储备增值，有既往病史的人青睐"对症"的报销目录。若要税优指向"产品"，就意味着必须开发同时满足医疗、重疾、失能等不同年龄时期不同需求的"适合大众的综合性健康保险产品"[⑨]，对于保险公司来说，市场细分但产品单一，必定无利可图；但如果税优指向"账户"，就不存在这个问题了。建立"个人健康账户"，账户持有人可根据自身

---

① 数据来自德国2016年保险统计年鉴，由作者整理并计算。
② Genworth公司CEO Thomas McInerney提供。
③ 采取"EEE"税优形式，即只要支出用于指定项目，缴费、投资和提取均可享受规定额度的税前抵扣。
④ "2017 Midyear HSA Market Statistics & Trends: Executive Summary"，Devenir Research，2017-08-16.
⑤ 参见冯鹏程：《新加坡：储蓄医疗保险模式下的税优政策》，中保网，2014-08-20，http://xw.sinoins.com/2014-08/20/content_126553.htm。
⑥ 厦门的"健康账户家庭医疗共济网"包括符合共济制度要求的父母、配偶和子女。
⑦ 厦门中小在线："居民健康账户也可缴纳医保"，2017-06-13，http://news.xmsme.gov.cn/2017/6/13/597_41418.shtml。
⑧ 即Registered Retirement Saving Plan，1957年开始实施，是面向自雇就业者和未参加雇主退休计划雇员的私人退休金计划。
⑨ 参见2015年由财政部、税务总局和保监会联合发布的《关于开展商业健康保险个人所得税政策试点工作的通知》（财税〔2015〕56号）。

偏好，选择不同的长期护理保险产品。这样做的好处还有一个，就是激发保险公司的产品创新，竞争更加充分。

美国"健康储蓄账户"在2017年上半年的账户总收入是177亿美元，其中雇主缴费占33%，人均719美元，雇员缴费占46%，人均1111美元，无雇主的个人缴费占18%，人均1242美元。可见，"个人健康账户"不仅可以用于自愿性的长期护理保险，也可作为雇主发起（作为员工福利）的长期护理补充险的有效载体。美国推出的"健康储蓄账户"比个人退休账户（IRA）晚了整整30年，总资产也远远小于个人退休账户，但"健康储蓄账户"的增速非常快，2007~2017年健康储蓄账户总资产年均增长超过30%①。截至2017年6月底，美国已经建有2100万个健康储蓄账户，总资产达到427亿美元，那些拥有"健康储蓄账户"的年轻人，已经将其作为有效避税的长期储蓄手段。

2."个人健康账户"的设立

设立"个人健康账户"，可以借助医疗保险个人账户之力。在利用医疗保险个人账户方面，国内已经有了一些探索，如福州、深圳、南京、贵州等②已出台政策，允许使用个人账户资金购买商业健康保险。上海规定自2017年起，参保职工可自愿用个人账户结余资金投保专属的商业医疗保险③，此举旨在通过多层次医疗保障体系使上海到2020年能够将个人卫生支出占卫生总费用的比例由现在的30%降至20%④。截至2016年底，我国医疗保险个人账户已积累5200亿元，占全部结余的35%；个人账户基金平均到29532万参保职工，相当于人均1761元，而这个数字在2009年只有635元⑤。个人账户积累持续增长，完全可以拿出来一部分，作为长期失能风险的保障储备。

为了激活沉淀在医保个人账户上的资金，厦门市在2012年启动"健康综合子账户"，将账户积累超过8000元以上的部分划入该账户，2014年将门槛调低至3000元，2017年放开政策，允许用健康账户资金为家人缴纳居民医疗保险费。2017年10月起福建全省推行家庭健康账户。此外，一些省份（如贵州和浙江等）也已出台政策，允许医疗保险个人账户资金用于购买相关商业健康保险产品。不过，从账户功能上看，这些政策只起到扩大个人账户资金支出范围的作用，与"个人健康账户"的四大功能还有一定距离。

设立"个人健康账户"，仍需要在政策上有所突破。2015年8月保监会发布的《个人税收优惠型健康保险业务管理暂行办法》（保监发〔2015〕82号）规定，"个人税优健康保险产品采取万能险方式，包含医疗保险和个人账户积累两项责任……个人账户积累仅可用于退休后购买商业健康保险和个人自负医疗费用支出"，实际上还是将税优"锁定"在专属产品上。因此，要允许个人自愿、随时使用账户资金余额购买其他健康险产品，尤其是随着年龄增长越发需要的长期护理保险产品，而不需要等到退休。

（四）打造平等互惠的"经办合作伙伴关系"

长期护理保险的待遇给付以服务为主，要求经办机构贴近参保人，提供专业化甚至是个性化的服务，在这一点上，社会组织比政府经办机构更具优势。与国外相比，我国的非政府组织发展缓慢，跟不上社会服务需求的快速增长，不过在这一点上，商业保险机构可以发挥作用，填补空缺。

商业保险机构是市场主体，根据市场需求灵活调整产品和服务供给，政府作为社会保险的组织者，可以向市场购买最有效率的产品和服务，这正是现代公共管理的基本理念。政府购买是"公私合作伙伴关系"（Public Private Partnership，PPP）的基本运作形式，在社会保险领域，政府购买经办服务是简政放权提质的有力尝试，也能带动投保商业长期护理保险。例如，美国从20世纪90年代开始，一些州政府与商业保险机构联手，规定购买长期护理保险的支出可以从家计调查收入中扣除，如果投保后家庭收入降至门槛线之下，仍可申请获得Medicaid资格。这项措施激励了中产阶级家庭购买商业长期护理保险。

目前，商业保险机构参与长期护理保险事业的形式基本可以分为四类：①市场管理、营利性机构承办。北京市海淀区与中国人保寿险合作，推出个人缴费、政府补贴、照护服务机构缴纳互助基金三方筹资的居家养老失能护理互助保险，由人保寿险负责包括收缴、给付、结算、基金增值、风控、与准入机构签约等经办工作⑥。②市场管理、非营利性机构承办。成

---

① "2017 Midyear HSA Market Statistics & Trends: Executive Summary"，Devenir Research, 2017-08-16.
② 福州：2015年8月1日起，个人账户资金余额超过5000元；深圳：2015年1月起，一档参保人个人账户余额已达深圳市社会平均工资的60%以上；南京：2015年6月，累计结余金额超过3000元的部分，年度使用限额2000元；贵州：2016年12月13日发文。
③ 《上海市政府关于职工自愿使用医保个人账户历年结余资金购买商业医疗保险有关事项的通知》（沪府发〔2016〕106号）。
④ 根据世界银行的研究报告，2014年我国医疗总费用中自付比例为31%。参见世界银行：《深化中国医药卫生体制改革 建设基于价值的优质服务提供体系：政策总论》，2016年。
⑤ 数据来自2009年和2016年人力资源和社会保障事业发展统计公报。
⑥ 参见《海淀区居家养老失能护理互助保险试点办法》（海行规发〔2016〕7号）。

都市的试点政策规定，可将包括协议管理、费用审核、结算支付和服务管理等业务，通过政府购买委托商业保险或相互健康保险机构经办管理[1]。目前，成都开始探索非营利性相互保险公司的经办方式。③政府管理、政府经办。这是传统的社保经办形式，上海和长春试点采用。上海规定，市医保中心负责费用结算、资金拨付、信息管理与维护，区医保中心负责具体经办业务[2]；长春规定，市、区两级医疗保险经办机构分别负责辖区内医疗照护保险费用征集、使用和经办管理[3]。④政府管理、营利性机构经办。青岛一直采用这种形式，社保经办机构负责长期护理保险的经办管理[4]，商业机构扮演"出纳"角色、协助医保经办机构开展业务。

选择哪种经办形式，与当地社保工作实际情况相关，但总体趋势是，商业保险机构参与长期护理保险经办的程度将会不断加深，"以政府管理为主"逐渐转向"以市场管理为主"，商业保险机构逐渐由"简单经办"转向"全面承办"，政府与商业保险机构之间要建立基于平等互惠的"公私合作伙伴关系"，把能够由市场提供的产品和服务都交给市场，并在承办长期护理保险业务的商业保险机构之间展开充分竞争。

---

[1] 参见《成都市人民政府关于印发成都市长期照护保险制度试点方案的通知》（成府函〔2017〕22号）。
[2] 参见《上海市人民政府关于印发〈上海市长期护理保险试点办法〉的通知》（沪府发〔2016〕110号）。
[3] 参见《关于印发〈长春市失能人员医疗照护保险实施办法（试行）〉的通知》（长人社〔2015〕21号）。
[4] 参见《关于印发〈青岛市长期医疗护理保险管理办法〉的通知》（青人社发〔2014〕23号）。

分报告四
中国长期护理现况与需求分析：基于全国 24 个城市的问卷调查

从 20 世纪下半叶起，人口老龄化逐渐成为全世界共同关注的问题。随着老龄化程度的加深，社会发生着深刻的变化：首先，老年人口更容易为疾病困扰，对医疗服务需求大幅度上升；其次，随着年龄增长，老年人口的物质生产能力下降；再次，老年人口绝对和相对数量的增加改变着商品市场需求结构；最后，人口老龄化还影响了劳动供给——无论是在总量上还是在结构方面。

老年人口增多意味着需要更多的医疗护理服务，劳动供给结构的变化不仅意味着产出压力，还意味着能为老年人提供服务的人口有限，如何保障老年人尤其是失能老年人的问题引发了更多的探讨。随着人均预期寿命的延长，在诸多老年保障制度中，长期护理制度受到了前所未有的关注。

一、中国老龄化进程与长期护理预测

（一）中国的快速人口老龄化进程

当前关于长期护理的界定存在着相当大的分歧，不过尽管侧重点不同，但大多数长期护理的服务对象是老年失能人口。世界卫生组织（WHO）更是直接将长期护理体系定义为：使老年人免于因身体或精神原因造成的不便可以保持尊严地生活下去的体系。该体系使严重机能衰退者可以获得保障其基本权利、自由和尊严的帮助[1]。

老年人口是影响长期护理需求的关键因素，而中国刚刚进入 21 世纪即步入了老龄社会——无论是采用 60 岁及以上人口占比，还是 65 岁及以上人口占比的口径。第五次人口普查数据显示，2000 年我国 60 岁及以上人口占总人口比率达到 10.45%，65 岁及以上人口占比为 7.09%[2]。截至 2015 年，中国人口总数 137462 万人，其中 65 岁及以上人口已达 14386 万人，占总人口比重为 10.5%[3]。

中国的人口老龄化现象，一方面是社会发展的成就所在，中华人民共和国成立初期人均预期寿命还不到 41 岁，而 2015 年人均预期寿命已经达到 76.34 岁[4]；另一方面，人口老龄化又成为一个长期的社会问题，已有人口预测均显示中国未来老龄化压力有增无减。以联合国人口展望（UNPP）为例，UNPP 认为即使采用宽松条件，到 2025 年前后，中国将有超过 1/4 的人口为老年人，而且在相当长的时间内将随着时间的推移向更严重的方向演变（见图 4-1）。

---

[1] WHO,"Long-term-care systems", http://www.who.int/ageing/long-term-care/en/。
[2] 国家统计局：《2001 年统计年鉴》，http://www.stats.gov.cn/yearbook2001/indexC.htm。
[3][4] 国家统计局：《中国统计年鉴 2016》，http://www.stats.gov.cn/tjsj/ndsj/2016/indexch.htm。

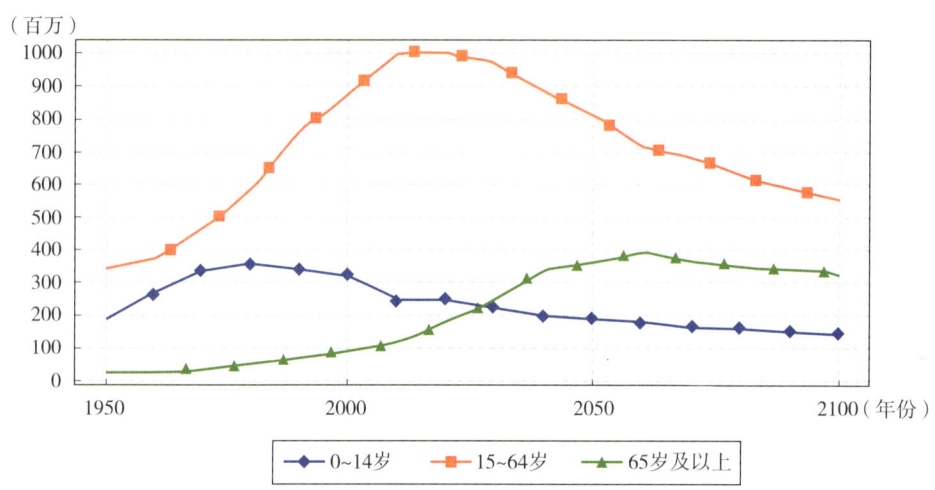

图 4-1　中国人口发展进程与展望（1950~2100 年）

资料来源：Population Division of the Department of Economic and Social Affairs of the United Nations Secretariat, *World Population Prospects: The 2017 Revision*, http://esa.un.org/unpp.

与其他国家相比，中国的老龄化进程之快令人叹为观止。以步入老龄化社会到深度老龄化所用的时间为例（即 65 岁及以上人口占总人口的比例从 7% 提升到 14%），发达国家都用了相当长的时间：法国经历了 130 年，瑞典用了 85 年，美国用了 79 年[1]，而我国很可能将只用 20 余年即可完成这个历程。中国因而面临着两个严峻的困难——"未富先老"与"少子高龄化"。

面对汹涌袭来的"银发浪潮"，为了长期失能人口享有适当的健康保障，2016 年人力资源和社会保障部颁布了《关于开展长期护理保险制度试点的指导意见》，选取了上海市、吉林省长春市、山东省青岛市等 15 个城市作为试点，探索建立长期护理保险制度。在这前后，中国社科院世界社保研究中心在试点城市和部分非试点地区开展的长期护理保险试点调研中发现，长期护理需求分析是制度设计的关键问题。

（二）长期护理需求预测现况

随着人口老龄化程度加深，无疑将会有越来越多的失能人口，但长期护理需求无法准确测定的情况，却又是一种普遍存在的现象。因而，将人口与老龄化联系起来预测是一种常见的做法。如美国卫生与人类服务部（U.S. Department of Health and Human Services）认为：所有 65 岁及以上老年人终将在某个时点需要长期护理服务，他们判断 2000 年美国大概有 1000 万人口需要某种形式的长期护理服务[2]。

中国的失能人口情况以全国老龄工作委员会调查结果的影响最为广泛。老龄委根据失能人口占老年人口比率以及老龄化进程估测未来的失能人口规模。以 2010 年预测为例：当时的调查显示截至 2010 年底，中国 60 岁及以上人口达 1.7765 亿，占总人口的比重达 13.26%。城乡部分失能和完全失能老年人约 3300 万，占总体老年人口的 19.0%。据此预测：到 2015 年，中国部分失能和完全失能老年人将达 4000 万人[3]。

中国老龄工作委员会办公室 2016 年 10 月 9 日在北京发布的《第四次中国城乡老年人生活状况抽样调查》验证了 2010 年的预测，调查结果显示：截至 2015 年，中国 60 岁及以上老年人口已超过 2.22 亿，占总人口的比例为 16.1%，失能、半失能老年人已达 4063 万人，占老年人口比率达 18.3%[4]。

---

[1] 全国老龄工作委员会办公室：《中国人口老龄化百年预测》，http://www.sjj.chengdu.gov.cn/business_chengdu/detail.jsp?id=50734&ClassID=020409。

[2] Melissa Favreault，Judith Dey，" Long-Term Services and Supports for Older Americans: Risks and Financing Research Brief"，https://aspe.hhs.gov/basic-report/long-term-services-and-supports-older-americans-risks-and-financing-research-brie。

[3] 吴玉韶等编：《2010 年中国城乡老年人口状况追踪调查数据分析》，中国社会出版社 2014 年版。

[4] 民政部：三部门发布第四次中国城乡老年人生活状况抽样调查成果，http://www.mca.gov.cn/article/zwgk/mzyw/201610/20161000001974.shtml。

老龄委通过调查验证了失能与人口老龄化两者间的密切关系,因而,采用老龄化人口一定比例预测失能人口规模的方法在缺乏人口健康历史数据的情况下成为当前估测失能人口规模所普遍使用的一种估测手段。需要指出的是,这种预测技术实际上与 WHO 的健康期望寿命预测原理相同。WHO 将健康预期寿命(HALE)定义为,一个人在某个年龄不受疾病、死亡和机能障碍的影响,有望在健康状态下生活的年数①。健康预期寿命与预期寿命之间的差值,代表的是人群需要医疗护理服务的可能情况。

WHO 研究认为,需要日常护理的人主要受与年龄密切相关的慢性疾病(尤其是脑卒中和老年痴呆症)和虚弱(WHO,2002)的影响②,这也是依据老年人口结构预测失能人口的基础。2010 年,WHO 认为中国需要日常护理的人数为 7620 万,其中 2530 万(33%)为 60 岁及以上的老年人③。

二、老年人长期护理需求调查概况

虽然失能意味着对护理的需求,但并不意味着对护理机构服务的需求,尤其是对机构的长期护理服务需求。在世界范围内,居家养老是老年人的首选项,20 世纪 90 年代至今,欧美多国更是出现了"去机构化"趋势(Deinstitutionalization)④。

尤其是,当前对长期护理的界定存在着明显的差异。是将长期护理定义为围绕日常生活活动(Activities of Daily Living,ADL)提供的协助性服务(OECD),还是按照美国健康保险协会(HIAA)定义的"在一个较长时期内,持续地为患有慢性疾病(包括早老性痴呆等认知障碍)或处于伤残状态下(即出现功能性损伤)的人提供的护理服务"⑤,产生的需求并不相同。而且,长期护理的实现方式是居家服务、社区服务还是机构服务,以及长期护理制度设计的补偿机制等因素,都将深刻地影响长期护理需求。

需要说明的是,按照中国当前的养老服务机构现实规模来看,即使将范围扩大到宽泛的提供住宿养老服务数量,也不可能为这种按照人口结构所预测的失能者(无论是老龄委预测的 4000 万人,还是 WHO 判断的 7600 万/2500 万)提供足够的长期护理服务。截至 2016 年底,全国共有各类养老服务机构和设施 14.0 万个,其中注册登记的养老服务机构 2.9 万个,社区养老服务机构和设施 3.5 万个,社区互助型养老设施 7.6 万个;各类养老床位合计 730.2 万张,每千名老年人拥有养老床位 31.6 张,其中社区留宿和日间照料床位 322.9 万张⑥。

为了准确反映老年人长期护理需求情况⑦,中国保险行业协会于 2017 年 7~9 月进行了专项问卷调查。调查在了解受访者个人及家庭的社会、经济特征基础上,着重了解以下四个方面的内容:一是自我健康认知情况;二是生活自理能力,分别基于 ADL 量表和 WHODAS(WHO Disability Assessment Schedule,世界卫生组织残疾评定项目)两种体系;三是老年人护理服务现况;四是老年人对长期护理服务的认知与偏好。

调查设定了两组城市和地区,一组为长期护理保险制度试点城市,另一组选取经济和人口规模近似的城市作为对照组(选取依据:城镇人均可支配收入结合城镇人口占常住人口比例、人口规模、65 岁及以上老人占比等指标相近)。因部分城市仍未采取实质性举措以及经济与人口数据获取方面的原因,最终从 15 个试点城市中去掉了 4 个,加上已经试行居家养老失能护理互助保险的北京市海淀区(对比为朝阳区),形成了总计 24 个被调查地区。抽样规则为:按照人口结构抽取总人口的千分之一作为被调查对象。调查采用当场输入 APP 的形式完成问卷填写工作,如果受访者不能独立完成,则由调查员代为输入。

采用 WHODAS 量表的城市包括:广东省广州市和东莞市,湖北省荆门市和襄阳市,安徽省安庆市和蚌埠市,江苏省苏州市和南京市,浙江省宁波市和绍兴市,回收问卷 16077 份;采用 ADL 量表的城市包括:北京市海淀区与朝阳区,四川省成都市与攀枝花市,山东省青岛市与烟台市,江西省上饶市与鹰潭市,江苏省南通市与镇江市,吉林省长春市与吉林市,以及上海市徐汇区、金山区、普陀区、浦东新区、黄浦区、长宁区,共计回收问卷 21978 份。

---

①③ http://www.who.int/gho/mortality_burden_disease/life_tables/hale/en,2015-04-20.
② World Health Organization. "Current and future long-term care needs",2002.
④ 李兵、杜鹏:《老龄社会学理论:研究现状和政策意义》,《人口研究》2005 年第 5 期。
⑤ Health Insurance Association of America. "Long-term Care: Knowing the Risk, Paying the Price",1997(1)。
⑥ 民政部:《2016 年社会服务发展统计公报》,http://www.mca.gov.cn/article/sj/tjgb/201708/20170800005382.shtml。
⑦ 长期护理不只是包括老年人,但主体是老年人。其他群体的长期护理多是随机事件,很难找出规律,为了简化问题,这里只探讨老年人长期护理问题。

(一) 60岁及以上接受机构服务情况

在调查中，本人居住状况选项包括五项：一个人住，和老伴一起住，和子女一起住，住在医院、护理院和养老院，其他。在24个调研城市中，采用ADL量表的受访者入住医院、护理院和养老院比率为5.56%，采用WHODAS量表的城市受访者入住医院、护理院和养老院比率为5.28%，全部样本总体接受机构服务的比率为5.43%。调查发现，是否建立了长期护理保险制度的城市在接受机构服务比率

表4-1 各调查城市受访者接受机构服务情况

		居住状况								
		(1)	(2)	(3)	(4)	(5)	合计(6)	(1)/(6)(%)	(2)/(6)(%)	(1+2)/(6)(%)	(4)/(6)(%)
居住城市	1	141	493	362	49	19	1064	13.25	46.33	59.59	4.61
	2	67	381	365	31	11	855	7.84	44.56	52.40	3.63
	3	484	2744	2658	442	54	6382	7.58	43.00	50.58	6.93
	4	53	283	502	80	17	935	5.67	30.27	35.94	8.56
	5	335	1557	1019	153	33	3097	10.82	50.27	61.09	4.94
	6	109	531	438	51	17	1146	9.51	46.34	55.85	4.45
	7	41	125	117	12	1	296	13.85	42.23	56.08	4.05
	8	21	258	294	21	0	594	3.54	43.43	46.97	3.54
	9	304	972	702	89	43	2110	14.41	46.07	60.47	4.22
	10	12	57	356	2	3	430	2.79	13.26	16.05	0.47
	11	35	62	36	6	2	141	24.82	43.97	68.79	4.26
	12	45	310	406	76	20	857	5.25	36.17	41.42	8.87
	13	513	1685	1429	198	74	3899	13.16	43.22	56.37	5.08
	14	23	55	41	5	3	127	18.11	43.31	61.42	3.94
	15	287	1049	802	111	41	2290	12.53	45.81	58.34	4.85
	16	170	496	556	134	39	1395	12.19	35.56	47.74	9.61
	17	125	455	773	145	35	1533	8.15	29.68	37.83	9.46
	18	386	1098	802	78	138	2502	15.43	43.88	59.31	3.12
	19	196	575	413	48	32	1264	15.51	45.49	61.00	3.80
	20	98	579	374	51	10	1112	8.81	52.07	60.88	4.59
	21	251	696	517	62	60	1586	15.83	43.88	59.71	3.91
	22	173	421	665	57	50	1366	12.66	30.82	43.48	4.17
	23	279	867	782	107	30	2065	13.51	41.99	55.50	5.18
	24	71	416	407	57	13	964	7.37	43.15	50.52	5.91
	合计	4219	16165	14816	2065	745	38010	11.10	42.53	53.63	5.43

注：(1) 一个人住；(2) 和老伴一起住；(3) 和子女一起住（含和子女老伴一起住）；(4) 住在医院、护理院和养老院；(5) 其他。

资料来源：根据中国保险行业协会问卷结果，作者利用SPSS20计算整理得来，以下同。

方面存在着明显的差异。详情参见表4-1。

在这项调查中，需要格外关注的是空巢家庭情况。在被调查的24个城市中，加权空巢老人占被调查对象总量的53.63%，独自居住比率达到11.10%。其中尤其需要关注的是80岁及以上老人，只有9.13%的80岁以上被调查老年人住在医院、护理院以及养老院中，该群体空巢比率在40%以上。这一数据意味着，随着时间的推移，将有规模惊人的群体需要长期护理服务，更不容乐观的是，80岁以上老年人群体还处于持续增加的进程中。以WHO预测为例，2013年中国80岁及以上老年人有2260万，到2050年，该数字将达9040万人——成为全球最大的高龄老年人群体[①]。失能高龄老年人口的保障形势，早已不是"挑战"两个字可以涵盖的。

（二）身体健康概况

为了解受访者的身体健康情况，我们进行了三方面的调查。首先是受访者的自我评价，其次是根据ADL量表测算得来的生活能力状况，最后是根据WHODAS量表计算得到的包含学习能力等社会属性的身体健康状况。首先来看看他们对自身健康的自我评价。

调查显示，19%的受访者认为身体状况很好，31.35%的受访者认为身体状况好，两者合计占总量的50.35%；认为身体状况不好与非常不好的受访者分别占样本总数的9.01%与1.82%，两者合计为10.83%。自我认知对个体行为的影响很大，自认为健康（不讨论真实健康情况）的群体很难做出入住长期护理机构的决策，自认为身体状况欠佳的群体接受长期护理的可能性比其他群体显然会更高一些。对健康的自我认知详情参见表4-2。

表4-2　60岁及以上受访者身体状况自我评价

		人数	占总人口百分比（%）
有效	1（很好）	7229	19.00
	2（好）	11930	31.35
	3（一般）	14774	38.82
	4（不好）	3429	9.01
	5（非常不好）	693	1.82
	总计	38055	100.0

资料来源：作者编制。

为了尽可能准确反映受访者的身体状况，调查采用了ADL和WHODAS两套量表，首先来看ADL量表调查结果。ADL调查包括试点城市和非试点城市（含地区）各7个，共计回收有效问卷21978份。问卷使用了9项活动能力，回答分为4项，分别为完全独立（0分）、需部分帮助（1分）、需较大帮助（2分）和完全依赖（3分）。具体问题见表4-3。

表4-3　ADL问题列表

吃饭进食	洗澡	上厕所（包括排便、整理衣物、清洗等）	控制大便	控制小便
整理仪容（包括洗脸、梳头、刷牙、刮脸等）	床椅移动（包括上下床、从椅子上站起来和坐下去等动作）	平地走动45米以上		穿衣（包括穿/脱衣服及鞋袜、系扣子、系鞋带等）

ADL调查结果显示，68%的受访者身体状况良好，得分在10分及以上的受访老年人占受访者总人口的比重为9.4%（至少有一项需要较大帮助），得分在19分及以上的群体占受访者总数的0.6%（至少有一项完全依赖他人），这两组数据基本代表了以ADL量表测算确定的中度、重度失能情况。详情参见表4-4。

在实践中，ADL量表不包含严重影响基本生活能力的精神类疾病。与ADL量表相比，WHODAS量表范围更广，更加注重个体的社会属性。本次调查在10个城市采用WHODAS量表，询问受访者在30天内遇到的12项问题是否存在困难，回答选项分别为：无（0分）、轻微（1分）、中度（2分）、严重（3分）、极度严重或无法做到（4分）以及不适用（剔除项）。问题详情参见表4-5。

---

① http://www.who.int/gho/mortality_burden_disease/life_tables/hale/en, 2015-04-20.

表 4-4 ADL 分值频次表

	分值	人数	占总人口百分比（%）	累计占总人口百分比（%）
有效	0.00	14952	68.0	68.0
	1.00	754	3.4	71.5
	2.00	689	3.1	74.6
	3.00	612	2.8	77.4
	4.00	575	2.6	80.0
	5.00	517	2.4	82.4
	6.00	376	1.7	84.1
	7.00	274	1.2	85.3
	8.00	308	1.4	86.7
	9.00	864	3.9	90.6
	10.00	251	1.1	91.8
	11.00	230	1.0	92.8
	12.00	332	1.5	94.3
	13.00	384	1.7	96.1
	14.00	298	1.4	97.4
	15.00	190	0.9	98.3
	16.00	80	0.4	98.7
	17.00	44	0.2	98.9
	18.00	119	0.5	99.4
	19.00	13	0.1	99.5
	20.00	18	0.1	99.6
	21.00	9	0.0	99.6
	22.00	17	0.1	99.7
	23.00	7	0.0	99.7
	24.00	3	0.0	99.7
	25.00	5	0.0	99.7
	26.00	7	0.0	99.8
	27.00	50	0.2	100.0
	合计	21978	100.0	

资料来源：作者编制。

表 4-5 WHODAS 调查问题列表

自己洗澡	自己穿衣服	长时间站立超过30分钟
参加社区、单位、政府等办的公共活动	集中注意力做件事情，如专心工作、看书、想事情等，超过10分钟	长距离行走，如走1公里左右
是否因为身体健康有过生气、灰心、伤心等情绪问题	和平时经常遇到的商店店员、饭店服务员、警察等陌生人打交道	做家务、算账管钱、房屋或电器维护、教育孩子等
如果您还没有退休，是否能完成单位日常的工作责任；如果您已经退休，是否能完成返聘工作、居委会工作、照顾家庭的工作等	维持深入的关系，如和朋友、同事等熟人保持联系、一起外出等	学习一个以前没有尝试过的新东西，如去一个陌生的地方、使用新电器、开始新的兴趣爱好等

WHODAS 调查结果显示，完全健康的老年人比率只有 25.3%，远低于 ADL 量表身体状况良好的比率；得分在 12 分及以下受访者占比为 64.2%（没有一项遇到中等以上的困难）；得分在 25 分及以上的总占比为 9.2%（至少有一项遇到了严重困难）；得分在 37 分及以上（至少有一项极度严重或无法完成）的占比为 0.8%。在中度、重度失能方面，WHODAS 和 ADL 表现基本相当，但 WHODAS 结果揭示出老年人的学习、社交能力存在着一定程度的问题。详情参见表 4-6。

表4-6　WHODAS量表得分情况

	分值	人数	占总体百分比（%）	占有效总体百分比（%）	累积占有效总体百分比（%）
有效	0.00	3852	24.0	25.3	25.3
	1.00	263	1.6	1.7	27.0
	2.00	338	2.1	2.2	29.2
	3.00	244	1.5	1.6	30.8
	4.00	401	2.5	2.6	33.4
	5.00	786	4.9	5.2	38.6
	6.00	826	5.1	5.4	44.0
	7.00	459	2.9	3.0	47.0
	8.00	405	2.5	2.7	49.7
	9.00	361	2.2	2.4	52.0
	10.00	269	1.7	1.8	53.8
	11.00	339	2.1	2.2	56.0
	12.00	1247	7.8	8.2	64.2
	13.00	298	1.9	2.0	66.2
	14.00	327	2.0	2.1	68.3
	15.00	351	2.2	2.3	70.6
	16.00	384	2.4	2.5	73.1
	17.00	509	3.2	3.3	76.5
	18.00	515	3.2	3.4	79.8
	19.00	297	1.8	1.9	81.8
	20.00	209	1.3	1.4	83.2
	21.00	173	1.1	1.1	84.3
	22.00	205	1.3	1.3	85.6
	23.00	193	1.2	1.3	86.9
	24.00	446	2.8	2.9	89.8
	25.00	145	0.9	1.0	90.8
	26.00	198	1.2	1.3	92.1
	27.00	152	0.9	1.0	93.1
	28.00	144	0.9	0.9	94.0
	29.00	259	1.6	1.7	95.7
	30.00	146	0.9	1.0	96.7

续表

	分值	人数	占总体百分比（%）	占有效总体百分比（%）	累积占有效总体百分比（%）
有效	31.00	104	0.6	0.7	97.4
	32.00	81	0.5	0.5	97.9
	33.00	31	0.2	0.2	98.1
	34.00	22	0.1	0.1	98.2
	35.00	53	0.3	0.3	98.6
	36.00	72	0.4	0.5	99.0
	37.00	18	0.1	0.1	99.2
	38.00	13	0.1	0.1	99.3
	39.00	9	0.1	0.1	99.3
	40.00	5	0.0	0.0	99.3
	41.00	8	0.1	0.1	99.4
	42.00	9	0.1	0.1	99.5
	43.00	11	0.1	0.1	99.5
	44.00	7	0.0	0.0	99.6
	45.00	1	0.0	0.0	99.6
	46.00	2	0.0	0.0	99.6
	47.00	2	0.0	0.0	99.6
	48.00	60	0.4	0.4	100.0
	合计	15249	94.8	100.0	
缺失值		828	5.2		
合计		16077	100.0		

资料来源：作者计算得来。

（三）老年人接受护理服务状况

在所有受访者中，当前正在接受各种形式护理服务的受访者群体占总人数的比率为17.26%，还有8.81%的受访者需要护理服务，却得不到服务。由于调查涉及的是护理服务，而不仅是长期护理服务，因而，结论是老年人护理状况堪忧，长期护理情况更不乐观。在后文中，将对不需要护理服务的情况进一步分析探讨。老年人护理服务现况详情参见表4-7。

表 4-7 老年人接受护理服务现况

	人数	占总体比率（%）
有人服务	6568	17.26
不需要服务	28133	73.93
没有服务，因为没有人可以照顾	3354	8.81
合计	38055	

资料来源：作者计算整理得来。

调查进一步探究了"有护理需要但却没有得到护理服务"情况的成因，结果发现了三条影响因素：一是没有家人或亲友可以照顾，占该部分群体总量的22.36%；二是经济实力不足以请人照顾，这部分群体占比为45.86%；三是找不到合适的护理人员或机构，这部分比率为31.34%。详情参见表4-8。

表 4-8 需要护理服务但却没有护理服务的原因

	没有家人或亲友可以照顾	经济实力不足以请人照顾	找不到合适的护理人员或机构	其他	合计
人数	750	1538	1051	15	3354
占总人数比率（%）	22.36	45.86	31.34	0.45	100

资料来源：作者计算整理得来。

老年人接受服务现况调查结果显示，在当前条件下，如果没有经济方面的支援，将有接近4%的老年人陷入困境；而如果没有合适的护理制度安排，那么另外5%的老年人将面临找不到护理服务提供者的困难。而且，这些问题将随着人口老龄化的发展变得日益严峻。调查结果还显示出：当前老年人对自我健康状况的评价与是否需要服务之间存在着一定的差异，总体来看受访者存在着高估身体状况的倾向，这意味着，当他们意识到需要服务的时刻身体状况已经较差了，由此导致的需求集中释放将给护理服务供给带来更大的压力。

（四）护理服务的满意度

对接受护理服务的受访者的进一步调查显示，受访者对护理服务的满意度水平达到了及格线以上，有61.3%的受访者表示非常满意或者比较满意，不太满意和非常不满意的群体占总体比重为10.1%，剩余28.6%的群体表示效果一般。满意度详情参见表4-9。

表 4-9 护理服务满意度情况

		人数	占总体百分比（%）
有效数据	非常满意	1121	17.1
	比较满意	2904	44.2
	一般	1879	28.6
	不太满意	518	7.9
	非常不满意	146	2.2
	总计	6568	

资料来源：作者编制。

对不满意的原因进行探究发现，各种不满意因素均在不同程度上存在，也就是说，导致不满意的原因是高度发散的：既有护理机构的原因，包括护理机构数量不足导致无法入住、护理不够专业以及护理服务提供者责任心不强等；也包括对价格和费用（过高）的意见，还包括对缺乏适用的设施或辅助工具（包括浴室或走廊扶手、简易电梯、轮椅、走步器等）的不满。除了上述因素之外，还有部分受访者认为精神上关爱不足是不满意的主要原因。调查结果表明，从当前的护理服务机构建设到整个社会向老年友好型社会转化，还有漫长的路要走。

三、老年人护理服务需求意愿、偏好与展望

意愿是行为的关键要素，老年人对长期护理的偏好如何？在本部分中将着重探讨这些问题。

（一）老年人护理需求意愿

为了了解老年人对护理的需求意愿，调查需要每位受访者回答一个假设问题：根据您目前的身体状况，您是否希望接受调查表中所列的照料及护理服务？而且特别强调，这是在只考虑身体状况，不考虑费用、服务资源等因素情况下的需要，以此反映受访者对护理服务的无约束条件下的需求意愿。随后，将意愿与自我健康评价情况进行匹配，用于确定不同身体状况的受访者的需求情况。

结果显示，有73.93%的受访者认为暂时不需要任何形式的服务。这一调查结果要高于ADL（68%）和WHODAS（24%）量表所反映的完全健康人口比率，低于ADL量表中平均得分在10分以上的比率（至少有一

项需要较大程度的帮助，总计91.8%），但高于WHODAS量表13分及以上的比率（至少有一项遇到中等以上程度的困难，总计66.2%）。这意味着，如果未来普遍采用当前广泛采用的ADL量表衡量长期护理需求，将存在一定程度的高估受访者身体状况的可能性，而采用WHODAS量表虽然可以更加准确地反映出老年人的社会属性，但会高估需要护理服务的比率。

对调查的进一步分析显示，不同身体状况的受访者都存在护理需求，哪怕是身体状况完全良好的群体，也有26%的群体表示需要护理服务。总体来看，随着身体状况的恶化，护理需求持续上升，但是如果身体状况糟糕到了极限，对护理的需求反而有所下降。详情参见表4–10。

表4–10 健康自我评价与护理需要情况

		根据您目前的身体状况，您是否希望照料及护理服务？（注意，这是在只考虑身体状况，不考虑费用、服务资源等因素情况下的需要）				合计
		需要（人）	需要占比（%）	不需要（人）	不需要占比（%）	
健康自我评价	很好	1520	26.62	5709	78.97	7229
	好	3050	34.35	8880	74.43	11930
	一般	4047	37.73	10727	72.61	14774
	不好	1332	63.52	2097	61.15	3429
	很不好	253	57.5	440	63.49	693
	合计	10202	—	27853	—	38055

资料来源：作者编制。

对于未来的长期护理保险制度而言，从调查有效需求样本量来看，重度失能者愿意接受护理的比例大概在4%（占老年人口总量），中度失能者愿意接受护理的比例大概在10%。换言之，在当前人口结构下，老年人口总量的15%是愿意接受护理的最大可能规模，这一规模并不考虑经济因素以及照料的可获性，并且涵盖了居家照料、医院、社区护理站、养老院、护理院等各种形式。尤其需要指出的是，以上分析是针对护理服务需求，长期护理服务需求规模显然要小于上述分析结果。

调查结果显示出两个主要问题：一是无论在任何条件下，对于护理需求的比重从未达到该群体的2/3，这意味着预测未来的长期护理保险制度目标群体总量存在着"天花板"，这表明现有的预测还有很大的改进空间；二是未来的长期护理保险制度必须关注合理分配护理资源问题，避免造成新的社会不公。

（二）老年人护理方式偏好

有研究显示，在世界范围的老龄化进程中，老年人对居家养老的偏好是共同的，本次对长期护理的需求偏好分析也验证了该结论。在10202名表示有护理服务需求的受访者中，偏好居家照料（由家人、亲属、保姆、钟点工或护理员照顾）的群体占该部分受访者总量的62.67%，加上数量更加庞大的27853名明确表示不需要护理服务的群体（该部分群体显然是居家养老），可以看出居家养老是当前受访者的绝对首选项。

除此之外，按照偏好程度排序，老年人护理需求偏好分别为：老年公寓或养老院16.15%，医院病房10.08%，护理院6.45%，社区护理站点2.82%，其他1.82%。按照当前老年人的意愿，护理机构服务最多只占有需求的这部分人口的22.60%（老年公寓、养老院和护理院之和）。详情参见表4–11。

表4–11 老年人护理偏好情况

		人数	百分比（%）
有效	1. 在家由家人或亲属照料	4496	44.07
	2. 在家由保姆、钟点工或护理员照料	1898	18.60
	3. 在医院病房	1028	10.08
	4. 在老年公寓或养老院	1648	16.15
	5. 在护理院	658	6.45
	6. 在所在小区或社区办的护理站点	288	2.82
	7. 其他	186	1.82
	合计	10202	100.0

资料来源：作者编制。

（三）长期护理需求展望

随着人口老龄化程度的加深，老年人需求的三个层次（3M）——收入、医疗服务与精神慰藉中，后两者的重要性与日俱增。早在 1996 年，《中华人民共和国老年人权益保障法》规定，"国家和社会应当采取措施，健全对老年人的社会保障制度，逐步改善保障老年人生活、健康以及参与社会发展的条件，实现老有所养、老有所医、老有所为、老有所学、老有所乐"，这也是当今长期护理制度最重要的法律依据。

在老有所依方面，随着中国医疗保险制度的飞速发展，老年人基本享有了医疗保障。但是，随着人口老龄化程度的加深，各种慢性病、常见病占据病床的情况成了中国医疗发展的常态——近十年来，中国的临床住院率急剧攀升。这一结果也在调查中有所显示，在表示护理服务偏好时，有 10% 的受访者表示偏好在医院，医院也在某种程度上成为养老院的一种，这种资源的错误配置降低了整个社会的运行效率。

调查还发现，在试点城市中出现了入住养老院人口"爆发式"增长的情况，在某种程度上，现行的长期护理保险政策形成了类似于产业政策的效果，而在缺乏长期护理保险制度的城市，则是另一番景象。以上种种现象表明，长期护理需求在运行中依托长期护理保险制度设计因素，甚至可以说，相当一部分群体的需求取决于长期护理保险的制度设计。

除了制度设计可能改变需求之外，调查还揭示出长期护理的短期需求和长期需求之间可能存在着巨大差距。单纯从偏好角度出发（不考虑服务可获性、经济条件等限制因素），只有 27% 左右的群体表示需要护理服务，其中又只有 22% 左右的群体偏好机构服务，另有 10% 偏好医院，在这些偏好中，还有一半左右是身体状况良好者的偏好。这意味着，如果存在着明确的居家长期护理政策，短期最多只有老年人口总量 3% 左右的群体可能入住长期护理服务机构，这一数字也可以成为全社会短期之内建设护理服务机构的目标所在。但是，如果缺乏适当的居家养老政策，一定数量偏好于居家的护理需求者，将随着身体情况的恶化而不得不选择机构服务，需求将在未来不长的时间内被急剧放大 2~3 倍。

更重要的是，仅依靠意愿和现况判断长期护理需求是不够的。当前，80 岁及以上空巢老人家庭超过 40%，他们没有子女或亲属照料，而身体情况随时可能因为一场疾病或意外急剧恶化。从某种意义上看，当前占老年人口 10% 的身体状况极差的群体，都将是长期护理制度的潜在需求者，这部分需求将随着人口老龄化程度的加深而逐步释放出来。

尤其是，目前我国居家养老的基础已经相当薄弱。一直以来，家庭是老年人照料的主要承担者，但在我国长期实行计划生育政策的影响下，家庭结构迅速变化——目前核心家庭多，大家庭数量日益减少，空巢家庭数量日益增多，传统的家庭照料模式已经无法维系，事实上已经形成以老年人自我照料为主、请保姆和子女轮流照料为辅的家庭照料模式。

因而，从老年人身体健康状况、老年人需求和意愿角度出发，未来中国的长期护理保险制度需要在居家养老、社区养老以及机构养老三方面均衡发展，打破居家养老与社区养老以及机构养老之间的界限，共同为老年人提供合适的健康服务。留给建立能够满足老年人经济、健康和精神需要的综合长期护理制度的时间窗口，已经越来越小了。

分报告五
中国建立长期护理保险体系的背景与意义

一、人口老龄化形势严峻

(一)中国人口老龄化的主要过程和基本特征

人口老龄化有两层含义：一是指老年人口相对增多，在总人口中所占比例不断上升的过程。二是指社会人口结构呈现老年状态，老年人口数量占比较高。国际上通常的看法是，当一个国家或地区60岁及以上老年人口占人口总数的10%，或65岁及以上老年人口占人口总数的7%，即意味着这个国家或地区的人口处于老龄化社会。2000年，中国60岁及以上人口占总人口的比重首次超过10%，而2001年中国65岁及以上人口占总人口的比重也突破了7%，此后老年人口占比继续增长，这意味着从2000年开始中国进入老龄化社会。《中华人民共和国2016年国民经济和社会发展统计公报》数据显示，截至2016年底，全国60岁及以上老年人口总数为2.31亿，占总人口比重

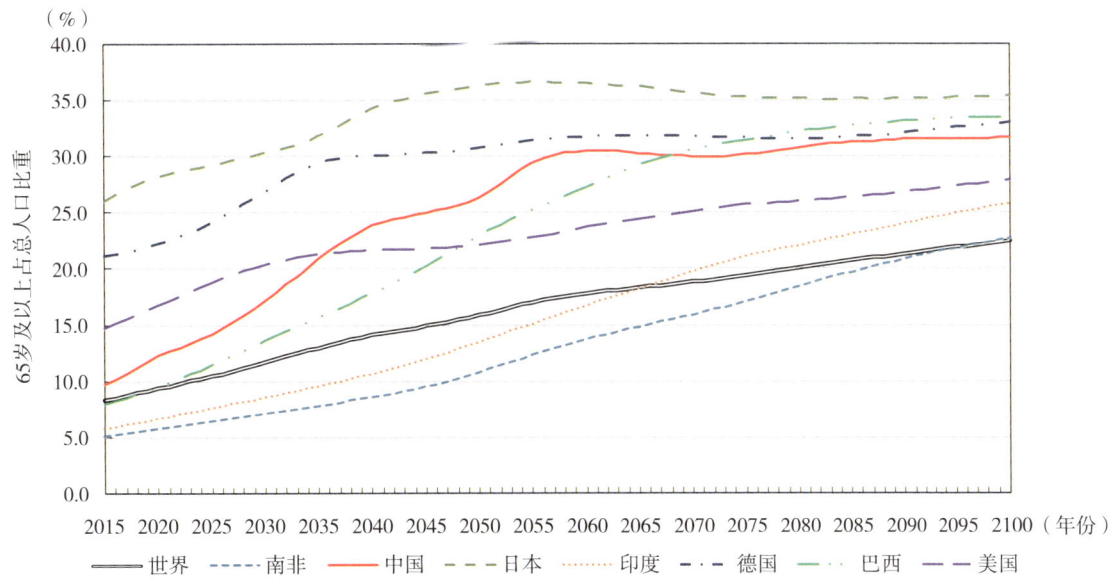

图5-1 中国人口老龄化进程及全球中的位置

资料来源：数据来源于UN, World Population Prospects 2017。

为16.7%，其中65岁及以上人口数为1.50亿，占总人口比重为10.8%①。根据《"十三五"国家老龄事业发展和养老体系建设规划》，预计到2020年，全国60岁及以上老年人口将增加到2.55亿人左右，占总人口比重提升到17.8%左右；高龄老年人将增加到2900万人左右，独居和空巢老年人将增加到1.18亿人左右，老年抚养比将提高到28%左右；用于老年人的社会保障支出将持续增长；农村实际居住人口老龄化程度可能进一步加深②。

更为重要的是，这种人口老龄化趋势还将进一步发展，形势趋于严峻。根据联合国人口基金会（UNFPA）的测算，中国人口老龄化进程将一直持续到21世纪中叶，然后才能基本稳定下来，但65岁及以上人口占全部人口的比例将会一直维持在30%左右，届时中国的人口老龄化程度不仅明显超过世界平均水平，把印度和南非远远抛在后面，而且在全球范围内位列前茅，显著超过美国，与西欧（如德国）比肩，接近日本（见图5-1）。可以说，整个21世纪中国将经历不可逆转的人口老龄化。

不仅如此，与其他国家相比，中国人未来的养老形势更为严峻，面临的问题将更加复杂，具体表现为以下两个显著特征。一是在人口预期寿命延长和独生子女政策夹击下，中国人口老龄化速度更快。联合国预测数据表明，2010年中国的人口老龄化程度接近发达国家1960年的水平，之间相差了50年；2015年中国的人口老龄化程度略超过发达国家1970年的水平，差距缩小到45年；2020年中国的人口老龄化程度略超过发达国家1985年的水平，差距进一步缩小到35年；2025年中国的人口老龄化程度接近发达国家2005年的水平，仅仅相差了20年；到2035年，中国与发达国家老龄化时间差距会进一步缩小到10年多一点，虽然逼近发达国家的速度才开始放缓，但总体趋势未变，因此到2050年，中国的人口老龄化程度几乎和发达国家一样。二是中国人口老龄化具有典型"未富先老"的特征。发达国家进入老龄社会时人均GDP一般都在5000美元以上，是在基本实现现代化的条件下进入老龄社会，已具备了坚实的经济和物质基础，属于"先富后老"或"富老同步"；而中国在2000年迈入老龄化国家行列时，人均GDP仅仅856美元，这种情况极为少见。显然，如果不及早采取行动，人口老龄化给中国养老问题带来的冲击要比其他国家严重得多，复杂得多，解决起来也困难得多。

（二）社会保障制度亟待调整和完善

人口老龄化和经济全球化对现有社会保障体系和理念提出了调整要求。人口老龄化是一个全球性的普遍现象，目前几乎所有发达国家和很多新兴市场国家都已步入人口老龄化国家行列，而且这种发展趋势并没有减缓的迹象，未来将会有更多的国家和地区相继进入老龄化社会。经济全球化也是当今时代的另一大主题，当今国际资本和人才加速低成本流动已经带动全球产业链不断调整，影响各国的经济增长和国际竞争力，进一步冲击社保制度的缴费来源和待遇水平。在上述两种因素的影响下，从20世纪90年代开始，很多国家社会保障制度主动或被迫做出调整。比较而言，除了人口老龄化和经济全球化外，中国还有其自身的特点，面临的形势更为严峻。

首先，中国城镇化进程高速推进，城镇职工养老需求巨大。改革开放以后，伴随着经济体制的改革和开放，中国城镇化速度开始明显加快，特别是近10年来，城镇化率每年以1%~1.5%的速度增长，但到目前为止，城镇化率还仅有57.35%，与至少70%以上的目标值还有较大差距，这就意味着在未来相当一段时间内中国城镇化率将至少保持1%的速度增长。另外，中国的城镇化历史上更多地表现以物为主的城市发展规划，而不是以人为本的城镇化。但是，随着以公共服务均等化为特征的新型城镇化的提出，城镇职工对社会保险、医疗卫生、教育、低保、社会救助和住房保障等公共服务的需求将会急剧膨胀，尤其给现行的社会保障制度带来了巨大挑战，需要引起社会各界的高度重视。

其次，现有养老保障体系有待改进和完善，城镇职工养老难题有待破解。我们知道，"全覆盖、保基本、多层次、可持续"是指导中国养老保障制度建设的基本方针。但就目前来看，中国社会保障制度建设还处在"全覆盖"和"保基本"的初级阶段，按照三支柱模式来看，中国企业年金和商业性养老保险无论是深度还是广度上还难以称为"支柱"，今后相当一段时间城镇职工养老还将主要依靠国家的基本养老保险制度，也就是说，建立"多层次"的养老保障体系还任重而道远。同样，基本养老保险财务可持续性也令人担忧。从表面上看，我国基本养老保险制度这几年积累了大量的收支结余，为养老金待遇的按时足额发放提供了保障，但是这些余额大部分来自政府的各级财政补贴，长期来看是不可持续的，因为随着人口老龄化

---

① 国家统计局，http://www.stats.gov.cn/tjsj/zxfb./201702/t20170228_1467424.html。
② 全国老龄工作委员会办公室，http://www.cncaprc.gov.cn/contents/2/179240.html。

日趋恶化，经济增长速度必然会降下来，财政收入增长也会相应减慢，指望长期财政补贴的代价必然是越来越高昂的。因此，当现有职工退休时，城镇职工养老问题将面临着财务可持续性难题。

再次，传统家庭加速解构，新的养老文化和观念有待培育。传统的大家庭向现代的小型化家庭演变，这是社会经济发展的必然趋势，而在中国，伴随着劳动力在全国的大范围流动，这种演变趋势更为迅猛，导致传统上的"家庭养老"模式无以为继，尤其是独生子女政策实施后，子女数量的急剧减少，将使未来老年人从儿女身上获得经济支持的可能性大大降低。所以，需要积极引导，在全社会形成新的养老文化和观念，认识到社会养老和自我养老同等重要性，并在全社会范围内有效分担城镇职工的养老责任。应该说，在过去30年里，由于历史局限性和认识滞后，一些地方和部门对培育新的养老文化和观念重视程度不够，宣传力度还有待加强，很多群众也可能对未来养老形势估计和准备不足。因此，2012年11月15日，习近平总书记在十八届一中全会后的中外记者见面会上重点指出要建设"更可靠的社会保障"。毫无疑问，培育更加全面和理性的养老文化和观念已经是建设"更可靠的社会保障"的一项重要内容。毫无疑问，目前人口老龄化已经成为中国经济社会发展中的重大国情。

最后，与人口的老化相对应的是生理机能的自然衰退，身体健康状况也处于日渐下滑阶段，因此老年人对医疗卫生的需求增加就表现得理所当然。中国庞大的老年人口体量将产生巨大的医疗卫生需求，这势必会对中国医疗卫生支出产生较大影响，因此人口老龄化毫无疑问将是中国未来几十年内所面临的最重要挑战之一。人口老龄化将会给中国现行的医疗保障制度带来严峻挑战。为了更好地应对这种既已形成的趋势变化，中国政府应该对人口老龄化可能造成的后果有清醒的认识和准备。近年来尽管多个政府部门尽力采取多方面措施以缓解"看病贵""看病难"问题，但是广大人民群众依旧饱受医疗卫生费用居高不下的困扰。对纯消费者的老年群体而言，身体日渐衰老，患病概率上升，在收入水平不高的日常生活里，一旦患病，将不得不面临巨大的医疗支出风险。因此，医疗费用长期刚性增长是当下医疗保险制度改革不能忽视的重要民生问题。当然，从另一个角度来看，医疗费用的增长也有其客观因素，比如医疗技术的改善、医疗手段的提升，但是即使有如此合理的理由，医疗费用的上涨严重超越了居民日常的经济承受能力，因病致贫的报道常见报端。医疗费用的上涨存在不合理因素，比如在健康经济学中常见的信息不对称、过度医疗、诱导需求行为等因素，需要我们结合相关数据做进一步考察。因此，对中国人口老龄化背景下的城乡居民医疗卫生支出问题进行研究是一件有意义的工作。中国老年人如何逐步达到既长寿又健康的目标，如何更好地提高老年健康人力资本，解决"看病贵""看病难"问题，这是人口学与其他相关社会科学家所面临的一个主要课题，不仅具有重大的学术价值，而且对中国老龄工作的科学决策与管理，应对人口老龄化尤其是严峻的人口高龄化挑战，具有重大现实意义。

毫无疑问，人口老龄化使完全丧失和部分丧失行为能力且需要护理的老人增加显著，新的居住生活模式是年轻人离开后独自居住，空巢老人数量逐年增加，而且社会看护机构发展也跟不上需要护理的老人数量增长的步伐。如何妥善照顾这些有持续护理需求的老人是一个亟待解决的问题。长久以来，我国传统的养老模式主要是以家庭养老为主，但随着计划生育政策的实施、女性地位的提高、社会的转型，家庭结构日益小型化，空巢家庭越来越多，家庭的养老功能趋于弱化，中青年一方面要面对巨大的生存压力，照护老人力不从心，另一方面还要为老人提供主要的生活费用，也要直接或间接地担起照护老人生活的责任，所以，老人的家庭成员面临着经济供养和生活照护的双重负担，而且老人的生活照护需求和卫生服务需求双重叠加的趋势愈加强烈，为老年人群提供养老与卫生相结合的服务迫在眉睫。虽然近年来，政府已经加快促进我国养老服务业的发展，以机构为支撑、社区为依托、居家为基础的养老服务体系已现雏形，但是相对于老年人口的养老需求而言，仍是杯水车薪。

《2016年社会服务发展统计公报》显示：截至2016年底，全国共有社会服务机构和设施174.5万个，职工总数1239.3万人，固定资产原价5393.6亿元；社会服务事业基本建设在建项目建设规模3050.9万平方米，全年实际完成投资总额245.8亿元；全国持证社会工作者共计28.8万人，其中社会工作师6.9万人，助理工作师21.9万人；全国社会服务事业费支出5440.2亿元，比2015年增长10.4%，占国家财政支出比重为3.4%，其中中央财政向各地转移支付社会服务事业费2484.0亿元，比2015年增长9.4%，占社会服务事业费比重为45.7%，同比下降0.4个百分点[①]。而且，涉老法规政策系统性、协调性、针对性、可操作性有待增强；城乡、区域老龄事业发展和养老体系建设不均衡问题突出；养老服务有效供给不足，质量

---

① 中华人民共和国民政部，http://www.mca.gov.cn/article/sj/tjgb/201708/20170800005382.shtml。

效益不高，人才队伍短缺；老年用品市场供需矛盾比较突出；老龄工作体制机制不健全，社会参与不充分，基层基础比较薄弱[①]。由此可见，我国养老服务业面临严峻的挑战。由此，加快推进长期护理保险体系的构建和完善，可以满足老年人的多样化、多层次的养老服务需求，可以为老年人提供长期的、系统的、整合的、高质量的、高效的医疗、护理、康复等全方位的服务，可以拉动内需、促进消费、提供就业岗位、缓解就业压力，对于中国梦的实现具有重要意义。

二、医疗保险支付压力不容乐观

（一）医疗资源紧张是全球现象

从医疗资源上来说，全球每万人的医生人数、护士和助产士人口以及医院床位数分别为14、28和27。但这三个指标的大小与经济发展程度呈现出高度的正相关，如在低收入地区这些指标分别为4、10和15；在较低中等收入分别为10、14和18；在较高中等收入国家分别为24、40和39；而在高收入国家分别为28、81和58。在地区分布上，这三个指标也表现出了巨大的差异，例如在欧洲地区这项指标分别为33、68和63；在美洲地区分别为23、55和24；在西太平洋地区分别为14、21和38；在地中海东部地区分别为10、14和12；东南亚地区分别为5、11和11；而在非洲地区这三项指标却仅为2、11和9，不仅远低于一些经济发达地区的平均水平，而且还大大低于世界的平均水平。一般来说，万人医生数和床位数比较高，用于配套的其他医疗资源投入也会比较多。当然，医疗资源投入的差别并不必然等价于国民平均健康状况的差别，但是医疗资源过少至少意味着在一定程度上存在着"看病难"问题。比较而言，中国已经属于上中等收入国家，但三项指标却仅为14、10和30，低于该收入阶段的平均水平，因此医疗资源紧张更为严峻（见表5-1）。

从卫生费用总支出规模来看，全球卫生总支出存在着不断提高的趋势，但处于不同发展阶段国家的差距极大。例如，低收入国家卫生总支出占GDP的比例从2000年的4.7%增加到2007年的5.3%；而同期高收入国家卫生总支出占GDP的比例却从10.2%提高到了11.2%，超过低收入国家的两倍。从各地区来看，这一指标的差距更大。例如，在卫生总支出占GDP比例最高的美洲地区，该指标从2000年的12.0%增加到2007年的13.6%；而最低的东南亚地区却从有限3.7%降低到3.6%，两者差距竟在3~4倍。另外，对比其他国家可以看出，在近几年东南亚

表 5-1 各地区万人医生数和床位数

地　区	医生数	护士和助产士人数	医院床位数
全球	14	28	27
低收入国家	4	10	15
下中等收入国家	10	14	18
上中等收入国家	24	40	39
高收入国家	28	81	58
非洲地区	2	11	9
美洲地区	23	55	24
东南亚地区	5	11	11
欧洲地区	33	68	63
地中海东部地区	10	14	12
西太平洋地区	14	21	38
中国	14	10	30

资料来源：WHO, World Health Statistics 2010, http://www.who.int/whosis/whostat/en/index.html.

地区卫生费用支出占GDP比例不升反降还有一个重要原因，即经济（GDP）的高速增长，客观上稀释了卫生费用支付的比例（见表5-2）。

从政府对卫生事业支持的角度上来看，不管是政府在卫生支出中所占比例还是政府支出中卫生支出比例都反映了政府的作用在不断增强。2000年全球政府在卫生支出中所占比例和政府支出中卫生支出比例分别为57.9%和14.5%，而到了2007年这两项指标分别上升到了59.6%和15.4%。当然，在对比处在不同发展阶段地区时我们可以发现，不同地区政府支持力度还是有一定差距的，而且这种差距相对稳定。例如，在低收入国家，政府在卫生支出所占比例从2000年的37.6%上升到了2007年的41.9%，较低中等收入国家则从37.0%上升到42.4%，而高收入国家从59.4%进一步提升到61.3%，仍然保持领先优势（见表5-2）。

从政府支出中卫生支出比例这一指标来看，说明了同样的现状。2000年高收入国家政府支出中卫生支出比例为15.6%，大概是低收入国家7.9%和较低中等收入国家7.5%的两倍，而到了2007年，高收入国家这一指标提高到了17.2%，仍然是该年低收入国家8.7%和较低中等收入国家7.8%的两倍左右。政府对卫生事业支持的力

[①] 全国老龄工作委员会办公室, http://www.cncaprc.gov.cn/contents/2/179240.html.

度在不同地区也存在差距。例如，政府在卫生支出中所占比例最高的为欧洲地区，2000年和2007年分别为75.3%和76.0%；最低的是东南亚地区，2000年和2007年分别是31.2%和36.9%。也就是说，欧洲地区的政府支持力度是东南亚地区的两倍有余。同样，政府支出中卫生支出比例也反映类似的情况。东南亚地区该项指标继续在所有地区中垫底，2000年和2007年分别是4.8%和5.3%；美洲地区最高，这两年分别高达15.5%和17.1%。可以看出，东南亚地区在这几年只有美洲地区的30%多一点（见表5-2）。

从某种角度来说，社会保障性卫生费用占政府卫生总支出比例和自付费用占个人卫生支出比例这两项指标的变化和差异可以反映一个国家或地区的医疗保障发育程度。就全球而言，社会保障性卫生费用占政府卫生总支出比例从2000年的47.6%下降到2007年的41.2%，这是几年来政府对卫生事业支持力度提高的结果（见前文所做分析），也是这几年卫生保障作用提升有限所致；同样道理，全球自付费用占个人卫生支出比例从2000年的44.2%轻微下降到2007年的43.9%（见表5-2）。这说明私人负担并没

有减轻多少，社会保障制度建设亟待加强。

对于处在不同发展阶段的地区而言，医疗保障制度发育程度差异较大。例如，虽然高收入地区的社会保障性卫生费用占政府卫生总支出比例从2000年的48.4%下降到2007年的41.8%，而低收入地区同期从3.8%增加到11.8%，但是高收入地区这一指标仍然是低收入地区的4倍左右。再来看自付费用占个人卫生支出比例这一指标，除了高收入地区较低外，即2000年和2007年分别是38.2%和36.1%，而低收入地区、较低中等收入地区和较高中等收入地区都比较高，几乎都在70%以上（见表5-2）。另外，需要注意的是，自付费用占个人卫生支出比例最高的地区并没有出现在低收入地区，而是出现在较高中等收入地区，这可能和低收入地区的居民收入过低有关，不得不依靠政府提供相对较多的医疗保障。

社会保障制度发育程度的差异在不同地区也有所体现。从社会保障性卫生费用占政府卫生总支出比例这一指标来看，较高的是西太平洋地区和欧洲地区，前者虽然从2000年的72.6%降低到2007年的63.0%，但仍然高于其他地区；后者也从2000年的52.9%降低到2007年的

表 5-2　2000年和2007年各地区卫生费用支出规模和结构　　　　　　　　单位：%

地区	支出总规模		政府支持力度				医疗保障发育程度			
	卫生总费用占 GDP 比例		政府总体卫生支出占卫生总费用比例		政府总体卫生支出占政府总支出比例		社会保障性卫生费用占政府总卫生支出比例		自付费用占个人卫生支出比例	
	2000年	2007年	2000年	2007年	2000年	2007年	2000年	2007年	2000年	2007年
全球	9.2	9.7	57.9	59.6	14.5	15.4	47.6	41.2	44.2	43.9
低收入国家	4.7	5.3	37.6	41.9	7.9	8.7	3.8	11.0	85.6	83.1
下中等收入国家	4.4	4.3	37.0	42.4	7.5	7.8	37.1	37.2	92.8	90.5
上中等收入国家	6.2	6.4	52.0	55.2	8.9	9.4	41.1	38.0	70.7	69.0
高收入地区	10.2	11.2	59.4	61.3	15.6	17.2	48.4	41.8	38.2	36.1
非洲地区	5.9	6.2	43.5	45.3	8.7	9.6	7.1	8.3	53.0	60.1
美洲地区	12.0	13.6	44.8	47.2	15.5	17.1	31.9	26.0	30.1	28.0
东南亚地区	3.7	3.6	31.2	36.9	4.8	5.3	12.1	13.8	88.5	86.9
欧洲地区	8.4	8.8	75.3	76.0	14.3	15.3	52.9	49.2	65.6	66.5
地中海东部地区	4.2	4.1	52.8	55.5	7.3	7.5	9.9	14.0	84.4	85.7
西太平洋地区	6.8	6.5	72.7	67.8	14.9	15.1	72.6	63.0	88.4	81.6
中国	4.6	4.3	38.7	44.7	11.1	9.9	57.2	55.3	97.3	92.0

资料来源：WHO, World Health Statistics 2010, http://www.who.int/whosis/whostat/en/index.html.

49.2%，但相对地位并没有改变。这一指标较低的地区有非洲地区、东南亚地区和地中海东部地区，虽然几年来这三个地区的社会保障性卫生费用占政府总卫生支出比例都有所提高，即分别从2000年的7.1%、12.1%和9.9%提高到2007年的8.3%、13.8%和14.0%，但没有实质性地扭转与其他地区的巨大差距。从自付费用占个人卫生支出比例这一指标来看，较低的是美洲地区和非洲地区，前者从2000年的30.1%下降到2007年的28.0%；后者从53.0%提高到60.1%（见表5-2）。但两者本质不同，美洲地区较低的原因是完善的医疗保障制度（或者说医疗保险制度）在私人支出中提供了足够的支持，而非洲地区较低的原因在于有限的私人支付能力使很多医疗需求得不到满足。

对比来看，中国在一些指标上位于上中等国家水平，如政府在公共卫生的支持力度，因此目前中国所在的收入阶段，但在卫生总支出和社会保障性卫生支出上仍属于下中等国家水平（见表5-2）。随着人口老龄化的加快发展，这种差距需要依靠更多的财政和社会资料来弥补，因此依靠医疗保险解决长期护理需求将越来越不现实。

（二）医疗卫生费用支出不断增长

理论上讲，作为一个全球现象的人口老龄化进程对医疗卫生制度将产生重大影响，其中最为直接的也是最为明显的影响是致使全社会医疗卫生费用支出不断提高。

（1）就人口老龄化来说（假定老年人患病概率和其他年龄组的人完全一致），如果只是老年人口数量的相对上升（假定人口老龄化是因为出生率导致的），那么仅意味着针对老年人群体医疗卫生服务需求的相对增加，并不必然意味着全社会医疗卫生服务需求的绝对增长，但是人口老龄化往往导致产出的下降（除非大幅度提高劳动生产率从而足以抵消人口老龄化对产出的影响，但这很值得怀疑，见前文分析），也就是说，即使全社会医疗卫生服务需求保持不变，那么要想满足这些医疗卫生需求，也会导致医疗卫生费用支出比例而不是总量的提高。如果人口老龄化导致老年人口数量的绝对上升（假定人口老龄化是由低死亡率或预期寿命延长导致的），那么老年人绝对数量的增长势必会产生更多的医疗卫生需求，要想满足这些需要，就意味着医疗卫生费用支出绝对量而不再只是相对量的增加。

（2）大多数国家，特别是人口老龄化较为严重的发达国家和一些新兴市场国家都相继完成了流行病学转型，即由传染性疾病向慢性疾病转变。从发病概率的角度来说，传染性疾病的高发群体与年龄的联系较弱，或者说传染性疾病一般不会特别针对某一年龄群体，但慢性疾病却与年龄联系较为紧密，即往往高发于老年人群体。因此，当老年人口数量增加时，慢性病发病率的总体趋势将不断提高，从而导致全社会对医疗卫生需求的不断增加，另外，慢性病的治疗周期长、费用高，这进一步增加了全社会医疗费用的支付压力。

综合以上两方面原因，可以得出，人口老龄化必将导致全社会医疗卫生费用的不断提高。

但也要清楚地看到，人口老龄化绝不是医疗卫生费用增长的唯一因素。发达国家进入老龄化的时间较早，考察这些国家近几十年的医疗卫生费用支出情况可以说明这一问题。据研究，美国1929年以来人均医疗卫生费用（通货膨胀调整后）支出增长率持续超过人均GNP的增长率，导致该国人均医疗卫生费用支出占人均GNP的比例从1992年的3.5%增加到目前的15%。在影响这种医疗卫生费用支出持续增长的因素中，人口年龄结构变化却只能解释美国1940~1990年期间这种医疗费用支出增长的15%。同一时期，OECD其他国家也都经历了医疗卫生费用快速增长的过程，但人口年龄结构变化也只能解释这种快速增长的部分原因。例如，1985~1987年与1996~1999年，澳大利亚和加拿大的年龄结构变化只能分别解释各自医疗卫生费用支出快速增长的6%和14%的原因。很显然，在这几个国家非人口年龄结构因素是导致近几十年医疗卫生费用支出上涨的主要原因。比较而言，同一时期日本人口年龄结构对医疗卫生费用支出快速增长的贡献却高达56%。众所周知，日本的人口老龄化速度要明显高于以上几个国家，说明随着人口老龄化速度的加快，人口年龄结构变化对医疗卫生费用支出快速增长的解释力更强[1]。

造成发达国家医疗卫生费用支出较快增长的原因除了人口年龄结构变化外，还有技术进步和各国政策变化等因素。从技术进步来说，近几十年，医疗领域新科学发现和新技术应用取得了突飞猛进的发展，疾病诊断设备和方法的不断出现和广泛使用，新医药和治疗手段从研发到应用的快速普及，以前无法治愈的疾病在今天几乎都可以得到有效的治疗和控制，为人们不断增加医疗费用支出提供了可能。同时，随着人们收入和生活水平的提高，他们为了自身的健康和长寿有能力也愿意接受更好的治疗，这为人们不断提高医疗卫生费用支出提供了可行性。从各国政策变化的角度来看，战后世界民主进程加快，几乎每一个国

---

[1] UN, World Economic and Social Survey 2007: Development in an Ageing World, Department of Economic and Social Affairs, 2007，126.

家政府为了迎合民意，都比以前更为关注民众健康。一方面，在医疗卫生基础设施领域不断加大投入，改善人们的生活和工作环境；另一方面，通过立法和政策倾斜加快建立和完善各种公共和私人医疗保险计划，覆盖范围不断扩大，保障程度不断提高。这些都增强了社会和个人对医疗卫生费用的支付能力。

另外，医疗技术进步和医疗保险计划相互促进。一方面，医疗技术进步不仅带来了治愈各种疾病的可能性，同时也带来了诊疗价格和医药费用的不断提高，导致个人将很难承担这些高昂的花费，而只有通过各种医疗保险制度，借助大数法则才能解决人们的支付能力问题。因此，医疗技术的进步也客观上要求各种医疗保险计划的实施和普及。另一方面，存在于各个国家的医疗保险计划为医疗技术进步提供了持续而强有力的财力支持。医疗技术进步是一个持续发展的过程，只有前期开发产品的费用和利润通过各种医疗保险计划得到补充，新的产品才能源源不断地开发出来。换句话说，技术进步和各国政策变化与年龄结构无关。

尽管人口老龄化不是医疗卫生费用支出增长的唯一因素，但它在改变未来医疗费用的支出结构，同时老年人的医疗费用高于其他年龄组也是事实。例如，在巴西，65~74岁人口医疗费用平均支出是全体人口平均值的2.92倍，而75岁及以上人口医疗费用支出是全体人口平均值4.12倍；在加拿大，65~74岁人口医疗费用支出是全体人口平均值的2.09倍，75~84岁是全体人口平均值的3.95倍，85岁及以上是全体人口平均值的8.55倍；在中国，65岁及以上人口医疗费用支出是全体人口平均值的2.50倍；在埃及，60~69岁人口医疗费用支出是全体人口平均值的2.09倍，70~98岁是全体人口平均值的1.78倍；在印度，安德拉邦、卡纳塔克邦和旁遮普邦60岁以上人口医疗费用支出分别是相应各邦全部人口平均值的1.38倍、2.38倍和3.74倍；在斯里兰卡，60~74岁人口医疗费用平均支出是全体人口平均值的1.63倍，而75岁及以上人口医疗费用支出是全体人口平均值1.84倍；在乌拉圭，65~69岁人口医疗费用支出是全体人口平均值的1.50倍，70~74岁是全体人口平均值的1.54倍，75~79岁是全体人口平均值的1.58倍，80岁及以上人口医疗费用支出是全体人口平均值的1.54倍[1]。

另外，发达国家和发展中国家医疗费用支出的年龄结构变化往往是不同的。一般来说，发达国家老年人医疗费用支出是随着年龄增长连续提高的，这种趋势一直保持到生命结束；而发展中国家老年人的医疗费用支出往往是随着年龄波动的。例如，在中国，人均医疗费用支出最高的年龄段是55~59岁，而不是出现在65岁及以上这一最高年龄段上；埃及也是如此，50~59岁和60~69岁这两个年龄段的人均医疗费用支出最高，而不是70~98岁的年龄段[2]。可能的原因是：相对于发达国家，发展中国家社会保障制度和医疗保险计划不是很健全，很多人都有被覆盖进来，或者即使覆盖进来了，但保障的程度有限，人们难以通过这些制度安排来满足个人的医疗需求。正如前文所分析的，发展中国家医疗费用的现金支付比例较高，导致人们对医疗需求的满足较多地依赖当期的货币收入，所以才有了发展中国家人们医疗费用支出最高年龄段都出现在退休年龄附近，或者说，发展中国家人们退休时的可支配收入最高，满足各种医疗需求的可能性更大。基于以上分析，我们可以得到一个重要启示：发展中国家老年人的现实医疗需求因为晚年收入下降和制度安排的缺陷受到了压抑，但随着经济和社会的发展，发展中国家的医疗保障制度将不断完善，未来医疗卫生费用支出的持续增长也是大势所趋，但问题是这一个趋势可能与人口老龄化同步。也就是说，人口老龄化虽然可能不是未来医疗卫生费用不断增长趋势的唯一推动力，但毫无疑问将加快这种趋势。

三、建立长期护理保险制度意义重大

建立不同于医疗卫生制度的长期护理制度是世界上大多数国家满足老年人基本需求的一项重要制度安排。目前，世界各国的长期护理制度千差万别，没有统一的模式。一国具体选择哪种长期护理模式必须认真权衡以下三方面因素：如何提供长期护理服务、如何确定长期护理服务的融资来源和如何评价个人需求的满足情况。从提供者的角度来说，一般可以分别正规照护和非正规照护，前者主要是指入住在疗养院（Nursing Homes）和敬老院（Residential Homes）等机构进行养老，后者是指居家养老或社区养老。从融资来源的角度来划分，有的长期护理通过政府财政转移支付进行融资，有的通过非政府组织提供资助，还有的主要由个人或其子女购买。

目前，发达国家基本都已建立起比较完善的长期护理制度，但各个国家的情况差异较大。德国长期护理制度由三部分组成：一是来自政府财政转移支付的收入补助，在待遇发放上采取家计调查的形式，根据德国的法律规定，

---

[1][2] UN, World Economic and Social Survey 2007: Development in an Ageing World, Department of Economic and Social Affairs, 2007, 129.

子女在自身财力允许的情况下有义务资助年迈父母，只有在有证据表明子女无力负担父母的养老时，才可以得到政府的收入补助。二是嵌入在医疗保险制度中的长期护理保险制度，强制所有雇员和有收入来源的个人进行参保，其缴费取决于个人的收入情况，但待遇方法是需求导向的，该部分构成了目前德国长期护理制度的主体。三是商业性的私人长期护理保险制度，其缴费依据参保年龄而定。长期护理服务一般由非营利组织或私人公司提供，政府和保险机构只是负责向服务提供者直接支付受益人的相应待遇。另外，德国政府鼓励居家养老，如果是机构养老，除了要面临严格的资格审查外，还要由个人或其家庭自付食宿费。

日本的长期护理制度比较单一，只在2000年4月引入了长期护理保险，融资来源由两部分构成：一是来自40岁及以上各类参保人员的缴费，即就业者按照工资的0.6%进行缴费，且雇主和雇员共同分担，退休者也要根据5个不同等级进行缴费，这部分融资占制度融资总额的50%。二是来自中央和地方政府的财政收入，也占全部融资额的50%，其中，中央财政占25%，地方两级政府财政占25%。待遇资格的取得仅取决于参保人的需求情况，而与家庭结构和收入情况无关。受益人可以选择机构照护或居家照护，而只能取得非现金福利，这种制度安排表明政府希望促进长期护理基础设施和服务的快速发展，但日本限制私人公司进入机构照护行业，因此疗养院的机构养老服务主要由非营利性组织提供，少量由地方政府提供，而私人公司只能在社区照护中提供一些基本的服务，例如上门送餐服务和物品投递服务。另外，在待遇发放上，为了避免道德风险和"搭便车"现象，受益人还要自付10%的照护服务费用。

瑞典是传统的高福利国家，国家不仅负担了大部分长期护理的费用，而且也是长期护理服务的主要提供者。具体来说，长期护理制度有市政府负责实施，融资来源于地方的收入所得税、中央政府财政支出转移和个人的少量现金支付。在待遇给付上，任何人都有权基于个人需要提出长期护理申请，申请能否被批准只要取决于基于需求的评估结果，而不需要财产和收入审查。在服务提供上，人们可以选择居家照护或机构照护，历史上，几乎所有的服务都有地方政府提供，但20世纪90年代瑞典出现了严重的经济衰退，政府不得不考虑成本控制和服务效率提升，因此开始允许私人公司进入长期护理服务行业。但毕竟瑞典公民有依赖国家提供福利的传统，因此地方政府提供主要长期护理服务的格局短时间内还难以撼动。

美国的长期护理制度主要由三部分构成：一是"老年医疗保险计划"（Medicare），关注的重点是住院治疗后康复期的长期护理，或者说带有治疗性质的长期护理，而且这一待遇是有时间限制的，超过一定时间期限，该计划将停止付费。二是"医疗救助计划"（Medicaid），具有保险的典型特征，不仅在职雇员和雇主需要缴费，而且退休者也要从养老金中提取缴费，该计划是针对低收入者，资格条件和服务项目基于各种需求情况确定，因此全国没有统一的标准，但在大多数州，该计划需要对进入机构照护的受益人承担费用。三是商业性长期护理保险计划，需要个人通过市场购买，该计划主要是对以上两项长期护理计划进行补充，例如医疗保险计划提供的长期护理计划终止后可由商业性长期护理计划接续，或者弥补医疗补助计划无法满足的需要。在机构照护服务提供者中，营利性私人公司成为主体，大概占有2/3的市场，非营利组织占有不到30%的市场，而政府只提供余下的少量服务。总体来说，政府用于长期护理的公共开支非常有限，但随着未来人口老龄化的发展，政府在这方面的公共开支可能会有所上升。

基于上述对几个发达国家长期护理制度的分析中可以看出，长期护理保险发生的风险较小，但发生后费用负担却较大，而且还存在着成本不可控等不可保风险，因此一般都要求个人自付一定比例的长期护理费用或自行负担一定的服务项目，例如日本政府要求个人承担10%的服务费用，又如德国政府要求个人需要负担机构照护的食宿费。另外，政府在服务提供上往往是缺乏效率的，因此多数发达国家都引入或鼓励私人公司或非营利组织提供服务，政府把更多的精力放在管理和运作长期护理项目并负责替受益人向他们购买各种服务。总体来说，多数发达国家已经具有了比较完善的长期护理制度，未来应对人口老龄化的主要压力来自政府财政支出的不断上升，因此他们更为强调居家照护的重要性，通过出台各种鼓励政策促使人们接受居家照护。另外，在很多国家也掀起了"就地养老"（Aging in Place）运动。

与之相比，发展中国家的正规长期护理制度还没有完全建立起来，大多数人还享受不到公共融资的长期护理服务，不得不继续依靠传统的家庭、亲友或邻居来满足各种长期护理需求。但是，很多发展中国家人口老龄化速度很快，而且随着女性受教育年限的增加其劳动市场参与率也在快速提高，传统的家庭结构正在瓦解，这种主要依靠家庭提供长期护理服务将变得越来越困难。面对这些困难，不可能指望一些人口老龄化发展速度比较快的发展中国家马上具有足够财力建立起公共财政支持的正规机构照护制度，作为一种不得已的选择，应该大力发展社区照护制度或引导非政府组织提供长期护理服务甚至是资金支持。例如，在立陶宛，1998年有90家正规的长期护理机构，其中29家是由红十字会或宗教团体等非政府组织运作，大约承担了全国接受机构照护人数的14%，几乎是1995年的两倍。另外，非政府组织也在大力提供社区照护服务，使立陶宛的社区照护服务在应对人口老龄化过程中变得越来越重要①。

理论上，大多数国家的长期护理制度不只针对老年人群体，那些身体或精神出现问题导致个人生活不能完全自理的年轻人也包含在其中。因此，长期护理制度的公共开支规模不仅取决于人口的年龄结构，也取决于整个国民的健康状况。但实践表明，人们对长期护理的需求往往发生在退休后，特别是进入高龄阶段，而在退休之前对长期护理的需求往往非常有限。

在对OECD部分国家所做的研究就非常清楚地说明这一现象，几乎所有被选取国家的长期护理公共开支都发展在70岁以后，而且70岁以后人们对长期护理的需求呈现加速增长的趋势。当然，各个国家长期护理公共开支的慷慨程度存在着巨大差异。在一些北欧高福利国家，例如瑞典和丹麦，用于每个85岁及以上高龄被照护者的平均公共开支甚至超过人均GDP的50%。而有些国家用在长期护理上公共开支却非常有限（见图5-2）。显然，这种差异是由于各国的长期护理制度的不同导致的，越是机构照护制度发达的国家用于长期护理的公共开支也越多；反

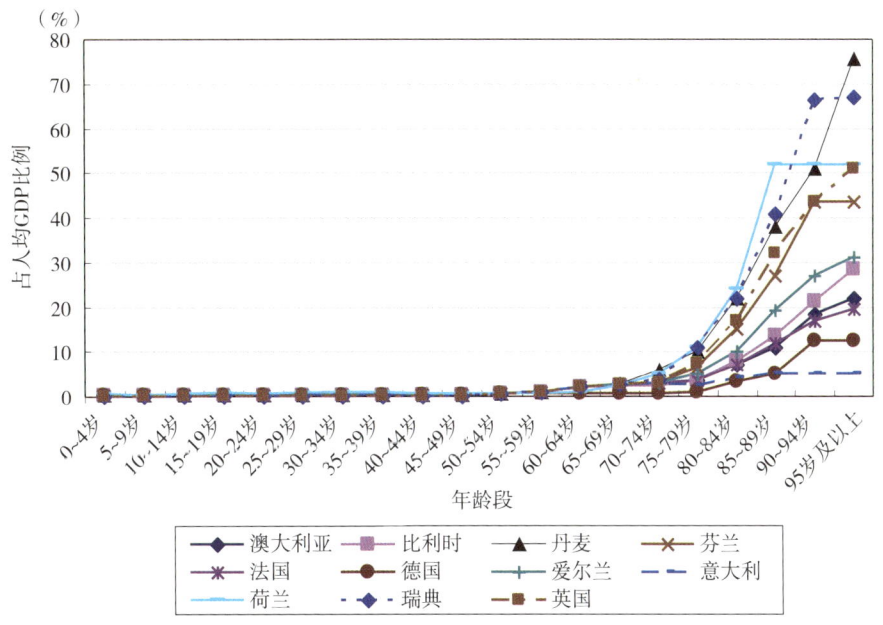

图5-2　部分国家长期护理公共支出与年龄之间的关系

资料来源：OECD, Projection OCED Health and Long-term Care Expenditures: What Are the Main Drivers? Economics Department Working Papers No. 477, May 2006, 48.

之亦然。

一般来说，人口老龄化将导致长期护理公共支出增加，当然还有些抵消人口老龄化不利影响的其他因素将同时发挥积极作用，例如人口健康状况的改善，经济快速增长从而降低此项公共开支的压力（公共开支的相对规模而不是绝对规模的下降）。但是，研究表明，这些有利因素只能部分抵消人口老龄化对长期护理公共开支的不利影响。为了让本国的长期护理制度能够持续的良性运转，提高抗风险能力，如前文提到的瑞典等一些国家已经开始改革现有的长期护理制度，鼓励和维持家庭在老年人照护中的作用，构建个人、家庭、社会和政府的合作机制，在满足可及性、可负担性和连续性的前提下，有效衔接社会照护和机构照

---

① UN, World Economic and Social Survey 2007: Development in an Ageing World, Department of Economic and Social Affairs, 2007，135.

护,使长期护理服务专业化、社会化和居家化。对于还没有建立起完善的长期护理制度的大多数发展中国家而言,这也是一个重要借鉴和未来发展趋势。

(一)有利于减轻家庭负担

《2016年社会服务发展统计公报》显示,全国各类养老服务机构和设施14.0万个,比2015年增长20.7%,其中:注册登记的养老服务机构2.9万个,社区养老服务机构和设施3.5万个,社区互助型养老设施7.6万个;各类养老床位合计730.2万张,比2015年增长8.6%(每千名老年人拥有养老床位31.6张,比2015年增长4.3%),其中社区留宿和日间照料床位322.9万张[①]。尽管各种养老服务设施在稳定增长,但相对于巨大的需求缺口仍然显得杯水车薪,根据《第四次中国城乡老年人生活状况抽样调查成果》,老年人健康状况不容乐观,失能、半失能老年人口数量较大,全国失能、半失能老年人大约4063万人,占老年人口的18.3%。可以看出,目前我国老龄工作和老龄事业还难以完全适应人口老龄化快速发展的客观需要,仍然面临很多问题和短板,主要是:老年人口持续增加,老龄化程度持续加深,对此必须高度重视;老年人收入总体水平虽然有较大程度提高,但是,贫困和低收入老年人口数量依然较多;老年人健康状况不容乐观,失能、半失能老年人口数量较大,全国失能、半失能老年人大约4063万人,占老年人口的18.3%;老龄服务发展不平衡,供求矛盾依然严峻;老年居住环境建设滞后,农村老年人住所和城镇公共设施不适老问题突出;老年人精神慰藉服务严重不足,农村老年人精神孤独问题尤为突出[②]。

在这种情况下,对大多数老年人而言,一旦身体机能出现问题,不仅将给其日常生活带来不便,而且除非家庭成员有能力提供护理服务,否则还需要购买成本高昂的护理服务,给家庭带来沉重的财务负担,而且这种负担往往超出了普通老人及其家庭的承受能力。因此,如果建立了长期护理保险,将大大减轻家庭负担。其一,长期护理保险待遇支付具有大数法则的形式,可以在不同参保人(或家庭)之间进行分担,将大大减轻个人及家庭的支付风险。其二,长期护理保险是建立在一套科学的评价体系基础之上,可以有效避免道德风险。一般来说,在长期护理保险下,老人身体机能部分丧失或完全丧失后,只需要接受护理等级评定,就可以获得相应的护理服务或现金补偿。其三,长期护理包括日常的生活护理、康复护理、精神慰藉和临终关怀等全方位服务,并不是每个老年人都需要全部服务,而且老人可以在家也可以在护理院中享受护理服务,

给老年及其家庭降低护理费用提供了可能性。其四,长期护理保险对增强家庭消费能力和效用水平也大有裨益,因为长期护理保险最基本的作用在于解决个人在年老时遭遇疾病导致护理费用高额问题,从而保证生活水平不因护理服务费用支出增加而降低,实现人生财富分配效用最大化。根据生命周期消费理论可推出,养老消费预期的下降会使人们增加其他人生阶段和其他领域的消费,避免过度储蓄,挤压其他消费和投资,保证家庭和个人终身效用水平和福利水平最优。

需要强调的是,长期护理保险制度在降低家庭负担的同时,不会降低中国传统的孝文化,因为对于有需要的家庭,既可以雇请专业人士进行护理,也可以由家庭成员提供护理服务。而且,长期护理服务的提供,能够改善老年人的日常生活,提高老人的幸福感,有利于缓解因家庭护理导致的家庭关系紧张,促进家庭和睦,进而有利于社会的和谐稳定。总之,长期护理保险制度不仅有助于弘扬传统美德,还可以解决社会问题,这在当前的中国尤其重要。我们知道,处于转型期的中国社会,人们一方面面临着激烈的社会竞争和高速的生活节奏,繁重的工作负担导致生存压力巨大,个人休闲时间相对有限,年轻人普遍处于亚健康状态,照顾老人的日常生活已经力不从心。毫无疑问,长期护理保险制度将大大缓解个人发展与照护老人之间的矛盾,在满足老人不同的护理需求并保障老人正常生活的同时,又消除了子女的后顾之忧,同时也延续了中国传统的孝文化。

(二)有利于合理配置医疗资源

随着医疗技术不断进步和人口老龄化日益严峻,全社会的医疗费用必然会持续增长,不仅将给家庭和医疗保险制度带来越来越大的支付压力,而且还将给医疗资源的有效配置带来极大的挑战。如果没有长期护理保险,老年人一旦患上慢性疾病或身体机能严重恶化,就不得不选择去医院接受治疗,对于一些慢性病还需要在医院接受较长一段护理时间,这就进一步占据了本就稀缺的医疗资源,同时还将增加医疗保险的支付压力,因为医疗保险和长期护理保险的费用差异巨大,从而造成医疗资源的低效配置。反之,如果引入长期护理保险制度,对医疗服务和护理服务进行严格划分,就可以避免对稀缺医疗资源的低效利用,使老人在家或养老机构也能享受护理报销,从而有助于降低医疗成本,并提高医疗资源的使用效率。同时,通过建立长期护理保险,可以帮助降低医患矛盾的发生概率,增进社会和谐,维护社会稳定。

---

① 中华人民共和国民政部,http://www.mca.gov.cn/article/sj/tjgb/201708/20170800005382.shtml。
② 中华人民共和国民政部,http://www.mca.gov.cn/article/zwgk/mzyw/201610/20161000001974.shtml。

另外,通过建立长期护理保险制度,还可以提高医院的竞争力。由于住院病人的医疗支出通常集中在住院前期,包含各项身体机能指标的检查,治疗进入后期阶段,病情基本稳定,以观察并发症为主,治疗强度有所下降,床位价值明显减少。为了追求利益最大化,医院一般强制处于稳定期的病人出院,以便把床位留给更需要治疗的病人。在长期护理保险制度缺位的情况下,病人一旦从医院转出,则立即丧失专业护理服务,极有可能导致病情再度复发。因此,为了稳妥起见,大部分病人都会选择长期住院,以确保完全康复。事实上,病人治疗后期基本以观察为主,不必依靠很高的医疗服务水准,只需基本的医疗护理即可,但是老年人的护理需求只能通过住院的方式得到满足,本该由护理机构提供的服务却由医疗机构来承担,从而削弱医院的竞争力。

(三)有利于优化人力资源配置

当前,中国经济已进入新常态,伴随着经济压力,就业形势也将趋于严峻。如果建立长期护理保险制度,从需求端提高老年人的支付能力,必然带动供给端的劳动力配置需求,即将潜在的老年人护理服务需求转化为现实需求,从而带动老年护理服务市场的形成,以及相关老龄产业的快速发展。而且,长期护理服务市场的形成,也会为相关老龄产业的发展带来巨大机会,从而增加就业方式和扩大就业渠道,优化资源配置,提高第三产业的就业比例,形成新的经济增长点。需要强调的是,老年护理产业需要的劳动力年龄结构限制较少,尤其对一些遍布城乡就业困难的大龄人群。当然,老年护理产业并不意味着只能提供低端就业,还能带动人力资源、护理学、社会工作等较高层次人才的培养和加入,因此长期护理保险扩大就业是全方位的。更为重要的是,长期护理保险制度的引入把复杂的护理工作分解成许多阶段,而每个阶段由不同工种的人员负责,把社会分工的作用发挥到极致,从而大大提高劳动生产率。而且,长期护理保险将护理服务专业化和职业化的过程本身,也可以提高护理服务的效率和水平,从而在增加规模经济效应的同时,促进全社会护理设施的完善和护理市场的繁荣。进一步,护理服务质量也将不断提高,以及成本的持续下降,让更多老年人有购买能力。

对老年人护理服务的供给方式比较灵活,既可以由专业人员提供,也可以由家庭成员提供。当然,老年护理也可以由家人来完成,但这并不意味着对就业没有意义。一般来说,如果来自家庭成员的护理也可以获得现金补偿,才会产生统计学上的经济产出,也是对家庭成员提供护理工作的肯定。如果家庭成员的护理没有经济收入,那么为了补贴家用,就必然要求家庭成员外出工作,然后再雇佣其他人对老年人照护服务,显然这在很多情况下,无论是对家庭还是劳动力市场,并非是一个最优的选择。

分报告六
中国长期护理保险制度的基本特征与政策推进

一、长期护理保险制度的提出

(一)长期护理风险及其影响

作为高级生命体,一个人的生活或社交能力根本上取决于其人体器官各个系统的发育、功能、运转等方面情况。除了因天生的生理缺陷而导致的功能性障碍外,意外伤害或疾病等各种因素都有可能导致一个人失去一定的生活或社交能力,失能情况就产生了。特别是,人的身体机能会随着岁月增长而不断遭到损害,步入老年之后失能的概率将大幅度上升,因此,老人往往是失能人群的主体。

在某些失能情况下,个人的生活自理能力以及其他技术性活动能力会被严重削弱,将在一个较长的时期内需要外力的帮助才能够正常生活,从而产生了长期护理需要。美国健康保险学会(HIAA)认为,长期护理是在一个比较长的时间内,持续地为患有慢性疾病(Chronic Illness),譬如老年痴呆等认知障碍(Cognitive Impairment)或功能性损伤(Functional Impairment)的人提供的服务[1]。问题是,在这种长期护理需要产生之前,个人通常不知道自己失能的时间、原因、类型、程度以及由此将带来的问题与代价,因而面临无法获得合适的长期照护的风险。为了应对这种风险,个人可以通过各种手段积累相应的财富用于在必要时从他人那里购买服务。当个人没有能力或者有能力却没有采取行动去积累这些财富时,他或她在遇到这种风险时还可以求助于亲属、政府或各类社会力量。这时,风险将从个人转移至家庭、政府或社会。而如果个人没有做好准备应对,又无法将风险转移出去,那么,长期照护需要将得不到满足,个人难以正常生活的悲剧将上演。

(二)应对长期护理风险的传统方式及其局限性

在漫长的古代社会,如果遇到失能的情况,可能只有少量的富人可以从奴仆那里获得长期照护服务,绝大部分人只能主要依靠家庭成员提供帮助,官府发挥的作用往往十分有限,所以,对失能者的长期照看往往会加重家庭的经济负担、人力负担。一旦家庭难以承担时,失能者常常会在熬过艰难时光后于痛苦中死去。

进入现代社会之后,科技进步与现代化大生产使得整个社会发生了巨大的变化,也对解决失能人员长期护理问题产生了一系列深远影响。其一,生产力的大幅度快速提升创造出了比古代社会多得多的社会财富,用于满足人们物质文化生活需要的社会产品也更为丰富,为解决失能人员长期护理问题提供了基本物质条件。特别是,社会分工与专业化推动服务行业兴起,专业化的服务机构和服务人员能够更加高效地为失能者提供更为优质的照看服务;现代医疗科技的发展推动了现代医疗服务系统的兴起与发展,医疗服务专业机构和专业人员能够运用各种医疗设备和药物为失能者提供更为专业的医疗护理服务。其二,现代化大生产带来了风险的社会化,一些诸如工伤事故、交通事故等原因造成的失能问题日益增多,使得长期护理风险本身具有了一定的社会化特征。其三,大家族的瓦解、家庭规模小型化、子女数量减少使得普通家庭化解长期护理风险的能力不断弱化。特别是,成年子女不仅要照顾自己的未成年子女,更要面对激烈的劳动力市场竞争,通常

---

[1] 荆涛:《长期护理保险——中国未来极富竞争力的险种》,对外经济贸易大学出版社2006年版。

没有太多的精力去照看失能的老人。其四，日益强大的现代政府不仅通过税收体系获得了较强的财力，而且在职能转变的过程中形成较强的服务能力，特别是建立十分庞大的社会保障体系，成为帮助社会成员应对各种风险的主要手段，为政府参与应对长期护理风险积累了经验。

在这样的时代背景下，传统的以家庭为主的应对长期护理风险的方式不仅时常难以解决问题，而且时常显得低效和不合时宜。随着人口老龄化的加剧，社会呼唤建立正式的支持系统，从而在非正式支持系统（来自家人、亲属、邻里、朋友等的帮助）相关功能不断弱化的情况下，帮助人们解决日益严重的失能问题。

（二）长期护理保险制度的产生

如前所述，鉴于失能者事先难以准确把握失能的时间、原因、类型、程度以及由此将带来的问题与代价，通过事先支付一定的保险费，等到失能情况发生时，从保险机构那里获得用于购买长期护理服务的经费支持，就成为人们应对长期护理风险的选择之一。因此，当这种需求形成了一定的规模时，保险机构就会开发出相应的长期护理保险产品以满足这种需求，长期护理保险就应运而生了。对于需求规模的形成，以下两方面因素起到了决定作用：一是出生率降低、寿命延长所带来的人口老龄化，使得高龄老人数量增多，由此带来了护理需求快速增长。二是传统的家庭照护功能逐渐削弱，特别是女性经济活动参与率提高，使得家庭成员提供长期照护服务的能力急剧下降。

20世纪70年代，商业性护理保险首先出现在现代保险业最发达的美国，后来又出现在了法国、英国等发达国家的商业保险市场。而作为社会保险形式的法定护理保险则于1986年先在以色列出现，随后，奥地利、德国、荷兰、日本等国家相继建立了老年护理保险制度。在建立护理保险制度的过程中，各国通常都会先进行较长时间的研究与探索。例如，德国"老年扶助管理委员会"在1974年就发表了"老年疾病机构式治疗与法定健康保险人费用负担评鉴"，推动了长期护理保险逐渐成为研究焦点，但直到1995年才正式实施长期护理保险；日本厚生省（现称厚生劳动省）1989年就举办了"缓解护理问题的座谈会"，开始考虑建立长期护理保险制度，但直到2000年才开始正式实施；韩国专家在1999年向总统金大中提交了《老年人保健福利中长期发展计划促进报告》，保健福利部根据这份报告组建了"老年人长期护理保险政策企划团"，但直到2008年才开始正式实施长期护理保险制度。

二、长期护理保险制度的基本特征

作为一种新兴的保险制度，长期护理保险制度虽然与养老保险制度和医疗保险制度存在着比较紧密的联系，但也有其自身的一些基本特征，归纳起来主要有以下几个方面：

（一）所应对风险的特殊性

养老保险制度所应对的主要是人们因年老而失去收入或收入减少的风险以及长寿风险（包括因长寿而准备不足和因过早死亡而准备过多的风险），而医疗保险制度应对的主要是人们因疾病或意外伤害而需要支付医疗费用的风险。与它们不同的是，长期护理保险制度主要应对的是人们因失能而需要购买相关服务的风险，这种风险不仅具有随机性和损失的重大性[①]，而且具有长期性、连续性、不可逆性。所谓随机性强调的是，除了少部分人存在先天性失能外，其他人的失能往往是无法预估的，其主要原因是身体机能老化。所谓的损失重大性，强调的是失能所造成的后果往往比较严重，一旦达到一定的程度，失能者会失去生活自理能力，需要专人进行照顾，还有一些失能程度较重者需要补充医疗护理服务。而长期性、连续性和不可逆性进一步强调了所带来的后果。长期性强调的是失能者往往在一个比较长的时期内都需要护理服务，这个时期通常是自个体失能之后一直到死亡为止。不可逆性强调的是个体一旦失能很难再恢复健康水平。长期性是不可逆性的衍生特性，正是失能不可逆，使得长期护理风险延续时间较长。连续性强调的是失能人员接受的服务需要在不同的性质服务中相互转接。如一个因急性脑中风住院的患者，在最开始的时候接受医院的急性医疗服务，在经过手术等医疗手段之后健康状况有所恢复，随即转入护理病床接受医院的护理服务，若脑中风造成患者6个月以上的失能，则需要转而向具有医疗资质的护理机构申请帮助。除了急性医疗和长期护理之间的转接之外，随着老化程度的加重，个体可能需要从居家护理转向机构护理。

（二）被保险对象的特定性

与养老保险制度和医疗保险制度相比，长期护理保险制度的覆盖范围要小得多。被保险人通常属于特定的失能群体。虽然任何年龄段的失能人群都可能需要长期护理服务，但是，多个国家的实践情况表明，长期护理基本保险制度的被保险对象通常是达到一定年龄的失能参保对象，即失能老年人。其基本原因是，在需要长期护理服务的失能群体中，老年人通常占绝大多数。美国卫生和人类服务

---

① Jeffrey R Brown, Amy Finkelstein. Why is the market for long-term care insurance so small? [J]. Journal of Public Economics, 2007, 91(10): 1967-1991.

部（The U.S. Department of Health and Human Services）指出，大约有70% 65岁及以上的美国老年人在他们的一生中需要长期护理，40%的年龄在65岁及以上的美国老年人在他们一生中需要在疗养院度过一段时间，其中10%的老人需要在疗养院待5年甚至更长的时间[①]。据德国2007年数据，有长期护理服务需求者200万人左右，其中60岁及以上占74.2%。到2009年，德国获得法定护理保险受益资格的人约占65岁及以上老年人的11.5%。法国2008年大约有10.6万个家庭享受医疗保健服务，其中95%的服务对象都是60岁及以上失能的老年人[②]。韩国则在制度上就设定受益人群主要是65岁及以上的老年人，同时仅仅覆盖少部分65岁及以下但患有老年性疾病的人。长期护理保险制度主要针对失能老年人的另一个重要原因可能是其他计划或安排覆盖了其他年龄群的失能者，如针对儿童的专门津贴、针对工伤致残者的工伤保险金等。因此，在那些比较缺乏其他相关计划或安排的国家，并不排除长期护理保险制度也覆盖其他年龄段部分失能者的可能性。

（三）服务内容的繁杂性

养老保险制度一般只提供养老金给付，而不涉及具体服务。医疗保险制度所包含的项目既包括诊断、治疗等方面的医疗技术服务，也包括必要的生活服务设施和药品，但它所包含的服务倾向于急性或短期性医疗服务，主要目的是使患者的健康水平恢复到病前的状态。而长期护理保险制度所包含的服务则要繁杂得多，涉及生活照料、医疗护理、精神慰藉和临终关怀等方面。生活照料是长期护理服务的最基本内容，包括身体清洁、用餐服务、家政预约、保洁服务、物品代购等，几乎每一位老年人在生命的某个阶段都需要这些方面的协助。医疗护理则是一项专业人员提供的更具技术性的服务，主要包括定点医疗护理、医疗专护和居家医疗护理。定点医疗护理是指在经过资质认证的护理机构接受医疗护理。医疗专护是指对需要照顾的个人及家庭，在指定医院接受专业医疗护理。居家医疗护理是对需要照顾的个人及其家庭，在自己的居家环境中获得定期的专业医疗护理服务，达到促进健康、维护健康和预防疾病的目的。由于社会关系减少，自身身体机能的退化，老年人更容易产生精神低落甚至心理问题，精神慰藉对于许多老年人显得十分重要。因此，随着社会进步，老年人对生活质量的要求逐步提高，精神慰藉也渐渐成为一般老年人基本生活需要的重要组成部分。临终关怀旨在通过一系列服务最大限度地减轻疾病对临终老人造成的生理上的痛苦，抚慰老年人的情绪，使老年人尽可能好地度过生命的最后阶段。这一过程既需要医护人员减轻老年人的生理痛苦，也需要社会工作者帮助老年人面对死亡带来的恐惧、悲伤等负面情绪。

（四）服务主体的交叉性

养老保险制度下的养老金一般由保险机构通过金融系统直接发放给被保险人，其他相关服务很少。在医疗保险制度下，除了保险机构给予被保险人经济补偿之外，还有医疗机构对被保险人的疾病给予诊治，以确保被保险人的健康状况恢复至患病前的水平，但医疗服务提供方比较单一，主要是各类有资质的医疗机构。长期护理服务的提供方是由正式支持系统和非正式支持系统组成的复杂的相互交叉的系统。其中，基本生活照料的专业技术性要求较低，一般可由非正式支持系统完成，包括家人、亲属、朋友、邻居、志愿者等，属于正式支持系统的养老服务机构一般也向特定失能群体提供基本生活照料服务；医疗护理服务的专业技术性要求较高，一般由正式支持系统完成，主要包括具有医疗资质的养老机构、医疗护理院、医院以及具备医疗能力的其他组织和个人。这样，专业、半专业、非专业人员均有参与，正式支持系统与非正式支持系统一起发挥作用，共同完成长期护理服务的各项工作。

（五）运行与管理的专业独立性

正是由于具有以上四个方面的特性，长期护理保险既不应该与养老保险放在一起，也不应该与医疗保险放在一起，而是应该建立一套独立的运行与管理体系。长期护理保险的运行与管理体系具有一定的专业独立性，主要体现在它需要一系列专业机构和专业人员提供专业技术服务，主要包括：一是政府部门需要设立专门的机构负责长期护理保险政策试点与落实，监管长期护理保险的运行，并提供必要的公共管理服务。二是由于应对的是特殊风险（失能带来的长期护理风险），保险机构需要把它当成一个特殊险种，设立专门的分支机构，设计长期护理保险产品，提供长期护理保险服务。三是具有特定资质的养老院、护理院、养老服务公司等专业长期护理机构需要配备专门的设施（特别是设备）和专业技术人员，提供专业化的长期护理服务。四是长期护理保险制度需要筹集资金以建立相应的基金，专门用于向被保险人提供保险待遇，长期护理保险基金既不同于养老基金，也不同于医疗保险基金，需要由专门机构管理和运营。

---

① 荆涛：《长期护理保险理论与实践研究：聚焦老龄人口长期照料问题》，对外经济贸易大学出版社2015年版。
② 戴卫东：《OECD国家长期护理保险制度研究》，中国社会科学出版社2015年版。

三、中国长期护理保险制度的政策演进

(一) 中国长期护理保险制度产生的背景

中国人口老龄化日趋严峻，2015年全国60岁及以上人口占总人口的比例已经达到16.1%[1]，2016年又进一步提高到16.7%[2]。如前文所述，身体机能老化是造成失能人口增多的重要原因，老年人口增多必然带来失能人员增多。最早探索建立长期护理保险制度的城市几乎都是这种情况。截至2011年底，青岛市65岁及以上人口达91.86万，占总人口的11.99%；60岁及以上老年人132.7万，占总人口的17.32%，大大高于全国13.26%的比率[3]。这使得青岛市需要护理的老人越来越多。当时推算，2012年青岛市需要照料的老年人约有25万人，其中完全失能的老人也多达8万人[4]。其他城市失能老人情况类似：南通市区70岁及以上的老年人90%患有慢性病，全市需要护理照料的失能和半失能者约达32万人，市区老年人口中失能者约3万人，其中1/3是生活不能自理且经常出现感染等的终末期病人[5]；截至2016年底，安庆市60周岁及以上人口为93.3万人，占总人口的17.63%，其中，市区达到重度失能人员为1495人[6]；2014年长春市因病需要一级医疗护理的医保参保人员有近9万人[7]。从各地情况看，由于缺乏必要的制度保障，绝大多数失能老年人要么自费入住养老院或者雇保姆，要么靠子女、配偶照料，相关成本完全由个人或家庭负担，给个人及家庭带来了难以承受的经济压力。有研究表明，2011年青岛一位失能老人的月均护理费用保守估计也要3000元左右，但2011年青岛市企业退休人员月人均养老金仅为1767元[8]。更重要的是，少子化带来的家庭规模缩小，使家庭的照护功能逐渐减弱，造成了"一人失能，全家失衡"的现象。此外，一些地方还出现了失能老人依靠职工医疗保险而长期住院，造成床位等医疗资源浪费[9]。总之，一方面是需要长期护理的失能老人越来越多，另一方面是传统的长期护理方式已经难以承受，因此，社会呼唤一种社会化的制度安排来解决这个问题。

(二) 中国长期护理保险制度发展的基本历程

回顾中国长期护理保险制度的发展历程，虽然时间还比较短，但可以被划分为以下几个阶段：

第一阶段为混沌初开期（2005~2012年）。在这个时期，虽然各地政府部门出台了一些与长期护理有关的政策，如老人护理补贴、医疗补贴等，但并没有将长期护理作为一个系统来看待，更没有建立相关保险计划的意识。而在中国商业保险领域，长期护理保险于2005年出现。由于发现了国内长期护理服务领域存在着极具潜力的商机，一些保险公司从发达国家引入了长期护理产品，从而在国内初步形成了商业长期护理保险市场。保险公司所提供的长期护理保险产品以保险精算为基础，强调待遇与保费严格挂钩，不具有再分配功能。

第二阶段为萌芽期（2012~2015年）。在这个时期，少数地方政府开始建立政府主导的长期护理保险计划。2012年6月19日，山东省青岛市人力资源社会保障局、市财政局、市民政局、市卫生局、市老龄办、市总工会、市残联、市红十字会、市慈善总会联合发布了《关于建立长期医疗护理保险制度的意见（试行）》，标志着中国长期护理保险制度的诞生。此后一直到2016年，中国长期护理保险制度发展还处于地方政府自己摸索阶段，制度发展还极不成熟，表现在：一是范围小，仅有青岛市、南通市、长春市、上海市等少数城市在探索本地特色的长期护理保险制度。二是理念悬殊，如青岛市强调商业机构的作用，长春市在一定程度上鼓励以养老院为代表的护理机构

---

[1] 中华人民共和国民政部：《2015年社会服务发展统计公报》。

[2] 中华人民共和国国家统计局：《中华人民共和国2016年国民经济和社会发展统计公报》。

[3] 数据来源：青岛政务网，建立长期护理保险制度积极应对社会老龄化趋势，访问时间2017-08-15，http://www.qingdao.gov.cn/n172/n24624151/n24626115/n24626129/n24626157/121010165122384782.html。

[4] 青岛政务网，"《转发市人力资源社会保障局等部门关于建立长期医疗护理保险制度的意见（试行）的通知》（青政办字〔2012〕91号）解读"，访问时间2017-08-15，http://www.qingdao.gov.cn/n172/n68422/n26981869/130923161210363803.html。

[5] 江苏省人民政府："南通市区长期失能人员照护将纳入制度保障"，访问时间2017-08-15，http://www.jiangsu.gov.cn/zwfw/ztzlfw/sbfw/bmfw/201511/t20151102_408485.html。

[6] 安庆新闻中心："我市首批长期护理保险待遇发放"，访问时间2017-08-15，http://www.aqnews.com.cn/html/aqxw/msxw/201707/2596171.html。

[7] 吉林省人民政府："长春将于5月启动失能人员医疗照护保险"，访问时间2017-08-15，http://www.jl.gov.cn/zw/yw/zwlb/sx_77310/szzf/201504/t20150403_1966911.html。

[8] 马飞、马青等：《从制度上保证失能老人得到护理——青岛市"医养结合"长期医疗护理保险模式探详》，《中国劳动保障报》，2013-06-02(3)。

[9] 宁波市人力资源和社会保障局：关于征求《宁波市长期护理保险制度试点方案》意见的公告，2017年。

护理，南通市明确表示鼓励居家养老。三是标准不一，特别是各地出台的待遇与标准差异很大。

第三阶段为初步发展期（2016年至今）。2016年6月27日，《人力资源社会保障部办公厅关于开展长期护理保险制度试点的指导意见》（以下简称《指导意见》）发布，标志着中央政府正式开始在长期护理保险制度建设上发力。该文件对长期护理保险保障范围、参保范围、资金筹集、待遇支付、基金管理、服务管理、经办管理等内容提出了统一的指导意见，并指定了15个城市进行首批试点。

总的来看，整个制度发展过程是诱致性变迁和强制性变迁的结合：首先是受社会诱致性因素（即社会不断增长的长期护理需要）的影响，先在商业保险市场出现了长期护理保险产品；其次，一些地方政府开始尝试建立本地长期护理保险制度；最后，中央政府提出建立长期护理保险制度的方向和原则，并指定一些城市进行试点，从而使强制性因素得到强化。

（二）各地试点进展情况

截至目前，15个试点城市中有14个城市出台具体实施方案，并已经启动试点工作，只有重庆市还在积极探索之中。从覆盖率、基金规模、运行状况等方面情况来看，山东省青岛市、江苏省南通市、上海市等地的试点工作走在前边。这些城市大多在2016年6月27日人力资源社会保障部办公厅发布《指导意见》之前就已经进行了相关实践探索。这些进展迅速的城市一般还具有以下几个特点：

（1）发文数量较多，配套政策和措施比较完善。发布较多的政策文件，可以直接反映当地政府比较重视长期护理保险制度试点工作，能够根据运行的实际状况和居民实际需求不断颁布或修订长期护理政策。青岛、上海和南通的发布文件数量都比较多，特别是上海，自2016年底至今已经发布12个相关文件。这些城市积累了一定的实践经验，浓缩在一系列评估标准、服务标准、质量监管等配套政策之中，从而在某种程度上决定了这项政策的落地情况。

（2）覆盖范围更广。目前，试点城市的长期护理保险覆盖范围可以被分为三个层次：最广覆盖范围是将参加城镇职工医疗保险和城乡居民医疗保险的人员全部纳入，如青岛市、上海市、南通市、苏州市和荆门市；次广覆盖范围是将参加城镇职工医疗保险的人员和城乡居民医疗保险的城镇居民纳入，如长春市和石河子市；最窄的覆盖范围是仅将参加城镇职工医疗保险的人员纳入，如上饶市、安庆市、成都市、宁波市、广州市、承德市、齐齐哈尔市。

（3）给付标准较高，服务更为专业。进展迅速的城市一般提供了较高的给付标准，如上海市对参保人员在评估有效期内发生的符合规定的养老机构照护的服务费用，长期护理保险基金的支付水平为85%；对参保人员在评估有效期内发生的社区居家照护的服务费用，长期护理保险基金的支付水平为90%。青岛市则规定，参保职工在专护、院护、家护、巡护发生的符合规定的医疗护理费，报销90%，一档缴费成年居民、少年儿童和大学生在专护、院护、巡护的费用报销80%，二档缴费成年居民巡护报销40%。2015~2017年长春市照护保险统筹基金的平均补偿比例也超过80%[①]。《指导意见》划定的基金给付标准为70%，发展较快的城市在给付上要高于规定的标准。这些城市一般还倾向于提供更为专业的服务，如南通市将居家服务套餐包从4个扩展为6个，不仅增加了数量，在内容上也仔细斟酌，剔除了之前家人可以做的项目，增加了专业程度高的项目以满足失能人员的要求。

（4）拥有更好的基础设施包括信息系统、护理院等养老机构。这些城市在试点之前一般都已经拥有较好的护理服务提供系统，包括社区医疗中心、养老院、护理院等长期护理机构，比如长春市不仅发展基础设施建设更是吸引社会资本投入，据统计，在2016年长春市养老机构中民办比例达到84.0%，同时建成近200个社区居家养老服务中心[②]，利用社会力量共同建设长期护理机构，这大大促进了基础设施的发展。这些城市也拥有较好的护理保险信息系统，如上海市老年照护信息管理系统和网上养老大厅等已经比较成熟，南通市也在2016年开通照护保险信息管理系统[③]。

（5）制度设计包含了更大的强制性或激励性。各地长期护理保险参保的强制性其实并不相同，例如，青岛市和长春市政策强制性程度较高，直接从医保统筹和个人账户中划转，不需要个人或单位重新缴纳，操作便捷；南通市虽强制性程度低，带有一定的自愿性，但是为了激励市民参保创新性地设置有缴费年限与待遇支付挂钩的制度，实际上提高了居民的参保意愿，促进长期护理保险扩面。

---

① 长春市人民政府："让百姓老有所护病有所养"，访问时间2017-08-21，http://221.8.13.155:8099/zw/yw/zwdt_74/shms/201706/t20170615_276751.html。

② 吉林省人民政府："长春市养老服务工作取得重大进展"，访问时间2017-08-21，http://www.jl.gov.cn/zw/yw/zwlb/sx_77310/szzf/201707/t20170719_2836879.html。

③ 江苏省人民政府："南通市2016年照护保险参保人数突破110万人"，访问时间2017-08-21，http://www.jiangsu.gov.cn/zwfw/ztzlfw/sbfw/sbxxdt/201701/t20170111_464332.html?xwjytw=jtyr41。

表6-1 各试点城市老龄化程度与长期护理保险实施意见发布日期

城 市	老龄化程度	发文日期
山东省青岛市	2011年底65岁及以上人口占比为11.99% 2011年底60岁及以上人口占比为17.32%[1] 2016年底60岁及以上人口占比21.29%[2]	2012年6月19日
吉林省长春市	2014年底60岁及以上人口占比为17.4%[3]	2015年2月16日
江苏省南通市	2014年底60岁及以上人口占比为26.10%[4]	2015年9月30日
湖北省荆门市	2015年底60岁及以上人口占比为17.2%[5]	2016年11月22日
河北省承德市	2015年底60岁及以上人口占比为18.02%[6]	2016年11月23日
江西省上饶市	2015年底60岁及以上人口占比为12.74%[7]	2016年12月1日
上海市	2015年底60岁及以上人口占比为30.2%；65岁及以上人口占比为19.6%[8]	2016年12月29日
安徽省安庆市	2016年底60岁及以上人口占比为17.63%[9]	2017年1月12日
四川省成都市	2016年底60岁及以上人口占比为21.41%[10]	2017年2月13日
新疆生产建设兵团石河子市	2015年底60岁及以上人口占比为19%[11]	2017年3月10日
浙江省宁波市	2016年底60岁及以上人口占比为23.5%[12]	2017年5月31日
江苏省苏州市	2016年底60岁及以上人口占比为25.2%[13]	2017年6月28日
黑龙江省齐齐哈尔市	2016年底60岁及以上人口占比为17.4%[14]	2017年7月28日
广东省广州市	2016年底60岁及以上人口占比为17.8%[15]	2017年7月31日
重庆市	2016年底60岁及以上人口占比为19.8%；65岁及以上人口占比为12.5%[16]	无

资料来源：作者整理。

[1] 青岛市老龄办："关于《青岛市'十二五'老龄事业发展规划》任务目标2011年度进展情况的通报"，访问时间2017-08-21，http://www.qingdao.gov.cn/n172/n24624151/n24630195/n24630209/n24630223/130914204834826581.html。

[2] 刘笑笑："到2020年青岛市老龄人口将超过185万"，访问时间2017-08-21，http://news.bandao.cn/news_html/201704/20170408/news_20170408_2720714.shtml。

[3] 长春市政府："长春将于5月启动失能人员医疗照护保险"，访问时间2017-08-21，http://www.jl.gov.cn/zw/yw/zwlb/sx_77310/szzf/201504/t20150403_1966911.html。

[4] 叶国："我市'医养结合'模式受欢迎 代表委员献策加快推进"，访问时间2017-08-21，http://www.ntlnr.com/showxwsd.asp?id=4353。

[5] 荆门市人民政府办公室："荆门市社会养老服务体系建设'十三五'规划"，访问时间2017-08-21，http://www.jingmen.gov.cn/govinfo/szf_xxgk/201605/t20160517_187111.shtml。

[6] 陈洪涛：《承德市人口老龄化现状、影响及对策》，《统计与管理》2016年第6期。

[7] 上饶市人民政府办公厅："关于印发上饶市医疗卫生服务体系规划（2017~2020年）的通知"，访问时间2017-08-21，http://www.zgsr.gov.cn/doc/2017/04/27/161431.shtml。

[8] 上海市市民政局、市老龄办、市统计局："2015年上海市老年人口和老龄事业发展信息发布"，访问时间2017-08-21，http://www.shanghai.gov.cn/nw2/nw2314/nw2315/nw4411/u21aw1118419.html。

[9] 安庆新闻中心："我市首批长期护理保险待遇发放"，访问时间2017-08-21，http://www.aqnews.com.cn/html/aqxw/msxw/201707/2596171.html。

[10] 成都老龄办："成都市2016年老年人口信息和老龄事业发展状况报告"，访问时间2017-08-21，http://news.163.com/17/0516/02/CKH9GB7N000187VI.html。

[11] 石河子市人口计生委："师市召开2016年人口和计划生育领导小组会议"，访问时间2017-08-21，http://www.weixinnu.com/tag/article/3773139586。

[12] 浙江老龄办："浙江省2016年老年人口和老龄事业统计公报：杭州老年人口最多舟山老龄化最严重"，访问时间2017-08-21，http://www.yinhang123.net/news/1017821.html。

[13] 江苏省民政厅："苏州市老年人口数据公布 老龄化程度越来越高"，访问时间2017-08-21，http://www.yanglaocn.com/shtml/20170208/1486535338107243.html。

[14] 韩婷澎、丁洋："齐齐哈尔依托专业化服务，打造龙江西部养老品牌"，访问时间2017-08-21，http://hlj.people.com.cn/n2/2017/0528/c220024-30252052.html。

[15] 广州市人力资源和社会保障局："广州市试点实施长期护理保险制度"，访问时间2017-08-21，http://www.hrssgz.gov.cn/zwxxgk/zwdt/201707/t20170731_266204.html。

[16] 重庆市统计局：《2016年重庆市国民经济和社会发展统计公报》，访问时间2017-08-21，http://www.cqtj.gov.cn/tjsj/shuju/tjgb/201703/t20170320_440551.htm。

（四）试点初步效果

尽管大部分试点城市出台长期护理保险实施政策的时间还不长，但是该制度推行所产生的效果已经显现。其一，随着长期护理保险的推行，参保人数的增长，越来越多的家庭从中受益，特别是那些最需要帮助的重度失能人群。到 2017 年 6 月初，上海市已经有大约 1.1 万人享受了长期护理保险待遇，南通市有 3373 人享受了长期护理保险待遇[①]，长春市有 29385 人次享受过照护保险待遇[②]。其二，长期护理保险制度的推行还降低了其他一些相关费用，比如床位费。从青岛市的四种护理服务方式的综合统计看，护理保险人均床日费用仅是二、三级医院护理费用标准的 1/20；每日人均个人负担费用是二、三级医院收费的 1/77，大大减轻了个人和家庭的负担[③]。此外，长期护理保险的推行还带来了其他一系列的正面效应，如社会资本对护理服务市场的投入增加而带来的服务能力的提升（床位特别是护理型床位增加、专业护理人员队伍成长等）、医养结合工作进一步深入而带来的照护服务质量的提升、随着老年患者从医院转入社区而带来的医疗资源利用效率的提高等。

四、主要挑战与未来展望

我国长期护理保险制度自试点以来已经取得了不小的进步，也积累了不少经验，但是，目前来看，还有一系列问题需要解决，主要包括：

第一，各地的各类标准存在较大差异，到底建立什么样的标准体系更为合适，需要进行更深入的研究和探讨。从失能状况评估标准看，南通等地使用的是 Barthel 指数评定量表，上海却开发了一套更复杂的指标评估体系。从缴费标准看，既有不要求参保人缴费的，也有要求参保人缴费的；既有从基本医疗保险基金中直接扣缴的，也有另外扣缴的。从补偿对象看，有的地方仅仅针对重度失能者，有的地方包括了中度失能者，还有的地方包含了更广泛的补偿对象。虽然补偿对象的选择应该根据各地实际情况（特别是筹资状况）来决定，但是，这两者之间到底应该建立一种什么样的联系，还需要斟酌。从补偿标准看，既有按绝对额度补偿的项目，也有按比例补偿的项目，相关的额度和比例是否合适都有待进一步研究。

第二，尽管除重庆市外其他所有试点城市都出台了长期护理保险制度实施意见，但是，大部分城市还缺乏更为细致的配套措施。这些配套措施包括服务机构的准入与淘汰、专业人员培训、基金监管、服务标准、服务质量监管、政策优惠等方面。例如，由于参保者拥有的私人信息较多，在参保后隐藏性行为可能引致道德风险，因此，需要在定期评估等方面制定更为细致的配套措施。不过，少数试点城市（如上海市、青岛市等）已经在这些方面做了一些有益的探索，可以为其他地方提供借鉴。

第三，一些地方将要面临一定的筹资压力。我国人口老龄化进程不断加快，促使失能老人数量迅速增长，据测算中国城乡失能率为 10.48%~13.31%[④]，而对失能老人的护理成本远远高于对健康老人的照料成本，因此，一旦建立覆盖范围广泛的长期护理保险制度，未来的开支将不容小觑。例如，青岛市护理保险制度自 2012 年 7 月至 2014 年 7 月共支付护理保险统筹金 3 亿元[⑤]，到 2015 年共支出护理保险资金超过 9 亿元[⑥]，这意味着仅 2014~2015 年的一年内长期护理保险开支就增加了 6 亿元。目前，各地长期护理保险制度筹资在很大程度上依赖于基本医疗保险基金和财政补贴，对于那些基本医疗保险基金比较充裕、财政实力比较雄厚的地方，长期护理保险的筹资问题在一定的时期内可能并不严重，但是，另一些地方的筹资压力将会显现。

第四，长期护理服务能力亟待提高。一方面是长期护理服务需求快速增长，另一方面是长期护理服务供给增长较慢，两者之间的差距是制约长期护理保险发展的基本挑战。供给不足的基本原因有两个：一是很多地方仍然主要依靠有限的政府福利机构提供长期护理服务，但社会资本对长期护理服务市场的投资才刚刚起步，民营长期护理服务机构的发展还比较迟缓，离民营力量成为服务主体的局面还有很远的路要走。二是护理人员（特别是专业技术人

[①] 江苏省人民政府："2017 年 7 月 12 日：深入推进医养结合新闻发布会"，访问时间 2017-08-30，http://www.jiangsu.gov.cn/szfxwfbh/xwfbhhz/201707/t20170712_485162.html。

[②] 长春市人民政府："让百姓老有所护病有所养"，访问时间 2017-08-30，http://221.8.13.155:8099/zw/yw/zwdt_74/shms/201706/t20170615_276751.html。

[③⑥] 杨文生：《山东省长期护理保险制度试点调查》，《保险理论与实践》，2017 年第 1 期。

[④] 张文娟、魏蒙：《中国老年人的失能水平到底有多高？——多个数据来源的比较》，《人口研究》，2015 年第 3 期。

[⑤] 青岛市老龄办："我市在全国老龄办主任会议上作典型发言"，访问时间 2017-08-30，http://www.qingdao.gov.cn/n172/n24624151/n24630195/n24630209/n24630237/140821101219515220.html。

员）十分短缺，主要是由于待遇低、事务繁杂、相关培训没有跟上等原因。例如，长春市若按照1:3的失能老人照护比例，专业照护人员缺口达到26000人[①]。

展望长期护理保险制度的未来，首先应该充满信心。长期护理保险制度聚焦于帮助重度失能者，而重度失能者占参保人数的比重较低，这意味着，即使单个重度失能者所需承担的长期护理成本较高，费率也会比较低。可以预见，只有设计合理，各地应该可以承担长期护理保险制度的成本。其次，对于在试点的过程中遇到的各种问题，需要积极探索应对之策，特别是重点分析上述各类标准、配套措施、筹资、服务能力等方面的问题。

---

① 长春市政府：“长春市全国首创失能人员医疗照护保险，解10万家庭难题”，访问时间2017-08-30，http://www.jl.gov.cn/zw/yw/zwlb/sx_77310/szzf/201505/t20150529_1997213.html。

分报告七
商业保险机构介入长期护理基本险的三个层次分析[①]

目前，我国的人口老龄化现状已经非常严重，医疗费用以及护理费用不可避免地会增加，使得长期护理保险的需求不断上升。中共十八届五中全会明确提出了在"十三五"期间探索建立长期护理保险的任务部署。《人力资源和社会保障事业发展"十三五"规划纲要》提出探索建立长期护理保险制度，开展长期护理保险试点，形成多层次的保障体系。《中国保险业发展"十三五"规划纲要》提出推动国家长期护理保险制度建设和试点工作。从国内外探索和实践经验来看，建立长期护理保险制度，是应对人口老龄化的重要措施，不仅能满足老年人长期护理需求，还能拉动护理产业发展和相关就业，促进经济社会发展。2016年7月8日，人社部印发《关于开展长期护理保险制度试点的指导意见》，决定在河北省承德市、吉林省长春市、上海市、重庆市等15地开展长期护理保险制度试点。

本报告通过对商业保险机构介入长期护理基本险服务的理论基础、政策背景和角色定位进行分析，并对当前国内长期护理基本险经办服务实践案例进行研究，最后对我国商业保险机构介入长期护理保险体系建设与服务提出了几点建议。

一、商业保险机构介入长期护理基本险服务的角色与定位

（一）商业保险机构经办长期护理基本险的背景

长期护理保险制度的实施作为一项政府提供的公共管理服务，商业保险机构经办具有深厚的理论背景、政策背景和实践背景。

1. 理论背景

（1）新公共服务理论为商业保险机构协助政府提供公共管理服务提供理论依据。20世纪七八十年代，西方国家普遍经历一个资本主义发展的黄金时期。这一时期，政府所面临的各种公共问题以及政府运作的行政环境，较之以前都更加复杂，对政府的行政管理职能提出了新的挑战和更高的要求，使各国迫切需要展开政府重塑，于是在西方国家掀起了声势浩大的"新公共管理"运动。随后，新公共管理运动迅速成为整个西方公共管理改革的主导方向。按照新公共管理理论的观点，公共管理者被要求去寻找新的创新途径来取得成果或者将先前由政府履行的职能民营化。他们被要求"掌舵，而不是划桨"[②]。新公共管理旨在用基于市场的竞争驱动策略来取代基于规则的传统服务供给，其公共领导方法的一个要素是坚决要求将竞争引入以前属于政府"垄断"的领域[③]。我国自改革开放以来，政治、经济、文化等社会各个方面发展取得举世瞩目

[①] 宋湘茵，太平养老保险股份有限公司战略发展部副总经理；李泽岳、王雪莹、丁诗聪，太平养老战略发展部；黄莹丽、丁敬芳，太平养老健康保险部；何宇鹏、朱大中，太平养老团险业务中心。

[②][③] [美]珍妮特·V.登哈特、罗伯特·B.登哈特：《新公共服务（第三版）》，丁煌译，中国人民大学出版社2016年版。

的成就，这也意味着政府在建立一项新的社会保障制度、提供一项新的公共管理服务时，也面临公众诉求个性化、利益主体多元化等更加复杂的行政环境。

以美国著名公共管理学家罗伯特·丹哈特为代表的一批公共管理学者基于对新公共管理理论的反思，特别是针对作为新公共管理理论之精髓的企业家政府理论缺陷的批判，建立了一种新的公共管理理论，称为"新公共服务理论"。新公共服务理论认为，公共管理者在其管理公共组织和执行公共政策时应该集中承担为公民服务和向公民放权的职责，他们的工作重点既不应该是为政府航船掌舵，也不应该是为其划桨，而应该是建立一些明显具有完善整合力和回应力的公共机构。新公共服务理论不仅将公共管理和政策分析的关注点从项目和政府机构转到工具及组织网络，亦带来一个审视政府与其他部门间关系的新视角。政府部门和私人部门间关系的定义性特征由竞争变为合作，只要对跨部门合作所包含的管理挑战有足够的重视，这一合作关系可为公共问题的有效解决带来可观的利益①。李克强总理在 2016 年《政府工作报告》中提出，持续推进简政放权、放管结合、优化服务，不断提高政府效能，我国政府持续推进"放管服"改革也为商业保险机构协助政府提供公共管理服务提供了实践路径。

（2）政府购买公共服务理论为政府采购长期护理保险经办服务机制的建立奠定理论基础。我国政府导入政府向社会力量购买公共服务的机制体现了革除既有机制的沉疴顽疾，达成政府公共服务的优质性、公共性和公平性。以契约责任关系代替行政权力关系建构公共服务诸多主体之间的联系；以多重机制有机对接和有效符合实现政府机制、市场机制和社会力量机制等不同供给机制的优势互补；变公共服务的生产和供给的"单引擎"为政府与市场的"双引擎"，变政府单一供给的"单动力"为政府和社会力量的"双动力"，从而使公共服务生产和供给获得强大新动力②。

关于政府购买公共服务的内容和范围，有两条比较宽泛的判断标准：一是核心标准，即越属于政府的核心职能，越不能以购买的方式提供。二是民生保障，即越贴近民生的公共服务，越应该以政府购买的方式提供③。长期护理保险属于贴近民生的公共服务，且长期护理保险制度实施过程中许多环节均不涉及政府的核心职能。因此，政府向商业保险机构采购长期护理保险经办服务完全符合政府购买公共服务的基本原则。

2. 政策背景

近年来，一系列文件的出台为商业保险机构参与长期护理经办服务提供了政策依据。

2013 年 9 月 26 日，国务院办公厅发布《国务院办公厅关于政府向社会力量购买服务的指导意见》（国办发〔2013〕96 号），指出"推行政府向社会力量购买服务是创新公共服务提供方式、加快服务业发展、引导有效需求的重要途径，对于深化社会领域改革，推动政府职能转变，整合利用社会资源，增强公众参与意识，激发经济社会活力，增加公共服务供给，提高公共服务水平和效率，都具有重要意义"④。

2013 年 11 月 12 日，中国共产党第十八届中央委员会第三次全体会议通过《中共中央关于全面深化改革若干重大问题的决定》，明确指出推广政府购买服务，凡属事务性管理服务，原则上都要引入竞争机制，通过合同、委托等方式向社会购买。

2014 年 12 月，财政部、民政部、工商总局联合发布《政府购买服务管理办法（暂行）》（财综〔2014〕96 号）对政府购买公共服务的实际操作层面进行了专门规定⑤；2015 年 1 月，国务院总理签署第 658 号令《中华人民共和国政府采购法实施条例》规定了政府购买公共服务的内容⑥。

2016 年 7 月，人力资源社会保障部办公厅发布《关于开展长期护理保险制度试点的指导意见》（人社厅发〔2016〕80 号），其中关于长期护理保险制度的经办管理指出"社会保险经办机构可以探索委托管理、购买以及定制护理服务和护理产品等多种实施路径、方法，在确保基金安全和有效监控前提下，积极发挥具有资质的商业保险机构等各类社会力量的作用，提高经办管理服务能力"⑦。

3. 实践背景

随着人口老龄化加剧，失能老年人口大幅增加，为逐步完善社会保障制度体系，满足社会和家庭护理服务需求，

---

① ［美］莱斯特·M. 萨拉蒙：《政府工具——新治理指南》，肖娜等译，北京大学出版社 2016 年版。
②③ ［英］郝秋笛：《政府向社会力量购买公共服务发展研究——基于中英经验的分析》，北京大学出版社 2016 年版。
④ http://www.gov.cn/xxgk/pub/govpublic/mrlm/201309/t20130930_66438.html。
⑤ http://www.gov.cn/xinwen/2015-01/04/content_2799671.htm。
⑥ http://www.mof.gov.cn/zhengwuxinxi/zhengcefabu/201502/t20150227_1195516.htm。
⑦ http://www.gov.cn/xinwen/2016-07/08/content_5089283.htm。

部分地区结合当地实际积极开展长期护理保险试点探索，纷纷采取政府购买服务方式，为商业保险机构参与长护政策研究、委托管理、经办服务等提供了大量的实践空间。例如：

（1）江苏省南通市：2015年10月16日，南通市政府发布《关于建立基本照护保险制度的意见（试行）》的通知（通政发〔2015〕73号），明确"充分发挥市场作用，通过政府购买服务方式引入第三方或探索委托第三方参与经办、政府监督的管理模式，将受理评定、费用审核、结算支付、稽核调查、信息系统建设与维护等经办服务，通过政府招标，委托有资质的专业机构参与经办，提高基金使用效益和工作效能"。2016年12月29日，南通市人力资源和社会保障局发布《南通市基本照护保险实施细则》，第一条中明确"按照照护保险经办事务委托第三方参与经办、政府监督的管理模式，将受理评定、费用审核、结算支付、稽核调查、信息系统建设与维护等部分经办服务，通过政府招标委托有资质的专业机构参与经办，提高经办服务能力"①。

（2）四川省成都市：2017年2月13日，成都市人民政府发布《成都市长期照护保险制度试点方案》，对于委托经办明确规定"在确保基金安全和有效监控的前提下，经办机构可将协议管理、费用审核、结算支付、服务管理等部分经办管理业务，通过购买服务方式委托给商业保险或相互健康保险等机构经办管理，积极探索委托第三方参与长期照护保险经办管理的范围、路径和方法"②。

（3）山东省：2017年4月12日，《山东省人民政府办公厅关于试行职工长期护理保险制度的意见》（鲁政办字〔2017〕63号）规定，"鼓励各地通过探索购买服务、委托管理以及定制护理服务和护理产品等多种实施路径、方法，在确保资金安全和有效监控前提下，与具有资质的商业保险机构等社会力量合作，提高经办管理服务能力"③。

（4）江苏省苏州市：2017年6月28日，苏州市人民政府发布《关于开展长期护理保险试点的实施意见》，明确"长期护理保险依托本市社保经办机构进行经办管理。在确保基金安全和有效监控的前提下，积极探索委托第三方专业机构参与长期护理保险经办管理的范围、路径和方法，充分发挥具有资质的商业保险机构等各类社会力量的

作用。建立社保经办机构与第三方管理机构的有效工作衔接机制，确保长期护理保险制度的有效运行"④。

（5）广东省广州市：2017年7月31日，广州市人力资源和社会保障局、广州市财政局、广州市民政局、广州市卫生和计划生育委员会联合印发《广州市长期护理保险试行办法》，其中明确"市医疗保险经办机构可按政府购买服务方式委托商业保险公司等第三方机构参与长期护理保险待遇经办等工作，市劳动能力鉴定经办机构可按政府购买服务方式委托第三方机构参与长护评估工作。受委托的第三方机构应按采购合同协助市医疗保险经办机构、市劳动能力鉴定经办机构完成规定工作"⑤。

（二）商业保险机构经办长期护理基本险的必要性

1. 需求分析

（1）长期护理保险制度运行的独特性。《中华人民共和国社会保险法》明确国家建立基本养老保险、基本医疗保险、工伤保险、失业保险、生育保险等社会保险制度，保障公民在年老、疾病、工伤、失业、生育等情况下依法从国家和社会获得物质帮助的权利。社会保险经办机构提供社会保险服务，负责社会保险登记、个人权益记录、社会保险待遇支付等工作⑥。与我国现有社会保险中的险种相比，长期护理保险制度在如下方面呈现了鲜明的特色：

1）长期护理保险待遇给付的是护理服务和现金。建立长期护理保险制度试点的初衷，即保障失能人员基本生活权益，提升他们体面和有尊严的生活质量，为长期失能人员的基本生活照料和与基本生活密切相关的医疗护理提供资金或服务保障。而现有养老、医疗、工伤、失业、生育等社会保险的险种待遇给付均为现金给付。长期护理服务给付则需要整合护理服务资源，满足失能人员的护理服务需求。从国际或国内的实际来看，护理服务供给不足的问题是长期护理保险制度实施的重要影响因素。

2）长期护理保险制度涉及的利益主体较多。基于长期护理服务待遇给付为护理服务和现金的前提，长期护理保险制度实施过程中将涉及多方主体。机构主体包括提供医疗护理和生活照料的各类护理服务机构，个人主体包括失能人员、护理服务人员、失能评定人员等。各类主体之间的利益关系进行交织，对社会保险经办机构的日常管理提出了一定的挑战。

---

① http://xxgk.nantong.gov.cn/govdiropen/jcms_files/jcms1/web13/site/art/2017/1/6/art_5718_498314.html.
② http://gk.chengdu.gov.cn/govInfoPub/detail.action?id=88855&tn=6.
③ http://www.shandong.gov.cn/art/2017/4/12/art_285_12821.html.
④ http://www.zfxxgk.suzhou.gov.cn/sxqzf/szsrmzf/201707/t20170703_883544_1070.html.
⑤ http://www.gz.gov.cn/gzgov/gsgg/201708/c3da296769cc4066980b3025bf132873.shtml.
⑥ http://www.gov.cn/zxft/ft209/content_1748773.htm.

3）长期护理保险制度实施管理流程较为复杂。长期护理保险制度实施需具备筹资、待遇申请、失能评定、待遇给付、服务管控、资金结算、风险管控等管理环节。参保人申请享受长期护理保险待遇后，社保经办机构需要对其进行失能评定，失能评定过程中需要根据失能评定标准进行客观公正的评估；待遇给付护理服务的情况下，需要持续对于护理服务质量进行监督和管控，并定期与护理服务机构进行对账和结算等。与现有社保险种相比，长期护理保险制度的管理流程较为复杂。

（2）应对我国人口老龄化现状的必由之路。2017年2月28日，中华人民共和国国家统计局发布公告，截至2016年末，我国60周岁及以上人口23086万，占比16.7%，其中65周岁及以上人口15003万，占比10.8%[①]。65周岁及以上的人中有3%~5%的人群是严重失能，高达15%的人群是部分失能；75岁及以上的人口中，失能率会达到10%，部分失能率会达到25%[②]。根据专家对未来发展趋势的判断，中国人口老龄化将持续很长一段时间，在2060年前后老年人口数量将达到一个峰值并在随后开始下降，但伴随着总人口的下降，人口老龄化的程度并不会随之下降，65岁及以上老年人口占比依然会在相当长一个时期内保持相对的高位（33%左右），持续到21世纪末，并且不可逆转，呈现出的是人口老龄化的高原期，而非通常语境下的高峰期。除此之外，中国人口老龄化还具有其他一系列特征，如高龄化、失能化、空巢化、地区发展不平衡、城乡倒置、老龄化性别差异等[③]。

随着人口结构转变，家庭规模下降，人们居住模式的改变，以及女性劳动参与率的增加，社会化护理服务需求旺盛。同时，经济社会不断发展下，居民的富裕程度不断提升，生活水平的上升也导致人们向往更高质量的医养服务和更加负责的社会化护理服务体系，而长期护理保险制度的建立、护理服务产业的发展、新技术变革带来的便利性也使得这一需求被合理满足成为可能。

中共十八大以来我国政府进一步推进国家治理现代化，提倡"小政府、大社会"的发展思路，面对我国人口老龄化现状下如此庞大的失能人群，在我国现有政治体制下，由政府投入大量的人力、物力和财力经办长期照护保险显然不符合政府指导思路，也无法满足日益加剧的长期护理服务需求，因此探索委托第三方经办、政府监督的运行模式就成为我国长期护理保险制度实施的必由之路。

（3）实现转变政府职能的现实需要。国务院在持续推进"简政放权、放管结合、优化服务"改革过程中，也明确提出提高公共服务的供给质量和效率，包括创新机制，推广政府和社会资本合作模式；大幅开放服务业市场等。

基于长期护理保险制度实施管理的复杂性、我国人口老龄化的现状及对长期护理服务的强烈需求，社会保险经办部门可以将鉴定管理、服务管控、协议管理、风险稽核、资金结算等环节交由商业保险公司经办。政府部门在制度实施过程中履行管理职责，包括制定和维护相关法规，促进有序竞争与实现长期护理保险政策的目标。

同时，我国长期护理保险制度试点的原则即坚持统筹协调，做好各类社会保障制度的功能衔接，协同推进健康产业和服务体系的发展，促进养老服务产业发展和拓展护理从业人员就业渠道。通过商业保险公司经办长期护理保险，将进一步产生乘数效应，推动护理服务产业的健康发展。

2. 供给分析

政府长于资源组织，重在服务供给的普惠，而社会组织长于服务供给的专业性，重在服务供给的个性化[④]。一方面，由于上述长期护理保险的独特性，长期护理保险管理对于公共服务供给者的专业性要求较高；另一方面，享受长期护理保险待遇的失能人员及家属的需求因每个家庭的情况不同也必然迥异，与现有医保险种给付现金方式相比，长期护理保险对于服务的个性化要求相对较高。

因此，社会第三方力量参与提供长期护理保险公共服务，既有理论基础又符合实际需要。同时，由于我国非营利性、非政府性的社会组织发展的规模较小，且大量的"草根"社会组织游离于政府的管理视野之外[⑤]。目前，尚没有规范管理的组织可以胜任长期护理保险公共服务的供给，而商业保险机构则在如下方面具备提供长期护理保险公共服务的能力：

（1）较强的专业能力。

1）专业的精算技术。商业保险公司可以充分发挥自

---

① http://www.stats.gov.cn/tjsj/zxfb/201702/t20170228_1467424.html.
② 施巍巍：《发达国家老年人长期照护制度研究》，知识产权出版社2012年版。
③ https://mp.weixin.qq.com/s?__biz=MzI1NTEzMzQzNQ==&mid=2650736248&idx=1&sn=329bb4fafb581d7f3fa80ee2edd9e7af&chksm=f23135ecc546bcfa090f1f9acf7f7060b854be9c9bbab3d15197095904afd11807c9c67a793a&mpshare=1&scene=1&srcid=0803gPSsM46iZgzqw2rA8Hkh&pass_ticket=hph8DvecI6FNHhGd1SAWv4L3%2BaF%2F3R%2BApW2R0Pl4f%2Ff57lQMdd3Il7XoeAif1XCM#rd.
④⑤ 王东伟：《我国政府购买公共服务问题研究》，经济科学出版社2015年版。

身精算人才和经验数据积累的优势,为长期护理保险制度的基金筹集、待遇给付、经办成本等提供精算测算,以保证长期护理保险制度的长期精算平衡,确保方案的公平性、可及性和长期有效运行。商业保险公司还可以根据区域长期护理保险制度实施需求,结合地区生存环境、疾病谱构成、人口结构等因素,设计费率水平、鉴定标准、给付标准等,开发符合客户需求的长期护理保险产品,满足公众多层次的护理保险产品需求。

2)专业的运营管理。商业保险公司具备丰富的保险业务运营管理经验,可以充分发挥保单管理、理赔勘察、资金结算、系统建设、风险管控等方面的优势,为长期护理保险实施过程中的协议管理、鉴定管理、服务管控、资金结算等环节做好服务。资金管理方面,保险资金历来追求长期稳定的投资收益,秉承价值投资、长期投资和稳健投资的理念,同时,保险资金运用的监管制度严格,避险机制完善,可以充分保证长期护理保险基金的安全性和收益性。控费机制的设计及管理方面,商业保险公司在既定的护理资格认定标准和服务项目设定下,借鉴保险理赔、稽核审查等经验、网络和系统等,可建立动态的控费管理机制,不断尝试创新费控方式和手段。

3)完善的客户服务。大多数商业保险公司在经营商业保险业务过程中已经搭建起的线上、线下客户服务体系,通过电话、网络、现场等方式提供全方位的咨询和投诉服务。一些大中型保险公司已经建立全国性客户服务网络,可以为客户提供异地结算、"一站式"理赔服务。

(2)较高的资源配置效率。

1)资源配置灵活。在人才队伍招募、管理及培训机制等方面,商业保险机构具有明显的专业化管理和系统化运作优势;商业保险公司经办长期护理保险可以根据经办工作量,灵活配置网点、硬件或系统建设支持;同时全国性商业保险公司可以充分满足各区域间的个性化需求,建设长期护理保险系统平台,有效整合社会资源。

2)市场化效率提升。我国商业保险机构在组织效率上与社保经办部门相比,可有效解决人员配备不足的问题。商业保险公司市场化的特征将促使其在长期照护保险经办过程中通过提高人员工作效率、优化业务流程、降低日常实施成本,提高制度实施效率。

3)上下游资源整合。商业保险机构在经办长期护理保险过程中,为提高参保人的满意度,提高经办服务效率,更有动力整合上下游资源。2000年4月长期护理保险制度实施时,日本居家服务机构有3.3万余家,居家护理支援机构2.1万余家,合计5.4万余家。仅仅3年之后,2003年10月,居家服务机构就达7.8万余家,增加1倍以上,居家护理支援机构增至2.3万余家,合计超过10万余家。新产业得到长足发展,长期护理服务需求也得到满足[1]。

(三)商业保险机构经办长期护理基本险的角色与定位

理论上,从政府与社会组织关系的角度分析,社会组织在政府购买公共服务过程中存在着四种角色:代理人、管家、合伙人和盟友[2]。根据长期护理保险制度的特点,商业保险机构经办长期护理基本险主要存在三种角色,具体为:

1. 代理人—购买服务

在此种合作模式下,商业保险公司作为政府部门的代理人,按照政府部门的要求提供长期护理保险实施中一定范围内的服务,如定点机构监督、失能评定组织、稽核巡查等,双方属于购买服务的合作方式。

2. 管家—委托管理

在此种合作模式下,政府部门向商业保险公司转移更多的管理职能,并将长期护理保险基金交由商业保险公司管理,商业保险公司提供定点机构协议管理、待遇申请、失能评定管理、服务管控、资金结算、稽核巡查、风险管控、政策宣传、专业培训等服务。经办商业保险机构更有动力优化管理流程,提高制度运行效率,进一步整合护理服务产业资源等。

3. 盟友—购买产品

此种合作模式下,保险公司开发提供风险保障的长期护理保险产品。政府代表参保人统一购买产品后,参保人将长期护理风险完全转移给保险公司,所有的运营管理成本、理赔风险均由保险公司承担。保险公司将更有积极性设计和创新长期护理保险的控费机制,在既定的护理资格认定标准和服务项目下,借鉴保险理赔、稽核审查等经验、网络和系统等,建立动态的控费管理机制,不断尝试创新的控费方式和手段。

但由于我国长期护理保险制度目前仍处于试点阶段,且受长期护理保险产品开发所需要的经验数据积累不足、社会护理服务供给能力严重不足等因素,商业保险机构现阶段通过开发纯粹的长期护理保险产品满足公众长期护理保险保障需求尚需假以时日。

---

[1] http://zhongguoshehui.zazhi.com/cms/article-1729165.html.

[2] [英]郝秋笛:《政府向社会力量购买公共服务发展研究——基于中英经验的分析》,北京大学出版社2016年版。

当然，商业保险机构经办长期护理基本险也存在一定的风险，主要包括：①去公共性风险。公共服务民营化过程中，由于利润导向的影响会导致经济性与公平性的失衡、企业效率性与公共责任缺失（但亚丽[①]，2012；黄正群[②]，2012），商业保险机构经办长期护理保险过程中，会权衡自身公司的经营效率，可能一定程度上会产生如上问题。②政府形象与公信力波动风险。商业保险机构作为公共服务提供者的行为不确定性加剧了政府形象与公信力的波动风险[③]。商业保险机构若在长期护理保险经办服务过程中产生负面影响，将会直接影响政府的形象。三是资源浪费和抵消。核算公共服务收益支出时低估合同外包所产生的交易成本，公共服务供给市场竞争不足等原因可能导致招投标流于形式等[④]。

二、我国商业机构介入长期护理保险三个层次的实践经验

（一）商业保险机构经办长期护理基本险的实践

从全国15个试点城市及两个重点省份长期护理实践经验来看，除了上海、吉林长春、山东潍坊等少数地区由政府官方自办以外，大多数城市采用与商业保险公司合作共办模式。主要由政府明确参保对象、保障范围、实施细则并筹集基金，商业保险机构在待遇申请、失能鉴定、稽核控费、系统建设、风险承担等方面提供一揽子服务。根据经办长期护理基本险的三种角色分析，结合商业保险机构在部分试点地区的具体案例，我们来看看商业保险机构介入长期护理保险三个层次的实践情况。

1. 购买服务

购买服务方式主要表现为政府针对长期护理保险制度经办流程的某个或多个环节进行服务采购，商业保险公司仅收取一定的服务费，按协议承担相应的服务职能，长期护理保险的基金管理和结算支付等关键环节仍由政府社保经办部门负责。这种合作方式下，主要是发挥商业保险公司自身资源优势，弥补政府经办部门在长期护理保险制度启动实施初期的人力编制、车辆配置、办公设备、信息系统建设等方面资源和能力的短板。

2016年6月，济南市实施职工长期医疗护理保险，以职工基本医疗保险参保人数为对象，按每人每年115元的标准筹集基金，符合规定的医疗护理费由长期护理保险资金按一定比例进行待遇支付。2016年，太平养老保险股份有限公司中标济南市长期照护保险服务采购项目，按相关协议内容负责窗口服务、失能评定、长护服务管理、稽核控费、信息系统建设、人员培训等工作。

这种合作方式的优点在于商业保险机构在一定范围内承接了社保经办部门的日常事务处理工作，可以快速弥补政府社保经办部门的服务资源短板，充实一线服务力量，实现试点政策的快速落地和启动；缺点是由于长期护理保险基金由政府自行管理，对应支付环节尚未开放由商业保险公司统筹经办，商业保险公司对于定点护理机构的稽核与违规行为处罚等缺乏激励和约束机制，往往难以取得理

表7-1 济南市长期照护保险服务采购项目

服务项目	服务内容
窗口服务	①政策宣传与咨询：通过媒体、宣传彩页等形式开展政策解读和宣传活动，开设咨询热线对参保人员提供政策、服务流程等咨询服务。 ②申请服务受理：负责日常窗口受理及材料初审。 ③信访、争议处理：做好纠纷预防、信访接待等工作、配合政府部门做好争议事件的处理
失能评定	组建评定小组，按照政府人社部门相关标准开展现场评定工作
服务管理	协助相关部门进行协议护理机构的管理，组织实施机构护理和居家护理
稽核控费	对失能人员定期上门进行复核；机构护理和居家护理质量管理和客户满意度监控
系统建设	保险公司开发提供失能申请、稽核控费等流程相关服务性软件及系统
人员培训	对经办人员和定点护理机构人员开展相关的学习和培训活动

[①] 但亚丽、杨凤、林燕红：“我国公共服务民营化风险成因探析”，《东方企业文化》，2012年第11期。
[②] 黄正群：《中国公共服务逆向民营化研究——以十堰公交逆向民营化为例》，《法制与社会》，2012年第1期。
[③] 王东伟：《我国政府购买公共服务问题研究》，经济科学出版社2015年版。
[④] 陶振：《农村公共服务市场化：风险与防范》，《求实》，2009年第2期。

想的效果。

2. 委托管理

委托管理方式是指商业保险公司负责长期护理保险经办全流程工作，政府相关部门仅负责制度规划、基金筹集、监督管理等职责。现阶段委托管理往往采用"基金管理、保本微利、有限风险共担、亏损次年调整"的合作原则，长期护理基金委托商业保险机构管理，同时要求商业保险机构承担有限的风险敞口，如果超过设定的风险赔付上限，次年通过调整基金筹集、财政补贴等渠道给予适当调整。

2016年，太平养老江苏分公司、平安养老江苏分公司、太平洋南通中心支公司、国寿南通市分公司四家商业保险机构共同中标承接管理南通市基本照护保险项目管理。根据约定，商业保险公司的服务范围包括窗口服务、失能评定、服务管理、待遇支付、稽核调查、系统建设、人员培

表7-2 南通市长期照护保险商业保险机构服务项目

服务项目	服务内容
窗口服务	①政策宣传与咨询：通过媒体、宣传彩页等形式开展政策解读和宣传活动，开设咨询热线对参保人员提供政策、服务流程等咨询服务。 ②申请服务受理：派驻人员合署办公，负责日常窗口受理及材料初审。 ③信访、争议处理：做好纠纷预防、信访接待等工作、配合政府部门做好争议事件的处理
失能评定	联合相关部门和单位组成评定队伍开展评定服务
服务管理	参与照护服务方案起草，针对医疗护理机构、家政服务机构等发出指令，对失能人员实施机构服务或居家服务，并负责居家照护服务的考核评价工作等
待遇支付	进行费用审核支付，参与居家及机构服务的费用审核和结算，做好照护补助金的发放管理，做好收支登记等账务处理工作
稽核调查	对失能人员定期上门进行复核，负责居家享受待遇人员的失能情况复核
系统建设	参与并主导开发相关服务性软件及系统等
人员培训	负责对经办人员和照护服务人员开展必要的学习和培训活动
基金管理	负责长期照护基金投资运营、保值增值，并按投标约定承担相应的赔付风险
异地服务	利用商业保险公司全国性服务网络，对异地失能人员提供受理、审核、支付、稽核调查等服务

训、基金管理等，并按一定比例收取管理费。

此外，项目明确了牵头保险机构的职责，承担整体项目运行的统筹协调工作，例如，结合各中标公司优势，统筹安排所有第三方经办事务的组织、实施、落实；采用联席会议制度，负责解决日常工作争议，仍无法解决的可交由医疗保险基金管理中心裁决；对各中标公司的工作量、工作质量、工作时效等情况进行登记管理，交由人社部门进行考核处理。

相对于购买服务方式，除了发挥商保优势弥补政府相关部门经办能力短板以外，由于长期护理基金管理和结算支付等关键环节交由商业保险公司负责，可以有效形成商保机构、长护定点服务机构、参保群众多方约束机制，有利于提升参保群众服务体验和提升对于定点服务机构的稽核控费效果。当前，各地普遍处于长期护理保险制度试点运行阶段，在尚没有积累长期、成熟的赔付数据支撑的情况下，采用委托管理方式较为符合实际，政府部门与商保公司可以通过有效沟通和谈判，合理厘定经办服务成本和风险敞口，有利于达成政府部门和商业保险公司共同接受的平衡点，有效地避免了过度赔付导致商保机构无能力承受项目继续运行，或赔付不足社保管理部门无法接受的怪圈。

3. 购买产品

购买产品方式是指政府向保险公司采购长期护理保险产品，符合条件的特定居民对象均可缴纳保费、参与投保，保险资金由个人缴纳、政府部门部分或全额补贴等共同组成，体现老年长期护理公共服务特性，保险公司根据产品条款与保险合同约定承担所有运营管理工作，提供相应照护服务或现金赔付。

2016年6月27日，北京市海淀区人民政府颁布了《海淀区居家养老失能护理互助保险试点办法》，正式实施海淀区居家养老失能护理互助保险。中国人民人寿保险北京

分公司中标成为海淀区长期护理互助保险的经办机构，向海淀区人民政府提供定制的"人保寿险安享无忧团体长期护理保险"产品。根据试点办法，具有海淀区城乡户籍年满18周岁及以上的居民及在海淀行政区域内各类合法社会组织工作的具有本市户籍的人员，均可参加该项长期护理互助计划。

表7-3 北京市海淀区长期护理互助保险商业保险公司经办服务项目

服务项目	服务内容
保险费收缴	长期护理互助保险资金实行社会统筹基金账户与个人账户相结合，具体由个人、政府补贴、照护服务机构缴纳互助基金三部分组成。 ①设置了个人账户。个人连续缴费不得低于15年。同时财政补贴不超过15年，财政补贴按不同年龄段缴费额度20%的比例予以参保人员补贴；其中，市、区财政按1:1比例负担。本区农业户籍的参保人员由镇财政暂按每人每年补助120元补贴。 ②未享受失能护理互助保险待遇的参保人身故时，个人账户其受益人可继承，继承人达到保险基金支付条件时可享受照护服务待遇。 ③已享受护理保险待遇的，参保人享受照护服务待遇累计费用支出少于个人实际累计缴费数额的，其个人账户留有余额的，按当期缴费标准折算缴费年限后，继承人应按以后各年度缴费标准继续缴纳剩余年限保险费，达到最低缴费年限后符合本保险基金支付条件的可享受待遇。 ④继承人已参加护理保险的，其继承的个人账户余额资金可置换协议约定的商业保险公司开发的护理保险附加产品或一次性按个人账户现金价值清退个人账户资金
参保方式	以家庭为单位参保
保障责任	保险期间自保险责任生效之日起至被保险人身故之日止。 参保人达到办法规定的失能标准，申请享受保险待遇时，保险经办机构须委托第三方生活能力评估机构对参保人的失能等级进行评估和确定服务项目，并由符合准入条件的专业照护服务机构为参保人提供相应"金额"的照护服务，替代现金支付。 基金使用范围包括符合准入的专业照护服务机构按本办法规定提供的服务费用、失能等级的评估费用、健康管理服务费用等。符合特定条件下现金支付规定的可申请现金支付。服务费用由长期护理互助保险基金承担。服务费用支付优先使用个人账户余额。失能状态不改变持续按标准享受保险待遇
待遇标准	基金支付按如下标准为失能老年人提供服务：轻度失能等级老人900元/月，中度失能等级老人1400元/月，重度失能等级老人1900元/月
运营管理	保险公司承担全流程的项目运营和管理工作，诸如失能评定、服务机构管理、投保、理赔与客服、稽核控费、系统建设、人员培训等工作

相对于服务采购和委托经办方式，政府购买产品的优点是保险费收取和赔付成本可以通过精算技术给予清晰厘定，参保人可以通过保险合同了解到赔付金额标准。但是该方式目前同样存在较大的缺陷，虽然赔付金额是确定的，但是由于未来长期照护服务的人力成本、医疗器械成本等尚无法通过精算技术确定，使得作为长期护理保险核心保障内容的服务成本存在不确定性。从业务实践来看，由于服务内容的不确定性，参保群众接受度较差，市场销售规模往往较小，类似的商业长期护理保险产品基本都是以"现金支付"或"与现金支付等额的服务"。

(二) 商业机构介入长期护理基本险面临的问题

在政府"简政放权"、"管办分离"的思想主导下，以及人口老龄化背景下巨大的老年人口长期照护需求压力下，政府统筹、商业保险机构经办是目前缓解政府社保部门在人员编制、信息系统等服务供给能力不足的最佳方式，商业保险公司在介入长期护理保险基本险服务方面迎来了巨大的发展机遇，但也面临很多难题。

1. 顶层设计缺失，统筹层次较低，配套支持政策有待进一步完善

长期护理保险资金可持续性至关重要，全员参保的顶层制度设计是确保长期护理保险资金可持续性的基础，若能将长期护理保险明确纳入社会基本保险范畴，这样可以

保证制度的持续有效执行。我国地域辽阔，东、中、西部等经济及生活水平差异较大，以及长期的地方分税机制下，各项社会福利保障制度实施呈现地区分裂、割据状态，长期护理保险基金较难上升到全国或省一级统筹管理，对公共服务供给的质量和效率产生严重制约，不能满足广大群众日益增长的长期护理保障服务需求。统筹层次较低，对未来的全国性护理制度体系建设、服务标准建设、服务体系接轨和系统开发建设等也将带来不利影响。同时，虽然长期护理保险试点工作文件（人社厅发〔2016〕80号）提出："在确保基金安全和有效监控前提下，积极发挥具有资质的商业保险机构等各类社会力量的作用，提高经办管理服务能力。"但商业保险机构在长期护理中的功能定位等仍需政策明确，还需要进一步制定具体明确的配套管理办法，支持商业保险机构积极介入长期护理基本险经办服务。对应现行监管要求，商业保险公司经办长期护理保险的产品形态开发严重滞后。根据"大病商办"及试点城市的经验看，商业保险公司经办长期护理保险的产品形态应为：基金管理与风险承担相结合的产品，一方面按政府的要求收取一定比例的管理费，并承担一定的风险敞口；另一方面，当合同到期（多为一年期满），需将基金结余返还政府。现行的商业保险监管制度严重制约了这类产品的开发。

2. 社会力量薄弱，护理服务供给不足，控费难问题有待进一步解决

我国护理服务供给能力严重不足，护理服务市场的失能判定标准和护理服务等级标准等缺乏统一规范，地域差异巨大，导致产品对应的服务质量、服务成本等因素均难以客观评估，对长期护理保险产品合理定价和成本管控带来不确定性。长期护理保险制度控费难题主要源自护理服务过程管控不力造成的过度支出和因护理服务力量供给不足引起刚性成本上涨。当前，一是有资质的医疗护理机构数量不足。目前我国长期护理服务网络尚未普遍建立，满足服务标准和需求的医疗护理机构数量严重不足，照护服务社会资源比较短缺，服务形式单一、服务供给不足、专业能力低下、服务水平参差等问题长期存在。二是提供居家服务的专业医护人员不足。我国尚未系统培养专门针对老年长期护理培养专业的医护人员，形成老年长期护理开展上人力资源方面的障碍。

3. 专业人才缺乏，经验积累不足，自身能力建设有待进一步提升

长期护理保险在我国仍是新生事物，商业保险机构真正开始深度介入长期护理基本险经办服务的时间也不过1~2年，目前普遍面临缺乏专业人才、历史数据、成本管控、项目管理等方面经验积累不足的困境。一是人才积累方面，长期护理保险对从业人员有很高的要求，需要有医学、护理学、保险作为基础，也需对经济等方面的知识有所涉及，具备一定的从业经验。目前保险公司的医疗保险从业人员、政府项目开拓及管理人员等难以满足长期护理保险综合发展及管理的需求。二是数据积累方面，长期护理保险产品的定价假设、护理服务赔付等需要大量的历史经验数据作为参考，建立长期动态平衡的产品精算模型进行假设和模拟，目前各地普遍缺乏相应的历史数据积累，导致费率厘定、基金长期财务平衡面临考验。三是成本管控方面，从"大病商办"的历史经验看，部分保险公司为了获取此类业务作为开拓其他业务的"敲门砖"，不计成本和自身能力，采取低价竞争策略，拉低了市场整体的费率水平，不利于该类业务的持续发展。同时，一些公司成立初期为了确保项目顺利运行投入较大，而由于缺乏数据、专业能力不足等可能导致出现较大亏损，导致项目运行难以为继，或服务质量与服务效率下降等情况，影响了制度实施效果。因此，如何进行合理的成本管控，确保政府合作项目"保本微利"的特点得以体现，同时促进长期护理保险制度市场化服务运营长期健康发展，仍需不断尝试新的做法。四是项目管理方面，商业保险机构参与长期护理基本险经办服务属于政府合作项目，政府主管部门对于项目的把控力度、管理、服务响应等要求，均远高于商业保险机构服务一般个人或企业客户的标准，保险公司需要更多的互动沟通，才能准确把握政府主管部门的关注点，确保基金总额使用得当，参保人服务满意度提升，项目总体持续稳健运行。

三、推动商业机构介入长期护理基本险发展的政策建议

（一）加强制度顶层设计，加大对商业保险机构的扶持力度

目前，开展长期护理保险试点地区采用的模式并不统一，制约了商业保险机构与各地长护管理的顺利衔接。建议由人社部牵头，尽快会同财政、民政、卫生、老龄委等部门，结合现有城市试点情况，研究制定符合我国国情的长期护理保险制度。政府相关部门应统一管理标准和流程，制定失能鉴定标准、护理机构资质认证标准、护理服务标准等，促进长期护理保障制度的健康运行。此外，应加快

推进老年护理需求评估、保障支付、质量管理等体系建设，制定和完善相关配套措施，构建与我国经济社会发展水平相适应、资金来源多元化、具有社会保险性质的长期护理保险制度，进一步健全我国社会保险制度体系。

建议有关部门妥善研究，出台新的符合长期精算要求的"长期护理商办"产品形态行业范本，并将"长期护理商办"独立核算，独立计算保费收入，提供一定的税收优惠政策，以支持商业保险公司经办长期护理保险业务。

（二）优化资源配置效率，完善配套护理服务体系

应进一步完善老年长期护理产业政策体系，大力支持老年长期护理产业，着力优化长期护理保险公共资源配置。一是制定适合中国老龄社会发展的长期护理保险发展规划，建立完善的配套护理体系，加大财政补助和专项经费投入，鼓励社会力量兴办养老院、老年护理院等服务机构，为群众提供优质的护理服务及护理信息。例如，针对提供居家护理服务的机构配套税务工商、国家补贴政策、融资、土地等方面的优惠政策；针对医疗护理和养老护理专业人才放宽落户标准，提高对一线照护工作人员在培训、社保等方面的补助额度。建议出台专项政策，鼓励商业保险机构经办或参股护理院、养老院、社区托老所等护理机构，鼓励商业保险机构经办或参股护理培训机构，以有效解决护理力量和能力严重不足的问题。二是完善护理机构资源配置。合理布局各类养老护理机构，充实养老床位资源，城市可以社区为依托，强化家庭护理服务，发展医院与社区的联合服务，建立不同服务层次的护理服务机构。农村可以乡、村卫生所为基础，建立老人之家。三是完善康复医疗服务。建立规模化、专业化的长期护理中心，加强护理评估、医疗服务、专业护理等人员队伍建设，提高老年人和慢性病人的护理质量。

（三）加强自身能力建设，提高商业保险机构经办服务能力

长期护理保险，特别是长期护理基本险的建设和实施离不开市场力量的介入，离不开商业保险公司的参与。商业保险公司的参与，不仅可以提高长期护理基本险的成本管控能力，从而以一种较高的效率实现资源的配置；还可以避免给予少数特权者获得超额收入的机会，有利于维护长期护理基本险的稳定、公平运转。总体来说，政府应对整个长期护理基本险的实施进行宏观上的监督和控制，例如，建立商业保险公司的竞争选拔、进入和退出机制，制定对商业保险公司的优惠政策；在此基础上，通过资质审核和绩效评估管理，将长期护理基本险的承办与经营管理交由市场，以充分发挥商业保险公司的专业技术和管理优势。

1. 加强长护产品开发

（1）开发多样性的长期护理基本险产品。商业保险公司应根据公众的长期护理需求以及不同地区的实际情况设计不同类型的长期护理基本险产品，从而满足不同地区不同人群的多样化需求。在产品方面，加大产品创新，开发出实际费用补偿型、定额给付型、服务给付型、两全型、投资账户型以及相互制长期护理保险等不同形态的长期护理基本险产品，确定参保人群、保障范围、保费标准、待遇支付以及服务流程等。在服务方面，提供居家照护、社区照护和养老机构照护等不同的护理服务模式；同时加强健康管理，针对导致日常生活能力下降或者丧失的疾病或者生活习惯，提供具有预防性的服务，延后护理需求。

（2）积累经验数据，加强风险控制。目前，我国长期护理保险仍处于起步阶段，发展时间较短，市场研究和投入比较有限，业务基础数据积累不足，也没有像生命周期表那样关于失能的和护理费用的完善数据，保险公司面临着较大的定价风险。在经营长期护理基本险的过程中，保险机构应积极积累经验数据，在条款设计、保险责任、产品精算、费率计算、待遇给付等方面不断完善，不断提高风险管控能力。

（3）开发商业长期护理险产品作为补充。长期护理基本险与社会养老保险一样，虽然可以为广泛的人群提供基本保险保障，但保障的水平有限，并不能满足不同层次人群的需求。因此，商业保险公司应把握好经办长期护理基本险的机会，适时引入多层次、多样化的商业长期护理保险产品和服务，将其作为长期护理基本险的补充，形成公司新的业务增长点，同时满足不同层次人群特别是中高端人群的长期护理需求。

2. 加强基金管理

（1）对长期护理保险基金进行单独管理并实行专款专用，发挥商业保险公司的专业优势，做好费用审核、结算支付等工作。建立举报投诉、信息披露、内部控制、欺诈防范等风险管理制度，同时通过实地检查、智能监控等措施，加强对定点机构及其护理人员的日常监管，确保基金的安全有效。

（2）加强对长期护理保险基金的投资管理，确保基金的保值增值。目前，从已经开展试点或者正在准备开始的城市的公开政策文件看，不难发现几乎所有这些长护险都要从现有的医保基金中划拨经费。面对巨大的医保基金压

力，商业保险公司在经办长期护理基本险的过程中，应加强对长期护理保险基金的投资管理，拓宽投资渠道，探索基金保值增值的途径和模式。

3. 加强系统建设

商业保险公司应参考国外的长期护理保险评定体系，联合相关专业的科研和技术力量，建成一套结合身体状态、认知（行为）状态、照护状态等大类项目的照护评估体系，利用信息化技术，开发一套易于使用的智能评估系统，全面科学的对失能人员的失能状态及所需照护服务进行评估，并在未来逐步应用到长期护理基本险的经办服务中。建设长期护理保险业务管理系统，保险公司根据长期护理保险的标准和管理流程，针对长期护理项目开发管理系统，核心功能需包括业务受理、资格审核、结算管理、服务机构管理、客户咨询等功能。积极参与长期护理服务管理系统，不断提升参保人的体验度，为长期护理服务管理系统的各项功能持续优化提供合理化建议。

4. 加强人才培养

（1）加强精算、核保理赔专业人才培养。长期护理基本险的核保、精算、理赔不同于其他普通的寿险产品，它要求精算、核保、理赔人员不仅要具有专业知识，还要有扎实的医学知识，这就要求保险机构加强对长期护理保险精算、核保理赔专业人才的培养，同时对现有的精算、核保和理赔人员进行定期培训。

（2）加大护理人才的培养与管理。目前，我国的护理队伍不仅数量严重不足，而且职业素质差异较大。保险公司可以探索与护理机构的合作模式，通过构建专业教育、在职培训、职业等级标准等方法，推动专业护理人员的培养和储备。

5. 加强外部合作

（1）通过行业共享平台或与医疗、护理等第三方机构合作，构建长期护理保险方面的数据库。积累的数据不仅可以用于长期护理保险的产品设计，并通过对大数据的科学运算来确定厘定费率，使得定价更为公平公正。

（2）运用保险资金、养老金参与护理产业建设。在长期护理保险的经营过程中，不但要防范来自被保险人的道德风险，还要防范来自护理机构的道德风险，即护理机构诱导被保险人过度消费护理服务，向其提供不必要的治疗服务，将费用转嫁给保险公司。商业保险公司可以通过保险资金、养老金直接或间接参与护理产业建设，和护理机构成为利益共同体，充分调动各方的积极性，护理机构能够主动控制护理费用的成本，向被保险人提供恰当的护理方案，而不再只为自身利益的最大化而诱导被保险人过度消费护理服务，从而提高服务的效率、成本和质量。

此外，还要持续加强全社会对长期护理保险发展的重视和关注，加强政策宣传与组织动员，促使广大群众提高长期护理保险对未来个人和家庭生活重要意义的认知程度，营造良好的发展基础。

分报告八
新兴信息技术在我国长期护理保险实践中的应用和展望[①]

健康保健是人们日常生活的一部分，而长期护理保险是从国家层面解决失能人员长期护理保障问题的战略举措，是应对人口老龄化，尤其是独生子女一代父母的老龄化，实现共享改革发展成果的重大民生工程。

与美国、欧洲等国家相对成熟的长期护理保险的发展相比，我们的长期护理保险尚处于初期试点探索的初级阶段，但对于新兴信息技术和生命科学技术如人工智能、云计算、大数据、移动互联、DNA诊疗、区块链等技术在长期护理保险实践的应用上，我们完全可以迎头赶上甚至领先于欧美发达国家。首先，通过国家层面的高屋建瓴和充分发挥我国"集中力量办大事"的制度优势，通过对新兴信息技术的广泛应用，加快机构申请、评估管理、经办管理、照护管理、收费管理、质控管理、排班管理等长期护理保险实践中各个环节的衔接和提升信息化管理水平和效率，而逐步建立起多层次、多元化的长期护理保险的保障体系。其次，国内互联网网民基数大和对新的互联网应用的采纳程度高，依托商业健康保险机构经办，在专业化、市场化、规范化的竞争中节约成本和提高效率，形成尊老、敬老的良好社会风气和实现对生命的关爱和尊重。

本报告着眼于新兴信息技术在我国长期护理保险实践中的应用视角，通过对当前我国长期护理保险信息化建设现状的深入分析和对当前国际顶级研发机构在长期护理方面的创新实践的详尽阐述和展望，提出了对我国长期护理保险实践中新兴信息技术应用方面的改革建议。

结合目前我国长期护理保险信息化建设现状，以泰康养老保险股份有限公司为例，阐述长期护理保险云平台、长期护理保险信息化管理系统、长期护理保险大数据分析等新技术驱动的"智能、专业、安全、便捷"的长期护理保险信息系统的架构、功能、体系建设等方面的应用实践。

一、长期护理保险云平台

长期护理保险云平台是集长期护理保险的参保、待遇申请、失能评定、护理服务、服务评价、费用结算等多个应用功能子系统于一体的全流程系统解决方案。如图8-1所示，整个云平台涵盖从大人群参保缴费、参保人待遇申请、确定待遇模式、享受护理服务、服务满意度评价到待遇支付的长期护理保险实施中的各个环节，形成了以长期照护保险为基础的连接政府机构、商业保险公司、外部护理机构及评估机构的健康护理生态体系。

以泰康长期护理云平台为例，该云平台是具有统一技术架构及基础信息的云平台，包含"长期护理保险经办业务中心""长期护理专业服务中心"两大业务系统中心，

[①] 本文作者：李艳华，泰康保险集团执行副总裁；刘大为，泰康保险集团副总裁；刘洪波，泰康养老总公司健康保险发展中心总经理；汤晋军，泰康保险集团数据信息中心系统开发部总经理；张浩，泰康保险集团数据信息中心医养开发部总经理；胡洪耀，泰康养老总公司总经理室成员；周雄志，泰康保险集团数据信息中心大数据部总经理；杜宇，泰康保险集团数据信息中心总经理室成员；杜彦斌，泰康保险集团数据信息中心规划管理部总经理；王金才，泰康保险集团数据信息中心移动互联部总经理；朱沁宇，泰康保险集团数据信息中心服务管理部总经理；李妍，泰康保险集团数据信息中心系统开发部；谭红霞，泰康保险集团数据信息中心医养开发部；李夫路*，泰康保险集团数据信息中心新技术研究院总经理（*通信作者）。

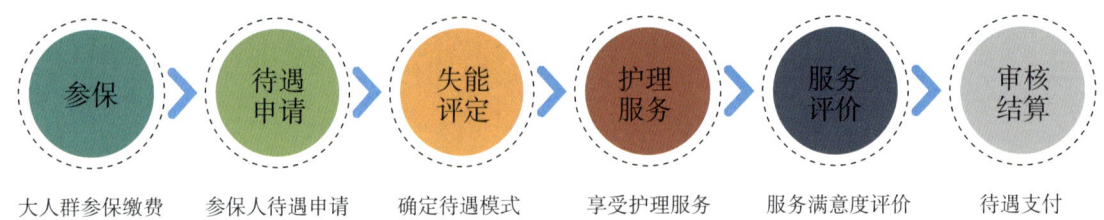

图 8-1 长期护理云平台全流程系统解决方案

资料来源：作者绘制。

兼具流程完善的保险经办、权威精准的需求评估、专业智能的健康管理、全面移动化的护理服务、管控到位的服务监管、科学决策的大数据支持六大核心优势。

长期护理云平台的整体业务架构设计以长期护理保险为基础逐步构建起连接政府机构、商业保险公司、外部护理机构及专业评估机构的健康护理生态和保障体系，有力保障失能人员基本生活权益，提升他们体面和有尊严的生活质量，有力增进人民福祉，促进社会公平正义，维护社会稳定，有力促进养老服务产业发展和拓展护理从业人员就业渠道，用信息化、智能化的全流程管理体系提升长期护理保险服务的质量和效率。

在长期护理云平台整体业务架构中：①保险公司端包括长期护理保险理赔支付系统和保险经办系统，而保险经办系统包括参保管理、保全管理和审核结算管理等多个子系统。②服务机构端包括长期护理保险专业服务系统，由失能评估管理、护理机构管理、上门评估系统（移动端）、上门护理系统（移动端）等多个子系统组成。③政府端包括长期护理保险经办管理系统，由服务监管和大数据监管两个子系统组成，服务监管包括服务目录管理、供应商管理、服务质量控制、巡查稽查（移动端）等，大数据监管包括统计报表和决策分析等。政府端和保险公司端的信息传输包括长期护理保险参保信息、理赔结算信息等，政府端和服务机构端的信息传输包括机构信息、人员信息、监管信息、回访信息、评估信息、服务信息、巡查信息等。

图 8-2 展示了长期护理云平台的政府经办管理解决方案，系统严格遵循政府管控要求，打造适合本地化的长期护理保险经办管理系统，该经办系统的目标策略是：管控精准和服务高效。该系统由三个部分组成：①源头规范指引，包括护理项目、护理方案、质控标准、护理标准等的规范和严格把关。②过程全面管控，包括机构管控、人员管控、参保人管控、服务质量管控、基金管控等。③结果汇总分析，包括健康档案、数据分析和服务决策等。

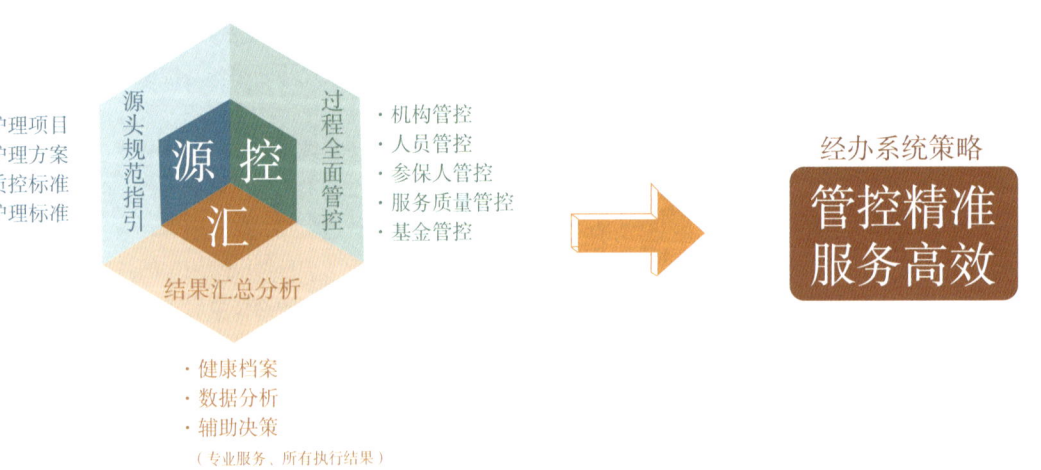

图 8-2 长期护理云平台政府经办管理解决方案

资料来源：作者绘制。

图8-3展示了长期护理云平台的机构专业服务解决方案,以按需选择、配置灵活、无缝对接、支付多样、精细管理和零运维为特点,包括护理人员管理、角色权限管理、结算管理、排班管理、质量控制管理、护理计划、风险管理、护理任务、耗材管理等多个相关专业服务子系统,通过信息化、"一站式"的解决方案,可提升整个长期护理云平台机构专业服务系统各个环节的衔接效率,并可以做到任何一个环节的状态可实时查询,可追溯。

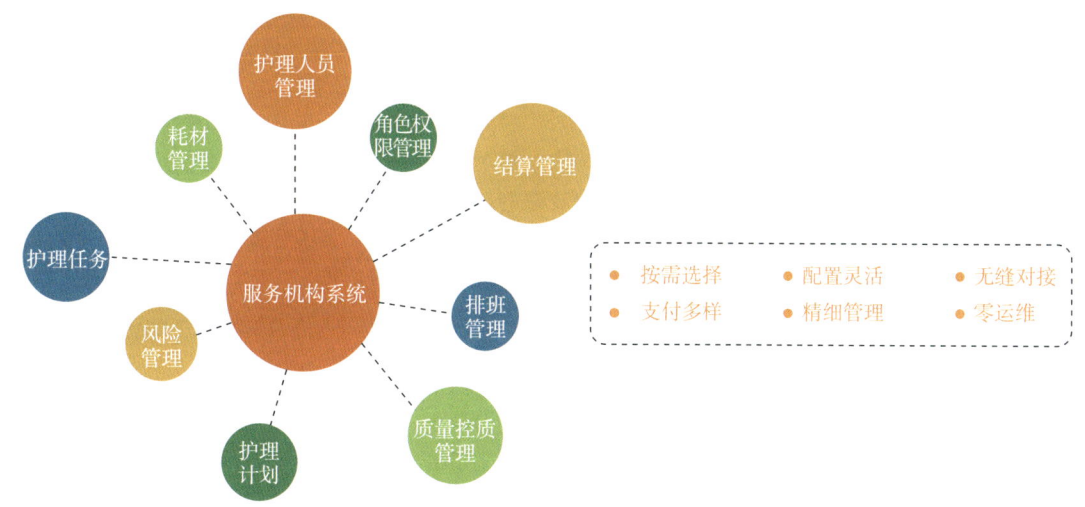

图8-3 长期护理云平台机构专业服务解决方案

资料来源:作者绘制。

图8-4展示了长期护理保险云平台的全面移动化解决方案,包括政府端的参保人服务对象移动端APP、评估人上门评估移动端APP、护理人护理服务移动端APP、巡查人巡查稽核移动端APP等,在这些应用中采用的新兴信息技术包括:人脸识别技术和实时联网公安部认证,其中人脸识别技术是基于人的脸部特征信息进行身份识别的一种生物识别技术,人脸识别系统集成了人工智能、机器识别、机器学习、模型理论、专家系统、视频图像处理等多种专业技术,同时需结合中间值处理的理论与实践,是生物特征识别的最新应用,其核心技术的实现,展现了弱人工智能向强人工智能的转化,在实际应用中已经达到98%以上的准确率。人脸识别系统通常主要包括四个组成

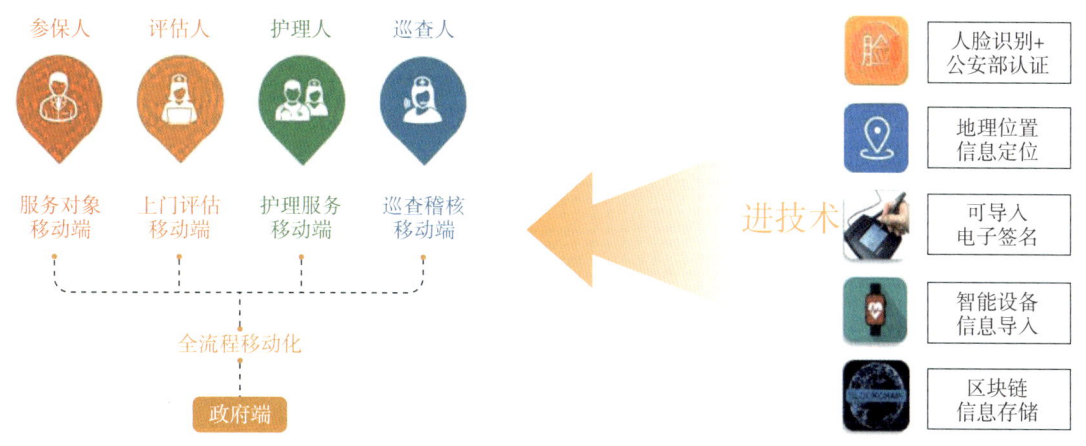

图8-4 长期护理云平台全面移动化解决方案

资料来源:作者绘制。

部分：人脸图像采集及检测、人脸图像特征提取，匹配与识别。

此外，全面移动化解决方案中还采用了地理位置信息定位、可导入电子签名、智能设备信息导入、区块链信息存储、OCR (Optical Character Recognition, 光学字符识别)读取银行卡、语音录入信息在移动端评估意见录入和移动端稽核意见录入场景。其中，地理位置信息定位技术(Geographic Information System)可把地图的视觉化效果和地理分析功能与一般的数据库操作（如查询和统计分析等）集成在一起；OCR光学字符识别技术可大幅减少人工读取图片文字或数字的参与，提升业务流程的自动化水平和效率；区块链信息存储在记录事件、标题、医疗记录和其他需要收录数据的活动、身份识别管理，交易流程管理和出处证明管理等，对长期护理保险医疗数据、交易数据的存储和安全有重要意义。

二、长期护理保险信息化管理系统

长期护理保险信息化管理系统涵盖长期护理业务流程、临时护理业务流程、不良事件业务流程等多个全业务流程环节，如图8-5、图8-6和图8-7所示。在系统功能上包括护理对象护理注册、护理对象信息变更、护理问题记录、护理计划管理（针对问题）、护理服务管理、护理任务管理（护理任务生成、护理任务分派、护理任务执行、护理任务闭环）、费用管理（费用项目记录、费用结算申请）、护理对象退出护理、护理交接管理、护理人员排班管理、不良事件管理（不良事件的报告、核实、上报、处理和统计分析）、系统管理（护理方案模板管理，针对评估结果）、护理计划模板管理（针对护理问题）、护理问题管理、护理服务项目管理、其他基础数据管理）等。

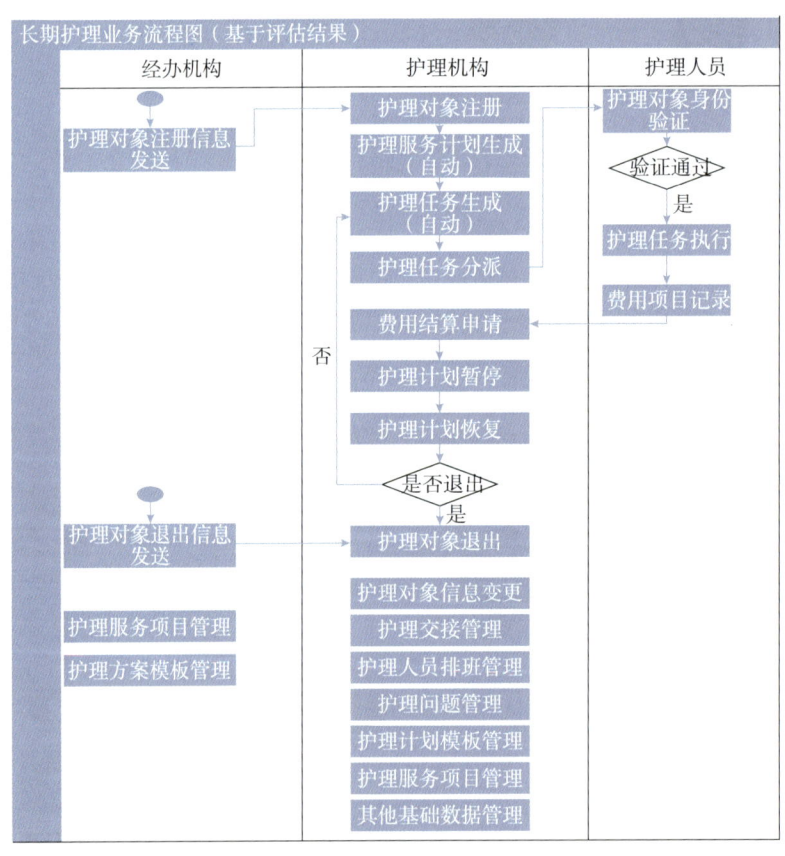

图8-5 长期护理处理业务流程（基于评估结果）

资料来源：作者绘制。

分报告八　新兴信息技术在我国长期护理保险实践中的应用和展望

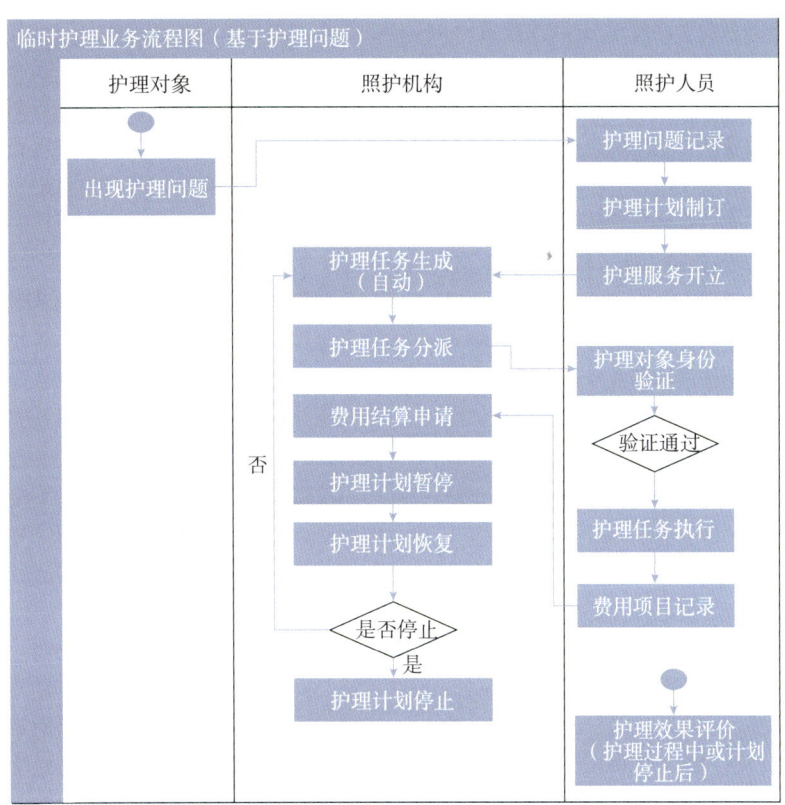

图 8-6　临时护理处理业务流程（基于护理问题）

资料来源：作者绘制。

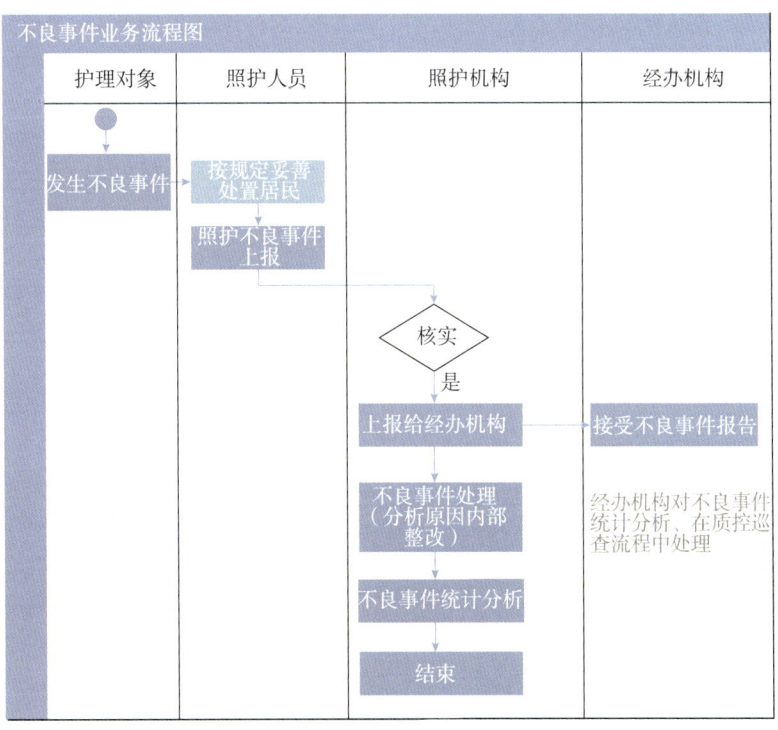

图 8-7　不良事件处理业务流程

资料来源：作者绘制。

访问长期护理专业服务系统（网址），进入系统首页，在登录页右上角正确输入用户名、密码和图形验证码，即可登录系统。需要说明的是，首次登录系统时，需修改密码。登录系统后，点击页面窗体右上角的［退出］按钮即可退出系统。

服务机构申请和进度查询：服务机构（医疗机构、护理机构、评估机构等）需在系统内进行服务机构在线申请，方可成为长期护理保险服务提供方。申请人需提供申请机构名称、类别、地址、执业许可证号、所有制形式、法人代表姓名及其联系电话、长期护理服务业务负责人姓名及其联系电话、病区概况、医疗及护理人员构成等信息。服务机构申请提交后，可在线查询机构申请状态，以获取机构申请进度信息，若受理不通过或审核不通过，可通过修改相关信息重新提交至系统审核。

个人工作首页：服务机构人员可通过首页登录进入个人工作首页，可查看系统通告、个人待办事项及功能模板导航。页面左侧显示［进行中］和［未执行］的待办事项，包括待办事项预定执行时间、事项名称、护理对象姓名、房间号或家庭地址（机构护理时显示房间号，居家护理时显示家庭地址）四项基本信息。服务机构人员可通过首页登录进入个人工作首页，可查看系统通告、个人待办事项及功能模板导航。登录成功后，显示当前用户有权限查看的系统功能子模块列表，包括评估管理、照护管理、收费管理、质控管理、排版管理、模块管理、系统管理七个功能子模块。

该系统可通过点击导航栏快速进入系统功能子模块详细页面，例如评估管理系统功能子模块，系统自动接收由经办系统发送的护理对象评估任务并进行显示，用户可以对评估任务进行查询和筛选，并可同时查看评估人员列表。选定评估任务后，可分派系统提供的医护人员安排评估。

评估进度查询：评估进度查询可实时查询评估任务状态，可通过评估对象的姓名或身份证号进行数据筛选。评估进度查询功能界面显示登录用户所在机构所有的评估任务。任务列表内容包含评估对象姓名、身份证号/社保号、性别、年龄、评估量表类型、预定评估时间、实际评估时间和最新任务状态。评估状态分为未执行、执行中、已完成三种，执行中和已完成的评估任务可查看评估量表内容，已完成的评估任务还可以查看评估报告。

照护管理：照护管理分为居民管理、计划管理、任务管理、任务执行、费用管理和交接班管理六个子模块，需开通对应权限进行操作。长护险经办人员给护理机构推送的护理对象后，需护理机构登记员及时为长护险护理对象办理登记业务，以便护理机构正式开始提供护理服务。护理对象退出护理机构时，机构业务办理人员需给护理对象办理居民退出手续，以便停止护理服务，使其作为护理对象结清费用的依据。护理对象登记完成后，护理主管、健康管理师等护理人员可通过居民档案查看护理对象的基本信息、关系人、服务方案、健康档案、外出记录等信息，并可根据最新实际情况更新部分基础信息、关系人、健康档案等。当护理对象需外出时，需通过出入登记对护理对象外出情况进行记录。护理对象自费入住护理机构时，护理机构登记员需及时为护理对象办理登记业务，以便护理机构正式开始提供护理服务。

计划管理：服务中的护理对象经观察和评估发生护理问题时，可通过护理［计划制订（针对问题）］制订专项护理计划。护理计划包括护理问题名称、原因、病状和体征、护理目标、制定人及日期等。提交护理计划，后续可按计划生成相关护理任务。当护理计划目标达成或护理对象情况发生变更需修改护理计划时，可停止原有护理计划。护理计划停止后，需根据护理计划实际执行效果，对护理效果进行评价。已提交的所有计划及其进度均可在［计划查询］中查询。

任务管理：当护理对象状态发生变化时，护理人员需根据实际情况及时开立护理服务并执行。当护理对象状态发生变化时，需及时停止某一个或多个护理服务，需护理人员执行中止护嘱操作。当护理对象状态发生变化时，需及时撤销某一个或多个护理服务，需护理人员执行撤销护嘱操作。将护理任务分配到具体的执行人。主要操作包括查询护理任务、分派任务执行人和保存。护理任务分派功能界面显示当前护理区所有的未执行护理记录。列表信息展示区域包括计划执行日期、房间/床号、护理对象姓名、护理任务。可根据房间、床号、护理对象姓名、护理任务内容检索护理任务。护理任务中显示可以执行该任务的角色，选择角色列表中的成员可以设定任务执行人。一个护理任务可以有多个执行角色，一个角色可以分配多个执行人。护嘱开立并提交后，机构服务人员可根据护嘱的频次，按时间进行护嘱分解。如果分解失败，可查询分解失败的原因，并进行人工分解。护嘱开立和任务分解后，可查询护理计划，也可查询护理服务对应的所有待执行的任务。

任务执行：当护理任务执行人不使用或暂无移动端执行护理任务时，护理主管理可将执行单打印出来，以便护理任务执行人根据执行单要求执行护理任务。可查询护理对象的执行任务，并对护理任务进行状态更新和结果填写；任务执行记录页面左侧列表显示已打印的执行单，右侧显示每个执行单包含的护理任务；执行单列表显示操作者管辖的护理区域内所有已打印但未确认完成的执行单；执行记录查询出的执行单内容与排序顺序，与打印执行单一致；不同护理任务显示不同结果单位；确认完成执行单需输入护理结果、实际执行时间和执行人。执行人可通过自动检索从员工列表中读出；输入实际执行时间和执行人，保存后护理任务视为已执行，护理结果、实际执行时间、执行人将不能修改；只输入执行时间或只输入执行人，保存时会给出提示："执行时间和执行人均不能为空"。对已确认执行的护理任务进行查询，查询具体的护理结果、实际执行时间和执行人信息；执行结果查询界面默认显示当日用户登录护理区域的所有执行记录；查询的护理记录条目包含护理对象姓名、计划开始时间、护理任务、护理结果、结果单位、实际执行时间及执行人；可通过房间号、床号、护理对象姓名、实际执行时间、护理任务、执行人筛选护理记录；护理执行记录查询结果按照护理区、房间、床号、姓名、执行时间升序排序。

费用管理：查询全部居民的预交金额情况，对预交金余额不足的居民进行线下催缴。点击［费用管理］→［预交金催缴］进入页面，可通过护理区类型、护理类型及居民姓名等筛选查询。点击［费用管理］→［费用清单］进入画面，可点击［未结算］按钮和［已结算］按钮分类查看，可通过记账日期、照护类型和姓名等筛选查询。

交接班管理：交班护士填写交班记录，与接班人员对当班工作内容进行交接，以保证护理工作的连续性。页面顶部显示护理对象的总数；系统显示当前登录护理区域的所有护理对象，默认按照护理对象的房间、床号升序排序；交班时间默认为当前系统时间，交班人员默认为当前登录人员；显示护理对象的房间、床号、性别、待遇等级以及特殊说明；可对每个交接对象填写特殊说明；可对本次交班工作填写备注信息；保存但未提交的交班记录在接班时不可见；交班记录在未被接班前可修改。接班护士对交班人员的工作交接内容进行查看并确认。默认显示当前登录护理区域内当日未接班的交班记录，默认按护理对象的房间、床号升序排序；显示交班时间、交班人，可以查看交班内容；接班时间默认使用系统当前时间，交班人员默认使用当前操作人员；确认接班后更新交班记录中的接班人和接班时间。交接班护士均可对已确认的交接班记录进行查询，查看详细交接班信息。默认显示当前登录护理区域内所有交接班记录，默认按交班时间降序排序；可通过交接时间查询交班记录；列表显示交班申请时间、交班申请人员、接班时间及接班人员，点击列表中的条目可查看交班记录。

费用管理：机构收费人员对居民在某段周期内产生的费用进行结算，并使之成为对账和报销的依据。居民入住后，需缴纳一定额度的预交金，用于应对紧急照护下产生的费用支付。居民退出后，需退回剩余预交金。查询全部居民的预交金额情况，对预交金余额不足的居民进行线下催缴。查询指定上账日期内同经办对账的账单数据。查询该登录用户管辖机构下所有居民产生的费用详情，包括已结算、未结算的费用清单等。显示指定月份同经办及医保中心对账的账单数据，分为非亲属照顾和亲属照护两类，非亲属照护对账单分为经办基金对账单和医保中心个人对账单。为保证费用结算时可开具有效的发票，工作人员需提前维护发票。

质控管理：系统定期汇总经办巡查结果并进行显示，对巡查结果有异议的人员可以提出申诉，申诉由经办处理后返回复议结果。默认显示针对该服务机构的巡查结果；巡查结果列表按照巡查时间的倒序显示，包括巡查时间、巡查来源、被巡查对象、最新状态及巡查结果；经汇总的巡查结果包括三种状态：经办初次推送的巡查结果，默认状态显示为［新建］，已申诉但未收到复议结果，状态显示为［申诉中］，已收到复议结果，状态变更为［复议完成］；可根据被巡查对象、巡查类型、巡查结果检索巡查内容。

排班管理：排班主管通过班次配置功能对机构工作人员值班的班次进行预设。一个班次周期的时间区间时长通常为一个工作日（24小时）；一个班次周期内的所有班次时间必须首尾相接且排满整个周期时间，当时间区间被排满时，将无法添加班次；可通过添加如法定节假日、周末、工作日等标签区分值班日类型，以便分别定制其班次类别；提供班次的新建和删除功能，每个班次需设置其名称，并可根据喜好设置其配色以便加以区分；班次结束时间为次日时，当在对应班次结束时间右侧下拉框中选择次日，否则保存时将报错；每个班次对应其值班人员类型和数量，需进行手动设置，并可点击添加角色和删除角色。排班主管在班次配置的基础上，使用人员排班功能对机构工作人员进行排班分配。

模板管理：系统支持护理计划模板的制作，各机构可根据护理问题预先定义专项护理计划模板，方便在制订专项护理计划时灵活修改并使用。护理机构可制定本机构的护理服务模板，以便在登记时根据入住居民的护理等级自动生成其基础服务包。

系统管理：当已注册服务机构的相关信息发生变更时，可由具有机构信息维护权限的人员，通过系统管理进行机构信息变更申请。服务机构的管理人员，可对本机构人员进行新建、变更、注销等操作，实现对本机构不同类型的人员管理。服务机构的管理人员，可对本机构部门进行新增、变更及删除操作。服务机构的管理人员，为本机构员工配置岗位。服务机构的管理人员，可对本机构服务项目进行管理。服务机构的管理人员，为本机构员工配置照护区。服务机构的管理人员，为本机构员工配置楼栋信息。服务机构的管理人员，可为本机构员工配置房间信息。

三、大数据分析及实施挑战

长期护理保险大数据分析主要包括报表统计和决策分析两个方面。随着保险数据量"爆炸性"增长，如何从纷繁复杂的大数据中快速获取有用的信息，成为棘手的问题之一。管理和维护庞大的数据集合也变成数据管理机构沉重的负担，甚至获取信息和管理数据过程的代价远远超过从数据中获取的收益。为了维护这些数据集合，并从中获得效益，必须借助数据存储、数据处理和数据管理等数据库技术和相关软件工具才能实现，数据库技术和系统架构已经成为当代智能系统和计算机应用系统的核心技术和重要基础。数据库技术经过多年的探索，从简单到复杂，不断进步和逐步演化，形成了多种数据库技术和系统架构形式，为解决这些问题提供了巨大的帮助。

长期护理保险大数据分析的应用场景：报表统计包括参保人情况及客户画像、评估护理机构情况及机构画像、护理服务情况分析、护理费用情况分析、投诉情况分析等；决策分析包括评价体系分析、护理资源规划分析、基金预测分析、服务方案优化分析、评分量表优化分析等。数据来源可以是健康档案和长期护理保险信息化管理系统积累的大量保险数据，展示形式可以是大屏幕实时趋势监控等。

由于我国不同省（市、区）的经济发展水平、医疗卫生资源、通信设施资源和教育水平的差异，不同地区信息化建设水平参差不齐而且各地区在长期护理保险方面本地化政策要求也有很大不同，尤其值得注意的现象是贫困偏远地区的失能人员比例往往比经济发达地区要高，这给长期护理保险信息化系统在全国全面顺利推进带来了挑战。

例如，对失能人员日常生活能力评估量表，农村和城镇的评估标准会有所不同，城镇居民有的需要判断失能人员上下楼梯的活动能力，但在农村大部分是没有这个必要的。在经济相对发达的城镇，对于移动端的应用操作在经过一定培训之后，相关人员便可以自主使用长期护理保险业务系统移动端APP，但在一些偏远落后地区，由于基础通信设施资源等的缺失、故障或不到位，长期护理保险信息化系统的实地部署会存在很大不确定性。

长期护理保险信息化系统涉及参保人的个人信息、机构信息和金融支付信息等重要和隐私的信息，由于系统应用使用人员教育水平和信息安全意识的参差不齐，一旦系统信息遭到泄露，势必会引起所有利益相关方的震惊和不安。在我国，网络信息安全已经上升为国家战略安全的重要组成部分。

长期护理保险信息化系统面临的主要挑战来自：网络攻击与攻击检测、防范问题、安全漏洞与安全对策问题、信息安全保密问题、系统内部安全防范问题、防病毒问题、数据备份与恢复问题、灾难恢复问题。尤其值得注意的是：2017年5月勒索病毒WannaCry在全球蔓延，入侵接近上百个国家的数万台电脑，网络信息安全的问题再次被推到引起国际关注重大问题的前台。

对于长期护理保险信息化系统的实施必须制定相应的信息安全策略，即为保证提供一定级别的数据安全保护所必须遵守的规则。实现信息安全，不但靠先进的技术，而且要靠严格的安全管理、法律约束和安全教育。在系统设计上，必须能够智能识别计算机所运行的涉密数据，并自动强制对所有涉密数据进行加密操作，而不需要人的参与，体现了安全面前人人平等，从根源上解决信息泄露。对于长期护理保险信息化系统的部署和实施，各相关使用机构、企业、单位和个人应建立相应的网络安全管理办法，加强内部管理，建立合适的网络安全和信息安全管理系统，加强用户管理和授权管理，建立安全审计和跟踪体系，提高整体网络安全意识。

四、美国顶级研发机构在长期护理方面的创新实践

"师夷长技以自强"，在长期护理保险领域，我们也要时刻关注美国顶级研发机构结合新兴信息技术在长期护理方面的创新实践，例如，结合实时传感技术和数据分析进行自主音乐创作和播放的音乐康复技术，结合生物机械技

术和传感控制技术进行假肢设计创新的人类肢体增强康复技术，结合用光来控制脑神经元的活动机制和工具的脑神经电路康复技术和结合计算生物技术研发的对常见老年慢性病症的 DNA 诊疗技术等。

（一）音乐康复方面的创新探索

美国麻省理工学院 (MIT) 创新实验室 (MIT Media Lab) 著名音乐艺术家、肯尼迪表演艺术中心艺术推广大奖获得者、2016 年美国音乐协会年度作曲家大奖获得者、2012 年美国普利策音乐大奖决赛候选人 Tod Machover 教授和他的团队创新了一系列通过设计人机交互技术自主自动创作音乐作曲并将该技术用于认知或身体肌体失能人员的医疗康复领域，如对帕金森病症的诊断和对脑瘫患者的音乐康复等。

Tod Machover 教授团队的 Adam Boulanger 博士在他的论文"Music, Mind and Health"中对如何系统性地构建对认知或身体肌体失能人员的音乐康复解决方案进行了全面和详尽的阐述并做了大量的实验测试。Tod Machover 教授团队跟相关医疗康复机构合作开发了一套让认知或身体肌体失能人员基于从简单到复杂的通过人机交互自主自动创作音乐作曲并表演演绎达到医疗康复效果的系统——从简单到复杂的自主自动创作音乐作曲的过程是一个循序渐进的过程，从第一步单个音高，到计算音调，再到轮廓、乐句、音乐中的力度变化、节拍速度、音量、音调、管弦乐编曲、流派等，不断把越来越多的音乐特征加入到音频乐料的编码中。

相关研究表明，音乐对人的记忆、移动、语言等的自主能力有着神经感知方面的影响力，对于在认知和身体肌体方面失能的人员来说，通过人机交互自主自动创作音乐作曲的过程来完成音乐康复，对失能人员来说，通过音乐的自主自动创作和播放来达到医疗干预和康复的效果。Tod Machover 教授团队研发的音乐康复系统让一位脑瘫患者通过自主移动自动创作音乐作曲并进行播放和实施医疗康复体验并取得良好的效果。该脑瘫患者通过简单的身体移动（这些信息包括加速、位置、区间、曲线角度、移动平均过滤等）来完成在时间序列的数据分析、音乐生成、信号变换、音乐播放以及音乐刺激和康复的过程。

（二）生物机械人类肢体增强康复方面的创新探索

美国麻省理工学院（MIT）创新实验室 (MIT Media Lab) 著名仿生学和生物机械专家、时代杂志 (Time) 评选的十大发明大奖得主、达·芬奇大奖获得者、美国 R&D 杂志 2014 年度发明人大奖得主 Hugh Herr 教授和他的团队潜心创新研发了一系列从生物机械以及电子学机理角度适合失能人员的假肢，用于身体肢体丧失机能的人员的康复。

Hugh Herr 教授和他的团队研发设计的仿生跳舞假肢，充分利用生物、机械、电子、自动控制、材料学、力的传输等方面的机理，让肢体失能人员穿上该假肢后能够潇洒自如地进行跳舞等相对灵活和复杂的动作。该团队创新研发的仿生假肢让肢体失能人员不仅恢复甚至超越正常人肢体的能力，对肢体失能人员来说，不仅可以恢复日常的活动自理和自如，而且可以参加诸如攀岩之类的极限活动，借助仿生假肢让肢体失能人员可以充分领略和享受运动，恢复生活的自信和快乐。

（三）脑神经电路康复方面的创新探索

人的大脑是人类一切活动的控制中枢，对于脑功能部分失能的人员来说，其长期护理面临的挑战也许是最为严峻的。美国政府在 2013 年推出了雄心勃勃的宏伟的"脑计划"项目，其主要资助领域包括：统计大脑细胞类型，创建大脑结构图谱，开发大规模神经网络记录技术，开发操作神经回路的合适工具，了解神经细胞与个体行为间的联系，整合理论、模型、统计数据以及计算能力以运用于神经科学实验，描述人类大脑成像技术机制，建立科研用人类数据收集机制以及进行大脑相关知识传播与培训。美国麻省理工学院创新实验室 (MIT Media Lab) 的著名神经生物专家、2016 年度世界生命科学突破大奖 (Breakthrough Prize[①]) 获得者、2015 年 BBAV 基金会前沿知识大奖得主、2015 年卡耐基基金会思维和脑科学大奖获得者、2013 年 Jacob Heskel Babby 大奖得主、2013 年 Grete Lundbeck 脑科学大奖获得者、2010 年《自然》杂志评选的年度创新方法设计者 Edward Boyden 教授是美国顶级大学入选美国国家"脑计划"项目带头人的领军人物之一。Edward Boyden 教授和他的团队提出了一系列在脑神经电路合成方面的创新方法如用光来控制脑神经元的活动机制和工具等，对脑神经方面失能的人员来说是莫大的福音。

（四）DNA 诊疗方面的创新探索

DNA 诊疗是近年来兴起的有巨大发展前景的诊疗技术，通常包括直接基因诊疗和间接基因诊疗。直接基因诊疗是直接检查致病基因本身的异常，通常使用基因本身或紧邻的 DNA 序列作为探针，或通过 PCR（聚合酶链式反应）扩增产物，以探查基因有无突变、缺失、退化等异常及其性质，这称为直接基因诊断，它适用已知基因异常的疾

---

① 单项个人奖金 300 万美元，是目前世界科技领域最大的奖项。

病。间接基因诊疗是通过一些生物技术作连锁分析以达到基因诊疗的目的。各种遗传病的基因异常是不同的，同一遗传病也可以有不同的基因异常，但这些异常大体可分为基因缺失和突变两大类型。后者包括单个碱基置换、微小缺失或插入。21世纪发现的一些遗传病是由于基因内的三核苷酸重复顺序增加引起的，根据对基因异常类型的了解，可以采用不同的诊断方法。

美国麻省理工学院计算机和人工智能实验室的著名计算生物专家、基因图谱和计算生物领域的领军人物、美国总统职业发展大奖得主、在《自然》《科学》等顶级杂志发表论文成果数十篇的 Manolis Kellis 教授和他的团队通过对 DNA 序列的智能分析找到一些常见病症如糖尿病、老年痴呆症等在 DNA 表达上的异常区域，这对于参加长期护理保险的部分失能人员更有针对性的有效诊疗带来了曙光。

五、新兴信息技术在长期护理保险实践中的展望和建议

我国的长期护理保险是一项单独的社会保障制度，是与基本医保和基本养老保险并列的社会保险体系的重要组成部分，是在国家层面应对人口老龄化、共享改革发展成果的重大民生工程。长期护理保险是我们社会保障体系的最后一块拼图，是我国社会保障体系和照护服务体系同步建设的有益探索。新兴信息技术以及新兴生命科学技术在长期护理保险实践中的应用必须牢牢把握以上根本。长期护理保险信息化系统的建设是提高长期护理保险经办效率、提升长期护理保险风控质量、提升长期护理保险结算支付的便利性的关键，因此，我们提出以下建议和展望。

（一）紧紧依托新兴信息技术和新兴生命科学技术

在我国长期护理保险信息化系统建设中，务必以开放的态度，积极拥抱诸如人脸识别、智能语言机器人、区块链技术、DNA 诊疗技术等新兴信息技术和新兴生命科学技术，积极吸纳国内外的先进创新成果，如在前面提到的美国麻省理工学院创新实验室研发的音乐康复技术、美国麻省理工学院创新实验室研发的仿生假肢技术、美国麻省理工学院创新实验室研发的脑神经电路康复技术、美国麻省理工学院计算机和人工智能实验室研发的 DNA 与常见疾病的智能分析技术等，在长期护理保险信息化系统建设的实践中不断推出造福失能人员的新的创新成果，让失能人员的生活和生命借助高科技重新焕发光彩和活力。

（二）加大在长期护理技术创新方面的政策支持

建设高效的长期护理保险信息化系统是一项长期而艰巨的任务，务必举全国之力建立起多层次、多元化的技术创新和资金支持体系，加大在长期护理保险技术创新方面的政策支持力度，让高科技创新成果惠及每一个公民，尤其是易被忽视的长期失能人员这一社会弱势群体。

（三）加大长期护理保险方面的对外交流与合作力度

在长期护理保险领域，与欧美等国家相对成熟的制度体系相比，我国的长期护理保险尚处于初期试点探索的初级阶段，务必以平等互利的原则，加大跟欧美国家（尤其在长期护理保险领域发展比较成熟的国家）的交流与合作力度，建立在长期护理保险新兴技术创新方面的长期合作机制，立足基本国情，结合国外的成熟经验，探索行之有效的长期护理保险的政策框架和实施机制。

第三部分
试点实践篇

分报告九
国内长期护理保险制度的政策比较与试点进展

自人社厅发〔2016〕80号以来，截至2017年8月，中国已经有13个试点城市陆续下发或者已经实施了长期护理保险试点方案。本报告选取南通、上海、青岛、长春这四个试点城市作为重点研究对象，对四个城市的试点方案、试点特色、试点中遇到的问题进行了简要介绍。在此基础上，结合其他试点城市的试点政策，分析了各试点城市的共同做法与存在问题。比较发现，多数试点城市基金筹集过度依赖医保基金，制度缺乏财务可持续性；而且，由于基金筹集能力有限，多地保障水平有限且对象以重度失能人员为主；再者，服务项目与护理需求脱节，护理服务能力提供不足。以上是各试点地区普遍存在的问题，针对这些问题，研究提出：①构建多渠道筹资模式、明确财政筹资责任；②全国统一失能评定标准；③进一步规范待遇支付形式和基金支付范围；④积极培育长期护理市场，增强照护人力和护理服务能力。

老龄化程度加深是长期护理保险制度建立的一个重要人口背景，人社部选取试点城市的老龄化程度普遍较全国平均水平高。截至2016年底，中国60岁以上老年人口占总人口的比重为16.7%，上海老龄化水平居全国城市之首，2016年底上海市60岁以上老年人占总人口的31.6%，南通27%，成都21.4%，青岛21.3%，长春17.4%。一些试点地区不仅老龄化水平高，高龄化问题也较为突出，截至2015年底，南通80岁及以上高龄老人共有34万，占老年人口的16.6%；2016年上海市80岁及以上高龄老年人口79.66万人，占60岁及以上老年人口的17.4%，占总人口的5.5%。高龄化与人口预期寿命延长有重要关系，南通市是全国有名的长寿城市，人均预期寿命达到81.4岁，上海市2016年的人均预期寿命超过83岁，都远高于全国2015年的76.1岁[①]。

一、国内试点基本情况

2016年6月人社部办公厅发布《关于开展长期护理保险制度试点的指导意见》（人社厅发〔2016〕80号），确定全国15个试点城市可先行开展护理保险试点。实际上，早在此前，一些试点地区已经先行开展了相关制度探索，如早在2012年7月山东青岛便开始实施长期医疗护理保险，主要依靠医疗保险基金筹资，为医疗保险参保人报销部分长期医疗护理费用；2015年5月，吉林长春开展了类似制度探索；2016年1月，江苏南通正式实施基本照护保险制度，通过政府、个人、医保基金等多渠道筹资，基本框架和制度设计与人社厅80号文的试点方案十分接近。其他试点城市则主要是在人社厅下发80号文后，陆续开展长期护理保险试点。

（一）南通试点

2015年9月，南通市政府出台《关于建立基本照护保险制度的意见（试行）》，决定从2016年1月1日起正式实施基本照护保险制度。

---

① 如无特殊说明，本报告数据均源自2017年课题组在各试点省份调研资料。

1. 南通制度框架

（1）参保对象。南通照护保险制度参保对象为市区（崇川区、港闸区、市经济技术开发区）范围内的职工基本医疗保险和居民基本医疗保险的参保人员，参保对象包括所有参加医保的婴幼儿、学龄儿童、青壮年以及老年人。试点的三个区人口合计约120万，占南通常住总人口的16%[①]。

（2）资金筹集。按照规定，南通市照护保险制度建立初期，保险基金按照南通市2015年城镇居民人均可支配收入的3‰左右确定，筹集标准暂定为每人每年100元，其中个人缴纳每人30元、医保统筹基金筹集每人30元、政府补助每人40元。未来视人均可支配收入增长和基金收支情况调整，照护保险制度资金筹集的方向是逐步提高个人缴费、财政补助所占比重。具体基金筹集办法如下：

照护保险基金按年度筹集，参加照护保险的人员按年度一次性缴纳。①个人缴纳部分，参加职工基本医疗保险的人员，由市医疗保险经办机构统一从医疗保险个人医疗账户中划转；参加居民基本医疗保险的人员，在缴纳居民基本医疗保险费时一并缴纳，其中未成年人（含在校学生）以及城镇最低生活保障家庭、特困职工家庭、完全或大部分丧失劳动能力的重残人员（1~2级）由政府全额补助，个人无须缴纳。②医保统筹基金筹集部分，每年初按照参加照护保险的职工医保和居民医保人数分别从职工医保统筹基金和居民医保统筹基金筹集。③政府财政补助部分，由市财政于每年初一次性划入。④照护保险基金建立动态稳定的筹资机制，多渠道筹集资金，接受企业、单位、慈善机构等社会团体和个人的捐助。市财政每年从福利彩票公益金中安排一定数量的资金用于充实基本照护保险基金。

（3）待遇保障。制度规定，参保人因年老、疾病、伤残导致失能，经过不少于6个月的治疗，符合《日常生活活动能力评定量表》（Barthel指数评定量表）重度或中度失能人员，可享受基本照护保险待遇。

服务形式包括三种，一是参保人员在定点养老服务机构的照护床位接受照护服务。二是参保人员接受定点照护服务机构提供的上门照护服务。三是参保人入住定点医疗机构照护床位接受照护服务。

当前南通照护保险制度的支付范围为，参保人在定点服务机构发生的符合规定的床位费、照护服务费、护理设备使用费、护理耗材等照护费用。服务内容包括但不限于清洁、睡眠、饮食、排泄、卧位与安全照料、病情观察、心理慰藉、管道照护、康复照护、清洁消毒等项目。属于基本医疗保险、工伤保险、生育保险以及应由第三人依法承担的护理、康复及照护费用，照护保险基金不予支付。

在给付待遇时，南通市低标准起步。制度不设起付线，定点服务机构的报销水平分别为：医疗机构照护床位为60%、养老服务机构照护床位为50%，上门照护服务每月限额1200元。居家接受非照护服务机构服务的，按每人每天15元的标准发放照护补助。照护保险基金采取日定额结算方式与照护机构结算待遇：在护理机构的重度失能人员按每人每天50元、中度失能人员按每人每天10元的标准结算；在养老机构的重度失能人员按每人每天40元、中度失能人员按每人每天10元的标准结算[②]。

（4）经办管理。与多数试点地区一样，南通市采取医保经办机构负责，第三方机构参与的方式经办管理。根据制度规定，南通市医疗保险经办机构负责照护保险的经办事务，具体承办照护保险基金筹集、支付、结算等经办与管理工作。第三方机构受医保经办机构委托，参与经办、接受政府监督，主要负责受理评定、费用审核、结算支付、稽核调查、信息系统建设与维护等部分经办服务。第三方机构按照保本微利原则参与经办。管理费率为基金的1%~3%[③]。

（5）失能评定。南通基本照护保险采取《日常生活活动能力评定量表》（也称"Barthel指数评定量表"）作为评定标准，评分结果为40分以下的重度失能，以及41~50分的中度失能人员可以申请享受待遇。经办机构应对申请人提供的材料进行初审，初审合格后，须安排不少于2名专业人员对申请人生活自理情况进行现场评定，并在收到失能评定申请之日起60日内作出失能评定结论。对于委托定点照护服务机构进行失能评定的，经办机构按每季度不少于10%的比例抽查监督。

南通照护保险制度实施一年多来，制度推进状况良好。截至2017年6月底，南通市累计有3883人进行了失能评定，其中有3536人符合待遇条件并开始享受基本照护保险待遇。其中，重度失能人员占88%、中度失能人员占12%。南通基本照护保险起步初期以机构照护为主，居家照护主要采取发放照护补助的方式。截至2017年5月，南通市累计有3373人享受护理保险待遇，其中居家照护

[①] 南通地区数据源自《中国长期护理保险的制度构建与模式选择》课题组2017年6月赴南通调研的资料。
[②] 《南通市基本照护保险实施细则》，南通市人力资源和社会保障局官网，http://www.jsnt.lss.gov.cn/ecdomain/framework/ntrsw/ioimahkaoeabbboflcckinchfomgkkcc/ioiockiboeabbboflcckinchfomgkkcc.do?isfloat=1&disp_template=oipgbhibobalbbofihmdjkkohofelmog&fileid=20170105144712101&moduleIDPage=ioiockiboeabbboflcckinchfomgkkcc&siteIDPage=ntrsw&infoChecked=0。
[③] 2017年6月南通调研资料。

2728人，占比80.9%，其他不到20%为机构照护受益人[①]。

2. 南通试点特色及问题

（1）南通市试点特色。

南通试点的特色主要体现在以下两方面：一是筹资方式创新，在没有上位法支持的情况下，南通市率先在全国试行政府补助、个人缴费和医保基金划拨三方筹资的照护保险制度试点，这在全国具有开创性意义。当前，南通市确定的人均筹资额为100元/人·年，其中财政补贴、个人缴费、医保基金划转的额度分别为每人每年40元、30元、30元。当前筹资标准按照当地上年度城镇居民人均可支配收入的3‰左右确定，将来视南通市人均可支配收入增长和基金收支情况调整，资金筹集方向是逐步提高个人缴费、财政补助所占比重。二是制度覆盖无城乡和人群差别。南通按照独立的社会保险险种来设计基本照护保险，摒弃了现有社会保险项目分人群的"碎片化"制度设计，从起步阶段就采取城乡统一实施、一体化推进，将市区范围内参加医疗保险的所有职工和居民，不分城乡、不分年龄，全部统一纳入参保及保障范围。而且，在筹资水平上，南通市并未将职工和居民两类人群设置为两个筹资等级，而是所有人群按照相同标准筹集护理保险费，这与很多试点地方的做法也不同。当前很多试点地区区分城镇职工和城乡居民两类群体分别确定筹资标准。例如，苏州规定城镇职工年筹资120元/人·年，城乡居民85元/人·年；石河子规定城镇职工180元/人·年，居民24元/人·年（详见表9-1）。

表9-1 试点地区筹资标准

序号	试点城市	筹 资 标 准
1	承德	城镇职工上年度工资总额0.4%（医保基金0.2%+个人负担0.15%+财政补助0.05%），有个人账户者，个人负担从个人账户划转
2	长春	城镇职工医保缴费工资基数0.5%（医保基金0.3%+个人账户0.2%），城镇居民30元/人·年
3	齐齐哈尔市	按上年度统计局公布的在岗职工月平均工资的1.5%左右确定，试点阶段60元/人·年（个人缴纳30元，医保基金30元）。有个人账户者，个人缴费从个人账户划转
4	上海	城镇职工（单位1%+个人0.1%，个人暂免缴）；城乡居民个人缴费占总筹资额的15%
5	南通	100元/人·年（个人30元+医保基金30元+财政补助40元）
6	苏州	城镇职工120元/人·年（个人缴费暂由财政补助50元+医保基金70元），城乡居民85元/人·年（个人缴费暂由财政补助50元+医保基金35元）
7	安庆	30元/人·年（个人10元+医保基金20元）
8	上饶	2017年暂定100元/人·年（个人30元+医保基金40元+单位30元）
9	青岛	医保基金结余划转：按照不超过基本医疗保险历年结余基金的20%一次性划转； 医保基金划转：其中，职工每月按照个人账户月计入基数总额0.5%的标准，从职工基本医疗保险基金中划转；居民按照不超过当年居民社会医疗保险费筹资总额的10%，从居民社会医疗保险基金中划转
10	荆门	上年度居民人均可支配收入的0.4%为基数，其中，个人承担37.5%，医保统筹基金划拨25%，财政补助37.5%
11	广州	每年按照130元每人的筹资标准和护理保险试行办法所规定的待遇标准，测算次年的长期护理保险收支需求
12	成都	单位缴费、个人缴费、财政补贴。 按年龄段划分，不同年龄段的参保人分别按照城镇职工医保缴纳基数的0.5%、0.4%、0.3%按月缴纳，主要从医保统筹基金和个人账户中划拨，市、区（市）县两级财政对参加城镇职工基本医疗保险中的退休人员进行补助
13	石河子	职工医保参保人，每月月底以当月职工医保参保人数为基数，按15元/人·月的标准从职工医保统筹基金结余中划转；参加居民医保的，18周岁及以上的居民参保人（大中专在校学生除外）按24元/人·年的标准一次性缴纳至居民医保基金内，再从居民医保统筹基金结余中按相应标准划转。 财政对老年人和残疾人给予40元/人·年的缴费补贴

资料来源：作者根据各试点地区的试点方案整理，资料收集截至2017年8月底。

[①] 2017年6月南通调研资料，南通市人力资源和社会保障局提供。

(2)南通市试点中的问题。南通试点中遇到的主要问题包括，一是鉴定成本较高，原因主要在于聘请鉴定专家的成本较高。二是服务队伍的培养急迫，随着老龄化加剧，南通市需要培训一大批高素质的护理人员队伍从事护理服务行业。三是基本照护保险支付方式还有待进一步细化研究。

（二）上海试点

由于上海市老龄化程度已经达到发达国家平均水平，老龄化所带来的老年人护理负担日益显现。因此，上海市格外注重老年护理保障体系建设和长期护理保险的发展。早在2009年上海市相关职能部门就开始研究长期护理保险。经过充分准备，2016年上海建立了保险基本的长期护理保险制度，根据国家指导意见，定位为独立险。2017年1月，上海市长期护理保险试点正式启动。试点先在徐汇、普陀、金山三个区先行开展，待时机成熟再扩大到全市。

1. 上海制度框架

（1）参保对象。上海市长期护理保险覆盖对象包含两类人群：第一类是参加本市职工基本医疗保险（简称"职工医保"）的人员，以下简称"第一类人员"；第二类是参加本市城乡居民基本医疗保险（简称"居民医保"）的60周岁及以上的人员，简称"第二类人员"。

（2）资金筹集。上海长期护理保险筹资水平，按照"以收定支、收支平衡、略有结余"的原则合理确定，并根据本市经济社会发展和基金实际运行情况，及时进行调整。第一类人员由用人单位按照本单位职工医保缴费基数之和1%的比例，缴纳长期护理保险费；在职职工个人按照其本人职工医保费基数0.1%的比例，缴纳长期护理保险费，试点阶段个人部分暂予减免。退休人员个人不缴费。第二类人员按照略低于第一类人员的人均筹资水平确定其人均筹资标准，个人缴费部分占总筹资额的15%左右。其余部分，由市、区财政按照1:1比例分担。具体筹资标准，由市人力资源和社会保障局（市医保办）、市财政局等相关部门商定，报市政府批准后公布执行。

上海市在前期划转一部分医疗保障基金用于启动资金，待制度运行稳定后要求用人单位和职工分别缴纳一定比例的长期护理保险费。先行试点期间，长期护理保险基金在市医保中心的医疗保障专项资金账户下开设子账户进行核算，并按照试点启动当月职工医保基金中单位缴费的1%，由职工医保财政专户结余划转至长期护理保险财政专户，用于支付先行试点期间符合长期护理保险规定的费用；先行试点期间资金不足时，按照上述规定另行申请划转；先行试点结束后，划转结余至长期护理保险财政专户第一类人员子账户。

长期护理保险基金纳入社会保障基金财政专户，实行统一管理、专款专用，经办机构按照第一类人员和第二类人员分账核算。分账部分支付不足时，由财政部门予以补贴。

（3）服务形式。上海市长期护理保险服务形式主要分为三种：社区居家照护、养老机构照护和住院医疗护理。

社区居家照护是指社区养老服务机构，以及护理站、门诊部、社区卫生服务中心、护理院等基层医疗卫生机构，为居家的参保人员，通过上门或社区照护等形式，提供基本生活照料和与基本生活密切相关的医疗护理服务。养老机构照护是指养老机构为入住其机构内的参保人员，提供基本生活照料和与基本生活密切相关的医疗护理服务。住院医疗护理是指护理院、社区卫生服务中心等基层医疗卫生机构和部分承担老年护理服务的二级医疗机构，为入住在其机构内护理性床位的参保人员提供医疗护理服务。

（4）待遇标准。试点阶段，暂定为60周岁及以上、经评估失能程度达到评估等级二至六级且在评估有效期内的参保人员，可以享受长期护理保险待遇。具体待遇标准如下：

1）社区居家照护待遇：评估等级为二至六级的参保人员，可以享受社区居家照护。试点阶段，每周上门服务的时间和频次为：评估等级为二级或三级的，每周上门服务3次；评估等级为四级的，每周上门服务5次；评估等级为五级或六级的，每周上门服务7次；每次上门服务时间为1小时。参保人员在评估有效期内发生的社区居家照护的服务费用，长期护理保险基金的支付水平为90%。

为体现鼓励居家养老的原则，对于评估等级为五级或六级接受居家照护服务的参保人员，连续接受居家照护服务1个月以上6个月（含）以下的，由其自主选择，在规定的每周7小时服务时间的基础上，每月增加1小时的服务时间，或者获得40元现金补助；连续接受居家照护服务6个月以上的，由其自主选择，在规定的每周7小时服务时间的基础上，每月增加2小时的服务时间，或者获得80元现金补助。

2）养老机构照护待遇：评估等级为二至六级的参保人员，可以享受养老机构照护。参保人员在评估有效期内发生的符合规定的养老机构照护的服务费用，长期护理保险基金的支付水平为85%，按日报销。

3）住院医疗护理待遇：参保人员在住院医疗护理期间发生的符合规定的费用，其待遇按照其本人所参加的本市职工医保或居民医保的相关规定执行。住院医疗护理的服务内容，参照职工医保的诊疗项目、医疗服务设施和用药范围执行①。

截至2017年6月中旬，上海市三个先行试点地区共受理申请1.5万人，完成评估约1.4万人，其中符合待遇享受条件的约有1.2万人，已有近1.1万人享受护理服务②。

2. 上海试点特色

（1）拥有比较好的制度运行基础，各项准备工作比较充分。在制度建设上，早在2013年，上海市就在基本医疗保险制度框架内，选择3个区6个街镇正式启动高龄老人医疗护理计划试点；2014年，进一步将试点范围扩大至6个区28个街道；2016年，进一步将试点范围扩大至全市所有区县，并对试点对象年龄、支付比例、服务时间、收费标准等方面进行了政策完善。高龄老人医疗会计划坚持试点政策先行，重在测试制度框架、运行机制，逐步创建、培育相关长期护理服务体系，为长期护理保险制度建立奠定基础。

在需求评估上，2015年，上海市政府部署在徐汇、杨浦等5个区启动老年照护统一需求评估试点，2017年将试点扩大至全市所有区县。这项工作的初衷是整合现有高龄老人医疗护理需求评估、老年照护等级评估和老年护理院出入院标准，将评估结果与老人护理服务需求进行对接和匹配，方便老年人申请，优化资源配置。

在护理人员队伍建设上，上海市政府早在2015年就制定《上海市养老护理人员队伍建设（专项）规划（2015~2020年）》（沪人社职〔2015〕422号），进一步从政策层面推动各类养老护理服务人员的队伍建设。2016年，上海市又制发了《上海市养老护理人员技能提升专项行动计划》（沪人社职〔2016〕148号），通过各项举措加大职业培训力度，优化护理人员队伍技能结构，提升队伍整体素质和服务水平。

通过上述各方面的准备工作，可以看出上海市在实施护理保险制度试点前准备比较充分。

（2）筹资比较充分，护理服务提供更趋多样。在筹资上，上海市将城镇职工医疗保险缴费比例下调了1%，转而改为长期护理保险的缴费比例，这在目前的试点城市中缴费水平是最高的。大部分试点地区是按年缴费，年缴费额度大多不超过几百元。另外，上海市对困难老人、低收入家庭老人，在享受长期护理保险待遇同时，按照相应标准，给予不同额度的服务补贴。

在护理服务提供上，上海试点从服务形式到服务机构种类都更丰富。上海试点服务形式包括上门护理、社区日间集中照护、养老机构照护和住院医疗护理，提供了从居家到社区、养老机构、护理院等全过程的护理服务。上海护理服务机构覆盖了医疗机构、养老机构和社区养老服务机构，整合了卫生、民政两类服务资源，社会资本投资设立的定点护理服务机构成为提供长期护理保险服务的主要力量。在服务内容上，对社区居家和养老机构照护，按照"基本生活照料和与基本生活密切相关的医疗护理"的原则，上海市将42项服务项目列入长期护理保险支付范围，对解决失能老人的护理需求具有较强针对性。

（3）利用护理保险试点促进护理服务行业健康发展。主要体现在以下几个方面：一是上海市要求定点护理服务机构依法与护理服务人员签订劳动合同或协议，确保护理服务队伍的稳定性，服务提供的持续性。二是通过设定较高水平的支付标准，间接使定点护理服务机构可以提供与职工平均工资水平相当的薪资，有利于吸纳更多护理服务从业人员③。三是根据护理服务人员不同资质梯度设立支付价格，有利于今后建立健全护理服务人员的职业发展路径，引导其自觉学习、自主培训、自我提升。四是综合人社部门在职业培训和就业促进等政策优势，出台各项举措加大职业培训力度，推动护理人员队伍技能结构优化，提升队伍整体素质和服务水平。五是通过长护险制度的试点，正在倒逼现有养老服务行业在服务标准、人员队伍、内部管理等方面提升服务能级，有利于社会养老服务业健康发展。

（4）建立了比较科学的需求认定机制。当前，大部分试点城市（如青岛、南通、长春、承德、安庆等地）均选用《日常生活活动能力评定量表》作为长期失能的评估工具，一般低于40分认定为重度失能。值得一提的是，上海市结合国外经验和本地实践，制定了《上海市老年照护统一需求评估标准（试行）》，从自理能力和疾病状况两个重要维度开展评估，通过计算机综合评分。自理能力包括日常生活活动能力（包括老年人体位改变、室内行走、进食、洗漱修饰、穿衣、洗澡、如厕等13项）、工具性日常生活活动能力（包括老年人外出活动的能力和处理财务的能力2项）、认知能力（时间、空间定向及记忆等4项）

---

① 上海市人民政府：《上海市长期护理保险试点办法》（沪府发〔2016〕110号），参见上海政府网址：http://www.shanghai.gov.cn/nw2/nw2314/nw2319/nw12344/u26aw51124.html。

② 2017年6月《中国长期护理保险的制度构建与模式选择》课题组赴上海调研的资料。

③ 例如，对于居家照护，上海市根据服务人员的资质约定服务的协议价格分别为执业护士80元/小时、养老护理员（医疗照护）65元/小时，养老护理员、健康照护等其他人员40元/小时。

三个维度,对应权重分别是85%、10%、5%。疾病状况维度,主要包括当前老年人患病率比较高的10种疾病(将来会纳入42种),每种疾病分成局部症状、体征、辅助检查和并发症4个分项,对应权重分别为30%、30%、30%、10%。

评估等级由自理能力和疾病轻重两个维度的得分值决定,分值范围为0~100分,分值越高表示所需的照护等级越高。上海采用国际通用的分类拟合工具(线性判断法和支持向量机法),评估结果分为:①疾病维度得分小于或等于30分的,根据自理能力维度得分的大小,从低到高划分为:正常、照护一级、照护二级、照护三级、照护四级、照护五级。②疾病维度得分大于30分且小于或等于70分的,根据自理能力维度得分的大小,从低到高划分为:正常、照护一级、照护二级、照护三级、照护四级、照护五级、照护六级。③疾病维度得分大于70分的,建议到二级及以上医疗机构就诊①。

(三)青岛试点

1. 青岛制度框架

早在2012年7月,青岛就依托医疗保险制度率先在全国实施了长期医疗护理保险试点。目前,青岛市护理保险仍然是在医疗保险制度下构架的子制度,重点保障重度失能老人的医疗护理需求。下一步,青岛市计划将老年人的日常生活照料服务纳入制度的保障范围,从而建立起独立的护理保险制度。目前,青岛市社保局相关部门正在研究测算待遇支付水平、融资需求以及相应的资格认定方案等一系列相关制度细节。

(1)参保对象。制度实施初期,青岛医疗护理保险制度的覆盖对象为城镇职工医保和城镇居民医保参保人,后来随着城乡居民医疗保险制度的整合,2015年1月青岛又将医疗护理保险的覆盖范围扩大至农村居民医保参保人。

(2)资金筹集。青岛医疗护理保险主要通过优化医基金支出结构筹资,筹资部分源自医疗保险基金历年结余,部分由职工医保和居民医保基金按比例划拨。启动试点时,青岛市从基本医疗保险历年结余基金中一次性划转20% 共19.8亿元,作为试点支持资金。此外,制度每年根据职工医保和居民医保的筹资能力分别筹集资金:城镇职工按照个人账户计入基数0.5个百分点从医保基金划入,城乡居民按照当年基本医保筹资总额的10%划入,两项合计每年约可筹集资金9亿元。

(3)服务方式。根据制度设计,青岛医疗护理保险首先针对身体失能老人提供"专护""院护""家护""巡护"四种服务类型。参保人可根据社保经办机构核定的服务类型享受相应待遇。"专护"主要针对重症失能老人,是在参保人病情较重、经重症监护室抢救或住院治疗病情已稳定,但需长期保留各种管道或依靠呼吸机等维持生命体征,需要二、三级医院的医疗专护病房继续接受较高医疗条件的医疗护理。"院护"主要针对终末期及临终关怀老人,是针对参保人长期患各种慢性重病、常年卧床、生活无法自理,需入住专业护理服务机构或具有医疗资质的养老机构接受长期医疗护理。"家护"和"巡护"是指参保人根据家庭实际和本人(家属)意愿,在家庭或没有医疗资质的养老院居住,由护理服务机构(或村卫生室)的医护人员定期或不定期地上门提供医疗护理服务。

2017年1月,青岛市扩大了医疗护理保险的待遇人群,将参保的失智老人纳入护理保险保障范围,在定点护理机构建立"失智专区"管理模式,供失智老人提供服务。失智老人可选择的服务种类有三种,一是"长期照护",指的是失智老人入住"失智专区"长期接受24小时在院照护服务,重点解决家庭照料者全天候没有照护能力的问题。二是"日间照护",指失智老人在"失智专区"接受日间照护服务,重点解决部分家庭白天照护难问题。三是"短期照护",也称"喘息服务",为失智老人提供几天到几十天不等的全天照护,原则上一个年度不超过60天,旨在为长期照护失智老人的家庭照料者提供喘息休整的时间,缓解长期照护压力。截至调研时,青岛市共在承担"院护"的定点护理机构设立了6家失智专区试点。

(4)待遇标准。目前,青岛市的护理保险试点仍然是医疗护理保险制度,只是报销受益人的医疗护理费用,尚未将生活照料费用的报销包含在制度设计中。当前,护理保险基金采取定额包干方式与定点服务机构结算医疗护理费用。具体结算标准如下:针对"专护""院护""家护""巡护"四种护理服务模式,护理保险基金对护理服务机构的定额包干结算标准分别为170元/天、65元/天、50元/天、800~1600元/年;针对失智专区中的"长期照护""日间照护""短期照护/喘息服务"三种护理服务形式,护理保险基金对定点服务机构的包干结算标准分别为65元/天、50元/天、50元/天。具体到参保者个人,护理保险基金设定了报销比例,对于参保人发生的符合规定的医疗护理费用,护理保险基金比例分别为城镇职工90%,一档参保居民80%,二档参保居民60%。

(5)失能评定。在失能人员认定方面,青岛主要采用

---

① 《上海市老年照护统一需求评估标准(试行)》,参见http://www.360doc.com/content/17/0123/18/34279512_624386557.shtml。

《日常生活能力评定量表》测评，并参考申请人的疾病史和医疗消费史等资料进行综合评定。根据规定，参保人因疾病、伤残等原因长年卧床已达或预期达六个月以上，生活完全不能自理，病情疾病稳定，按照《日常生活能力评定量表》评定低于 60 分（不含 60 分），且符合规定条件的，可申请护理保险待遇。制度同时规定，评分低于 60 分但没有慢性疾病明确诊断，以及病情不稳定急需诊治的，不可以申请护理保险待遇。

2017 年青岛将失智老人纳入护理保险保障范围后，制度规定参保人符合以下条件的失智老人也可申请享受护理保险待遇：参加基本医疗保险，年满 60 周岁的参保职工和一档缴费成年居民，经社会保险经办机构确定的失智诊断评估机构特约专家明确诊断，《青岛市长期护理保险失智老人失智状况评估量表》（中文简易智能精神状态检查量表（MMSE），必备）《蒙特利尔认知评估量表（MOCA）》、《日常生活能力评定量表 ADL》、《汉密尔顿抑郁量表（HAMD）》、《哈金斯基缺血量表》等有关检查量表支持临床诊断和病情判断，病情为重度的失智人员。

截至调研时，青岛累计有 4.5 万失能失智老人享受了护理保险待遇，平均年龄 80.4 岁[1]。根据青岛测算，青岛的重度失能率为 4.6%，由受益人数除以 60 岁以上老年人口的比重得出。

2. 青岛试点特色

（1）医疗护理服务市场发育相对成熟。由于家庭病床、老年医疗护理、门诊大病、门诊统筹等制度的培育，青岛市的医疗护理市场发展迅猛。实际上，早在 2006 年，青岛市的门诊大病定点就开始对民营社区医疗机构开放，2008 年门诊统筹定点也对民营机构开放，到了 2012 年青岛长期医疗保险定点也顺应这一路线，继续对民营机构开放。目前，青岛全市承担护理保险业务的定点服务机构发展到 638 家，其中，承担"专护"业务的二、三级定点医院 20 家，承担"老护"业务的医养结合机构 71 家（6 家失智专区试点），承担"家护"业务的社区医疗机构 570 家。在所有的定点护理机构中，民营机构占比 90% 以上，承担了 98% 的护理业务量，成为了护理服务的绝对主体。

相较其他调研地区而言，青岛的长期护理服务市场发育是相对成熟的。以南通为例，截至 2017 年 6 月调研时，南通市仅有 6 家护理院提供机构服务，床位总和不到 1000 张，护理能力缺口很大；由于服务人员缺失，南通市 2017 年上半年才开展居家上门服务，截至 2017 年 6 月，南通市提供居家上门照护服务的人员只有 60 余人。受服务提供人员不足的限制，上门照护服务达不到 100% 全覆盖。

（2）在全国较早探索对失智老人的医疗护理保障。2017 年 1 月，青岛针对失智老人建立了"失智专区"管理模式。目前，青岛市已经认定了 6 家失智专区试点。失智专区的管理分为三种：一是"长期照护"，24 小时提供照护服务。二是"日间照护"，为老人提供日间照护。三是"短期照护"，也称"喘息服务"，为失智老人提供几天到几十天不等的全天照护，原则上一个年度不超过 60 天。调研中，青岛福彩四方老年公寓负责人称，在建立"失智专区"管理模式之前，老年公寓是不敢收住失智老人的，因为失智老人发生生命风险的概率很高[2]。

（3）青岛试点较早，其医疗护理基础数据探索对全国制度建设有借鉴意义。目前，经过十余年的实践，青岛多次调整医疗护理服务的报销水平。实际上在正式建立护理保险制度之前，青岛市 2006 年就依托社区医疗机构和养老护理机构开展了老年医疗护理试点。当时试点初期，社区老年医疗护理费实行包干管理，每人日包干费用为 30 元；家庭病床费用实行日均控制结算，日均费用标准为 35 元。此后，医疗护理费标准不断调整，2008 年 7 月 1 日调整为每人每天 45 元，2010 年 7 月 1 日又调整为每人每天 60 元[3]。当青岛 2012 年建立医疗护理保险制度时，依据历史数据，青岛将"家护""院护"的日包干额度确定为 60 元；"医疗专护"的日包干费分别为 170 元和 200 元。此后，经过两年多的医疗护理保险试点，青岛市根据实际运行数据，重新调整了医疗护理费用的日包干额度，"家护"由原来的日包干 60 元下调为 50 元；"院护"由原来的 60 元提高至 65 元；"专护"统一调整为 170 元。这些基础数据的积累与探索，对日后中国建立长期护理保险制度有借鉴作用。

3. 青岛试点中的问题

（1）保障对象有限，重点保障重度失能失智和因病失能老人，部分中度失能和功能性失能老人尚未纳入保障范围。由于筹资能力有限，目前青岛医疗护理保险制度主要保障对象为重度失能和重度失智老人。虽然根据 ADL 量

---

[1] 有关青岛护理保险的数据，除特殊说明外，均源自《中国长期护理保险的制度构建与模式选择》课题组 2017 年 8 月对青岛试点的调研。

[2] 2017 年 8 月青岛福彩四方老年公寓调研资料。

[3] 2014 年 6 月 25 日下午青岛市市北区红十字老年护理院座谈资料。

表规定，评分60分以下的即为中度失能人员，青岛护理保险制度也是按低于60分这一标准规定参保人享受护理保险的资格线。但在实际运行中，制度实行以收定支原则，受益人数取决于基金筹集能力，实际能够享受待遇的主要是重度失能和中度失能中较重的参保人。

不仅如此，青岛护理保险试点仍然沿用2012年的旧模式，并未将筹资范围扩大，也未将参保人的日常生活照料需求纳入保障范围，仍然保障的是参保人的医疗护理需求。而且，制度明确规定，"ADL评分低于60分但没有慢性疾病明确诊断，以及病情不稳定急需诊治的，不可以申请护理保险待遇"。这就意味着没有患慢性疾病的因老失能或称功能性失能的老人尚不在青岛护理保险的保障范围内。

（2）制度有待升级改造，尽早建立独立的长期护理保险制度。虽然青岛市最早在全国探索了长期医疗护理保险试点，但是截至调研，试点仍然局限于对失能失智老人的医疗护理费用保障，基金筹集主要源自基本医疗保险基金，总的看青岛试点仍然是医疗保险制度的附加子制度。这与人社厅发〔2016〕80号在长期护理保险试点目标中提出的，"探索建立以社会互助共济方式筹集资金，为长期失能人员的基本生活照料和与基本生活密切相关的医疗护理提供资金或服务保障的社会保险制度"还有一定距离。青岛市下一步的试点重点是要把长期失能老人的生活照料待遇纳入制度保障范围，从而建立起独立的长期护理保险制度。2017年8月调研时，青岛市社保局正在进行制度建设的相关工作准备。

（四）长春试点

1. 长春试点框架

2015年5月，长春市开始实行失能人员医疗照护保险制度，制度设立的目的是对参加城镇基本医疗保险人员因生活不能自理，需要入住养老机构或医疗机构接受长期或短期日常照料和医疗护理的相关费用给予补偿。

（1）参保对象。目前，长春市医疗照护保险制度覆盖城镇职工、城镇居民基本医疗保险参保人。目前，长春市城镇职工医保和居民医保参保人数合计407.2万人，其中参保职工161.4万人，参保居民245.8万人[①]。

（2）资金筹集。长春医疗照护保险资金主要通过调整基本医疗保险统筹基金和个人账户结构进行筹集，用人单位和个人不需单独缴费。医疗照护保险资金按照划拨来源，分为城镇职工医疗照护保险资金和城镇居民医疗照护保险资金两部分，实行统一管理、分账核算、统一支付。

参加城镇职工基本医疗保险的，在参保人员缴费到账的同时，由医保基金按比例划转。其中，参加统账结合医疗保险的，以当月职工医保缴费工资基数为标准，分别从职工医保个人账户中划转0.2个百分点、统筹基金中划转0.3个百分点，列入城镇职工医疗照护保险资金；参加住院统筹医疗保险的，从医保统筹基金中划转0.5个百分点，列入职工医疗照护保险资金。参加城镇居民基本医疗保险的，从城镇居民基本医疗保险统筹基金中按每人每年30元标准进行划转，列入城镇居民医疗照护保险资金。为缓解基金筹集压力，2015年作为医疗照护保险制度启动的第一年，长春市从城镇基本医疗保险统筹基金历年可用结余中一次性划拨10%，作为医疗照护保险制度运行的启动资金。此外，制度还建立了财政补助资金，规定补助金额视照护保险基金收支情况确定。

（3）保障范围及支付标准。根据长春医疗照护保险制度的规定，只有入住定点照护机构接受日常照料和医疗护理的参保人，发生的符合规定的床位费（指在养老或护理机构接受医疗照护期间，医疗机构除外）、护工劳务费用、护理设备使用费、护理日用品、舒缓治疗费用等纳入医疗照护保险资金支付范围。

入住定点养老或护理医疗照护机构接受长期日常照料和医疗护理的参保人，发生的照护费用不设起付线，参加职工医保的补偿比例为90%，参加居民医保的补偿比例为80%。入住定点医院的参保者另行规定。具体到结算办法，长春市照护保险在定点养老或护理医疗照护机构接受服务的，实行按床日定额包干，超支不补的结算管理办法，日定额标准97元，使用一次性耗材增加10元。在定点医疗机构接受护理服务的，实行按病种补偿，执行医保住院有关待遇标准。

（4）需求认定。目前，长春医疗照护保险的主要保障对象为重度失能人员以及高龄老人。制度规定，因年老、疾病、伤残等导致生活自理能力重度依赖的参保人员，经医保经办机构认定符合享受医疗照护保险标准的，可申请在定点医疗照护机构接受日常照料和医疗护理，由医疗照护保险资金支付相关费用。长春市重度失能人员的评定标准为：《日常生活活动能力评定量表》评定分数低于40分（含）的人员；按照国家《综合医院分级护理指导意见（试行）》确定的符合一级护理条件且生活护理重度依赖的人员；体力状况评分标准（卡氏评分KPS）低于50分（含）的癌症晚期患者。

---

① 《中国长期护理保险的制度构建与模式选择》课题组2017年6月对长春调研的资料。

根据医疗照护保险运行情况，长春市稳步扩大保障范围，适时将中度失能人员纳入医疗照护范围。2016年，长春市扩大了照护保险制度保障范围，一是将参加城镇职工医保和城镇居民医保的85周岁以上90周岁以下的未完全失能的老人全部纳入医疗照护保险待遇享受范围。二是将参加城镇职工医保和居民医保的90周岁以上（含90周岁）老人全部纳入失能人员医疗照护保险保障范围。

2. 长春试点中的特色及问题

长春市医疗照护保险制度突出的特色在于，制度将高龄老人自动纳入保险待遇享受范围。2016年，长春市在完善照护保险制度时扩大了制度保障范围，一是将参加城镇职工医保和城镇居民医保的85周岁以上90周岁以下的未完全失能的老人全部纳入医疗照护保险待遇享受范围。二是将参加城镇职工医保和居民医保的90周岁以上（含90周岁）老人全部纳入失能人员医疗照护保险保障范围。

但长春试点也存在一些问题。一是长春试点范围有限，主要是针对参保人需要入住养老机构或医疗机构接受长期或短期日常照料和医疗护理的相关费用给予补偿，参保人的居家照护需求尚未纳入覆盖范围。二是长春试点基金主要源自医保基金筹集，制度长期财务持续性存在隐患。

二、共同做法与存在问题

（一）过半数试点地区基金筹集过度依赖医保基金，缺乏可持续性

通过已经出台试点方案的十余个试点地区的资料看，多数试点地区护理保险基金主要或者全部源自医保统筹基金、医保个人账户划转，或者医保基金历年结余（如承德、长春、齐齐哈尔、安庆、上饶、青岛等），上海市和成都市即使规定了单位缴费比例，但目前先行试点期间，单位缴费仍由医保基金结余或者医保统筹基金划转，单位个人暂不缴费。只有其他少数几个地区，如南通、苏州、荆门，相对而言，财政补助占比较大（详见表9-1）。南通目前财政补助占比40%，未来南通市计划视人均可支配收入增长和基金收支情况调整，资金筹集方向是逐步提高个人缴费、财政补助所占比重，逐步降低甚至取消医保统筹基金的划拨额度。

上述各地筹资水平的确定，与当前各地的经济社会背景紧密相关，毕竟目前中国处于经济发展面临新常态、经济增速放缓，且企业既有缴费负担居高不下的双重困境，各地很难再对护理保险基金进行单独筹资。上文提到的上海、成都等少数地区虽然规定了单位缴费和个人缴费比例，但目前仍从医保基金、医保个人账户中划拨，尚未对单位缴费进行征收。

但实际上，长期看这种主要或单纯依靠医保基金的筹资模式不可持续也缺乏合理性。之所以不可持续是因为目前采取这种筹资模式的地区主要是医保基金结余比较充足、基金支付压力不大的地区，但中国还有很多地区，尤其是欠发达地区的医保基金支付压力较大[①]，这些地区再从医保基金中筹资会很困难。之所以不合理是因为，每一项社会保险基金的筹集和支出都是有既定目标群体的，支付范围也是既定方向的。社会医疗保险制度的建立主要是减轻参保人因疾病风险的发生而丧失的经济损失，与长期护理保险的支付范围和保障目标并不相同——长期护理保险不仅覆盖参保人的医疗护理需求而且覆盖其日常生活照料需求。医疗护理尚与医疗保险有相关关系，但日常生活照料费用的支出，按照规定是不能由医保基金筹资的。所以，基于此，未来中国考虑构建长期护理保险制度主要依靠医疗保险基金筹资是不合理的。

（二）基于基金筹集能力，多地保障水平有限且对象以重度失能人员为主

从已经发文的十余个试点地区的试点方案看，护理保险的筹资主要是从医保基金或划转个人账户筹资，一些地区也规定了财政补贴的额度，年财政筹资在30~50元。但在经济发展新常态和企业缴费压力增大的双重背景下，除上海地区以外，多数试点地区的护理保险试点方案确定的筹资水平并不高，年筹资水平较高的为100~200元，且多为城镇职工医保参保人筹资；年筹资水平较低的，大致在20元、30元、60元、80元上下不等，且多为城乡居民医保参保人。南通等少数地区城镇职工和城乡居民筹资水平相同，如南通市当年的年缴费为100元，其中个人和医保基金各承担30元，财政承担40元。

由于筹资能力有限，且在制度运行中遵循"以收定支、收支平衡、略有结余"原则，各试点地区的待遇水平确定得并不高。根据各地试点方案，居家护理的日包干额度一般不超过50元/天，一些低的地区仅为每天十几元、二三十元；机构护理（由护理院、养老院、医院等机构提供护理服务）日包干额度稍高，但一般也不超过100元/天，青岛"医疗专护"报销额度较高为170元/天，基本可以满足参保人的医疗护理需求但不覆盖生活照料费用。实际上，这样的保障水平难以满足参保人的实际长期护理需求。例如，在上海试点调研中，调研数据显示，当前上

---

① 何宪主编：《中国人力资源和社会保障年鉴2014》（工作卷），中国劳动社会保障出版社、中国人事出版社2014年版。

海护理保险试点最大的困难就是服务项目和百姓需求脱节，居家照护每天只提供一个小时的服务，不可能满足参保人连续性的服务要求。

不仅如此，在保障对象的确定上，多数试点地区基于基金的支付能力，先将重度失能人员纳入制度保障范围，待时机成熟再逐步扩大至中度失能人员。例如，河北承德、黑龙江齐齐哈尔、江西上饶市等在试点方案中，明确规定护理保险试点期间只保障重度失能人员的日常生活照料和与之相关的医疗护理需求。再例如，长春市在试点方案中规定，试点初期只保障入住养老照护机构的重度失能人员的长期护理需求，2016年长春又将85岁以上的高龄老人纳入保障范围，但中度失能人员和居家养老的失能人员还没有纳入其中，而且制度并不能保障精神类失能人员。南通和青岛虽然按照护理需求评定标准，将中度失能人员纳入其中，但也只是失能较重的中度失能人员才能享受待遇，青岛实际执行的是《日常生活活动能力评定量表》中低于55分的参保人，南通规定是该表评分低于50分的参保人。

（三）充分发挥第三方机构的经办服务能力

目前，试点地区的护理保险经办工作主要由医保经办机构负责，但当前我国各项社会保险业务经办能力有限，社保经办机构普遍存在"小马拉大车"的超负荷运转现象。针对这种情况，试点地区多采取委托第三方经办机构开展长期护理服务业务的做法。例如，南通市规定，"按照照护保险经办事务委托第三方参与经办、政府监督的管理模式，将受理评定、费用审核、结算支付、稽核调查、信息系统建设与维护等部分经办服务，通过政府招标委托有资质的专业机构参与经办，提高经办服务能力"。青岛市也将护理保险经办工作委托给两家保险公司，分别为中国人民健康保险股份有限公司参与职工护理保险的经办管理，中国人寿保险股份有限公司参与青岛居民护理保险经办管理。这是试点的普遍做法，也是未来值得继续坚持的地方。

（四）提倡居家服务为主

总体上，除长春未提供居家护理服务外，其他试点地区基本上是按照居家服务和机构服务两种形式向参保人提供长期护理服务的。并且，鼓励以居家服务为主是很多试点地区的共同做法，这不仅符合中国老年人长期护理的需求，而且也与国际惯例相一致。根据南通的调研数据，截至2017年5月，南通市累计有3373人享受护理保险待遇，其中居家照护2728人，占比80.9%，其他不到20%为机构照护受益人。再以青岛为例，根据2014年的调研数据，

青岛医疗护理保险享受居家护理的受益人占总受益人数的88.9%[①]。此外，上海等地在制度设计上也鼓励居家照护为主，机构为辅。

（五）服务项目与护理需求脱节，护理服务能力提供不足

当前，护理保险的定位是保基本，只提供最基本的日常生活照护和与之相关的医疗护理；而且，试点期间各地受制于基金筹集能力，对参保人提供的服务项目、待遇标准都有限。例如，上海市在试点期间表现出两方面的问题，一是居家护理服务供给难以满足护理需求，二是机构护理服务难以满足护理需求。上海对拥有10~49张床位的护理机构发放福利机构证照，可以提供上门服务和机构照护。50张床位以上发放行政许可，只能提供机构照护。机构提供上门服务时，一位工作人员每天最多可为10人提供服务，每次上门一个小时。而每天只提供一个小时的服务，不可能满足参保人连续性的服务要求，也不可能满足失能人员的家政服务类需求。

服务提供能力不足，也是很多开展试点时间不长的地区面临的主要问题之一。例如，由于服务提供人员不足，南通2017年上半年才提供居家服务，调研时南通市只有61名工作人员提供居家上门服务。而且，也正因为如此，南通上门照护服务达不到100%全覆盖。南通机构护理也面临类似问题，目前全市6家护理院的床位总和加起来不到1000张，护理能力缺口很大。这与护理服务从业人员的工作环境艰苦、工资待遇低有直接关系。同样以南通为例，2016年南通的社平工资为5000元/月，但调研中某护理院工作人员的工资包吃包住也就2700多元/月，加上工作"苦脏累"，很难留住人[②]。

在服务能力不足问题中，农村服务能力弱是制度建设中的短板。调研中，青岛、南通等地都反映了此问题。正是由于服务能力不足，一些试点地区的农村老年居民享受护理保险待遇的占比很低。以南通市为例，南通市不同参保群体在享受待遇人群中的占比分别为：城镇退休职工占比50.4%，城镇老年居民占比37.6%，农村老年居民享受基本照护保险待遇的人数仅占全部受益对象的6.2%，主要原因是农村照护服务供给不足影响了照护保险的实施[③]。

三、解决问题的对策建议

（一）构建多渠道筹资模式，明确财政筹资责任

综观世界上其他建立社会性长期护理保险制度的国

[①] 作者2014年6月青岛调研资料。
[②][③]《中国长期护理保险的制度构建与模式选择》课题组2017年6月赴南通调研的资料。

家,制度融资或者由单位及个人单独缴费,或者由单位缴费、个人缴费及财政补助几部分构成,采取的都是多渠道筹资的方式。考虑当前中国存在经济下行以及企业缴费比例过高的双重压力,单纯依靠单位及个人缴费筹资的可行性不大,可以考虑由单位、个人以及财政三个渠道进行筹资。南通筹资模式中最大亮点就是财政责任前置,即财政给予缴费补贴、长期护理保险基金自我平衡,这有利于厘清财政资金与社会性基金,避免责任后置带来的"裹挟财政"的风险。

单位筹资和个人缴费筹资,可以在适度降低其他社会保险项目缴费比例的前提下进行。例如,上海市就将医疗保险缴费比例降低了一个百分点,转而改征一个百分点的护理保险缴费。各地可以在测算未来社会保险基金收支规模的基础上,适度下调其他社会保险项目的缴费比例。个人筹资部分可以考虑城镇职工由医疗保险个人账户承担,城乡居民单独缴费或者给予财政补贴,目前多数试点地区也是采用的这种筹资措施。

具体到财政筹资,建议在尽量少增加现有财政压力的前提下,整合各项老年财政福利补贴,变"撒芝麻盐"的补贴方式为有效补贴。当前,民政是社会福利的主要负责机构,老年人的各项福利补贴也由民政部门管理。例如,高龄老人津贴、五保供养、残疾补贴等,这些都或多或少与失能老人的长期照料相关,尤其是高龄老人津贴这一制度与长期照护关系更为紧密,因为调研数据显示,高龄老人往往是长期护理保险的主要受益人群,青岛调研数据显示,目前累计的4.5万享受护理保险待遇的失能失智老人,平均年龄80.4岁;南通调研数据显示,75岁及以上的老人年占待遇享受人数的72.4%。截至2016年底,中国享受高龄补贴的老年人2355.4万人①,月补贴金额从50元到上千元不等。以青岛崂山区为例,从2014年4月1日起,崂山区已在青岛全市率先提高80周岁以上老年人高龄补贴。其中,将崂山户籍的80~89岁老人高龄补贴标准提高到120元;90~99岁老人提高到220元;百岁老人提高到500元,加上市财政发放300元,百岁老人每人每月达到800元②。实际上,包括高龄补贴在内的很多老年福利并未区分贫困老人和富裕老人、失能老人及未失能老人,政策瞄准不够精准,可以适度整合,完全承担护理保险基金

的筹资需求。按照青岛市社保局目前的测算,人均再增加约120元/年的筹资,即可将参保人的基本生活照料需求覆盖在内,为受益人每周提供3小时、5小时、7小时等不同时长的长期护理服务③。

(二)全国统一失能评定标准

失能评定是指丧失生活自理能力程度的等级评定。一般根据失能程度分为重度失能、中度失能和轻度失能。从已经公布的数据资料看,多数试点地区均采用《日常生活活动能力评定量表》作为失能评定的判断标准,且量表打分40分以下的重度失能人员可以申请享受护理保险待遇,少数试点地区如青岛、南通等,将部分中度失能人员也纳入待遇享受对象范围。例如,青岛规定60分以下的失能人员即可申请享受护理保险待遇,南通规定41~50分的中度失能人员也可申领护理保险待遇。上海和成都与其他试点地区不同,开发了各自的需求认定体系,上海结合国外经验和本地实践制定了《上海市老年照护统一需求评估标准(试行)》,从自理能力和疾病状况两个重要维度开展评估,通过计算机综合评分给出评定结果。成都市则制定了《成都市成人失能综合评估技术规范》并照此进行失能评定,评定结果为重度一级、二级、三级失能的分别对应照护三级、二级、一级3个等级。

从目前各试点地区的制度实施情况看,根据《日常生活活动能力评定量表》进行失能评定是一种比较简便易操作的选择,但选用该量表有两个问题:一是《日常生活活动能力评定量表》没有对精神类疾病的认定,导致量表评定结果主要针对的是身体失能参保人,量表适用性本身存在一定局限。二是量表项目分值设置较宽,受评分人员人为因素影响较大,容易导致失能评定结果的不准确。因为长期护理保险制度在开发失能评定工具时需要遵循三个原则:一是评估工具要标准化,能够确保不同评估人在对申请人进行失能评定时都能得出近乎相同的结论。二是评定结果要严格根据对参保人的调查结果得出。三是参保人的需求要用标准化的度量单位表述④。

因此,中国在构建长期护理保险制度过程中,也需要国家结合实际,在实际调研基础上开发一套完整的、标准化的失能评定工具。实际上,日本在实施长期照护保险制度时为了对申请人进行需求评估,专门开发了一套复杂的、

---

① 民政部发布:《2016年社会服务发展统计公报》,数据源自民政部官网:http://www.mca.gov.cn/article/sj/tjgb/201708/20170800005382.shtml。
② 杜呆燃:《青岛优待老年人规定实行 崂山高龄津贴全市最高》,数据源自:http://www.qdxin.cn/xin/2017/100023.html。
③ 2017年8月,《中国长期护理保险的制度构建与模式选择》课题组赴青岛调研的资料。
④ Pedro Olivares-Tirado & Nanako Tamiya, *Trends and Factors in Japan's Long-Term Care Insurance System: Japan's 10-year Experience*, Dordrecht: Springer Netherlands, 2014.

标准化的"需求评估工具",并在全国范围内统一使用。这套评估工具是日本1995年在对照护机构中的专业照护服务提供者进行深入的工时定额研究基础上开发而来的,调查研究在日本选取51家顶级照护服务机构开展调研,每位受过训练的调研者跟随一位服务提供者对其所有服务进行为期两天24小时不间断的记录。调研收集了2376位专业照护服务提供者对3800名老人提供的累积1000万分钟的照护服务,并且据此计算出每一项照护服务需要花费的时间。后期,日本对评估工具经过先期测试、不断改进而最终确定。最终,这套评估工具包含73个具体项目,用于精确评定待遇申请者的照护需求等级[①]。

(三)进一步规范待遇支付形式和基金支付范围

目前,各个试点地区在护理保险待遇给付上,包括支付形式和支付范围等,也都各不相同。在支付形式上,大部分地区,除了长春未提供居家照护外,其他试点地区基本都是按照居家照护和机构照护两类形式提供护理服务。青岛略有不同,服务形式细分为"家护""院护""专护""巡护"等,但实际上,"家护"和"巡护"属于居家护理,其他两种形式都属于机构照护。目前,从国外实践看,服务形式大体上也主要分为居家照护和机构照护两类,但实践较早的国家在服务形式上也不断进行改革,从而提高基金的使用效率。例如,2005年,为了抑制护理费用的快速上涨增强基金的支付能力,日本在长期照护保险服务项目中增加了预防照护服务,主要面向需要轻度照护者或者照护服务的潜在对象提供预防服务。中国在制度建设中也可以考虑增加这种服务形式,以较小的成本投入获得较大的制度收益。

从基金支付范围看,目前,除青岛等少数先期开展试点的地区在待遇支付中未包含日常生活照料支出外,大部分试点省份都按照人社厅发〔2016〕80号提出的,护理保险试点重点解决重度失能人员基本生活照料和与基本生活密切相关的医疗护理等所需费用,这一意见开展试点的。但对于生活照料和与之相关的医疗护理支付项目具体如何界定,各地做法不一样。例如,上海市规定了27项基本生活照料和15项常用临床护理项目;广州市规定了包含环境安全、生活护理等在内的七项基本生活照料服务项目,以及包含气管切开护理、吸痰护理等在内的19项医疗护理服务项目。两个试点地区的服务项目有重合也有不同。再以简单的床位费这一支付项目为例,上海、青岛等在试点中规定,床位费不包含在支付范围内,而长春、上饶、广州等地在试点中却将床位费的报销包含在内。

因此,中国在构建长期护理保险制度过程中,建议在确定基金统筹层次的前提,对待遇支付范围有所规范。建议可以参照基本医疗保险制度的做法,对于护理保险基金支付范围在全国制定一个基本目录,各统筹地区可以在基本目录项基础上适度进行调整。当前,国家制定了《国家基本医疗保险、工伤保险和生育保险药品目录》,各省(区、市)可按规定对乙类药品目录进行调整。

(四)积极培育长期护理市场,增强照护人力和护理服务能力

照护人力和服务能力供给不足问题,是各国在建立长期护理保险制度中普遍遇到的问题。中国也不例外。但长期护理保险制度和护理服务市场的发育是相辅相成的,长期护理保险制度的建立可以促进护理服务市场的发展。以日本为例,自从引入长期照护保险制度后,日本的长期护理服务市场发展迅速。长期照护保险制度是日本实行公共服务私有化的首个领域。从近些年的数据不难看出,除个别类型的机构外,日本大部分类型的服务提供者数量都呈增长趋势。例如,老年人长期照护福利机构的数量从2001财年的近2.1万家扩大到2011财年的3.4万家,10年增长了63.5%;小型团体之家多功能照护服务机构的增速更是明显,从2006财年的184家猛增至2011财年的1992家,五年增加了原来的近10倍[②]!

青岛的制度探索也证明了同样的问题,青岛在基本医疗服务提供者的选择上,也坚持走市场化的道路,早在2006年,青岛市的门诊大病定点就开始对民营社区医疗机构开放,2008年门诊统筹定点也对民营机构放开,因此,青岛市的民营定点医疗机构发展迅速。截至2011年底,青岛市区的医保社区定点医疗机构已由起步时的41家增加到300多家[③]。2012年,青岛实施长期医疗护理保险制度后,定点护理机构对民营机构持同样的支持态度,因此截至2017年8月调研时,青岛全市承担护理保险业务的定点服务机构发展到638家,其中,承担"专护"业务的二、三级定点医院20家,承担"老护"业务的医养结合机构71家(6家失智专区试点),承担"家护"业务的

---

① Pedro Olivares-Tirado & Nanako Tamiya, *Trends and Factors in Japan's Long-Term Care Insurance System: Japan's 10-year Experience*, Dordrecht: Springer Netherlands, 2014.

① *Annual Health, Labour, and Welfare Report* 2012-2013, p.234,见日本厚生劳动省官网:http://www.mhlw.go.jp/english/wp/wp-hw7/dl/10e.pdf。

② 姜日进等:《青岛市长期医疗护理保险的实践》,《中国医疗保险》,2014年第4期。

社区医疗机构570家①。

因此，在长期护理保险制度构建过程中，在严格资格准入条件的同时，制度应该鼓励民营机构加入，注重培养长期护理服务市场。对于民营定点护理机构，各方政府给予税收、水电等方面优惠政策，鼓励其发展。

同时，对于照护人力，也称护理服务提供者或护理人员，也应加强培养和健全相关保障制度。目前，护理人员缺乏是各方达成的普遍共识，虽然目前还没有准确的统计数据。调研中，各试点地区也普遍反映此问题。一些试点地区也采取了相应措施。上海市在这方面准备工作做得较早，针对护理人员短缺问题，上海早在试点护理保险制度之前就将护理专业人才培养提上日程，社会保障部门与卫计委、民政将医疗护理、养老护理从业人员开发为一个新的职业，纳入国家职业资质，并建立健全了培育机制和考核机制，当时属创造性举措。为了留住护理人员，2013年上海将护理人员的薪资确定为每小时50元，并签劳动合同。上海鼓励年轻人进入护理行业，打通年轻人的职业通道；并引导开发了针对护理从业人员的综合保险，控制从业人员的意外、健康风险，促进百姓对护理概念的接受。2015年上海市拟定护理人员发展规划，明确了护理从业人员的目标人群数和今后的发展方向。

---

① 《中国长期护理保险的制度构建与模式选择》调研组2017年8月赴青岛调研的资料。

分报告十
长期护理保险制度的成本控制：以青岛市"长期医疗护理保险"为例①

随着老龄社会的概念逐步渗透到社会各个层面，对失能老人的需求和供给的研究逐渐达成共识。以多个全国的调查数据分析，因生活不能自理需要照顾的老人达到2000万~4000万，虽然大部分老人都能得到家人的照顾，但随着老龄化程度日益提高，独生子女政策导致子女可以照顾老人的可能性相对下降，针对老年失能群体长期照料的社会政策日益提上重要的议事日程。

民政部一直以来都是社会福利的主体机构，过去沿袭的政策中有关于残疾的（基本在残联架构下运行），也有农村"五保户"中涉及的失能老人生活照料，基本上采取的是资金补助、集中供养等形式。例如，2015年底，五保供养对象519.3万人，其中集中供养163.3万人，集中供养率为31.5%；农村五保集中供养和分散供养年人均标准分别达到5883元、4388元②。这其中包含了部分没有家人照料的失能老人，但是比例不大。另外一个跟老人失能间接相关的是高龄老人津贴制度，因为80岁以上老人失能的概率大大增加，给高龄老人的津贴间接补贴了由于失能带来的经济负担。2015年，有2200万高龄老人得到每月50元到上千元不等的补贴。但是，这个补贴制度没有区分失能和健康人群，而且是地方根据财政情况自行制定的补贴政策，地区间差异很大，不能解决真正失能老人的照料需求。

发达国家都建立了各自相对完善的长期照护体系，制度的设计从资金的筹集到服务的提供各有不同。据Muir (2017)文献③，OECD国家2014年前后平均在长期照料上的支出从荷兰占GDP的4.2%到希腊的0.1%，覆盖服务人群从以色列占65岁以上人口的20%到波兰的不到1%，基本上每个国家一个制度，而且制度之间很难同比。2016年世界银行对长期照料的研究报告中总结到，不是那种制度优劣，而是仅强调了越在老龄化早期建立长期照料系统，整体的费用可能越低④。

既然各个制度的可比性不高，有些研究就把角度放到个体的平均照护支出上，在已有的制度中找到一个被照护人的总费用（在某个年龄为起始的平均值），对特定制度的运行效率也是一个量化的比较模式。英国的一个研究报告（Dilnot Commission, 2011）⑤发现，65岁以上英国人中，

---

① 本报告是浙江大学米红教授研究团队和CEPAR-UNSW的共同研究成果，得到澳洲人口老龄化研究中心（CEPAR）、澳洲社科基金ARC项目号CE11E0099和ARC LP150100347的支持，也得到中国社科重大基金（项目号71490733）的支持。
② 摘自2015年社会服务发展统计公报，http://www.mca.gov.cn/article/sj/tjgb/201607/20160700001136.shtml.
③ Muir, T. (2017), "Measuring social protection for long-term care", OECD Health Working Papers, No. 93, OECD Publishing, Paris. http://dx.doi.org/10.1787/a411500a-en.
④ World Bank, (2016), Living long and prosper: aging in East Asia and Pacific. Washington, DC: World Bank East Asia and Pacifica Regional Report, International Bank for Reconstruction and Development / The World Bank.
⑤ Dilnot Commission (2011), "Fairer Care Funding, Commission on Funding of Care and Support", accessed at: http://webarchive.nationalarchives.gov.uk/20130221130239/https://www.wp.dh.gov.uk/carecommission/files/2011/07/Fairer-Care-Funding-Report.pdf.

有25%不需要长期照料，但是有10%的人长期照料的费用超过10万英镑；美国政府卫生部门最近的一个研究报告Favreault and Dey (2015)指出，2015~2019年，65岁以上美国人平均要接受2年的长期照护项目支持，费用估算达到每人13.8万美元，这其中45%的资金是政府提供的支持[1]。

无论从服务提供还是资金支持角度来看，长期照料都不是一项简单的公共政策，长期以来，国际上对服务的内容、评估的标准以及服务质量的界定都没有达成共识。这与各个地方财政的能力、人口结构、文化习惯和社会传统的不同都有直接的关系。

中国是个地区发展不均衡的国家。虽然从全国范围看，2016年60岁以上老人占了全部人口的16%，部分地区城市早已超过20%。例如，上海户籍老人已经超过了30%，北京23%；但同样经济发展迅猛的深圳却只有不到7%。区域人口结构现状和发展的不同决定了对失能老人的长期照料问题紧迫性也会不同。老龄化严重的地区，中国以前所有的制度已经远远不能满足失能老人的需求，而新的制度必然需要新的尝试，国家提出试点的方法也是集思广益的一个探索，也符合长期照料这个更需要因地制宜的政策需要。

虽然各地推出的试点方案各不相同，从长期看，还是需要需求和供给达到相对平衡；从短期看，有限的资金应该先满足最需要的老人的需求。从国际经验看，这些需求的界定可以分为与医疗相关和与社会照料相关两类：前者是医疗卫生服务向社区（包括养老院）和家庭（家庭病房）的延伸，后者是一般性的服务行业对失能老人提供的支持（包括购物做饭、个人卫生、家居清洁等服务）。亚洲国家有"孝"的传统，现在很多失能老人的生活照料绝大多数是靠家庭解决的，一些地区虽然有了家庭病床和社区服务，但是价格的设定和服务的提供基本在医保的范畴，得到的服务与参加医保的种类密切相关，有职工医保的相对容易，大多数只有城居保和新农保的还是得不到必要的帮助，容易造成公共服务的不公平和不均衡。

与失能相关的医疗制度，在一定程度上满足了长期照料的需求。日本在推行国民长期照料保险之前，老龄化问题已经非常严峻，"社会性住院"——老人常住在医院里得到与长期照料相似的照顾——成为住院主体，据报道，1997年日本有43%的老年病人住院超过半年(Matsuda and Yamamoto, 2001)[2]，这给医疗体系造成了极大的负担，日本的长期照料保险制度也因此应运而生。

长期照料与医疗体系分离，在中国更有现实意义。中国的医疗制度大体分成职工医保和非职工医保，两者的比例为25%∶75%，但可以使用的资金比例正好相反。这样的制度体系不实现一定程度的资金整合，很容易造成对职工医保群体的"过度医疗"，而同时又会对非职工群体医疗服务不足或自付负担沉重，医疗的公平性和公益性难以体现。作为目前医联体改革的一个方面，把长期照料从医疗体制中分离出来，是一把双刃剑：一方面使最容易过度医疗的那部分人有了合理的制度安排、从而可用低得多的费用得到合理的照护；另一方面那些自付负担较重的非职工医保群体也可以享受到最需要的服务和政府的资金划拨。

青岛试点的"医养结合"的长期照护政策，正是瞄准了家庭不能解决的医疗照护的延伸问题，而且在制度的设计上作到尽量保障公共服务的公平公正，让全体居民得益。这在全国试点城市中是非常难能可贵的，可以说是把"好钢用在刀刃上"，为全国的长期照护制度设计提供了一个具有里程碑意义的尝试和探索。

一、青岛医疗护理保险政策由来和积极意义

2016年，青岛60岁以上人口占户籍人口的21%。作为最早关注失能老人照料问题的地方之一，在实施城镇职工基本医疗保险之初——2006年青岛出台了关于长期照料的地方性办法《城镇基本医疗保险社区老年医疗护理住院政策》——通过建立家庭病床制度、开展医疗保险进社区，将老年护理院及具备相应医疗护理资质的养老机构纳入医保定点范围，既方便了患者就医，又缓解了失能者家庭的医疗和护理负担。

由于医保基金的不断注入，促进了社区医疗机构和医养结合养老机构的发展。截至2011年底，青岛市区的医保社区定点医疗机构已由起步时的41家增加到300多家，其中具备办理家庭病床资质的有130多家，兼具老年护理院资质的养老机构近20家。社区定点机构的医保医师由

---

[1] Favreault M. and Dey J., "Long-term Services and Supports for Older Americans: Risks and Financing Research Brief", ASPE, U.S. Department of Health Affairs and Services, available at https://aspe.hhs.gov/basic-report/long-term-services-and-supports-older-americans-risks-and-financing-research-brief, 2015.

[2] Matsuda S, Yamamoto M. "Long-term care insurance and integrated care for the aged in Japan". *International Journal of Integrated Care*. Vol.1 Issue (3). DOI: http://doi.org/10.5334/ijic.39，2001.

200多人增加到1700多人，工作人员也由1000多人增加到4000多人。医疗保险的社区管理网络的基本形成，为实行长期医疗护理保险制度试点奠定了基础。

2012年7月1日，青岛市出台了《关于建立长期医疗护理保险制度的意见（试行）》（青政办字〔2012〕91号），在全国率先试行长期护理保险制度。2015年，随着青岛市基本医疗保险实现城乡统筹，农村参保人员首次纳入护理保险保障范围。在北京举办的中国政府创新奖评审会上，青岛市长期医疗护理保险制度作为山东省唯一入选项目，荣获2015年度中国政府创新最高奖——"最佳实践奖"，位列10个获奖项目第一。2016年6月，备受瞩目的"探索建立长期护理保险制度"纳入《人社部办公厅关于开展长期护理保险制度试点的指导意见》，2017年3月又纳入《"十三五"国家老龄事业发展和养老体系建设规划》，青岛成为15个试点城市之一。自2017年1月1日起，青岛实施《关于将重度失智老人纳入长期护理保险保障范围并实行"失智专区"管理的试点意见》，为失智老人提供长期护理补贴。

青岛的长期照料社会保险政策有其自身的发展背景。①青岛是先行进入老龄社会的地方之一，有实际的需求导向。②随着医院在前些年的快速扩张，床位数和医护人员数量都大大增加，如每千人医院床位数从2010年的4.7张增加到了2015年的6.2张，每千人医生数从2.32增加到3.35，虽然医疗资源增加，但是由于青岛的三甲医院和一级、二级医院报销比例非常接近，人们都会集中到三甲医院就诊住院，医疗资源的利用极不平衡。③青岛职工医疗保费为工资的11%（统筹账户9%、个人账户2%），高于全国平均水平，而且青岛的职工医保归属于人力资源和社会保障部门管理，与许多地方属于卫生部门管理有所不同，更加便于统筹综合制定社会保障制度，同时医保基金也有比较大的结余（据估算2015年之前已超过100亿元）。这些原因使青岛率先在全国开展医疗长期护理保险试点。

任何制度的形成都会有个比较漫长的过程。青岛长期以来在这方面的探索，积累了大量实践经验。青岛医疗护理保险的推出和实施有三个方面的重要意义，其经验和成果可以被很多地区借鉴和推广。

首先，由于没有以前长期护理方面的条例和政策，且传统的养老政策日益不能满足失能老人的实际需求，在甲级医院和二、三级医院报销比例相差非常小的青岛，有职工医疗保险的失能老人占据最好医疗资源的倾向开始显著，而没有职工保险的失能老人（尤其农村地区）得不到同等的机会、其家人的生活和照料压力日益严重，这个政策的推出及时缓解了三甲医院的资源紧张和日益增加的医疗开支，为二、三级医院和社区门诊提供了稳定的需求，也使得医疗资源的分级诊疗得到了较好的推动。

其次，经过10年（2006年开始试点）的实践，在失能老人的评估标准、照料服务提供、服务产品价格定位和系统供需平衡等方面提供了宝贵的经验，可以涵盖的人群数量、服务的标准和系统的可持续性有了可以量化的预算依据，无论是社会保险还是社会福利项目预算，这些基础数据决定了系统成本控制和服务提供的平衡，具有极大的推广和参考价值。

最后，与大部分试点地区不同，长期照料局限或侧重居家的生活配套照顾。青岛模式为行为失能和失智老人提供在机构和居家接受医疗服务配套的资金，然后按经济能力由财政配套社会照料服务（送餐清洁等社区为主体的上门服务），既满足了家庭不能提供的医疗等专业服务需求，又低成本地使用公共资源为最需要的人购买社会服务，为即将到来的老龄化提供了可持续的财政投入模式。

二、青岛医疗长期护理保险的服务内容和受益人群

经过几次改革，现在的青岛医疗护理保险分为四个补助级别，分别为专护、院护、家护和巡护服务。医院医疗专护（专护）是指二级及以上住院定点医疗机构医疗专护病房为参保人提供长期24小时连续医疗护理服务；护理院医疗护理（院护）是指医养结合的护理服务机构为入住本机构的参保人提供长期24小时连续医疗护理服务；居家医疗护理（家护）是指护理服务机构派医护人员到参保职工家中提供医疗护理服务；社区巡护（巡护）是指护理服务机构（含一体化管理村卫生室）派医护人员到参保人家中提供巡诊服务。

包干额度为：医疗专护170元/人·天；护理院医疗护理65元/人·天；居家医疗护理50元/人·天；社区巡护参保职工、一档缴费成年居民、少年儿童、大学生1600元/年（每周巡诊不少于2次），二档缴费成年居民800元/年（每周巡诊不少于1次）。资金拨付标准与护理服务机构服务数量和服务质量挂钩。根据2015年文件规定，护理保险待遇不设起付线，参保职工报销比例为90%；一档缴费成年居民、少年儿童和大学生报销比例为

80%，二档缴费成年居民接受社区巡护服务报销比例为40%。

失能参保人需由本人或家属携带病人相关病历材料、社会保障卡和身份证（原件及复印件），向具备医疗专护资质的定点护理机构提出申请，并填写《青岛市长期医疗护理申请表》。定点护理机构接到申请后，按规定安排医保执业医师对申请人病情和自理情况进行现场审核，并按照《日常生活能力评定量表》评定标准进行初步评定，对符合办理条件的，按规定及时为参保人进行网上申报。

办理医疗专护的，需要满足以下条件：①因病情需长期保留气管套管、胆道等外引流管、造瘘管、深静脉置管等管道（不包括鼻饲管及导尿管），需定期对创面进行处理。②需长期依靠呼吸机维持生命体征的。③因神经系统疾病、骨关节疾病、外伤等导致昏迷、全身瘫痪、偏瘫、截瘫，双下肢肌力或单侧上下肢肌力均为0~Ⅱ级，需医疗护理的。④髋部骨折未手术、下肢骨不连（腓骨除外）、慢性骨髓炎，需要医疗护理的。⑤其他经社保经办机构认定符合专护条件的。

申请护理院医疗护理（以下简称"院护"）、居家医疗护理（以下简称"家护"）、社区巡护（以下简称"巡护"）待遇的，应符合以下条件之一：①患有以下慢性疾病：脑卒中后遗症（至少一侧下肢肌力为0~Ⅲ级）、帕金森氏病（重度）、重症类风湿性关节炎晚期（多个关节严重变形）或其他严重慢性骨关节病影响持物和行走、植物人、终末期恶性肿瘤（呈恶病质状态）。②需长期保留胃管、尿管、气管套管、胆道外引流管、造瘘管、深静脉置管等各种管道。③高龄患者骨折长期不愈合，合并其他慢性重病。④患其他严重慢性病、外伤等导致全身瘫痪、截瘫。

青岛的《日常生活能力评定量表》基本根据巴氏BADLS量表制定，包括10个内容共100分，评分为0的为全部失能，评分越高自理能力越强。到2016年底，已有4万多名参保患者享受了护理保险待遇，平均年龄80.4岁，累计支出护理保险基金11.3亿元，其中护理服务机构通过开展带有精神慰藉、心理疏导等临终关怀性质的服务，让1.2万多名老人有尊严地走完了生命最后旅程[①]。

自2017年1月1日起，青岛又出台了《关于将重度失智老人纳入长期护理保险保障范围并实行"失智专区"管理的试点意见》，为失智老人提供长期照护、日间照护、短期照护（又称"喘息服务"）三种照护服务形式，更进一步缩小了长期护理保险服务的提供与需求的差距。目前约有200名老人得到了失智专区的补贴服务。

三、青岛医疗长期护理保险的资金构成和服务提供机构

青岛按照《青岛市社会医疗保险办法》（青岛市人民政府令第235号）规定：职工长期护理保险资金除按照不超过基本医疗保险历年结余基金的20%一次性划转外（19.8亿元），每月均按照个人账户月计入基数月额0.5%的标准，从职工基本医疗保险基金中划转。385万企业医保成员缴纳个人缴费的1/4，即工资0.5%，每年约5亿元（每人156元），492万城乡居民每年按照不超过当年居民社会医疗保险费筹资总额的10%（每人61元），目前每年支出约3亿多元。

长期医疗护理保险制度的实施，使长期照护行业应运而生并蓬勃发展。青岛针对四种服务内容对不同服务提供机构进行了认定。到2016年底，有18家公立医院改造了部分普通病房为老年护理病床，满足医院专护的需求；院护服务侧重临终关怀，有71家养老护理院获得了资格许可，一些养老院与大型医疗机构建立了医联体，培训合格的护理人员；对于享受居家和巡护的老人，现在已经有4000余家社区医院，私人医疗服务机构和村卫生所有资格提供服务，在这些机构从业的医疗、护理及其他服务人员已近万人，为青岛建设全面的长期照护体系的奠定了基础[②]。应该说，经过多年实践，青岛医疗护理保险的服务价格和服务主体已经开始达到平衡，健康的可持续运营的服务提供商正在逐步扩大产业规模以迎接更严重的老龄化的到来。

四、青岛医疗长期护理保险运行的实证分析[③]

根据长护险从2012年7月1日到2014年4月以来在五个区的实际运作数据，我们分析这期间五个区域的全部近24000个微观样本，受益人代表近5%该地区60岁及以上老年人口。表10-1描述了样本的基本情况。

---

① http://www.mof.gov.cn/xinwenlianbo/shandongcaizhengxinxilianbo/201612/t20161201_2471088.htm.
② 以上资料来自 http://www.qdcaijing.com/2016/0803/186636.shtml.
③ 本章节的数据和模型研究来自于浙江大学米红教授团队和CEPAR-UNSW的共同研究课题。

表 10-1　青岛医疗长期照料样本的基本资料

参　数	60~74 岁	75~84 岁	85 岁以上	总数
样本数目（人）	3719	9240	9378	22337
女性占比（%）	49	62	69	63
行为功能分	28.6	27.8	24.6	26.6
居家服务比例（%）	91	90	89	90
院护比例（%）	9	10	11%	10

资料来源：浙江大学米红研究团队。

从表 10-1 可以看出，女性老人占总受益人口的比例接近 2/3，居家占全部样本的 90%，按照 BADLS 的评分，60~74 岁组分数比 85 岁以上组高 4 分，而与 75~84 岁组的分数差别不大；将近 42% 在 85 岁以上，只有不到 15% 在 70 岁以下。可以得出，符合接受护理条件的绝大多数是 80 岁以上失能老人。从平均分来看，也是基本上完全失能的老人。

图 10-1 描述了进入系统人员数量和院护的比例。

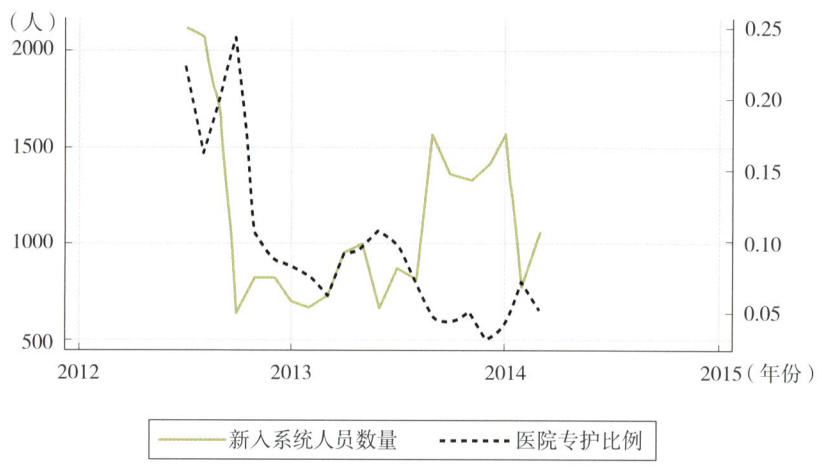

图 10-1　2012 年 7 月至 2014 年 2 月新入长期护理保险系统人员数量和院护比例

任何一个新建的系统，需要一段时间达到供需平衡，政策开始前几个月，进入系统人数比较集中，到了相对稳定后，人数保持在 700~1000 人，后期院护比例存量基本维持在 10%。系统人员的相对稳定给数据分析提供了可靠前提。以此基础，图 10-2 进一步描述了长期护理系统新入人员的平均年龄。

一个长期照护保险基本是由服务价格、成员风险比例和系统停留时间决定的。系统退出率（基本上为死亡率）是社会保险的成本控制的要素之一。长期护理保险系统的粗死亡率在 2013 年基本稳定在了上下 1% 之内，并且与新入系统人员的年龄相关联。2012 年系统中最开始进入的群体的死亡率偏高，这可能与初期接受照护人员的失能程度和疾病程度高相关，虽然这个偏差可能对数据的死亡率估算会有一定的影响，但是，从他们平均的 BADL（前两个月进入系统人员平均得分 24 分）的得分可以知道，高死亡率在某种程度上已经在高失能水平上体现，所以包含了这些样本的模型估算还是比较准确的。

由于样本发生时间是在 2015 年最新的政策出台前，那时的政策只有两个服务价格，即专护医院护理和居家护理，价格分别为 170 元/天·床（特别护理的 200 元/天的人员数量非常少，在样本中我们和 170 元的人群合并）和 65 元/人次·天（每星期至少两次），与现在的价格体系有些区别，但是我们认为，现在的院护和家护可以合并到过去政策中的居家护理，巡护的支出现在占总支出的比

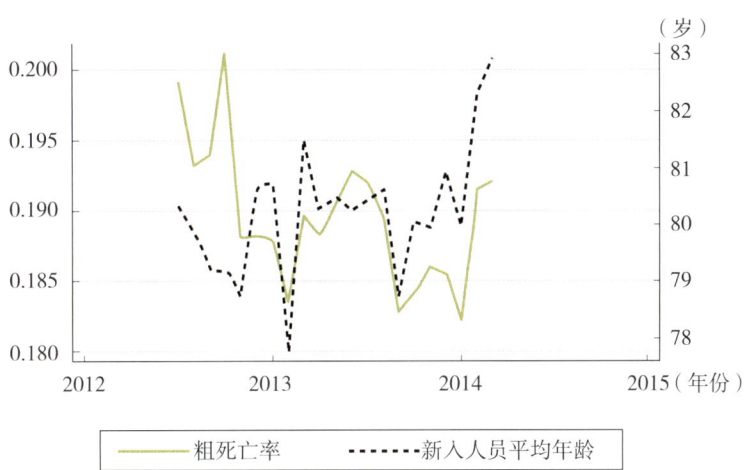

图 10-2 粗死亡率和系统新入人员的平均年龄

例很小，可以不做单独分析，所以这两个服务价格的分析基本可以反映现在的四种服务范围的基本支出情况。

据此，采用图 10-3 的多状态转移模型的相应概率，用马可夫方法计算长期照护保险系统平均的停留时间以及相应费用。

按照图 10-3 描述的方法，得到图 10-4 模拟的计算结果。

从图 10-4 中可以看出，在低年龄阶段（60~80 岁）符合条件进入系统的人员在系统中产生的费用差别不大，右图中也显示了在系统中停留时间的差异同样不大，这说明符合条件的低龄失能老人的存活余命与年龄的关系已经不是特别显著，也许与失能的性质、疾病的种类和程度等因素更相关。85 岁以后，进入系统的人员余命开始快速下降，费用也相应下降。这个阶段的失能跟老化的关系日益密切。这个发现也非常有意义：对相对低高龄的老人来说，疾病的护理与失能的照料可能同等重要，但是也许到了高龄阶段，年龄因素占了死亡因素的重要作用，已经不能关注在治愈疾病的医疗目标上，而是应该更多转向对失能老人的社会照料和精神关怀上。这个模型结果为不同阶段的失能老人的服务重点提供了理论依据。根据上面图表，表 10-2 列出了根据青岛实践，长照系统受照顾人群各个年龄段的平均生存余命月数和平均成本。

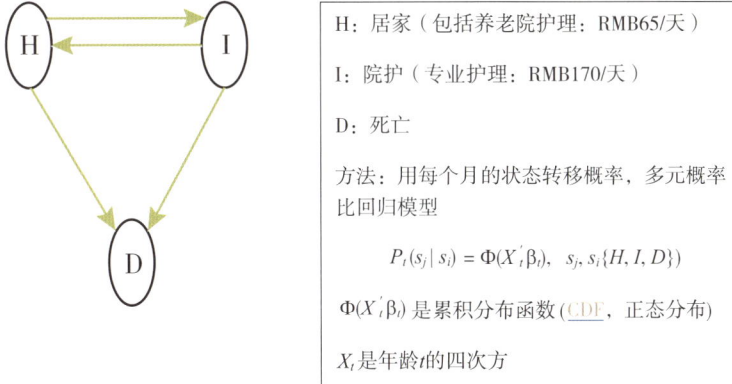

图 10-3 青岛长期照护保险系统的多状态分析

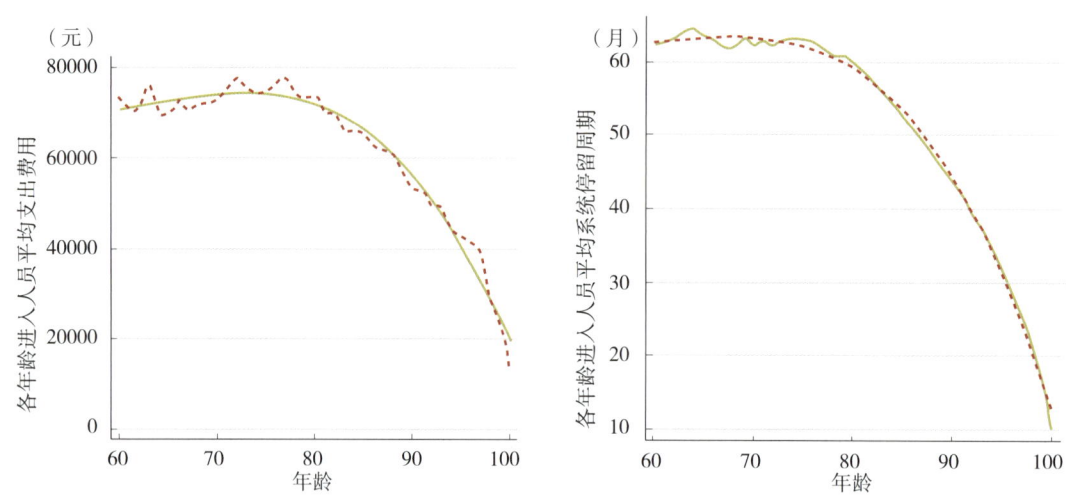

图 10-4　青岛长照保险各年龄进入人员平均支出与平均停留周期的模拟计算结果

资料来源：浙江大学米红教授和 Cepar-UNSW 研究团队。

表 10-2　分年龄段男女的平均余命月数和平均成本

	60~74 岁	75~84 岁	85 岁及以上	全部人员
平均存留时间（月）	62	58	44	53
其中：男性	59	51	38	48
女性	65	63	47	56
平均支出（元）–一周 7 天服务	138022	131961	100599	119877
其中：男性	130073	114649	85785	108181
女性	146442	142536	107260	126835
平均支出（元）–一周 3 天服务	73122	70930	55702	64934

资料来源：浙江大学米红教授和 Cepar-UNSW 研究团队。

这就是说，系统平均的一个接受照护老人，如果享受一周 7 天的长期照护服务，那么他 / 她的总费用是 12 万元，如果一周 3 天，那么总支出 6.5 万元。应该指出，这个费用仅仅是与医疗照护有关的，虽然机构养老的生活起居已经包括在服务中，但大部分居家的失能老人的生活照护费用并没有包括。

按照澳大利亚的经验，长期照护补贴分别为如表 10-3 如示。

如果把澳大利亚当作一个比较完善和成熟的长期照护体系（澳大利亚在成本和 65 岁以上受益老人比例以及养老院服务比例上是世界领先的），与医疗护理相关的只占所有护理补贴的 1/3 左右，也就是说，如果把青岛长期照护中的生活照料也加入系统中，这个系统的成本可能要增加 2 倍。

以一周平均 3 次服务为基础，按澳大利亚的比例，全部的长期护理可能要接近 20 万（6.5×3）。如果这是个保险，而根据青岛现在的实践，有 5% 的 60 岁以上老人接受长期照料，那么缴费期为 20 年的保费需要每年 500 元。但是如果根据张文娟和魏蒙（2015）分析，60 岁以上老人有 11% 左右需要长期照护[1]，保费会超过 1000 元 / 年。青岛目前只是医疗部分，而生活护理部分由政府按收入和家庭状况进行一定的配套保障，使得每人的缴费可以下降 2/3 左右（160 元的核算标准），同时也满足了家庭照料不能顾及的医疗专业，是用最低的费用先满足最关键的需求，

---

[1] 张文娟、魏蒙：《中国老年人的势能水平和时间估计——基于合并数据的分析》，《人口研究》2015 年第 5 期。

表 10-3 （ACFI 标准）2016 年 9 月至 2017 年 3 月澳大利亚的护理补贴价格

评估模块	ADLs – 日常活动	行为认知	医疗护理
评估内容	－营养、起居、个人卫生、如厕 －大小便失禁与否	－认知技能 －认知能力、走失语言或行为暴力 －抑郁	－药物管理 －医疗护理（血压管理，疼痛管理等—需要护士协助）
等级	A, B, C, D	A, B, C, D	A, B, C, D
B 类津贴标准	$36.65	$8.37	$16.37
C 类津贴标准	$79.80	$17.36	$46.62
D 类津贴标准	$110.55	$36.19	$67.32

资料来源：https://agedcare.health.gov.au/acfi-assessment-pack，作者翻译。

非常有借鉴意义。目前许多试点城市的长期照料保险政策都倾向于居家的社会化照护支持，虽然都在起步阶段还没有完整的数据分析研究，但按照国际已有的经验，社会照料并不便宜，一旦推广，会快速增加制度成本，青岛模型先把这个资金放在低收入人群中是审慎之举，为以后的服务延伸留有余地，更为长期照料系统的可持续性奠定基础。

目前享受长护险的只是青岛公布的 9 万名失能老人中的最严重的部分，只占大概 1/3。如果以社会保险的形式以收定支，目前青岛的筹资水平每年达到了 9 亿元，理论上也是可以全覆盖的；如果覆盖全部的 9 万失能人员，按照现在的服务内容价格，以及现在实施的医养结合长照服务中各类人员的相应比例，可以估算所有成本（见表 10-4）。

表 10-4 全覆盖失能人员的制度成本测算

	价格（元）	受益人	总开支（百万元）	个人支付（百万元）	医养结合系统支出（百万元）
医院专护 (10%)	170/天	9000	558	112	447
养老院 (20%)	65/天	18000	142	28	114
居家 (40%)	50/天	36000	219	44	175
巡护 (30%)	1200/年	27000	32	6	26
总计		90000	952	190	762

注：数据作者计算。处理医院专护和巡护外，养老院和居家都以平均三天一次服务的频率计算。

表中的四种服务比例是根据现有的系统人员比例估算而来。如果系统出资 7.6 亿元（筹资水平为 9 亿元），基本可以满足支出。但是，应该看到，现在的人口结构还不是老龄化的高峰期，而筹资的对象——劳动力却可能已经是顶峰了，所以青岛谨慎而行的政策原则还是有长远眼光的，这也为制度的可持续性奠定基础。

五、青岛长期护理的生活照料和失智照料探索

对失能老人的生活照料是民政局主导的。民政系统通过社区服务发展了一系列对失能老人生活照料相关的服务。生活照料的政府补贴主要针对低保户和接近低保人群。到 2015 年，青岛市已经建立了 1244 个日间中心（政府每年补助 5 万~20 万元），包括 236 个社区餐厅，为 5000 余名老人提供餐食。青岛为城乡低保人员中的失能和半失能老年人、贫困重度残疾老年人以及经济困难的"失独"老年人购买基本养老服务，其中半失能和失能老年人的服务时间分别为每月不少于 45 小时和 60 小时。2015 年为 7788 名享受低保的失能老人提供了每月 45~60 小时的居家养老服务。城乡基本养老服务补助标准分别是每小时 15 元、10 元。到 2017 年，城乡分别按每小时 20 元、15 元的标准予以补助。社会服务按经济能力提供公共服务是精准定向的公共财政政策，也为昂贵的长期照料体系提供

了一个政策选择思路。

青岛从2013年起试点了30个提供特殊服务的日间照料中心，政府提供比较高额的前期补助。比如由私人运营的"李沧记忆护理日间照料中心"，照顾30多位失智老人，中心由于有政府补助，实行低偿收费，政府每年投入20万元运营费用，可每月减免失智老人1000元的费用，缓解家庭的照料压力。一位失智老人每月的费用是1500元，包含健康监测、康复训练、药物管理、卫生保健、理疗及两餐等，家属只要晚上把老人接回家就行。现在青岛类似照顾失智老人的日间中心有10个，并且邀请聘请国外专家对照护人员进行培训，逐渐建立能适应不断增加的失智老人的照护需求的服务体系。

山东是儒家观念很深的地方，尊老爱幼是传统，对80岁以上老人，也有着比较高的高龄补贴。例如2016年，崂山区80~89岁老人每人每月补助120元，90~99岁220元，而百岁以上每月800元。虽然这是对老人的一种福利，但是并没有精准定向，贫困的和富有的享受同样待遇，失能的和健康的同等对待，似乎为进一步改善失能老人的财政和社会福利补贴制度留下了余地。

（一）青岛医疗长期护理保险的失智老人探索

在多年的实践基础上，自2017年1月1日起，青岛市长期护理保险试行"失智专区"管理，目前暂确定6家定点护理服务机构进行试点（并委托六家重点公立医院进行评估）。要求定点护理服务机构开辟"失智专区"接收重度失智老人。"失智专区"应既封闭安全又自由舒适，能为失智老人提供多样化照护服务，且具备必要的软硬件设施，如至少设置20张床位，至少配有2名经过失智照护专业培训的医护人员、社工师或高级养老护理员，照护人员与失智老人配比不少于1:3。

在护理服务上适应失智老人照护需要，确定了长期照护、日间照护、短期照护（又称"喘息服务"）三种照护服务形式。一是长期照护，指失智老人入住"失智专区"长期接受24小时在院照护服务，重点解决家庭照料者白天晚上没有照护能力问题。二是日间照护，指失智老人在"失智专区"接受日间照护服务，重点解决部分家庭白天照护难问题。三是短期照护（又称"喘息服务"），是指失智老人短期入住"失智专区"接受24小时在院照护服务。照护时间从几天到几十天不等，原则上一个自然年度内累计时间不超过60天。这一照护形式的主要特点在于，为家庭照料者提供短期休整喘息时间，缓解长期照

护压力，同时降低社会照护成本，提高资金使用绩效。根据《试点意见》，符合条件的参保职工可按规定申办其中任何一种照护服务形式，一档缴费成年居民可申办长期照护或喘息服务。参保人员不得同时办理多种护理服务形式。

（二）失智诊断第三方评估认定和报销比例

为确保失智老人的评估认定科学、专业、准确，实行第三方评估认定方式，即指定失智诊断评估机构对失智老人进行专业认定，并根据失智老人的病情特点制定了《青岛市长期护理保险失智老人失智状况评估量表》——国际通用的《简易智能精神状态检查量表（MMSE量表）》。经失智诊断评估机构评估诊断后，符合条件的重度失智老人，方可申请在"失智专区"享受护理保险待遇。特约评估专家由专业诊断评估机构指定专业医生担任，并报社保经办机构备案。目前已确定6家失智诊断评估机构。社保经办机构自收到病历、MMSE量表等资料之日起，10个工作日内提出审核意见。审核通过的自通过之日起享受护理保险待遇。符合条件的失智老人在护理保险"失智专区"接受照护服务期间发生的符合规定的医疗护理费，参保职工报销90%，一档缴费成年居民报销80%。

失智专区的服务价格暂为长期照护和喘息照护每天人民币65元/人，日间照护为50元/人（包括常用药物）。这个价格的设定也对应了以前长期照护中的养老院护理和居家护理价格，在成本核算以及养老机构的服务派遣上有一致性。目前实行期间的评估标准非常严格，首批享受失智专区的失智老人约200名，经常是机构一开张就满员了，说明还有很大的需求空间。以澳大利亚为例，各种接受长期照护人员的失能情况如表10-5所示。

从这些比例中看出，长照系统受益人群老年痴呆占超过一半。同样来自这个政府机构的网站信息证实，2014年6月所有受照护人员中，重度失能的占57%，轻度的占43%。这个比例如果挪用到青岛，那么长照覆盖的人群会比现有的增加一倍左右。失智专区也给青岛模式带来了新的研究课题和挑战，更为全面的长期照护政策迈出了关键的一步。同时，也似乎更加预示这这会是一个昂贵的公共政策，在老龄化真正到来今后10年，成本的控制会变得尤其重要，保障对象和保障范围的由紧而松，是掌握主动的关键。

表 10–5 2014 年 6 月澳大利亚机构养老享受政府补贴的失能人员构成比例[1]

百 分 比

	ADLs	行为认知	医疗护理
有老年痴呆比例 (52%)			
重度	59.2	78.4	52.1
中度	29.7	14.2	25.6
轻度	10.8	6.3	18.5
没有	0.4	1.1	3.7
小计	100.0	100.0	100.0
没有老年痴呆比例 (48%)			
重度	42.4	38.4	50.6
中度	31.3	31.7	26.7
轻度	24.6	19.6	17.8
没有	1.7	10.4	4.8
小计	100.0	100.0	100.0

六、青岛模式的启示：建立一个完善的长期护理保险政策

与许多地方一样，一个全面的长照体系需要政府补贴资金的全面整合。青岛给老年人发放体检费、过节费、高龄补贴、失能补贴以及对养老机构发放的床位建设补贴、运营补贴等"撒芝麻盐"的资金，已远远超出可用于建立城乡居民照护保险所需的投入[2]。长期照料不是一次性投资的房地产行业，而是劳动密集型的服务行业，综观世界上长期照料比较完善的发达国家政策，几乎都是补贴服务的形式，即使现金补贴也是按照照料的强度和频率来制定标准的，并且有非常完善的评估体系，对享受长期照料的失能人群有清晰的界定。

青岛由于是地方政府，不能独立制定社会保险政策，所以现在的长期照料都与医疗有关联，而不能配套生活照料；但是在资金上，民政系统的各种补贴应该已经满足了配套需求，可以针对不同的失能人员制定不同的服务包和失能补贴，作到应补尽补，而去掉一些没有针对性的锦上添花的老人"福利"措施，在目前政策限制的框架下，也可以按照家庭收入制定相应的补贴标准，以便与财政资金更好地向贫困人员倾斜。另外，也可以节约大量资金。这就需要同一个标准下面各个政府部门协同合作，支持失能人员的各种需求。管理部门上统一，资金利用上统一，这两个统一是下一步建立完善的长期护理保险政策的基础。

长期照料在老龄化社会是一个昂贵的开支，图 10–5 列举了 OECD 国家在长期照料上占 GDP 的比重。

开支比较低的国家，集中在医疗照料上，与青岛的现有政策接近。目前青岛每年筹资 9 亿元，如果全部用于长期照料，占 2016 年 GDP 的不到 0.1%，还是处于起步阶段，根据世界银行的报告[3]，在老龄化早期建立长期照护制度，可以有效降低成本开支（如以色列和韩国）；而且当应对老龄化别的解决办法形成规模以前（比如社会化住院）建立长期照护制度，也有助于避免很多棘手问题；总之，越早建立长期照护体系，越可能降低成本。

长期照料的体系建立也完善了卫生健康政策的一体化。现在的一些研究结果表明，中国目前城市中 90 岁以上高龄老人的失能率非常高。根据中国城乡老年人 2000~2010 年跟踪调查数据，中国 2010 年 90 岁以上失能率达到了 60% 以上，并且是在 2000 年只有 30% 的基础上直线上升的。这个直线增加的失能率说明这部分人群寿命的延长并不是健康的，而是存在失能状态下延长寿命的

---

[1] 资料来自 http://www.aihw.gov.au/aged-care/residential-and-home-care-2014-15/data/，作者翻译。
[2] 来自青岛长期照护协会会长姜日进的介绍：http://xw.sinoins.com/2017-05/22/content_231324.htm。
[3] World Bank, *Living Long and Prosper: Aging in East Asia and Pacific*, World Bank East Asia and Pacifica Regional Report, International Bank for Reconstruction and Development / The World Bank, Washington DC, US, 2016，245-246.

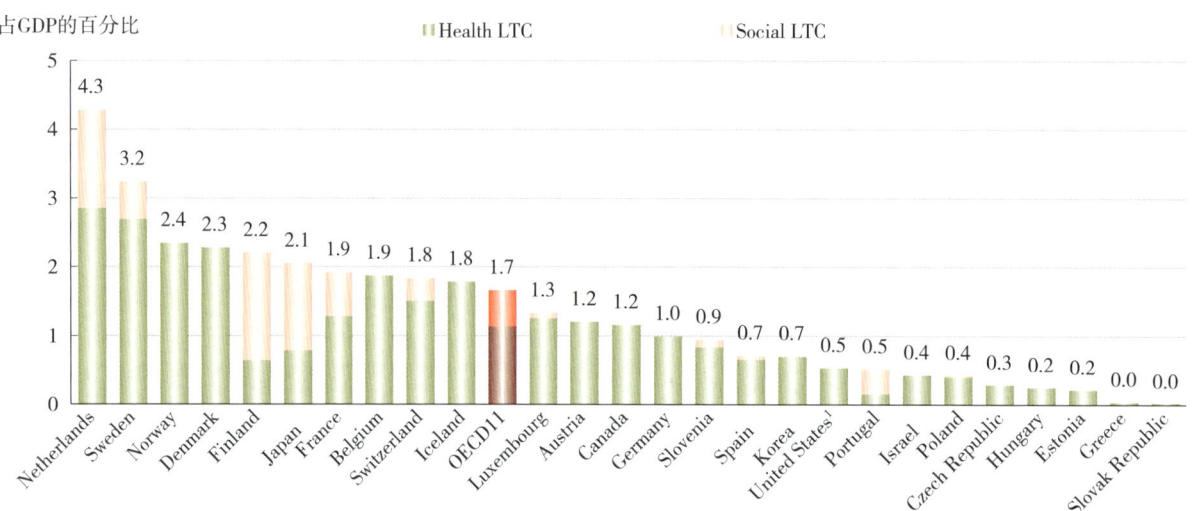

图 10-5　OECD 国家长期照料公共开支（医疗和社会照料部分）占 2013 年（或接近年份）GDP 的比重

注：OECD 平均数只包含了 11 个有医疗和社会照料两种数据的国家。美国只包括机构养老的支出。

资料来源：Health at a Glance: OECD Indicators, http://www.oecd-library.org/docserver/download/8115071e.pdf?expires=1501209741&id=id&accname=guest&checksum=96155002DA81A54ADCBE036D71397BEB。

可能。根据 Lu 等（2014）①的预测，2050 年仅 90 岁以上人口会超过 1800 万。如果没有一个长期照料体系，而按照这样的失能变化趋势持续下去，无论在医疗支出还是长期照料方面，将会给全社会造成沉重的负担。合理的长期照料政策，可以让高龄老人在相对少痛苦的状态下有尊严地走完生命的最后一段旅程，而卫生医疗政策中全面的健康干预和改善应该针对如何更有效地减低失能率的发生，以延长健康寿命在预期寿命中的比重，医疗卫生与长期照料的有效整合和无缝衔接有利于这个最终目标的实现。青岛医养结合的长期护理保险模式无疑是朝着这个方向迈出了非常具有前瞻性的一步。

---

① Lu, B. He W., and Piggott J., (2014), "Should China Introduce a Social Pension?" Journal of the Economics of Aging. Vol. 4 December, 76-87, Elsevier

分报告十一
长期照护保险制度的可持续性分析：以南通市"基本照护保险"为例

随着人口老龄化、家庭小型化以及慢性病、失能风险不断增加，建立长期照护（LTC）制度应对上述风险引起社会的广泛关注以及党和政府的高度重视。2011年《中国老龄事业发展"十二五"规划》显示，2011~2015年全国60岁以上老年人将由1.78亿增加到2.21亿，平均每年增加老年人860万；老年人口比重将由13.3%增加到16%，平均每年递增0.54个百分点。老龄化进程与家庭小型化、空巢化相伴随，与经济社会转型期的矛盾相交织，社会养老保障和养老服务的需求将急剧增加。在这种背景下，该规划提出"大力发展社区照护服务"、"优先发展护理康复服务……研究探索老年人长期护理制度，鼓励、引导商业保险公司开展长期护理保险业务"。2015年，中共十八届五中全会《关于制定国民经济和社会发展第十三个五年规划的建议》正式提出"探索建立长期护理保险制度"。这是一个很有现实性和前瞻性的谋划[1]。2016年7月8日，人社部办公厅发布《关于开展长期护理保险制度试点的指导意见》（人社厅发〔2016〕80号），将此前已进行长期护理保险制度探索的南通、上海、青岛等15个城市纳入试点。这标志着经过多年的推进，长期护理保险制度终于由地方摸索上升到国家层面[2]。

从上述文件和15个试点实践看，我国长期照护选择的是社会保险模式。既然是社会保险，如何实现长期财务可持续自然是制度设计的关键。本报告在深入研究南通市试点制度特征的基础上，对该市长期照护保险的长期收支和财务可持续进行预测，总结该地区试点的特点、优势、经验以及存在的问题，并提出可推广的、可复制的政策建议，为我国长期照护保险制度的建立和完善提供政策参考。

一、南通市长期照护保险制度建立背景

从国际经验看，人口深度老龄化和高龄化导致失能老人占比高，少子化、人口减少和净流出导致空巢老人、独居老年人不断增加，家庭规模小型化和女性就业率提高导致家庭照护功能弱化等因素是所有国家和地区建立长期照护保险制度的经济社会背景。南通市是我国较早进入具有上述特征的经济社会发展阶段的地区之一。

1. 人口深度老龄化和高龄化

南通市1983年进入人口老龄化社会，比全国早17年。截至2016年底，60岁及以上老年人口占全市人口的27.49%，比全国平均水平高11个百分点[3]。预计到"十三五"末，常住人口中60岁及以上老年人口比例将接近30%，65岁及以上老年人口将达到153万，一举跨入超老龄化警戒线。南通是全国有名的长寿城市，人均预期寿命达到81.43岁。截至2015年底，南通80岁及以上高龄老人共有34万，占老年人口的16.6%；90~99岁老年

---

[1] 胡晓义：《关于建立长期护理保险制度的几点思考》，《中国医疗保险》，2016年第2期，第10页。
[2] 国家十三五规划草案、国务院、人力资源社会保障部等相关文件将该制度表述为"长期护理保险"，但南通市建立制度的基本文件为《关于建立基本照护保险制度的意见（试行）》（通政发〔2015〕73号），在实际运行中坚持医疗护理和日常照护并重原则，因此本文对南通的制度表述为"长期照护保险"。
[3] 南通市人力资源和社会保障局提供。

人超过4万人，百岁老人1031人①。这是经济社会进步的结果，同时也导致南通的失能人口多等高龄化问题非常突出。2014年南通市市级医保统筹范围内的失能参保人员约2.8万，其中1/3是终末期病人，生活不能自理，且经常出现感染、高烧、压疮、坏疽等病情，家庭难以处理，不得不反复住院或长期住院②。

2. 少子化和人口外流

实行计划生育政策以来，南通市累计独生子女率高达78.6%（全省首位）。2015年，南通市常住人口中0~14岁少年儿童78.03万人，占总人口的10.69%，低于15%的超少子化社会标准③。全面两孩政策实施后，全市新出生婴儿在2016~2017年有所增加，但仍没有改变少子化趋势。此外，南通毗邻上海、苏州等经济发达城市，流出大于流入的人口流动基本格局已持续25年以上，2016年常住人口比户籍人口少近37万④。流出人口多是年轻的经济活力人口和外地求学的学生，导致空巢家庭和独居老人较为普遍。南通市老龄办提供的数据显示，2014年10月，全市空巢老年人98万，其中农村空巢老人56万，约占农村老年人口的48%；城市空巢老人42万，占城市老年人口的54%⑤。

3. 家庭照护功能弱化

家庭照护是我国长期照护的主要形式，但由于生育率持续走低，家庭规模持续下降。2013年南通市常住人口家庭户均规模为2.62人，以2人户、3人户所占比例最大，分别占35.43%、24.46%，两者合计占59.89%，核心型家庭已成为主流模式⑥。此外，女性就业逐渐成为常态，职业化的女性角色与原来在家庭中扮演的照护者角色发生了冲突。家庭规模小型化与女性就业率提高，对建立社会化长期照护制度提出了要求。

由于较其他地区长期照护问题出现早，面临的社会压力大，南通市在全国较早进行了长期照护保险制度的探索。早在2000年，南通市就以家庭病床形式开始探索长期照护制度。2012年出台了定点护理院管理办法，将护理院纳入医保定点范围。2013年启动建立基本长期照护保险制度的调研，2015年出台了《关于建立基本照护保险制度的意见（试行）》（通政发〔2015〕73号），将基本照护保险作为独立"第六险"纳入社会保障制度体系。2016年1月1日，基本照护险在市区（崇川、港闸、市经济技术开发区）试行。

二、南通市基本照护保险制度的主要内容和特征

基本照护保险制度财务可持续性取决于制度目标及制度设计是否与经济社会发展水平和各方承受能力相适应。因此，全面分析基本照护保险制度目标、制度设计、经办模式是测算制度长期财务是否可持续的基础。

（一）南通基本照护保险制度的主要内容

1. 覆盖范围

目前南通市基本照护保险参保对象为市区（崇川、港闸、市经济技术开发区）范围内的职工基本医疗保险和居民基本医疗保险参保人员。包括所有参保的婴幼儿、学生儿童、青壮年、老年人。随着试点的推进将会向县（区）拓展。本报告以全市城乡同步全覆盖假设为基础进行财务收支预测。

2. 基金筹集

照护保险基金缴费按照南通市上年度城镇居民人均可支配收入的3‰左右确定，筹资标准暂定为每人每年100元。由四个渠道筹集，分别是：①个人缴纳30元，从个人医疗保险账户中一次性划拨，未成年人、在校学生、低保家庭、特困职工家庭、1~2级重残人员由政府全额补助；②医保统筹基金筹集30元/人·年，从职工医保和居民医保统筹基金中筹集；③市财政补助40元/人·年，于年初一次性划入；④多渠道动态筹资，每年从福利彩票基金划拨一定资金充实照护保险基金，还接受社会团体和个人捐助的资金。筹资标准参照城镇居民可支配收入增长和基金收支情况适时调整。筹资来源结构的调整方向是逐步提高个人缴费、财政补助的所占比重，逐步降低直至取消医疗保险基金划拨。

3. 待遇保障

（1）享受保险待遇条件。因年老、疾病、伤残导致失能，按照《日常生活活动能力评定量表》（Barthel指数评定量表）评分低于40分，且经过不少于6个月的治疗，生活

---

① 南通市"十三五"人口发展规划。
② 张盈华：《长期护理保险制度探索——南通考察汇报》，中国社科院世界社保研究中心。
③ 南通市"十三五"人口发展规划；南通市人力资源和社会保障局调研资料。
④ 南通市人力资源和社会保障局提供。
⑤ 中国江苏网：《4个南通人中就有一个是老人，百岁寿星全省第一》，2014-10-01，http://jsnews2.jschina.com.cn/system/2014/10/01/022037757.shtml。
⑥ 南通市卫计委：《南通市2013年度人口发展报告》，http://www.nthfpc.gov.cn/information/informationdetail/99991879/230700。

不能自理、需要长期照护的参保人员即可享受相应待遇保障。经办机构在接到申请人的申请后，按如下程序进行评估：对材料进行初审；安排不少于2名专业人员进行现场评定；走访调查；评定与结果公示；市劳动能力鉴定中心出具《南通市基本照护保险参保人员失能评定结论书》；通知申请人或其代理人。对于委托定点照护服务机构进行失能评定的，经办机构按每季度不少于10%的比例抽查监督。

（2）保障范围。在定点服务机构的床位费、照护服务费、护理设备使用费、护理耗材等。

（3）待遇保障标准。不设起付线。定点服务机构的报销比例分别为：接受医疗机构床位照护服务的，按60%报销；接受养老服务机构床位照护服务的，报销比例为50%；接受上门照护服务，根据服务项目支付，上限为每月1200元。考虑到南通市社会化照护服务能力不足实际，制度实施初期对居家接受非照护服务机构服务的，按每人每日15元的标准发放照护补助，按季发放。

4. 结算方式

照护保险经办机构对定点服务机构实行协议管理，一般一年一签。照护床位符合规定的照护费用，实行床日包干管理，按床日定额结算，通政发〔2015〕73号文将床日费标准暂定为70元，但在制度实施初期按照较低标准试行。目前有两种结算标准：在护理机构的重度失能人员为60元/日；在养老机构的重度失能人员为50元/日。

5. 经办管理

人社部门负责基金筹集、经办业务指导、服务机构确定与业务监督，通过政府购买服务，委托第三方机构按照保本微利原则参与经办，具体经办业务包括受理评定、费用审核、运营支付、照护人员能力培养、服务监督、稽核调查、信息维护等。

（二）财务可持续视角下南通基本照护保险制度特征分析

1. 城乡一体化全民覆盖

长期照护保险相对其他五大社会保险具有受益人数较少、风险发生概率较低、风险发生晚等特征，但对于发生风险家庭而言，往往是"一人失能，全家受累"。受个人风险短视、经济负担等因素影响，照护保险覆盖率一般不高。南通按照第六项社会保险的险种来设计基本照护保险，充分体现普遍性、公平性、强制性，实际上是一个全民终身保险制度。全民覆盖的制度设计一方面防止了制度"碎片化"风险，另一方面实现了风险和成本在更大范围和更长时间内分散。这是在人口深度老龄化和超少子化并存的情况下，保证基本照护保险制度财务可持续的有效方法。

2. 筹资多元化

和其他试点地区采取从医保基金划拨为主的筹资方式不同，南通市采取了"政府补助+个人缴费+医保统筹划拨+福彩公益金划拨"的四源筹资机制。一方面，以财政责任前置的形式明确财政的补贴比例，并对特殊困难群体、未成年和在校学生实行全额补贴。明确财政投入责任，既有利于照护基金自我平衡和财务可持续，又避免了责任后置带来的"裹挟财政"的风险。另一方面，个人缴纳占融资的30%，强调社会保险的个人缴费责任。按照照护保险与医疗保险相互独立、相互衔接、分类管理原则，实施初期医保统筹基金再划拨30%。与其他试点主要覆盖医疗照护风险不同，南通市照护保险既覆盖护理风险，又覆盖生活照护风险，因此，照护保险融资计划逐步降低直至取消医保统筹基金划拨。

3. 评定标准化和待遇给付低标准起步

由于没有全国统一、权威的长期护理需求认定和等级评定标准，加上老龄化和高龄化压力很大，南通在认定受益资格方面较为保守。推行一年半，累计受益人数3536人，不到预计人数的六成。受益人中超过八成是居家照护，按照给付标准，居家照护的照护补贴为每人每日15元，远低于同期试点的青岛（每人每日50元），即使有16%的受益人接受护理院照护，但南通规定重度失能的床日定额仅为40~50元/日，远低于青岛170元/日和长春107元/日的专护定额标准。

4. 经办管理公私合作和服务市场化

通过政府招标采购将经办业务流程中除基金筹集和监督以外的业务委托给平安养老、太平养老、太平洋寿险以及中国人寿组成的共保体。管理费率为基金的1%~3%。超支5%以内由第三方（共保体）承担，超支5%~10%由政府与第三方分担。在服务提供上，出台照护公司准入标准，对符合标准的公司进行协议管理。同时建立服务质量考评机制和退出机制，培育专业化竞争性市场。无论是经办管理公私合作，还是服务市场化，目标都是通过发挥市场主体的专业化、标准化，充分利用服务网络和技术优势降低管理运营成本。

5. 鼓励接受居家上门服务

居家照护服务成为降低照护保险制度支出的重要方式。2010年，欧盟27国人均机构照护成本为人均GDP的106%，而居家照护成本仅为人均GDP的36%。因此，多数曾经采取机构照护为主要方式的国家开始提倡并支持居家照护[①]。南通在照护保险实施初期，鉴于社会化服务能力不足，对居家照护采取现金补贴方式，同时开始积极推进居家上门服务。为了规范居家上门服务，南通市开发了"安康"2个和"护康"4个共6个上门套餐，价格为每周期300~500元不等，每4次上门服务为一个周期，仅面向重度失能人员。接受套餐的居家照护服务费用个人和基金分别承担10%和90%。

6. 结算定额化

经办机构与定点照护机构的结算采取床日定额包干制，护理机构和养老机构的重度失能人员的床日定额结算标准分别为60元/日和50元/日。床日定额结算模式下，经办机构和享受照护人员均根据照护天数、结算标准及规定的报销比例与定点照护机构进行结算，对照护机构的补偿采取结余留用、超支不补原则，使照护机构提供的诊疗、照护服务从收入转化为成本，在信息不对称情况下，是一种可以有效控制照护机构提供过度服务的费用控制机制。

三、南通市基本照护保险制度的长期财务收支测算

长期照护保险制度的财务收支及可持续性受人口结构变化趋势、失能率、缴费起始年龄和缴费率、居家照护与机构照护的比例、实物提供与现金津贴方式和比例以及经济增长、照护服务人力资源和工资变动趋势的影响。

（一）模型构建

根据南通市《关于建立基本照护保险制度的意见（试行）》（通政发〔2015〕73号）的精神，目前长期照护保险覆盖市本级所有职工基本医疗保险和居民基本医疗保险参保人员，随着制度的推进将覆盖到所有县市，长期目标是城乡一体不分年龄的全民参保。总支出的影响因素包括总人口数、失能率、机构和居家照护比率及相应成本。照护保险制度年度总支出公式如下：

总支出 = 总人口数 × 失能人口占比 × (家庭照护占比 × 家庭照护人均基金支出额 + 机构照护占比 × 机构照护人均基金支出额)　　　　　（11-1）

其中，失能人口占比 = 59岁及以下人口占比 × 失能率 + 60-64岁人口占比 × 失能率 +……+100岁以上人口占比 × 失能率　　　　　（11-2）

目前南通市长期照护保险的筹资标准为100元/人/年，其中财政补助40元，医保统筹基金筹集30元、个人缴纳30元。该筹资标准是参照上年度城镇居民人均可支配收入的3‰左右确定的。长期照护保险制度年度总收入公式如下：

总收入 = 城镇居民人均可支配收入 × 筹资标准 × 人口总数　　　　　（11-3）

（二）参数设定和主要变量测算

长期照护收支以详细的人口统计数据为基础，特别需要基于分年龄人口数据进行分析。就地市数据而言，只有普查数据才较全面，最新的普查资料为《江苏省2010年人口普查资料》。因此，本报告以2010年为基准年，以1990年以来的人口数据和《中国人寿保险业经验生命表（2000~2003年）》为依据确定相关参数并预测照护制度财务收支相关数值。

1. 人口参数设定与变量测算

（1）出生率。出生率为一定时期内（通常为一年）某地区的出生人数与同期内平均人数之比，用千分率表示。本报告先对1990~2015年的出生率时间序列数据进行拟合：拟合出生率 $=0.027t^2-1.006t+15.54$（$t=1, 2, …, 26$，$R^2=0.904$）。然后，根据上述拟合出生率公式外推2016年以后的出生率，当出生率达到假定的总和生育率对应的出生率后，不再变化。此处没有采用2010年人口普查中南通总和生育率数（1.18），原因是当时计划生育政策下生育意愿低，用该数值预测开放二胎后的2016~2060年的出生率数据，可能严重低估，而是利用2010年人口普查的南通育龄妇女占比数据和假定的低（1.4）、中低（1.6）、中高（1.8）、高（2.1）4种总和生育率情景，测算出生率达到相应总和生育率对应的数值，对应关系见表11-1。基于上述假设和计算，对南通市2016~2060年的年度出生率测算结果见图11-1。

表 11-1　南通市总和生育率和出生率关系

生育水平	低	中低	中高	高（理想）
总和生育率	1.4	1.6	1.8	2.1
出生率（‰）	8.3	9.5	11	12.5

资料来源：根据南通市统计局在线数据（http://tjdata.nantong.gov.cn/indexTree_toIndex.do）计算。

[①] Barbara Lipszyc, Etienne Sail and Ana Xavier, "Long-term Care: Need, Use and Expenditure in the EU-27", Economic Papers 469, November 2012, 19-26.

分报告十一　长期照护保险制度的可持续性分析：以南通市"基本照护保险"为例

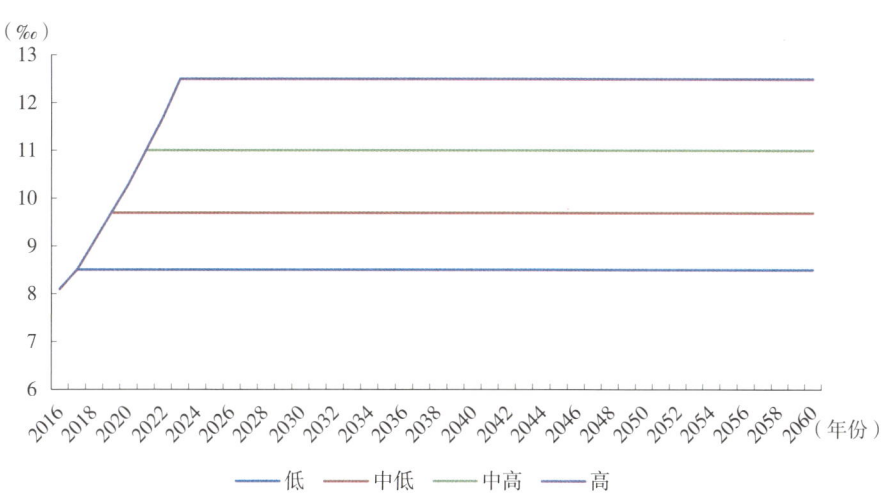

图 11-1　2016~2060 年南通人口出生率

资料来源：根据南通市统计局在线数据（http://tjdata.nantong.gov.cn/indexTree_toIndex.do）和江苏省 2010 年人口普查资料计算而成。

（2）最高死亡年龄及分年龄组死亡率。本报告以《中国人寿保险业经验生命表（2000~2003 年）》为基础，以 5 岁为一个年龄组对相应年龄的死亡率进行算术平均，形成 5 岁年龄组的人口经验死亡率（见表 11-2）。

（3）2016~2060 年各年龄阶段总人口测算。基于 2010 年普查数据和上述出生率、死亡率指标设定，运用人口年龄移算法[①]对南通市的人口总量和年龄结构变化趋势进行预测。

第一步，预测 0 岁人口数。0 岁人口数是年龄移算法预测的基础，本报告以 2010 年普查总人口为基数，利用前文基于育龄妇女和总和生育率测算的人口出生率以及死亡率进行长期预测。由于《中国人寿保险业经验生命表

表 11-2　分年龄组经验死亡率　　　单位：‰

年龄	男性	女性	年龄	男性	女性
0	0.722	0.661	55~59	6.5726	4.096
1~4	0.469	0.39	60~64	11.8366	7.3242
5~9	0.3126	0.194	65~69	20.1198	12.9332
10~14	0.3186	0.1694	70~74	34.0268	23.0058
15~19	0.4616	0.227	75~79	56.8242	40.4982
20~24	0.6856	0.3128	80~84	93.9542	70.2894
25~29	0.798	0.3644	85~89	153.4668	120.6434
30~34	0.9966	0.4654	90~94	245.8214	203.3132
35~39	1.3794	0.654	95~99	381.5222	332.2348
40~44	1.9812	0.9654	100~104	563.6066	516.0506
45~49	2.8308	1.4122	105+	1000	1000
50~54	4.1522	2.3248			

资料来源：根据《中国人寿保险业经验生命表（2000~2003 年）》测算。

① 人口年龄移算法以每个 5 岁年龄组的实际人口数为基数，按照对应年龄组的出生率和死亡率进行五年递推，预测对应五年度各年龄组人口。

（2000~2003年）》的死亡率数据为分性别数据，根据人口年龄移算法首先计算相应年龄组分性别人口数，然后两者加总得到总人口数。由于其他年龄组人口预测均需先预测分性别人口数，因此预测0岁人口和1~4岁人口数时，同样需要得到分性别人口数据。本报告假设男女新生婴儿性别比与2010年人口普查时相同，为1.1047:1，并根据该比例测算对应年度的男女新生婴儿人数。0岁人口数=上一个五年末总人口数×当年总人口出生率×［1-（0岁死亡率/1000）］。

第二步，测算1~4岁人口数。1~4岁人口数=上一个五年末总人口数×（之前四年出生率之和）×［1-（1~4岁死亡率）/1000］①。

第三步，0~4岁人口数。由于本报告以5岁作为一个年龄组进行核算，因此将前两步计算的数据相加获得0~4岁人口数。

第四步，年龄移算。本五年0~4岁人口数×5~9岁死亡率获得下五年5~9岁人口数，5~9岁人口数×10~14岁死亡率获得10~14岁人数……以此类推至105岁。

第五步，用上述方法按五年一个阶段推算到2060年。根据本报告假定预期实现的人口总和生育率和相应总人口出生率上限有四种情形，获得的2016~2060年的五岁年龄组分性别人口数据也有4种。

2. 失能率

（1）59岁及以下年龄人口失能率。南通市的基本照护保险覆盖所有人口，59岁及以下非老年人口失能率经验数据缺乏。本报告用照护保险实施以来的实际数据进行估算。目前，南通市试点参保人口120万人，60岁及以上人口占比约27%，正在享受待遇的有3500人，其中59岁及以下占8.6%。据此可以推算出59岁及以下年龄人口的失能率为0.34‰②。由于没有分性别统计资料，假设59岁及以下男女失能率相同。

（2）60岁及以上老年人失能率。由于没有南通市分年龄的老年失能率统计数据，本报告直接采用江苏省2010年人口普查的60岁及以上分年龄老年人综合性自评健康生活不能自理率作为南通市的失能率。分年龄失能率=生活不能自理人口数/该年龄段老龄调查样本总数×1000‰（见图11-2）。为计算方便，本报告假设失能率只和年龄有关，即2010年某个年龄阶段的失能率与2060年一样。需要说明的是，在生活水平不断提高和医学进步的情况下，理论上可能高估了低年龄阶段的失能率。

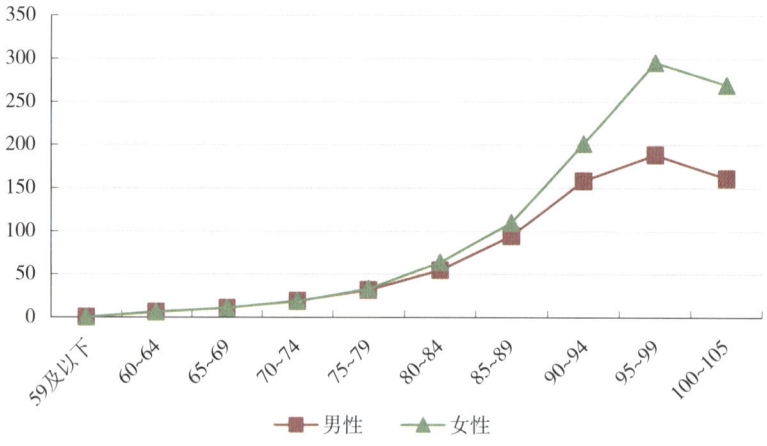

图11-2 各年龄组失能率

资料来源：江苏省人口普查领导小组办公室：《江苏省2010年人口普查资料》，中国统计出版社2012年版，第3378页；课题组南通调研资料。

---

① 由于分性别和失能率只有每5岁年龄段数据，所以假设五年内总人口数是一样的。换言之，假设将前四年的变化集中在第五年体现。

② 59岁及以下年龄人口的失能率=（3500×8.6%）/（120×10000×73%）×1000‰。

3. 机构照护与居家照护比率

20世纪90年代，"就地养老"思潮兴起，减少了对机构照护的依赖，用政策引导居家或社区照护是国际趋势，这也是控制照护服务支出成本的措施之一，南通市基本照护保险制度设计十分注重通过政策支持和市场培育引导居家照护发展。

南通市基本照护保险制度实施以来累计享受待遇人数为3373人①，其中在照护保险定点服务机构护理院536人，阳光老年公寓89人，照护病区20人，居家2728人，占比分别为15.9%、2.6%、0.6%和80.9%。由于长期照护专业性强，社区与护理院照护水平和成本应该差距不大，因此将社区照护也视为机构。据此推算2016年机构照护占比为19.1%。该比例远低于国外采取照护保险模式，2008年德国、荷兰、日本和韩国机构照护占比分别为32%、39%、22%、50%②。在测算2016~2060年机构照护占比时，假设机构照护占比在2016年19.1%的基础上每2年提高1个百分点，上升到30%后不再变化。测算结果如图11-3所示。

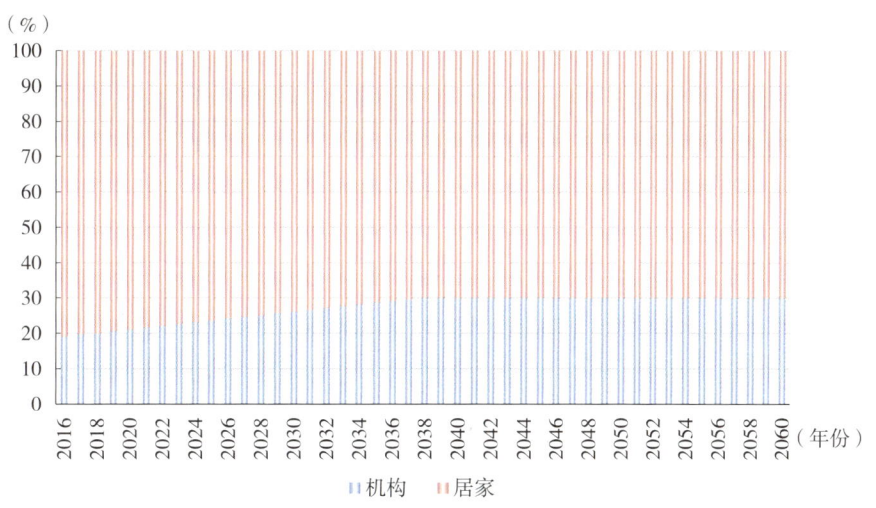

图11-3 南通市2016~2060年机构照护和居家照护占比

资料来源：根据调研数据和南通市统计局在线数据计算。

4. 居家照护与机构照护年人均基金支出

计算照护基金年人均支出首先要计算整年享受待遇的人数。期间死亡人数按入住到去世天数除以365折算。为计算方便假设所有病人都是年初入住，所有死亡病人都在年中死亡，那么年末存活均是整年享受待遇，死亡者已享受待遇为半年，也可以理解为1个去世者按0.5人计算基金支出。由于南通市照护保险受益对象是重度失能人员，恢复能力的概率很低，为计算方便假设为0。照护基金年人均支出 = 每人每天待遇标准 × 365 × (年末存活病人数 + 0.5 × 死亡人数) / 享受过待遇总人数。机构照护整年享受待遇人数算法与居家照护相同。但机构分为护理院、医疗机构、养老院，以三类机构病人占比为权重计算机构照护基金年人均支出。

2016年1月1日至2017年5月31日这17个月中，共3373人通过鉴定，其中，居家、护理院、护理病区和养老院分别为2728人、537人、20人和89人。在此期间累计死亡人数为223人。将上述数字乘以12/17估算2016年年度数据，死亡人数按照护方式比例分摊到居家和各机构中。由于照护服务市场培育需要一个过程，制度实施初期居家照护按每人每天15元发放现金津贴。随着居家照护正规市场培育和能力提高，将会用各种套餐取代现金津贴，但基金支付与个人结算标准参考现金津贴标准。南通市基本照护保险经办机构与定点服务机构根据协议按床日定额结算。目前医疗机构、护理院为60元，养老院为50元。按照前文人均支出公式和结算标准，居家和机构的年人均基金支出额分别为5345元和20228元（见表11-3）。

---

① 由于报告的单位和时间不同，享受待遇总人数与失能率测算时略有差异。
② 张盈华：《老年长期照护：制度选择与国际比较》，经济管理出版社2015年版。

表11-3 南通市2016年年度居家和机构照护基金人均支出情况（估算）

照护方式		通过人数（人）	死亡人数（人）	享受整年待遇人数（人）	各机构占比	结算标准（元/天）	基金人均支出额（元/人·年）
居家		1926	91.4	1880.3	-	15	5345
机构	护理院	378	18	369	0.83	60	20228
	照护病区	14	0.7	13.7	0.03	60	
	养老院	63	3	61.5	0.14	50	

资料来源：根据南通市人社局提供数据计算。

由于长期照护成本主体是人工成本，假设机构和居家照护中基金支出增幅与人均社会平均工资增长率大致同步。首先，以2016年社会平均工资增长率（9.3%）为基础，假设每10年下降1个百分点直至下降到5%后保持不变，据此预测2016~2060年工资增长率。然后，以表11-3中2016年照护保险基金人均支出额为基础，按与工资增长率相同的变动趋势预测2016~2060年居家和机构照护保险基金人均支出额（见图11-4）。

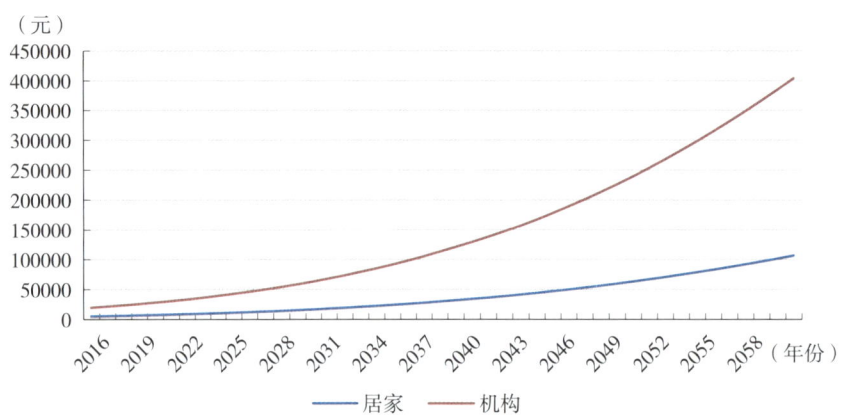

图11-4 2016~2060年南通市居家和机构照护服务长照保险基金人均支出

资料来源：根据调研数据和南通市统计局在线数据（http://tjdata.nantong.gov.cn/indexTree_toIndex.do）计算。

5. 城镇居民人均可支配收入

城镇居民人均可支配收入是南通市长期照护缴费率确定的基础和依据。居民人均可支配收入增长的两个主要因素是GDP增长率和居民收入在GDP中的份额。南通市2015年的人均GDP增长率为9.6%，但从长期看将进入中速增长阶段。本报告假定了高和低两个经济增长情景。假定在高或低经济增长情景下，人均GDP增长率在2016年的基础上分别以每10年或每5年1个百分点的速度下降，直至达到5%后保持不变（见表11-4）。

2015年南通市居民可支配收入为GDP的43%，与发达国家60%~70%的水平（2013年）还有较大差距。近年来随着经济发展不断向民生倾斜，我国居民可支配收入占GDP的比例已经开始上升。考虑到我国人均GDP水平相对较低，相对于发达国家而言，可支配收入占比保持较低水平，才能实现相对较高的经济增长率。本报告设定了2060年前可支配收入占GDP的比例不超过65%、60%、55%和50%四种封顶情景。假设南通市可支配收入占GDP的比例在2015年的基础上每5年提高1个百分点，提高到封顶比例后不变。表11-4是假设可支配收入占GDP的比例不超过65%，在经济增长分别为高、低两种情景下2015~2060年人均可支配收入情况。

表 11-4 2015~2060 年南通市人均 GDP 和人均可支配收入情况　　单位：元，%

年份	可支配收入/GDP	高增长情形			低增长情形		
		人均 GDP	增长率	人均可支配收入	人均 GDP	增长率	人均可支配收入
2015	0.43	84236	9.6	36291	84236	9.6	36291
2020	0.48	131096	8.9	63034	129898	8.5	62458
2025	0.53	198033	8.4	105121	189977	7.5	100845
2030	0.58	292324	7.9	169789	265205	6.5	154038
2035	0.63	421623	7.4	265970	353227	5.5	222825
2040	0.65	594114	6.9	386174	452536	5	294148
2045	0.65	817813	6.4	531578	577563	5	375416
2050	0.65	1099585	5.9	714730	737133	5	479136
2055	0.65	1443931	5	938555	904789	5	588113
2060	0.65	1851646	5	1203570	1200712	5	780463

资料来源：根据南通市统计局在线数据计算。

四、南通市照护保险制度长期收支情况测算和财务可持续性分析

（一）长期照护保险总支出占 GDP 的比重

南通市 2016 年 1 月 1 日才开始实行照护保险制度，本报告测算的 2015 年的数据是根据 2016 年制度运行情况倒推计算，另外目前该制度只在市区三区试行，但测算假设全市包括县区全覆盖。根据前文经济增长高、低两种情景，人口增长低、中低、中高、高四种情景组合，长期照护保险总支出占 GDP 的比重组合有 8 种情景，2015~2060 年照护保险总支出占 GDP 的比重如表 11-5 所示。在表 11-5 中用"经济×人口"表示情景组合，例如"高×高"表示高经济增长和高人口增长组合情景。

从表 11-5 可以看出，第一，在南通市现行照护保险制度下，基金总支出规模得到较好的控制，体现了保基本

表 11-5 不同情景下 2015~2060 年南通市照护保险总支出占 GDP 的比重　　单位：%

年份	高×高	高×中高	高×中低	高×低	低×高	低×中高	低×中低	低×低
2015	0.094	0.094	0.094	0.094	0.094	0.094	0.094	0.094
2020	0.121	0.121	0.122	0.122	0.122	0.122	0.123	0.123
2025	0.160	0.161	0.163	0.164	0.167	0.168	0.170	0.171
2030	0.200	0.204	0.206	0.209	0.221	0.224	0.227	0.231
2035	0.241	0.247	0.252	0.257	0.287	0.294	0.300	0.307
2040	0.278	0.288	0.294	0.303	0.365	0.378	0.386	0.398
2045	0.306	0.321	0.332	0.353	0.434	0.454	0.470	0.500
2050	0.325	0.344	0.360	0.376	0.484	0.514	0.537	0.561
2055	0.332	0.356	0.375	0.397	0.529	0.569	0.599	0.634
2060	0.327	0.356	0.379	0.406	0.504	0.549	0.585	0.626

注："高×高"表示高经济增长与高人口增长情景。
资料来源：根据《江苏省 2010 年人口普查资料》和南通市统计局在线数据计算。

的制度设计理念。即便在经济和人口均低增长的情景下，2060年照护保险总支出占GDP的比重也仅为0.63%，低于除韩国外的其他实行社会保险模式的国家。第二，保持较高的经济增长是维持照护保险支出占GDP比重处于较低水平的关键因素。高经济增长情景下，2060年照护保险支出占GDP比重最高水平为0.33%~0.41%，而低经济增长情景下则为0.5%~0.63%。第三，在其他条件不变的情况下，生育率越高，人口增长越高，照护保险支出占GDP的比重越低。

（二）长期照护保险总收入占GDP的比重

按照南通市现行制度，照护保险年度总支出额为人口总数、人均GDP、可支配收入占GDP的比重和总筹资比率（3‰）的乘积。总GDP为人口与人均GDP的乘积。这样无论哪种经济增长和人口增长情景，长期照护保险总收入占GDP的比重都为可支配收入占GDP的比重和总筹资比率（3‰）的乘积。本报告假设可支配收入占GDP的比重在2015年的43%基础上，每五年上升1个百分点，直到达到50%（A情景）、55%（B情景）、60%（C情景）或65%（D情景）后保持不变。各种情景下测算的照护保险总收入占GDP的比重如图11-5所示。

从图11-5可以看出，按照现行制度长期来看照护保险收入占GDP的比重在0.15%~0.2%，国民收入分配越倾向于可支配收入，照护保险总收入越高。

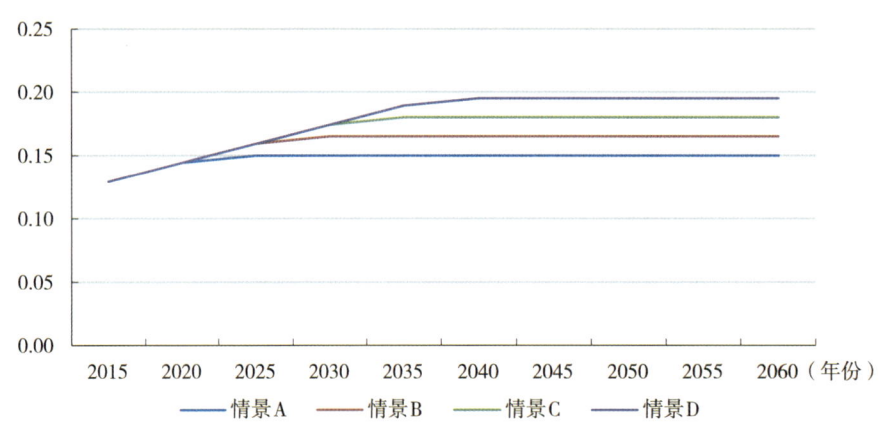

图11-5　不同情景下南通市照护保险支出占GDP的比重

资料来源：根据南通市统计局在线数据计算。

（三）长期照护保险当期收支缺口测算

长期照护保险基金当期收入受4种情景（A、B、C、D）影响，当期支出受高、低两种经济增长情景和低、中低、中高和高四种人口增长情景影响，因此，当期收支缺口共有32种情景组合。表11-6和表11-7报告了32种情景下赤字出现的年份、赤字占当年GDP比重最高的年份及相应数值。

第一，总体上看，南通市基本照护保险当期收支盈亏是一个横跨时间轴的"U"型曲线，但规模不大。2025年之前，所有情景下当期收支保持盈余，此后开始出现赤字，并不断增加。在高经济增长和高人口增长组合的8种情景下，当期赤字占GDP的比重于2060年到达峰值，其他情景在2055年到达峰值，此后赤字减少，收支逐步恢复平衡并可能出现盈余。无论哪种情景组合，2060年之前当期赤字占GDP的比重都不超过0.5%。

第二，尽管在高经济增长情景下，虽然不能消除赤字且不能推迟赤字出现，但有效降低了赤字的规模。例如，在收入分配D情景和低人口增长情景组合下，2025年低经济增长情景下当期赤字占GDP的比重是高经济增长情景下的8倍，在赤字最高的2055年，前者是后者的2.44倍（见表11-6和表11-7第3列的第9行和10行）。

第三，由于南通照护保险筹资标准是基于人均可支配收入确定的，收入分配越倾向于个人，越有利于降低赤字规模。例如，在高经济增长情景和低人口增长组合下，2025年A情景下当期赤字占GDP的比重是D情景下的10倍，在赤字最高的2055年前者是后者的1.33倍（见表11-6，第3列）。

表 11-6　不同情景下南通市 LTCI 制度出现赤字年份及赤字占 GDP 的比重　　单位：年，%

收入分配情景	赤字状况	高经济增长和各种人口增长情景组合			
		低人口增长	中低人口增长	中高人口增长	高人口增长
A	出现赤字	2025年（-0.010）	2025年（-0.011）	2025年（-0.013）	2025年（-0.014）
A	赤字最高	2055年（-0.182）	2055年（-0.206）	2060年（-0.229）	2060年（-0.256）
B	出现赤字	2025年（-0.001）	2025年（-0.002）	2025年（-0.004）	2025年（-0.005）
B	赤字最高	2055年（-0.167）	2055年（-0.191）	2060年（-0.214）	2060年（-0.241）
C	出现赤字	2025年（-0.001）	2025年（-0.002）	2025年（-0.004）	2025年（-0.005）
C	赤字最高	2055年（-0.152）	2055年（-0.176）	2060年（-0.199）	2060年（-0.226）
D	出现赤字	2025年（-0.001）	2025年（-0.002）	2025年（-0.004）	2025年（-0.005）
D	赤字最高	2055年（-0.137）	2055年（-0.161）	2060年（-0.184）	2060年（-0.211）

注：括号内数字为当期赤字占 GDP 的比重。
资料来源：据《江苏省 2010 年人口普查资料》、南通市统计局在线数据和南通市人社局提供资料计算。

表 11-7　不同情景下南通市 LTCI 制度出现赤字年份及赤字占 GDP 的比重（续上表）　　单位：年，%

收入分配情景	赤字状况	低经济增长和各种人口增长情景组合			
		低人口增长	中低人口增长	中高人口增长	高人口增长
A	出现赤字	2025年（-0.017）	2025年（-0.018）	2025年（-0.02）	2025年（-0.021）
A	赤字最高	2055年（-0.379）	2055年（-0.419）	2055年（-0.449）	2055年（-0.484）
B	出现赤字	2025年（-0.008）	2025年（-0.009）	2025年（-0.011）	2025年（-0.012）
B	赤字最高	2055年（-0.364）	2055年（-0.404）	2055年（-0.434）	2055年（-0.469）
C	出现赤字	2025年（-0.008）	2025年（-0.009）	2025年（-0.011）	2025年（-0.012）
C	赤字最高	2055年（-0.349）	2055年（-0.389）	2055年（-0.419）	2055年（-0.454）
D	出现赤字	2025年（-0.008）	2025年（-0.009）	2025年（-0.011）	2025年（-0.012）
D	赤字最高	2055年（-0.334）	2055年（-0.374）	2055年（-0.404）	2055年（-0.439）

注：括号内数字为当期赤字占 GDP 的比重。
资料来源：据《江苏省 2010 年人口普查资料》、南通市统计局在线数据和南通市人社局提供资料计算。

（四）长期照护保险基金耗尽年份及累积缺口规模预测

从当期收支测算情况可以看出，2015~2025 年所有情景均能保持当期盈余。这意味着照护保险制度可能会在 2025 年左右达到资金池峰值。此后，随着当期收支赤字的出现和增加，累积资金盈余减少直至耗尽，并可能出现累积缺口。当然如果测算的时间更长，累积缺口还可能逐渐减少，出现累积盈余，但在 2060 年前不会出现这种情况。

下面以可支配收入最终稳定在 GDP 的 60%（C 情景）为例，测算高、低经济增长和不同人口增长情景下照护保险基金累积缺口出现年份及累积缺口占当年 GDP 的比重。表 11-8 显示，高经济增长和 4 种人口增长情景组合下，由当期盈余累积形成的资金池在 2025 年达到峰值，但资金池在 2026~2030 年 5 年间迅速耗尽。2030 年开始出现基金累积缺口，一直到 2060 年缺口规模不断增加。2060 年累积缺口占当年 GDP 的比重在 0.459%~0.689%，生育率越低，累积缺口规模越大。低经济增长和 4 种人口增长情景组合下，累积缺口出现时间也是 2030 年，变化规律与高经济增长情景一样，但规模更大。2060 年累积缺口占当年 GDP 的比重在 1.017%~1.389%（见表 11-9）。总体上看，在现行制度下虽然照护保险基金会出现累积缺口，但规模不大，在个人和财政可承受范围内。

表 11-8　C 情景和高经济增长情景组合下照护保险基金累积缺口占 GDP 比重

单位：%

年份	总和生育率 1.4	总和生育率 1.6	总和生育率 1.8	总和生育率 2.1
2015	0.0349	0.0349	0.0349	0.0349
2020	0.0438	0.0442	0.0446	0.0446
2025	0.0235	0.0251	0.0266	0.0274
2030	-0.0194	-0.0151	-0.0118	-0.0083
2035	-0.0908	-0.0821	-0.0748	-0.0663
2040	-0.1889	-0.1732	-0.1609	-0.1444
2045	-0.3138	-0.2797	-0.2589	-0.2311
2050	-0.4377	-0.3934	-0.3603	-0.3175
2055	-0.5653	-0.5047	-0.4572	-0.3958
2060	-0.6888	-0.6076	-0.5423	-0.4589

注：C 情景为可支配收入最终稳定在 GDP 的 60%。

资料来源：据《江苏省 2010 年人口普查资料》、南通市统计局在线数据和南通市人社局提供资料计算。

表 11-9　C 情景和低经济增长情景组合下照护保险基金累积缺口占 GDP 比重

单位：%

年份	总和生育率 1.4	总和生育率 1.6	总和生育率 1.8	总和生育率 2.1
2015	0.0349	0.0349	0.0349	0.0349
2020	0.0429	0.0433	0.0437	0.0437
2025	0.0169	0.0185	0.0201	0.021
2030	-0.0446	-0.0399	-0.0362	-0.0323
2035	-0.1609	-0.1503	-0.1415	-0.1311
2040	-0.3459	-0.3249	-0.3084	-0.2862
2045	-0.598	-0.5488	-0.5184	-0.4777
2050	-0.8662	-0.7983	-0.747	-0.6807
2055	-1.1908	-1.0907	-1.0117	-0.9092
2060	-1.388	-1.2575	-1.152	-1.0168

资料来源：据《江苏省 2010 年人口普查资料》、南通市统计局在线数据和南通市人社局提供资料计算。

五、南通市照护保险制度优点与潜在财务不可持续风险

（一）南通市照护保险制度的优点

南通市照护保险制度设计坚持与经济社会发展水平和各方承受能力相适应，保障基本需求的原则，同时在实施过程中坚持城乡一体化全覆盖、筹资多元化、评定标准化、管理规范化、经办社会化、结算定额化以及服务市场化。这些制度设计上的优点保证了在人口高度老龄化和超少子化背景下，2025 年前照护保险基金年度财务收支盈余。2025 年后虽然长达 30 年左右都会出现当期收支赤字，并导致 2030 年后出现累积缺口并不断扩大，但缺口占 GDP 的比重保持较低水平。

（二）南通市照护保险制度潜在财务不可持续风险

1. 人口老龄化和少子化加深风险

由于前期超少子化惯性，即使未来总和生育率达到 2.1 的相对理想水平，2035~2040 年之前老龄化程度也会继续加深，到 2060 年少子化趋势才会有所减缓，但高龄化趋势非常明显（见附录）。实际上从发达国家的经历看，生育率下降是经济发展和城市化的普遍趋势，南通市很难达到 2.1 的总和生育率。如果总和生育率仅能达到 1.4，甚至更低，老龄化趋势将会更加明显。从南通市十多年来常住户籍人口持续较少，常住人口增长缓慢的趋势看，通过人口流入降低老龄化的可能性不高。因此，照护保险支出将面临较大的潜在压力。

2. 劳动年龄人口缴费负担过重风险

南通市照护保险融资按照人均可支配收入的一定比例征收，未成年及其他经济困难群体由财政缴费。然而，融资负担的最终承担者是劳动年龄人口。从计划生育放开到新增人口成为劳动力至少需要 15 年，在此期间总人口抚养比将会持续提高，经济增长以及人均可支配收入的增加引致的照护保险基金收入增长不一定能够如预测水平实现。此外，还要考虑社会保障体系的负担水平。如果总负担高，像照护保险这样风险发生率低，在生命周期的最后阶段才能受益的险种最易断保。

3. 医疗保险基金统筹划拨退出后的资金筹集渠道问题

南通市现行照护保险资金筹集渠道中，基本医疗保险统筹基金划拨占 30%，但规划目标是逐步降低该渠道筹资比例直至取消。该目标与德国以及国内其他试点地区的"护理保险跟从医疗保险"的做法不一致。通政发〔2015〕73 号文给出的解决办法是"逐步提高个人缴费、政府补助在筹资总额中的比重"。然而，在社会保险体系缴费负担相对较重和经济增长放缓的背景下，能否通过其

他险种降费置换出照护保险个人缴费空间（上海模式）；从人口结构变动趋势看，南通市照护保险财政承担的在校生和特殊困难群体缴费责任具有增长刚性，目前已将超过40%，是否具有进一步提高的空间。总之，财政补助和个人缴费能否补足基本医疗保险统筹基金划拨退出产生的缺口是实现照护保险长期财务可持续的关键。

4. 向生活照护倾斜的法律和资金问题

南通市照护保险制度包括护理和生活照护两类服务，并提出向生活照护倾斜的政策导向，这符合南通提前进入超老龄化和高龄化社会的现实。但"十三五"规划草案、国务院、人力资源和社会保障部等相关文件将该制度表述为"护理保险"。可能是考虑到与《中华人民共和国社会保险法》社会保险基金管理相关规定冲突的风险，南通市照护保险制度提出逐步降低直至取消基本医疗保险基金为包括生活照护服务的照护保险融资。如果试点结束后，推广的模式是护理保险，生活照护部分资金来源可能得不到保证。

5. 市级统筹下的财政压力相对过大问题

从通政发〔2015〕73号文看，财政融资主要来源于南通市财政预算。南通市的人口老龄化和高龄化水平高于全国和江苏省的平均水平。而且南通与相邻的其他地区相比经济相对落后，人口尤其是劳动年龄人口长期净流出。如果没有国家和省级财政的支持，在同等条件下南通市照护保险制度支出占GDP的比重将高于临近地市，但经济相对落后以及缴费负担更重将导致照护保险基金收入占GDP的比重低于临近地市，因此潜在财务收支不平衡压力比较大。

6. 资金耗尽前的盈余资金保值增值问题

前文测算结果显示，南通市照护保险基金在中期会有一定的累积盈余，而长期看会出现累积缺口。由于制度是试行，且施行时间较短，目前并没有明确积累盈余的保值增值问题。从基本养老保险基金实践经验教训看，应尽快明确投资措施，通过创新性引入投资要素，提高照护基金财务可持续能力。否则，南通市照护保险通过财政缴费、政府责任前置，从而避免照护保险"裹挟"财政的制度设计优势就会打折扣。原因是，如果照护保险财务收支缺口无法通过缴费弥补，从而引致待遇过低，政府必须增加社会救济等形式的支出来保证重症失能者获得基本的照护服务。

六、政策建议

基于对南通现行照护保险制度特征、长期财务收支情况测算和潜在风险分析，提出以下对策建议：

第一，减缓超少子化和人口老龄化进程。完善生育政策，降低育儿成本，提高生育率，同时加大人才引进和人口流入优惠政策，吸引外地尤其是南通籍人才和人口回流，这是矫正人口老龄化，保证照护保险财务可持续的基础性措施。

第二，积极推动经济中高速增长。测算结果显示，经济增长率和可支配收入占GDP比重越高，照护保险制度财务可持续能力越强。应积极利用南通作为国家沿海发展战略和长江经济带战略叠加区和上海北大门的区位优势以及高度发达的教育人才优势，促进经济快速增长，夯实照护保险制度的筹资基础。

第三，进一步完善护理服务+生活照护的照护保险制度设计。包括护理服务和生活照护不仅是南通市人口和经济发展的实际需要，也是增强制度吸引力和人民获得感，扩大风险分散化，实现照护保险财务可持续的需要。应积极推进并大力宣传南通照护保险模式优势和成效，争取在全国正式推广的模式选择中纳入生活照护。

第四，完善融资渠道。一是科学测算基本医疗保险应筹资比例，而不是取消该渠道。国外研究表明实施长期照护服务，可以降低不恰当使用医疗保健服务所导致的支出增加。而一些没有照护保险（保障）的国家或地区，尽管政府在长期照护方面的支出表面上看起来很低，这一支出很可能被转移了，至少部分转移到了卫生部门[1]。因此，南通市应通过调研和实证研究，测算照护保险实施以来由医院照护转向护理院和养老院照护人数以及节约的基本医疗保险基金支出数额。在此基础上，完善而不是取消基本医疗保险融资渠道。二是要将福彩公益金融资金额或比例制度化、明确化。可参考石河子、济南等地经验明确每年每人划拨金额或比例。济南市福彩公益金按每人每年10元划拨到护理保险基金[2]，石河子市按照每年度50万元（占同期福彩公益金的5%）的标准，从福彩公益金划转到护理保险基金[3]。

第五，建议中央政府统一失能鉴定标准，在此基础上建立中央或省级平衡各地老龄化和失能程度不均的调剂金。南通市人口老龄化程度已经高达27%，高龄化程度高于全国和江苏省水平。照护保险市级统筹情况下，支出压力高于其他地市。可借鉴日本经验，日本中央财政在承担12.5%的照护保险融资份额中专门拿出5%作为平衡各地的风险调节金[4]。

---

[1] 世界卫生组织：《关于老龄化与健康的全球报告》，世界卫生组织，2016年，第125页。
[2]《关于建立职工长期医疗护理保险制度的意见》（济人社发〔2016〕45号）。
[3]《关于建立长期护理保险制度的意见（试行）》（八师石河子市发〔2017〕16号）。
[4] 冯鹏程：《长护险试点钱从哪来？》，中保网，2017年8月23日。http://shh.sinoins.com/2017-08/23/content_240405.htm。

第六,建议中央或省级政府出台《照护保险基金投资办法》。从南通市照护保险的长期收支测算看,基金有较长时间的当期盈余,应尽快总结试点经验出台投资办法,实现基金保值增值,增强制度财务可持续能力。也可以借鉴国外现收现付养老金基金投资运营的创新经验。1990年,美国养老保险制度(OASDI)提高缴费率产生的盈余形成了一个基金池,并投向美国国债。目前基金池的规模已经由1990年的不足2000亿美元增加到2.79万亿美元,其中一多半来自国债投资收益。目前积累的基金即使3年没有收入,也足以支付养老金。1997年加拿大养老金计划(CCP)改革则创造性地引入了"投资要素",从外部市场获得基金增值资源,20年实践结果显示提高了CPP的财务可持续性[1]。这些现收现付养老金基金投资经验对完善照护保险基金投资管理也具有借鉴意义。

附录

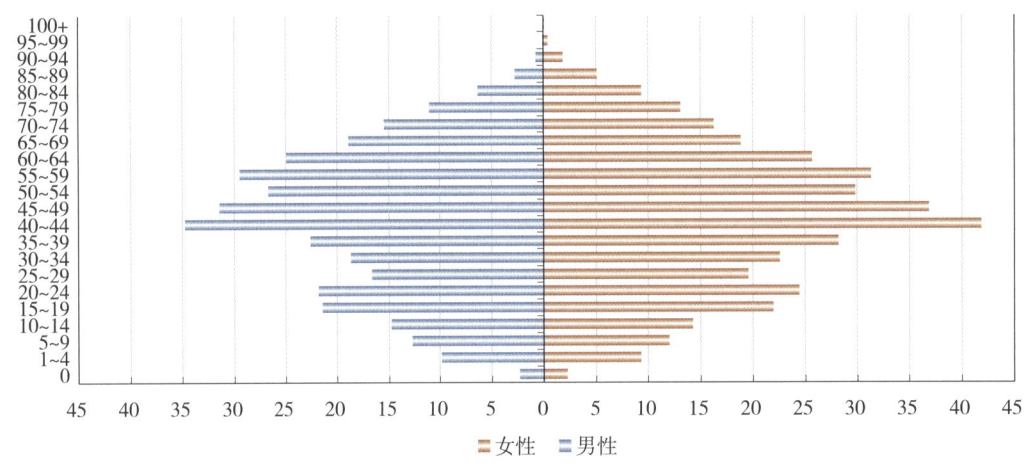

附图1　2010年南通市人口金字塔(普查数据)

资料来源:《江苏省2010年人口普查资料》。

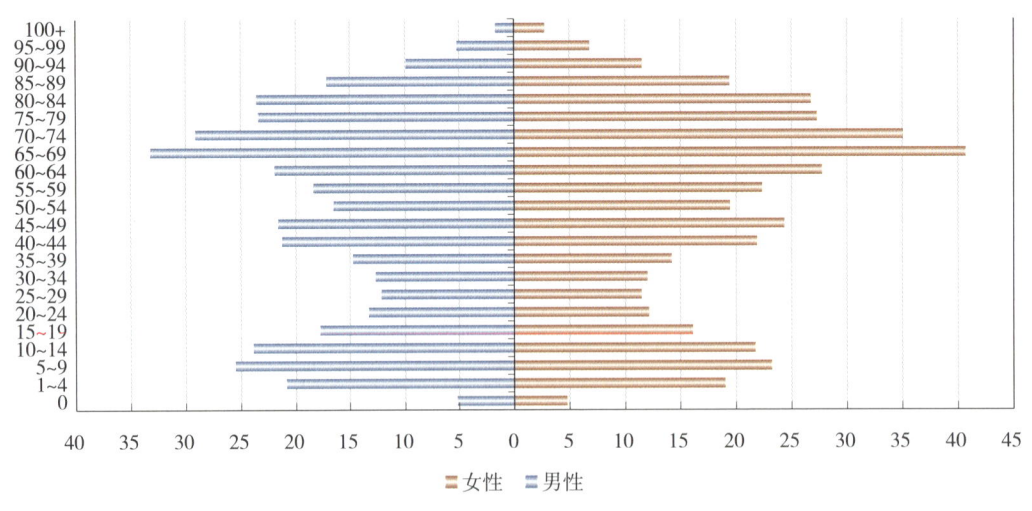

附图2　2035年南通市人口金字塔(假设总和生育率=2.1)

资料来源:根据《江苏省2010年人口普查资料》、南通市统计网站资料测算。

---

[1] 郑秉文:《加拿大养老金改革20年改革回顾与评价:一个重大制度创新》,载布鲁斯·利特尔:《拯救未来:加拿大养老金"1997"改革纪实》(郑秉文等译)跋,中国劳动社会保障出版社2016年版。

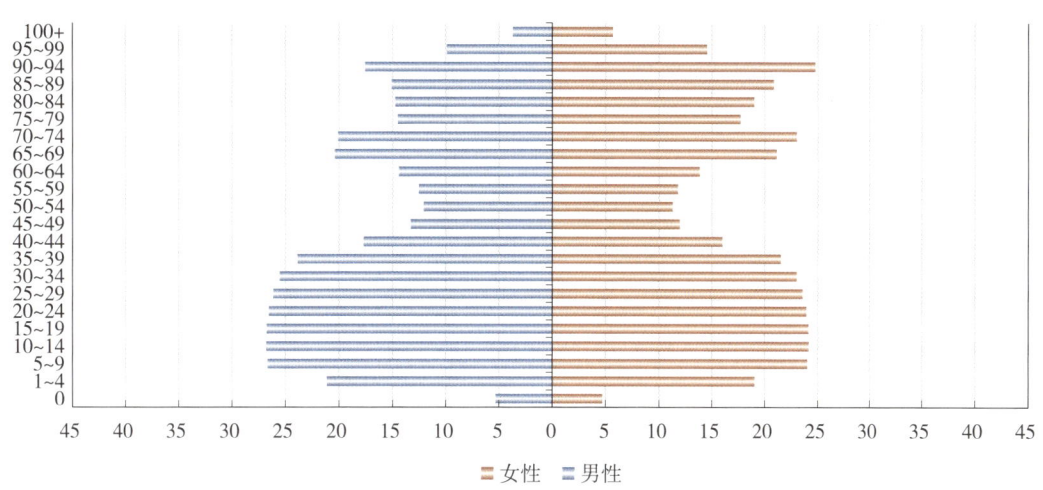

附图3 2060年南通市人口金字塔（假设总和生育率=2.1）

资料来源：根据《江苏省2010年人口普查资料》、南通市统计网站资料测算。

分报告十二
长期护理保险制度的运营模式创新：以北京市海淀区"长期失能护理互助保险"为例

2000年以来，人口老龄化的问题逐步走进人们的视野，引起了政府及越来越多专业人士的高度重视。人口老龄化所带来的社会问题越发凸显，亟待解决。北京市海淀区长期护理保险在区政府的大力支持下，以政府推动、政策支持、自愿投保、商业化经营、社会化运作为原则，以坚持实物给付为主、家庭责任优先、资金来源丰富多元为保障准则，形成了统一、规范的管理保障组织及评估标准体系，明确了机构建设要求和准入条件，成功地建立了一套科学、严谨、公正的政策支持体系，缓解了社会矛盾，充分实现了长期护理保险的社会价值。

一、北京市海淀区开展长期失能护理互助保险试点的背景

（一）政策背景

2013年9月6日，国务院印发了《关于加快发展养老服务业的若干意见》（国发〔2013〕35号），明确要求各级政府应"引导和规范商业银行、保险公司、证券公司等金融机构开发适合老年人的理财、信贷、保险等产品"，"鼓励老年人投保健康保险、长期护理保险、意外伤害保险等人身保险产品，鼓励和引导商业保险公司开展相关业务"，"各地要加快建立养老服务评估机制，建立健全经济困难的高龄、失能等老年人补贴制度"；同年9月28日，国务院印发了《关于促进健康服务业发展的若干意见》（国发〔2013〕40号），文件指出，保险公司应该"积极开发长期护理商业保险以及与健康管理、养老等服务相关的商业健康保险产品"。2014年8月，国务院印发《关于加快发展现代保险服务业的若干意见》（国发〔2014〕29号），其中重点谈到了创新养老保险产品服务，"为不同群体提供个性化、差异化的养老保障"，"发展多样化健康保险服务，鼓励保险公司大力开发各类医疗、疾病保险和失能收入损失保险等商业健康保险产品，并与基本医疗保险相衔接，发展商业性长期护理保险"；2015年1月，北京市第十四届人民代表大会第三次会议审议通过《北京市居家养老服务条例》，其中第16条明确指出"市人民政府应当制定政策，支持、引导商业保险机构开发长期护理保险，为失能老年人提供长期护理保障，政府对长期护理保险的投保人给予适当补贴"。在国家及北京市相关政策的有力推动下，商业性长期护理保险迈入了高速发展的窗口时期。

（二）试点背景

截至2015年底，北京市海淀区老年人口为45万，约占常住人口总数的20%，其中20%是失能与半失能老人。同时，全区老年人口还将以每年约2万人的速度增长，预计到2050年将达到100万人，占常住人口的30%以上[1]，人口养老压力不断增大。

从照护环境上来看，海淀区失能老人90%以上依赖家庭照顾护理，特别是重度失能老人，95%以上依靠家庭照顾，这类失能老人最理想照护为集中照护[2]。但结合我

---

[1] 王海燕、张佳丽：《北京海淀试点失能老人护理险》，人民网，2015年5月21日。
[2] 《把咱爸咱妈照顾妥妥地》，北京海淀-活力海淀，2016年11月9日。

国及海淀区的实际情况来看，有两种因素直接制约失能老人家庭照护的实现：一是现代家庭普遍受到计划生育政策影响，家庭模式以"4-2-1"为主，家庭照护养老压力较大；二是城市化进程加快、人口流动性增加、子女工作强度及工作压力较大，使得子女对失能老人长期照护的实现难度增大。

从专业护理机构和社区护理机构的发展情况来看，现阶段还存在着护理费用较高、基础设施建设参差不齐、普及率较低等问题，出现一般家庭无力承担、无法完全实现失能老人基本护理需求等情况。根据人保寿险前期的调查统计，海淀区可为失能老人提供的床位不足2500张，能为重度失能老人提供服务的床位不足1000张。由于资源限制，大规模建设这类照护机构已不现实；海淀区能承担居家护理照顾服务的护理专业机构不足3家，缺少内部资源的有效整合，基本无法实现全方位的照护服务。

在此背景下，2016年北京市海淀区开展试点，与中国人民人寿保险股份有限公司合作，联合推出护理保险，于6月27日颁布了《海淀区居家养老失能护理互助保险试点办法》（海行规发〔2016〕7号）（以下简称《试点办法》），护理保险正式进入了宣传、承保阶段，为我国失能老年人长期照护课题揭开了新篇章。

二、北京市海淀区长期失能护理互助保险的制度创新

（一）制度定位

海淀区长期护理保险制度成功地建立了由政府、保险公司、社会、个人广泛参与的发展机制，在对欧美、日本、韩国等国家以及我国台湾省和青岛市等地区长期护理保险制度研究的基础上，结合长期失能人群所需的基本生活照料、护理康复、精神关怀等照护服务内容，以提高长期失能人群生活质量、减轻家庭经济负担、维护社会和谐、保障民生利益为原则，形成了制度定位：

一是建立政策性护理保险，以政府为主导，建立基本服务保障体系，将商业保险引入基本公共服务领域，成为养老事业、产业发展的一次突破，充分利用商业保险已有的组织机构和服务能力优势，进一步改进公共服务供给机制，成为保障全面、功能完善、安全稳健、诚信规范、具有较强服务能力的养老保障工具。

二是搭建政府、保险公司、社会、个人共同参与养老服务的制度框架，实现低、中、高经济收入人群基本服务保障全覆盖，由制度保障解决基本养老服务需求，以市场形式解决超越基本服务的个性化需求，分层次推进养老服务保障。

三是实现保险理赔服务转变，由传统的"现金给付"转为"服务给付"。

四是完善社会福利制度，实现由"经济补困型"向"适度普惠型"转变，增加长期失能人群的获得感。

五是完善保险制度，确保长期失能护理保险服务朝标准化、规范化方向发展，海淀区长期失能护理保险相继出台并完善了《海淀区居家养老失能护理互助保险试点办法》（海行规发〔2016〕7号）、《海淀区失能护理互助保险实施细则（试行）》（海老办发〔2016〕8号）（以下简称《实施细则》）、《海淀区居家养老失能护理互助保险养老服务机构准入与管理办法》（海老办发〔2016〕9号）（以下简称《准入与管理办法》）等一系列配套政策。

六是增强失能人群的购买力，形成稳定、可预期的养老服务需求市场，积极推动、促进养老服务产业健康有序发展。

七是从居家养老服务切入，根据需求开发出适销对路的养老服务产品，保障刚性需求，同时依托居家向社区和机构延伸，形成完善的服务网络，进一步带动养老服务全产业链的发展。

（二）试点步骤

在《试点办法》实施初期，享受护理保险待遇需满足以下条件：自《试点办法》颁布实施六个月后，符合城镇最低生活保障、特困生活补贴人员、特殊贡献的老人、百岁老人、计划生育家庭（失独、独生子女伤残家庭）条件的且已满65周岁（含）以上参加长期护理互助保险满足最低缴费年限的，经评估失能等级达到中度、重度的，可申请享受护理保险待遇，其余人员在试点过程中逐步纳入。

（三）筹资方式

长期失能护理保险资金在账户设置方面以社会统筹基金账户与个人账户相结合的形式，保险资金由个人缴费、政府补贴（含民政、残联、卫生计生委等）、照护服务机构缴纳互助基金三部分组成，其中，个人缴费记入个人账户，政府补贴、照护服务机构互助基金记入统筹基金账户。

强调了"一人为众、众为一人"的互助性质，从而解决了护理周期长、个人账户金额不足的问题。

在政府补贴方面，根据差别化缴费额度分别给予20%的补贴比例，制度要求市、区财政以1:1的比例予以负担。海淀区农业户籍参保人员由镇财政予以补贴，补贴额度暂定120元/人/年。在照护服务机构互助基金方面，制度

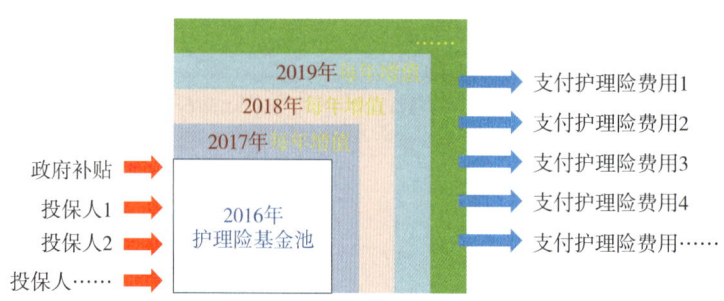

图12-1 互助型基金模式

要求,约定准入的照护服务机构养老服务互助基金按被服务人数240元/人·年缴纳,费用征收时间定为服务次年。

在缴费年限方面,根据《试点办法》要求,保险基金以年龄段区分实行差别化缴费,缴费年限有明确要求,个人连续缴费不得低于15年,政府补贴年限不得超过15年。

在对特殊人群的保障方面,根据《试点办法》要求,以下三类人群的参保费用由政府全额补贴,具体包括年满55周岁及以上的享受城镇最低生活保障的家庭、享受生活困难补助的个人、计划生育特殊困难家庭特扶对象。终止最低生活保障或生活困难补贴的,由个人继续缴纳剩余年限费用并享受20%的财政补贴。

2016年暂按1140元/人·年的标准筹集。

表12-1 失能保险缴费情况①

年龄	年度个人缴费	年度无补贴缴费标准
18~39岁	912元	1140元
40~59岁	1003.2元	1254元
60岁及以上	1094.4元	1368元

(四)失能评定渠道

海淀区长期失能护理保险制度对参保人员失能评定有着明确的评定渠道。参保人员达到失能标准的,申请享受保险待遇时,保险经办机构须委托第三方生活自理能力评估机构对参保人员的失能等级进行评估和确定服务项目,并由符合准入条件的专业照护服务机构以"实物"的形式为参保人提供相应的照护服务。

海淀区长期护理互助保险在运作过程中会涉及4类机构,分别为护理险管理机构、经办机构及后续对申请照护服务的参保人失能等级进行评估的评估机构、提供服务的照护服务机构。此部分内容在《实施细则》中有具体说明。

长期护理保险管理机构,是指增设护理保险职能的政府部门,具体指民政局老龄工作委员会办公室。具体负责养老照护服务机构的准入准出审核;保险服务范围和服务内容、服务项目支付标准的确定;公布财政补贴预算情况、协助保险经办机构开展相关保险业务工作,并对经办机构服务及护理险后续工作进行监管。

长期护理保险经办机构,是指具有法人资质的、与政府签订服务合作协议的商业保险公司。负责承办护理保险资金收缴、支付、结算、基金增值、风险防控、与准入照护服务机构的签约,承担护理险后续的服务工作。

对于提供服务的照护服务机构,则是按照《准入与管理办法》对符合申请条件的照护服务机构审批进入,主要对符合失能标准的参保人提供以居家照护服务为主的照护服务。

为了推进护理互助保险的运行,海淀区政府建立市、区护理互助保险联席会制度,由市金融局牵头负责协调市级有关部门工作,支持试点工作开展;区联席会由主管民政工作副区长牵头,民政局、财政局、人力社保局、卫计委、金融办、法制办、残联、保险公司组成,负责试点期间相关工作的开展。

(五)申请及支付条件

对于申请材料的提供,分为以下两种情况:

一是年满65周岁,完成连续缴费15年的,且因身体、心智等原因,经连续不少于6个月的治疗,经医疗机构出具证明,符合失能条件的参保人员,在申请享受护理保险待遇时,需向保险经办机构提交:参保人本人及其代理人身份证件、《参保确认书》、医生证明、委托书、《护理保险待遇申请表》。

二是申请人符合享受条件但未完成规定缴费的,应按《试点办法》的要求,一次性按当年基金缴费标准趸缴剩余年限费用。

申请人提供材料完整的经初审符合条件的,由保险经

---

① 北京市海淀区人民政府:《海淀区居家养老失能护理互助保险试点办法》,2016-06-27。

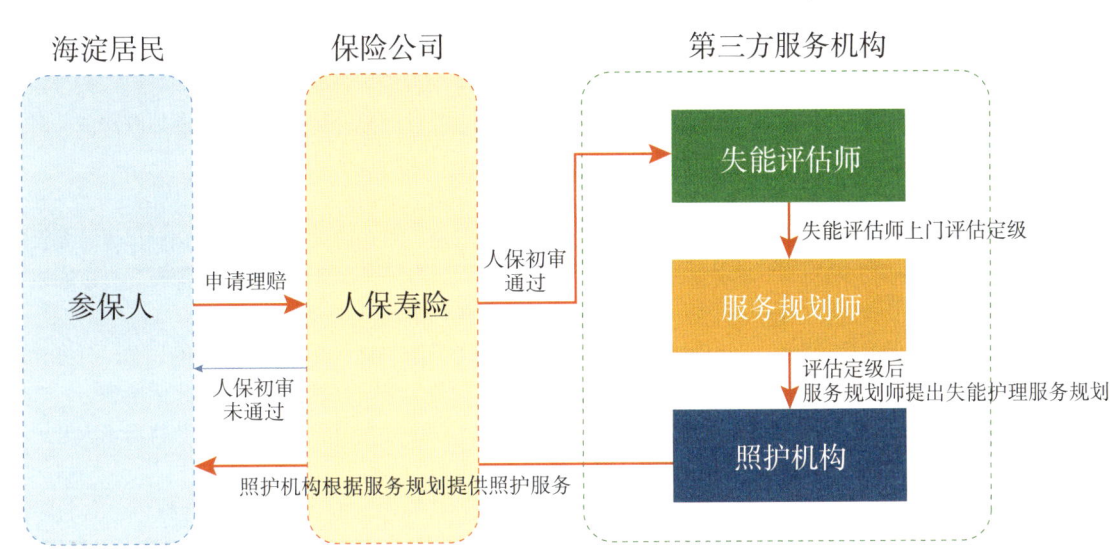

图 12-2 失能护理互助保险服务流程[①]

办机构会同保险管理机构,委托评估机构按《海淀区居家养老失能护理互助保险评估认定管理办法》的要求开展评估认定工作。

(六)参保范围及失能等级划分

根据试点办法的相关内容,参保范围为具有本区城乡户籍年满 18 周岁(在校学生除外)的居民及在本行政区域内各类合法社会组织工作的具有本市户籍人员,参保以户为单位,其中享受生活困难补助人员、具有残疾证的残疾人可个人参保。参保的第二类人群是本行政区域内注册的党政机关、企事业单位、社会团体工作的本市户籍人口。而办法中规定的参保人员其常驻父母、配偶非本区、市户籍的可以随参保人一同参保,但是不享受政府补贴。对于一些特殊人群,包括年满 55 周岁及以上的享受城镇最低生活保障的家庭、享受生活困难补助的个人、计划生育特困家庭特扶对象参保费用由政府全额补贴;具有残疾人证的残疾人员补贴办法由相关部门具体制定。上述人员将由相关部门统一到保险经办机构办理参保手续。

失能等级的界定:以日常基本生活中吃饭、穿衣、睡觉、如厕四项基本生活能力为标准。丧失基本生活能力等级划分为三级:轻度失能(一项丧失)、中度失能(二至三项丧失)、重度失能(四项丧失)。失能等级确定为轻、中度的保险人,基本生活部分依赖帮助;失能等级确定为重度的,基本生活完全不能自理,全部依赖帮助。

目前,试点办法中仅对评级做了纲要式定义,并未给予详细的定级标准。在这一方面,在试点过程中,商业保险公司做出了如下建议:

基于吃饭、如厕、行动、精神认知四项基本能力为细分标准,可借助辅助设备或人力协助的失能情况定级为轻度及中度,其主要区别在于需要帮助的项目数量;无法借助辅助设备,需要完全由人工帮助的失能情况定级为重度失能,详细标准为:

轻度、中度失能,符合下列 2~3 个条件的可享受轻度照护服务,4 个以上条件的享受中度照护服务。如厕:大小便轻度不能自我控制,需要部分协助才能完成。饮食:饮食有部分困难,需给予协助服务才能完成。行动:肢体受伤或有残疾行动不便,但在外力支持下可完成的。起居:穿衣、起床等日常活动无法进行,需他人协助。视力:视觉不清或双目失明,行动稍有困难。认知:精神上有轻度障碍或患有轻度老年痴呆症。

重度失能,符合下列条件之一的,基本生活完全不能自理,全部依赖帮助的,定级为重度失能,享受重度失能照护服务。脏器病变:长期卧床不起、无法下地行走,生活起居、饮食完全依赖帮助;肢体缺陷:功能严重丧失,生活完全依赖帮助;认知:思维功能严重障碍,生活完全依赖帮助。

(七)服务机构的准入条件

海淀区长期护理互助保险借鉴了国际上先进的长期护理制度相关规范,根据《准入与管理办法》[②],为提供居

---

①② 北京市海淀区人民政府:《海淀区居家养老失能护理互助保险养老服务机构准入与管理办法》,2016-08-17。

家照护服务的机构、医疗康复服务机构,养老照料中心、社区养老服务驿站,提供集中养护服务的养护院,提供失能评估、服务规划机构、老年辅具服务商、老年家庭适老化改造的企业,安宁服务等各类服务组织申请加入护理互助保险服务建立了准入标准。该办法从申请条件、管理要求、服务要求、安全管理及制度建设五个方面对拟申请准入的服务机构进行了全方位的约束。

(八)服务项目

海淀区长期失能护理互助保险主要从4个方面对参保人群进行照护服务:

一是居家照护服务,包括日常生活照顾、基本护理、用药护理、巡诊、协助医疗、基础康复、运动指导、日常生活活动能力训练、餐饮服务、紧急救援以及经评估提供辅具购买、租赁服务及居家无障碍环境改造等。

具体内容如下:

(1)居家服务:日常生活照顾服务。

(2)居家护理:基本护理、用药护理、巡诊、协助医疗服务。

(3)家庭病床:申请家庭病床的,按《海淀区居家养老失能互助保险家庭病床管理规范》的要求提出申请,并由准入的专业医疗服务机构提供服务。费用按《海淀区居家养老失能护理互助保险基本照护服务规范与项目支付标准管理办法》标准执行。

(4)居家康复:基础康复、运动指导、日常生活活动能力训练。

(5)辅具租赁:经评估提供辅具购买、租借服务及居家无障碍环境改造:为失能老人提出日常生活及机能训练辅具购买意见;提供家庭无障碍设施改造服务(加装扶手、卫生间处理);为重度失能老人提供轮椅、特殊卧床、坐便器等辅具租借服务。

(6)餐饮服务:提供订餐、送餐入户服务;对无法正常进食者,提供帮助进食服务。

(7)紧急救援:建立紧急救援体系,当老人在家发生突发事件时,可通过设备发出信号以获得紧急救援服务。

二是社区照护服务,包括日间照料、社区康复护理。具体内容如下:

(1)日间照料:在亲属工作期间,至已开办社区日间照料机构的、晚间返回家中的日常生活服务。

(2)社区康复护理:社区照料机构对老人开展日常生活功能康复与训练。

三是机构照护服务,包括符合独居、寡居的失能老人经申请后,在定点照护服务机构中接受长期照护服务,超出护理保险支付额度的部分由个人按机构规定承担(低保、城市"三无"、农村"五保"、老人除外)。

四是其他照护服务,包括亲情家庭互助服务、安宁关怀服务、精神安慰、社会交往、特定条件下的现金支付服务、志愿服务。

具体内容如下:

(1)亲情家庭互助服务:依靠家庭成员或邻里之间开展照护和亲情服务的。

(2)安宁关爱服务:需要安宁关爱照护服务的参保人,可向具有安宁关爱条件的服务机构申请老年安宁关爱服务,以减轻临终长者的心理负担,缓解对疼痛及离世的恐惧和不安。

(3)精神安慰、社会交往。

表 12-2 失能等级及项目对应的照护服务内容和确定要素

失能等级及项目	确定要素	照护服务内容
轻中度	1. 部分行动及大小便轻度不能自控的 2. 饮食、起居有部分困难需给予协助服务的 3. 半失明或肢体功能障碍行动稍有困难的 4. 患有两种以上较严重器质性疾病行动困难的 5. 精神上有一定障碍或患有初期老年痴呆症的	1. 协助日间起卧
		2. 协助如厕并便后清洁
		3. 巡视探望提示、督促老人按时间完成相关任务
		4. 协助订餐、吃饭、喝水、用药
		5. 协助洗浴、定期擦身,口腔护理,每月定期理发
		6. 陪同行动不便老人到医疗机构就医
		7. 指导康复、认知训练,服务员按医嘱协助老人开展康复和认知锻炼;受压部位按摩
		8. 协助使用代步工具、利用辅具开展康复训练

续表

失能等级及项目	确定要素	照护服务内容
		9. 协助老人积极参与各种社区社交活动
		10. 对确诊后有慢性疾病的如高血压、糖尿病、冠心病等进行重点管理和干预，定期检测血压、血糖、血氧、心率
		11. 开展医疗巡视、保健指导服务
重度失能	1. 思维功能严重障碍，完全不能生活自理的 2. 因各种原因长期卧床不起、无法下地行走，生活起居、饮食需帮助的 3. 双目失明或肢体残疾，严重痴呆、功能严重丧失需要帮助的	1. 对有可能恢复自理能力的老人，进行康复训练，配合老人参加社交活动，加强精神安慰
		2. 定期擦洗身体，保持口腔、头发、身体清洁。定期帮助老人晒太阳
		3. 大小便护理，大小便失禁和卧床不起的，及时查看、更换辅助材料，清洗下身，被褥保持清洁
		4. 帮助订餐，按时喂饭、喂水、喂药，不能吞咽的制作流质食物
		5. 加强巡视探望，保持室内清洁和空气流通，观察其睡眠情况，发现异常及时报告、处理
		6. 细心观察并掌握老人饮食起居及思想情绪、精神状态等情况
		7. 医护人员每周定期查房，特殊情况随叫随到，及时处理，做到用药、治疗护理到床边。重点防范老年人褥疮、坠积性肺炎、静脉血栓形成、泌尿系感染的护理工作
		8. 符合家庭病床开设条件的，提供家庭病床服务
辅具适配	轻、中度失能等级老人，侧重于家庭无障碍设施环境改善服务；重度失能等级老人侧重于辅具的租借服务。辅具应在评估师建议下购买（享受低保、特困待遇的除外）	1. 家庭无障碍设施改造重点安装扶手、对卫生间的改造处理
		2. 辅具租借侧重手摇护理床、轮椅、便携坐便器
		3. 辅具租借及居家无障碍环境改善服务，经评估确认后实施
安宁关爱	安宁关爱服务	1. 经医疗机构确认生命周期在三个月内的，无治疗价值的，经申请的需要临终关爱服务的
		2. 减少无效过度治疗活动，提供心理安慰和心理疏导，加强亲人间交流和情绪纾解，缓解压力，引导正确面对死亡，使老年人有尊严、体面地离去
心理慰藉	心理干预服务	1. 需要心理服务的
		2. 引导老年人正确理解疾病发生、发展规律，以积极态度对待人生，对待疾病，帮助老年人相信科学，配合服务，鼓励参与社交交流与放松，关注老年抑郁症发生发展，倡导子女加强情感和生活交流
		3. 加强老年心理危机干预，重大事件后应注意观察，发现问题及时处理
		4. 促进老人进行社会交往活动
膳食服务	订餐\送餐\喂食	1. 行动不便，进食有障碍的
		2. 提供订餐，送餐入户服务；无法正常进食帮助进食服务。流质食物制作与帮助进食
健康管理服务	55岁以上保险人健康管理、慢病干预服务	建立健康档案，未病先防，加强对确诊后的高血压、糖尿病、冠心病患者的管理与服务

续表

失能等级及项目	确定要素	照护服务内容
社区照护	符合准入条件的社区照护机构提供服务	社区日间照护服务：在亲属工作期间，至社区日间照料机构、晚间返回家中的服务
	符合准入条件的社区照护机构提供服务	接受照护服务的机构，应具备接受失能老人的服务工作人员和必要的设备设施。人员和设备满足失能服务要求
机构集中照护	符合准入条件的养护机构提供的长期集中照护服务	不宜家中养老的独居、孤寡失能老人接受机构长期照护服务。集中照护服务的需经评估机构认定
	符合准入条件的养护机构提供的长期集中照护服务	接受照护服务的机构，应具备接受失能老人的服务工作人员和必要的设备设施。人员和设备满足失能服务要求
百岁老人照护	未失能的提供帮助服务	协助家人提供日常生活健康照护服务
说 明	以上照护服务内容适配由服务规划师根据失能情况具体确定。照护服务机构按服务规划书的要求制订服务实施计划并按计划实施。服务时间可根据需要由保险人弹性使用	

（九）项目特点

一是建立了完善的制度体系，海淀区长期失能护理互助保险项目制定了8份政策制度文件，建立了相对完善的政策支持体系，包括统一的管理保障组织体系、评估标准体系、服务机构的建设规范及服务能力要求和准入条件，由商业保险公司（人保寿险）设计了专属保险产品。

二是打破了传统的给付方式，海淀区长期失能护理互助保险项目用"服务给付"替代"现金给付"，实现保险公司理赔方式的突破。

三是形成了独特的运行模式，海淀区长期失能护理互助保险项目通过引入商业保险，形成个人、政府和保险公司参与的风险分担机制，借鉴了"预交风险损失补偿分摊金"的互助保险模式，是目前全国范围内唯一一个政府主导、脱离社保、商业化运作的护理险项目。

三、北京市海淀区长期失能护理互助保险面临的挑战及建议

（一）面临的挑战

现阶段，北京市海淀区长期失能护理互助保险正处于试点的初级阶段，还面临着许多挑战，归纳起来，主要包括以下七个方面：

一是由于采取自愿参与原则，投保人数在短时间内难以扩大。海淀区长期护理互助保险制度采取不强制、自愿参保的原则，使护理险在实施运行开始阶段推行困难，面临投保人数不多、涉及人群参保不积极等情况，难以体现护理保险的福利性。

二是服务供给方式需进一步完善。现阶段，长期照护服务机构数量较少，且多以营利为目的，建立以非营利组织为主的供给机制非常重要。非营利性组织与社会事业属性契合，长期照护具有社会事业属性，从财政负担和民众付费角度都要达到控制费用、减少支出、满足需求的目标。一方面，微利是长期照护的行业特征，非营利组织体制明确，且有税收政策支持，易于发展，实现保证品质；另一方面，人力资源和慈善资源整合能力较强，鼓励非营利组织参与长期照护供给服务，可以提高社会资源利用率，有效缓解政府财政压力，在分散社会风险、提高长期照护服务质量方面起着重要作用。

三是服务内容的规划暂时没有全国性的统一的专业标准。各地的长期照护服务仍有一定的地区特色，对于失能者来讲，并不能保证得到的是最适宜的科学专业的服务内容。从长远来看，长期照护的服务应具备科学专业的服务规划，用以根据失能者实际情况，选取适合的标准性服务内容，为失能者带来更好的服务体验。

四是护理人员的综合能力参差不齐。目前，我国整体

护理产业较为落后，专业照护理人员数量较少。为提高长期照护质量，真正服务于民，海淀区要大力发展护理产业，储备多方面、综合性的护理人才；要建立护理人员专业培训机制，定期举办专业知识讲座，满足护理人员提升自我的实际需求；要完善专业考试制度，严格要求凭证上岗，培养不同护理服务需求的专业性人才。

五是国内各地长期失能照护的评估规则五花八门，各不相同。评估标准的不同将使得长期照护保险具有地区性差异，各地的受众人群及获得的服务项目将有一定的不同，也会对各地长期照护保险经验借鉴带来一定的影响，为长期照护保险的规范发展带来困难。

六是进一步明确对评估机构及照护服务机构的责任划分。一方面，在海淀区长期护理互助保险实施细则中，对于失能评估机构的评估办法及评估依据还未做过多说明，使得护理险在运行过程中关于参保人失能状况等级的确定不够明确；另一方面，对于照护服务机构提供具体服务的标准及形式暂未明确，使得海淀区护理险在实际推广过程中无法落实关于服务标准、质量保证等相关问题。

七是深入推动长期照护保险长远发展，开展全系统产业链的搭建工作。当今我国的长期照护保险仍处于分项发展，各自推动的初级阶段，各项具体平台、工作类别繁多，产业链串联推进相对困难，面对此种情况，先进的科技手段，如利用互联网技术进行全产业链平台的搭建，将为长期照护保险的发展带来崭新的发展局面。

（二）相关建议

建立长期可持续的护理保险制度是一项复杂的系统工程，在实施过程中必然会受到经济、人口、文化等各个方面因素的影响，为了确保最大限度地发挥制度作用，在长期护理互助保险的实施过程中应从全局把握，合理规划，与社会其他方面协同发展。

第一，社会保险并不排斥商业保险，良好的机制设计可将二者有机结合，实现广覆盖、保基本、有差异、多层次的长期护理风险融资。

第二，社会保险并不排斥引入市场机制，良好的机制设计须同时发挥政府和市场的双重作用，兼顾实现社会公平与效率的双重目标。通过对融资、受益条款等机制设计，实现社会资源的合理分配，将护理服务提供给有真实服务需求的受益人；通过强制性转移支付的融资制度设计，实现由高收入者向低收入者进行财富转移的收入再分配效应，兼顾社会公平的目标。同时，政府作用的发挥并不影响市场机制带来的正面效果，在长期护理互助的服务提供商方面，引入护理服务供应商之间的市场竞争机制，将有利于促进供应商服务品质的完善及服务质量的提升，从而有效提高长期护理保险体系的运行效率。

第三，良好的机制设计须同时强化政府、个人及家庭多方主体的权利和义务。长期护理保险制度的设计应进一步强化政府在宏观社会风险管控中的作用，同时也应从微观层面注重发挥受益人个人和家庭的义务和参与作用。

第四，良好的机制设计应同时兼顾质量保证与成本控制，以兼顾实现高质量护理服务的可得性与基金财务运作的可持续性。特别是在人口老龄化快速推进、需要护理的老年失能人口迅速增加的背景下，长期护理保险基金财务运作的可持续性面临巨大挑战，保持基金收支平衡与保证护理服务质量是制度运行过程中面临的最重要的问题之一。

第五，加大护理型服务资源的供给，形成完善的养老服务产业体系。建议政府加大对市场化、专业化、规范化的准公共或商业护理机构的投入，大力培育和发展小型化、连锁化、专业化服务机构，积极引入国外成熟护理机构的运营模式和管理经验，在政策、工商、税收上给予专业护理机构一定的支持或倾斜，形成完善的养老服务产业体系。

第六，从国家层面建立养老服务产业人才培育机制。失能护理互助保险项目运行中需要失能鉴定评估员、失能护理服务规划员、居家照护员等大量的老年护理专业人才。建议政府从资质考核、薪资待遇、职业发展等方面出台具体政策，完善相关老年护理专业人才的培育形成机制。

第七，探索长期照护保险在大金融领域的发展创新，逐步拓展与银行等金融机构，如基金、理财项目的合作方式，不断补充、完善长期照护产品内容，丰富参保人体验。

第八，加大国家相关政策的持续支持力度，在统一的监管政策等规范、标准的指引下，各相关机构共同推进长期照护保险发展，在一定激励制度的推动下，更好地进行长期照护保险的不断探索。

分报告十三
长期照护保险制度的经办模式创新：以成都"相互保险社"为例

一、背景介绍

为积极应对人口老龄化，提高老年人生活质量，保障居家老年人在丧失独立生活能力时能得到生活照料、护理康复等养老照护服务，实现共享发展改革成果，根据党中央、国务院战略部署，2016年7月，成都市被人社部确定为全国15个长期护理保险制度首批试点城市之一。2017年成都市出台了《成都市长期照护保险制度试点方案》、《成都市长期照护保险实施细则（试行）》，确立了长期照护保险的政策框架和经办管理模式，并于2017年7月1日在成都市试行。长期照护保险制度试行以来，得到了群众的广泛支持和积极评价，这一制度的建立，有利于保障失能人员的基本生活权益，有利于增进人民福祉，促进社会公平正义，是完善我国养老保障体系建设的重大举措。

与此同时，建立与基本长期照护保险相配套补充体系的需求显得尤为迫切。全国试点城市目前普遍存在以下四个方面的情况：一是保障群体覆盖范围有待扩大。绝大多数长期照护保险试点城市未将中轻度失能以及失智等人群纳入保障范围中，且多地试点也暂未将城乡居民纳入保障群体中。二是保障待遇水平有待提升。现行长期照护保险制度只能保障基本照护需求，且存在较高自付部分，对中低收入家庭仍有一定负担，对高收入家庭不能满足其更高层次需要。三是筹资来源存在局限性。现行长期照护保险试点资金来源中个人及第三方承担责任不够，需通过其他方式增加资金来源，提高群众参保积极性。四是保障项目存在较大局限性。现行长期照护保险制度着重保基本，对于个性化项目开发不足，亟待补充完善。

鉴于以上情况，探索以市场化模式经办与运营长期照护保险更加贴合现实需求。通过国际养老保障经验来看，相互保险是解决长期护理问题的最佳保险方案之一。总的来说，无论是现有的社会保险还是商业保险都难以覆盖长期护理风险，长期照护保险若要持续可行，应该被纳入一个有更好整体性和有效延续性的医疗健康保险之中。从这三个方面来说，相互保险可更有效承载长期护理风险：一是与商业保险不同，相互保险机构有着更长远的视角与平衡考量；二是相互保险机构更加灵活，每年可通过众议投票的方式决定保险收益和保费水平，提高会员群体的参与感及保障待遇水平；三是相互保险机制可有效调动投保成员及其家庭的责任感和参与感，有益于减少成本和改善服务。

基于以上背景，2016年11月，中国社会保险学会与欧洲领先的相互保险机构、法国最大的健康相互保险机构——法国教育健康相互保险机构（以下简称"MGEN"）签署了合作协议，探索以相互保险形式试行长期护理保险。2017年7月5日，成都市武侯区由于其丰富的养老医疗资源、丰富的社商合作经验、较好的人文环境等优势，被中国保险学会、中国社会保险学会联合授予"相互制长期护理保险实验室""社会保险与商业保险联合创新实验室"首批地方试点单位。中国保监会原副主席周延礼在授牌仪式上指出，受社会结构小型化、人口疾病谱变化以及人口寿命延长等因素影响,市场对长期照护保险的需求日益增长。长期护理制度是国际典型的解决老龄化问题的民生保障机制,相互保险也是国际上非常成熟的保险形式,在养老领域探索两种机制的结合应用,对完善我国养老保障体系是一个非常好的尝试。中国社会保险学会会长胡晓义指出,创新是发展动力,把相互保险和长期照护保险结合起来,是社会保险与商业保险相互融合、相互促进发展的一次尝试,在国内具有首创性。2017年9月7日,由中国保险学会、中国社会保险学会和武侯区人民政府联合主办的成都市长期护理相互保险项目研讨会在武侯区举行,人社部、四川省人社厅、四川省保监局、成都市金融工作局、成都市人社局相关部门领导及武侯区相关部门,保险行业专家学者,企业代表、第三方机构及武侯区人大代表、政协委员等共计约110人参加了会议。会上,中国保险学会、中国社会保险学会、武侯区人民政府共同签署了"相互制长期护理保险实验室""社会保险与商业保险实验室"三方协议,将合作进行以相互保险形式开展长期照护保险的探索。

二、通过相互保险模式经办与运营长期照护保险的意义与社会价值

近年来,中国人口老龄化形势严峻、老龄化问题日益突出。据国家统计局数据显示,2016年我国60周岁及以上人口23086万人,占总人口的16.7%;65周岁及以上人口15003万人,占总人口的10.8%①。初步预计到2026年中国老年人口将达3.1亿人,到2036年将达4.1亿人,到2050年更将达4.7亿人,约占世界老年人口总量的22.5%。中国加速进入老龄化社会,长期护理保障问题已经成为政府亟待解决的问题。

从国际经验来看,由政府直接经办长期照护保险,不仅效率较低、难以满足实际需求,同时也给政府财政带来了沉重的包袱。因此从20世纪80年代开始,与其他公共服务市场化改革趋势类似,长期照护服务供给也出现了非政府化趋势。目前出现的商业保险公司受托具体经办长期照护保险机制,是发挥社会力量提高经办管理服务能力的一种探索。但是,这种商业保险公司经办机制也面临一些问题,如商业保险公司与政府经办部门的关系定位模糊、缺少法律依据,以及商业保险公司因自身固有的逐利性而带来的局限性等问题,造成了商业保险公司经办机制不能充分发挥优势。而将相互保险和长期照护保险结合起来,通过相互保险机构经办与运营长期照护保险,能在有效提高经营效率的同时克服商业保险公司的局限性,具有重要意义和较大社会价值。

(一)相互制模式经办长期照护保险的重要意义

1. 相互制与长期照护保险的需求契合,更有助于保障群众利益

相互保险具有全员所有制、民主管理、共摊风险、共享盈余、共济互助、销售成本低等特性,相较于商业保险公司,相互保险没有股东业绩压力,更专注于保障会员的权益及保障水平的提升,与长期照护保险等社保业务具有天然的契合性,更适合经办与补充社保相关的业务。

2. 相互制模式引入多方参与,更有助于长期护理保障体系的建设与完善,促进长期护理保障可持续性发展

从全国试点情况来看,长期照护资金来源对政府财政构成较大压力,采取与相互保险相结合的方式,可成为更加合理的选择。本次拟成立的相互保险社将引入多主体共同参与,由政府融资平台、外方相互保险机构、国内保险公司、资管公司、企业集团等多方参与发起设立,由医疗机构、养老护理、医药、健康管理、网络科技公司多方主体共同提供服务,能够有效补充国家与市场之间的不足,有利于我国长期照护服务体系的建设与完善。

3. 通过相互制模式建设长期照护保险补充体系,更有助于提升长期照护服务质量,提高替代率,解决人口老龄化带来的社会问题

相互保险可以对中低收入人群以及风险特殊的职业人群提供实惠的健康保险产品;可以根据需求的多样化开发简便灵活的健康保险产品;可以提供差异化、特色化以及多元化的长期照护服务。此外,通过提倡"人人为我,我为人人"的互助文化,更可提高人民群众参保热情,改善保险业形象。

(二)相互制模式经办长期照护保险的社会价值

1. 助推医改,践行"健康中国"战略

试点通过保险机制创新,可进一步发挥保险风险管理功能,深化医药卫生体制改革,转变政府职能,提升社会管理效率,为"健康中国"贡献力量。

2. 完善地方金融体系,助推金融创新

发起设立以解决民生问题为导向的相互保险社将成为成都致力于西部金融中心建设、践行国家中心城市新发展理念的重要组成部分,对地方金融体系的创新完善将起到有力的助推作用。

---

① 引自国家统计局:《中华人民共和国2016年国民经济和社会发展统计公报》。

3. 促进区域社会经济协调发展

根据当地经济社会发展水平和社保政策，开发相配套的相互保险产品，可以为区域发展总体战略服务，实现区域协调发展。同时相互保险社也将为当地的税收、就业做出贡献，保险资金可以股权、债券等方式投资地方重点医养基础设施和产业项目，促进相关产业链优化升级，促进区域经济发展和保障能力的提升。

三、业务体系规划

（一）本次拟筹建相互保险社的发展战略

相互保险遵循"互助共济、风险共担"的核心理念，投保人根据章程规定成为会员，交纳保费，根据合同约定获得赔付。相互保险组织的投保人也是所有者，成员关系与保险关系同时发生。由于所有者的"特殊"身份，因此相互保险经营不追求短期利益、更看重长远发展，专注开发简便灵活、惠而不费、长期、高保障的产品，使会员在产品定价和费率上能得到充足的实惠，更贴近社会保险造福广大人民群众的本意。

因此，本次拟筹建的相互保险社的发展战略为：以风险共担、利益共享的互助原则为核心，以满足人民群众的健康保障为基础，以国际成熟相互保险经验为助力，遵循可持续发展和合规经营的原则，通过政府引导鼓励社保参保人自愿投保，自然对接社会保险中已有的养老、医疗、长期照护等险种，做好社会保险的补充的延伸，提升会员满意度，赢得会员信赖，打造第一家总部设在成都市、借鉴国内外相互保险成熟经验的、与人社系统紧密协同的相互保险组织。

（二）相互保险社的经营特点

本次拟筹建的相互保险社将坚持普惠特色，针对发起会员、社保参保人等特定群体的保障需求发展业务，会员也可对产品设计、研发、体验等环节提出建议。特别地，经营特色包括三个方面：一是与社会保险业务自然对接，做好养老、医疗、长期照护保险等社保业务的补充和延伸，切实提升保障水平；二是创新参保人缴费模式；三是侧重会员自主管理。

1. 与社会保险业务自然对接，提升社会保障水平

本次拟筹建的相互保险社将结合政府力量鼓励社保参保人自愿投保，创新研发具有互助特色的健康险、长期照护保险、医疗、大病等产品计划。通过相互保险社经营与社保紧密相关的业务，切实提升保障水平，做好社会保险保障功能的延伸补充。此外，相互保险社将重点把健康管理融入相互保险产品中，构建紧密的社群化关系。通过开设健康管理中心研发以慢病管理、远程医疗、异地转诊等服务为主的健康管理产品，为会员提供全过程健康管理服务，提升客户黏性，降低客户发病率，避免过度医疗和医疗欺诈等情况，提高风控水平。

2. 创新参保人缴费模式

与商业保险参保人的身份仅为客户不同，相互保险参保人的身份为会员，也是企业的所有者，因此在缴费模式上二者也有显著差异。相互保险会员的缴费额将与拟成立的企业的经营情况及参保个人的收入支出情况挂钩，创新性地采用浮动缴费制。当拟设立的企业经营良好时，相互保险会员的缴费额将随之下调，会员也将以更低的缴费获得更高的保障水平。同时由于相互保险的经营与每位会员的利益都息息相关，因此会员之间将会更好地实现监督，这样就能有效地降低保险公司经营的道德风险，促进企业稳健发展。

3. 侧重会员自主管理

与商业保险参保人不参与保险公司的经营管理不同，相互保险会员有参与企业经营管理的权利，会员通过会员代表大会行使权利，原则上会员均享有平等的权利。同时相互保险董事会席位的多少也不由发起人出资大小来决定，而采用选举产生。因此，企业的经营能更好地实现民主决策，凝聚合力。此外，会员积极参与管理也将带来保险欺诈案件的减少、参保人群范围的进一步扩大以及企业经营成本的降低。

四、治理结构规划

长期照护保险制度建设是应对我国人口老龄化以及保障失能老人基本权益的一项重大举措，不仅要发挥政府部门的主导作用，还需要充分发挥市场机制的作用，形成"政府—市场—社会"三维机制的协同效应。政府部门的职责为搭建制度框架、监控资金使用与运行，其余则应更多交给市场和社会，成都拟筹建的相互保险社也将本着这一初衷。初期由政府监督完善治理结构与经营模式，之后逐步转向会员自治化。

1. 治理结构

相互保险与股份制保险之间的本质区别在于所有制不同。相互保险社为全员所有制，无外部股东，一般实行一人一票的表决方式，会员通过会员代表大会参与公司管理。相互保险社一般设有会员代表大会、董事会、监事会，具体情况如下：

（1）会员代表大会。会员代表大会代表全体会员利益，为企业最高权力机构。会员代表由会员投票选举产生。

（2）董事会。董事会为公司日常事务决策机构，成员分为董事和独立董事。相互保险社在成立初期，主要发起人会占有一定比例董事席位，独立董事均从外部选聘。

（3）监事会。监事会为公司的监督机构。会员提名的监事由会员代表大会选举产生或更换，职工担任的监事由职工代表大会选举产生或更换。

此外，相互保险社的管理层由总经理、副总经理、财务总监、总精算师、合规负责人和审计责任人组成。具体管理层人员应根据业务发展情况和保险监管制度要求由董事会选聘。

2. 组织架构扁平，决策更加高效

3. 会员的权利与义务

相互保险社会员的主要权利包括：参与经营管理、重大决策、分享盈余、享受服务、批评建议和监督、查阅信息等。会员的主要义务包括：遵守章程、缴纳保费、执行决议、不滥用权利损害组织或他人等。

相互保险社会员分为发起会员、法定会员。发起会员是参与设立的会员，其中主要发起会员是指符合行业监管要求，为公司提供初期主要资金来源的会员，可以是自然人、法人或其他组织；一般发起会员是书面承诺设立后投保的会员，可以是自然人、法人或其他组织。法定会员是设立后承认并遵守组织章程，并签署保险合同的主体，可以是自然人、法人或其他组织。主要发起会员与一般发起会员、法定会员可有不同的权利，具体约定将通过章程进行特别规定。

4. 盈余分配机制

相互保险公司保费收入在支付赔款和经营费用之后，盈余部分完全由会员共享。盈余分配方式更多地将采取增加保额或降低保费等形式。

5. 信息透明化

2017年4月，保监会发布《关于加强相互保险组织信息披露有关事项的通知》，将相互保险组织定位为公众公司，信息披露标准比照公众公司要求，要求相互保险组织既要披露组织治理信息、重大事项，又要披露经营管理情况、盈余分配方案，以充分维护会员作为消费者和所有者的双重权益。本次拟筹建的相互保险社将建立严格的内控管理制度、完善的信息披露制度，积极探索运用借助官网、移动互联网和社交媒体等平台，持续、实时地与会员进行沟通，第一时间披露重要信息，让分散在各地的会员能即刻获知，方便会员行使权利及履行义务。

五、成都相互保险社的筹建优势及下一步重点工作分析

（一）筹建优势

本次成都拟筹建的相互保险社是在中国保险学会、中国社会保险学会以及成都市政府、武侯区政府的大力支持下，由政府融资平台、国内保险公司、社会资本等多方参与发起设立，由医疗机构、养老护理、医药、健康管理、网络科技公司多方主体共同提供服务，以长期照护保险为突破口的第一家总部设在成都市、中外合作的、与人社系统紧密协同的全国性相互保险社。筹建优势具体包括以下三个方面：

1. 筹建以民生为导向，符合国家鼓励支持方向，紧贴大众需求，具有首创性

长期护理保障等问题为当前亟待解决的热点问题，相互保险的全员所有制及非营利性等特性决定了其具有经办长期照护险等社保业务的天然优势，通过创造性地将相互保险与社保体系中的长期护理保险等险种结合起来，形成与社会保险的自然对接，完善多层次社会保障体系，切实提高保障水平，也更有利于保障群众利益。

2. 多方资源支持

（1）中国保险学会、中国社会保险学会已联合武侯区政府成立相互制长期护理保险实验室，成都市武侯区将在两学会的大力支持和指导下推动项目进展。

（2）本次试点也得到了相关政府部门的大力支持，筹建小组将切实做好"跑上联下"工作，加强沟通汇报，争取主管部门的进一步支持。

（3）本次筹建引进了中国社科院、北京大学、西南财经大学、中央财经大学等高校和科研院所的众多知名教授、学者共同参与筹建探讨，完善设立机制。

（4）国外知名相互保险机构提供国际先进经验支持，国内有过相互保险筹建成功经验的第三方咨询机构、律所及投资人鼎力加盟，为本次筹建增添助力。

3. 获客渠道优势

本次筹建拟以社会保险参保人为首要目标群体，通过政府引导、市场自发导流的方式鼓励社保参保人自愿投保，使相互保险公司成立初期即有较大会员规模优势，减少获客阻力，使管理层更能集中精力于业务的高效运营。

（二）下一步重点工作分析

相互保险和长期照护保险二者在我国均处于起步阶

段,而本次筹建拟将它们有机结合起来实现战略发展,这会对治理结构、产品技术、运营管理服务等方面产生较大创新挑战,同时通过政府引导、市场自发导流的具体形式也需要进一步验证。

基于以上背景,下一步需重点解决以下三个方面的工作:一是创新模式的开发。目前国际上相互保险的成熟经验应用起来有一定难度,需与我国国情相结合,进行建设性地优化改造升级。二是相关专业人才的引进以及辅助系统的建设。本次筹建需要引入具有丰富保险行业经验的人才加入,为项目提供更好的智力支撑。此外,相关辅助系统的建设也需要提前进行筹备。三是政府引导、市场自发导流的具体形式有待验证。由于政府引导是想鼓励社保参保人自愿加入拟筹建的相互保险社,因此具体形式需考虑创新手段。此外,在偿付能力监管、会计准则适用、工商与税务细则方面也期待监管层面能出台更多新规。

分报告十四
长期护理保险制度的费率厘定测算：以某市数据为例[①]

探索建立长期护理保险制度，是应对人口老龄化、促进社会经济发展的战略举措，是健全社会保障体系的重要制度安排。建立长期护理保险，有利于保障失能人员基本生活权益，促进社会公平正义，维护社会稳定。根据中共十八届五中全会精神和"十三五"规划纲要任务部署，人力资源和社会保障部办公厅下发了《关于开展长期护理保险制度试点的指导意见》（人社厅发〔2016〕80号），明确提出利用1~2年试点时间，积累经验，力争在"十三五"期间，基本形成适应我国社会主义市场经济体制的长期护理保险制度政策框架。

第六次全国人口普查结果显示，全国60岁及以上人口为1.78亿人，占总人口的13.26%；65岁及以上人口为1.19亿人，占总人口的8.87%。2010年末，全国部分失能和完全失能老年人约3300万，占老年人口的19%，其中完全失能老年人1080万，占老年人的6.23%。这说明我国已经有了建立护理保险制度的客观需求。随着我国经济的发展和社会文明程度的提高，政府和社会对于老年人帮扶的责任逐渐增加。综观美、英、德、日这些发达国家，他们给予失能老人医疗康复、文化生活等方面的帮扶和特惠是普遍做法，尤其是在德国和日本，已经形成了以政府为主导的制度化模式。但我国还是一个发展中国家，对老年人的保障体系尚在逐渐完善之中。构建适合我国国情的长期护理保险制度，是完善老年人保障体系的重要内容。

长期护理保险制度构建的核心内容之一是正确厘定费率。本报告拟运用精算技术，以马尔可夫链为理论基础，建立精算模型，按照80号文（《关于开展长期护理保险制度试点的指导意见》（人社厅发〔2016〕80号））的要求，结合某市的实际数据，厘定出一个能达到收支平衡的费率，希望能为长期护理费率的厘定提供一个可以参考的范例。

一、长期护理保险费率确定的依据

（一）遵循的基本原则

根据《关于开展长期护理保险制度试点的指导意见》（人社厅发〔2016〕80号），长期护理保险筹资标准应"根据当地经济发展水平、护理需求、护理服务成本以及保障范围和水平等因素，按照以收定支、收支平衡、略有结余的原则合理确定"。目前，在实践中，单纯强调以收定支或以支定收，都不好操作。比较现实的做法是：先根据试点期间的费用支出水平和80号文规定的基金支出水平（70%）、当地的缴费基数等情况，确定一个能达到收支平衡的费率（以支定收），再看这个费率能否承担得起，即能否与"当地经济发展水平相适应"，如果费率超过了当地缴费单位的承受能力，可以适当降低基金支付水平（以收定支）。本报告即根据这一原则结合一个试点地区的实际数据，来确定长期护理保险的费率。

（二）基本原理——马尔可夫链模型

根据试点地区的实际情况，90%以上有长期护理需求的人年龄都在60岁以上。为简化起见，我们就重点关注60~100岁的参保人群。为了便于理解基本原理，我们先假定每个年龄段只有1个参保人员（分男女），如果参

[①] 本报告运用的主要方法来自2014年8月发表于《财经论丛》第8期（总第184期）的《长期护理保险定价模型比较与分析》，作者为周海珍和杨馥忆，本报告只是结合实际工作对原方法稍加改动后予以介绍，知识产权仍属于原作者。

保人员进入不能自理状态，可获得1个单位的护理给付。

根据常识，在任一年龄上（比如是 x 岁）的参保人员，可能处于两种状态：一是在 x 岁能够自理，二是在 x 岁不能够自理。在 x 岁能够自理的状态下，在 $x+1$ 岁可能出现三种情况：仍然处于能够自理状态、进入不能自理状态、死亡。同理，x 岁不能够自理的状态下，在 $x+1$ 岁时可能出现三种情况：康复状态、持续不能自理状态、死亡。任一参保人员在从 x 岁到 $x+1$ 岁变化过程中，面对的状态转移情况和发生的可能性是相同的，与 $x-1$ 岁所处的状态无关。这样，任一参保人员在从 x 岁到 $x+1$ 岁的变化过程就构成了一个马尔可夫链模型。其面对的转移概率矩阵是：

表14-1　三状态模型转移概率矩阵

状态	$(x+1, a)$	$(x+1, i)$	$(x+1, d)$
(x, a)	能够自理持续概率 s_x^a	不能自理发生率 i_x	健康人群死亡率 q_x^a
(x, i)	康复概率 r_x	不能自理持续概率 s_x^i	不能自理人群死亡率 q_x^i

其中，x 表示在 x 岁，$x+1$ 表示在 $x+1$ 岁，a 表示能够自理状态，i 表示不能自理状态，d 表示死亡，s_x^a、i_x、q_x^a、r_x、s_x^i、q_x^i 的意义如表14-1所示。

运用马尔可夫链模型进行长期护理保险费率的厘定，关键是确定出转移概率矩阵。而我们只要确定出 s_x^a、i_x、q_x^a、r_x、s_x^i、q_x^i，就能够确定出三状态模型的转移概率矩阵。

以上参数确定后，用 $a_x^{a,d}$ 表示 x 岁时处于能够自理状态的人所领取的所有给付，$a_x^{i,d}$ 表示 x 岁时处于不能自理状态的人所领取的所有给付。根据状态的转移情况可知，x 岁时处于能够自理状态的人在 $(x+1)$ 岁时可能出现三种情况：仍然处于自理状态、进入不能自理状态、死亡。因此 $a_x^{a,d}$ 应该等于 $(x+1)$ 岁时三种情况下领取给付加权平均后的现值，权重为各自发生的概率（也就是期望值的现值）。其中 $(x+1)$ 岁时仍然处于能够自理状态所领取的给付是 $a_{x+1}^{a,d}$，对应的概率为维持能够自理概率 s_x^a；$(x+1)$ 岁时进入不能自理状态所领取的给付是 $a_{x+1}^{i,d}$，对应的概率为不能自理发生率 i_x；$(x+1)$ 岁时进入死亡状态之后将无法领取给付，因此给付为0。$a_x^{i,d}$ 也可同理得到。如前所述，假设参保人员在不能自理状态中每年可以获得1单位货币的护理给付，那么可得出如下的递推公式：

$$a_x^{a,d}=v\,(s_x^a a_{x+1}^{a,d}+i_x a_{x+1}^{i,d}), \quad a_x^{i,d}=1+v\,(r_x a_{x+1}^{a,d}+s_x^i a_{x+1}^{i,d})$$

另外，假定参保人员的最大寿命为100岁，在100岁时，参保人员应处于不能自理状态，因此 $a_{100}^{a,d}=0$，$a_{100}^{i,d}=1$。

求得 $a_x^{a,d}$ 和 $a_{x+1}^{i,d}$ 后，再分别乘以两种状态的人数所占的比例并加总则可得一个人在 x 岁时能够得到的护理给付期望值 a_x：

$$a_x=K_x\times a_x^{i,d}+(1+K_x)\times a_x^{a,d}$$

其中，K_x 为不能自理的人数所占比例。

这样，运用迭代法则，通过上述两式即可求得个体在 x 岁时能够自理和不能自理状态下给付，比如：

60岁的被保险人所能获得给付的总现值：

$$a_{60}=K_{60}\times a_{60}^{i,d}+(1-K_{60})\times a_{60}^{a,d}$$

其中，$a_{60}^{a,d}=v\,(s_{60}^a a_{61}^{a,d}+i_{60}a_{61}^{i,d})$，$a_{60}^{i,d}=1+v\,(r_{60}a_{61}^{a,d}+s_{60}^i a_{61}^{i,d})$，以此类推。

注意：这里假定所有失能人员都能享受到长期护理待遇。实际工作中各地政策不一，失能的人员未必都能享受到长期护理待遇，遇到这种情况，在计算长期护理待遇支出时可再乘以一个系数，数值为失能人员中能享受到长期护理保险待遇的百分比。

二、参数研究

下面对转移矩阵中的参数分别研究。

（一）能够自理持续的概率 s_x^a

能够自理持续的概率 = 健康人群存活率 – 不能自理发生率 =1– 健康人群死亡率 – 不能自理发生率，即 $s_x^a=p_x^a-i_x=1-q_x^a-i_x$

其中，健康人群死亡率 q_x^a 是已知数，采用《中国人寿保险业生命表（非养老金业务）2000~2003》发布的普通人群死亡率。但由于该表中的死亡率是所有投保人群的平均死亡率，包括了健康人群和一些次健康人群，其中健康人群的死亡率应低于平均死亡率。因此，以中国寿险业生命表中平均死亡率的80%作为健康人群（能够自理人群）死亡率的估计。这是第一个精算假设。未知数是不能自理发生率 i_x。

(二)康复概率 r_x

康复概率=不能自理状态存活率-不能自理状态持续的概率,

即 $r_x = p_x^i - s_x^i = 1 - q_x^i - s_x^i$

由于在实际中,康复概率很小可以假设为0,目前保险公司处理时也是如此。这是第二个精算假设。

(三)不能自理人群死亡率 q_x^i

采用如下方法来计算不能自理人群死亡率:

因为,普通人群死亡率=不能自理人群比例(K_x)×不能自理人群死亡率+健康人群比例×健康人群死亡率,

所以,

不能自理人群死亡率=(普通人群死亡率-健康人群比例×健康人群死亡率)÷不能自理人群比例(K_x)

其中,普通人群死亡率使用《中国人寿保险业生命表(非养老金业务)2000~2003》发布的数据,如前假设,健康人群死亡率为普通人群死亡率的80%。健康人群比例、不能自理人群比例(K_x)可以根据人口统计数据求得。

(四)不能自理发生概率 i_x

有了不能自理人群死亡率 q_x^i 之后,可以计算不能自理发生概率 i_x。借鉴李奇、张兆钺在《中国长期护理保险产品定价研究》中方法计算不能自理发生概率:

$$i_x = \frac{(1-q_x^a) \times K_{x+1} - K_x \times (1-q_x^i)}{(1-K_x) \times (1-0.5 \times q_x^a)}$$

上式中用到的 q_x^a 是 x 岁健康人的死亡率,我们假设为普通人死亡率的80%,这个数据可以通过计算得到;K_x 是 x 岁人群中不能自理的比例,这个数据可以通过人口统计数据得到;q_x^i 是 x 岁不能自理人群的死亡率,这是步骤3中计算的结果。

(五)不能自理持续概率 S_x^i

不能自理持续的概率=1-不能自理人群死亡率-康复概率,即 $S_x^i = 1 - q_x^i - r_x$。

不能自理人群死亡率 q_x^i 是步骤3的计算结果,康复概率 r_x 假设为0。

整理一下思路,在上文所涉及的所有参数中,普通人群死亡率、健康人群比例、不能自理人群比例都是已知数或可以通过人口统计数据直接得到的,健康人员死亡率 q_x^a、康复概率 r_x 是精算假设,剩下的未知数是不能自理人群死亡率 q_x^i、不能自理持续概率 S_x^i、不能自理持续概率 i_x、能够自理持续的概率 s_x^a。其中的逻辑关系是:①根据不能自理人群死亡率 q_x^i 和康复概率 r_x 计算得出不能自理持续概率 S_x^i。②根据不能自理人群死亡率 q_x^i 和健康人员死亡率 q_x^a、不能自理人群比例 K_x 计算得出不能自理发生概率 i_x。③根据不能自理发生概率 i_x 和健康人员死亡率 q_x^a 计算得出能够自理持续的概率 s_x^a。

逻辑推导图如下所示:

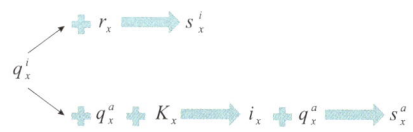

注:"✚"不是数学意义上的加号

三、测算过程

下面我们将结合实际数据,举例说明如何厘定长期护理保险的费率。所用的数据均来自《2010年中国人口普查数据》、《中国人寿保险业生命表(非养老金业务)2000~2003》发布的数据和某市的试点数据。

(一)计算不能自理人群死亡率 q_x^i

第一步,计算不能自理人群比例 K_x。不能自理人群比例根据《2010年中国人口普查数据》中表8-2《全国分年龄、性别、健康状况的60岁及以上老年人口》的数据经计算后得出,如表14-2所示。

表14-2 2010年中国人口普查数据

年龄	60岁及以上人口(人)		生活不能自理人口(人)		不能自理人群比例	
	男	女	男	女	男	女
60	684946	674903	4544	4636	0.006634	0.006869
61	659713	629373	5138	5151	0.007788	0.008184
62	566205	556740	4953	4997	0.008748	0.008975
63	540955	526704	5121	5584	0.009467	0.010602
……						

续表

年龄	60岁及以上人口（人）		生活不能自理人口（人）		不能自理人群比例	
	男	女	男	女	男	女
96	2388	5666	520	1660	0.217755	0.292976
97	1635	4013	333	1143	0.203670	0.284824
98	1247	3099	222	888	0.178027	0.286544
99	827	2113	173	626	0.209190	0.296261
100及以上	861	2726	192	855	0.222997	0.313646

某年龄上不能自理人群的比例 K_x = 某年龄上生活不能自理人数 ÷ 该年龄上总人口数（分性别）。

比如，根据表14-2数据，60岁男性参保人员不能自理人群比例 K_{60} = 60岁男性参保人员生活不能自理人数 4544 人 ÷ 60岁男性参保人员总人数 684946 人 ≈ 0.006634，如表14-2所示。其他年龄段的情况可以类推。最后求得的60~100岁生活不能自理人群比例如表14-3所示。

表14-3 生活不能自理人群比例

年龄	不能自理人群比例		年龄	不能自理人群比例		年龄	不能自理人群比例	
	男	女		男	女		男	女
60	0.006634	0.006869	74	0.030771	0.033673	88	0.120917	0.159540
61	0.007788	0.008184	75	0.033584	0.037041	89	0.131208	0.167708
62	0.008748	0.008975	76	0.036386	0.040782	90	0.155674	0.201124
63	0.009467	0.010602	77	0.040792	0.046994	91	0.173316	0.228844
64	0.011011	0.011267	78	0.044888	0.052119	92	0.187360	0.239777
65	0.012327	0.012502	79	0.049229	0.059405	93	0.192199	0.246475
66	0.013003	0.013762	80	0.058868	0.069867	94	0.198202	0.262643
67	0.014764	0.015557	81	0.066452	0.081527	95	0.201703	0.271204
68	0.016368	0.017308	82	0.074539	0.090877	96	0.217755	0.292976
69	0.017918	0.019150	83	0.078430	0.098215	97	0.203670	0.284824
70	0.021057	0.021992	84	0.086670	0.108789	98	0.178027	0.286544
71	0.023580	0.025139	85	0.092684	0.119485	99	0.209190	0.296261
72	0.025883	0.027756	86	0.102962	0.130021	100	0.222997	0.313646
73	0.028586	0.030838	87	0.111001	0.143353			

第二步，计算不能自理人群死亡率 q_x^i：

不能自理人群死亡率 q_x^i =（普通人群死亡率 − 健康人群比例 × 健康人群死亡率）÷ 不能自理人群比例。其中：

健康人群比例 = 1 − 某年龄上不能自理人群比例 K_x

健康人群死亡率 = 普通人群死亡率 × 80%（精算假设）

据此可推导出生活不能自理人群的死亡率，比如，60岁男性参保人员不能自理人群死亡率 q_{60}^i =（60岁普通人群死亡率 0.009313 −（1−60岁男性参保人员不能自理人群比例 0.006634）× 60岁普通人群死亡率 0.009313 × 80%）÷ 60岁男性参保人员不能自理人群比例 0.006634（K_{60}）=0.288212。其他年龄段的情况可以类推。

这样计算出来的 60~100 岁的生活不能自理人群死亡率如表 14-4 所示。

表 14-4 生活不能自理人群死亡率

年龄	不能自理人群死亡率		年龄	不能自理人群死亡率		年龄	不能自理人群死亡率	
	男	女		男	女		男	女
60	0.288212	0.172554	74	0.302420	0.192488	88	0.411156	0.272643
61	0.277773	0.163157	75	0.310077	0.198312	89	0.428444	0.294007
62	0.277971	0.167005	76	0.320053	0.204184	90	0.422411	0.294015
63	0.287045	0.159167	77	0.320859	0.202365	91	0.434756	0.304284
64	0.275776	0.168058	78	0.327191	0.207412	92	0.455772	0.329186
65	0.274677	0.170464	79	0.334896	0.208143	93	0.492142	0.359330
66	0.289731	0.174423	80	0.319789	0.204277	94	0.529232	0.384918
67	0.285296	0.174249	81	0.320867	0.202520	95	0.572589	0.418363
68	0.287760	0.176877	82	0.324181	0.208536	96	0.599066	0.444651
69	0.293923	0.180648	83	0.344386	0.219848	97	0.676390	0.495635
70	0.281229	0.178424	84	0.352678	0.227999	98	0.793403	0.542687
71	0.281606	0.177224	85	0.370386	0.238218	99	0.785550	0.585508
72	0.287226	0.181850	86	0.378679	0.250757	100	0.821304	0.623756
73	0.291358	0.185629	87	0.395880	0.262023		0.411156	0.272643

（二）计算不能自理发生概率 i_x

利用下述计算公式可计算得出不同年龄人群进入不能自理状态的概率：

$$i_x = \frac{(1-q_x^a) \times K_{x+1} - K_x \times (1-q_x^i)}{(1-K_x) \times (1-0.5 \times q_x^i)}$$

其中，i_x 是 x 岁被保险人的不能自理发生率；q_x^a 是 x 岁健康人的死亡率；K_x 是 x 岁人群中不能自理的比例；q_x^i 是 x 岁不能自理人群的死亡率。

比如，60 岁男性参保人员不能自理发生概率 i_{60}=

［（1–60 岁男性普通人群死亡率 0.009313×0.8）×61 岁男性不能自理人群比例 0.007788–60 岁男性不能自理人群比例 0.006634×（1–60 岁男性不能自理男性死亡率 0.288212）］÷［（1–60 岁男性不能自理人群比例 0.006634）×（1–0.5×60 岁男性不能自理男性死亡率 0.288212）］≈ 0.003538。其他年龄段可以类推。

60~100 岁所有年龄段人群不能自理发生概率计算结果如表 14-5 所示。

（三）计算不能自理持续概率 s_x^i

某年龄段的不能自理持续概率 s_x^i=1– 某年龄段不能自理人群死亡率 q_x^i– 某年龄段康复概率 r_x，如前所述，由于 r_x 假设为 0，于是有 $s_x^i = 1 - q_x^i$。比如，

60 岁男性参保人员的不能自理持续概率 s_{60}^i=1–60 岁男性参保人员不能自理人群死亡率（q_{60}^i）0.288212=0.711788，其他年龄的数据可以类推。

这样计算得出的 60~100 岁不能自理持续概率数据如表 14-6 所示。

表 14-5 不同年龄人群不能自理发生概率

年龄	不能自理发生概率		年龄	不能自理发生概率		年龄	不能自理发生概率	
	男	女		男	女		男	女
60	0.003538	0.002714	74	0.013378	0.010310	88	0.060743	0.046636
61	0.003569	0.002283	75	0.014547	0.011577	89	0.084556	0.083080
62	0.003587	0.003373	76	0.017782	0.015318	90	0.083043	0.083437
63	0.004887	0.002503	77	0.018830	0.015137	91	0.086623	0.069893
64	0.004937	0.003354	78	0.020749	0.018799	92	0.084000	0.072285
65	0.004570	0.003631	79	0.028908	0.023774	93	0.095556	0.093637
66	0.006300	0.004503	80	0.028280	0.026696	94	0.103777	0.094340
67	0.006577	0.004768	81	0.031115	0.025846	95	0.133162	0.123979
68	0.007057	0.005228	82	0.028648	0.025578	96	0.108706	0.097820
69	0.009540	0.006746	83	0.036864	0.031670	97	0.110165	0.125021
70	0.009426	0.007531	84	0.037441	0.034497	98	0.208468	0.152650
71	0.009911	0.007454	85	0.046386	0.037368	99	0.204774	0.183340
72	0.011229	0.008564	86	0.047810	0.044206			
73	0.011560	0.008954	87	0.054892	0.051737			

表 14-6 不能自理持续概率

年龄	不能自理持续概率		年龄	不能自理持续概率		年龄	不能自理持续概率	
	男	女		男	女		男	女
60	0.711788	0.827446	74	0.697580	0.807512	88	0.588844	0.727357
61	0.722227	0.836843	75	0.689923	0.801688	89	0.571556	0.705993
62	0.722029	0.832995	76	0.679947	0.795816	90	0.577589	0.705985
63	0.712955	0.840833	77	0.679141	0.797635	91	0.565244	0.695716
64	0.724224	0.831942	78	0.672809	0.792588	92	0.544228	0.670814
65	0.725323	0.829536	79	0.665104	0.791857	93	0.507858	0.640670
66	0.710269	0.825577	80	0.680211	0.795723	94	0.470768	0.615082
67	0.714704	0.825751	81	0.679133	0.797480	95	0.427411	0.581637
68	0.712240	0.823123	82	0.675819	0.791464	96	0.400934	0.555349
69	0.706077	0.819352	83	0.655614	0.780152	97	0.323610	0.504365
70	0.718771	0.821576	84	0.647322	0.772001	98	0.206597	0.457313
71	0.718394	0.822776	85	0.629614	0.761782	99	0.214450	0.414492
72	0.712774	0.818150	86	0.621321	0.749243			
73	0.708642	0.814371	87	0.604120	0.737977			

（四）计算能够自理持续概率 s_x^a

根据公式，

能够自理持续概率 =1– 健康人群死亡率 – 不能自理发生率，

即 $s_x^a = p_x^a - i_x = 1 - q_x^a - i_x$。

比如，60 岁男性参保人员能够自理持续概率 s_{60}^a =1– 60 岁男性健康人群死亡率（即 60 岁男性普通人群死亡率 0.009313 × 0.8）–60 岁男性参保人员不能自理发生概率（i_{60}）0.003538=0.989012。其他年龄上的参保人群数据可以类推。

这样，计算出的 60~100 岁能够自理持续概率数据如表 14-7 所示。

表 14-7　能够自理持续概率

年龄	能够自理持续概率		年龄	能够自理持续概率		年龄	能够自理持续概率	
	男	女		男	女		男	女
60	0.989012	0.992672	74	0.953478	0.966841	88	0.805223	0.847153
61	0.988039	0.992545	75	0.948731	0.962832	89	0.767977	0.798878
62	0.987015	0.990839	76	0.941555	0.956045	90	0.754860	0.785483
63	0.984640	0.991022	77	0.936160	0.952843	91	0.735377	0.784687
64	0.983430	0.989398	78	0.929445	0.945420	92	0.720753	0.766557
65	0.982523	0.988251	79	0.915996	0.936263	93	0.690537	0.727973
66	0.979376	0.986396	80	0.910771	0.928685	94	0.662188	0.708455
67	0.977514	0.985024	81	0.901506	0.924352	95	0.611154	0.658329
68	0.975260	0.983319	82	0.896895	0.918827	96	0.612410	0.662257
69	0.970804	0.980401	83	0.880896	0.906321	97	0.586178	0.611025
70	0.968727	0.978042	84	0.871768	0.896371	98	0.461536	0.557526
71	0.965817	0.976354	85	0.853437	0.885597	99	0.437359	0.499114
72	0.961824	0.973264	86	0.841726	0.870000			
73	0.958543	0.970662	87	0.823382	0.852771			

至此，转移概率矩阵上所有参数（即 s_x^a、i_x、q_x^a、r_x、s_x^i、q_x^i）的数据我们都已求得，也就是能确定出三状态模型的转移概率矩阵。

（五）计算护理给付期望值 a_x

以上参数确定后，根据递推公式：

$a_x^{a,d} = v(s_x^a a_{x+1}^{a,d} + i_x a_{x+1}^{i,d})$，$a_x^{i,d} = 1 + v(r_x a_{x+1}^{a,d} + s_x^i a_{x+1}^{i,d})$

运用迭代法则，即可以求得个体在 x 岁时能够自理和不能自理状态下所领取的给付。

上式中，v 是折现率。折现率的确定，按照国务院《关于建立城镇职工基本医疗保险制度的决定》（国发〔1998〕44 号）规定，"基本医疗保险基金的银行计息办法：当年筹集的部分，按活期存款利率计息；上年结转的基金本息，按 3 个月期整存整取银行存款利率计息；存入社会保障财政专户的沉淀资金，比照 3 年期零存整取储蓄存款利率计息，并不低于该档次利率水平"。长期护理保险基金从属于基本医疗保险基金，所以对于长期护理保险基金的利率（或折现率）的确定也可以参照这个文件。目前 3 个月期整存整取银行存款利率为 1.1%，故此假设 $v=1 \div (1+1.1\%) = 0.98912$。

实际计算中，应先计算 99 岁参保人员的数据，60~98 岁的数据运用迭代法计算可得。比如：

1 个 99 岁男性可得到的护理给付现值的期望值 a^{99} 的计算过程是：

（1）$a_{99}^{a,d} = v(s_{99}^a a_{100}^{a,d} + i_{99} a_{100}^{i,d}) = 0.98912 \times (0.437359 \times 0 + 0.204774 \times 1) = 0.202546$

（2）$a_{99}^{i,d} = 1 + v(r_{99} a_{100}^{a,d} + s_{99}^i a_{100}^{i,d}) = 1 + 0.98912 \times (0 + 0.21445 \times 1) = 1.212117$

（3）$a_{99} = K_{99} \times a_{99}^{i,d} + (1-K_{99}) \times a_{99}^{a,d} = 0.209190 \times 1.212117 + (1-0.209190) \times 0.202546 = 0.413738$

这就是说，考虑了三状态转移情况后，1个99岁的男性参保人员在生活不能自理时将能够得到0.413738个单位的护理给付。

60~98岁的数据可以以此类推得到。经过迭代计算之后的总现值如表14-8所示。

表14-8 三状态Markov模型各年龄段现值

年龄	现值 男	现值 女	年龄	现值 男	现值 女	年龄	现值 男	现值 女
60	0.714388	1.067776	74	0.794808	1.198718	88	0.832185	1.228143
61	0.720812	1.077702	75	0.800385	1.208250	89	0.833656	1.220650
62	0.727093	1.087439	76	0.806517	1.218338	90	0.827374	1.207254
63	0.733456	1.096965	77	0.812771	1.228181	91	0.807932	1.172531
64	0.739656	1.106342	78	0.818943	1.237390	92	0.778327	1.124985
65	0.745585	1.115954	79	0.825404	1.246136	93	0.743544	1.077020
66	0.751699	1.125623	80	0.829715	1.252417	94	0.707218	1.026091
67	0.757863	1.135265	81	0.831054	1.254476	95	0.668180	0.966721
68	0.763861	1.144796	82	0.830321	1.252948	96	0.614791	0.891085
69	0.769914	1.154383	83	0.829620	1.250611	97	0.551368	0.797631
70	0.775432	1.163781	84	0.829772	1.248198	98	0.503570	0.692536
71	0.780298	1.172595	85	0.830221	1.244457	99	0.413738	0.545342
72	0.785030	1.181128	86	0.830803	1.240265			
73	0.789767	1.189777	87	0.831097	1.235542			

四、以支定收确定长期护理保险的费率

如前所述，我们为了方便研究，从最简单的情况说起，即假定在每一年龄上只有1个参保人员，每个参保人员在发生不能自理时能得到1个单位的护理给付。当然，现实中，每一年龄上不止一名参保人员，而1单位的护理给付即相当于人均护理费用。

现在，我们来看实际情况。对于某市来说，60~100岁的实际参保人员人数有具体的统计数据（见表14-9），根据近一年来长期护理实际费用数据统计，该市参保人员在发生不能自理时，男性参保人员的人均费用支出是每年1829.97元，女性参保人员的人均费用支出是每年1708.15元，按照80号文件规定，基金支付比例为70%左右。那么，各年龄段上每个参保人员一旦生活不能处理，能得到的1个单位的给付具体是：

男：$1829.91 \times 70\% = 1280.94$（元）

女：$1708.15 \times 70\% = 1195.71$（元）

同时已知该市的长期护理基金收入主要来自按基本医疗保险的缴费基数的一定比例从职工基本医疗保险统筹基金中划拨，该市2016年职工基本医疗保险缴费基数总额为5277385万元。这样，我们可以根据以上数据计算出该市的长期护理的收支平衡费率，具体计算方法如表14-9所示。

分报告十四 长期护理保险制度的费率厘定测算：以某市数据为例

表14-9 长期护理保险费率的计算

年龄	给付的期望值 $K_x \times a_x^{i,d} + (1-K_x) \times a_x^{a,d}$		参保人数		人均护理费用（元）		基金支付水平		每年龄段上的支出期望值		2016年	以支定收费率
	男	女	男	女	男	女	男	女	男参保人员支出	女参保人员支出	总缴费基数（万元）	
60	0.71439	1.06778	0.79471	0.78940	1829.97	1708.15	0.7	0.7	727.25	1007.86		
61	0.72081	1.07770	1.48012	0.69666	1829.97	1708.15	0.7	0.7	1366.66	897.72		
62	0.72709	1.08744	1.29610	0.58195	1829.97	1708.15	0.7	0.7	1207.17	756.69		
63	0.73346	1.09696	1.07158	0.49296	1829.97	1708.15	0.7	0.7	1006.80	646.59		
64	0.73966	1.10634	1.04806	0.47818	1829.97	1708.15	0.7	0.7	993.02	632.56		
65	0.74559	1.11595	0.81438	0.38044	1829.97	1708.15	0.7	0.7	777.80	507.64		
66	0.75170	1.12562	0.89234	0.38512	1829.97	1708.15	0.7	0.7	859.25	518.34		
67	0.75786	1.13527	0.76983	0.34429	1829.97	1708.15	0.7	0.7	747.36	467.96		
68	0.76386	1.14480	0.67688	0.30029	1829.97	1708.15	0.7	0.7	662.32	411.05		
69	0.76991	1.15438	0.59736	0.27250	1829.97	1708.15	0.7	0.7	589.14	376.13		
70	0.77543	1.16378	0.43342	0.22525	1829.97	1708.15	0.7	0.7	430.52	313.44	5277385	0.47%
71	0.78030	1.17260	0.50451	0.24544	1829.97	1708.15	0.7	0.7	504.28	344.12		
72	0.78503	1.18113	0.55031	0.25616	1829.97	1708.15	0.7	0.7	553.40	361.77		
73	0.78977	1.18978	0.61401	0.25366	1829.97	1708.15	0.7	0.7	621.18	360.86		
74	0.79481	1.19872	0.46996	0.21765	1829.97	1708.15	0.7	0.7	478.48	311.96		
75	0.80038	1.20825	0.47724	0.21588	1829.97	1708.15	0.7	0.7	489.30	311.88		
76	0.80652	1.21834	0.42135	0.17716	1829.97	1708.15	0.7	0.7	435.31	258.08		
77	0.81277	1.22818	0.38679	0.14978	1829.97	1708.15	0.7	0.7	402.70	219.96		
78	0.81894	1.23739	0.34422	0.14437	1829.97	1708.15	0.7	0.7	361.10	213.60		
79	0.82540	1.24614	0.29415	0.11710	1829.97	1708.15	0.7	0.7	311.01	174.48		
80	0.82972	1.25242	0.29415	0.09722	1829.97	1708.15	0.7	0.7	312.64	145.59		
81	0.83105	1.25448	0.20849	0.07453	1829.97	1708.15	0.7	0.7	221.95	111.79		

续表

年龄	给付的期望值 $Kx \times a_x^{i,d} + (1-Kx) \times a_x^{a,d}$		参保人数		人均护理费用（元）		基金支付水平		每年龄段上的支出期望值		2016年	以支定收费率
	男	女	男	女	男	女	男	女	男参保人员支出	女参保人员支出	总缴费基数（万元）	
82	0.83032	1.25295	0.19548	0.05038	1829.97	1708.15	0.7	0.7	207.91	75.47		
83	0.82962	1.25061	0.16217	0.04903	1829.97	1708.15	0.7	0.7	172.34	73.31		
84	0.82977	1.24820	0.10284	0.03362	1829.97	1708.15	0.7	0.7	109.31	50.18		
85	0.83022	1.24446	0.08473	0.02571	1829.97	1708.15	0.7	0.7	90.11	38.26		
86	0.83080	1.24026	0.05871	0.02196	1829.97	1708.15	0.7	0.7	62.48	32.57		
87	0.83110	1.23554	0.04257	0.01707	1829.97	1708.15	0.7	0.7	45.32	25.22		
88	0.83219	1.22814	0.03477	0.01301	1829.97	1708.15	0.7	0.7	37.06	19.11		
89	0.83366	1.22065	0.02259	0.00833	1829.97	1708.15	0.7	0.7	24.12	12.15		
90	0.82737	1.20725	0.01613	0.00520	1829.97	1708.15	0.7	0.7	17.10	7.51		
91	0.80793	1.17253	0.01135	0.00500	1829.97	1708.15	0.7	0.7	11.74	7.00	5277385	0.47%
92	0.77833	1.12498	0.01239	0.00291	1829.97	1708.15	0.7	0.7	12.35	3.92		
93	0.74354	1.07702	0.00687	0.00187	1829.97	1708.15	0.7	0.7	6.54	2.41		
94	0.70722	1.02609	0.00468	0.00167	1829.97	1708.15	0.7	0.7	4.24	2.04		
95	0.66818	0.96672	0.00291	0.00083	1829.97	1708.15	0.7	0.7	2.49	0.96		
96	0.61479	0.89109	0.00146	0.00083	1829.97	1708.15	0.7	0.7	1.15	0.89		
97	0.55137	0.79763	0.00104	0.00021	1829.97	1708.15	0.7	0.7	0.74	0.20		
98	0.50357	0.69254	0.00104	0.00010	1829.97	1708.15	0.7	0.7	0.67	0.09		
99	0.41374	0.54534	0.00073	0.00021	1829.97	1708.15	0.7	0.7	0.39	0.14		
100	0.22300	0.31365	0.00135	0.00073	1829.97	1708.15	0.7	0.7	0.39	0.27		
合计									14865.08	9701.78		

如表14-9所示，计算出来的60~100岁参保人员在一年中基金支付的总期望值为14865.08+9701.78=24566.86（万元），所以，该市收支平衡的长期护理费率应为：

24566.86÷5277385≈0.47%。

五、当地城镇职工医保基金的负担能力与政策建议

目前，该市的长期护理基金来源主要由三部分构成：①以该市职工基本医疗保险缴费基数的0.2%从城镇职工基本医疗保险基金中划拨；②视情况从城镇职工基本医疗保险个人账户基金中划拨（目前还未划拨过）；③财政补贴（每年500万元，从福利彩票中划拨）。

现在该市的实际情况是：如果不划拨长期护理保险基金，城镇职工基本保险基金自身刚好能够实现当期收支平衡，略有结余；如果划拨长期护理保险基金，该市的城镇职工医疗保险基金就不能实现当期收支平衡。

如上所述，该市的划拨比例小于我们计算出来的费率0.47%；而且，该市的长期护理保险报销比例在90%以上，远大于70%，但该市的长期护理保险基金仍有一定数量的当期结余。这主要是因为受政策规定、传统思想观念、宣传不到位等因素影响，部分生活不能自理的人员并没有真正享受到长期护理待遇，而是依靠家庭成员护理。随着社会的进步、人们思想观念的转变，我们再进一步加大宣传力度，适当调整长期护理保险政策，会使符合政策的参保人员都能享受到长期护理待遇。

随着享受长期护理待遇的参保人员越来越多，长期护理保险基金的支出必将越来越大，考虑到目前该市城镇职工医疗保险基金的承担能力有限，所以不建议进一步提高划拨比例到0.47%的水平，而是充分利用其他的筹资渠道，比如适当划拨部分个人账户基金充实长期护理基金，以确保长期护理保险基金的长期平衡。

第四部分
境外经验篇

分报告十五
境外长期照护保险制度的模式比较与经验借鉴

随着全球生活水平、医疗水平的不断提升,伴随着各国尤其是发达国家晚婚或少子情况的不断增多,世界各国的人口结构发生了重大的变化,全球老龄化程度不断加深。自20世纪60年代开始,许多国家陆续进入人口老龄化社会,家庭结构小型化、家庭照护功能逐渐弱化,导致社会压力、政府财政资金缺口不断增大,经济发展受到制约,种种压力叠加,先期进入人口老龄化社会的国家开始进行老龄人口基本生活、医疗保障方面的规划、研究和探索,在结合自身基本医疗保险制度的基础之上,适应各国特点的长期照护保险应运而生。

一、国外长期照护保险制度的发展情况

(一)长期照护保险的起源发展

相比于国内,国外对长期照护保险(Long-Term Care Insurance,LTCI)制度的研究时间较长。1883年德国创立了疾病保险制度,这给后来各国在建立长期照护保险制度方面产生了重要影响,而长期照护保险的起源,最早可以追溯到20世纪70年代的美国。美国是目前推行商业保险较为成熟的国家之一,作为公共长期照护计划的补充,满足了中高收入阶层对于长期照护的需求。从长期照护保险制度的颁布时间来看,最早可以追溯到1986年的以色列。以色列《国家保险法》第61号法案即《长期护理保险法》于1986年国会通过,1988年开始实施,以社会化筹资方式来分担老年人口生活护理的费用,以色列是世界上第一个实行社会化护理保险的国家[1];而经常被人们提到的1968年荷兰的社会保险制度《特殊医疗费用支出法》,仅仅是其医疗保险立法的一部分;1994年德国颁布了护理保险法[2],于1995年1月1日正式实施,覆盖了所有需要护理服务的人群;而目前被各国学者研究较多的日本,其长期照护保险开始于2000年的《长期照护保险法》,2005年颁布的《介护保险法修订法案》对制度进行了进一步的完善,基本实现了照护社会化的目的;2002年新加坡推出乐龄健保计划(Eldershield),是一项为年长的公积金会员设立的,且人人负担得起的护理保险计划,旨在为失去生活能力的人士提供基本的护理保障[3]。目前,除了美国以外,大多数国家都是以政府的强制力作为保障,不同的长期照护保险制度究其根本还是由其社会传统、政治文化、社会保障制度(如医疗卫生体制)、执政理念、民众的观念和意识、经济发展水平以及社会保险与商业保险的发展情况等多方面因素共同决定的[4]。

---

[1] 戴卫东:《以色列长期护理保险制度及评价》,《西亚非洲》,2008年第2期。
[2] 《长期照护保险:国际经验和模式选择》,人民网,2016-11-12。
[3] 冯鹏程:《新加坡的乐龄健保计划》,中保网,2017-05-24。
[4] 赵广道:《长期护理保险的四种海外模式》,中保网,2017-01-18。

表 15-1　部分国家开展长期照护保险的时间

国家	开展时间
美国	20 世纪 70 年代中期
以色列	1986 年
德国	1994 年
卢森堡	1998 年
日本	2000 年
新加坡	2002 年
韩国	2008 年

（二）长期照护保险的概念界定

研究表明，人口老龄化不直接影响医疗总费用，根据斯皮尔曼（Brenda Spillmann）和卢比兹（James Libitz）以 8 万名 65 岁以后去世的老年人数据为基础，研究得出"短期急性治疗费用"变化不大，主要费用的增加是护理费用，临终短期医疗费用基本不受寿命延长的影响[1]。如仅由基本医疗保险的模式进行保障，一方面，公共医疗资源会随着老龄人口的增多而不断被占用；另一方面，长期的住院治疗也降低了老龄人口的生活质量。在此背景下，经过一系列的实践探索，各国更多地选择长期照护保险作为本国基本养老、医疗保险的补充，尽可能地去实现医疗、公共资源的合理配置，避免医疗资源浪费，提升了老龄人口的生活质量。

在长期照护保险制度制定方面，先期开展研究的国家已形成了基本的照护思路：首先将本应属于临床护士的工作——基础护理，亦即日常生活照料——从医疗服务中剥离出来；接下来，一部分非治疗性的护理和康复服务，也被从医疗服务中划分出来。所谓"非治疗性的护理和康复服务"，是指其目标不是"治愈"，而是延缓老年人罹患的慢性病病情发展，并尽可能地维持老人生理机能和精神健康，将上述两项服务合并到一起，形成所谓的长期照护服务[2]。世界卫生组织（WHO）对长期照护的界定如下：长期照护是由非正规照护提供者（家人、朋友或邻居）、正规照护提供者（卫生、社会及其他专业人士）以及志愿者进行的护理照料活动体系，以保证那些因身体、精神及认知能力障碍而不具备完全自我照料能力的人能继续得到其个人喜欢的以及较高的生活质量，获得最大可能的独立程度、自主、参与、个人满足及人格尊严[3]。

发达国家的经验表明，基本医疗保险制度、养老保险制度仅仅可以满足失能人群日常医疗、养老的最基本需求，对于有着庞大人群的失能老年人的照护服务，便显得杯水车薪。长期照护保险在这个特定的时代，承载着特殊的使命，它既包括生活照料，又包括医学护理；在日本往往称之为"介护保险"，其主要包括身体照料和家务服务两项内容。对于它的定义，目前各国还存在一些差异，美国健康保险协会（Health Insurance Association of American,HIAA）将长期护理保险定义为，在一个较长的时间内，持续地为患有慢性病或者功能性损伤的人提供的护理费用补偿；美国人寿管理协会（Life Office Management Association,Lnc,LOMA）对长期护理保险的定义为：长期护理保险是为由于年老或严重疾病或意外伤害影响，需在家或护理机构接受稳定护理的被保险人，在支付医疗或其他服务费用时进行补充的一种保险[4]。

（三）长期照护保险的分类

目前，各国学者对长期照护保险的分类参考指标略有不同，大致有以下几种划分方式[5]：①按照政府是否能够提供补贴、是否强制经营和是否纳入社会基本医疗保险等划分：以美国为代表的私营、非补贴、自愿投保商业保险模式；以荷兰为代表的私营、补贴和强制投保模式；以德国、日本为代表的公营、部分补贴和法定长期护理社会保险模式；以英国为代表的公营、公费负担模式。②按照老年护理模式划分：第一类为以美国、德国等为代表的老年人长期护理保险模式，第二类为以澳大利亚为代表的看护服务模式，第三类为以法国为代表的支付看护金模式，第四类则为以瑞典、芬兰等北欧高福利国家为代表的家庭津贴模式。③按照长期护理保险类型划分：以德国、日本为代表的欧洲模式；以英国、芬兰为代表的北欧模式；以意大利、西班牙为代表的地中海模式和以美国、法国为代表的混合模式。

二、国外长期照护保险制度的分析

本报告选取德国、日本、英国、美国四国，尝试分析国外长期照护保险制度的特点。

---

[1] 杨燕绥、于淼：《人口老龄化对医疗保险基金的影响分析》，《中国社会保险》，2014 年第 10 期。
[2] 北京义德社会工作发展中心课题组，唐钧执笔：《长期照护保险：国际经验和模式选择》，《国家行政学院学报》，2016 年第 5 期。
[3] 中国医疗保险研究会：《长期照护保障制度相关问题的探讨》，《中国医疗保险》，2016 年第 1 期。
[4][5] 胡宏伟、李佳怿、栾文敬：《美国长期护理保险体系：发端、架构、问题与启示》，《西北大学学报》，2015 年第 5 期。

总体来看，德国、日本、英国、美国长期照护保险制度有以下四点共同特征：一是立法先行，各国在推行长期照护保险制度之前，都会经过长期、反复的论证，直至颁布正式的法律体系，并在制度执行过程中，不断地完善，使得长期照护保险制度在运行时有法可依，切实适应社会需求；二是三方筹资，多数建立长期照护保险制度的国家都通过雇主和雇员缴费、国家财政补贴方式筹集资金（美国的商业保险制度除外），用以建立长期、稳定的保障资金；三是失能等级评定与保险金给付水平挂钩，在大多数国家，申请长期照护保险基金，需要对申请者的失能状况进行评估，不同等级享受不同标准的护理服务和保险金，在满足失能者实际需求的基础上最大限度地节省资源；四是结合本国社会风俗习惯、文化特点，重视发展社区和居家护理模式，除美国的商业保险制度外，各国逐步将发展视角转移到社区和居家护理模式，进一步适应失能人群的实际照护需求。

四国具体对比来看，有以下六项特点：

（一）制度实施情况

1. 德国

德国于 1994 年立法通过《长期照护保险法》，并将其纳入社会保险体系，编入德国社会法典。1995 年居家照护开始实施，1996 年机构式照护开始实施。历经多次修订，逐步增加了对失智症者和提供照护的家属给予更多支持、改善咨询与评估条件，为机构式照护提供更好的医疗照顾等内容，并于 2013 年 1 月起开始实施，德国已经建立了比较完整的社会保障制度[①]。

2. 日本

1970 年日本已进入高龄少子化社会，到 2000 年日本的老龄化程度已经超过了很多发达国家。2000 年日本通过了《长期照护保险法》，在一定程度上缓解了老龄化带来的一系列社会问题；2005 年颁布《介护保险法修订法案》，极大地减少了家庭负担，同时也缓解了日本财政压力，基本实现了照护社会化的目的。经过十几年的发展，日本已经成为亚洲地区长期照护保险方面发展较为完善的国家之一。

3. 英国

英国的长期照护保险制度实行国家责任模式，是由国家给予一定补助，以英国国家医疗服务体系(NHS)和社区照护共同提供，属于全民普及型保险。目前，英国并没有对照护需要或照护风险进行界定，完全通过社区进行照护[②]。

4. 美国

美国采用以社会保障为基础、商业保险为补充的护理保障模式，其公共长期照护计划比较健全，分别由医疗照护（Medicare）和医疗救助（Medicaid）两部分组成，包含了部分长期护理项目的费用，但对保障、补偿时间（医疗照护为老年医疗保障计划，包含不超过 100 天的护理费用补偿）和适用人群（医疗救助仅限于贫困人群）均有明确的限制，不能满足长期照护的全部需求[③]；商业保险作为补充主要满足了中高收入阶层对于长期照护的需求，同时具有承保范围广、保单灵活多样等特点，随着其不断完善长期护理服务监督管理制度，商业保险已经成为美国长期照护方面的重要支撑。

特点分析：长期照护保险工作的稳步开展，以上四国均以一定的制度、规范作为保障。不论是哪种分类形态下的长期照护保险，无论是社会保险模式，还是商业保险模式，长期照护保险制度开展的前提，必须是依靠一定的制度、规范，政府无论是直接控制还是间接控制，对长期照护保险的发展方向都起着决定性的作用。

（二）人群覆盖情况

1. 德国

除了年收入在一定水平以上的居民可以选择私人长期照护保险外，其他人群强制参保。德国的长期照护保险制度包括两方面：一是公共长期照护保险，覆盖了德国 90% 的人口[④]，截至 2015 年 9 月，德国人口数量为 8177 万人[⑤]，参加公共长期照护保险的人数约为 7360 万人；二是私人长期照护保险，覆盖了其余的人口，即 817 万人，因而包括老年人在内的大约 8200 万德国人都被涵盖在长期照护保险体制之内，抵御慢性疾病所带来的风险[⑥]。

2. 日本

制度规定年龄在 40 岁及以上的全体国民参加长期护理保险并缴纳一定的保险费，同时限定 40~65 岁的群体，只有患痴呆、中风等 15 种老年疾病造成失能的，才可以享受给付待遇。

[①] 杨成洲、余璇：《德国长期照护保险制度：缘起、规划、成效与反思》，《Chinese Journal of Health Policy》，2015 年第 8 卷第 7 章。
[②] 王菲：《国外长期照护保险制度的模式比较研究》，《北京市工会干部学院学报》，2016 第 1 期。
[③] 胡宏伟、李佳怿、栾文敬：《美国长期护理保险体系：发端、架构、问题与启示》，《西北大学学报》，2015 年第 5 期。
[④] 《德国社会长期护理保险覆盖 90% 人群》，中国保险报 - 中保网，2015-12-22。
[⑤] 《德国 2015 年出生人数达到 73.8 万 创 15 年来最高》，中国新闻网，2016-07-01。
[⑥] Updated speech, held by Dr.Matthias von Schwanenflügel, LL.M.Eur., Head of the Directorate "Long-term Care Insurance" at the German Federal Ministry of Health on the occasion of a visit in Seoul, South-Korea, September 2006:2-26.

3. 英国

覆盖人群为低收入且需求人口及少数高收入者，以65岁以上的老人居多，以税收为主要参考指标，对不同人群给予不同的保障。

4. 美国

商业保险模式，不受年龄限制，灵活自由。

特点分析：均有明确的服务人群，体现了长期照护制度建立的初衷。具体来看，四国长期照护保险的参保范围和覆盖人群略有不同，分别结合了各国税收、医疗保险等基本情况，主要解决了失能老龄人口的长期照护服务方面的问题。其中，德国、日本为强制性参保的社会保险形式，都以立法的形式保障参保人员的基本权利；英国以税收为标准，保障了特殊人群长期照护需求；美国的商业保险形式则给予较为完善的医疗保险体系，给予了灵活多样的选择空间。

（三）筹资情况

1. 德国

现收现付制，筹资主要是雇主及被保险人所缴纳的保险费用，采用了以社会保险为制度安排的筹资方式。

2. 日本

现收现付制，同时为了保证资金来源稳定，由社会保险和税收共同筹资，按社会保险的原则运行，保费由政府、企业与员工共同负担，按照参保人的年龄分为两类：一类是65岁及以上人群；另一类是40~65岁人群，保费的承担比例不同。

3. 英国

资金筹集来源于税收，按照资产划分，对不同资产的人群给予差别化保障。

4. 美国

主要通过医疗保险计划、医疗补助计划、商业长期照料计划和私人现金支付来实现，购买人年缴保费额一般会随被保险人年龄、选择的承保方式、保险金给付额、服务等待期不同而发生变化。对于经济困难群体，长期照护保险的费用则主要由州政府的医疗补助部分支付[1]。

特点分析：德国、日本的社会保险模式，强调了风险共担，即参保人在未使用照护服务前即开始进行资金储备；美国、英国只有小部分人群可以享受免费的公共资源，大部分人群要按照国家相关规定严格执行，以自付或以税收结合自付的方式享受长期照护服务。

（四）定级标准

1. 德国

制定了详细的评估标准。参保人在经过日常生活（ADL-Activities of Daily Life）和工具性日常生活（IADL-Instrumental Activities of Daily Life）等测评后，有超过6个月且有长期照护需求的，可确定其具备受益资格[2]。

2. 日本

定级标准规范、严密，层级清晰，通过计算申请人员的7个维度，科学地对9种服务内容及时间进行合理安排，最终得出照护等级或拒绝提供服务。通常情况下，首次评估后，每半年对服务对象照护等级进行复审，及时调整照护等级、内容及照护计划。

3. 英国

长期照护大部分由地方政府通过资产查询系统提供，没有统一的照护评估体系。

4. 美国

商业保险公司根据被保险人的年龄、被保险人选择的给付期、保险责任范围等情况开展长期照护服务。

特点分析：德国、日本、美国在定级审查上有着严格的程序和审查流程，均由专人、专业机构进行，采用一定的评估方法，对照护等级进行认定，稍有不同的是，美国的此部分审核工作由商业保险公司承担。

（五）支付标准

1. 德国

包括居家照护和机构照护两种，服务程度分为四个不同等级，每个等级对应不同的服务次数和服务时间，给付形式主要有：①给予非正式照护者现金补助；②提供专业的照护服务；③给予机构照护现金补助[3]。

2. 日本

包括居家照护与设施照护两种。实物给付，现金给付占比极少。根据"主要支援""需要照护"两种照护类型分出7个等级，并对每个等级有着具体的服务内容及时间规定。

3. 英国

包括家庭照护、社区照护和机构照护三种。实物给付，现金给付相结合。不对需求者的照护需要或照护风险进行界定，仅由地方政府的照护管理职员将照护需求进行转化，照护需求者可以通过选择实物券的方式来购买服务项目，并由其本人进行支付[4]。

---

① 杨沛然：《国外长期照护保险制度比较及其对中国的启示——以德国、日本、荷兰、美国、英国为例》，《劳动保障世界》，2017年第20期。
② 王凯：《德国长期照护保险制度概述及对我国的启示》，《科技经济市场》，2015年第7期。
③ 施巍巍、刘一娇：《德国长期照护保险制度研究及其启示》，《商业研究》，2011年第3期。
④ 杨沛然：《国外长期照护保险制度比较及其对中国的启示——以德国、日本、荷兰、美国、英国为例》，《劳动保障世界》，2017年第20期。

4. 美国

包括居家照护、社区照护、机构照护三种。现金给付,根据被保险人的生活失能程度分为医护人员照护、非连续性的医护人员照护和家庭照护等,由商业保险公司结合被保险人的投保情况进行支付[1]。

特点分析:除英国外,德国、日本、美国均有一定的失能评定标准及照护服务等级为支撑。各国在设立长期照护保险制度的初始,对失能等级评定、服务机构选取、服务人员培训、服务质量监管等多方面设立严格管控制度,有力保证了长期照护服务的有效性和持久性。

(六)服务情况

1. 德国

仅对中度、重度、极度人群提供照护服务。基于本国的社会习惯,本着"居家照护优先于机构照护"的原则,开展长期照护服务,满足大部分人群希望在家庭中得到照护的偏好;而在现金、实物补助之间,大部分人群选择现金补助。但随着思想意识、设施完善、服务内容、服务质量、服务水平的不断丰富及提升,这一现象出现了一定的变化。

2. 日本

服务完善,涵盖范围广,居家照护为主。长期照护保险实施前,照护服务均有非营利性机构提供;在长期照护保险制度实施后,营利性机构进入家庭照护市场,但机构照护仍仅由非营利性机构提供。营利性机构的进入一方面满足了迅速激增服务人群的需求,另一方面也使市场更具竞争性,有利于服务质量和效率的提升[2]。

3. 英国

建立了"准市场"机制,由政府花钱从服务机构购买服务,然后将服务提供给需求者,鼓励私营企业和志愿组织提供具体服务内容,而政府更多的是充当政策制定、评估、监管以及服务购买等角色。目前,英国的长期照护服务正由家庭照护逐步向多元化、市场化转变。

表15-2 德日英美四国长期照护保险的比较[3]

	德国	日本	英国	美国
实施主体	政府、企业、个人和医疗保险	政府(社会保险)	政府责任(非社会保险制)	商业保险公司
强制与否	强制参加,但少数参加私人保险者可以不参加	40岁以上全体国民强制参加	否	否
费用负担	主要来自保险费,雇主与个人各负担一半,政府责任较小	使用者部分负担10%,其余费用50%来自保险费收入	主要来自税收,中央定额补助地方	均来自个人
被保险人	全部人口	第一类:65岁以上老年人;第二类:40~65岁的人群	以65岁老人居多	—
给付对象	失能人口	65岁以上失能老人;40~65岁限定因特定疾病引发障碍而需要照护者	高龄失能者为主	日常活动失败,医学上的必要性与住院治疗,认知能力障碍
资格认定	委托MDK进行	原则上基于市町村的"照护认定审查会"认定	社会安全部	各保险公司
部分负担	无部分承担,但超过给付限度需全额自付	10%及超过给付限度部分需全额自付	无部分负担,但所得或资产在一定额度以上自负额增加,至一定额度以上则全额自行负担	各保险公司均有上限规定
给付类别	实物给付 现金给付 混合给付	以实物给付为主,无现金给付	实物给付 现金给付	现金给付

资料来源:作者整理。

---

[1][3] 王菲:《国外长期照护保险制度的模式比较研究》,《北京市工会干部学院学报》,2016年第1期。
[2] 张小娟、朱坤:《日本长期照护政策及对我国的启示》,《中国卫生政策研究》2014年第4期。

4. 美国

由商业保险公司提供，竞争激烈、市场化程度高。

特点分析：无论推进的是哪种形式的长期照护保险制度，是以家庭照护为主还是机构照护为主，四国均呈现出市场化运作的态势，服务内容及形式更加适应市场实际需求，均已建立或逐步建立竞争机制，极大地提升了覆盖人群的服务体验。

三、国外长期照护保险制度对中国的影响和建议

当前，中国人口老龄化程度不断加深，已经引起了国家、政府的高度重视。近年来，国务院陆续颁布了养老方面的政策、指导建议，在最近一年更是密集发布养老保障的相关文件（2016年9月28日，人力资源社会保障部财政部《职业年金基金管理暂行办法》（人社部发〔2016〕92号）；2016年12月7日，国务院办公厅《关于全面放开养老服务市场提升养老服务质量的若干意见》（国办发〔2016〕91号）；2017年1月23日，民政部《关于加快推进养老服务业放管服改革的通知》（民发〔2017〕25号）；2017年6月16日，国务院办公厅《关于制定和实施老年人照顾服务项目的意见》（国办发〔2017〕52号）；2017年7月4日，国务院办公厅《关于加快发展商业养老保险的若干意见》（国办发〔2017〕59号）），种种迹象表明，养老产业的发展刻不容缓。目前，我国在完善社会保障制度体系的同时，正在逐步建立起以居家为基础、以社区为依托、以机构为支撑的居家养老、社区养老、机构养老的服务网络，但与国外一些国家相比，我国的长期照护保险制度尚处于起步阶段，各项工作仍在积极探索。

现阶段，世界上老龄化程度较高的发达国家对长期照护保险制度的研究历经40多年，各项制度、政策、服务不断调整、逐步成熟，各国结合其政治文化、社会及经济发展水平、社会基本保障体系等多方面的情况因素，形成了形态各异的、较为成熟的长期照护保险制度，这对中国长期照护保险的发展有着积极的借鉴作用。

（一）加强顶层设计，完善长期照护保险的制度建设

国际上长期照护保险的发展历史表明，长期照护制度是社会发展的客观需要，保险业的发展离不开制度的建设和地方保障性政策的支持，应以制度的形式明确各责任主体的权利与义务。统一、健全的政策、制度支持，有利于全面部署、快速决策，有利于长期照护保险事业的健康发展。在具体的制度制定上，建议与基本医保分离运行，一方面，用基本医疗保险主要保障住院治疗部分，解决诊疗费用的问题，另一方面，用长期照护保险，解决老龄人口因疾病带来的失能护理问题，解决社会矛盾，缓解社会压力，两者相辅相成，这样既保证了公共医疗资源的合理利用，又充分解决了老龄失能人口的最后一张生命安全网的问题。

（二）统筹规划，实现长期照护保险社会公平性的基本目标

结合世界各国不同形式的长期照护保险类型，我们可以看出，一方面，纯福利性的长期照护保险制度，仅仅适用于社会高度发达、税收高、人口基数较少的部分国家，它的长期照护具有普遍性，基本完全实现了社会公平；而对于采用社会保险形式的国家，大多在长期照护的社会公平方面也进行了设计，这些国家通过设定缴费条件，对特定人员实行了补贴或减免政策。另一方面，对于采用商业保险模式的国家，一种情况是在前期制度设定时，已经初步解决了特定或贫困人群的基本需求，商业保险模式更多的是作为长期照护服务的补充；另一种情况是根据实际使用人群的基本情况，再次对特定人群进行减免，一定程度上体现了社会公平。中国的长期照护保险制度，也应尽可能地兼顾各类人群，充分实现社会公平，努力保障全体参保人员的权利，实现长期照护保险真正的社会意义和价值。

（三）夯实发展基础，建立多元化的保障体系

从资金多元化、服务多元化、市场多元化三个方面考虑，逐步建立稳定的长期照护保障体系，使得老龄失能人口获得适合、完善的照护服务。

1. 资金多元化

从我国的基本国情出发，面对当前的经济发展形势，我国的长期照护保险制度既不能完全照搬美国的商业保险模式，也不能走瑞士等国的福利照护制度发展之路，在人口老龄化严重、失能老人长期照护需求快速增长的背景下，长期照护保险资金的可持续性运营面临巨大挑战。从长远看，长期照护保险应以个人缴费与财政补助相结合的方式，对特殊人群应加大财政补贴力度，多渠道筹集资金，积极引入市场上其他资金来源，共同作用，建立长期照护保险制度的资金池，保证长期照护保险制度稳定、有序运行。

2. 服务多元化

面对中国如此庞大的老龄失能人群，长期照护保险的服务内容应呈现更多的可选择空间，充分体现制度的便捷性，设计的灵活多样性，用来适应不同的失能人群。具体来看，结合国际上各国的发展现状，长期照护保障的范围

包括生活照料和医疗护理两个方面,包含失能老人的生活照护、康复护理、精神照护和临终关怀等内容,长期照护保险应尽可能提供丰富的服务内容,并配以灵活多样的组合方式,便于失能人群选择、购买服务内容,切实解决老龄失能人群的多元化服务需求。

3. 市场多元化

广义上来看,中国的长期照护保险制度应包含农村市场和城市市场两部分内容,在制度设定方面应与中国的社会文化有机结合,允许各地、各区域形成略有差异的差别化发展模式。一方面,在长期照护发展的初期,多元化的市场将有利于进一步获得社会的认可和支持;另一方面,可以推动、促进长期照护保险的健康发展,在机构服务商、服务提供者等多方面形成良性的竞争环境。

多元化的保障体系,将提高供给质量,提升长期照护保险的整体运行效率,形成高效市场,从而更好地为老龄失能人群提供适合、完善的照护服务。

(四)不断深入探索,实现较为灵活的缴费方式及给付模式

面对相对分散、失能情况各不相同的老龄人群,长期照护保险应具备多元化、弹性化缴费及给付方式,满足不同需求者个人及家庭的照护需要。在缴费方式上,应确定合理的缴费水平,在长期照护保险发展到一定程度后,可根据收入水平制定不同的缴费率,收入水平越高其缴费率越高,同时充分体现长期照护保险的社会功能,通过财政补贴等形式,减轻低收入者的经济负担。在给付模式上,一方面可结合当地实际情况,建立现金支付、实物支付等单一的支付模式,不断完善评级标准、支付标准,同时积极整合、充分利用现有社会资源,鼓励社区、养老机构增设长期照护服务项目,尽快完成长期照护保险服务网络的铺设工作;另一方面,也可借鉴国外部分国家现金与实物相结合的给付模式,充分发挥市场优势,在长期照护保险制度统一的指导和监督下,从更适合失能者实际需求的角度,制定提供方式和支付比例。

(五)深化服务内涵,加强定级体系的建设和管控工作

无论长期照护保险如何发展,对国家资源的有效控制是必要的,建立科学合理的定级体系,设定不同的照护等级,提升分类管理水平,最大限度地实现资源合理利用,是长期照护保险的重要课题。结合长期照护保险定级工作的自身特点,评估专业人员应按照严格的评估程序,利用评估工具,在专业程序指导下,开展评估工作,最大限度地减少专业偏见的发生。同样,为了保证长期照护保险的稳步发展,在充分发挥市场作用的前提下,政府应注重对评估机构的管控力度,从而切实保证失能人群得到最适合的照护服务。

(六)提升专业水平,加速进行机构准入标准制定及专业照护人员的培养工作

目前,国内在长期照护机构认定方面仍处于初级阶段,各项工作仍在探索阶段,一个或者多个优秀、专业的照护机构,将给失能人群带来全方位的专业照护体验,实现长期照护保险产生的社会意义及社会价值。同样,当前国内专业的长期照护人才较少,在定级评估及专业照护人员方面,亟须储备更多的新生力量,专业水平的高低将直接影响到失能者获得的服务内容和服务质量。面对老龄人口的激增,政府应在具备基本条件的医学院、卫校等相关院校开设专门的失能护理专业,提高失能照护工作的专业化程度,培养有别于普通护士的、主要针对老年失能人群照护的定向人员。

分报告十六
中国引入长期护理社会保险制度
——德国、日本和韩国的经验启示

引入何种模式的长期照护保障制度是当前国内研究的一个热点问题。很明显，15个试点城市正在推行的长期护理保险预示了国家对建立社会保险制度的尝试，但对于护理保险制度的定位、覆盖面、待遇标准和推出时间表等关键性问题尚未明确。本报告从国际比较的视角，分析长期照护保险的制度特征，重点比较德国、日本和韩国三国建立制度的背景条件、促成因素和运行成效，得出对中国推进制度建设的几点经验启示。

一、长期护理社会保险制度的属性特点

（一）全球长期照护发展趋势

长期照护（以下简称长照）是现代社会一项基本的生活保障需求，它主要针对失能的老年群体，分为家庭非正式（informal）服务和机构提供的正式服务两大类。但与养老、医疗、失业等社会保障项目相比，各国提供的长期照护覆盖面还处于低水平，被称为现代社会"最后不可保"或者"最迟到来"的一项风险项目。根据国际劳工组织（ILO）的分析统计，在全球46个主要国家（占全球的80%以上）的人口中，仅有5.6%的人群有法定长照保障制度的覆盖；平均而言，各国用于长照的社会公共支出低于GDP的1%，在许多发展中国家，支出水平为零；大部分国家提供长照服务的正式护工稀缺，服务多由家庭妇女来完成；同时大部分国家照护服务设施匮乏，照护服务质量较差，老年失能人员遭受歧视的现象普遍[1]。

造成长期照护保障不足的一个重要原因在于这个风险项目的特殊性及对其认识上的缺陷。长期以来，长照被认为是家庭内部的责任，由子女或亲属为老年人提供晚年照护，而没有像养老、医疗等其他项目那样，上升到国家立法社会保障的层次。即使是在西方发达国家，也是直到20世纪70年代，才开始将老年照护作为一个社会性问题来加以讨论，其被建构成制度的时间比养老保险晚了近一个世纪。直到今天，人们对长照保障模式的界定仍然存在着争议。就长期护理保险制度而言，多数OECD国家并未建立一个独立的险种来应对老年失能风险，通常的做法是采用叠加的方式，即家庭和私人护理保险制度承担护理的主要职能，在家庭和私人护理保险无法圆满解决该难题的时候，社会保险中的医疗保险、养老及伤残保险、工伤保险，以及作为社会最后一道安全网的社会救助制度来承担长期护理的功能[2]。

但随着现代社会的发展，人们逐渐认识到长期照护正在成为一项显性的社会性风险，传统的家庭照护和碎片式的社保制度安排面临着难题，主要的挑战因素来自以下几方面：第一，人口的快速老化。长期照护与老年风险关联最高，随着年龄的增加，失能概率加大，护理需求增加。

---

[1] Xenia cheil-Adlung, "Long-term care protection for older persons: A review of coverage deficits in 46 countries", http://www.ilo.org/secsoc/information-resources/publications-and-tools/Workingpapers/WCMS_407620/lang--en/index.htm

[2] 刘涛：《德国长期护理保险二十二年：何以建成，何以可存，何以可行？》，南京财经大学《长期护理保险理论与政策研讨会论文集》，2017年9月15日。

在发生重度失能的情况下，护理成本往往是难以预测的，甚至带来"灾难性"（Catastrophic）的影响。第二，家庭结构和赡养文化的变化。人口生育率的下降造成现代家庭人口数量减少，传统"三代"聚居的生活方式开始转变，老年人"独居"比例增加。第三，来自劳动力市场的冲击。现代劳动力市场的竞争性、分工专业性日益加强，劳动力稀缺性也在不断上升。与专业性的照护服务相比，家庭内部照护存在着成本的"不经济性"。一旦家庭存在失能老人的情况，家庭成员可能因此失去工作机会，进而造成家庭总体收入的下降和生活质量的变差。此外，随着妇女就业率的提高，传统以女性照料为主的护理方式也面临挑战。第四，控制老龄化成本上升的需要。老年护理服务与医疗服务在很大程度上有交叉，制度化的照护安排有利于减少医疗服务成本，起到老龄成本的"置换效应"。第五，长期照护与养老和医疗等保障项目呈逐步分离的发展趋势。与长期护理关联度最高的两个项目是养老保险和医疗保险，有少数国家通过养老、医疗保障项目来覆盖长照风险，但发展的趋势是分离化的。其主要原因在于：一是养老保险制度以现金给付为核心，并不涵盖具有社会服务性质的长期照护及康复训练；二是虽然长期照护与疾病治疗（尤其是老年病和慢性病）有很强的相关性，但二者有一个根本性区别，即长期护理是一个生命周期现象，伴随年龄的增长人体机能会持续衰退，一旦出现失能带来的护理需求，就很难达到"恢复如初"的状态，因此，长期护理一般是"不可逆的"，这一点与疾病治疗的可康复性是不同的；三是在人口老龄化形势下，大部分国家的养老保险和医疗保险制度越来越面临着"入不敷出"的财务压力，很难再将长期护理纳入覆盖范围之中。第六，长期照护正在重塑福利发展理念。自20世纪末以来，在新一轮的福利国家改革中大多数福利项目是被消减的，而长期照护保障却是一个例外。大部分国家扩大了照护保障的支出水平，甚至引入了新的制度模式，扩大了保障覆盖面。因此，在一定程度上，照护保障在全球范围内是"扩张性"（expansion）的。作为一项新的社会风险，长期照护与现代社会出现的人口老化、家庭结构变化等因素密切联系在一起，在福利保障中的重要性不断增加。因此，在福利国家改革的大背景下，长期照护制度建设一方面要考虑扩展制度、保障需求的问题，另一方面还要考虑到成本控制（cost-containment）和财政约束的问题。

在上述背景下，各国开始重新审视老年长期照护保障的制度化安排方式。从融资角度分析，国际上主要有税收融资的救助型制度、社会保险制度和商业保险三种方式。前两种属于公共（public）保障的性质，一个来源于税收（转移支付），另一个属于强制性的社保制度；而最后一种则属于私人（private）领域的商业保险方式。采用税收融资的国家主要有北欧国家的普惠制以及法国、美国（Medicaid）等国家的救助制度；采用社会保险方式的国家有荷兰、德国、日本、韩国、以色列等国家[①]；而商业长期护理保险发展比较发达的则有美国、法国等。当然，如同其他社保项目一样，长照保障也是一个多层次（支柱）的体系。在此，我们比较长期社会保险与私人商业保险、社会救助两种方式的特点及其应用性。

（二）社会保险模式的主要优点

在私人保险领域，长期护理是一项"难保"的风险，源于其生命周期跨度长、风险不可预测、信息不对称等基本特点，在供需两方都有着"市场失灵"的问题，从而造成供给不足、消费不足的情况同时存在。与养老、医疗等私人保险项目相比，商业性长期护理保险规模非常小。从OECD国家的情况来看，大部分国家的商业护理保险占长期护理支出的比例不足2%，最高的美国也低于10%（见图16-1）。尽管美国是商业长期护理保险最发达的国家之一，但其市场规模仍十分有限。根据美国卫生部数据，2014年美国一半以上的65岁以上老年人有长期照护需求，但只有不足13%的老年人口购买了长期护理保险，平均购买年龄为60岁。美国商业长期护理保险起源于20世纪70年代，但2000年之后开始经历了一个衰退期，市场上经营长期护理产品的保险公司由100多家减少到目前的仅15~20家[②]。其中一个重要原因就在于：在经过20多年的运营后，许多家公司逐步认识到长期护理保险的利率、退保率和支付率等参数难以预测准确，给公司定价带来麻烦，造成亏损现象。因此，许多保险公司开始由传统的"平准保费"方式转向每年度评估调整的费率制定方式，并针对待遇保障年份的上限（一般最长为4年）和最高额度做出封顶限制，经营策略渐趋保守。

正如Barr所言，从理论上分析，社会保险是一个适合长期照护保障的最佳方式[③]。相比私人保险，它可以在诸多领域实现经济效率的优化。第一，强制要求全社会成员都参与缴费，而在私人保险市场上一般是那些自认为失能率较高的群体才会参保（逆选择现象）。第二，通过社会保险缴费形成的资金池支付受益群体待遇，而私人保险

---

① 部分国家通过养老、医疗或伤残等保险制度来支付部分长期照护成本，未在本文讨论之中。
② 美国卫生与人力资源部，http://aspe.hhs.gov/office_specific/daltcp.cfm.
③ Barr, Nicholas (2010), "Long-term care: a suitable case for social insurance", *Social policy & administration*, 44 (4)：359-374.

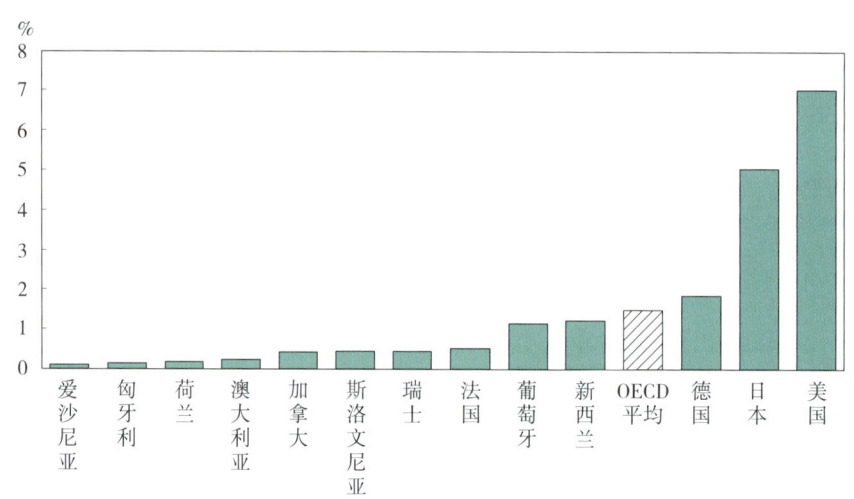

图 16-1 OECD 国家商业长期护理保险占全部长期照护支出的比例

资料来源：OECD, http://www.oecd.org/els/health-systems/long-term-care.htm.

公司则存在对"弱势群体"（健康状况较差）的排斥倾向。第三，社会保险通过"大数法则"来实现收支平衡，费率水平与风险水平是"分离的"（divorce），保费是相对稳定的，并不随着参保者年龄的提高和身体机能变化而上调，而商业保险公司则通常采用提高保费的方式来应对风险。因此，对于处于"平均风险"的个体来说，可以以低于私人保险的单位成本获取保障。第四，其他的优点还包括社会保险不以营利为目的，可以消除不必要的市场营销和不当竞争带来的制度运行成本等因素。

社会保险与社会救助型照护保障的主要区别在于：第一，融资来源不同，救助型制度容易带来财政负担问题；第二，覆盖面不同，救助型保障的覆盖面是有选择性的；第三，经济效率不同，福利性制度通常存在着管理低效、排队和浪费等现象。因此，福利性的照护保障制度通常存在于欧洲发达国家，其面临的支出负担问题越来越突出，很难成为发展中国家的选择。

以上说明社会保险相对于其他两种方式的优越性，但从全球实践情况来看，迄今为止，也仅有七八个国家采用了社会保险的制度模式。以德国为例，在德国 1995 年引入社会护理保险制度后，并没有像其在 19 世纪末创造的养老保险和医疗保险制度那样，在全球出现"瀑布型扩散效应"的模仿现象，即使在欧洲也少有国家追随德国的护理保险模式。相反，在亚洲的日本和韩国，社会护理保险却在德国之后得到了推广应用。这充分说明社会保险模式的建立有其背后的建构逻辑，这项制度是嵌入社会传统、文化环境、各项经济政治和社保政策之中的一个环节，它并不是孤立的，虽然优点很多，但真正建立实施并不一定容易。以下以成功建立社会保险模式的德国、日本和韩国为案例，对比分析这些国家引入制度时的背景原因、可行条件和运行成效，以便为中国的改革提供参考。

二、德国、日本、韩国三国案例的比较分析

（一）经济、人口和社会背景

德国、日本和韩国是三个引入长期护理保险制度的发达国家，三国分别于 1995 年、2000 年和 2008 年实施制度，在时间顺序上存在着先后学习的关系，即日本学习德国、韩国学习日本的经验。表 16-1 说明了三个国家引入制度时的基本经济发展和人口指标数据。从经济发展阶段上看，这三个国家都是到了人均 GDP 2.5 万美元之后才开始建立制度；从人口老龄化情况看，德国和日本是发达国家中人口老化最为严重的两个国家，在 1995 年时人均预期寿命都达到了 75 岁以上，2000 年时 65 岁以上老人占比都达到了 16% 以上，因此人口老龄化是这两个国家引入长期护理保险制度的基本背景。相比较而言，韩国则属于发达国家中人口结构较为年轻的国家，到 2008 年时 65 岁以上老年人口占比仅为 10.3%，与中国当前的水平（2014 年为 10.1%）相近。因此，韩国是在"先富未老"的情况下，采取长期护理保险制度应对老龄危机的一个代表案例，

对于包括中国在内的中等收入发展中国家有很强的借鉴意义。

表16-1 1995年、2000年和2008年德、日、韩三国基本经济和人口指标

	1995年	2000年	2008年
德国人均GDP（PPP）美元	25102	29837	40559
日本人均GDP（PPP）美元	23642	26850	34952
韩国人均GDP（PPP）美元	12079	16452	27464
德国65+（%）	15.5	16.4	20.2
日本65+（%）	12.6	17.4	22.0
韩国65+（%）	5.9	9.2	10.3
德国人均预期寿命（岁）	75.98	77.31	78.62
日本人均预期寿命（岁）	79.42	80.51	81.80
韩国人均预期寿命（岁）	72.85	74.95	77.17

资料来源：经济数据来自IMF数据库，http://www.imf.org/external/；人口数据来自UNDP，https://esa.un.org/unpd/wpp/Download/Standard/Mortality/。

进一步分析，三个国家引入长期护理保险制度时的主要背景和过程如下：

1. 德国

从20世纪70年代开始，德国就开始面临老龄化带来的老年护理需求上升压力，越来越多的失能老人进入养老护理机构，州和地方政府用于老年失能群体的救助支出不断增加。到1995年改革前，德国国内关于照护保障建立模式的讨论已近20年，改革的建议包括工会支持的税收融资的照护服务体系（学习北欧国家）、在医疗保险制度中加入照护成分、强制性或自愿性的私人保险，以及引入新的社会保险项目（雇员组织支持）等方案。到90年代时，建立新社会保险制度的建议逐步占到上风，其主要背景条件如下：第一，基层地市缺少大规模的护理服务设施，当时的社会环境下，政府并不愿意再增加一项新的税收项目，因此北欧模式被否定；第二，德国的近邻荷兰运用社会护理保险（AWBZ）制度覆盖"巨额"护理支出的做法引起了德国的注意；第三，虽然将老年照护放入医疗保险制度之中也是可操作的，但当时国内医疗保险制度改革的任务也很紧迫，将护理保险纳入可能使整个社保改革更加复杂化，因此德国也放弃了这种做法。

德国是社会保险制度的发源地，因此对制度财务可持续性的重要性认识深刻。因此在90年代护理保险制度引入初期，改革讨论的焦点主要是融资和财务控制问题。在制度建立之初，德国就强调制度融资只能来自基金，缴费和支出的水平只有经过立法程序，才能做出修订，待遇资格核定要有严格的审核和监督过程。与融资问题相比较，在当时环境下，德国国内对护理服务设施的发展讨论是相对较少的。由于起初的条件较为严苛，在1995年之后的第一个10年内，德国的长期护理保险政策很少做出立法修改，直到2000年以后，随着国内改革建议的增多，才陆续做出一些参数式的调整，如提高费率、调整待遇水平等。

2. 日本

与德国沿袭传统社会保险模式的做法不同，日本长护保险（Kaigo Hoken）的引入被国际上视作与传统儒家家庭赡养文化的一种背离。日本在第二次世界大战后经历了近30年的快速经济发展，在社会福利制度开始向西方发达国家"追赶"，建成了全民覆盖的保障体系。从20世纪70年代开始，为了应对老年人的医疗保障问题，政府为老年人提供的医疗服务开始扩张。尽管需要自付部分医疗费用，但老年患者通常将医院作为享受照护服务的场所，由于事先没有必要的审核程序，老年人住院成为一种"社会性许可"（social admission）现象。在多数情况下，70岁以上老年人获得的医疗照护是"事实上"免费的[1]。因此，"社会性住院"的老年人数开始急剧增加，在1970~1990年，老年人的住院率由2%上升到4%；到1993年，失能老人几乎占了医院病床的一半以上[2]。1989年时执政的自由民主党提出了一项宏伟的"黄金计划"，即"用10年战略来提升老年人的健康和福利水平"，提出了实现养老院病床数翻番、家庭照护人员翻两番、新建10倍左右的老年人日托中心等目标。到了90年代，在"黄金计划"的主导下，日本国内就建立政府主导的长期照护保障制度已形成共识，争论的问题在于采用税收融资方式，还是社会保险方式。来自德国的经验表明，社会保险方式是可行的，这在一定程度上影响了日本的决策。从当时的政治环境分析，日本长护保险的出台时机也是"幸运的"：第一，执政的自民党获得了其他党派的支持，大多数党派成员对建立长护保险制度持积极态度；第二，虽然部分利

---

[1] Campbell JC, Ikegami N, "Long-term care insurance comes to Japan", *Health Affairs*, 2000, 19(3):26–39.

[2] Jong Chul Rheea, Nicolae Donec, Gerard F. Anderson, "Considering long-term care insurance for middle-income countries: comparing South Korea with Japan and Germany", *Health Policy*, 2015 (119)：1319–1329.

益群体，如医生、地方政府官员等反对方案中的某些建议，但他们通过谈判获得了一些"妥协性"补偿；第三，公众和媒体对引入护理保险制度热情高涨，支持率达到了80%以上；第四，在当时环境下，对长护保险制度可能带来的财务负担问题还没有太多考虑，相反，大多数人关心的是医疗保险费用的上涨，而引入护理保险制度则有利于降低医疗费用。

虽然是效仿德国模式，但日本的长期护理保险与德国相比，有着显著的区别。第一，德国受益人口覆盖面为所有年龄人口，而日本则为65岁以上老年人以及少量40~64岁年龄段的失能人口。第二，日本的长期护理保险在受益资格标准的要求上要宽松一些，如在制度启动初期日本65岁以上的受益人口比达到了12.5%，而德国为9.5%[①]。这背后的一个重要原因是，日本在1995年引入制度时，许多老年人已在"黄金计划"中得到较好的照护服务，在政治上再将这部分人退出是不可能的。因此，日本的长期护理计划一开始就要比德国更慷慨一些。例如在待遇范围上，日本包括了轻度护理的情况，而德国的护理门槛则相对高一些；在待遇标准上，日本居家照护的待遇额约为德国的两倍，日本的机构护理还包含"住宿费用"，这在德国也是没有的。第三，在经办管理上，日本的地方政府是管理人，而在德国长期护理则由分散的近250个准公共性的"疾病基金"（sickness funds）来管理，这是与两国既定的可用资源环境直接相关的。在融资上，日本地方政府财政要承担一半的护理保险基金支出负担，并且各地的费率水平有所差异，这与德国全国统一的缴费制也是不同的。在资格的评估认定上，德国由"疾病基金"管理机构的医生和护士来评估受益资格，而日本则由地方政府委员会通过电脑化的问卷程序评分来完成。第四，德国对居家护理服务提供现金补贴，而日本则没有，这也反映了两国在家庭赡养文化上的差异和改革理念。在德国，发放现金津贴在社会保险方式下是非常自然的，由于家庭子女和老人通常是分离的，因此通过现金补贴鼓励家庭照护；而在日本，发放现金补贴则遭到了"家庭妇女"集团的坚决反对，认为是将妇女"锁定"在家庭照护上的一种手段。第五，在护理设施的供给上，日本又具有斯堪的纳维亚（Scandinavian）模式的特点，即地方政府大规模直接建设服务设施。在日本，实现长期照护服务的社会化（socialization）是一个常提的口号，即所有的健康需求都应该得到满足，这也是日本地方性老年服务机构和日托中心高度发达的重要原因。

3. 韩国

韩国是第一个在传统"富国"之外建立长期护理保险制度的国家。如上所述，相比德国和日本的人口"超级"老龄化情况，韩国在2008年建立制度时的人口结构相对年轻得多，同时该国的老年照护问题也没有达到德国和日本那样的严重状况，类似德国式的老年护理救助负担和日本式的"社会性住院"现象在韩国并不突出。因此，韩国政府对长期护理保险制度的建立考虑更多的是长远问题，而不仅是眼前。这是因为，虽然韩国人口老龄化的发生时间滞后于发达国家，但速度却是惊人的。按国际通行的标准，一国65岁及以上人口从7%上升到15%，称为从"进入老龄化"（aging society）到"深度老龄化"（aged society）的过渡阶段。从图16-2可以看出，该过程在韩国为18年（2000~2018年）；在日本为27年（1970~1997年），而在法国则长达115年（1865~1980年）。也就是说法国、瑞典、美国等发达国家有充分的时间来应对人口老龄化进程，而在包括韩国在内的"追赶型"国家（包括大部分发展中国家）老龄化速度却是让人应接不暇的。进一步预测，到2030年韩国的65岁及以上老年人口将超过20%，到2050年将超过1/3[②]。

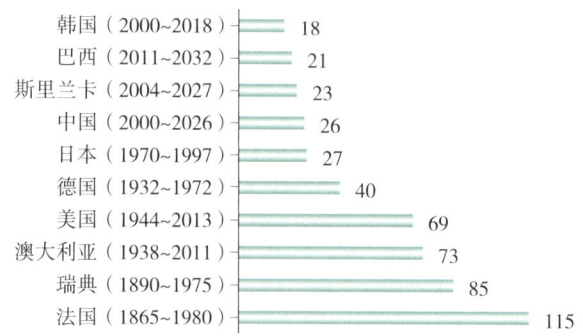

图16-2　各国老龄化社会过渡时间
（65岁及以上人口占比从7%上升到14%）

资料来源：World Population Prospects 2017, http://www.un.org/en/development/desa/population/.

在国内的政治和社会环境方面，韩国引入长期护理保险制度的时机也是有利的。作为儒家文化圈国家，传统上

---

① Yohn Creighton Campbell, Naoki Ikegami and Soonman Kwon, "Policy learning and cross-national diffusion in social long-term care insurance: Germany, Japan, and the Republic of Korea", *International Social Security Review*, 2009，62（4）.

② Yohn Creighton Campbell, Naoki Ikegami and Soonman Kwon, Policy learning and cross-national diffusion in social long-term care insurance: Germany, Japan, and the Republic of Korea. International Social Security Review, 2009，62（4）.

韩国老年人大多与家庭长子生活在一起,这种情况在20世纪六七十年代之后开始减退,到90年代时老年人(包括配偶双方)独居的比例已超过一半。同时,妇女外出找工作的比例也越来越高,无法再提供传统意义上的家庭照护。因此,社会对照护制度的需求不断上升。1998年,"民主斗士"金大中总统执政后,表现出对福利国家的较强意愿,在卫生和社会政策领域推行一系列举措,包括将失业保险扩展至小微企业(1998年)、养老保险扩展到城市自雇者(1999年)、实行最低生活标准保障(ILSG)、对国家医疗保险制度进行合并(2000年)等。对于长期保险制度的引入,当时有利的条件如下:第一,国内专家普遍认为解决未来的老龄问题要比当前的社会问题更重要。第二,长期护理保险对公众有很强的吸引力,很少有政党冒着政治风险站出来提出质疑。第三,国家卫生福利部作为主管部门大力支持这项建议。第四,出于照护服务机构的现实需求。与德国和日本不同,韩国在启动制度前国内做长期护理业务的医院、养老院和社区服务中心等机构供给严重不足,同时也没有大量的非营利性机构来从事照护服务业。在此情形下,政府认为社会保险融资可以为护理机构发展创造机会,特别是通过引导社会力量参与,可以极大地解决设施和人员供给不足的问题。第五,由于韩国的社会保障同样以社会保险融资为主,在比较德国和日本模式后,社会保险模式自然进入视野。从2000年开始启动到2004年的三个试点,再到2007年通过立法,长期护理保险制度在韩国的出台是比较顺利的。

韩国的长期护理保险采用统一的费率和护理服务包,这是与国家集中统一管理的社会医疗保险制度密切联系在一起的。在经办管理上,国家健康保险公团(National Health Insurance Corporation)统一管理医疗保险和长期护理保险制度。在制度设计上,韩国有着德国和日本"混合式"的一些特点,与日本的相似点主要有:第一,融资来源于护理保险费,与医疗保险费共同征收,同时政府税收给予补贴;第二,在资格确定上,通过基于"日常生活能力量表"(ADLs)的调查数据,由地方的评估委员会来确定受益人的失能等级和资格。与德国相似的地方有:第一,经办由社会保险机构来完成,地方政府不参与其中;第二,如同德国一样,只有三个层次的需求等级,而日本则有七级;第三,居家照护可获得现金待遇,但只是在少数特殊情况下才提供;第四,韩国同样非常关注照护费用的控制问题。

在待遇水平的慷慨性上,韩国的护理保险制度要低于日本和德国。例如,在受益范围上,2008年韩国65岁以上老年人的受益人口被控制在4%左右,远低于德国的10%和日本的15%;同时在护理服务包含的内容和待遇水平上,韩国也低于德、日两国。这反映了韩国政府一贯的"发展性"(developmentalist)社会政策抵制大规模社会福利的基本理念,政府引入长期护理保险制度时的一个基本出发点就是制度"不能太大",至少在建立初期是这样的。正因为如此,在近10年内,韩国国内关于长期护理保险制度提升覆盖面、待遇标准等方面的讨论不断增加,政府面临着很大的改革压力。

(二)制度框架和运行成效

1. 制度框架

表16-2对三国长期护理保险制度的基本框架进行了比较,主要异同点如下:第一,从覆盖面上分析,三国长期护理保险都基本实现了全民参保;其中日本为40~64岁及以上人口参保,其他两国都覆盖了全体就业人口;在受益人的年龄条件上,德国覆盖了全部年龄段人口,日本和韩国对65岁以下年轻人的受益资格进行限制。第二,在待遇标准上,日本最为慷慨,在进入门槛、待遇支出水平、自付比例和受益人口面等指标上,都要优于其他两国,说明日本长护保险的"福利化"程度要高一些;相比而言,韩国的待遇水平是最低的。第三,在经办管理上,德国和韩国都由医疗保险组织来进行统一管理长护保险,而日本则由地方政府来承担经办以及部分融资的职责。第四,护理服务的供给上,三国都引入市场竞争因素,尤其是韩国允许营利性机构参与长期护理,在制度建立之初较短的时间内弥补了护理设施不足的问题。

2. 制度运行基本情况

德国在制度建立之初就强调了财务稳定的原则,在1998年之前,制度的收入一直大于支出。1999年之后,政府通过了几次扩大护理保险受益人群范围的提案,加上当时失业率的上升和照护成本的上涨等因素,在随后的8年内基金收支连续出现赤字。到2008年时,费率提高到1.95%,基金转亏为盈。之后基金盈余出现"边际效用递减"的情况,盈余连年下降,为此2013年保费进一步上调至2.05%,2015年保费上调至2.35%,2015年基金盈余上升到创纪录的16.8亿欧元。从参保人数看,2017年德国社会护理保险参保人数为7170万人,占德国总人口的86.7%,加上少数自雇人员、自由职业者或高收入者加入的私人长期护理保险(占总人口的11.3%),德国护理保险覆盖了总人口的98%,实现了全民覆盖。在社会保险

表16-2 德国、日本和韩国三国的长期护理保险制度特征对比（2013年）

	韩 国	日 本	德 国
融资来源	缴费基数为工资的50%~60%；统一缴费率为0.39%；中央和地方税收补贴10%~30%；个人自付	一半来自缴费；一半来自税收补贴；65岁以上老年人有6个缴费档次（约占全部总缴费收入的1/3）；40~64岁参保人缴纳收入的1%（约占全部总缴费收入的2/3）；	基于工资缴费；费率为收入的2.0%
地区性的费率差异	无	对于65岁以上老年人，基于地区支出水平，费率可能有差异，保费为地方统筹；对于40~64岁参保人，保费全国统筹调节	无
受益覆盖面	65岁以上老年人均可；65岁以下患与年龄因素相关疾病者（排除残障）	65岁以上老年人均可；40~64岁患与年龄因素相关疾病者	各年龄段人口均可
受益人/65岁以上老年人比例	2008年为4.2%；2013年为6.1%	2008年为16.5%；2013年为18.2%	2011年为12%
受益人分级	5个级别	普通长护有5个级别；预防照护有2个级别	3个级别
每月的待遇上限（美元PPP）	居家照护：1015~1318美元；机构照护：1298~1824美元；特殊情况下的现金津贴：173美元	仅享受居家照护：1670~3610美元；家庭预防照护：500~1050美元；机构照护：1990~3960美元（包含食宿费）；护理保险基金为低收入者提供照护	现金津贴：297~886美元，并为护理工缴纳养老保险费；居家照护：570~1899美元；机构照护：1295~1962美元（不包含食宿费）；低收入者照护费用通过另外的社会救助制度支付
受益人自付比例	居家照护：个人承担15%；机构照护：个人承担20%	个人承担10%左右护理费用	依据照护类型不同，个人可能自付一定比例费用
经办管理	国家健康保险公团及地方分支机构（与健康险分开管理）	各级地方政府管理	疾病保险基金（与健康险分开管理）
服务供给	在制度建立初，政府资助建设护理设施；社会营利性机构参与	政府大规模直接建设照护设施	通过现金津贴，鼓励居家照护；私人保险参与多层次照护；引入"管理型"照护
服务费用表	健康福利部制定全国标准	由地方确定，反映地方成本差异	由地方确定，疾病基金与服务机构进行谈判

资料来源：Jong Chul Rheea, "Nicolae Donec, Gerard F. Anderson, Considering long-term care insurance for middle-income countries: comparing South Korea with Japan and Germany", *Health Policy* 2015 (119): 1319–1329.

范围内，2016年德国共有274.9万居民享受护理保险待遇，占总人口的3.3%，其中居家照护人数占比为72%，机构照护为28%[1]；在三个级别的护理服务中，失能等级越高的护理对象参加机构护理的倾向越大（见图16-3）。

对于日本来说，在长期护理保险制度实施初期，支出成本问题并未列入重点议题。当时的问题主要集中于需要轻度护理者的护理需求得不到满足、穷人难以承受10%的共付比例等问题。这些问题经过制度的初期完善逐步

---

[1] 刘涛：《德国长期护理保险二十二年：何以建成，何以可存，何以可行？》，南京财经大学《长期护理保险理论与政策研讨会论文集》，2017年9月15日。

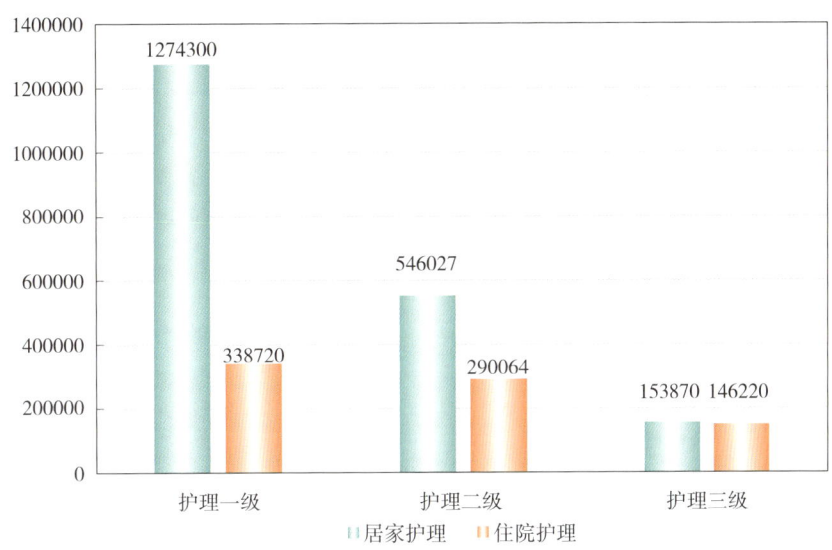

图 16-3　德国 2016 年居家护理人数和住院护理人数对比（按护理等级划分）

资料来源：刘涛：《德国长期护理保险二十二年：何以建成，何以可存，何以可行？》，南京财经大学《长期护理保险理论与政策研讨会论文集》，2017 年 9 月 15 日。

得到了解决[①]。三年之后，制度的运行成本问题开始进入视野，主要原因在于支出的过快增长。随着需要照护老年人数量的上升，尤其是轻度需照护者的快速增加，照护等级为 1 级和需要援助者的人数在最初 5 年增长了 1 倍以上，费用支出逐年增加，从 2000 年的 3.6 万亿日元上升到 2005 年的 6.4 万亿日元。由于长护保险的缴费水平由市町村根据当地未来的保险支出情况，每三年进行一次调整，因此保费水平不断上涨[②]。日本《长期护理保险法》规定："制度要以五年为目标进行重新审视。"为了保证制度的可持续发展，厚生劳动省自 2005 年以来对长护保险制度进行了不断的改革。改革的主要方向是，进一步细分护理等级，将部分轻度照护需求者纳入预防援助体系；建立照护预防服务体系和地区援助业务，加强市町村地方政府的作用，使市町村的居民可以就近在本地享受便捷、灵活的照护、预防、援助等服务。从表 16-3 可以看出，2000~2015 年的 15 年期间，日本长期护理保险参保人数（1 号参保人）增幅为 1.53 倍，受益人口增幅为 2.8 倍，同期平均保费增幅为 1.9 倍。2015 年从基金的融资来源上分析，国家财政承担 25%，地方政府承担 25%，1 号参保人缴费占 22%，2 号参保人缴费占 28%。

表 16-3　日本长期护理保险参保和受益人口情况

	2000 年度	2015 年度	2015 年度/2000 年度
1 号参保人口	2165	3302	1.53 倍
照护受益人口	218	608	2.79 倍
其中：居家照护	97	382	3.94 倍
设施照护	52	90	1.73 倍
社区照护	—	39	—
合计	149	511	3.43 倍
护理费用全部支出	3.6 万亿日元	10.1 万亿日元	2.8 倍
平均保费水平	2911 日元	5944 日元	1.9 倍

资料来源：日本厚生劳动省网站，http://www.mhlw.go.jp/english/policy/care-welfare/care-welfare-elderly/dl/ltcisj_e.pdf。

---

① 以上三种问题的解决方法依次为：在长照保险法中规定要向需要轻度护理的人提供服务；降低前三年的共付比例和低收入者每月的最高共付额；只允许营利组织和非营利组织进入居家照护领域，而不能进入设施照护领域。以上内容主要参考 Naoki Ikegami: "Rationale, Design and Sustainability of Long-Term Care Insurance in Japan—in Retrospect"，*Social Policy & Society*，428-429。

② Naoki Ikegami: "Rationale, Design and Sustainability of Long-Term Care Insurance in Japan—in Retrospect"，*Social Policy & Society*，429.

在使用护理服务的对象中，居家照护占到74%。从受益人口年龄分布看，2017年65岁以上受益人口比例为17.8%，其中75岁以上人口受益比为32%①。

韩国的长护保险制度在2008年启动后获得了快速发展，尤其体现在护理服务机构的发展速度上。由于政府的积极投入和实行市场友好型的鼓励民营机构介入政策，在2008~2012年，护理服务机构从8300多家快速增加到15000多家（见图16-4）。许多民间营利性的小型社区照护中心开始建立，这些机构的成立相当简单，只要满足有一定数量护工和办公场所要求，即可开展居家照护业务。在覆盖面上，政府的原计划是在制度实施初期将受益人口控制在3.1%以内，但覆盖面过窄的问题饱受社会批评。因此从2012年开始，政府将长护老年受益人口覆盖面进一步提高到了5.8%，除了贫困老年人口外，原来一些中产和富有阶层的老年人也开始享受服务②。从基金收支上看，韩国护理保险从成立之初一直有盈余，这主要归功于政府对待遇水平和覆盖面的控制政策。但在运行几年后，制度出现的一些问题开始遭到社会批评，主要有以下几方面：第一，相比日本和德国，韩国的覆盖面和待遇水平要低得多。以照护服务范围为例，由于失能评估以ADL日常活动表为基础，有些重大疾病（例如老年痴呆症）并未纳入护理范围。第二，管理和信息宣传上的不足。由于韩国的经办服务体制缺少德国式的"有管理的照护"（managed care）环节，加之政府宣传不够，参保人对照护服务机构的基本信息和服务质量了解不足，面对大量的服务机构，很难做出评估和选择。第三，服务机构存在的市场恶性竞争问题。许多私营服务机构为了扩大市场，采用赠送礼品、降低个人自付水平等不正当手段拉拢客户，造成市场混乱。第四，服务设施和照护质量差的问题，体现在护理人才短缺、层次低和培训不够，以及服务设施差等现象上。第五，地方政府参与性不足。地方政府在照护机构的建设和服务人员队伍的监管等方面发挥的作用有限，各地的服务设施差别情况很大。

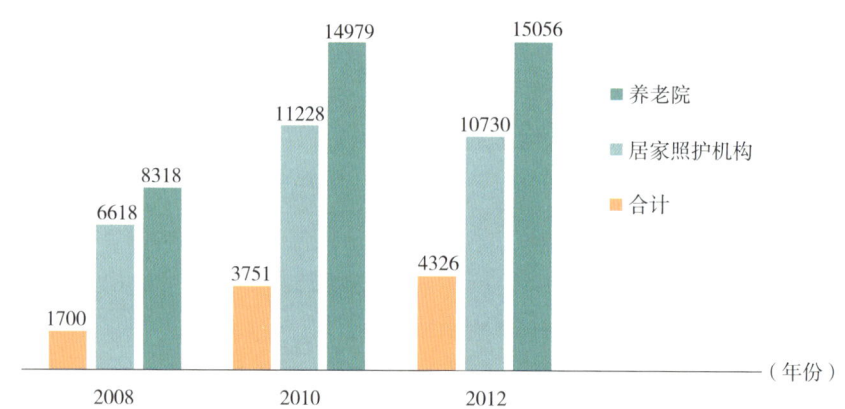

图16-4 2008~2012年韩国照护机构的发展情况

资料来源：Yongho Chon, "The Expansion of the Korean Welfare State and Its Results – Focusing on Long-term Care Insurance for the Elderly", Social Policy & Administration，2014，48（6）：704-720.

（三）主要经验总结

以上对三国长期护理保险制度建立的背景、促成条件和制度框架及运行情况进行了分析，简单总结起来，主要有以下几点经验：

1. 制度建立背景

在制度建立的背景上，三国引入制度上的主要动机和支持条件如下：第一，解决普遍面临的人口老龄化和老年群体普遍面临的照护不足问题，降低家庭负担水平。制度建立时日本和德国的老龄化情况急迫一些，韩国则有提前预防考虑。第二，应对国内现实问题，德国的问题是长期照护社会救助费用的急剧上升，日本则是老年人的"社会性住院"问题。第三，在政治环境上，三国立法都获得了党派联合支持，普遍受到社会公众的欢迎。第四，在采用模式上，三国都采用了传统的社会保险方式，既定的医疗

---

① 日本厚生劳动省网站，http://www.mhlw.go.jp/english/policy/care-welfare/care-welfare-elderly/dl/ltcisj_e.pdf

② Yongho Chon, "The Expansion of the Korean Welfare State and Its Results – Focusing on Long-term Care Insurance for the Elderly", Social Policy & Administration，2014，48（6）：704-720.

保险经办管理和地方基础设施资源为采用保险模式提供了条件。

2. 制度设计理念

在制度建立时，德国更加强调财务可持续性，严格控制待遇水平；日本则受10年"黄金计划"福利思想的影响，强调发展护理服务设施，提升护理服务质量。韩国则坚持"发展主义"福利政策，一开始护理保险制度就做得不大。因此，在后续的改革过程中，德国的改革（2008年和2012年）主要是沿着提高待遇水平和服务质量的路线运行的；日本则在2006年和2010年的改革中，通过加强预防性照护和社区服务设施等措施来控制成本上涨因素；韩国改革的主要目标集中在扩大覆盖面、提高待遇水平和规范市场竞争等方面。长期护理保险制度的设计包含覆盖面、融资、服务派送和质量等因素，三国的经验表明解决这些问题可能不会"一蹴而就"，因此制度建立后的中期调整过程同样是重要的。

3. 制度运行成效

从社会效果上看，三国长期护理保险的建立，都有效地降低了家庭照护负担，医疗保险和社会救助的支出压力得到缓解，并带动了护理服务产业和就业的增长。从覆盖面上看，长期护理保险是强制性制度，三国都在较短时间内实现了参保的全覆盖；在服务待遇上，日本的受益人群比例和支出水平都是最高的，韩国最低。从支出水平上看，2015年日、德、韩国三国长期护理保险支出占GDP的比例分别为1.8%、1.3%和0.8%。从融资成本水平上看，日本除了保险缴费外，政府还要承担一半的融资责任，15年期间平均保费提高近一倍；德国的负担水平也较高，费率从最初的1.7%提高到目前的2.55%；而韩国则是最低的，费率仅为0.4%左右。

三、对中国引入长期护理社会保险制度的几点启示

中国自2016年7月开始在15个城市开展长期护理社会保险制度试点。以下在总结德国、日本和韩国三国经验的基础上，分析中国社会保险制度模式的选择和设计过程中应注意的问题。

（一）尽快确立社会护理保险制度模式

1. 应对"未富先老"的基本国情

中国目前处于中等收入国家发展阶段，引入护理保险制度面临的一个基本背景是"未富先老"。按照世界银行公布的数据，2016年中国人均GDP为8123美元，尚不足上述三国建立长期护理保险时人均GDP的一半[①]。但从人口老龄化程度上看，2015年中国65岁以上老年人口占比为10.1%，与韩国2008年建立护理保险制度时的水平已持平。在未来几十年内，中国的人口老龄化速度是非常快的。根据联合国的人口预测数据，中国从"进入老龄化"社会过渡到"深度老龄化"社会的时间为26年，即65岁以上老龄人口从2000年的7%上升到2026年的15%。以65岁以上老年人口比例作比较，图16-5对德国、

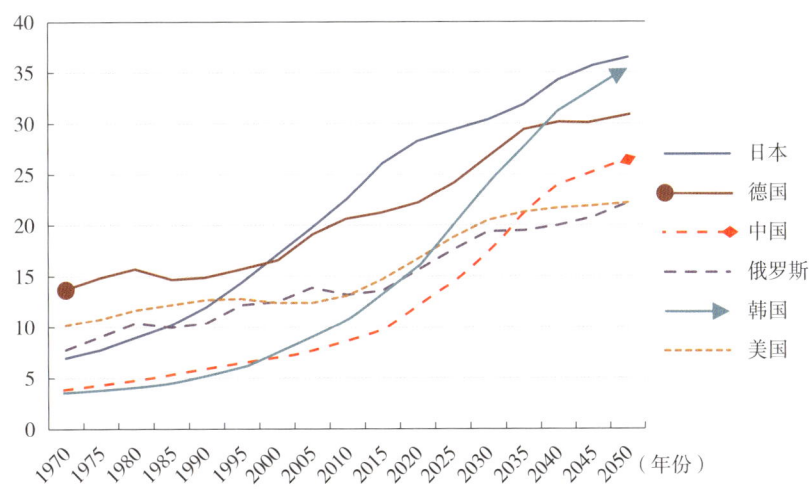

图 16-5 六国人口老龄化变化趋势对比（65岁以上老年人口占比%）

资料来源：World Population Prospects 2017, http://www.un.org/en/development/desa/population/.

---

① IMF 数据库，http://www.imf.org/external/。

美国、日本、俄罗斯、韩国和中国6个国家进行了比较。可以看出目前中国的老龄化程度是最低的，但到2035年左右，中国65岁以上老龄人口将超过美国和俄罗斯。从人口老龄化的变化曲线上看，中国和韩国有很大的相似性，即进入2000年之后，人口老龄化速度逐步加快，经过30年的时间即可达到发达国家的老龄化水平。可以说，韩国2008年引入长期护理保险的做法对中国是一个借鉴，即赶在人口老龄化高峰到来之前，在窗口期内及早建立制度，防患于未然。

从人口和劳动力就业结构看，一些现实的压力使中国建立长期护理保险制度的任务更加紧迫。第一，中国的人口基数大，60岁以上老年人口已超过2亿人，是全世界之最；第二，从20世纪70年代以来，中国实行计划生育政策，"4-2-1"的家庭结构使得老年照护问题进一步突出；第三，中国的女性就业率水平较高，2016年中国15岁以上女性劳动力参与率为63%，高于美国（56%）、德国（55%）、韩国（50%）和日本（49%）等国家[①]。女性就业率的提高意味着传统依赖家庭成员（以女性为主）的非正规照护方式无法持续。

2. 应对保障覆盖的薄弱不足

长期以来，中国传统的老年照护以家庭保障为主。政府提供的公共保障项目发展薄弱，城市和农村地区的公立养老机构数量有限，投入不足，即使入住机构的老年人得到正式照护的比例也不高。民营的护理服务机构虽然得到一定发展，但存在着收费水平高、服务质量参差不齐等问题，中低收入老年人难以入住。从总体上看，中国的护理覆盖面缺口非常大。根据国际劳工组织（ILO）2013年的估计数据，中国长期照护发展的基本情况见表16-4，可以看出在支出水平、覆盖面和护工人才供给等方面都存在巨大的缺口。

表16-4 2013年长期照护发展基本情况估计

指 标	估计值
2006~2010年平均长照公共支出GDP占比（%）	0.1
2013年65岁以上老年人人均长照支出/人均GDP（%）	1.1
65岁以上老年人口长照覆盖面缺口（%）	90.9
正式护工/65岁以上老年人口（%）	1.1
弥补照护缺口需要的正式护工数量（人）	361万

资料来源：Xenia Scheil-Adlung, "Long-term care protection for older persons: A review of coverage deficits in 46 countries", International Labour ESS – Working Paper No. 50.

从扩大保障覆盖面的角度分析，强制性的社会护理保险制度有着天然优势，德国、日本和韩国在制度启动后很快都实现了参保的全覆盖，并且覆盖面扩展到就业人口之外的居民。而在美国、法国等私人保险较为发达的国家，商业护理保险的覆盖面也不足10%。这充分说明扩大这项保障覆盖面的最有效途径就是采用社会保险模式。在中国的情况更是如此，商业性的护理保险市场发展处于起步阶段，难以承担社会性保障功能。而之前自愿性的企业年金制度普及性差、农村养老保险缴费水平低等事实情况也反向证明，扩大护理保险制度覆盖靠自愿性的保险制度在短期难有成效。

3. 带动养老护理服务业发展的现实需要

人口结构的变化预示着由老年消费和服务需求带来的老龄产业发展，将是带动经济增长的重要支柱，成为向高收入阶段转型中的一个潜在新兴产业，为经济增长带来稳定性和持久性的发展动力。从德国、日本和韩国的转型经历看，这三个国家在工业化发展后期，都经历了突出的人口老龄化问题，德国和日本尤为突出。在此过程中，这三个国家之所以能够较为成功地实现经济和产业结构的转型，与重视老年服务业的发展密切联系在一起。因此，在经济发展的新常态下，中国应高度重视老年服务产业的发展，将其作为一个国家治理战略的一部分，出台相应的顶层设计。照护服务业是老龄化产业的一个重要组成部分，从需求角度讲，中国数以亿计的老龄人口对照护服务的需求是巨大的。但从供给角度分析，养老服务业远远不足，护理服务设施和人才都非常匮乏，严重滞后于老龄化社会的需要。这种情况在德国、日本和韩国引入护理保险制度之初都曾出现过，日本主要通过大规模政府投入来建设设施，德国和韩国都采用了公、私两类机构参与的方式，促进服务产业的发展。尤其是韩国，在2008年制度启动时，照护服务机构还非常少，护理保险制度的启动为民间私营机构的发展提供了契机，在短短几年内，护理服务机构就有大规模的扩张。这种情况同样适用于中国，大规模的老年护理需求单靠政府举办的养老服务机构是难以满足的，必须加快促进社会服务机构的发展。在一定程度上，护理服务业带有"准公共产品"的性质，存在着信息不对称和逆向选择带来的市场失灵问题，单靠市场撬动在短期内难以显著收效。而社会护理保险业的引入则可以为护理服务机构的发展提供政策保障、融资渠道、固定的客户业务来源，通过市场竞争来加大供给水平和服务质量。在国内早期试点的青岛、长春、上海等城市，护理保险对民间养老机构的带动效应已开始显现。

---

① 世界银行网站，https://data.worldbank.org/indicator/SL.TLF.TOTL.FE.ZS。

(二)社会护理保险制度设计的几个关键问题

长期护理保险制度的设计面临着缴费成本、待遇水平、覆盖面和服务供给等几个关键性问题,德国、日本、韩国三国的经验对中国有以下几点启示:

1. 融资成本

在"供给侧"改革背景下,社会保障"降费"是大势所趋,引入长期护理保险制度面临提高社会保障总体费率的负担。从目前国内试点城市来看,实行长期护理"单独"缴费的并不多,大多是从地方的医疗保险基金结余中进行划拨,有的地方财政给予一定补贴。从长远看,这种做法仅是权宜之计:第一,不利于建立独立的制度,长期护理保险融资来源受制于医疗保险基金收支形势,无法进行长期稳定的平衡测算;第二,存在公平性问题,各地医疗保险基金和财力情况有很大差异,发达省份势必建立制度较早,融资和待遇水平较高,各地自行试点下去,任由各地的碎片化制度发展会带来地区间的公平性问题。从德、日、韩三国的经验看,参保者的费率(在日本为2号参保人)都是统一的。当前,德国的费率较高,为2.55%;韩国最低,仅为0.4%左右。对于中国来说,全面推开长期护理保险制度,也应实行统一的费率,费率的高低取决于照护群体的受益范围和待遇水平。从韩国来看,在制度启动初期,0.5个百分点的缴费可以满足65岁以上5%左右的受益群体支出需要,说明单独的护理保险制度支付成本并不高。护理服务的费用支出与医疗支出存在着一定的"替代"效应,护理保险制度启动后有利于减轻医疗保险筹资的压力。从德国的经验看,虽然近几年长期护理保险制度的费率不断提升,但五项社会保险总费率并没有上升,近10年下降3个百分点左右,这主要得益于近年来养老保险和失业保险费的下调因素(见图16-6)。从中国的情况看,近几年失业、工伤、生育和养老等保险项目费率已有所下调,在"做实"缴费基数以后,还有进一步下降的空间。从融资成本角度考虑,0.5~1个百分点的长期护理保险费仅相当于失业保险费下调的幅度,是可以承受的,而长期护理保险的覆盖面高于失业、工伤等小险种。另一个可考虑的思路是将医疗保险制度中个人账户缴费的0.5个百分点拿出来用于护理保险,在成本置换上也是"经济"的。总之,长期护理保险制度的建立是整个社保体系结构调整中的一个子部分,引入这项制度不应束缚于当前"降费"硬约束的条件限制,更应从社保制度完善、经济社会转型的战略需要出发。

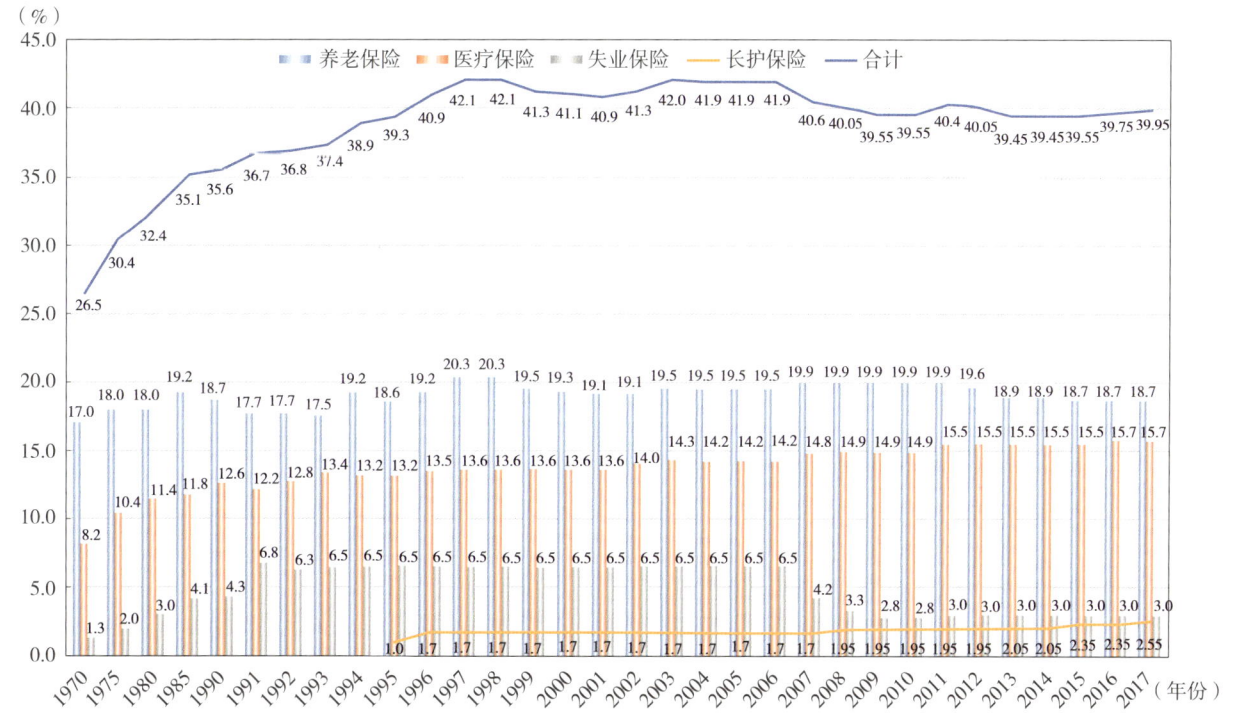

图16-6 德国社会保险各险种及总和费率变动(1970~2017年,占净收入百分比)

资料来源:刘涛:《德国长期护理保险二十二年:何以建成,何以可存,何以可行?》,南京财经大学《长期护理保险理论与政策研讨会论文集》,2017年9月15日。

在融资来源上，除了缴费之外，上述三国还采用其他一些方式来补充融资。第一，针对失业、学生和低收入等群体，由国家财政给予补助缴费，以增强制度的再分配性；第二，让照护对象承担一定比例的照护费用，通过"自付"（out of pocket）方式来治理道德风险和过度消费问题，在日本和韩国的自付比例分别超过了10%和20%；第三，对巨额照护支出情况，实行封顶限制，或者引入补充性的"大额"护理保险来控制支出。这些措施也给中国长期护理保险制度的发展提供了借鉴。

2. 待遇水平设计

待遇水平高低是事关长期护理保险制度可持续性的一个关键环节。上述三国的经验表明，护理保险制度发展可实施"渐进式"的调整策略，在制度启动初期应实行有限制的待遇支付包，随着融资条件的成熟，再逐步扩展，这从经济上和政治上都是可行的。第一，从经济上讲，初始较低的待遇水平更容易得到融资支持，避免一开始就出现财政负担。从精算分析的角度，长期护理保险制度的支出测算要难于养老保险和医疗保险，有很多不确定性的主要因素影响到制度支出水平测算的精确性，这些因素包括老年失能人口比率、重大疾病发生率与死亡率等因素。日本的案例说明，制度启动时过于慷慨的待遇水平会形成福利刚性，造成制度财务积重难返。第二，从政治立场角度讲，谨慎的支出策略会减少政策制定者对社保制度破产的担忧。对于社会公众来说，有了制度即可获得一份待遇保障，尽管是"小制度"，也总胜于没有制度。在中国当前的护理保险制度试点中，大多地区对保险受益人口范围实行较为严格的限制。例如，长春市规定完全失能的老年人才可以享受待遇；青岛和上海也是重度失能人员才有资格。为了控制费用水平，很多地方实行定额式的月补贴标准或者对待遇线进行封顶。这些探索性的措施都反映了政策制定时的谨慎思考，为全国范围内的制度推广积累了一定经验。

关于待遇水平控制的另一个重要问题是，采取何种激励策略，让人们在正式机构照护和家庭非正式照护间做出选择，以及是否在照护待遇中提供现金津贴等做法。这些政策取决于一国社会文化的多种因素。例如，在德国，传统家庭照护比较少，为了鼓励它的发展，家庭成员可以获得照护现金补贴待遇；而在日本，在长期护理保险实施之前，就有着长期的医院照护发展经验，大众文化对正式机构照护的认可度很高。直到2005年改革时，日本才开始鼓励以社区为基础的预防照护中心发展，将有轻度失能风险的人口引向预防照护；韩国也是在极少数情况下（通常是缺乏机构照护者）才为家庭照护者提供现金补贴，其中两个重要原因是：一是避免将妇女束缚在家庭照护之上，二是担心家庭非正规照护影响到正式机构照护的发展。对于中国来说，也要在国情基础上对上述因素做出权衡。既要考虑到传统家庭赡养文化下居家照护占主导地位的客观事实，又要考虑到在机构照护建设薄弱的情况下，如何鼓励社会服务机构发展的问题。与日本和韩国的情况类似，中国也不宜在家庭照护中实施大规模的现金补贴待遇。

3. 覆盖面和资格认定

护理保险制度的参保和受益覆盖面是制度设计的一个基础环节。在参保覆盖面上，德国和韩国将参保覆盖扩大到全体人口，日本为40岁以上人口参保。在受益群体上，一个关键的问题是照护待遇能否覆盖年轻的失能群体。韩国的情况是仅有老年人口可享受待遇；在德国，各年龄段人口都有资格享受待遇，反映了该国长期以来坚持的"社会团结"理念；而日本则采用混合方式，40~64岁参保人的特定疾病可获得服务保障。中国目前的大多试点类似于韩国的方式，制度的加入对象为全体医疗保险参保者，而仅退休后的老年人口才有资格享受服务。如果护理保险采用独立的缴费方式，在此覆盖面结构下，赡养负担是最低的，有利于财务可持续性。随着未来制度的成熟，可以再考虑覆盖部分年轻失能人员的特定疾病。出于公平性的考虑，长期护理保险制度在覆盖城镇就业人口的同时，还应将城乡居民逐步纳入进来保障范围。

决定受益群体覆盖面的另一个关键问题是照护需求资格的评估认定。在这方面，德、日、韩三国均建立了国家统一的评估标准体系，德国由地方的医疗保险基金进行管理，采用目标评估工具；日本和韩国则更多地采用问卷调查评估工具，同时地方性的医疗委员会也参与鉴定。这是因为在这两个国家，医疗卫生部门（尤其是医生）通过政治游说在评估过程中获得了重要角色。中国目前的当务之急是利用和整合卫生、民政和社保经办管理部门的资源，学习国际经验，出台一套国家统一的标准评估体系。在评估认定过程中，还应大力鼓励保险公司及从事医疗服务、养老服务的民间第三方机构来参与评估认定。

4. 服务供给质量

当前中国长期护理服务业发展面临的一个现实问题是护理服务机构和护理人才的匮乏。社会护理保险的建立是对护理服务业的一个巨大撬动，在护理保险制度正式实施前，应有一个机构发展的"准备期"，让服务机构逐步介入。例如，日本在10年"黄金计划"期间，大力资助地方的护理服务设施建设，同时采用家计调查型的救助计划，用以控制成本上升，取得了很好的社会效果。而韩国在护理保险制度启动前，政府在服务设施建设上无所作为，因此制度启动初期遇到了"麻烦"，不得不通过大量引入民间资本的方式来扩大供给。中国目前的情况与韩国有很大类似，在护理保险制度试点的过程中，尤其要注重服务机构的培育成长和服务质量的提高。中国地域广阔，各地在照护服务设施建设上有很大差异，尤其是在广大农村地区，正式的机构护理资源非常匮乏。一个可行的途径是利用基层的医疗卫生资源，加强社区、乡镇、村级医疗卫生资源的照护服务能力，为居民就近提供上门服务；另一个可考虑的办法是学习韩国的经验，对于偏远地区的照护服务需求，给予家庭内部的照护人员一定的现金补贴，以弥补正式照护的不足。

提高服务质量是护理保险制度启动时的重要考虑因素。例如，在韩国的制度初期，为了扩大服务供给，市场中进入了大量低层次的服务机构，相应产生了拉拢客户的恶性竞争现象。虽然，个人可在服务机构间做出选择，但由于信息不对称、市场垄断等原因，客户往往处于弱势地位。在中国当前的试点中，青岛、南通等城市大量引入民间护理机构的参与，在服务供给方面，已经在某种程度上出现了市场过度竞争带来的负面问题。这就对政府的市场监管能力提出了要求，管理部门应出台合理的机构服务质量标准和评估体系，加强市场监管和经办管理能力的建设，保障照护服务市场健康运行。

分报告十七
荷兰长期照护制度：财务压力，渐进改革

荷兰于1967年12月14日通过了"特殊医疗成本法案"（Exceptional Medical Expenses Act，AWBZ），并于1968年正式实施，成为欧洲最早通过立法建立长期照护保险制度的国家。50多年来，作为斯堪的纳维亚模式的代表，强制性的、基于缴费的社会保险制度，是荷兰长期照护制度的核心。近年来，受经济危机、人口老龄化、家庭结构以及劳动力市场结构变化的影响，荷兰长期照护制度也不断调整和改革，逐渐形成了特殊医疗成本法案和"社会支持法案"（Social Support Act，Wmo）组成的长期照护制度体系。2015年，受老龄化影响和机构照护支出占比过高等影响，荷兰开始了自1967年以来最大幅度的制度改革，颁布了长期照护法案（Wlz），替代原有的特殊医疗成本制度，实现从住院护理向非住院护理的转变，削减待遇支出成本，收效良好。

一、荷兰最早的长期照护制度法——"特殊医疗成本法案"

（一）特殊医疗成本法案的颁布

在特殊医疗成本法案颁布之前，荷兰已有了各式各样的老年照护设施和服务，如富裕家庭的居民主要靠雇佣佣人来提供服务，而穷人则进入由宗教机构或慈善机构建立的"穷人院"或"养老院"[1]。20世纪六七十年代，伴随着荷兰的工业化和城镇化进程，社会政策也开始有了较大的调整。1965年颁布的社会救助法案（Social Assistance Act）中规定，"当任何人无力承担照护成本时，都有获得财务救助的权利，该权利是个人化的，并不依赖于家庭其他成员的收入水平"。荷兰政府希望通过社会救助等方式为需要照护服务的低收入者或老年人提供帮助，也希望探索出合适的社会保险方式为患有严重长期疾病或残疾的患者提供长期照护服务。

1962年，当时的社会事务部部长呼吁建立一个医疗保险计划，能够保障居民身体或精神受损所需的长期照护成本。经过几年的研讨和辩论，"特殊医疗成本法案"（AWBZ）于1967年12月14日通过，当时法案的覆盖范围非常有限，仅覆盖了人们因身体和精神残障而进入护理院（nursing home）及使用相关设施的支出，但从法律意义上说，这应该是欧洲第一部专门立法的长期照护保险法。

AWBZ制度是强制性长期照护保险，原则上覆盖了荷兰的全体居民[2]。自建立以来，为控制成本、适应社会发展趋势，制度进行了一系列调整。AWBZ制度从最初聚焦机构照护（主要是护理和残疾照护），之后逐步扩大了照护范围，包括居家照护、家庭护理和精神护理等。

（二）制度筹资来源

根据"特殊医疗成本法案"（AWBZ）规定，制度筹资渠道主要有三个：强制性保费、使用者付费以及一般性

---

[1] van Hooren F, Becker U, "One welfare state, two care regimes: understanding developments in child and elderly care policies in the Netherlands", *Social Policy & Administration*, 2012, 46(1): 83-107.

[2] Mot E., Aouragh A., *The Dutch system of long-term care*, ENEPRI, 2010.

税收。其中，强制性保险费是制度最重要的资金来源，约占70%，一般性税收占22%，使用者自费比例为8%①。

1. 强制性保费

费率为12.15%，由税务办公室（Tax office）通过征收工薪税筹集，保费划入健康保险理事会（CVZ）管理的特殊医疗支出基金（AFBZ）。

2. 一般性税收

健康保险理事会每年都会根据实际情况，计算AFBZ基金的总预算。荷兰政府据此确定每年对长期照护保险制度的预算资金支持规模。

3. 使用者付费

长期照护服务受益者需要根据收入水平、年龄、家庭情况、照护需求级别等承担一定比例的服务费用。依据服务类型的区别，受益者付费标准也有差别：①个人自付比例除考虑受益人收入外，还会考量家庭成员数量、是否超过65岁等重要因素，如居家照护服务，受益者每小时最高支付12.6欧元。②机构照护的成本分摊方案包括高和低两个标准。若照护服务受益者最初的六个月或者配偶也需要照护的，可按照低标准缴纳服务费，每月需支付个人税后收入的12.5%，最低为141.2欧元，最高不超过741.2欧元。若需按高自付标准支付，个人每月最高支付不超过1838.6欧元。服务受益者支付的服务费由中央管理办公室（CAK）负责征收，资金进入特殊医疗支出基金AFBZ②。自2013年开始，在计算使用者费用时，将个人账户超过国家规定门槛（约为21000欧元）以上的储蓄和资产中的12%（之前为4%）也列入结算账户③。

（三）服务内容及特点

1. 服务内容丰富

从制度覆盖范围看，AWBZ制度主要包括：①有关日常生活能力的个人照护，包括洗澡、穿衣、如厕、吃饭喝水等；②家庭护理，比如伤口处理、打针、应对疾病的咨询等；③家庭指导，比如帮助客户组织和管理日常生活以提高生活质量，日间照护、生活习惯和行为指导等；④机构照护，如需居住在养老院或者安全屋（shelter house）等机构接受连续监护服务；⑤慢性病人照护，比如痴呆病人的照护服务。

2. 照护服务受益人结构

照护服务受益人2007年为61.2万人④，2014年增加到78.2万人，占全国总人口的4.7%。其中，机构照护虽占据了照护支出的90%⑤，但受益人数相对较少，2014年为24.6万人，而居家照护受益人数为53.6万人。

在各个年龄分组中，65~80岁年龄群的受益人数最多，其次为80岁以上人群，如图17-1所示。

而在同一年龄段中，80岁以上人群享受照护的人数

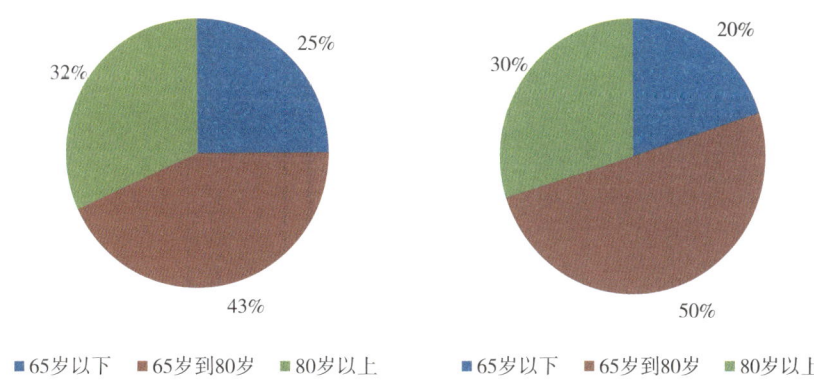

图17-1 各年龄段在照护受益人数中占比（左为机构照护、右为居家照护）

资料来源：OECD Datebase. http://stats.oecd.org/Index.aspx?DataSetCode=SHA#。

---

① Delsen, L. "From welfare state to participation society. Welfare state reform in the Netherlands: 2003-2010", NiCE Working Paper 12—103, Nijmegen Center for Economics(NiCE), Institute for Management Research, Radboud University Nijmegen, Nijmegen, 2012.

② Mot E., Aouragh A., *The Dutch system of long-term care*, ENEPRI, 2010.

③ Report jointly prepared by the Social Protection Committee and the European Commission, *Adequate social protection for long-term care needs in an ageing society*, 2014.

④ 本段数据来自 OECD Datebase. http://stats.oecd.org/Index.aspx?DataSetCode=SHA#

⑤ Daisy Duell, Xander Koolman, France Portrait, *Practice variation in the Dutch long-term care and the role of supply-sensitive care: Is access to the Dutch long-term care equitable?* VU University Amsterdam, 2015.

占比最高，2014年为16%（机构照护）和32.8%（居家照护）。其次为65~80岁年龄段，受益人占该年龄段总人口的比例分别为5.3%（机构照护）和13.1%（居家照护）。

3. 服务形式灵活

照护服务申请者通过评估后，若是家庭照护，申请者可选择接受照护的形式，有服务或现金收益两种；但如果是机构照护，则只能接受服务形式。荷兰全国共有32个区域照护服务机构负责运营AWBZ制度，区域照护服务办公室是经政府授权，由该区域较为优秀的医疗保险公司负责运营的独立机构，充当该区域内照护服务购买者的角色，由其与照护服务提供者就服务的价格和质量进行协商谈判。区域照护服务办公室一般为非营利性机构，不承担任何财务风险，但若绩效太低，政府有权选聘新的保险公司来开展相关工作。为提高个人自由选择权，区域照护服务办公室会审核通过的几家服务提供者，受益人可在其中自由选择一家或几家。

若选取现金收益形式，受益者可通过"个人预算"（personal budget，PGB）的形式获取用于购买既定数量照护服务的资金，由其在市场上购买相应的服务，或用以支付给为其提供非正规照护的家庭成员或其他非正规照护者。若选择个人预算的形式，获得的金额将比机构照护所用的支出少25%①。使用个人预算方式的人数快速增长，2005~2008年，预算持有人的数量平均每年增长28%。其中2/3的预算持有者为身体或精神残疾。2014年，个人预算支出约占长期照护支出的9%，平均预算支出约为22000欧元②。

4. 资格审核规范

荷兰长期照护制度是基于需求的待遇给付制度，覆盖范围广，只要通过专门机构的评估即可享受相应的照护服务。荷兰采用的是世界卫生组织的"功能、失能与健康国际分类标准"（International Classification of Functioning, Disability and Health，ICF）来确定一个人的长期护理需求。荷兰专门成立了照护服务评估中心（CIZ），主要由参保人、消费者组织、服务提供者、医生、保险人和地方政府等方面的代表构成，委任的专业评估团队通常包括受益人、护士、社会工作者、精神病和老年医学专家。作为对照护服务申请者进行资格审查的机构，该机构没有任何绩效激励，保证完全、独立、客观的评审权，一般而言，CIZ的评审分为以下五个步骤③：

第一步，评估申请者身体失调或受限程度，除此之外，还会考虑申请者的其他社会条件，包括"正常照护"（usual care）和非正规照护的可获得性，以及其他已获得的福利、教育、照护服务以及居住等待遇。其中，"正常照护"指照护持续期低于三个月且每周低于8小时的照护服务，认为这些照护服务完全可以依靠家庭成员或亲戚等非正规照护实现，并且不会给对方带来压力。

第二步，如何解决申请者遇到的问题？CIZ首先考虑通过治疗、医疗设备或改变环境等方式，是否可以解决或缓解申请者的问题。如果不能，要先看能否从以下三个渠道解决问题：接受正常照护；使用其他公共筹资渠道提供的服务；使用每个人都能获得的普通服务。在此之后，再考虑是否提供正规照护服务。

第三步，志愿照护服务者的角色。除了考虑家庭成员可以提供的"正常照护"服务外，CIZ在评估过程中也会考虑志愿照护服务的数量和质量。

第四步，决定居家照护还是机构照护。当照护服务申请者需要在保护性环境中居住、治疗性居住或者永久性监管，CIZ将会做出机构照护的决定。但如果申请者偏好居家照护，在符合一定条件的情况下，比如临终照护或儿童照护，CIZ也会同意提供居家照护服务。

第五步，CIZ做出正式的照护服务决定，并通知申请者。一般申请者的照护服务评估有效期为5年，如果申请者在此期间认为服务类型和质量无法满足自身需求，可以向CIZ提出重新评估申请。

5. 服务质量严格监督

照护服务提供机构和居家照护的服务机构受卫生保健监督局（Healthcare Inspectorate，IGZ）的监管。此外，区域照护服务办公室可以要求服务提供者具备外部质检机构出具的质量等级认证作为签订照护合同的先决条件。关于服务质量的相关准则，自2006年起，质量评估要基于合理照护质量框架（Quality Framework for Appropriate Care），该框架是由卫生部、卫生健康监管局和主要的服务机构协会、保险公司、受益者及从业专家共同认可，区分为受益人相关指数、照护服务相关指数和服务机构指数三类，评分结果在网站上公布④。

---

① Esther Mot, *The Dutch system of long-term care,* CPB, 2010.
② Maarse JAM, Jeurissen PP. *The policy and politics of the 2015 long-term care reform in the Netherlands.* Health Policy (2016).
③ Mot E., Aouragh A., *The Dutch system of long-term care,* ENEPRI, 2010.
④ Report jointly prepared by the Social Protection Committee and the European Commission, *Adequate social protection for long-term care needs in an ageing society,* 2014.

二、引入社会支持法案（Wmo）制度

（一）社会支持法案（Wmo）的颁布

由于缺乏自由竞争机制，长期照护服务参与方都为非营利机构，体系运行效率不高，加之人口老龄化加剧、经济波动影响，既有服务体系已无力支撑医疗费用大幅增长。为此，荷兰政府自2003年开始，逐步推进AWBZ制度的"市场化"改革，措施包括2005年与2006年分别通过AWBZ修正案与荷兰社会支持法案（Wmo），将AWBZ制度辖下的部分照护服务项目转移到其他法案，同时转移给地方政府更多的社会责任。

2007年，社会支持法案（Wmo）将家庭帮助服务等从AWBZ制度中分离出来，由各地政府经营，覆盖各种援助项目包括家政服务、轮椅服务、交通服务、餐饮服务、住房调节等。自此，荷兰建立起了覆盖长期照护公共支出95%的特殊医疗成本法案（AWBZ）和覆盖长期照护公共支出5%的社会支持法案（Wmo）体系。AWBZ主要提供健康服务，Wmo则提供社会照护服务。

（二）筹资来源

《社会支持法案》规定，该制度的资金主要来自中央对地方的财政拨款以及使用者付费，各地可自行确定服务使用者付费标准。当上述两个渠道存在缺口时，由地方政府负担，或者调整使用者付费标准；当中央对地方拨款存在盈余时，地方政府可以自由支配。中央预算拨款涉及两个层面的问题：第一，宏观预算（Macro Budget），即中央政府向地方政府拨款的总规模；第二，微观预算（Micro Budget），即中央用于社会支持服务的拨款如何在各地之间分配。

宏观预算由中央政府每年根据社会和文化规划局（SCP）的研究建议确定，主要考虑服务使用量及其价格因素：①使用量指数，即75岁以上人口的变化以及需要照护服务的人数变动。②价格指数，即健康部门工资的变动和家庭消费价格指数变动的加权平均，前者占90%。从预算资金情况看，宏观预算分配不存在问题，但区域之间的资金使用存在差异，大约11%的地方超预算5%以上，而16%的地方仅使用了预算资金的75%[①]。

（三）制度特点

第一，自特殊医疗成本制度转交过来的家庭帮助等服务，实质上是从普惠型转变为有条件限制的制度。在AWBZ制度中，只要申请人审核通过即可以获得长期照护的权利，个人财务状况仅作为测量服务费用支付比例的一个因素。但是在Wmo制度中，市政府将申请人的财务状况作为是否审核通过的决定性因素，因此申请人可能无法获得相应权利。

第二，政府当局在贯彻社会支持法案和当地工服费制度上拥有实质性的政策自由裁量权。

三、2015年长期照护制度改革的原因和措施

（一）改革的原因

1. 资金支出规模居高不下

在西方各国中，卫生保健支出很高并快速增长。2015年，在OECD各个成员国中，美国卫生保健支出最高（为当年GDP的16.9%），紧接着就是荷兰（为当年GDP的10.8%）[②]。尽管荷兰65岁以上人口比例与欧洲平均水平持平，但其长期照护支出却高于其他OECD成员国，2011年约为当年GDP的3.7%[③]。

荷兰长期照护资金支出规模不断上升，2003年占GDP的比重为3.5%，2013年增加到4.3%，与瑞典较为接近，但远高于其他国家（见图17-2）。2001~2012年，AWBZ制度支出增长了71%，个人预算支出增幅达518%。自2000年起，AWBZ制度实际年平均增长率为4.3%，约为当年GDP增长率的3倍[④]。2012年，个人筹资部分仅占总支出的8%。

2005~2013年，长期照护制度的公共支出年均增长率为3.9%[⑤]。荷兰国家经济政策分析局（National Bureau for Economic Policy Analysis）研究表明，随着人口老龄化的不断加剧，如维持现有政策不变，到2040年，长期照护支出将达到GDP的7%~9%。

---

① Mot E., Aouragh A., *The Dutch system of long-term care,* ENEPRI, 2010.

② OECD (2016). *OECD Health Data: Health expenditure and financing: Health expenditure indicators.* OECD Health Statistics (database). doi:10.1787/data-00349-en (Accessed on November 19, 2016).

③ OECD (2013). *Long-term care expenditure in OECD, Health at a Glance 2013: OECD Indicators.* Paris: OECD Publishing.

④ BRAM WOUTERSE, BERT SMID, *How to Finance the Rising Costs of Long-Term Care: Four Alternatives for the Netherlands,* CPB Netherlands Bureau for Economic Policy Analysis, 2015.

⑤ *OECD Health Statistics 2015,* http://dx.doi.org/10.1787/health-data-en.

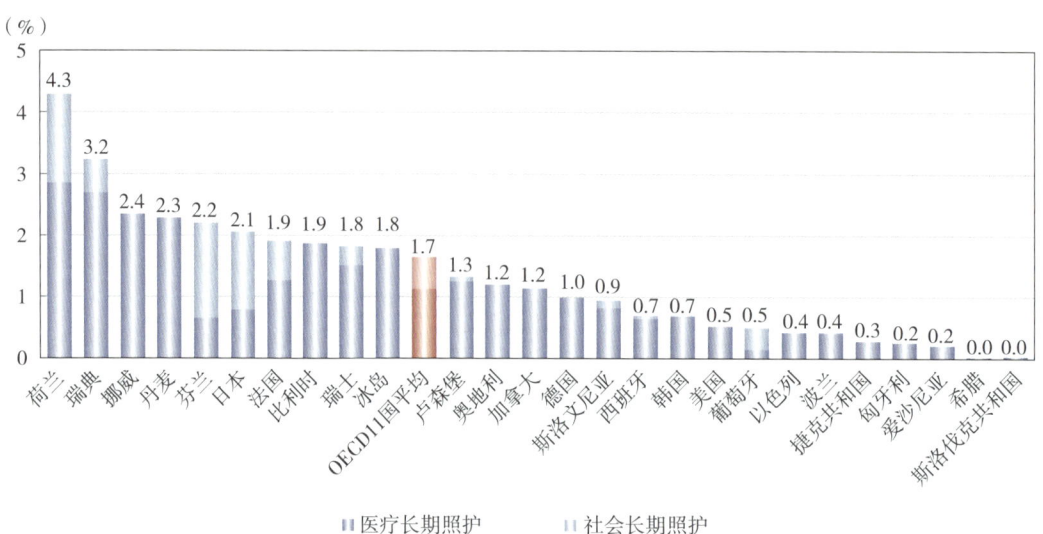

图 17-2　2013 年各国长期照护制度支出占 GDP 的规模

资料来源：数据来自 OECD Health Statistics 2015, http://dx.doi.org/10.1787/health-data-en。OECD11 国平均数据仅包含上报医疗和社会长期照护数据的 11 个国家。

2. 老龄化趋势严峻

根据预测，荷兰人口老龄化程度将不断加深，2030 年 65 岁以上老年人比重将由 2016 年的 18.2% 增加到 24.1%，2060 年为 27.4%；与此同时，高龄老人的比重也显著增加，2016 年 80 岁以上老人的比重占 65 岁以上老人的比重为 24.2%，而 2030 年将达到 29%，2060 年将达到 40.6%[1]。2013~2060 年，赡养率（65 岁以上人口占 20~64 岁人口比例）将会从 28% 增长到 52.5%。

从人口年龄结构和健康状况的数据中可以发现，荷兰未来长期照护制度面临极大的财务压力。有研究预测，如维持 2010 年待遇水平不变，2060 年荷兰长期照护支出占 GDP 的比重将从 3.8% 提高到 8.4%，远高于欧盟平均水平（2010 年为 1.8%，2060 年为 3.6%）。

3. 机构照护占比过高

从服务受益人的结构看，呈现出如下特点：第一，机构照护比重高，2014 年机构照护人数占照护受益人数的 31.4%，但是却花费了 90% 的照护资金。荷兰机构照护服务的比重不仅高于社会保险模式的德国，而且远高于斯堪的纳维亚国家的瑞典、挪威和丹麦[2]。第二，不同年龄结构人群的照护服务需求差异较大。80 岁以上高龄老人中，超过 50% 的人接受正规照护服务，而 65 岁以上老年人的比重约为 20%[3]。

（二）2015 年长期照护制度改革前后对比

荷兰政府在社会领域进行了三项分权化改革，将职能从中央政府下放到各市政府，其中一项将 AWBZ 制度中的部分服务转移到社会支持法案（Wmo）中，其中包括家庭指导服务。另外，部分 ABWZ 服务转移到医疗保险公司负责的医疗保险法案（Zvw）中，包括个人护理和社区护理。2015 年改革后，医疗保险制度和特殊医疗制度共同构建了荷兰医疗保险体系。而之前，医疗保险制度并未参与长期照护，仅负责一般医疗护理，如住院、处方药等。AWBZ 制度其余服务转移到 Wlz 长期照护制度，相比而言，Wlz 制度仅负责严重患者的机构照护，限制轻微患者享受机构照护服务。改革前后各个制度涵盖的照护服务对比情况见表 17-1。

伴随着各法案所涵盖照护制度的转移，各照护制度支出结构也发生了改变，支出由 2005 年的 100% AWBZ 制度开支变为 2015 年的三足鼎立（62% 为 Wlz 制度支出，20% 为 Wmo 制度支出，18% 为医疗保险制度支出），具体见图 17-3。

---

[1] Social Protection Committee, *Adequate social protection for long-term care needs in an ageing society*, SOC 403, 2014.
[2] 数据来自 OECD Database. http://stats.oecd.org/Index.aspx?DataSetCode=SHA#.
[3] 数据来自 OECD Datebase.

表 17-1　2015 年前后长期照护制度对比

2015 年前		2015 年后	
实施法案	照护类别	实施法案	照护类别
特殊医疗成本法案（AWBZ）	针对严重患者的所有长期照护类别，包括个人照护、家庭护理、家庭指导和机构照护	长期照护法案（Wlz）	针对严重患者的机构照护
社会支持法案（Wmo）	家庭帮助和家庭适应（home adaptations）	社会支持法案（Wmo）	家庭帮助、家庭适应、严重患者的社会参与（如家庭指导服务）
		医疗保险法案（Zvw）	个人照护和家庭护理

资料来源：Wesley Jongen, *The impact of the long-term care reform in the Netherlands: an accompanying analysis of an "ongoing" reform*, Maastricht University, 2017.

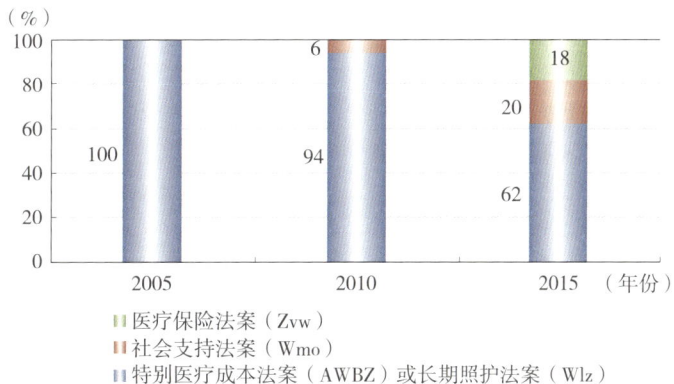

图 17-3　2005~2015 年长期照护保险改革示意（各制度支出占长期照护支出的比例）

资料来源：作者根据国家公共卫生和环境研究院（National Institute of Public Health and the Environment，RIVM）每年发布的《荷兰卫生保健评估报告》绘制。

同样，各照护制度筹资来源也做了相应调整。原来 AWBZ 制度的筹资渠道现在变为长期照护法案（Wlz）的筹资渠道，其他的未有明显变化，详见表 17-2。

表 17-2　2014~2015 年各项照护服务筹资来源

	2014 年	2015 年
缴税	医疗成本法案（AWBZ）、社会支持法案（Wmo）	社会支持法案 2015（Wmo）、长期照护法案（Wlz）
医疗保险保费	医疗保险法案（Zvw）	医疗保险法案（Zvw）
国家保险保费	医疗成本法案（AWBZ）	长期照护法案（Wlz）
私人保险	医疗保险法案（Zvw）	医疗保险法案（Zvw）

资料来源：Karlijn Bakker, Evelien Ebenau, Vooronderzoek Financiële Gevolgen van de Hervorming Langdurige Zorg voor Langdurig Zorggebruikers, CBS, 2015.

（三）改革实现的成果

1. 重新定位照护制度

荷兰长期照护制度被认为是典型的斯堪的纳维亚模式（Scandinavian model），欧洲国家照护需求评估（Assessing Needs of Care in European Countries，ANCIEN）项目认为斯堪的纳维亚模式的特点是：公共支出高、个人支出低、非正规照护使用少[①]。然而，自2008年受经济危机影响后，荷兰政府将长期照护制度政策从"扩张"转为"紧缩"[②]。

从政府的角度来看，长期照护的广泛覆盖以及其高水平公共财政负担，造成服务收益人处于一个"过度医疗"的现状。长期照护制度需要在服务受益人承担更多个人和社会责任的情况下才能维持下去。

2. 实现从机构照护向居家照护的转变

机构照护仅仅适用于非住院护理难以维持的目标人群，只有轻微的健康问题的申请人将不再有资格获得住院护理。从新颁布的长期照护法案（Wlz）提供的有限服务范围来看，受预算削减的影响，机构照护服务将会持续减少，预计将在未来5年内减少40%[③]，因此，需要提供与养老院或护理院同等标准的居家照护服务。

改革包括引入新的长期照护法案（Wlz）取代了特殊医疗成本法案（AWBZ）。长期照护法案（Wlz）于2015年生效，提供了一种新的机构照护的监管框架。就像之前的AWBZ制度一样，其被设置为一个法定医疗保险方案。所有申请人均会经历基于全国统一的、严格标准的需求评估程序。住院护理是为需要持久看护以避免疾病或者损伤加重的人群，以及那些因为身体问题或自我控制问题需要24小时护理的人群所准备的。根据新的法律，当事人也可以申请个人预算，但区别是之前预算持有人可以管理自己的预算，但是现在必须由荷兰社保银行（SVB）代为管理[④]。2015年，保费设定在应税收入的9.65%，最高每年不超过3241欧元。从AWBZ制度过渡到长期照护法案（Wlz）遵从了先前的政策建议，将特殊医疗成本法案重新聚焦在长期照护住院设置[⑤]。

3. 非住院照护服务责任转移

之前由AWBZ制度覆盖的所有非住院保健服务被转交给保险公司或市政府当局。家庭护理（如糖尿病保健、药品管理、伤口护理和注射）转移至医疗保险法案（ZVW）。调整后，家庭护理更接近于专业医疗护理，由医疗保险公司负责，更有利于医疗护理的资源整合。其他所有非住院保健包括为老年人、有障碍人士、"瘾君子"和有社会精神问题的人服务，在新的社会支持方案（Wmo）下已经下放职能到各地方政府当局，这被称为"社会支持方案（Wmo）2015"。

4. 削减照护支出

政府原计划要对长期照护支出进行大幅削减，但经过后续多次协商，不断降低了削减的规模，最终决定分别削减社会支持方案（Wmo）和医疗保险法案（ZVW）的支出0.7亿欧元和0.4亿欧元。2015年，长期照护法案（Wlz）总预算下降到30.6亿欧元，比之前减少了5%。欧盟委员会2015年的预测报告显示，从长期来看，通过上述一系列改革，2060年荷兰长期照护支出占GDP的比例可降低1.3个百分点，但仍会达到7%以上，仍然是欧洲各国中最高的比例[⑥]。

四、改革评价及小结

荷兰作为欧洲国家中最早建立专门的长期照护保险制度的国家，经过近50年的改革发展，制度建设不断完善，为国民提供了高质量的照护服务。欧洲经济政策研究机构网络（ENEPRI）开展了一项长期照护制度绩效评估的研究，荷兰除了财务负担指标得分偏低外，照护服务使用者的生活质量、照护服务质量、制度公平性三项指标得分非常高。

但是，荷兰的制度也给财政带来了极大的压力，尤其是随着人口结构变化，制度的财务可持续性面临挑战。为此，从20世纪90年代开始，荷兰通过增加使用者付费、增加家庭责任等方式，降低"福利依赖"程度。荷兰长期

---

① Kraus M, Czypionka T, Riedel M et al. *How European Nations Care for Their Elderly: A New Typology of Long-Term Care Systems*. ENEPRI Research Report No. 91; Brussels: European Network of Economic Policy Research Institutes (ENEPRI); 2010

② Wesley Jongen, *The impact of the long-term care reform in the Netherlands: an accompanying analysis of an "ongoing" reform*, Maastricht University, 2017.

③ Berenschot. *Extramuraliserring ouderenzorg. Doorrekening gevolgen beleidslijn Achmea en Agis voor VV&T* (06.06.2013).

④ VAN GINNEKEN E, KRONEMAN M, *Long-term care reform in the Netherlands: too large to handle,* Euro-health, 2015.

⑤ Maarse JAM, Jeurissen PP. (2016), *The policy and politics of the 2015 long-term care reform in the Netherlands,* Health Policy.

⑥ European Commission (2015), *The 2015 Ageing Report: Economic and budgetary projections for the 28 EU Member States (2013-2060)*, European Economy 3/2015.

照护制度调整改革的本质是重新定位政府与家庭在长期照护制度中的责任。不仅荷兰，其他欧洲国家长期照护制度改革也是不断矫正政府与家庭、正规照护与非正规照护关系的过程。

为此，荷兰长期照护制度改革围绕该目的进行了一系列渐进式改革，从2007年引入社会支持方案（Wmo）制度到2015年的长期照护法案（Wlz）。尤其2015年的改革是自1968年医疗成本法案（AWBZ）实施以来对长期照护制度进行的最大程度修订。改革更加凸显了个人的责任，强调降低机构照护比例，重新梳理划分各类照护服务，削减各类照护经费，强化了各地方政府和保险公司的权利和义务，更贴近市场化。荷兰长期照护制度的这次改革有其独特性，不仅因为其提高了制度的质量和效率，更因为其包括了关于社会团结与个人责任以及国家和个人关系的规范性讨论[1]，是欧洲各国的先行者。荷兰此次改革取得了一定的实效，值得我国借鉴。

---

[1] Maarse H., *The experience of searching long-term care for the elderly: client choice in long-term care in the Netherlands*. European Cross Border Care Collaborations (EUCBCC) Project Report; 2013.

分报告十八
德国长期护理保险制度：立法最早，关联收入

德国是世界上第一个颁布长期护理保险专项立法的国家，并于20世纪末就建立了长期护理保险制度。从1994年颁布的《长期护理保险法案》起步，在20余年的发展历程中，德国长期护理保险体系完备、改革及时、特色鲜明，对其他国家的同类保险影响深远，日本、中国台湾地区等国家和地区都充分借鉴了德国的经验，中国的诸多试点城市也以德国模式为参照。德国的基本长期护理保险既覆盖全民、又独具特色；既彰显公平，又体现效率；虽存在不足，但调整及时。本报告介绍德国的具体措施和成功经验，可以作为中国建立和完善长期护理保险制度的一个入口，对中国解决人口老龄化问题、发展"基本险+商业险"的多层次长期护理保险生态圈起到积极的借鉴作用。

一、德国建立长期护理保险制度的背景

德国在老龄化严重、失能人口规模明显扩大、医疗保险和社会救助支出膨胀的背景下建立起长期护理保险制度。选择社会保险模式，也与德国浓厚的互助文化密不可分。

（一）制度文化：互助共济渊源深厚

德国于19世纪末颁布了"社会保险三部法"，开创了自保公助型的社会保障模式，德国也因此成为现代社会保险制度的起源地。在"三部法"中，1883年的《疾病保险法》是世界第一部社会保险立法，而长期护理保险与一个国家的社会保险制度路径，特别是医疗保险具有天然联系。德国是讲坛社会主义及社会主义思潮的策源地，再加上18世纪中叶风起云涌的工人运动，俾斯麦政府选择了互助共济、风险共担的保险型社会保障模式。历史悠久的保险文化同时也深化了德国自我保障、成员互助的社会理念。这就决定了在确定长期照护的制度模式时，德国自然而然地选择了社会保险制和商业保险制，选择了"大数法则""风险共担"的保障理念，而非福利国家制、家庭保障制或完全的自我保障制。

（二）产生动因：抑制庞大的社会保障支出

20世纪90年代以前，德国并未建立长期护理保险制度，失能老人的长期护理职能主要由社会救助及医疗保险承担，失能率的持续上升为这两项制度带来沉重负担。第一，缺少长期护理筹资制度造成社会救助方面财政压力巨大。在未建立起长期护理保险制度的时期，德国失能老人的照护职能主要由家庭负担。随着人口老龄化的发展，德国老年人照护需求也急剧增加，家庭难以履行护理职能，大量的低收入、无收入及无子女老人无力支付护理费。在20世纪80年代，没有护理保障的贫困老人占德国老年人口总量的70%[1]。德国的社会救助体系不得不承担起家庭无力承担的照护职能，为贫困及无人照护的失能老人提供援助。这一现象造成德国社会救助支出大幅度膨胀，甚至几乎演变成"护理救助"制度，地方财政不堪重负。1992年，德国社会救助体系共支出426亿马克，其中34.5%即147亿马克用于照护救助。第二，缺少长期照护制度给医疗保险带来沉重压力，大量医事治疗意义不大的慢性病人

---
[1] 赵曼、韩丽：《长期护理保险制度的选择：一个研究综述》，《中国人口科学》，2015年第1期。

为了享受医保报销而占用医疗床位，浪费医疗资源。为解决社会救助和医疗保险的财政困局，德国的长期护理保险制度呼之欲出。

（三）制度起源：跟从医疗的强制保险

德国是世界上最早意识到长期照护保险必要性的国家之一，在其着手探索时，只有以色列于1988年通过了《国家保险法》第61号法案——《长期护理保险法》，建立了社会化的长期护理保险制度。因此，德国的长期照护保险制度借鉴了以色列的实践经验。例如，德国通过立法建立了跟从医疗的强制保险制度，采用与收入相关联的"基本险+商业险"模式，即低收入群体参加社会保险，高收入群体可自行选择加入社会保险或购买商业保险，这与以色列的"低收入群体参加社会保险，高收入群体只能参加商业保险"有很大的相似之处。

二、德国长期护理保险制度概述

德国于1994年通过了《社会抚养保险法案》，并于同一年颁布了《长期护理保险法案》(The Social Dependency Insurance Act，Plege Versicherungs Gesetz)。这一法案于1995年1月1日正式实施生效，1996年开始给付待遇，标志着长期护理保险成为德国的"第五险"。德国的长期护理保险从保障范围到参保方式都有不同于其他国家的独到之处，具体如下：

（一）保障对象：全体国民

德国的长期护理保险制度实行普遍、强制、跟从基本医疗保险的参保原则，覆盖全体国民。除国家公务员、法官和职业军人由国家财政负责单独建立长期照护计划以外，其余加入基本医疗保险的公民全部强制加入长期护理基本保险或商业保险。其他国家的长期护理保险只覆盖劳动者，或只有高于一定年龄的老年失能人员方可申请待遇，但德国突破了这一界限，除劳动者外，未成年人、学生、失业者、无收入者都可参保，任何年龄阶段的参保人或参保人的子女、配偶失能后，都可以申请长期护理津贴或服务，其制度覆盖范围和待遇享受范围要优于其他国家。

（二）筹资方式：现收现付

德国基本长护险采用现收现付的筹资模式，由国家、雇主以及雇员三方共同负担，其中国家承担全部缴费金额的1/3以上，其余部分由雇主和个人按照个人收入的一定比例均担（萨克森州除外）。自1994年以来，德国的基本长期护理保险费率呈增长态势。1995年设立之初，费率仅为1%，劳动者和企业各自承担个人工资总额的0.5%。到2015年，费率是2.35%，雇主和雇员各自承担1.175%，无子女的参保人需额外支付0.25个百分点，保费达到2.6%。从2017年起，基本长护险费率进一步上涨到2.55%，雇主和雇员各承担1.275%，退休人员则需要自己完全负担2.55%，无子女者的保费相应达到2.8%[①]。

在德国，无能力缴费的群体可以在政府的资助下加入基本长期照护保险，也可直接免费参保，失业者的保费由失业保险基金负担，无收入者由政府资助参保或直接免费参保。例如，工作时间不超过两个月的劳动者，或者每星期工作不足15小时，并且在原联邦州月工作仅为15小时、月收入在610马克以下，或在新联邦州月收入520马克以下的劳动者，均不需缴纳保险费；学生和临时性工作从业者也不需要缴纳保险费[②]。未成年子女可以跟随父母免费参加保险，如果夫妻双方一方收入较低，也可以免费跟随另一方参加长期护理基本险。

德国商业长期护理保险的保费具有一定的灵活性，由各个保险公司按照国家统一原则自行确定。高收入者决定加入商业保险计划，其待遇水平与保费高低无必然联系，保费标准主要由个人风险概率决定。但德国政府为了避免老弱病残被排斥在长期护理体系之外，与商业保险公司"约法三章"：一是不得以健康风险较高为由而拒绝申请者，即允许"带病参保"；二是不允许商业保险公司以申请人的性别、健康状况作为计算保险费水平的依据；三是制定了保险费最高收费标准，保险公司不允许超越。

（三）参保方式：关联收入

关联收入是德国长期照护保险体系的基本特征。其含义是收入水平决定参保方式，普通收入者加入长期照护社会保险，高收入者可以不参加社会保险，但强制性购买商业保险，基本长护险和商业长护险独立共存而又互相衔接。德国的长期照护计划和医疗保险计划都采用收入关联模式，而且长护险没有专门的承保、经办机构，事务统一由医疗保险机构办理。根据法律规定，收入低于一定标准的社会群体必须同时投保基本长期照护保险和基本医疗保险，包括普通收入的雇员、职员、失业金领取者、社会救济领取者、退休人员和学生等。高收入的雇员、雇主和医生等可以自愿选择是否参加社会保险，但是一旦选择不加入社会保险，就必须在同一家保险公司投保商业健康险和商业长期护理保险。未被基本长护险制度覆盖的群体也必须购买商业险。加入基本长护险和商业长护险的收入界限会

---

① ESPN Flash Report 2016/43: Reform of the long-term care insurance in Germany.
② 刘燕斌、赵永生：《美以德日四国长期护理保险制度构架比较》，《中国医疗保险》，2011年第5期。

根据德国的经济发展水平和国民收入情况适时调整，2014年这一界限是年收入53550欧元或税前月收入4463欧元，高于这一收入水平者可在基本险和商业险之间自由选择。

（四）保障形式：多种组合、鼓励居家

德国实行"护理保险跟随医疗保险"的保障方式[①]，照护内容被"一分为三"，即医事服务归属于疾病保险，家政服务需求由个人自行负担，长期护理保险只负责生活护理（Activities for daily living）和医疗照护部分。

1. 服务形式多样组合

从服务形式看，德国为了节约护理资源，鼓励失能者接受居家护理服务。1995年设立之初，德国长护险只提供居家护理津贴，直至一年后的1996年7月才覆盖机构护理服务。德国长期照护基本险既可以提供居家护理津贴，也可以直接提供护理服务，由失能者根据个人情况和偏好自愿申请。除津贴给付和提供服务外，德国长期护理保险还提供形式多样的辅助服务，其中最典型的是协助失能者进行家居改造，如放宽门的尺寸以方便轮椅进出、根据失能者的特点改造浴缸等。

允许"组合式照护"是德国的一大特色，除了重度失能者只能入住机构照护外，其他身体状况允许的失能者可以选择"组合服务包"的照护方式，既可以同时选择机构照护和居家照护，也可以同时申请照护津贴和照护服务，甚至可以由家庭成员和护理机构专业人员同时提供照护服务。"组合服务包"模式兼顾了失能者对情感和专业服务的双重需求，也使提供照护服务的失能人员家属不至于放弃现有的工作岗位。德国不仅允许一位失能者选择不同的照护模式，甚至允许三位失能者自由组合共同居住在普通住宅内，形成居住型护理服务模式，方便护理机构统一提供上门服务，降低服务成本。

2. 为家庭照护人员提供优惠条件

在德国，护理津贴既可以支付给上门服务的专业机构，也提供给照护失能者的家庭成员、其他亲属、邻居及朋友，津贴水平与失能者需要照护级别正相关。近年来，德国政府鼓励亲友提供非正式照护，如果失能者的家庭成员因提供照护服务而放弃工作，基本照护保险将支付给服务提供者法定数额的现金补贴。服务提供人员如果每周工作两天，累计周工作时长超过10小时，就必须参加养老保险，由基本长护险基金承担保险费，失能者的照护等级越高，长护基金为服务人员缴纳的保险费就越多，但保险待遇略低于社会平均水平。截至2011年，德国共有约40.7万非正式照护人员参加基本养老保险，由长期护理津贴支付了约90万欧元的保费[②]。

如果服务人员的周照护工作时间超过14小时，就必须依法参加工伤保险。同时，全职提供护理服务的近亲属也被纳入失业保险体系，并可接受就业指导和培训，以便结束护理工作后重新融入社会就业。从事居家护理的近亲属可以向自己的工作单位申请长达一年的护理假，专职或兼职服务于失能人员，护理期间每年也可享受4周的假期，其间由专业护理机构提供替代服务，近亲属休假期间仍然可领取一半津贴。

（五）等级划分：兼顾失智

德国对神志健全的失能者和失智的失能者分别采用不同的护理等级划分方式。1995年制度设立之初，德国将失能者的护理等级分为三级：一级为最低级别，照护对象是有显著照护需求的人群，在个人卫生、营养摄入或行动方面至少有两项活动每天需要一次协助，且每周需要多次家务协助，一周内每天所需护理时长达到至少90分钟的医疗护理及45分钟的生活照顾；二级照护为有非常需求的失能者提供服务，一周内每天至少需要三次、共三小时护理，即每日180分钟的医疗护理及120分钟的生活照顾；三级照护是最高等级，服务于最需要照护的失能人群，需要全天候护理服务（包括夜间），达到每天300分钟的医疗护理及240分钟的生活照顾[③]。其中，生活照顾只提供失能者维持个人生存必需的服务项目，包括起身、更衣、洗漱、牙齿及面部清洁、梳头、洗澡、喂食、如厕、协助行走、出入住所、就寝以及必要外出等。而家政服务，如购物、做饭、打扫房间及洗衣等并未列入长期照护保险的支付范围之内。

1995年的护理等级划分只考虑身体状况。2013年，德国长期护理的专家委员会建议将精神状况差的老人也纳入失能等级评估体系。考虑到老年痴呆症等疾病患者的特殊性，德国对既失智又失能的老人单独评定照护等级，他们的照护分为四级，与神志健全的失能者相比多了"零级"，即如果一位老人患有痴呆症或精神障碍性疾病，明显制约日常生活能力，即使身体健康、行动自如，未达到普通人的失能评定标准，也被界定为"零级"。"零级"失能者的护理需求很少，无额定服务要求，只是个人日常生活自理能力因精神状况受到限制，可以享受日常陪护、

[①] Charlene A. Harrington, Max Geraedts, Geoffrey V. Heller, "Germany's Long Term Care Insurance Model: Lessons for the United States", *Journal of Public Health Policy*, 2002,23（1）: 47.

[②] Germany Federal Ministry of Health, *Selected Facts and Figures about Long-Term Care Insurance*, 2014（5）.

[③] ESPN Flash Report 2016/43: Reform of the long-term care insurance in Germany.

生活辅助等服务。2015年，德国再次细化失能评定标准，新标准综合了精神正常的失能人员及失智人员的评定标准，将三等级扩展为"五等级"，即零级、一级、二级、三级和"困难案例"，并于2017年正式实施。

（六）服务供给：公益为主

德国的居家护理支付方式是"补需方"，而机构护理则"补供方"，即基本长期护理保险按统一标准支付给护理机构，由护理机构提供给需求人员相应的护理服务。这一支付形式鼓励了专业护理机构的诞生与发展。2014年，德国长期护理市场上共有12745家提供居家服务的专业护理公司和13030家专业护理院，已经形成完整的长护服务供应链和社会化供给，使失能人员能够在市场上顺利找到合适的服务。

在德国，长期照护服务机构形式多样，包括专业护理院、提供上门护理服务的护理公司、老年公寓等。各类护理机构按性质划分，可分为公立机构、社会公益机构和私营机构三大类。在居家照护和机构照护领域中，不同性质机构所占比例略有不同。总体而言，社会公益机构稳居"半壁江山"，私立机构次之，公立机构的比重最小并依然呈现减小趋势。根据2005年数据，德国的居家照护服务57.6%由私营机构提供，40.6%由社会公益机构提供，国家公立机构所占比例仅为1.7%。在护理院、医院等专业机构中，55.1%为社会公益部门，38.1%为私营部门，6.7%为国家公立机构[①]。

（七）给付标准：部分责任、倾向居家

德国的长期护理基本险实行部分责任制，即保险基金所提供的津贴或服务职能只能部分满足失能者的护理需求，其余部分依然要失能者自行负担。从一级到四级的护理层次都设有给付上限，超出部分个人自付。相对而言，选择机构护理的失能者需要自付的比例更大，至少达到了费用总额的25%。

表18-1显示了2015年德国长期照护保险的给付标准。失智人员的照护标准要高于普通人群。同时，德国通过给付水平鼓励失能者采用居家照护，虽然机构照护成本要高于居家照护，但德国基本长护险对居家照护服务的给付标准与部分住院照护标准相同。在三级照护中，照护服务、部分住院照护和完全住院照护的给付标准持平。

表18-1　2015年德国"三等级护理"的长护险给付标准　　　　　　　　　　　　　单位：欧元/月

	零级照护	一级照护		二级照护		三级照护	
	失智	普通	失智	普通	失智	普通	失智
家庭照护							
照护津贴	123	244	316	458	545	728	728
照护服务	231	468	689	1144	1298	1612	1612
部分机构照护	—	468		1144		1612	
完全机构照护	—	1 064		1330		1612	

注：普通患者的三级救护服务标准，根据艰难程度，最高可达每月1995欧元。部分机构照护是指只选择日间住院照护或夜间住院照护。

资料来源：AOK. Bundesverband，2015。转引自刘涛：《福利多元主义视角下的德国长期照护保险制度研究》，《公共行政评论》，2016年第4期。

根据表18-2，经过2017年护理标准改革后，德国的五级居家照护服务标准也仅仅比机构护理低100元。在三级护理中，居家服务标准甚至高于机构护理。这都体现了德国长期护理保险鼓励轻度及中度失能者选择居家照护，以节约公共资源的特征。

表18-2　2017年德国"五等级护理"的长护险给付标准　　　　　　　　　　　　　单位：欧元/月

	一级照护	二级照护	三级照护	四级照护	五级照护
护理津贴	125	316	545	728	901
居家服务		689	1298	1612	1995
机构照护	125	770	1262	1775	2005

资料来源：ESPN Flash Report 2016/43: Reform of the long-term care insurance in Germany.

[①] 刘涛：《福利多元主义视角下的德国长期照护保险制度研究》，《公共行政评论》，2016年第4期。

（八）评估体系：保持独立

德国在失能人员等级认定方面制定了严格评估标准，建立了独立、完整、全国统一的第三方评估体系。德国公民失能时间达到6个月，并且在最近的10年内已缴纳长期护理保险费5年以上，在失能时有资格申请评估。德国负责长期护理保险等级评估的机构只有两家。一家是由公立保险协会牵头成立、为基本长护险提供评估的MDK。MDK由医疗保险和护理保险各出资50%成立，依据《社会福祉法》（SGB）履行长护评级职能，同时认定失能者是否需要长护险基金提供辅助器具和康复训练。另一家是由商业保险协会牵头成立、为商业保险公司服务的Medicproof。这两家机构的服务网点遍布全德国，其评级标准依据政府的法律法规，全国统一。它们在评估过程中严格秉承中立原则，独立于任何一家长期护理保险服务或管理机构，具体操作不受外界干涉，以避免长期护理服务供给方"自我审核"引致寻租现象。MDK和Medicproof的评估人员多由医生或护士兼任，这些医生和护士必须为评估工作保证一定的时间，并以委员会的名义集体做出等级评定决议，借助先进的信息系统平台接受上门指派，并回传评级鉴定结果，以避免医生单独审核形成垄断。

MDK和Medicproof在运营上存在明显差异：MDK在每一个联邦都作为独立机构存在，而Medicproof是将医生和护士资源在全国范围内调配；MDK通常由有资质的护士核定护理等级，而Medicproof仅通过医生核定；MDK负责护理服务的质量监控，而Medicproof并不进行直接的质量监控；MDK的资金由法定保险提供，而Medicproof由商业保险提供资金。

德国长护险等级采用定期循环评定的方式，初次评定结果只是一个开端，到一定时间还需要经过等级评估，以确定失能者是否需要等级变更或退出长护险保障体系。一般而言，再次认定的时间长短依照年龄而不同，成年人每5年评级一次，婴幼儿每年评级一次，1~10岁儿童每1年或2年评级一次[①]。

（九）质量监管：全面透明

德国长期护理保险的管理归属于医疗保险部门，其评估审查同样由医疗审查委员负责。同时，MDK和商业医疗保险公司协会的服务检测部门负责内部质量监督，定期对疗养院和非住院护理机构进行一次审核，根据对每个领域进行的评估、分级，并结合失能人员的访谈结果编制质量检测报告，该报告在互联网上公开发布。对于疗养院等护理机构的监督检查包括各个方面，如向被保险人提供的护理和医疗服务、对失智人员的照护、社会关怀、日常作息、食宿管理、住所管理和卫生管理等。对于居家护理服务提供机构的审查涉及护理服务、医嘱、服务提供与组织等。

（十）政府责任：补贴优惠

德国不仅鼓励高收入群体加入商业长期护理保险，也鼓励参加基本长护险的工薪阶层购买商业长护险作为补充。2013年德国出台商业长护险的补贴优惠政策。如果个人每月投保的商业长护险保费达到10欧元，可以享受5欧元的缴费补贴。商业保险公司提供多种缴费和补贴组合供投保人选择。2013年，德国商业长护险的法定最高缴费限额是每月约126欧元，如果选择这一缴费标准，保险给付可弥补所有的自付费用[②]。

德国政府在长期护理保险方面的责任还包括推行立法、制度设计、参数调整和监督落实，具体包括医疗保健制度结构、融资机制、民众获得医疗保健福利的权利、设计商业长护险的税收优惠政策、拟定质量标准、技术及法律监督、监控强制保险的实施等。

三、德国长期护理保险的现状及趋势

德国长期照护保险已经推行20余年，长期护理保险在参保人数、受益人数上都持续增长，且投保人更倾向于护理津贴、居家护理的方式。

（一）投保人及受益人持续增长

2014年，德国人口总数为8097.07万人。根据2016年德国保险统计年鉴（见表18-3和表18-4），德国2014年长期护理基本险的覆盖范围达到85.87%，远远高于商业保险的11.7%。1995~2014年的10年间，德国长护基本险的参保人数和被保险人数变化不大，参保人增长比率不足4%，被保险人甚至出现负增长，较1995年减少2.17%。但德国长护险的受益人却翻倍增长，2014年达到25.6万人，是1995年的2.4倍，显示德国长期护理基本险的给付压力在逐年增大。与基本险相同，德国长护强制商业险的被保险人数量发展平稳，2005~2015年十年间仅增长2.66%，但受益人数从11.59万人增长到16.93万人，涨幅达到46.07%。

（二）选择居家及现金给付者居多

从照护方式看，在鼓励居家照护的政策引导下，德国的大部分失能者选择居家护理模式。根据表18-3，德国超过70%的基本险失能人员选择居家照护，只有不到

---

① 于建明：《德国的长期护理服务体系及启示》，《中国民政》，2017年第3期。
② 华颖：《德国长期护理保险最新改革动态及启示》，《中国医疗保险》，2016年第5期。

30%的失能者申请机构照护。从待遇给付方式看，为了方便自己的近亲属，大部分失能者选择照护津贴而非服务。2013年，德国基本长护险为选择居家照护的失能人群累计支付12.3亿欧元，其中护理津贴7.749亿欧元，占比80%，为居家护理服务支付的待遇仅为20%。从人数看，173.9万居家护理失能人员中，139.15万人选择了护理津贴，占比63%，其中完全由近亲属提供照护服务的比重为47.4%，而选择护理服务的人员仅为37%[1]。

表18-3 德国长期护理基本险参保及受益人数　　　　　　单位：千人

年份	1995	2000	2010	2012	2013	2014
参保人	50915	50948	51253	51950	52328	52931
被保险人	71901	71319	69785	69726	69872	70340
受益人	1061	1822	2288	2397	2480	2569
居家护理	1061	1261	1578	1667	1739	1818
机构护理	—	561	710	730	740	751

资料来源：Statistical Year Book of German Insurance，2016.

德国长期护理商业保险与基本险相类似（见表18-4），选择居家护理的失能人员增长幅度远远高于机构护理。截至2014年，选择居家护理的失能人员超过71%，而选择机构护理者不足29%。

表18-4 德国长期护理商业险参保及受益人数　　　　　　单位：千人

年份	2005	2010	2012	2013	2014	2015
被保险人	9164.3	9593.0	9619.6	9537.5	9472.7	9408.0
受益人	115.9	142.7	151.1	161.7	169.3	—
居家护理	75.1	99.4	105.8	114.6	120.6	
机构护理	40.8	43.3	45.4	47.1	48.7	—

资料来源：Statistical Year Book of German Insurance，2016.

（三）低等级护理的人数较多

从护理等级来看，德国的失能人员中部分失能者比重较大，不同护理等级的人员比例由低到高依次递减。根据2015年统计数据，基本长护险的受益人中第一等级护理的人数最多，占比达到56.1%，二级护理占比32.1%，三级护理的人数占比仅为11.8%[2]。在德国，能够达到最高给付等级的失能者少之又少，比例仅为3%[3]。商业保险方面，2014年一级护理的失能者占比48.32%[4]，同样接近一半比例。

（四）受益人中老年人占大多数

德国虽然规定长护险的待遇申请人不受年龄限制，但实践中绝大部分的受益人都是老年人。长期护理基金的业务统计显示，60岁以下人群发生失能风险且需要申请长期护理保险的概率为0.7%，60~80岁老人的风险概率是4.2%，80岁以上老人高达28.8%[5]。上述数据也符合老年人疾病风险高、医疗护理花费大这一客观规律。随着人口老龄化趋势，德国长期护理保险的支付压力会持续增加。

（五）基金收支基本平衡但支付压力增大

德国长期护理基金除2000年出现0.13亿欧元的负结余外，其余年份几乎都保持收入大于支出，收支基本平衡。但德国长期护理基本险的年结余额呈减少趋势，从1995年的3.44亿欧元减少至2014年的0.46亿欧元（见表18-5）。这也说明随着德国人口老龄化的深化，长期护理保险基金支出增多，支付压力增大。

---

[1] Germany Federal Ministry of Health, *Selected Facts and Figures about Long-Term Care Insurance*, 2014(5).
[2] 王玥、王丹：《德国长期护理保险制度的发展及对我国的启示》，《沈阳干部学刊》，2017年第4期。
[3] Germany Federal Ministry of Health, *Selected Facts and Figures about Long-Term Care Insurance*, 2014(5).
[4] Statistical Year Book of German Insurance 2016.
[5] Germany Federal Ministry of Health, *Selected Facts and Figures about Long-Term Care Insurance*, 2014(5).

表 18-5　德国长期护理基本险收支情况　　　　　　　　　　单位：亿欧元

年份	1995	2000	2010	2012	2013	2014
总收入	8.41	16.54	21.78	23.04	24.96	25.91
其中：来源于缴费	8.31	16.31	21.64	22.92	24.86	25.83
总支出	4.97	16.67	21.45	22.94	24.33	25.45
其中：用于待遇给付	4.42	15.86	20.43	21.85	23.17	24.24
基金结余	3.44	-0.13	0.33	0.10	0.63	0.46

资料来源：Statistical Year Book of German Insurance，2016.

除基本险以外，德国的长期护理商业保险支出也在逐年增大。2005 年德国强制性商业长护险支出仅为 5.498 亿欧元，到 2014 年即达到 9.5 亿欧元，增长幅度达到 73%[①]。

四、德国长期照护保险的评价

德国"基本险+商业险"的长期护理保险模式很具有代表性，在世界范围内都堪称创举，方式灵活、覆盖广泛、财务状况整体良好、注重人文关怀等都是其突出优势。但在 20 余年的发展历程中，德国长护险也暴露出保障能力有限、阶段性赤字、过度依赖医疗保障体系等问题。

（一）德国长护险的优点

1. 保障方式灵活

德国基本长护险采用组合服务包的模式，方式灵活。失能者可以根据自身状况，选择领取津贴到市场上自行购买部分服务，同时由长护险直接提供另一部分服务；或者由家庭成员提供难度较低的照料服务，专业护理人员进行难度较大的专业照料。组合服务包既有效缓解了专业护理人员不足的问题，减轻了服务机构负担，又做到了对失能者的亲情陪护，同时改善了照护者家属的就业状况和生活状况。

2. 制度覆盖面广

德国的基本长期护理保险+商业护理险几乎实现了全员覆盖，基本长期护理保险的参保率已经接近 90%（另外 10% 的人口基本全部参保长期照护强制商业险）。截至 2014 年 12 月，基本长期护理保险的覆盖人数约占总人口的 86%。

德国长期护理保险制度覆盖面很广：首先，实现了各个年龄人群的全覆盖。不同于大部分国家的长护险只覆盖失能老人，德国任何年龄段的人群只要经过评估认定达到一定的失能等级，就可以申请照护服务。其次，实现了不同收入阶层的全覆盖。低收入或无收入者可以由政府资助加入长期照护保险，工薪收入人群强制性加入基本长护险，高收入群体可以投保商业长护险。最后，实现了不同就业形态人员的全覆盖。德国是现代社会保险的发源地，职业关联、大数法则等保险理念被广泛接受，在基本长护险上，德国通过财政资助、直接参保等方式将失业人群和未成年人也纳入其中，突破了职工参保的界限。

3. 有效控制了社会救助及医疗保险开支并实现自我平衡

德国建立长期护理保险的初衷是遏制日益庞大的社会救助及医疗保险开支。从基本长护险的实施效果看，这一目标已经实现。自建立基本长护险以来，德国社会救助体系中的住院照护补助减少了约 1/3。1994~1997 年，社会救助中的照护服务总支出由 91 亿欧元下降到 35 亿欧元，降幅超过 50%。长期护理保险不仅缓解了财政负担，也帮助社会救助回归到"扶弱济困"的本质上[②]。

除了帮助削减社会救助及医疗保险开支外，德国的长期护理基金已经实现了自我收支平衡，在亏损时也能尽快扭亏为盈。1998 年德国基本长护险缴费增加了 15.5 亿欧元，到了 2000 年就已经有了 5 亿欧元的剩余。2014 年 1 月至 10 月，基本长护险出现亏损，但通过提升个人和企业缴费比例等措施，在当年就扭转了亏损局面，基金再次出现结余。

4. 彰显人性化

德国的《长期护理保险法案》中反复强调失能者的尊严，具体包括尊重失能者的个人意愿、隐私权及宗教信仰等。社会工作者的专业化、鼓励近亲属提供亲情照料，都

[①] Statistical Year Book of German Insurance，2016.
[②] 刘涛：《福利多元主义视角下的德国长期照护保险制度研究》，《公共行政评论》，2016 年第 4 期。

是尊重失能者的具体体现。

5. 重视护理人才队伍建设

基本长期照护保险为德国政府节约了大量资金，德国也将节约资金重新投入到护理服务业的发展，特别是人才培养当中[1]。德国开设老年护理教育专业，培训了大批专业从事老龄人口照护的护士及护士助理，这一措施促进了护理人才队伍建设日臻完善，护理服务水平提高。根据德国联邦统计局资料显示，截至2013年，德国护理行业从业人员共计1005524人，其中289581人为全职工作人员，全职人员比例达到28.8%[2]。即便如此，截至2017年，德国仍面临3.5万名专业护士的缺口[3]。为保障护理质量，德国通过鼓励居家护理和非正式护理来缓解护理人员不足的矛盾。

(二) 德国长护险面临的问题

1. 无法完全满足失能者的照护需求

德国实行"全部责任的医疗保险，部分责任的长护保险"，即医疗保险承担了参保人几乎全部的医疗开支，但基本长护险只保障失能者的部分护理需求，失能人员还需要自付一定比例的照护费用。如果选择机构护理，失能人员需要自行负担全部住院费和餐饮费。基于此，德国基本长护险所负担的费用远远不能满足失能人员的照护需求。根据德国"老年人之家"的统计，巴登符腾堡州在2011年一级、二级和三级照护中失能人员需要自理的费用分别为每月1538欧元、1719欧元和1988欧元，基本长护险所负担的比例仅为一级照护需求的约23%、二级照护的40%和三级照护的45%[4]。同时，德国的护理服务价格逐年提高，但待遇支付没有及时保持同步增长。在德国推行基本长护险的20年时间内，待遇标准只有寥寥数次调整，第一次提高待遇水平发生在2008年，即制度实施13年后。这造成长期护理补偿标准远远落后于市场上服务价格的上涨速度，失能者的自付比重进一步增大，降低了公民福祉。

2. 长护险费用支出膨胀且出现短期赤字

护理基金支出膨胀、控费难度大是各国长期护理保险都面临的问题，德国也不例外。德国基本长期护理保险每年支出金额约为社保总支出的2.4%。从1995年到2005年，长护险支出占德国GDP的比重从0.31%上升到1.44%[5]。这一比重虽然仍处于可承受范围之内，但长护险支出费用和收益人数都连续增长，给基金可持续性带来威胁。1994年基本长护险制度设立之初，德国预计到2014年受益人数才会达到190万人，但实际上在2001年受益人数已经超过了190万人[6]。2002~2007年这五年间，德国长期护理保险基金分别负债0.38亿欧元、0.69亿欧元、0.82亿欧元、0.36亿欧元和0.32亿欧元。2014年1月，德国长护基本险也出现了短暂亏空[7]。

造成德国长护险费用支出膨胀的因素主要有五个：一是自2000年以后，人口老龄化趋势明显。截至2008年，德国80岁及以上老年人达到400万人，占德国总人口比例已达到4.9%，预计到2050年，这一比例将高达14.8%。二是失能人员规模扩大，统计调查显示，2020年德国每百万人口中有2.85人失能，到2050年将达到4.36[8]，德国政府也正采取措施应对这一趋势。三是护理从业人数下降，护理服务价格上涨，在市场上购买服务的难度增大。四是德国的整个社会保险体系均采用现收现付制，缺乏足够的基金储备，长期护理基金的后劲不足。五是基本长护险的缴费标准比较低，企业和个人只需各自承担个人工资收入的1.275%，遏制了基金规模的扩大。上述五个因素都影响到基本长护险的财务可持续性。

3. 忽视预防保健

德国基本长期护理保险的保障重点是事后的津贴给付和服务，而不注重事前的预防保健和支援服务。有研究表明，加强健康教育、促使参保人养成良好的生活习惯可以有效控制心脏病、中风等疾病发病概率，进而免除大量的后续治疗费用。但德国的基本长期护理保险鲜有对慢性病预防的支出，使得参保人对护理津贴及服务的依赖性过高，费用支出难以有效抑制。

4. 与医疗保险的"绑定"过于紧密

德国的基本长期护理保险至今没有独立的管理机构，长期护理基金由医疗保险组织负责日常管理。虽然长护险基金与医疗保险基金账户相互分开，但也降低了基本长期护理保险的独立性。

---

[1] 谢保群：《德日韩三国护理保险制度比较及启示》，《医学与哲学A》，2011年第32期。
[2] 王玥、王丹：《德国长期护理保险制度的发展及对我国的启示》，《沈阳干部学刊》，2017年第4期。
[3] ESPN Flash Report 2016/43: Reform of the long-term care insurance in Germany.
[4] 刘涛：《福利多元主义视角下的德国长期照护保险制度研究》，《公共行政评论》，2016年第4期。
[5] 江崇光：《中国台湾地区长期照护计划筹资模式研究及其借鉴意义》，中国社会科学院研究生院博士学位论文，2016年。
[6] [德]拉尔夫·格茨，海因茨·罗特岗，苏健：《德国长期护理保险制度变迁：财政和社会政策交互视角》，《江海学刊》，2015年第5期。
[7][8] Germany Federal Ministry of Health: Selected Facts and Figures about Long-Term Care Insurance, 2014(5).

五、德国长期护理保险的制度改革

自长期护理保险制度建立以来，德国根据基金结余情况、社会现实和制度自身不完善之处，多次进行制度调整。其中比较大的调整包括2008年颁布《长期护理发展法案》、2012年实行《长期护理保险调整法案》、2013年推行《长期护理调整法案》、2015年和2016年先后正式实施《加强护理法案》的第一部和第二部。上述法案一方面改善失能人员的待遇水平，另一方面又严格控制费用支出；一方面提升缴费比例强化个人责任，另一方面又细化评估体系。这一系列看似相悖的改革措施既提升了护理服务的质量，又实现了基金可持续性。2017年，德国再次对长期护理保险进行大幅度调整，此次变革的核心是"重新定义何为护理需求"。德国突破了大多数国家仅仅将"失能"界定为生理障碍的限制，将心理障碍也纳入失能的概念，纳入长期护理保险范围。

德国长期护理保险历次改革的调整措施涵盖护理等级认定、支付标准、筹资方式、人才培养等诸多方面，具体包括：

第一，全面提高保险给付金额，特别是失智又失能老人的待遇水平。2015年开始，德国各级护理服务和津贴的标准全部提高4%，并将0.2%的新增缴费专门用于提高基本长护险的给付标准。从2015年开始，德国将每年新增约50亿欧元缴费用于提高失能者待遇[①]。

第二，拓展护理服务范围。长期以来德国的基本长期护理保险侧重于生理失能的人群，造成认知、精神等方面障碍人群所享受的护理服务不足。2017年，德国推行最新的失能等级评定标准，将认知、精神、心理障碍的人群都纳入保障范围，根据六个领域综合评定失能人员的护理标准：移动能力、认知能力和交际能力、行为模式和心理问题、生活自理能力、应对健康限制及治疗压力的能力，以及日常生活及社交安排能力。新的失能等级评定量表总分为100分，最低等级为一级，即"自理能力最低损害"，分值为12.5~27分；最高等级是五级，即"困难案例"，分值为90~100分[②]。

第三，及时扭转基金亏空情况。德国曾经出现过短期的长期护理保险基金亏损，但通过提高缴费率及时扭转了亏损态势。2015年，德国基本长护险再次将缴费率提高0.3%，其中的0.1%用于建立长期护理保险储备金，每年定额将12亿欧元注入长期护理储备基金，以预防基金亏空风险[③]。

第四，强化个人责任，缴费率自1995年的雇主与雇员共缴纳个人收入的1%起逐年上涨，至2017年达到2.55%。

第五，设立待遇水平的动态审核调整机制，德国每3年对长期照护给付的合理性进行审核，并根据实际情况做出调整。

第六，细化失能等级。2015年，德国对失能人员的评定等级进行了改革，将护理等级由此前的三级或四级细分至五级。其中，最低等级的失能人群甚至具备很大一部分自理能力，不需要大量的日常护理。长期护理基本险主要为他们提供护理规划设计、住房无障碍改造等辅助服务，在扩展护理等级的同时，德国基本长护险的审核标准日趋严格。一级护理的审批比例由1997年的43.9%增加到2011年的56.1%。该结果与人口老龄化的普遍趋势相悖，据德国学者分析是审核机制严格化导致[④]。

第七，改革失能等级评定机制。制度设立之初，德国只对无法独立行动、生活无自理能力的生理失能人员开展等级评定，失能等级也仅设定为三级。随着失智老人、心理障碍人群的扩大，德国政府也调整了护理等级，将社交、心理、精神等因素综合考虑，失能等级扩展到五级。为了保证新旧评估等级的无缝衔接，德国将已经定级完毕的护理对象自动转移到新的等级体系内，不需要重新评估。为了维护失能人员的利益，新旧分级系统衔接中待遇就高不就低。

[①][③] 华颖：《德国长期护理保险最新改革动态及启示》，《中国医疗保险》，2016年第5期。
[②] ESPN Flash Report 2016/43: Reform of the long-term care insurance in Germany
[④] [德]拉尔夫·格茨、海因茨·罗特岗、苏健：《德国长期护理保险制度变迁：财政和社会政策交互视角》，《江海学刊》，2015年第5期。

分报告十九
以色列长期护理保险制度：社会保险，服务外包

以色列处于西亚巴勒斯坦地区，位于地中海的东南方向。以色列 1948 年宣布独立，目前人口已超过 813 万，其中犹太人 611 万人。以色列已经建立起较为完备的社会保障制度，包括养老保险、医疗保险、工伤保险、生育保险、长期护理保险、失业保险等险种，还包括一系列社会救助计划和儿童津贴等普惠制福利计划。

一、以色列长期护理保险（LTCI）制度的产生和背景

以色列长期护理保险制度是建立在三部基本的法律基础之上的。以色列国会在 1980 年 4 月通过了《长期护理保险缴费法案》(Collection of insurance contributions)，该法案奠定了以色列长期护理保险的初始框架。此后在 1986 年 4 月通过了《为增加护理机构人数发展服务和将护理服务扩展到社区而融资法案》(Financing the development of services aimed at increasing the number of patients in institutions and of extending the range of services in the community)。以色列于 1988 年 4 月开始实施《长期护理保险个人待遇支付法》(Payment of personal benefits)，这标志着以色列正式实施长期护理保险制度。这三部基本法律奠定了以色列长期护理保险制度的基础。

（一）以色列长期护理保险制度建立的背景

不断加速的人口老龄化趋势和不断加重的护理负担是以色列建立长期护理保险的根本原因。政府担心人口普遍老龄化和老年人口的快速老化产生影响，尤其是对长期护理负担的不利影响，特别是对大规模的失能老年人口产生不良影响,这是最终促成 1980 年立法框架通过的关键因素。建立长期护理保险制度主要考虑到以下两个关键因素[1]：第一个因素是以色列的家庭护理服务存在不足；第二个因素是政策制定者以及老年人护理的专业人员逐步认识到，家庭护理服务的不足最终会增加家庭护理人员的负担。

尽管目前以色列人口相对年轻化，但实际上人口老龄化速度是相当快的。1948 年以色列宣告成立时，老年人口占总人口数的 3%；1996 年末，65 岁及以上的老年人口略超过以色列总人口的 9.5%；到了 2008 年，老年人口数量达到了 715500 人，超过总人口的 10%。此外，老年人口年龄普遍偏高，并且他们的老化速度超过总人口的老化速度。75 岁及以上老年人数量的快速增长很大程度上是因为之前的移民浪潮（主要是来自苏联的移民）。

（二）以色列长期护理保险制度的目标

以色列的长期护理保险制度最初旨在按照明确规定的资格标准为需求者提供长期护理服务。长期护理保险法的主要目的是通过个人护理及家政服务，为社区里长期严重失能的老年人提供护理服务。此外，长期护理保险还要补充而不是代替目前有限的服务提供体系，以使服务的整体规模得到扩大，同时减轻家庭成员所承担的护理负担。因此，长期护理保险法不仅为严重失能的老年人提供帮助，

---

[1] Hillel Schmid, "Israel's Long-Term Care Insurance Scheme", The Paul Baerwald School of Social Work and Social Welfare, The Hebrew University of Jerusalem, p.2, http://www.euro.centre.org/data/1254227500_87459.pdf.

还为以家庭和社区为基础的服务构架内的护理人员提供帮助。

以色列长期护理的一个核心理念是，政府提供的正规护理不是对家庭护理的替代，而是对家庭护理的补充。家庭成员向失能老人提供护理被认为是天经地义的事情和责任（self-evident obligations）。因此，以色列长期护理的主要目的是在体力上、精神上和经济上分担家庭成员照顾失能老人的负担，而不是替代家庭成为护理的主要来源。

（三）以色列长期护理保险的受益资格

以色列长期护理保险受益资格需要满足三个条件：第一个条件是要达到退休年龄。长期护理保险法涉及人群包括长久居住在以色列60岁及以上失能女性和65岁以上的失能男性，也包括65岁之后来到以色列的新移民人群。2015年以色列男性退休年龄提高到了67岁，女性为62岁。第二个条件是失能或者依赖程度，要求在很大程度上需要他人的帮助，诸如由于机能损伤日常生活难以自理，需要监护。因此，受益人必须通过失能测试（dependency test）。失能测试包括日常生活能力测试（ADL）、是否需要监护、是否单独生活三部分内容。综合这三项测试，失能得分在0到11分之间方可获得受益资格。第三个条件是家计调查（Means Test）。家计调查的目的是排除高收入人群享受稀缺的护理资源，同时也体现了再分配公平。对个人而言，收入不超过平均工资的1.5倍；对夫妻而言，收入不超过平均工资的2.25倍；对于需要抚养儿童的个人而言，每增加一个小孩，在原有基础上再提高0.75倍。在1996年以前，收入标准是平均工资的3倍，这个标准较为宽松，大约1%的人口被排除在长期护理保险之外[1]。本质上，以色列长期护理保险是缴费型的社会保险计划，因此采取收入测试的方式来确定受益资格似乎和缴费型社会保险的原理相悖，而且现在收入标准比以前更加严格。

（四）以色列长期护理保险的福利类型和标准

以色列的长期护理保险既不提供现金福利也不提供现金福利的选择权（非常有限的情况除外），而是提供一揽子专业实物服务，这些服务包括个人生活服务、家务帮助（比如准备食物和清洁）、监护、日间护理服务、洗衣服务、为失禁者更换一次性内衣、安置报警装置。地方专业委员会（local professional committees）是由国家保险局（National Insurance Institute, NII）资助的，它对精准的服务组合与服务提供进行决策选择。1990年，大约只有1%的合格受益人领取的是现金而不是实物福利，而在1996年，在65995个合格受益人中，领取现金的仅有73人，占比仍然是1%左右[2]。2008年3月以来，一项试验性计划在以色列的三个区域展开，这一项目计划持续两年，那些地区的老年居民根据日常生活活动（ADL）测验以及其他必备条件，达到某一依赖水平，就可以选择接受现金福利而不是实物福利。

在受益资格与福利水平的决定上，先由国家保险协会确定最初资格（家计调查、年龄、居住权等），根据长期护理保险法进行保险金赔偿，再按照日常生活活动评估方法，由公共卫生部保健护士进行老年人失能程度评估。根据失能评估的分数，要么判定申请人没有资格领取津贴，要么判定申请领取津贴，津贴分为三个标准，即伤残保险津贴（disability insurance program）的91%、150%和168%。这些标准是分别对应提供大约每周9.75个小时、16个小时和18个小时的家庭护理服务。如果受益人雇佣以色列本国护工，享受后两个标准的人群可以分别额外获得每周3小时和4小时的护理服务，其目的是鼓励雇用本国护工。护理服务费用由国家保险局（NII）直接付给护理提供机构。

（五）以色列长期护理保险的服务提供

由于政府既不想充当服务提供者也不想雇佣大量护工，因此以色列长期护理保险法明确地提出建立"内部"市场或"准"市场，即用服务外包形式，将服务外包给权威的自愿非营利性组织和营利组织。非营利性服务提供组织大约占市场的30%，而营利性服务组织占70%。在2008年11月，营利组织提供了480万小时的服务，而非营利性组织提供了200万小时护理服务。20年前，该比重是完全相反的，那时市场是由非营利组织控制的。这一改变反映了以色列服务业私有化进程的加快。相比其他社会服务机构，政府增加了分配给家庭护理机构的预算。目前，在以色列有150个家庭护理机构，这些机构在全国范围内有420多家分支机构，其中，大约57%是营利机构，其余43%左右是非营利机构[3]。

以色列建立的准市场机制将购买者和服务提供者分

---

[1] Hillel Schmid, "Israel's Long-Term Care Insurance Scheme", The Paul Baerwald School of Social Work and Social Welfare, The Hebrew University of Jerusalem, p.3, http://www.euro.centre.org/data/1254227500_87459.pdf.

[2] Ajzenstadt, Mimi and Zeev Rosenhek, "Privatization and New Modes of State Intervention: The Long-Term Care Program in Israel", *Journal of Social Policy*, 2000, 29（2）: 247-262.

[3] Hillel Schmid, "Rethinking the policy of contracting out Social Services to non-governmental organizations", *Public Management Review*, 2003, 5（3）.

开，这样能够让服务接受者获得更多的选择权。这种服务外包的模式使得在社会服务领域引入更多的市场机制和私人组织，其好处是能减少管理费用，提高公共部门的工作效率，在政策制定和实施过程中更具有弹性和创新性，最终能够使消费者（长期护理保险受益人）获得更多的选择权和获得服务的机会，同时也恢复了国家和公共机构提供公共服务和社会福利的合法性[①]。

地方专业委员会（local professional committees）由多名成员组成，这些成员包括一个国家保险局的工作人员、一个社会工作者以及一个公共卫生护士。国家社保局工作人员代表国家社保局地方分支机构，社会工作者代表地方福利局（local welfare bureau），护士代表全科疾病基金（General Sick Fund）。地方专业委员会负责制定申请者的护理计划，相当于国内护理规划师的角色，决定哪些机构将为特定的客户提供保健护理；负责从劳动和社会事务部（Ministry of Labor and Social Affairs）批准的服务供给商名单上选择具体的服务供给商，与其拟定服务合同，并且代表政府和申请人与之签订合同。签订合同后，地方专业委员会负责跟进和监督服务供给商提供的护理服务。在支付方面，国家保险局将把相关费用直接支付给服务供给商。因此，从这个角度而言，无论是护理服务接受者还是其家属，这些护理服务的真正客户，都没有权利选择护理服务或者护理服务提供商。与护士提供家庭护理的一些国家相比，以色列的个人护理交由专业的助理完成，这些助理也提供一些基本的家政工作（大部分助理人员是外国劳动者）。

二、以色列长期护理保险的失能测试

以色列长期护理保险的失能测试评分由三部分组成。第一部分考虑一个人在多大程度上需要他人帮助来完成日常生活的基本活动（ADL）：洗澡、穿衣、吃饭和做饭，在家中的行动情况和摔倒发生的情况，大小便的控制情况。第二部分考虑是永久性的需要还是由于认知、心理或身体上的局限而需要的短期照顾。第三部分是针对独居者增加的一个附加分，因为假定他们需要更多的正规护理。失能测试的总得分是前两部分的最高得分再加上独居者的附加分。因此，失能测试总分范围为0~11，具体评分要素和分数值参见表19-1。

表19-2给出了2011年12月受益者中日常行为活动

表 19-1 失能测试的要素

评估标准	分数值/范围
（一）ADL	0~8.5 以 0.5 分划等级（少数情况 9 在"摔倒"和"行动性"）
摔倒发生的情况	0~1
家中行动情况	0~1
穿衣	0~1
洗澡	0~1.5
吃饭和做饭	0~1.5
大小便控制情况	0~1,2~3
（二）监护需要	0,4（部分；直到2011年12月31日），9（常数）
（三）独居	0.5（其他部分得分 0~4）
	1（85岁的独居盲人）
	2（其他部分得分 4.5~9）
总　分	0~11

资料来源：Sharon Asiskovitch, "The Long-Term Care Insurance Program in Israel: solidarity with the elderly in a changing society", *Israel Journal of Health Policy Research*, 2013, 2:3.

[①] Ajzenstadt, Mimi and Zeev Rosenhek, "Privatization and New Modes of State Intervention: The Long-Term Care Program in Israel", *Journal of Social Policy*, 2000, 29（2）: 247-262.

不便及其严重性的分布情况,这些都是由他们的失能分数评估得到的。行动不便的分布看起来和日常行为活动恶化的渐进过程一致。

表 19-3 给出了 2011 年 12 月受益者之间失能总分中,

表 19-2　LTCIP 受益者在日常活动和监护需要方面的得分分布(2011 年 12 月)　　　　单位:%

分数/活动	洗澡	穿衣	家中活动性	摔倒	大小便控制	吃饭和做饭	监护需要
0	0.4	1	54.7	78.5	29.6	5.7	80.4
0.5	27.3	8.8	33.3	17.6	18.4	82.6	—
1	47.3	90.2	12	3.9	16.4	8	—
1.5	25	—	—	—	—	3.7	—
2	—	—	—	—	14.4	—	—
2.5	—	—	—	—	11.5	—	2.5
3	—	—	—	—	9.7	—	—
9	—	—	—	—	—	—	17.1
总分	100	100	100	100	100	100	100

注:数据不包括在 2011 年 12 月已逝世或转到一个机构的受益者,或者其资格在"快速通道"过程中已被决定的。

资料来源:Sharon Asiskovitch, "The Long-Term Care Insurance Program in Israel: solidarity with the elderly in a changing society", *Israel Journal of Health Policy Research*, 2013, 2:3.

每一项日常行为活动的平均得分(包括是否需要监护和独居者的附加分)。大多数得分为 9 的和几乎所有得分为 11 的人,他们的失能由他们对监护的需要程度决定。因此,他们的身体残疾程度更为严重。

表 19-3　受益者之间失能总分中,每一项日常行为活动的平均得分

依赖度得分	人数(人)	洗澡	穿衣	在家活动能力	跌倒概率	大小便控制能力	吃饭和做饭	是否需要监护	是否独自生活
2.5	34478	0.7	0.91	0.01	0.06	0.15	0.42	0.06	0.25
3	21962	0.81	0.94	0.03	0.07	0.29	0.47	0.15	0.33
3.5	10088	0.84	0.97	0.13	0.12	0.65	0.5	0.07	0.28
4	6469	0.93	0.98	0.31	0.12	0.92	0.51	0.07	0.23
4.5	4259	0.98	0.98	0.4	0.17	1.13	0.52	0.06	0.31
5	2209	0.99	0.99	0.5	0.08	1.91	0.52	0.06	0
5.5	1098	1.15	0.99	0.55	0.14	2.14	0.54	0.07	0.07
6	5267	1.31	1	0.62	0.18	2.34	0.56	0.06	0
6.5	10065	1.2	0.99	0.52	0.26	1.78	0.58	0.06	1.16
7	8852	1.13	0.99	0.57	0.14	2.12	0.58	0.05	1.46
7.5	5482	1.2	1	0.59	0.19	2.24	0.62	0.06	1.66
8	4239	1.31	1	0.64	0.22	2.43	0.67	0.07	1.74
8.5	2399	1.39	1	0.72	0.23	2.56	0.63	0.05	1.96

续表

依赖度得分	人数（人）	洗澡	穿衣	在家活动能力	跌倒概率	大小便控制能力	吃饭和做饭	是否需要监护	是否独自生活
9	15282	1.24	0.92	0.48	0.15	1.84	0.73	7.38	0.36
9.5	1056	1.49	1	0.89	0.28	2.8	1.03	0.08	2
10	600	1.5	1	0.96	0.22	2.95	1.37	0.09	2
10.5	60	1.49	1	0.93	0.76	2.93	1.39	0.13	2
11	12436	1.13	0.87	0.33	0.15	1.42	0.68	8.99	2

资料来源：Sharon Asiskovitch, "The Long-Term Care Insurance Program in Israel: solidarity with the elderly in a changing society", *Israel Journal of Health Policy Research*, 2013, 2:3.

三、以色列长期护理保险的覆盖面及其资金来源

（一）以色列长期护理保险的受益群体

长期护理保险制度的覆盖面不断扩大。自从长期护理保险于1988年首次执行以来，接受长期护理保险覆盖的失能老年人数急速上升。2009年3月有135336个长期护理保险的受益者（70%为女性，30%为男性），这一数字比1989年制度初始阶段受益人口的6倍还多，2010年受益人口约为14.15万人，2014年增加到15.83万人，2016年增加到16.4万人，受益人口中大约80%是居家或者在社区接受护理服务（见表19-4）。① 受益人的数量不仅超过预期需要护理服务的功能残疾老年人的数量，受益人数的增速也远超过老年人口和特殊的超年迈人口的增长速度。在20世纪50年代，以色列65岁及以上老年人口占总人口的比例为5%，目前大约为10%，在未来的二十年，该比例将上升到14%。

1995年，以色列老年人口约为62.4万人，能够享受长期护理保险的人口为5.9万人，占老年人口的比例约为

表19-4 以色列长期护理保险受益人数情况

年份	受益人数（人）
2010	141500
2011	145490
2012	152711
2013	156621
2014	158300
2015	160474
2016	164038

资料来源：National Insurance Institute, *National Insurance Programs in Israel*, 2010-2017.

9.5%。随着人口老龄化的加速，老年人口不断上升，而享受护理服务的老年人口上升更快。在2010年，以色列老年人口约为92.5万人，享受护理服务的人口为14.1万人，占比15.3%（见表19-5）。从领取率的变化可以看到，享受护理保险服务的老年人口占比越来越高。

表19-5 以色列老年人数和长期护理保险受益人数　　　单位：千人

年份	每月平均老年人数	比上年增长人数	比上年增长率（%）	每月受益人数	比上年增长人数	比上年增长率（%）	领取率
1995	624	—	—	59	—	—	9.5
1996	641.4	17.4	2.8	66	7	11.9	10.3
1997	679.3	37.9	5.9	72.9	6.9	10.5	10.7
1998	695.7	16.4	2.4	81	8.1	11.1	11.6
1999	711.5	15.8	2.3	88.2	7.2	8.9	12.4

① Sharon Asiskovitch, "The Long-Term Care Insurance Program in Israel: solidarity with the elderly in a changing society", *Israel Journal of Health Policy Research*, 2013, 2:3.

续表

年份	每月平均老年人数	比上年增长人数	比上年增长率（%）	每月受益人数	比上年增长人数	比上年增长率（%）	领取率
2000	728.7	17.2	2.4	95.8	7.6	8.6	13.1
2001	744.5	15.8	2.2	105.4	9.6	10	14.2
2002	758.1	13.6	1.8	112.3	6.9	6.5	14.8
2003	769.4	11.3	1.5	113	0.7	0.6	14.7
2004	780.6	11.2	1.5	113.4	0.4	0.4	14.5
2005	794.8	14.2	1.8	115	1.6	1.4	14.5
2006	813.9	19.1	2.4	120.5	5.5	4.8	14.8
2007	836.4	22.5	2.8	125.4	4.9	4.1	15
2008	859.1	22.7	2.7	131.1	5.7	4.5	15.3
2009	895.7	36.6	4.3	136.4	5.3	4	15.2
2010	925.2	29.5	3.3	141.4	5.1	3.7	15.3

资料来源：Sharon Asiskovitch, "The Long-Term Care Insurance Program in Israel: solidarity with the elderly in a changing society", *Israel Journal of Health Policy Research*, 2013, 2:3.

在受益人年龄分布方面，随着年龄增长，受益人口比例不断上升。64岁以下人口占比约为1%，65~69岁受益人口占比为4.8%，70~74岁受益人口占比为10.4%，75~79岁受益人口占比为21%，80~84岁受益人口占比为28%（见表19-6）。

表19-6　以色列长期护理保险受益人年龄分布

年龄	所占比例
64岁及以下	1%
65~69岁	4.8%
70~74岁	10.4%
75~79岁	21%
80~84岁	28%

资料来源：Hillel Schmid, "Israel's Long-Term Care Insurance Scheme", The Paul Baerwald School of Social Work and Social Welfare, The Hebrew University of Jerusalem, http://www.euro.centre.org/data/1254227500_87459.pdf.

在家庭成员结构方面，独居者占比为47%，有一位伴侣者为39.8%，有家庭成员者占比为13.2%，独居者占比最高（见表19-7）。

表19-7　以色列长期护理家庭成员构成情况

家庭结构	所占比例（%）
独居	47
有一位伴侣	39.8
有家庭成员（女儿/儿子）	13.2

资料来源：Hillel Schmid, "Israel's Long-Term Care Insurance Scheme", The Paul Baerwald School of Social Work and Social Welfare, The Hebrew University of Jerusalem, http://www.euro.centre.org/data/1254227500_87459.pdf.

在居民结构方面，以色列本地居民占比为75.7%，新移民占比为24.3%（见表19-8）。

表19-8　以色列长期护理保险居民结构情况

居民结构	所占比例（%）
以色列本地人	75.7
新移民	24.3

资料来源：Hillel Schmid, "Israel's Long-Term Care Insurance Scheme", The Paul Baerwald School of Social Work and Social Welfare, The Hebrew University of Jerusalem，http://www.euro.centre.org/data/1254227500_87459.pdf.

在福利水平方面，享受低（91%）福利水平者占比为57.4%，享受高（150%）福利水平者占比为25%，享受非常高（168%）福利水平者占比为17.6%（见表19-9）。

表19-9 以色列长期护理保险福利水平分布情况

福利水平	所占比例（%）
低（91%）	57.4
高（150%）	25
非常高（168%）	17.6

资料来源：Hillel Schmid, "Israel's Long-Term Care Insurance Scheme", The Paul Baerwald School of Social Work and Social Welfare, The Hebrew University of Jerusalem, http://www.euro.centre.org/data/1254227500_87459.pdf.

根据日常生活中年龄（和性别）与功能残疾之间的关系，失能老人在老年人口中的比例增加速率依然很高，这将确保覆盖率呈现持续上升趋势。

对于真正接受到的服务种类，几乎全部（98%）长期护理保险受益者接受到了个人护理服务，这些服务通常是由其他服务机构贴补，例如，12%的受益人接受了安置报警装置服务，7%接受日间照料服务，8%接受更换内衣服务，0.5%接受洗衣服务。

在支出方面，以色列长期护理保险支出水平无论是绝对额还是相对比重都在增加。1989年，以色列国家保险局各项福利总支出为257.78亿谢克尔，其中长期护理保险总支出为5.11亿谢克尔，占比为2%；2011年，以色列国家保险局各项福利总支出为613.17亿谢克尔，其中长期护理保险总支出为42.13亿谢克尔，占比为6.9%；长期护理保险总支出占以色列各项保险总支出的比重增速较快，已经成为国民保险局管理的各项险种中增长最快的险种。以色列长期护理保险净支出占总支出的比例不断提高，从1989年的75.2%上升到2011年的94.9%，说明管理效率不断提高。

表19-10 以色列长期护理保险历年支出情况

年份	NII福利总支出（百万谢克尔）	NII长期护理总支出（百万谢克尔）	长期护理总支出占福利支出的比例（%）	长期护理净支出（百万谢克尔）	长期护理保险净支出占总支出的比重（%）	受益人数（千人）
1989	25778	511	2	384	75.2	21.4
1992	28562	858	3	715	83.3	37.7
1996	38395	1376	3.6	1187	86.3	66.0
1999	45989	1930	4.2	1721	89.1	88.2
2001	56384	2708	4.8	2464	91.0	104.2
2002	55408	2995	5.4	2769	92.5	112.3
2003	52167	2926	5.6	2709	92.6	113.0
2006	51927	3137	6.0	2927	93.3	120.4
2007	52881	3527	6.7	3307	93.7	125.4
2008	53607	3622	6.8	3425	94.5	131.1
2009	57643	3909	6.8	3628	92.8	136.4
2010	59942	4134	6.9	3908	94.5	141.3
2011	61317	4213	6.9	3996	94.9	145.6

资料来源：Sharon Asiskovitch, "The Long-Term Care Insurance Program in Israel: solidarity with the elderly in a changing society", Israel Journal of Health Policy Research, 2013, 2:3.

（二）以色列长期护理保险的筹资

以色列长期护理保险的筹资主要来自三个部分：一是雇主和雇员缴纳的长期护理保险费，二是财政部的缴费，三是国家保险局从其他险种中给予长期护理保险的补贴。由于前两个来源的比重不断下降，第三个来源的比重越来越高。1994年，长期护理保险费和财政部缴费所占比重为43%，2011年下降到34.7%。在此期间，长期护理保险费所占比重从1994年的27.8%下降到2002年的14.9%，2011年为14.1%。财政部缴费所占比重从1994年的15.3%上升到2002年的23.3%，此后不断下降，2011年为20.6%。国家保险局提供的融资所占比重从1994年的57%增加到2011年的65.3%，国家保险局的融资主要来自其他险种盈余，主要来自与儿童相关的险种[①]。

在缴费率方面，各个群体略有差别。普通雇员缴费率为0.14%，雇主为0.19%，自雇者的缴费率为0.21%，其他参保者也是0.21%，政府雇员及其自雇者都是0.02%。总体而言，与诸如养老保险、生育保险、失业保险等其他险种相比，以色列长期护理保险的缴费率较低。一个可能原因是护理保险建立的时间较晚，因此在个人和企业可负担的总缴费率一定的情况下，护理保险很难制定较高的缴费率。这也可以解释为什么护理保险的经费来源中有很大一部分是来自其他险种的补贴。

表 19-11　以色列各项社会保险的缴费率

	雇员	雇主	自雇者	其他参保者	政府雇员	政府自雇者	首次立法年份
长期护理保险	0.14%	0.19%	0.21%	0.21%	0.02%	0.02%	1980
养老和遗属险	3.85%	2.04%	5.95%	5.76%	0.25%	0.25%	1954
生育保险	0.87%	0.53%	0.94%	0.26%	0.09%	0.09%	1954
儿童保险	0	2.08%	2.74%	2.64%	0.08%	0.08%	1959
工伤保险	0	1.96%	0.78%	0	0.03%	0.03%	1954
意外伤害险	0.07%	0.06%	0.09%	0.11%	0.02%	0.02%	1981
失业保险	0.21%	0.16%	—	—	0.06%	—	1970
公司倒闭或清算险	0	0.05%	—	—	0.02%	—	1975
一般伤残	1.86%	0.42%	2.12%	2.07%	0.10%	0.10%	1970
合计	7.00%	7.49%	12.83%	8.98%	0.67%	0.59%	

资料来源：National Insurance Institute, *National Insurance Programs in Israel*, 2017.

四、结论

总体而言，以色列长期护理保险制度建立时间早，覆盖人口不断增加，资金来源稳定，外包服务颇具特色，值得总结借鉴。

首先，以色列长期护理保险制度立法稳步推进，法律制度完善。从奠定以色列长期护理保险制度的三部法律的立法过程来看，以色列推进长期护理保险制度是稳健而又具有前瞻性的。以色列在1980年首先通过的是长期护理保险缴费方案，为护理保险制度奠定缴费基础；其次，在1986年通过的法案是为了鼓励相关机构和组织提供护理服务、建立服务机构和设施，为实施长期护理保险奠定了物资和服务基础；最后在1988年正式开始实施长期护理保险，开始为个人和家庭提供护理保险服务。由此可见，以色列在推动长期护理保险制度过程中具有稳健性、计划性和前瞻性。由此构建了完善的法律制度，为长期护理保险的顺利实施奠定了基础。

其次，以色列长期护理保险的外包服务颇具特色。以色列的长期护理保险本质上是一种社会保险，但是在具体的服务供给方面，是由各类营利组织和非营利组织提供的，而不是由政府部门亲自提供。在服务外包的过程中，由三方机构组成的地方专业委员会发挥着核心作用。这样做的好处是能够减少管理费用，提高公共部门的工作效率，在

[①] Sharon Asiskovitch, "The Long-Term Care Insurance Program in Israel: solidarity with the elderly in a changing society", *Israel Journal of Health Policy Research*, 2013, 2:3.

政策制定和实施过程中更具有弹性和创新性。这样,最终的结果是能够给消费者(长期护理保险受益人)获得更多的选择权和服务的机会。当然,这种外包服务机制也存在一些不足之处,主要是真正的客户(长期护理保险受益人)在供给商的选择上缺乏发言权,对服务提供商的质量反馈机制缺乏畅通的渠道。

最后,以色列长期护理保险的资金来源具有多样性。以色列长期护理保险的资金主要来自三个方面,第一是个人和雇主的缴费,第二是政府的财政补贴,第三是来自其他险种缴费盈余的补贴。从历史数据上可以看到,前两者的资金占比越来越小,目前大约为35%,而来自其他险种缴费盈余的补贴占比不断上升,大约为65%。和其他险种相比,由于以色列长期护理建立时间较晚,在个人和企业总缴费一定的情况下,对长期护理保险的缴费就比较低,因此资金来源中来自缴费的比例较低,主要依赖其他险种的补贴。从这个社会保险的角度而言,这种做法并无不妥之处,只要整个社会保险制度能够实现可持续发展即可,各个险种的资金相互调剂也具有一定的合理性。

分报告二十
日本长期护理保险制度：财政支持，持续变革

日本于1970年进入老龄化社会，是世界上人口老龄化程度最深的国家。在应对人口老龄化进程中，日本在2000年引入了长期护理保险制度，并在其后根据人口状况和经济社会环境变化持续进行调整和完善。当前，长期护理保险制度已成为日本继养老金、医疗保险以外对老年人生活进行支持的第三大支柱。本报告对日本长期护理保险制度的出台背景、制度框架、演进历程以及影响其未来发展的因素进行剖析，以期为我国建立长期护理保险制度提供参考。

一、日本长期护理保险制度的出台背景

作为一项主要对失能老年人提供护理和生活支持的保险制度，长期护理保险在日本是随着人口老龄化的不断深化作为老年人社会福祉制度的一个组成部分在2000年出台的。其后，随着人口老龄化的持续深化、预期寿命的不断增长以及经济社会环境的显著变化，这一制度不断进行着调整和完善。

（一）快速发展的人口老龄化及高龄化

在世界范围内，日本并不是最早进入人口老龄化的国家，但当前却是世界上人口老龄化程度最深的国家[1]。1970年，日本65岁及以上人口在总人口中所占比重达到7.1%，标志着日本进入老龄化社会。1994年，这一比重超过14%，标志着其进入老龄社会，2007年超过21.5%，标志着其进入超老龄社会。截至2016年10月1日，65岁及以上人口在日本总人口中所占比重达到了27.3%。未来一段时期内，日本的人口老龄化还将进一步发展，预期2020年达到28.9%，2030年达到31.2%，2050年达到37.7%[2]（见图20-1）。

需要指出的是，在老年人总量不断增加的同时，日本还面临着高龄化、家庭规模缩小、独居群体比例增加等变化，这些都导致了传统的家庭养老功能不断衰退，社会化养老照料和生活支持变得日趋重要。

（二）老年人保健福祉政策的变化

20世纪60年代，日本开始构建老年人社会福祉政策，迄今为止的发展历程可分为两个阶段。第一阶段是20世纪60年代至80年代中期，为主动实施阶段。主要是源于经济高速增长带来的社会保障制度的充实以及保障人群重点发生的变化。第二阶段是20世纪80年代后期开始至今，为被动实施阶段，更主要的是为应对人口老龄化不断深化不得不推进的政策调整。

1960年，日本65岁及以上人口所占比重达到5.7%，虽然尚未进入老龄化社会，但经济的快速发展为社会保障和社会福利的逐步充实奠定了基础。在这一进程中，老年人的保健福祉也得以不断发展。1963年，日本制定了《老

---

[1] 当前，65岁及以上人口在总人口中所占比例最高的五个国家，依次是日本26.6%（2015年）、意大利21.6%（2014年）、德国21.0%（2015年）、希腊20.9%（2015年）、葡萄牙20.3%（2015年）。资料来源：UN, *Demographic Yearbook* 2015；日本总务省统计局《国势调查报告》。

[2] 资料来源：国立社会保障与人口问题研究所：《人口统计资料集》（2017年版）。

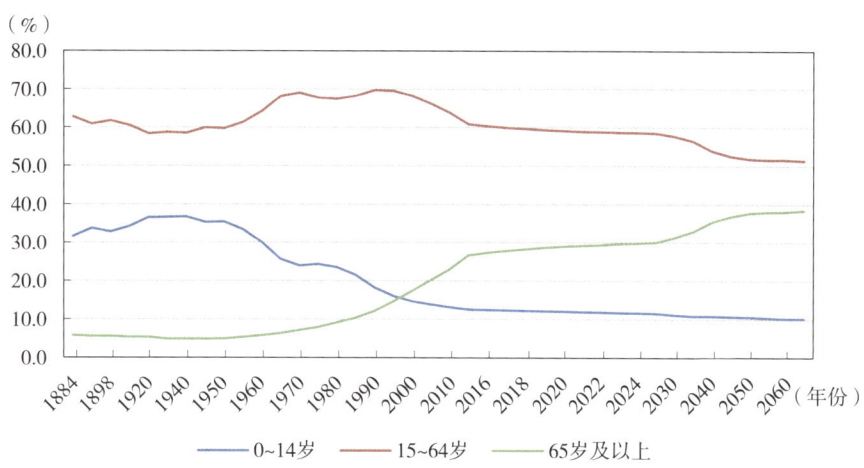

图 20-1 日本人口年龄结构的变化：1884~2060 年

资料来源：国立社会保障与人口问题研究所：《人口统计资料集》（2017 年版）。

年人福祉法》，针对老年人特别养护机构创建、居家照料员法制化等问题做了明确规定，成为日本构建现代老年人福祉政策的开端[1]。

1970 年，65 岁及以上人口占比达到 7.1%，日本正式进入了老龄化社会。在老年人医疗费用不断膨胀的背景下，日本于 1973 年实施了老年人医疗免费制度[2]，以期通过将原来老人自行负担的 50%~70% 的医疗费改为由政府负担，使老年人能进行早期诊疗，从根本上降低医疗费用。

1980 年，日本 65 岁以上老年人占比达到了 9.1%，社会性住院和长期卧床老人增加的问题进一步显现。同时，经济增速的回落带来了财政支出压力的增加，厉行节约缩减不合理支出成为当时财政改革的核心议题，这一做法也对老年人福祉政策产生了影响。在这一背景下，日本于 1982 年通过了《老人保健法》，废除了老年人免费治疗的做法，规定老人需要自行负担一部分医疗费，以抑制不断扩大的医疗费用。同时，针对社会性住院问题，日本在 1986 年对《社会保健法》进行了修订，将同时具有老人病院和特护老人机构性能的老人保健设施[3]进行了制度化。与此同时，随着对人口老龄化影响认识的深化，日本于 1986 年通过了《长寿社会对策大纲》，对应对人口老龄化做了全方位规划，标志着日本正式从国家战略层面开始对人口老龄化问题加以重视。在上述施政方针指引下，日本于 1989 年通过了"黄金计划"（即"老年人保健福祉推进十年战略"），在加快建设老年机构的同时推进居家福祉的开展。

1990 年，日本 65 岁及以上人口占比达到 12.0%。这一时期，随着老龄化特别是高龄化的不断深化，长期卧床的老年人以及由于老年痴呆需要照护的老年人的数量都在持续增加，居民对于老年人护理的担心日渐增加，老年人护理政策也在发生急剧变化。1990 年 6 月，日本对"福祉关系 8 法"进行了修订，在老年福利服务领域积极推进居家福祉服务，同时将入住特护老年人机构的决定权限从都道府县下放至市町村，以市町村为核心强化福祉体系构建。与此同时，在推进 1989 年制订的"黄金计划"的进程中，日本发现居家服务和机构服务的目标数量严重不足，因于 1994 年制订了"新黄金计划"，确定了自 1995 年开始的新 5 年工作计划。1995 年，65 岁及以上老年人的占比达到 14.5%，日本进入护理保险制度的准备实施阶段。

---

[1] 事实上，除了经济快速增长带来财力增加使日本政府有余力增大社会保障类开支外，经济社会环境的直接变化也开始使政府重视老年人问题的应对。1950 年日本人均预期寿命男性 59.57 岁，女性 67.75 岁；1960 年，这一数值男性增加至 65.32 岁，女性增加至 70.19 岁。在人均预期寿命增加的同时，老年人也迅速增加，1963 年时 60 岁以上老年人达到 900 万人，在总人口中所占比重达到 9.4%。与此同时，随着大量青壮年劳动力从农村流向城市，以及家庭规模的缩小带来的核心家庭的增加，均导致传统上家庭提供的养老功能不断衰减。这些变化，辅以预测到的老年人口的不断增加，均导致了日本政府开始重视老年人问题。在这一背景下，《老年人福祉法》于 1963 年正式出台。

[2] 需要指出的是，由于实施了养老金随物价进行上调机制，加之免费医疗以及社会福祉设施补贴经费标准上调等措施的实施，社会保障制度得到了全面充实，因此 1973 年也被称为日本的"福祉元年"。

[3] 老人保健设施，是作为连接医院和家庭之间的中间机构，为那些不需要进行住院治疗，但需要进行康复的医疗护理的老年人提供的场所，通过提供医疗、看护、功能训练，使得老年人能够最终回归家庭。

1996年，执政的三个政党达成了政策一致，通过了"关于护理保险制度创设的执政党合意事项"。在此基础之上，日本于1997年出台了《护理保险法》。1999年，配合护理保险制度的出台，为避免出现"有保险无护理"的情况，日本出台了"21世纪黄金计划"，再次提升了服务数量。通过上述三个计划的实施，日本的老年人护理政策实现了以护理保险制度为核心的重新构建。2000年，日本65岁以上人口占比达到17.3%，护理保险制度正式实施。

表20-1 "黄金计划"/"新黄金计划"以及"黄金计划21"所列目标

项 目	"黄金计划"（1989年）	"新黄金计划"（1994年）	"黄金计划21"（1999年）
居家护理员	10万人	17万人	35万人
短期照料机构	5万床位	6万床位	9.6万床位
日间照料中心	1万个	1.7万个	2.6万个
往返型康复中心	—	—	
居家护理支援中心	1万个	1万个	—
上门看护站	—	5000个	9900个
特护老人机构	24万床位	29万床位	36万床位
老人保健设施	28万床位	28万床位	29.7万床位
护理住宅	10万人	10万人	10.5万人
老人生活支持中心	400个	400个	1800个
痴呆老人集体之家	—	—	3200个

资料来源：日本厚生劳动省相关资料。

(三) 长期护理保险制度出台的直接背景

1. 宏观背景和直接诱因

长期护理保险制度在日本的出台，既是宏观环境变化的要求，也有现实的直接诱因。

就宏观环境变化而言，人口老龄化的日益深化，既导致了需要被护理的老年人数量的增加，也带来了每个个体所需护理时间的不断增加。上述两方面的变化，共同导致了护理需求的日渐增加。与此同时，核心家庭的日渐增多以及提供护理的家庭人员的老龄化，带来了家庭养老护理功能的逐步弱化。在上述背景下，建立一个在社会全体成员相互支持基础上对老年人进行护理的制度框架日渐重要，这成为日本长期护理保险制度出台的宏观基础。

在实施中，日本长期护理保险制度的设计秉承了以下三项原则：一是自立支持，即超越简单地对老年人的身边事物提供照料的概念，树立为老年人的自立提供支持的理念；二是利用者本位，即根据利用者选择，基于多元化主体为老年人提供综合性的保健医疗服务和福祉服务；三是采用社会保险方式，即采用缴费和使用服务明确关联的社会保险方式[1]。

长期护理保险制度出台的直接诱因，源于日本既有的老人福祉制度和老人医疗制度中存在的现实问题。长期护理保险制度出台之前，老年人福祉制度中包含特护老人机构、居家辅助服务以及日间服务等内容；老年人医疗制度中包含老人保健设施、疗养型病床、一般医院、上门看护、日间护理等内容。这两项制度各有不同问题[2]。

老人福祉制度面临的问题主要包含四类：一是由于服务种类、服务提供主体均由市町村决定，使用者个人无法对服务进行选择；二是使用时由于需要进行收入相关调查，容易使使用者产生抵触心理；三是由于提供模式是由市町村直接或通过委托方式进行，没有竞争，服务内容也缺乏多样化；四是使用中需根据本人或有抚养义务人员的收入水平进行费用分担，导致中高收入阶层负担较重。

老人医疗制度面临的问题，主要是社会性住院的频发。由于中高收入阶层使用医疗服务的负担相对使用福祉服务的负担更低，加上福祉服务基础设施的不完善，很多需要护理的人往往会选择进入医院长期滞留。相比特护老人机

[1][2] 资料来源：日本厚生劳动省：《公立护理保险制度的现状和今后的角色》，2015年。

构或老人保健设施，住院的成本通常会更高，这导致了医疗费用支出的迅速增加。同时，由于医院本是提供治疗的场所，因此无论是人员配备，还是生活环境，都不具备为需要护理的人员提供长期疗养的条件[1]。

在上述背景下，日本国内长期卧床的老年人数量迅速超过了100万人，这些人中属于社会性住院的人数达到了30万人，其中10万人所处的护理环境相当恶劣，护理不充分、药物滥用、拘禁、放置隔离室等问题经常发生。在这一背景下，公众开始对既有模式做出反思，整个社会形成了有利于长期护理保险出台的社会环境。与此同时，为抑制不断增长的医疗支出，政府也有很强的动力对既有制度安排做出调整。

2. 准备过程

20世纪80年代，日本厚生省的年轻官僚们开始围绕采用社会保险方式构建公共护理体系的想法展开了讨论。1989年，厚生省事务次官召集了非官方性质的研讨会——"护理对策研讨会"，提出社会保险可作为筹资的一种方式进行讨论。1992年，厚生省举办"老年人综合计划研究会"，在其报告书中明确记载了引入社会保险的方式。1994年4月，厚生省内设"老年人护理对策本部"，将其作为办公室着手研究新的老年人护理体系构建。1995年2月，作为厚生大臣的咨询机构，"老年人保健福祉审议会"设立，开始着手研究相关问题。

1996年4月，基于老年人保健福祉审议会的最终报告，日本出台了《护理保险法》草案。草案经修改形成的护理保险法案于1996年11月提交至国会。1997年，国会通过了该法案，并于当年12月17日公布，确定从2000年4月实施。

表20-2　日本长期护理险出台的准备历程

时间	内容	说明
1989年7月	护理对策研讨会 开始讨论	由事务次官召集的研讨
1989年12月	实施"黄金计划"	确立居家服务3支柱完善体制建设
1990年6月	修订老年人福祉法	服务主体转为市町村
1992年2月	老年人综合计划研究会报告	在厚生省内完成初步方案
1994年4月	老年人护理对策本部成立	在厚生省内设立办公室
1994年9月	社会保障制度审议会，社会保障将来委员会第二次报告	建议引入公共护理保险
1994年12月	"新黄金计划"颁布	对原有计划目标做了修订
1995年2月	老年人保健福祉审议会开始审议	
1996年4月	老年人保健福祉审议会最终报告	当时结论列举了多个方式
1996年9月	执政党工作小组做出调整	确定基本观点
1997年12月3日	参议院会议表20-决	
1997年12月27日	众议院会议表20-决	
1999年6月	社会保障制度审议会	确认2000年4月实施
1999年12月	"黄金计划21"	对应护理保险修订了1999~2004年的基础设施目标
2000年4月	护理保险制度实施	

资料来源：日本厚生劳动省相关资料。

1996年4月老年人保健福祉审议会提交的最终报告，奠定了日本长期护理保险制度的基础。这份报告将长期护理保险的基本目标确定为八个方面：针对老年人护理进行社会支持，由老年人自己进行选择，重视居家护理，充实预防和康复服务，提供综合一体化的有效服务，充分发挥市民广泛参与和民间活力，基于社会连带进行相互支持，考虑稳定有效的事业运营和地域特性。

---

[1] 比如，居住面积不够大，餐厅和浴室等设施缺乏。

3. 长期护理险出台带来的直接变化

从使用者角度看，长期护理保险制度的出台，主要带来了四个方面的变化。一是服务使用内容。制度出台前，使用者需要向行政窗口申请，由市町村决定服务内容；制度出台后，使用者可自行对服务种类和提供服务的主体进行选择。二是服务使用模式。制度出台前，医疗和福祉需分别申请；制度出台后，通过制订护理服务使用计划，同时使用医疗和福祉服务。三是服务提供主体。制度出台前，由市町村或社会福祉协议会等公共机构为核心提供服务；制度出台后，提供主体涵盖了民间企业、农协、生协、NPO等多种机构。四是利用人群。制度出台前，中高收入阶层由于负担重不容易使用[1]；制度出台后，无论收入水平如何，使用者只需负担10%的费用[2]。

二、日本长期护理保险的基本制度安排

长期护理保险的基本框架，涉及三方面关系：保险主体及财源筹集、服务提供者及服务内容、被保险者。在日本，长期护理保险的主体为市町村，其掌控的护理保险费用中50%来自税收，另外50%来自参保人员缴纳的保费。在占50%的税收中，中央政府提供了25%，都道府县（相当于中国的省级政府）提供了12.5%，市町村提供剩余的12.5%。这一支出结构在面向养老机构时有所变化：中央政府占比减至20%，都道府县占比增为17.5%。在占总财源50%的保费收入中，来自第一类被保险人（65岁以上居民）的保费收入占22%，由市町村组织征收；来自第二类被保险人（40~64岁居民）的保费收入占28%，形成全国性基金。

当前护理服务内容主要包括三类：一是居家服务，包括上门护理、往返型护理等；二是地域密切衔接型服务，包括定期巡回/随时对应型上门服务、护理看护、痴呆症对应共同生活护理等；三是机构服务，包括老年人福祉机构、老年人保健机构等。

被保险者中，第一类被保险者人数在2013年末为3202万人[3]，其保费缴纳原则上直接从所领取的养老金中扣除；第二类被保险者人数在2013年为4247万人，保费缴纳通过国民健康保险、健康保险组合等进行。

要使用长期护理保险，被保险人需首先进行要护理认定，之后由服务提供主体提供相应的服务。在费用分担上，服务主体所提供服务费用的80%~90%[4]由市町村进行支付，根据收入水平不同个人承担10%~20%的费用。

（一）护理保险的具体财源构成及规模

长期护理保险实施之初的2000年，日本的护理保险总费用为3.6兆日元，到2016年，这一数额增至10.4兆日元（其中，护理给付费9.6兆日元），15年间增长了2倍多（见图20-2）。护理给付费中，个人缴费和政府财政各占50%。缴费部分中，65岁及以上老年人缴纳的第一类保费为2.1兆日元，占22%；40~64岁人群缴纳的第二类保费为2.7兆日元，占28%。在财政负担的50%中，中央财政根据第一类被保险者中75岁及以上老年人所占比例、各收入阶层比例等进行转移支付的部分为0.5兆日元，占总体的5%；根据固定比例确定的由中央财政负担的部分为1.8兆日元，占总体的20%；由都道府县负担的部分为1.4兆日元，占总体的12.5%；此外，市町村负担的部分为1.2兆日元，占总体的12.5%。从收入和支出角度分别计算，护理给付费收入为9.6兆日元，用于居家服务、地区紧密型服务和机构服务的支出也为9.6兆日元。在上述基础之上，使用者个人负担部分为0.7兆日元。两者相加，护理保险在2016年的总支出达到了10.4兆日元。

（二）参保人群及缴费水平

日本将长期护理保险的参保人群分为两类：一是65岁及以上的老年人，被称为第一类参保人，其保费直接从养老金中扣除；二是40~64岁参加医疗保险的人群，被称为第二类参保人，其保费和医疗保险一起缴纳。这两类人群使用护理保险服务的条件是不同的。对于65岁以上的老年人，无论何种原因，只要是进入要支援、要护理的状态，都可以使用护理保险服务；而对于40~64岁的人员，只有到癌症晚期或者基于风湿性关节炎等疾病引发进入要支援、要护理状态时才可使用护理保险服务。2013年末，第一类参保人中被认定为要护理的人数为569万人，占比17.8%。其中，65~74岁人群中被认定要护理的72万人，占比为4.4%；75岁以上人群中被认定要护理的497万人，占比为32.1%。第二类参保人群中，被认定为要护理的人

---

[1] 比如，如果户主年收入在800万日元、老人每月养老金20万日元的家庭，进入特护老人机构每月花费19万日元，使用居家护理员的费用为每小时950日元。

[2] 还以户主年收入在800万日元、老人每月养老金20万日元的家庭为例，进入特护老人机构每月花费5万日元，使用居家护理员的费用为每30分钟到1小时400日元。

[3] 资料来源：《平成25年度护理保险事业状况报告年报》。

[4] 护理保险制定支出，对于确定的服务内容，个人承担10%的费用，其余的90%由市町村进行支付。自2015年8月之后，对于有一定收入以上的服务使用者，个人需要承担20%的费用，剩余的80%由市町村进行支付。

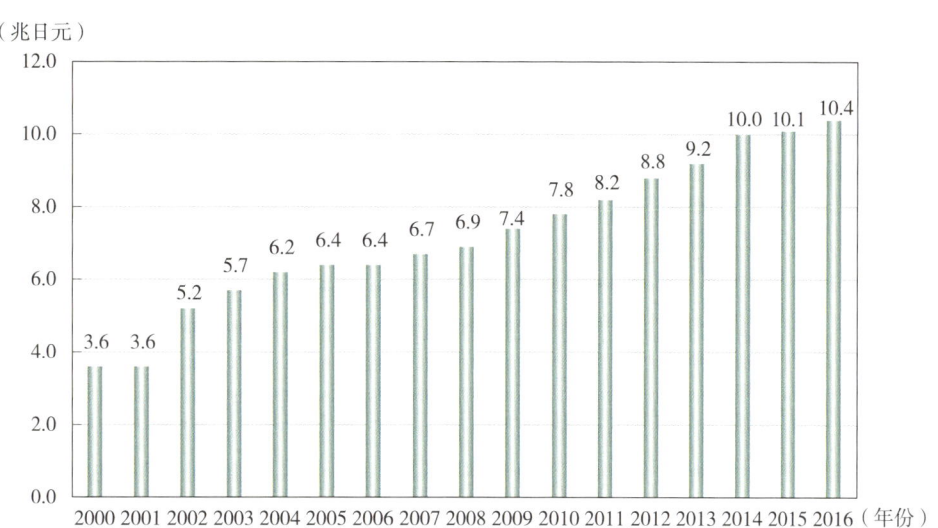

图 20-2 日本护理保险总费用的变化：2000~2016 年

资料来源：日本厚生劳动省老健局总务课。

数 2013 年平均每月 15 万人，占参保人群的 0.4%。

在具体缴费上，第一类参保人采用了定额方式，第二类参保人则根据比率进行缴费。在实施中，第一类参保人的缴费数额由市町村每 3 年根据对服务费用的测算进行确定，测算原则是保持护理保险的收支平衡。自 2000 年实施以来，迄今为止日本已经对保费数额进行了六次调整（见表 20-3）。在此基础上，基于对老龄化进一步深化的判断，日本政府预计未来的月均缴费水平将进一步上升，2020 年月均缴费水平预期达到 6771 日元，2025 年这一数额将达到 8165 日元。

表 20-3 日本 65 岁以上人群长期护理保险的月缴费额度

年份	月均额度（日元）	年份	月均额度（日元）
2000~2002	2911	2009~2011	4160
2003~2005	3293	2012~2014	4972
2006~2008	4090	2015~2017	5514

资料来源：日本厚生劳动省。

在确定全国平均额度的基础上，日本针对不同收入人群设定了调整系数。当前，第一类参保人缴纳保费的调整系数分为九档，从最低档的 0.3 依次增加至最高档的 1.7（见表 20-4）。参保系数的设定，有效地降低了低收入人群的参保负担。

同时，为消除由于高龄老年人占比增加带来的支出负担加重[①]，以及由于参保人收入水平低下导致的收入减少，日本从中央政府负担的 25% 中拨出 5% 作为转移支付部分，以消除市町村之间的财力差距。

40~64 岁的第二类参保人的保费计算，包含以下几个步骤：第一，用护理给付费总额的 28% 除以第二类参保者人总数，据此确定第二类参保者每人需缴纳的保费额度。第二，根据各参保主体[②]的参保人数，将这一额度分解到各参保主体。第三，各参保主体根据分配到自己的总额度以及主体内所包含的参保人数确定要缴费比例并同医疗保险一起进行征收。第四，各参保主体征收后的保费

---

① 在 65~74 岁的老年人中认定需要护理的比例为 4.4%，75 岁以上的高龄老年人中认定需要护理的比例为 31.7%，两者存在 7.2 倍的差。因此，在高龄老年人占比较高的地区，护理保险的支出会相应增加。

② 这里的参保主体包括协会健保、健保组合、共济组合、国保等。

表20-4　65岁及以上人群参保人的缴费分档情况

档次	人群范围	人数（占比）	调整系数
第一档	享受生活保护的人群、家庭全员免征市町村民税的老年福利年金享有人群、家庭全员免征市町村民税且本人养老金年收入在80万日元以下的人群	650万人（19%）	0.3
第二档	家庭全员免征市町村民税且本人养老金年收入在80万日元以上120万日元以下	240万人（7%）	0.5
第三档	家庭全员免征市町村民税且本人养老金年收入超过120万日元	240万人（7%）	0.75
第四档	本人免征市町村民税，但家庭中有需要征税的人员，且本人养老金年收入在80万日元以下	540万人（16%）	0.9
第五档	本人免征市町村民税，但家庭中有需要征税的成员，且本人的年养老金收入超过80万日元	440万人（13%）	1.0
第六档	需要征收市町村民税，且合计所得年收入不到120万日元	410万人（12%）	1.2
第七档	需要征收市町村税且合计年收入在120万~190万日元	370万人（11%）	1.3
第八档	需要征收市町村民税且年收入所得在190万~290万日元	270万人（8%）	1.5
第九档	需要征收市町村民税且年收入所得在290万日元以上	270万人（8%）	1.7

资料来源：日本厚生劳动省。

统一交给社会保险诊疗报酬支付基金，由该基金向各市町村按照占护理给付费的28%进行交付。由于每年会根据预测支付总额进行测算，各主体参保者需缴纳的护理保险费率每年都会发生相应变化。作为参考，图20-3给出了2002~2015年协会健保参保者护理保险费率的变化情况。

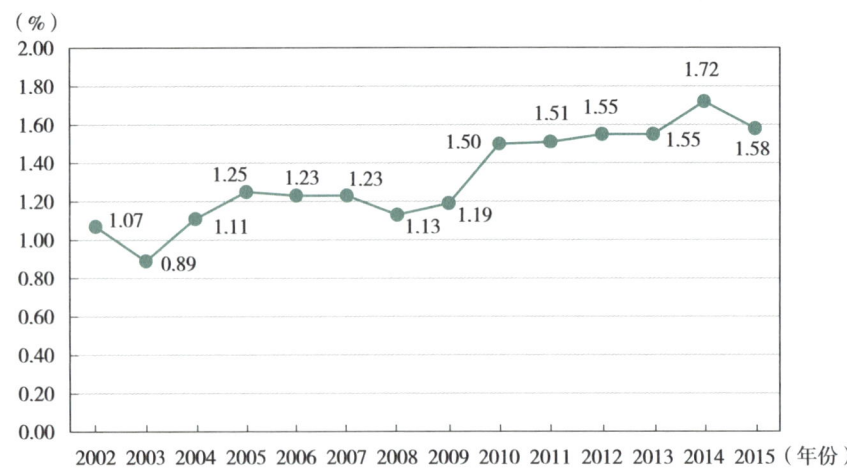

图20-3　协会健保参保者护理保险费率的变化：2002~2015年

资料来源：日本厚生劳动省。

(三)服务提供和内容设计

1. 申请流程

护理服务的利用，需遵循一定流程。第一，提出申请。希望使用护理的人员需到所在市町村的专设窗口进行咨询，确认自己是否符合申请标准。专设窗口根据检查目录进行逐项核对，做出是否符合申请的判断。第二，进行要护理认定申请。申请者确定自己符合申请条件后，提出要护理认定申请，通过认定调查和医生意见咨询两个流程完成是否符合护理的认定。第三，确定能够享受服务的具体内容。护理认定的结果分为三类：一是需要进行护理，等级分为1级到5级；二是需要进行支援，等级分为1级和2级；三是不适用护理保险服务，作为替代，这类人员会被推荐使用一般的养老服务。

2. 服务类别

在具体服务类别上，1级到5级要护理人员享受的服务被称为护理给付，包括三类：一是机构服务，含特别养护老人之家、护理老人保健机构、护理疗养型医疗机构等；二是居家服务，含上门护理、上门看护、日间护理、短期护理等；三是地区紧密型服务，含定期巡回，随时对应型上门护理看护、小规模多功能型居家护理、夜间对应型上门护理、认知症对应型共同生活护理等。1级和2级要支援人员享受的服务被称为预防给付，包含两个大类：第一类被称为护理预防服务计划，第二类被称为护理预防健康管理。护理预防服务计划又分两大类：一是护理预防服务，含护理预防上门看护、护理预防通所康复、护理预防居家疗养管理指导等；二是地区紧密型护理预防服务，包括护理预防小规模多功能型居家护理、护理预防认知症对应型通所护理等。护理预防健康管理也分两大类：一是护理预防/生活支援服务事业，含上门型服务、通所型服务、其他生活支援等；二是一般护理预防事业，这是所有老年人均能使用的服务，含护理预防普及启发事业、地区护理预防活动支持事业、地区康复活动支援事业等。

除上述根据服务内容划分不同种类外，另一个划分护理服务种类的标准是服务内容及监督机构。根据服务内容和监督机构的不同，日本现行的护理服务亦可分为四个大类。

第一大类是由都道府县、计划单列市、中心城市负责指定和监督的护理给付服务。这类服务包含居家护理服务、居家护理支援服务，以及机构服务三类。居家护理服务又分为上门服务（含上门护理、上门助浴、上门看护、上门康复、居家疗养管理指导）、通所服务（含日间照料、通所康复）、短期入住机构服务（含短期入所生活护理、短期入所疗养护理）、特定机构入住者生活护理和福利用具租赁。机构服务又分为护理老人福利设施、护理老人保健设施以及护理疗养型医疗设施。

第二大类是由市町村指定和监督的护理给付服务。这类服务属于地区紧密型护理服务，包括以下内容：定期巡回随时对应型上门护理看护、夜间对应型上门护理、认知症对应型通所护理、小规模多功能型居家护理、看护小规模多功能型居家护理、认知症对应型共同生活护理、地区紧密型特定设施入住者生活护理、地区紧密型护理老人福利机构入住者生活护理、复合型服务（看护小规模多功能型居家护理）。

第三大类是由都道府县、计划单列市、中心城市负责指定和监督的预防给付服务。这类服务统称为护理预防服务，包括上门服务（含护理预防上门护理、护理预防上门助浴、护理预防上门看护、护理预防上门康复、护理预防居家疗养管理指导）、通所服务（护理预防日间照料、护理预防通所康复）、短期入住机构服务（护理预防短期入所生活护理、护理预防短期入所疗养护理）、护理预防特定机构入住者生活护理、护理预防福利用具租赁。

第四大类是由市町村指定和监督的预防给付服务。这类服务包括地区紧密型护理预防服务和护理预防支援两类。地区紧密型护理预防服务又包含护理预防认知症对应型通所护理、护理预防小规模多功能型居家护理以及护理预防认知症对应型共同生活护理。

从上述分类可以看出，在服务提供方面，日本做了极为详细的划分，判定能否享受什么样的服务需经严格认定。在这一过程中，护理需求认定制度发挥着关键作用。在日本，护理需求认定基于全国统一标准和客观认定程序，由市町村对申请者进行两次判定之后做出。其中，一次判定是基于市町村的认定调查员对申请者身心状况调查结果以及主治医生出具的意见书，由电脑进行判定。二次判定是由来自保健、医疗、福利领域的专家构成的护理认定审查会，基于一次判定结果和主治医生出具的意见书做出审查判定。在一次判定中，市町村的调查员会基于74个项目对申请者进行基本调查，并填写特殊事项。

3. 服务费用结构

2013年日本厚生劳动省的"护理给付费实态调查"显示，在需要护理的人员当中，使用居家服务的为255.9万人，占67%；使用地区紧密型服务的为34.0万人，占9%；使用机构服务的为89.5万人，占24%。与此相对，在总费用分配中，居家服务3173亿日元，占26%；地区紧密型服务794亿日元，占12%；机构服务2880亿日元，占42%[1]。换言之，使用机构服务的人数虽不到1/4，但却使用了超过四成的费用。对各项服务的人均费用计算结果显示，居家疗养管理指导的费用最低，人均总费用不到3万日元。与此相对，护理疗养的人均总费用超过了40万日元。

为鼓励申请人合理使用护理保险服务，日本对各档的服务设定了支付限额，在限额内使用服务时，个人需负担10%的费用，超出限额需个人全额负担。表20-5给出了各护理档次的支付限度额和平均利用率。从表20-5中可以看出，由于各档设定的标准都不低，使用者中超过基准额度的情况相对很少。

表20-5 各护理档的支付限度额和平均利用率

	支出额度（日元）	使用者人均费用（日元）	人均费用占支出额度比例（%）	超过支出额度的人数（人）	使用者中超过支出额度的比例（%）
要支援1级	50030	19695	39.4	1034	0.2
要支援2级	104730	35879	34.3	529	0.1
要护理1级	166920	70771	42.4	8355	1.0
要护理2级	196160	98464	50.2	16858	2.2
要护理3级	269310	148145	55.0	7863	1.7
要护理4级	308060	180352	58.5	7490	2.4
要护理5级	360650	223054	61.8	5861	2.9
合计	—	—	—	47990	1.3

资料来源：日本厚生省《平成27年护理给付费实态调查》（5月审查分）。

设置了各档次基准使用额度后，在实际使用中个人需承担的部分包含以下内容：超过支付额度上限的服务费用、由护理保险支付的预防给付和护理给付个人承担的10%或20%的部分[2]、居住费和餐费的大部分以及日常生活费用。同时，为防止护理保险付费给个人带来过重负担，日本对每月护理服务费用承担10%的负担额度设定了个人和家庭上限，超过上限的部分将进行返还，这确保了所有家庭不会因享受正常的护理服务出现负担过重的问题。此外，对低收入人群，为减轻其居住费用和餐饮费用带来的负担，护理保险还专门拨付了特定入住者服务费给予支持。

基于上述综合制度安排，日本护理保险制度在政府负担、个人合理使用服务以及保护低收入人群等多个方面，实现了相对均衡的发展。

（四）日本护理保险制度的特点

当前，世界上已有一些国家实施了长期护理保险制度。与这些国家相比，日本的长期护理保险制度呈现出以下特点：

1. 费用来源采用了保险和税收并用的方式

在长期护理保险制度出台的准备过程中，日本曾围绕保险缴费模式和税收模式的优劣做了详细讨论，并最终采用了折中方式——护理给付费的1/2由财政负担，剩下的1/2由保险费用负担。这种保险和税收并用的方式，使日本的护理保险制度成为一项别具特色的社会保险制度。同时，对于参保人群，根据年龄设定为第一类参保人（65岁以上）和第二类参保人（40~64岁），对各自的缴费额度又分别设定了计算方法。

2. 仅提供服务不提供现金支付

当前日本的护理保险只提供服务。这一模式的选择，主要源自准备过程中针对提供现金的多种反对意见。在准备过程中，审议会中的女性成员提出，如实施现金支付，将导致女性更容易被家庭护理工作所束缚，很难走向社会。同时，私营部门也提出，如实施现金支付将会抑制家庭对外部护理服务需求的释放。此外，政府财政部门考虑到进行新的现金支付将会导致财政负担迅速增加，且一旦实施很难终止，因此也持反对意见。在上述多重反对意见之下，日本的社会护理保险制度最终采用了只提供服务不支付现金的方式。

---

[1] 资料来源：日本厚生劳动省《护理给付费实态调查》（平成25年4月审查分）。
[2] 原有个人负担部分均为10%，自2015年8月之后，对于一定收入水平以上的人群需要承担20%。

3. 保险主体是地方政府，参保者为40岁以上的居民

经过激烈争论，日本将保险主体确定为地方政府的市町村，这是因为这种方式更有利于根据地区差异对保费征缴和服务进行调整。同时，为防止在保费征缴等方面出现问题，日本还制定了以下措施：一是老年人的保费缴纳采用了直接从养老金中扣除的方式；二是各都道府县设立了"护理保险者联合会"，用于设定保费标准，并进行转移支付补贴；三是委托都道府县和护理保险者联合会进行需要护理程度认定，以减轻市町村的财政和业务负担。

与保险主体相对应，参保者确定为在市町村区域内有住所的40岁以上的居民。第一类参保人的保费根据个人收入划分为6个等级。

4. 给付对象为65岁以上的老人或40岁以上患有特定疾病的参保人

65岁以上的居民均可申请护理保险支付，40~64岁的居民，仅限定在被确诊患有以下16种特定疾病的人群：早老性认知障碍（痴呆症，如阿尔茨海默病、脑血管性痴呆等）、脑血管疾病（脑出血、脑梗死等）、肌萎缩侧索硬化症、帕金森、脊髓小脑变性症、特发性直立性低血压（Shy-Drager综合征）、糖尿病性肾病/糖尿病性网膜症/糖尿病性神经障碍、闭塞性动脉硬化症、慢性阻塞性肺病（肺气肿、慢性支气管炎、支气管哮喘等）、两侧膝病或者伴有股关节严重变性的变形性关节炎、风湿性关节炎、后纵韧带骨化症、脊椎管狭窄症、骨质疏松导致的骨折、早衰症（沃纳综合征）、晚期癌症。

5. 护理程度分为7档

实施初期，日本的护理服务分为6档，包括需要护理的1~5级和需要支援的1级。2006年修订时，对存在"认知机能低下"或"状态不稳定"的划定为需要护理1级，不存在此种情况的作为需要支援的2级，因此整个护理程度变为7档。

6. 护理支援专员制订护理计划

参保人要使用护理保险服务，需要申请护理需求认定，经过护理认定审查会的判定，使用与护理度相对应的护理服务计划，而护理支援专员则具体负责护理认定的申请和制订护理计划。制订护理计划或提供服务中发生的管理费用全部由护理保险负担，申请者个人无须付费。同时，护理支援专员需通过国家资格考试持证上岗。

7. 保费和制度定期调整

根据护理保险制度的法律附则，在制度实施5年后需要对制度整体执行情况开展讨论，根据讨论结果做出必要调整。此外，保费每3年调整一次。费用调整的同时需要根据各地方政府的保险给付情况、人口动态，实施日常生活区域内的需求调查，并以市町村为单位召开地区护理会议，在探讨对策的同时制订护理保险事业计划。

三、长期护理保险实施后的主要改革及问题点

自2000年正式实施之后，日本的长期护理保险迄今为止已经实施了六期，做了四次修订，分别在2005年、2008年、2011年和2014年。2017年，日本正在进行第五次修订。在已发生的四次修订调整中，除2008年幅度较小外，其他几次的变动都较大（见表20-6）。

从上述修改历程不难看出，日本的护理保险制度自实施后一直根据情况变化进行着改革和调整，调整方向体现

表20-6 日本护理保险制度的主要修改历程

时间	修订内容
2000年4月	护理保险制度的实施
2005年	护理保险法的部分修订 ・确立预防重视型体系 　将"护理预防、地区互助事业"纳入护理保险 　将过去的需要护理1级调整为需要护理1级和需要支援2级（合计6档调整为7档） ・确立新的地区性服务体系 　各地区对小规模多功能型居家护理服务等开展认定 　设立地区综合支援中心作为地区协调机关 ・机构给付的调整 　将护理机构的食宿费用调整为非保险对象
2008年4月	制定关于改善护理从业者待遇确保护理人才的法律

续表

时间	修订内容
2008年	护理保险法部分修订 · 要求护理服务经营者有义务建立合规经营等的完善的业务管理体制 · 设立国家和都道府县的实地调查权 · 完善对不正当经营者逃避处分的应对措施、采取措施防止再次发生不正当案件
2009年4月	第3次介护报酬修订（+3.0%）
2011年	护理保险法部分修订 · 构筑地区综合护理体系 提供24小时上门护理/看护/综合型服务 由护理职员提供吸痰等服务 设立护理预防、日常生活支援综合事业 推迟护理疗养病床（医疗系统介护设施）的废止期限 · 要求有偿老人院等返还预付金，保护使用者权利 · 推进开展老年痴呆症预防措施等对策 · 协调护理保险事业计划与医疗服务、住宅计划等之间的关系
2014年	介护保险法的部分修订 · 为构筑地区综合护理体系充实地区支援事业（推进居家医疗和护理的结合、认知症对策等） · 全国统一实施的预防给付（上门护理、通所护理）向市町村进行的地区支援事业转移，实现多样化 · 进一步减轻低收入第一类参保人群的保费负担 · 从2015年8月开始提高一定收入水平以上的使用者的自我负担比例
2017年	为强化地区综合护理体系部分修订护理保险法的点 · 深化推进地区综合护理体系 推进旨在提升自立支援和重度化防止的保险功能强化（护理保险法） 推进医疗和护理的合作（护理保险法、医疗法） 推进旨在实现地区共生社会的各类措施（社会福祉法、护理保险法、残障人士综合支援法、儿童福祉法） · 确保护理保险制度的可持续发展 针对个人负担两成的使用者中的高收入群体，将其负担比例提升至30% 在护理纳付金中引入总报酬比例的制度（护理保险法）

资料来源：日本厚生劳动省。

在以下几个方面：

一是加大了对预防的重视。随着人口老龄化程度不断加深，需要被护理的人数不断增加，在这一背景下，相关部门认识到既有的对失能、半失能老人提供护理服务的被动做法需要调整为更加积极主动地对老年人生活进行干预，以达到从根本上减少被需要护理人员数量的目的。

二是不断强化地方政府作用。为反映各地差异，精准施策，在护理保险制度实施中日本不断强化地方政府作用，从最初以地方政府作为保险主体到后期建立综合性地区支援事业，发展地区紧密型护理服务和预防服务，地方政府的作用不断得到强化。

三是护理服务日益完善，地区综合护理体系初步建立。在探索中，日本不断完善既有的服务内容，不仅从原来的护理服务拓展至预防服务，近些年又把政策的主要发力点放在构建地区综合护理体系上。通过完善的服务体系的建立，日本旨在对需要护理服务的人群实现全覆盖的精细化照料。

四是注重制度的可持续性。除每三年对保险费用进行定期调整外，日本还对个人负担比例不断进行调整，使用者中的高收入人群自我负担比从最初的10%提升至20%，并将进一步提升至30%。同时，机构中的住宿费和餐饮费也逐步调整为个人负担项目。

五是注重对低收入群体的保护。从制度设计开始，日本就注重了对低收入群体的保护，确保这些人不因收入低下、无力负担护理保险而无法使用服务。在缴费额度上，除设计不同的缴费档次外，日本还在之后的改革中不断加大对低收入群体的支持。在将机构住宿费和餐饮费调整为个人负担的同时，日本引入了低收入群体补助制度，确保这些人具有充分的支付能力。

四、日本长期护理保险的未来发展趋势

自2000年制度实施以来，长期护理保险制度在日本取得了长足发展，参保人数不断扩张、服务使用量也显著增长。截至2015年，日本65岁以上参保者人数增加到2000年的1.5倍，服务使用人数增加到了2000年的3倍（见表20-7）。当前，长期护理保险已成为日本老年人护理中不可或缺的一部分。

从三种服务类型看，居家服务的增长最为迅速，15年间增长到3.94倍，而机构服务在同一时期增长到原来的1.73倍。从要护理的级别看，认定为轻度的利用者数目增长较快，认定的要护理1级及需要支援的1级和2级的人数，在15年间增长至3.43倍，与此相对，认定的要护理2级、3级、4级和5级的人数，分别增长到2000年制度实施之初的1.93倍、2.01倍、2.30倍、1.78倍[1]。

上述变化反映了两个基本情况：一是在日本长期护理保险实施过程中，相对于机构服务，居家服务被作为服务发

表20-7 长期护理保险参保数及服务利用人数变化：2000年与2015年

		2000年4月末	2015年4月末	倍数
参保	第一类参保人数	2165万人	3308万人	1.53
认定	认定的要护理（要支援）人员	218万人	608万人	2.79
服务使用	居家服务	97万人	382万人	3.94
	机构服务	52万人	90万人	1.73
	地区紧密型服务	—	39万人	
	合计	149万人	511万人	3.43

资料来源：《护理保险事业状况报告》。

展重点加以强化；二是认定需要护理（支援）级别较轻的人数增长更为迅速，级别较重的人数增长较为缓慢，这一方面说明实施长期护理服务以及对重视预防使很多老年人保持了较好的自理水平，另一方面也避免了长期护理保险支出急剧增长，确保了制度的可持续性。

随着人口老龄化的进一步深化，长期护理保险以及长期护理服务将在日本社会中扮演着越来越重要的角色。同时，一些趋势变化的出现，将使日本长期护理保险的运营环境更为复杂。这些趋势变化，主要体现在以下几个方面：

一是在老年人持续增加的同时，75岁及以上的超高龄老年人所占比重越来越高。相关机构预测显示，日本65岁及以上老年人的数量及在总人口中所占比重，在2010年、2015年、2025年和2055年分别为2948万人（23.0%）、3395万人（26.8%）、3657万人（30.3%）和3626万人（39.4%）；与此同时，75岁及以上高龄老年人在上述年份的数量及所占比例分别为1419万人（11.1%）、1646万人（13.0%）、2179万人（18.1%）和2401万人（26.1%）[2]。换言之，在老年人总人数和比重持续增加的同时，老年人内部结构也在发生变化。2015年之后，65~74岁的年轻老年人人数和比重逐步被75岁以上的高龄老年人所超过，2060年65~74岁的年轻老年人在总人口中所占比重将降至13.0%，75岁以上的高龄老年人所占比重将增至26.9%[3]。老年人特别是高龄老年人人数和比重的增加，将进一步加大护理服务需求，护理保险支出也将进一步增长。

二是老年人中认知症患者的人数和比重进一步增加。相关研究显示，2012年日本65岁及以上老年人中患有认知症的人数及在老年人中所占比重分别为462万人和15%；这一人数和比重在2025年将分别增加至700万人和20%[1]。换言之，到2025年每五个老年人中将有一位

---

① 资料来源：《护理保险事业状况报告》。
② 资料来源：日本国立社会保障·人口问题研究所《日本户数的将来推测》（全国推测）（2013年1月推测）。
③ 资料来源：日本总务省统计局《国势调查》、日本国立社会保障·人口问题研究所《日本的未来预测人口》（2012年1月预测）出生中位（死亡中位）预测。

认知症患者。患有认知症老年人的增加，无疑将带来长期护理服务和保险支出负担的增加。

三是户主为独居老人或老夫妇的比重持续增加。相关预测显示，在日本无论是65岁及以上的独居老人的家庭户，抑或是65岁及以上的独居老夫妇的家庭户，在未来都会持续增长。两者合计在总户数中所占比重将由2010年的20.0%增加至2035年的28.0%[2]（见图20-4）。这一家庭结构的变化，无疑会削弱家庭对老年人提供护理服务的功能。作为其替代，社会化的长期护理服务需求将进一步增加。

四是老龄化的深化呈现地区差异。相关预测显示，未来75岁及以上老年人的迅速增加，主要发生在城镇地区，

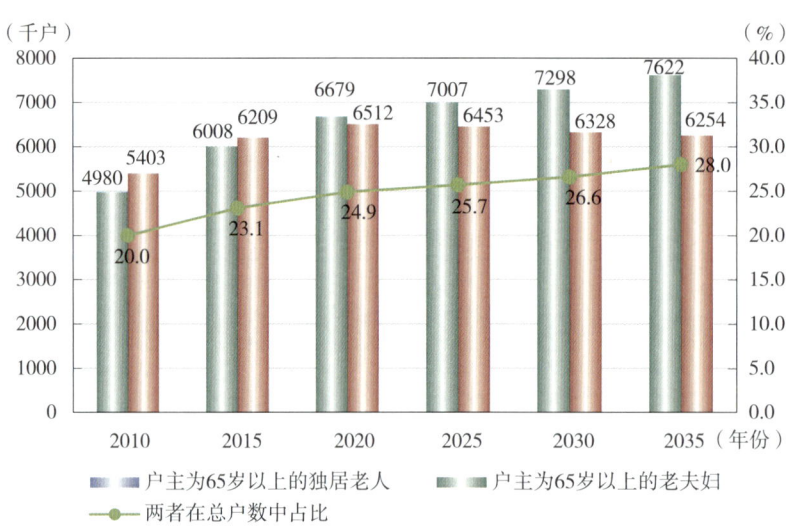

图20-4　65岁以上独居老人或独居老夫妇的户数推测：2010~2035年

资料来源：日本国立社会保障·人口问题研究所《日本户数的未来推测》（全国推测）（2013年1月推测）。

而在那些老龄化本已较严重的区域，这一人群的增加则相对缓慢。2015年，75岁及以上老年人比例已较高的秋田县（18.4%）、山形县（17.0%）和鹿儿岛县（16.2%），其75岁以上老年人占比到2025年将分别增至1.09倍、1.09倍和1.10倍。与此相对，2015年75岁及以上人口占比例较低的埼玉县（10.6%）、爱知县（10.9%）和东京都（11.0%），其75岁以上老年人占比到2025年将分别增至1.54倍、1.43倍和1.34倍[3]。各地老龄化进展中的差异，要求长期护理服务及护理保险的发展，需结合各地情况做出不同应对。

上述四方面的趋势变化，共同导致了长期护理服务需求的增加。在这一背景下，长期护理保险支出将进一步增长。

相关预测显示，日本长期护理费用将从2012年的9.1兆日元增加至2025年的20兆日元左右。如维持当前支付结构，这一数额将是18兆日元，如进行改革进一步加大对老年人的护理服务支持，这一数额将是21兆日元。与此同时，医疗费用也随着老龄化的深化进一步增加，预计由2012年的41兆日元增加至2025年的61兆~62兆日元[4]。

上述趋势的发生，使得长期护理保险在日本未来整个社会中越来越重要。随着应对老龄化措施的不断完善，长期护理保险制度也需要做出进一步的改革。对这一制度的关注和研究，将是一个长期课题。

---

① 资料来源：二宫教授2014年度厚生劳动科学研究费补助金特别研究事业，《日本认知症老年人口的未来推测相关研究》。
② 资料来源：日本国立社会保障·人口问题研究所《日本户数的未来推测》（全国推测）（2013年1月推测）。
③ 资料来源：日本国立社会保障·人口问题研究所《日本各地区的未来预测人口》（2013年3月预测）。
④ 资料来源：日本厚生劳动省《关于社会保障相关费用未来预测的改定》（2012年3月）。

分报告二十一
韩国长期护理保险制度：谨慎起步，开放市场

韩国于2008年开始实施长期护理保险制度，是亚洲第二个建立该制度的国家。韩国建立该制度是与其社会经济发展过程密不可分的，特别是由于人口年龄结构变动导致的护理需求上升以及对医疗保险制度造成的沉重压力。通过近年来制度的实施，韩国长期护理保险的受益人口和支出水平不断上升，形成较为完备的服务供给体系。值得注意的是，韩国在构建长期护理服务供给体系中选择了市场化道路，私人部门提供的服务占整个护理服务市场的绝大多数，这使得韩国护理服务供给迅速增加，避免了"有保险没服务"的尴尬问题。本报告将从以下几个方面认识韩国长期护理保险制度：第一，了解韩国长期护理保险制度建立的背景和过程；第二，认识韩国长期护理保险的实施框架；第三，分析韩国护理服务的市场化特征和政府监管；第四，总结韩国长期护理保险制度取得的成绩和面临的挑战；第五，总结。

一、韩国长期护理保险制度建立的背景和过程

韩国之所以率先建立起长期护理保险制度，是与其社会经济发展背景密不可分的。正如《老年人长期护理保险法》开篇提到的那样：为了改善老年人的健康状况以及维持退休后生活的平稳，为了将家庭成员从照料老年人的负担中解脱出来，为了整体提高国民的生活质量，特颁布该法。一方面，老年人口的长期护理需求持续上升，给家庭和社会带来沉重负担；另一方面，护理服务供不应求，且供给结构出现偏差，大量有需要的老年人得不到相应的护理服务，于是转而依赖医疗服务，造成医疗支出的快速增加。具体而言，我们可以从以下几个方面认识韩国建立长期护理保险的背景：

第一，人口老龄化程度不断加深，韩国快速实现从老龄化社会到老龄社会的转变。Coulmas (2007) 根据社会上老年人口占总人口的比重将社会分为三种类型：老龄化社会（aging society），65岁及以上老年人口所占的比重为7%-14%；老龄社会（aged society），65岁及以上老年人口所占的比重为14%~21%；超老龄社会（hyper-aged society），65岁及以上老年人口所占比重为21%及以上[1]。相对于其他国家，韩国进入老龄化社会的时间较晚，直到2000年65岁及以上人口所占的比重才达到7%，而法国早在1864年、意大利1927年、德国在1932年、美国在1942年、日本在1970年就已经进入老龄化社会。但之后，韩国老龄化开始以空前的速度发展，只用了18年就完成了从老龄化社会到老龄社会的转变，而这一转变在法国用了115年，美国用了73年，意大利用了61年，德国用了40年，日本用了24年。在从老龄社会向超老龄社会的转变过程中，各个国家所用的时间都有所减少，但韩国依然是时间最短的，据预测仅需要8年，而即使是日本也用了12年。如此快速的老龄化速度给韩国的老年保障制度提出巨大挑战，长期护理制度首当其冲，给家庭和社会带来沉重压力，如何通过制度化的安排解决老年护理问题成为韩国社会必须考虑的问题。

---

[1] 见 Florian Coulmas, *Population decline and ageing in Japan: the social consequences*, Routledge: London, 2007.

表 21-1　韩国及其他国家人口老龄化的发展进程

国家	65 岁及以上人口占比分别达到 7%、14% 和 20% 的年份			人口结构转折需要的时间（年）	
	7%	14%	20%	老龄化社会（7%→14%）	老龄社会（14%→20%）
韩国	2000	2018	2026	18	8
日本	1970	1994	2006	24	12
法国	1864	1979	2018	115	39
意大利	1927	1988	2006	61	18
美国	1942	2015	2036	73	21
德国	1932	1972	2009	40	37

资料来源：Bangkok, "Long-term Care of Older Persons in the Republic of Korea", SDD-SPPS Project Working Paters Series, UN, 2015, p.8.

第二，家庭结构变动导致传统老年照料体系不可持续。从历史上看，受儒家思想的影响，家庭是韩国老年照料服务的主要提供者，但随着人口老龄化程度的不断加深以及家庭结构小型化，传统的家庭照料服务体系受到冲击。自 20 世纪末，韩国"三代同堂"的大家庭模式快速解体，人们的代际赡养观念也开始模糊，1998 年，根据韩国相关统计部门调查显示，大约有 90% 的 60 岁及以上老年人认为照料老年人是家庭的责任，40% 的老年人认为他们的儿子和儿媳应当承担起主要的义务，到 2002 年，这两个比重分别降至 75% 和 29%，到 2012 年更是降到 36% 和 6%[1]，这就意味着传统的以子女照料为主体的家庭护理模式遭到削弱。不仅如此，韩国女性进入劳动力市场成为大势所趋，根据相关学者的研究，越来越多的女性越来越不同意"男性在外工作，女性照料家庭"的观点，并且韩国政府也一直致力于提高女性劳动参与率的工作，这意味着传统的护理服务提供者数量减少。在人口老龄化和家庭结构变动的双重夹击下，韩国老年护理服务的需求急剧增加，而服务供给不断减少，其中出现的供需缺口需要制度化的安排予以解决。

第三，保险制度建立之前的老年护理服务供给存在一定的局限性。在长期护理保险制度出台之前，韩国老年护理服务供给集中在两端，即低收入群体和高收入群体，中收入群体的老年护理服务供给存在缺位现象。一方面，韩国《老年福利法》规定了政府对低收入老年人的保护，对于那些没有家庭支持的老年人，政府通常提供一定的老年护理服务，且通常为机构照料，据相关研究显示，在 2007 年，只有 1% 的韩国老年人可享受政府提供的老年护理服务，其中 60% 的人接受机构照料，其余 40% 的人接受以家庭为基础的照料服务[2]。也就是说，2008 年之前的韩国制度化的老年护理服务主要面向低收入者，资金来源是政府财政支出。另一方面，对于高收入者来说，他们可以购买高价格的老年护理服务，其资金来源主要是个人自付。在这两个群体之外，存在大量中产收入者，他们既不可以享受《老年福利法》提供的服务，也无力购买高价护理服务，因此对于绝大多数韩国老年人来说，制度化的老年护理服务是缺位的。

第四，混淆治疗服务和护理服务，医疗支出压力提高。老年人面临的健康问题多且复杂，通常会给医疗保险制度带来较大压力。一方面，如前所述，老年人口快速增加，老年护理需求不断扩大。在 2001 年，约有 20.67% 的老年人口需要接受长期护理服务[3]。但由于护理服务的空缺，这些老年人不得不通过医院接受治疗。另一方面，随着年龄的增长，医疗保险支付的待遇也不断提高，2010 年，20~24 岁年龄组每人每年的平均医疗保险待遇是 21.3 万韩元，50~54 岁年龄组为 74.1 万韩元，65~69 岁年龄组为 168.6 万韩元，80~85 岁年龄组为 232.6 万韩元。从整体看，2012 年为老年人口支付的医疗费用占医疗保险待遇总支出的 35.3%，比 2002 年提高了 74.8%，随着老年人口所

---

[1] Bangkok, "Long-term Care of Older Persons in the Republic of Korea", SDD-SPPS Project Working Paters Series, UN, 2015: 9.
[2] Sunwoo D., "Bland spot of the long-term care insurance", Health and Welfare Forum, 2013（185）: 50-58.
[3] Yongho Chon, "The Development of Korea's New Long-Term Care Service Infrastructure and Its Results: Focusing on the Market-Friendly Policy Used for Expansion of the Numbers of Service Providers and Personal Care Workers", *Journal of Gerontological Social Work*, 2013, 56（3）: 258.

占比重的提高,这一支出将会加速上升[①]。值得注意的是,老年人面临的健康问题通常是糖尿病、关节炎、中风残疾、心脏病、失智症等慢性疾病,解决这类疾病问题的关键不是医院的治疗服务,而是通过提供老年护理服务使得老年人回归正常的生活。如果仅仅依靠治疗性服务,将会给医疗保险制度带来空前的压力。

韩国建立长期护理保险制度与德国和日本有一定的关联性,三者在时间上呈现延续性。早在1996年,韩国学术界就开始讨论建立包括长期护理在内的老年人保护制度,这正好与德国建立长期护理保险制度以及日本社会保障咨询委员会建议引入长期护理保险的时间相吻合。2000年,日本建立长期护理保险制度,同时,韩国进入老龄化社会,在此背景下,韩国开始着手构建长期护理服务体系。2000年上半年,政府建立长期护理和老年人保护委员会,并对长期护理需求进行调查,2001年8月,金大中总统提出引入老年护理保险制度是政府的主要工作任务,并建立由政府官员和专家学者组成的"工作组"。在经过两年多的调查研究后,韩国于2003~2004年提出解决长期护理问题的一系列思路,并在2006~2007年进行了试点,最终于2007年4月正式出台《老年人长期护理保险法》,2008年7月1日开始实施。

二、韩国长期护理保险制度的运行框架

本报告主要从以下几个方面对韩国长期护理保险的运行框架进行解释:

(一)参保对象和待遇对象

韩国长期护理保险并非独立制度,在实施过程中与国民医疗保险制度密切相连。长期护理保险的参保对象与国民医疗保险的参保对象是一致的,即全体国民。待遇对象的范围则相对狭窄,包括65岁及以上的老年人,以及不满65岁但患有脑出血、脑梗死、痴呆症等老年疾病并需要长期护理的服务者。

(二)资金来源和支付方式

韩国长期护理保险的资金来源主要是缴费,就业者为个人和雇主各承担50%,缴费额的计算方式如下:长期护理保险缴费 = 参保对象缴费工资 × 国民医疗保险缴费率 × 系数。自2008年起,长期护理保险缴费率呈现逐步上升趋势,如表21-2所示,逐步从2008年的0.21%上升至2016年的0.40%。2016年缴费工资上下限分别为每月28万韩元和每月7810万韩元[②]。自雇者的缴费率要根据其资产情况、收入、年龄、性别等因素综合确定。低收入者不参加长期护理保险制度,主要通过收入调查型的救助和福利制度得到保障。

表21-2 2008~2016年韩国长期护理保险缴费率 单位:%

时间	医疗保险缴费率	系数	长期护理保险缴费率
2008年1月~2009年12月	5.08	4.05	0.21
2010年1月~2010年12月	5.33	4.78	0.25
2011年1月~2011年12月	5.64	6.55	0.37
2012年1月~2012年12月	5.80	6.55	0.38
2013年1月~2013年12月	5.89	6.55	0.39
2014年1月~2014年12月	5.99	6.55	0.39
2015年1月~2015年12月	6.07	6.55	0.40
2016年1月~	6.12	6.55	0.40

注:有不少学者将表中的"系数"称为"长期护理保险缴费率",但根据我国社会保险的经验,缴费率通常是针对缴费工资的,并非针对某种保险的缴费率,因此,本报告中称为系数,长期护理保险缴费率是指针对缴费工资的费率。

资料来源:陈诚诚:《韩国长期护理保险概述》,《中国民政》2016年第17期,第40页。

[①] Jaeun Shin, "Long-term Care Insurance and Health Care Financing in South Korea", Kdi School Working Paper Series, p4, https://papers.ssrn.com/sol3/papers.cfm?abstract_id=2373329.

[②] Social Security Administration, *Social Security programs Throughout the World: Asia and the Pacific*, Washington, 2017, p223.

在护理服务支付方面,韩国长期护理服务实行三方共担的费用支付方式,其中政府补贴20%,个人自付15%~20%(其中家庭服务自付15%,机构服务自付20%),其余的60%~65%由保险基金支付。

(三)长期护理服务等级评定标准

长期护理保险运行的关键在于确定待遇对象所处的护理等级,之后才能确定支付方式和额度。在确定等级时又需要建立与身体状况相关的指标,通过综合一系列指标,并对其加权计算,最终得出待遇申请人的身体情况,并将其对应到相应的护理等级中。在韩国,与确定护理等级相关的指标共包括5大类和52小项,护理等级共包括5级。如表21-3和表21-4所示。

表21-3 韩国长期护理保险申请人身体状况评定标准

5大类	52小项	选项
日常生活(12项)	穿衣、洗脸、刷牙、洗澡、吃饭、床上翻身、床上起身、从床上转移至椅子、出门、上厕所、大便控制、小便控制	独立/部分依赖/完全依赖
认知功能(7项)	短暂记忆、辨别日期、地点、出生日期、理解、判断、沟通能力	是/否
行为变化(14项)	妄想、视觉或听觉幻觉、沮丧、黑白颠倒、拒绝接受建议和照料、暴躁、迷路、言语或身体暴力、独自出走、损坏物品、无意义的行为、藏钱或物品、穿不合适的衣服、不卫生行为	是/否
照料需求(9项)	气管切开术护理、吸气管、氧疗、疼痛护理、胃管营养、疼痛控制、导管护理、结肠术口护理、透析护理	是/否
复健需求(10项)	四肢运行障碍;肩关节、股关节、腕关节、肘关节、膝关节、足关节运行受限	没有残疾/部分残疾、残疾;没有限制/一侧关节受限/双侧关节受限

资料来源:Chang Won Won, "Elderly long-term care in Korea", *Journal of Clinical Gerontology & Geriatrics*, 2013 (4): 5.

表21-4 韩国长期护理服务等级

	身心机能状态	
	2014年7月前	2014年7月后
1级	日常生活完全需要他人帮助,得分达95分及以上	日常生活完全需要他人帮助,得分达95分及以上
2级	日常生活绝大部分需要他人帮助,得分在75~95分	日常生活绝大部分需要他人帮助,得分在75~95分
3级	日常生活一部分需要他人帮助,得分在51~75分	日常生活一部分需要他人帮助,得分在60~75分
4级	—	日常生活特定部分需要他人帮助,得分在51~60分
5级	—	痴呆患者,认证分数为45~51分

资料来源:詹军:《韩国老年人长期护理保险制度述要——兼谈对中国建立养老服务新体系的启示》,《北华大学学报》(社会科学版),2016年第2期,第46页。

根据表21-4中长期护理服务等级划分可以知道,2008年实施的等级标准主要根据老年人日常生活的行动能力划分,而对于老年痴呆症患者来说,他们的日常行动能力通常没有问题,因而在对他们进行评估时,整体得分较低,进入不了长期护理保险的支付范围。但老年痴呆症给韩国家庭和社会带来沉重负担,2005年,韩国患有痴呆症的65岁及以上老年人有65万人,占老年人口的比重将近10%,并且增长速度很快,据预测,到2050年,患有痴呆症的老年人将达到271万人[①]。如此庞大的群体将给家庭及社会带来沉重的护理压力,将该部分老年人纳入

---

① 资料来源:Ae-Jung Yoo, *Dementia Support Policy and the role of the LTCI in Korea*, https://www.bsms.ac.uk/_pdf/cds/korea-presentations/uk-korea-symposium-dementia-support-policy-ltci-symposiumengland-aejung-yoo.pdf.

长期护理保险体系内势在必行。自2014年7月起，韩国开始把老年痴呆症患者纳入长期护理保险制度中，当年就有10456个老年痴呆症患者通过该保险享受了护理服务，如图21-1所示。

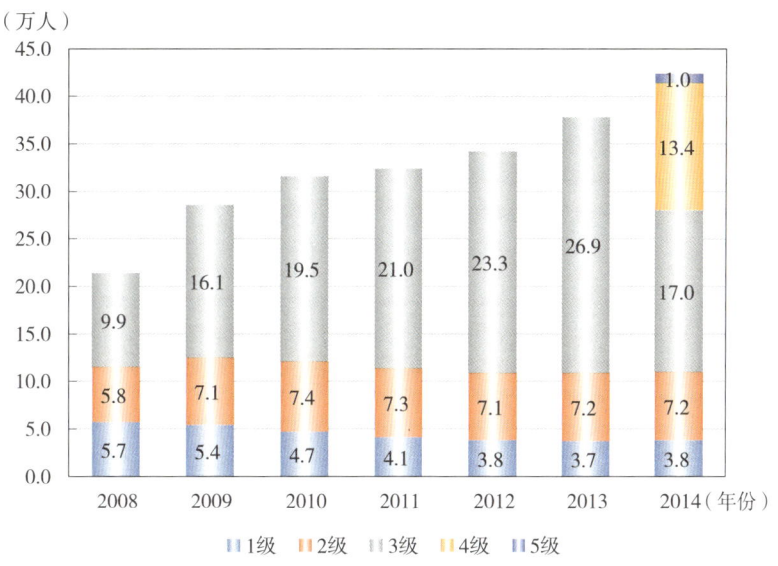

图21-1　2008~2014年各等级长期护理服务的待遇领取人数

资料来源：Ae-Jung Yoo, *Dementia Support Policy and the role of the LTCI in Korea*, https://www.bsms.ac.uk/_pdf/cds/korea-presentations/uk-korea-symposium-dementia-support-policy-ltci-symposiumengland-aejung-yoo.pdf.

（四）长期护理服务等级评定过程与购买服务

在韩国，参保人成为待遇对象须经历以下5个步骤：①由参保人或其家属向保险机构提出使用长期护理服务的申请。②由国民医疗保险公团（National Health Insurance Corporation）派遣专业人员对申请人进行家访，填写全国统一的调查问卷，将调查结果输入电脑，初步检测申请人所处的护理等级。检测标准共分为5大类和52小项，通过对5大类分别按100分计算并对每个类别设置权重，最后综合计算申请人的身体状况得分。自2014年起，韩国长期护理保险的等级由3级扩展至5级，主要是把老年痴呆症患者纳入等级内。③调查员将调查资料以及医师出示的书面意见提交给长期护理等级判定委员会，进行第二次审核，将根据申请人的实际情况，再结合整体受益对象的综合需求，对申请人的情况进行微调，最终确认是否能够获得长期护理服务。④医疗保险机构将根据老年人所占的服务等级拟定护理计划书。⑤依照计划书购买相关机构的护理服务。

在被确定为长期护理保险的待遇对象后，老年人就可以购买不同的护理服务。首先，护理保险在对老年人购买护理服务进行补偿时，主要采取总额预付制，超过规定额度的部分将全部由个人负担。随着护理等级的提高，补偿金额也随之上升：1级护理认定者每月可使用的护理金额为1185300韩元，2级为1044300韩元，3级为964800韩元，4级为903800韩元，5级为766600韩元。当个人每月购买护理服务的花费在上述限额内，个人只需负担其中的15%或20%（根据家庭护理和机构护理的不同）。其次，护理服务价格随着等级的提高而提高，比如对于"短期看护"这一护理服务，1级护理需要支付的价格为44990韩元，之后逐渐下降，5级护理需要支付的价格为36380韩元；1级护理认定者每天在托老机构支付的费用为56080韩元，5级护理认定者的费用则下降至47990韩元。最后，护理服务费用随着使用时间的延长而提高，如1级护理认定者的昼夜看护方面，3~6小时看护的费用是25990韩元，6~8小时为34840韩元，8~10小时为43350韩元，10~12小时为47750韩元，12小时以上为51200韩元[①]。也就是说，韩国护理保险采取了这样一种支付模式：首先确定不同等级待遇对象每月可获得的护理金额，在此金额范围内，可选择搭配不同的护理服务，并且个人自付15%或20%，

---

① 资料来源：詹军：《韩国老年人长期护理保险制度述要——兼谈对中国建立养老服务新体系的启示》，《北华大学学报》（社会科学版），2016年第2期。

超出护理金额之外的部分，由个人全部负担。

三、以私人部门为主体的护理服务提供体系及政府监管

完善的长期护理服务体系建立长期护理保险制度的前提上，否则将会出现"有保险没服务"的问题，比如在日本，早在1989年，日本政府制订了《促进高龄者保健福利10年战略》（1990~1999年），即"黄金计划"，其目标是到1999年培养10万名居家护理师、建设1万个短期护理中心、1万个居家护理服务中心、日间照料中心5万床位和护理机构24万床位。但是在1994年，日本政府意识到，如果实施长期护理保险制度，当前的服务供给计划是不足的，于是出台了"新黄金计划"（1995~1999年），其目标是培养居家护理师17万名、短期护理机构6万床位等。随着2000年开始实施长期护理保险制度，日本又发布"21世纪黄金计划"，进一步扩大护理机构的建设和护理人员的培养[①]。也就是说，日本早在实施长期护理保险制度10年前就已经着手护理服务体系的构建与完善，并且在制度建立后依然继续增加护理服务的供给。

韩国亦是经历了与日本类似的扩大护理服务供给的过程。随着韩国在2001年开始着手准备建立长期护理保险，与之相应的护理服务体系也被列入日程。2002年11月，韩国政府发布了《扩充老年护理机构十年计划》，计划每年扩充100所老年护理机构，但是在2005年，韩国意识到若要在2008年正式实施护理保险制度，2002年计划远远不能满足护理机构和护理人员的需要，于是当年9月政府发布了《老年护理机构综合投资计划》，对2002年计划进行了修改和调整，计划在2006~2008年集中投资建设919所老年护理机构，以期满足长期护理保险制度的需要。尽管如此，在制度实施的2008年，韩国护理机构和护理人员的充足率也只达到了66%[②]。鉴于此，扩大护理机构和护理人员供给成为韩国政府重要的议题。不同于日本以公共部门为主体的服务供给模式，韩国的护理服务供给主要以私人部门为主，这是政府为了快速扩大长期护理服务供给而采取的应对措施。

长期护理保险制度实施后，韩国采取了一系列有利于私人部门提供护理服务的措施[③]：第一，政府将所有护理机构（包括家庭社区照料、机构照料等）的举办权全面向营利性的私人部门开放，此前，护理机构作为社会福利的重要部分，仅政府部门或非营利部门可以举办。第二，政府在服务提供方面采取了一系列激励措施，包括降低进入门槛，如服务机构的规模和护理人员的数量可以适当减少等。第三，对所有服务机构"一视同仁"，鼓励机构之间的竞争。自2008年起，政府对公共护理机构的补贴大量减少，对所有护理机构的补贴依据是机构提供服务的数量和时间。在护理人员的供给方面，与鼓励私人护理机构方面的做法类似，政府在扩大人员供应方面，不再额外建立公共的护理培训机构，而是鼓励护理机构自主培训其人员。同时对培训机构的法定要求大大放开，培训质量不再遵循统一的系统性监督程序。2008年2月，政府全面放开护理人员法定从业标准，护理人员不再设置年龄限制、教育水平限制以及护理经验限制。结果，护理人员数量快速增加，但质量有所下降。鉴于此，2010年，政府对护理人员的从业要求进行了一定的限制：1级护理人员从业前必须接受240小时的系统性培训，2级护理人员从业前必须接受120小时的系统性培训。由此，韩国长期护理服务的提供主体由原来的公共部门转化为私人部门，到2015年，有70%~80%的护理服务提供机构是私人部门[④]。

面对参差不齐的服务供给机构，政府监管必不可少。自2008年起，韩国医疗保险公团每两年对护理服务机构的运作情况进行评估，评估主要包括5大领域：领导和管理能力、安全和环境、服务购买者的权利以及提供者的义务、服务提供过程、服务提供结果。通过对上述5个方面的评估，为服务供给机构打出A~E五个等级的得分，将得分放在长期护理保险的官方网站上，并向公众开放。不同服务机构的得分通常有较大的差别，如表21-5所示。对于服务提供水平得分较高的机构，医疗保险公团将对其提供额外的转移支付奖励。

---

①② 高春兰，班娟：《日本和韩国老年长期护理保险制度比较研究》，《人口与经济》，2013年第3期。

③ Yongho Chon, "The Development of Korea's New Long-term Care Service Infrastructure and Its Results: Focusing on the Market-Friendly Policy Used for Expansion of the Numbers of Service Providers and Personal Care Workers", *Journal of Gerontological Social Work*, 2013, 56（3）：262-263.

④ Boyoung Jeon, Soonman Kwon, *Health and Long-term Care Systems for Older People in the Republic of Korea:Policy Challenges and Lessons*, http://www.tandfonline.com/doi/full/10.1080/23288604.2017.1345052.

表 21-5　2011 年和 2013 年韩国不同护理服务机构的评估得分

	机构类型	2011 年	2013 年
机构规模	小于等于 9 人	67.7	63.2
	10~29 人	74.7	69.9
	大于等于 30 人	84.7	80.8
机构举办者	地方政府	89.1	84.9
	社会福利组织（非营利性）	83.1	77.3
	私人部门（营利性）	70.2	66.0
	其他	71.3	70.9

资料来源：Bangkok, "Long-term Care of Older Persons in the Republic of Korea", SDD-SPPS Project Working Papers Series, UN, 2015: 20.

四、韩国长期护理保险取得的成绩与面临的挑战

自 2008 年长期护理保险制度建立以来，越来越多的老年人口被纳入该制度中，制度支出不断上升，大大减轻了家庭和社会的负担，并且，保险制度和服务供给呈现相互促进的发展态势。由于实施保险制度，韩国政府不得不扩大服务供给，而市场化的供给模式又促使保险制度不断完善。在取得上述成绩的同时，韩国长期护理保险制度还面临一系列的问题，如市场化带来的问题、三方支付模式带来的费用膨胀问题以及资源错配问题等。具体可从以下几个方面认识韩国长期护理保险制度取得的成绩以及面临的挑战。

（一）取得的成绩

1. 待遇对象不断增加，支出规模持续扩大

如前所述，在 2008 年之前，韩国大约有 1% 的老年人口享受到政府提供的长期护理服务，绝大多数老年人的长期护理需求得不到满足。2008 年之后这种情况得到了大大的改善。2008 年，韩国申请长期护理保险服务的老年人口有 339580 人，其中实际使用该服务的有 214480 人，使用者占申请者的比重为 63.2%。之后，随着制度覆盖范围的扩大，申请长期护理服务的老年人从 2008 年的 34 万人上升至 2015 年的 77.4 万人，同期服务使用者从 21.4

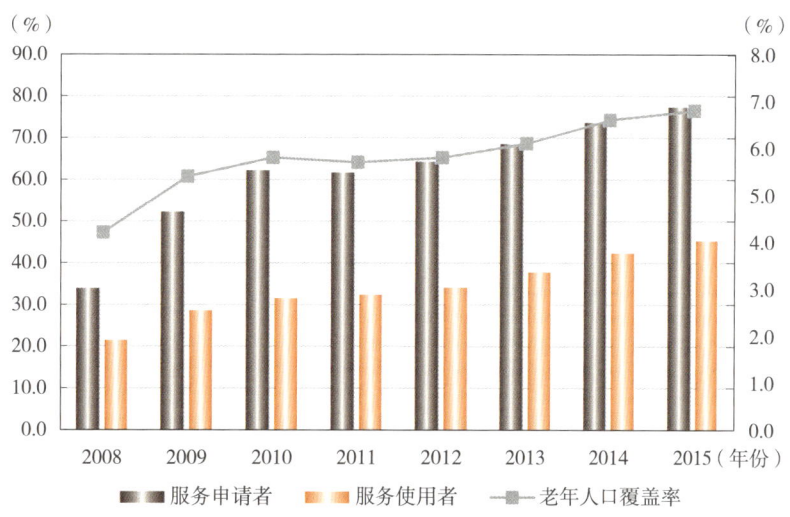

图 21-2　2008~2014 年韩国长期护理服务申请者、使用者数量以及使用者占老年人的比重

资料来源：Ae-Jung Yoo, *Dementia Support Policy and the role of the LTCI in Korea*, https://www.bsms.ac.uk/_pdf/cds/korea-presentations/uk-korea-symposium-dementia-support-policy-ltci-symposiumengland-aejung-yoo.pdf.

万人上升至45.4万人，在2009年，服务使用者占申请者的比重降至54.9%，到2010年进一步降至50.8%，此后，这一比重逐渐上升，一直到2015年的58.6%。在长期护理服务覆盖方面，2008年有4.2%的老年人口领取该待遇，到2015年这一比重上升至6.8%。

此外，随着待遇对象的增加，长期护理服务支出规模也不断扩大，如表21-6所示。2014年，长期护理服务总支出为39849亿韩元，比2010年增加了12393亿韩元，增长率为45.1%。在保险基金支出方面，2014年比2010年增加45.6%。在基金支出占总支出的比重方面，2010~2014年的变动不大，基本维持在87%左右，其中包括政府支付的20%以及保险基金支付的57%，个人自付比重为13%左右。另外，在2014年护理服务使用者人均月支出为102.5万韩元，比2010年增长了6.9%。

表21-6 2010~2014年韩国长期护理服务的支出情况

年 份	2010	2011	2012	2013	2014
总支出（亿韩元）	27456	29691	31256	35234	39849
基金支出（亿韩元）	24023	25882	27177	30830	34981
基金支出占总支出的比重（%）	87.5	87.2	86.9	87.5	87.8
护理服务使用者人均月支出（万韩元）	95.9	94.5	95.7	99.7	102.5

资料来源：詹军：《韩国老年人长期护理保险制度述要——兼谈对中国建立养老服务新体系的启示》，《北华大学学报》（社会科学版），2016年第2期。

2. 长期护理服务种类多样化，家庭照料服务占比增加

韩国长期护理保险支付的服务种类主要包括三个方面：家庭照料（home care）、机构照料（institutional care）和特殊现金支付（special cash）。家庭照料服务是老年人在家庭或社区接受的护理服务，主要包括上门洗澡、上门看护、上门医疗、昼夜看护、短期看护等。机构照料是指在长期护理服务机构接受的服务，如护工之家、退休之家等。现金支付主要向生活在偏远地区或岛屿的老年人提供，或者是由于精神或性格方面的原因，无法由专业人员提供护理服务时，也可以直接提供现金支付。现金支付在整个服务种类中占据较小的部分。如表21-7所示，随着长期护理保险制度的展开，机构照料所占的比重呈现先降后升的趋势，家庭照料先升后降，从整体上看，机构照料占据1/3的比重，家庭照料占据2/3的比重。这与韩国长期护理保险的支付规定有一定的关联，如前所述，在个人自付比例方面，接受家庭照料服务者自付比例是15%，机构照料者自付比例是20%，也就意味着韩国政府从一开始就鼓励老年人在家庭或社区接受长期护理服务，这与韩国长期护理服务设施不足相关。另外，只有被评定为1级、2级和5级的长期护理服务接受者才能在机构照料和家庭照料之间选择，3级和4级服务接受者只能选择家庭照料。在家庭照料服务方面，上门看护占所有家庭照料服务的80%左右，上门医疗服务的占比不足1%，其他的服务，如上门洗澡、短期看护等，占比均不到10%，昼夜看护所占比重略高，其占比呈现上升趋势[1]。

表21-7 2008~2011年机构照料和家庭照料所占的比重   单位：%

时间	2008年12月	2009年6月	2009年12月	2010年6月	2010年12月	2011年6月
机构照料	40.3	32.6	27.3	31.6	32.8	33.9
家庭照料	59.7	67.4	72.7	68.4	67.2	66.1

注：该表不考虑现金支付。

资料来源：Duk Sunwoo, "The Present situation and problems of the long-term care insurance in South Korea: from comparative perspectives between South Korea and Japan", *Japanese Journal of Social Security Policy*, 2012, 9（1）：52.

---

[1] Boyoung Jeon, Soonman Kwon, *Health and Long-term Care Systems for Older People in the Republic of Korea: Policy Challenges and Lessons*, http://www.tandfonline.com/doi/full/10.1080/23288604.2017.1345052.

3. 改善老年人的身体状况

从整体来看，通过建立长期护理保险制度，韩国护理服务从原来的收入调查型转为普惠性，从提供者导向（provider-oriented）转化为购买者（beneficiary-oriented）导向，并建立起竞争型的服务供给模式。在这一过程中，服务购买者家庭的满意度不断提升，从2009年的74.7%上升至2014年的89.1%，78%的老年人认为通过长期护理保险，他们的健康水平得以提高，90.5%的人认为他们的照料负担得以缓解。一家韩国报纸针对民众对国内40项公共政策满意度的调查结果发现，长期护理保险是最佳的公共政策[1]。

4. 市场化的服务供给模式产生了立竿见影的积极效果

首先，长期护理服务机构和护理人员数量快速上升，服务购买者有了更多的选择。2008~2015年，韩国护理机构数量从4645个上升至17457个，其中家庭照料中心从3401个增加到12448个，机构照料中心从1244个上升到5009个[2]。之所以家庭照料中心数量增加得比较快，主要基于以下两个原因：一是韩国政府在应对人口老龄化过程中追求的"就地养老"（aging-in-place），家庭和社区依然是提供养老服务的主要力量。二是家庭照料中心的成本相对较低，韩国在开放照料服务市场的过程中，一些小型的机构参与其中，但他们在人员和机构方面无力提供系统的、大规模的机构照料服务，更倾向于选择小型的、成本较低的以提供家庭照料服务为主体的护理服务。在护理人员方面，在2009~2015年，护理人员数量从176500人增加至301700人[3]。其次是增加就业。在2009年，大约有70.7%的护理从业者是中年女性，通过提供护理服务，她们可以增加收入并为老年生活做准备[4]。

（二）面临的挑战

1. 长期护理保险并未带来医疗保险支出的明显下降

据当前研究显示，学者并未发现长期护理保险对降低医疗保险支出的显著作用，相反，二者呈现正相关性。Shin, Jaeun（2014）通过构建模型发现[5]，在2008~2010年，老年人人均长期护理保险待遇从8万韩元上升至41.17万韩元，同期老年人人均医疗保险待遇从159.3万韩元上升至198.95万韩元，也就意味着长期护理保险制度的推出并未达到降低医疗保险支出的预期。Kyung-Rae等（2014）从住院天数的角度对以上观点进行了论证[6]，认为从整体护理服务使用者的角度看，使用护理服务者的平均住院天数要比不使用护理服务者多1.27天。但具体到各等级护理服务评定，1级护理服务评定者的住院天数要比不使用者少8.35天，2级护理服务评定者的住院天数要比不使用者少2.84天，3级护理服务评定者的住院天数比不使用者有所上升。这主要基于以下两个原因：一是3级护理服务评定者不允许购买机构照料服务，在没有家庭护理或居家护理条件不足时，他们更倾向于入院治疗；二是在2008~2010年，韩国每千名老年人的床位数增加了15.3个，成为导致住院天数增加的主要原因。因此，不能整体否定长期护理保险对减少住院天数的积极意义，特别是在1级和2级护理服务评定者方面。

2. 开放服务提供市场带来的问题

如前所述，为了增加护理服务供给，韩国政府向私人部门放开服务市场准入规则，虽然达到增加供给的目标，但在服务提供质量和结构方面产生了一系列问题。首先，由于准入门槛低，一些小规模的服务提供机构大量出现，但这些机构通常专注于提供家庭照料服务，没有能力提供机构照料服务，导致韩国家庭照料中心快速增加，而机构照料相对短缺。在实际运行中，如前所述，人们更加倾向于公共的、非营利性的以及规模较大的服务提供机构，这也就意味着服务供给和需求之间出现偏差，服务提供呈现无序状态。其次，护理服务质量得不到保证。韩国在扩大服务供给的过程中选择了开放市场的方式，虽然服务供给数量激增，但质量却未能随之跟上。究其原因，在护理服务机构方面，扩张速度过快，一些资质不够的小机构亦被纳入进来，且主要强调盈利目标，忽略服务质量；在护理

---

[1] Bangkok, "Long-term Care of Older Persons in the Republic of Korea", SDD-SPPS Project Working Paters Series, UN, 2015：24-25.

[2] Ae-Jung Yoo, *Dementia Support Policy and the role of the LTCI in Korea*, https://www.bsms.ac.uk/_pdf/cds/korea-presentations/uk-korea-symposium-dementia-support-policy-ltci-symposiumengland-aejung-yoo.pdf.

[3] Boyoung Jeon, Soonman Kwon, *Health and Long-term Care Systems for Older People in the Republic of Korea:Policy Challenges and Lessons*, http://www.tandfonline.com/doi/full/10.1080/23288604.2017.1345052.

[4] Yongho Chon, "The Development of Korea's New Long-term Care Service Infrastructure and Its Results: Focusing on the Market-Friendly Policy Used for Expansion of the Numbers of Service Providers and Personal Care Workers", *Journal of Gerontological Social Work*, 2013, 56（3）：265.

[5] Shin, Jaeun, Long-Term Care Insurance and Health Care Financing of the Korean National Health Insurance Program, Health and Social Welfare Review, 2014, 34（4）：81.

[6] Kyung-Rae Hyun, Sungwook Kang, Sunmi Lee, "Does long-term care insurance affect the length of stay in hospitals for the elderly in Koera?: a difference-in-difference method", BMC Health Services Research 2014, https://www.ncbi.nlm.nih.gov/pmc/articles/PMC4297445/.

培训方面，政府放开培训市场，但是在实际运行中，这些参差不齐的培训机构为了追求盈利目标，着重扩大招收培训人员的数量，而非提供好的、系统性的培训项目；在护理人员方面，其待遇通常较低，远低于其社会价值，导致护理人员的流动性较高，新的护理人员不断进入，但缺乏高质量的、可持续的护理人员。2010年，韩国大约有3414名护理人员是文盲、存在健康问题、未成年人或80岁以上的老年人[①]。最后，护理服务资源配置结构不合理，主要体现在城乡差距方面，由于城市人口密度大，无论是在老年人护理需求还是在招聘护理人员方面，城市都更加具备优势，因此私人机构更倾向于在城市提供服务而忽视农村。通常来讲，农村老年人口多，地方政府支出少，服务提供较为有限，比如在首尔，每100个长期护理保险待遇对象对应着42个护理人员，而在忠清北道和庆尚南道这些农村面积大的地区，护理人员通常较少，每100个待遇对象分别对应29个护理人员和32个护理人员[②]。

3. 由于缺乏护理管理导致的费用失控

从当前看，韩国长期护理保险采取的是三方模式，如图21-3所示。参保人向长期护理制度缴纳保险费，当出现护理需求之后，参保人向医疗保险公团提出护理评级的申请，医疗保险公团对申请人的身体状况进行评估，并提出护理服务的使用建议。在此基础上，参保人和服务提供者签订协议，由护理服务提供者制订详细的护理计划并提供服务，参保人要支付一定的费用（自付部分）；护理服务提供者提供服务后要向医疗保险公团申请费用补偿，由后者支付服务费用。

在这个三方模式中，我们可以发现以下几个问题：①医疗保险公团派遣具有社会工作或护理背景的工作人员对待遇对象进行评级，提供有限的建议并支付保险待遇，但缺乏对服务提供数量、质量和过程的监控，并且提供的建议通常是参考性的而非强制性的；②参保人需要和提供者签订协议，但这些服务提供机构缺乏综合的服务管理经验，通常根据信息不对称的优势向购买者过度提供服务，特别是贫困的老年人，他们不需要支付任何服务费用，服务提供机构则更容易提供额外的服务；③大量的私人护理服务提供机构零散分布，缺乏对整体护理服务结构的统一规划，造成资源的重复和浪费。

鉴于上述问题，许多发达国家都建立起护理管理体系（care management），如日本、美国和英国等。在美国，护理管理人员负责护理服务供给的关键环节，如目标定位、制订计划书、服务监测和评估等；在英国，护理管理被视为是将服务分配给有需要者的过程。通过建立护理管理体系，服务购买者和提供者并不直接签订协议，而是在专业工作的基础上，真正有效评估购买者的服务需求，同时监控服务提供过程和使用者的身体状况变化，从而实现更有效的使用和配置资源。韩国在2008年建立长期护理保险制度时曾经考虑过同时建立起护理管理体系，但由于成本和费用的原因，这个建议被搁置了。对于韩国长期护理保险和护理服务中存在的一些问题，不少学者将其归结到护理管理体系的缺位上。

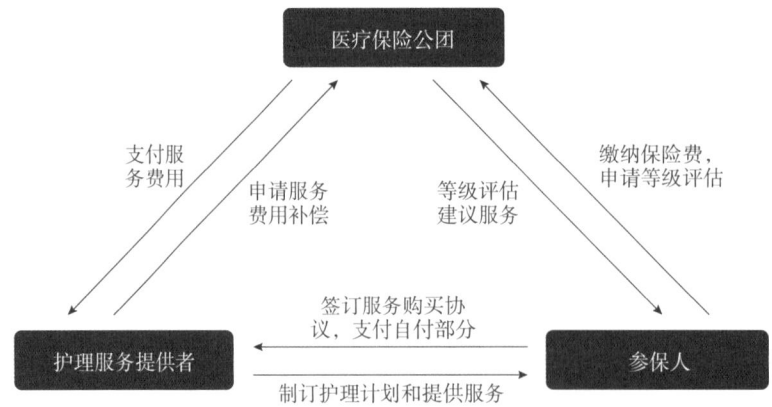

图21-3 韩国长期护理保险运行和服务提供过程

资料来源：笔者绘制。

---

① Yongho Chon, "The Development of Korea's New Long-term Care Service Infrastructure and Its Results: Focusing on the Market-Friendly Policy Used for Expansion of the Numbers of Service Providers and Personal Care Workers", *Journal of Gerontological Social Work*, 2013, 56（3）：268.

② Bangkok, "Long-term Care of Older Persons in the Republic of Korea", SDD-SPPS Project Working Paters Series, UN, 2015: 28.

五、总结

值得肯定的是,韩国在刚刚进入老龄化社会时就开始考虑构建长期护理保险制度,而日本和德国都是在进入老龄社会之后才建立该制度,因此,韩国的长期护理保险具有一定的前瞻性,体现了为老龄社会充分做准备。社会保险是韩国福利制度的传统,长期护理保障选择保险型制度显得"理所当然",在韩国特定的经济发展模式下,不可能建立起政府大包大揽的长期护理保障制度,因此,韩国在服务提供方面选择了市场化道路,政府的作用进一步降低。特别在吸取了日本长期护理保险制度的经验和教训后,韩国发展长期护理保险制度更加谨慎,财务持续成为首要考虑的目标。

(一)社会保险型长期护理保障模式符合韩国社会经济发展特点

韩国在建立长期护理保险制度的过程中,也考虑过其他保障模式,特别是在正式制度建立之前,一度将保险模式搁置,但之后的实践证明,社会保险制度是符合韩国发展的最有利的模式。一些学者在解释韩国福利模式时将韩国定义为"发展型国家","发展型国家"更加注重经济发展,福利制度从属于经济发展,福利支出被严格限定在一定范围内,在这种背景下,韩国不可能提供高水平的、以财政为支撑的长期护理保障模式。个人、企业和政府都是提供护理保障的主要力量,综合计算韩国长期护理服务的资金来源发现,政府承担20%,企业承担30%~32.5%,个人承担47.5%~50%,也就是说,个人责任占长期护理保险的50%。同时,"三方负担"的保险模式也符合韩国长期以来遵循的社会保险传统,无论是在制度设计和实施上,还是在获得民众支持上,均具有较强操作性。

(二)突出市场作用,加快推动护理服务的市场化提供

如前所述,为了避免出现"有保险无服务"的问题,韩国在建立长期护理保险制度之前和之后都加速扩大护理服务的供给,之前是扩大政府投入,之后是鼓励私人部门参与,并出台相关措施,使得护理服务的供给中,私人部门占70%~80%,大量的私人机构参与到护理服务的提供过程中。此外,韩国在护理人员的培育方面,也采取了市场化的解决途径。在这一过程中,政府的作用主要体现在建立护理服务市场准入规则,并对护理服务的结果进行监管。值得注意的是,韩国在护理服务市场化道路上采取的开放性原则产生了一些不利的后果,或者说,韩国护理服务的市场化道路有些过于随意。这种市场化是为了快速增加服务供给而进行的"市场化",市场准入门槛很低,大量低质量的护理服务充斥其中,再加上缺乏政府有效监管,造成护理服务市场的混乱,不仅如此,私人部门的营利性特征使得他们将服务集中于能够快速盈利的地区和部门,服务供给不能有效地和需求相匹配。过度市场化还产生了其他的问题,如欺诈、医患合谋、道德风险等。对此,不少学者主张引入"护理管理"来对服务提供的过程进行监控,从而达到控费和有效配置服务资源的目标。

(三)相比较日本和德国,韩国制度从一开始就采取了谨慎的财务态度

首先,在参保和待遇覆盖面上,韩国的参保对象覆盖整体国民,而待遇对象缩小为65岁及以上的老年人。而在德国,长期护理制度的参保人口为18岁及以上参加医疗保险的人口,待遇对象为残疾人口,其中包括老年人口在内,待遇对象范围较广;在日本,长期护理保险的参保人为40岁及以上的全体国民。在借鉴德国和日本的制度时,韩国选择了最大的参保对象以及最小的待遇对象。其次,在待遇对象的认定上,韩国将长期护理保险待遇认定者与申请者的比率一直控制在60%以下,2009年为54.93%,到2014年仅提高到57.62%①。不仅如此,韩国长期护理保险一开始建立时仅仅将3.1%的老年人覆盖其中②,在之后的几年里,制度覆盖的老年人口占比一直控制在5%和6%左右。而在德国,人约有10%的老年人口能享受长期护理保险待遇;日本的这一比重为17%③。最后,在个人自付比例上,日本长期护理保险中个人自付比例为10%,韩国为15%~20%,德国没有个人自付。在政府责任方面,韩国政府负担护理服务资金来源的20%,而日本政府负担50%。

总结韩国长期护理保险的模式选择和制度特征,可以发现,财务可持续是韩国建立该制度时考虑的关键因素。为了实现财务可持续的目标,韩国在遵循社会保险传统的基础上,选择了最有限的政府责任,并在最大限度上扩大个人和市场的作用,服务提供基本完全放给市场;不仅如此,在对比韩国和德国、日本的制度时发现,韩国制度选择最广泛的资金来源,同时将待遇对象缩减至最有限的范围,从而实现减轻政府负担并实现财务可持续发展的目标。

---

① 詹军:《韩国老年人长期护理保险制度述要——兼谈对中国建立养老服务新体系的启示》,《北华大学学报》(社会科学版),2016年第2期。

② Yongho Chon, *Long-term care reform in Korea:lessons from the introduction of Asia's second long-term care insurance system*, Asia Pacific Journal of Social Work and Development, 2012, 22(4):221.

③ Yongho Chon, *The Development of Korea's New Long-term Care Service Infrastructure and Its Results: Focusing on the Market-Friendly Policy Used for Expansion of the Numbers of Service Providers and Personal Care Workers,* Journal of Gerontological Social Work, 2013, 56(3):266.

分报告二十二
新加坡长期护理保险计划：政府主导，商业承办

新加坡与中国在人口老龄化程度上较为接近，2015年两国65岁及以上人口占比分别为11.8%和10.5%，老年抚养比（15~64岁人口与65岁及以上人口的比例）分别约为6.2%和7%[①]，而新加坡政府更早开始实施长期护理支持政策。为应对老龄化，新加坡于2002年建立了由政府主导、商业保险承办的长期护理保险——乐龄健保计划(Eldershield)，新加坡40~83岁的65%的居民被该计划覆盖[②]。虽然乐龄健保计划不属于社会保险，但由于是政府主导并且在制度设计上具有较为鲜明的特色，因而实现了较高的参保率水平，覆盖面远高于世界上绝大多数国家的长期护理商业保险，发挥了提供长期护理基础保障的重要作用，了解该计划对我国发展长期护理保险有重要的借鉴意义。本报告从以下三个方面介绍新加坡的长期护理保险制度，第一部分简单新加坡的长期护理发展总体状况，第二部分重点介绍乐龄健保计划，第三部分根据新加坡的经验对我国的长期护理保险发展路径提出建议。

一、新加坡中长期护理服务与支持政策的总体概况

近几十年来，新加坡老龄化速度较快，65岁以上人口从1970年的3.4%上升到2015年的11.8%，预计2030年达到18.7%[③]。新加坡卫生部预测，到2030年每2.1个工作年龄成年人要照顾1个老人。人口老龄化导致有慢性疾病和日常起居活动（ADLs）困难的老年人数量不断增加，与此同时家庭结构逐渐小型化，这些都导致了快速增加的医疗及长期护理服务需求。

新加坡的国家福利体系主要是针对低收入群体的，在制度上选择了福利国家和完全市场机制之间的中间道路。医疗服务的基本原则也是个人与国家责任相结合，通过市场机制来促进竞争和透明。这种原则也同样体现在老年长期护理政策上，强调首先依靠家庭，总体筹资原则是共同支付（Co-payment），即国家和个人分别承担一定的责任。新加坡的老年长期护理政策与国际上近年来的就地养老（Age in Place）主流思想一致，鼓励老年人以居家护理为主、社区服务为辅，护理院的目标服务对象是半丧失活动能力、卧床、半失能或完全失能的老人。

（一）主管政府部门

卫生部（Ministry of Health）是老年长期护理服务的首要主管部门，负责乐龄健保计划的政策制定，同时也负责几个以居家或社区为基础的长期护理计划，并直接管理几个公立长期护理院。卫生部下设护联中心(Agency for Integrated Care)，主要职责是统一协调新加坡所有长期护理服务机构，负责从医院到护理院之间的转诊，协助把有长期护理需求的老年人分配到各护理院和社区服务中心。

---

① Department of Statistics Singapore: Yearbook of Statistics Singapore 2016；中国国家统计局：《2016年统计年鉴》。
② Graham & Bilger, "Financing Long-term Services and Supports: Ideas from Singapore", *The Milbank Quarterly*, 2017, 95（2）: 358-407.
③ Committee on Ageing Issues, Singapore. Report on the ageing population. Retrieved from http://app.msf.gov.sg/Portals/0/Summary/research/CAI_report.pdf, 2017.

护联中心与社区护理服务机构有着密切的合作，支持社区提升护理服务水平和培训人力资源。另外，社会和家庭发展部（Ministry of Social and Family Development）主要负责老年的社会性服务。

（二）筹资机制

新加坡老年长期护理的筹资结构主要包括政府为个人提供的基于家计调查的补贴、政府给护理机构的补贴、慈善捐款、长期护理商业保险和其他私人资金来源。有研究估算新加坡的长期护理费用来源如下：个人负担40%，公共财政负担42%，长期护理保险和慈善捐款分别负担9%不足100%①。新加坡在支持正规长期护理服务方面的公共支出约为GDP的0.1%。

1. 政府补贴

新加坡的医疗服务筹资体系主要由"3M"组成，即强制性公积金账户"保健储蓄"（Medisave）、大病医疗保障制度"健保双全计划"（Medisheild）、政府托底保障制度"保健基金"（Medifund）。其中，只有保健储蓄账户的资金可以用于日常康复服务、临终关怀机构服务和居家缓痛护理（Palliative care）。为应对老龄化，新加坡在2007年建立了银发族保健基金（Medifund Silver），为有医疗和长期护理需求的低收入老年人提供托底支持。但综合来看，"3M"体系在长期护理服务方面只发挥了很有限的筹资作用。

新加坡政府为个人提供基于家计调查的补贴，近年来将申领政府长期护理补贴的条件从家庭月收入1400新元提高到2600新元，这意味着新加坡2/3的家庭在接受护理院、社区和居家照护服务时有资格申领补贴。根据家庭收入情况，补贴额占护理费20%~80%，月收入700新元及以下的家庭可以获得75%~80%的补贴，其中对社区照护和居家照护的补贴略高于护理院的补贴。在社区医院接受长期护理服务时，所有家庭均可获得补贴，补贴额为20%~75%不等，随着收入的增加而递减②。

另外，政府为志愿福利组织运营的护理院提供资金支持，这种支持可高达运营成本的50%和资金成本的100%③。

表22-1介绍了新加坡长期护理服务筹资计划情况，

表22-1 新加坡长期护理服务筹资计划

乐龄健保计划长期护理商业保险
・基本乐龄健保计划，为失去生活能力者每月提供300~400新元的现金，最多支付6年。 ・乐龄额外保障计划，根据保费水平，每月提供500~5000新元的现金，支付期为6年至终身。
暂时性乐龄残疾援助计划（IDAPE）
为2002年成立乐龄健保计划时由于年龄（年满70年或以上）或已经有残疾而无法加入护理保险的人群建立的，每月提供150新元或250新元。
乐龄助行基金（SMF）
为低收入人群提供辅助设备、居家保健用品或往返于日间护理中心和洗肾中心的交通费用。
外籍女佣减税计划（FDWLC）
需要聘请外籍女佣来看护年长或残疾爱家人的家庭，每月的外籍女佣税只有60新元（正常为是265新元）。
女佣雇主补贴（FDWG）
人均收入在2200新元以下的家庭如果需要聘请外籍女佣来看护中度或中度残疾家人，可以申领每月120美元的补贴（约相当于每月外籍女佣费用的1/10）。
看护者培训津贴（CTG）
看护者每年可享有高达200美元的培训津贴，学习如何更好地照顾年长或残疾家人。
建国一代残疾人士援助计划（PioneerDAS）
中度或重度残疾的建国一代人士每月可获100美元津贴，用来抵消护理开销。

资料来源：根据新加坡卫生部网站资料整理。

---

① Graham & Bilger, "Financing Long-term Services and Supports: Ideas from Singapore", *The Milbank Quarterly*, 2017, 95（2）: 358-407.

② Ministry of Health, https://www.moh.gov.sg/content/moh_web/home/costs_and_financing/schemes_subsidies/subsidies_for_government_funded_ILTC_services.html, 2017-9-4.

③ Gan KY. COS speech by Minister Gan on Ministerial Committee on Ageing's initiatives. Singapore: Ministry of Health; 2012. https://www.moh.gov.sg/content/moh_web/home/pressRoom/speeches_d/2012/COS_speech_by_Minister_Gan_on_MCA_initiatives.html. Accessed September 2, 2015. 引自：Graham & Bilger, "Financing Long-term Services and Supports: Ideas from Singapore", *The Milbank Quarterly*, 2017, 95（2）: 358-407.

除了第一项乐龄健保计划外,其他各项计划均为政府补贴。

2. 长期护理保险

新加坡在社会福利制度的整体设计中强调个人的责任,较少代际共济,其公积金制度反映了这一原则。也许是基于同样的原则,新加坡在长期护理保险的模式上没有选择有较强代际转移作用的社会保险模式,而是选择了政府主导、商业运作的护理保险模式。

乐龄健保计划较高的参保率主要得益于以下制度设计[①]:①制度定位是提供最基本的保障,是对个人承担费用和政府补贴的补充。基本保费设定在较低水平,每年129~160新元,以保证人人都负担得起,从而实现了较高的参保率并提升了人们的参保意识。②由于为残疾人群提供了单独的制度——暂时性乐龄残疾援助计划,乐龄健保计划得以保持较低水平的保费。③乐龄健保计划是由政府主导、商业保险承办的长期护理保险。正是由于政府的主导作用,使得该计划在推进的过程中比较顺利,尤其是自动加入机制和与公积金账户关联的做法使得参保率大幅度提高。

乐龄健保计划的成功之处是较高的参保率,而受到较多的批评则是保障水平低和保障时间短。乐龄健保的基本计划每月只能提供300~400新元的费用,而一般的长期护理机构月均费用在2000~3000新元(不包括耗材)[②],对于不符合申领政府补贴条件的家庭来说,月支出在1600~2600新元。对于即使有资格申领政府补贴的家庭来说,补贴水平随着家庭收入增加而递减,所以个人仍然要负担一定比例的费用。如果需要较长时期的护理,对个人或家庭而言负担仍然较为沉重。商业保险制度设计在保障水平和参保率之间存在着内生矛盾,为提高保障水平,则需要提高保费,这将减低参保率;而较低的保费可以提高参保率,但必然导致保障水平的降低。新加坡选择了低保费来提高参保率,同时通过补充计划为收入水平较高的家庭提供更高的保障水平。

(三)长期护理服务的提供

从长期护理服务的供给看,政府的作用主要是政策引导、公共财政支持和对护理机构的监管,很少有公立护理院,直到近年来卫生部才开始考虑建立几家公立护理院,以便更好地了解这类机构面临的问题。2016年,新加坡总共大约有12000个护理院床位、16家失智老人护理中心、57家日间护理中心[③]。新加坡卫生部计划将护理院床位数在2020年增加到17000个。新加坡绝大多数的护理院是由志愿福利组织或慈善组织运营的,所有护理院的12000个床位中大约有2/3是由志愿福利组织提供的[④]。只有在志愿福利组织运营的护理院和少数几家私立护理院接受服务时才能享受政府补贴,这导致在志愿福利组织的护理院一床难求和私立护理院高空床率的局面。

为促进长期护理服务机构的迅速发展,近年来新加坡政府实施"建设—持有—租赁"(build-own-lease)的模式,建设并保留护理院的所有权,但把护理院租赁给志愿福利组织或私立机构。

从照护服务的类型来看,主要有两类:一是护理院,房间多为通风良好的6~8人隔间,也有需要自费的单人间,同时也有一些临终关怀医院。二是社区照护和居家照护。社区照护提供日间照料、康复、失智老人照看等服务,居家照护包括医疗、护理、理疗、生活服务等入户服务。

与多数国家相似,新加坡的照护工作主要由家庭成员、亲友或邻里提供。由于人口少,雇用外籍护工在新加坡家庭中比较普遍,据调查,近一半的家庭(49.1%)雇佣外籍护工[⑤]。鉴于这种情况,新加坡政府通过外籍女佣减税计划和女佣雇主补贴计划为低收入家庭提供补贴。

(四)挑战

新加坡在长期护理服务方面面临的挑战与其他老龄化国家相似,即专业护理人员短缺、床位等待时间长、社区

---

① Graham & Bilger, "Financing Long-term Services and Supports: Ideas from Singapore", *The Milbank Quarterly*, 2017, 95(2): 358-407.

② Ng Wai Chong, *LONG TERM CARE IN SINGAPORE AND ITS CHALLENGES*, Tsao Foundation, https://www.ibf.org.sg/event/Documents/Long%20Term%20Care%20in%20Singapore%20and%20its%20Challenges.pdf, 2017.

③ Michael K. Gusmano, *Long-term care delivery and financing in Singapore*, http://www.bioethicscasebook.sg/backgrounder/long-term-care-financing/, 2016.

④ Singapore, Commissioner of Charities. Annual report for the year ended 31 December 2015. Singapore: Ministry of Culture, Community and Youth; 2016. https://www.charities.gov.sg/Publications/Documents/COC Annual Report 2015.pdf. Accessed July 18, 2016. 引自:Graham & Bilger, "Financing Long-term Services and Supports: Ideas from Singapore", *The Milbank Quarterly*, 2017, 95(2): 358-407.

⑤ Chan, Angelique, Ostbye, Truls, Malhotra, Rahul and Hu, Athel J. "The Survey on Informal Caregiving", Summary Report (For MCYS), cited by Michael K. Gusmano, *Long-term care delivery and financing in Singapore*, 2016, http://www.bioethicscasebook.sg/backgrounder/long-term-care-financing/, 2012.

和居家照护服务尚不完善、过度依赖家庭成员的照护等。同时也面临着一些独有的挑战，包括医院治疗补贴远高于长期护理补贴而导致的高额医疗费用，高度依赖外籍护工等。由于这些挑战不是本报告讨论的核心内容，所以不予展开讨论。

可负担性是新加坡的长期护理服务面临的一个重要挑战，前文已经谈到了乐龄健保计划只能提供最基本的保障，对于不能享受政府补贴或享受补贴的幅度有限，但又无力负担乐龄健保补充计划的中等收入家庭来说，个人支出较高、负担较为沉重。

中国在探索建立长期护理保险的初期，面临的是选择社会保险还是商业保险，抑或是两者相结合的模式。关于商业长期护理保险的定位，从发达国家的经验看，国家财政补贴和社会保险是长期护理服务的主要资金来源，商业保险在长期护理筹资中发挥的是补充性作用。例如，OECD国家的商业险在长期护理支出中的贡献低于2%；在法国、比利时、日本和德国等国家，商业保险发挥的是对长期护理社会保险的补充作用；美国的商业保险在长期护理支出中占4%[1]。

与社会保险相比，商业保险的覆盖面必然有限，覆盖面不够大则意味着有限的风险分担和社会共济效应。另外，商业保险有更强的减少未来不确定性风险和排除高风险弱势人群的倾向，在高参保率和高保障水平之间不能兼顾，这些都在一定程度上降低了保障的有效性。

因此，在长期护理筹资机制中，主要还应依靠公共财政补贴和社会保险为主，个人适当承担责任，商业护理保险的定位应该是对公共财政补贴和社会保险的有力补充，但不宜过度依赖商业保险。

二、新加坡乐龄健保计划

新加坡是亚洲发达的资本主义国家，被誉为"亚洲四小龙"之一，其经济模式被称作"国家资本主义"。根据2014年的全球金融中心指数（GFCI）排名报告，新加坡是继纽约、伦敦、中国香港之后的第四大国际金融中心，截至2016年6月，新加坡人口561万人。世界卫生组织最新发布的数据显示，新加坡人口的平均寿命83.1岁，在全球最长寿人口中，排名第三。

1989年，新加坡政府就提出要适应老龄化社会的挑战[2]，1994年，政府研究预测到2030年65岁以上人口占比将超过18%。为应对这一情况，自20世纪90年代，新加坡政府着手从医疗、护理、养老金、就业、子女、城市规划、基础设施等多个维度全面建设老龄化社会保障网络，并推出护理保险制度。

（一）新加坡乐龄健保计划

2002年，新加坡推出乐龄健保计划（Elder Shield），以适应老龄化社会的需要，满足护理保障需求。"乐龄"是新加坡对老年人的尊称[3]。乐龄健保计划是一项为年长的公积金会员设立的、人人负担得起的护理保险计划，旨在为失去生活能力的人士提供基本的护理保障。

1. 参保资格

2002年6月，所有拥有公积金账户、年龄介于40~69岁的新加坡公民和永久居民，均收到一份自动受保（Auto-Coverage Arrangement）的邮件，乐龄健保计划从2002年9月30日开始，除非他们在此之前选择退出。在乐龄健保计划推出后，满40岁的公积金会员（新加坡国民和永久居民）都享受自动受保。如果当时退出，65岁之前想投保，可能因健康问题而被拒保。对于未自动受保者参保设置90天等待期（Waiting Period），在这期间，对于非意外事故造成的严重残疾，保险公司将不予赔偿，只退还保费。投保后有60天犹豫期，在这期间退保将退还全额保费。

考虑到乐龄健保计划非强制参保，为避免高风险承保人群集中使保费过高而影响对健康人群的吸引力，对于计划推出前"既往失能"（Pre-existing Disability）人员及70岁以上的新加坡公积金会员，政府推出暂时性乐龄残疾援助计划（Interim Disability Assistance Program for the Elderly）。申请该补助金须符合以下条件：一是无法自理6项日常起居活动。二是2002年9月30日年龄为70岁或以上。如果在2002年9月30日时年龄介于40~69岁，则伤残情况必须是2002年9月30日前发生的。三是每月

---

[1] Brown, J., & Finkelstein, A. "The interaction of public and private insurance: Medicaid and the long-term care insurance market", American Economic Review, 2008, 98(3): 1083–1102. doi:10.1257/aer.98.3.1083，引自 Chee Wei Winston Chin, MPHa and Kai-Hong Phua, PhDb, "Long-Term Care Policy: Singapore's Experience", Journal of Aging & Social Policy, 2016, 28（2）: 113-129, http://dx.doi.org/10.1080/08959420.2016.1145534.

[2] Peggy Teo, Angelique Chan, Paulin straughan, "Providing health care for older persons in Singapore", Health Policy, 2003（64），399-413, http://www.healthpolicyjrnl.com/article/S0168-8510(02)00201-4/abstract.

[3] 孙晓明：《发达国家和地区医疗体制与保险制度》，上海科学技术出版社2012年版。

[4] 李健、兰莹：《新加坡社会保障制度》，上海人民出版社2011年版。

家庭人均收入在1000新元以下④。对于月收入700新元及以下，政府每月补助150新元；月收入700~1000新元，每月政府补助100新元（目前，根据居民收入不同提高至每月150新元或200新元）。

2. 护理保险责任

新加坡通过日常起居活动（ADLs）来判断护理状况。对于不能进行以下六项"日常起居活动"中的至少三项活动，并且在进行活动时需要他人全程协助，即认为需要护理：①洗澡：在浴缸或洗澡间洗身（包括进出浴缸或洗澡间）或通过其他方法洗身的能力。②穿衣：穿上、脱下、系紧和解开所有衣物，以及任何支架、义肢、其他手术或医疗器材（如果适用）的能力。③进食：在食物准备就绪之后自己进食的能力。④身体移动：可以从一张床上移至直立座椅或轮椅，或从直立的座椅或轮椅移至床上的能力。⑤如厕：使用厕所的能力，使用尿片或通过医用设备（如果适用）处理大小便的能力。⑥行动：可以在室内的平地上从一个房间走到另一个房间的能力。

3. 护理保险保障

乐龄健保计划2002年推出时，每月赔偿额为300新元，最长期限5年，被保险人可以使用这笔款项支付各种护理服务费用（如家庭护理开支、日间康复中心开支、护理疗养院开支等）。

考虑到费用上涨及基本护理保障程度较低，新加坡卫生部2007年对计划进行了改革，推出了乐龄健保400计划。从2007年9月起，每月赔偿额从300新元提高到400新元，赔偿年限从5年提高到6年。

表22-2 乐龄健保计划改革比较

	乐龄健保300计划	乐龄健保400计划
赔偿额（每月）	300元	400元
赔偿期	5年	6年
赔偿限额	18000新元	28800新元

资料来源：作者整理。

同时，政府推出乐龄健保补充计划（ElderShield Supplements），这既满足了长期护理"保基本"的需要，公积金会员也能根据多样化需求和消费能力，购买补充保障，有利于实现"多层次"。

（二）乐龄健保计划实行公私合作（PPP）

1. 引进多家保险公司参与

新加坡政府在推出具有社会保险性质的乐龄健保计划时，引进保险公司运作。2002年，新加坡卫生部通过招标，选择大东方人寿保险有限公司（Great Eastern Life Assurance Co Ltd）和职总英康保险合作社（NTUC Income Insurance Co-operative Ltd）作为合作伙伴，由这两家公司提供乐龄健保计划，合作期限5年。2007年，又引进英杰华人寿保险有限公司（Aviva）。

新加坡公积金居民40岁后被随机选中，由其中一家保险公司承保。每家保险公司提供护理保险条款的责任和保费都一样，如果想转换成另一家保险公司，被保险人可以在保单生效前转换（投保后有60天犹豫期，在这期间退保保险公司将退还全额保费）。如果在保单生效后改投保险公司，将蒙受保费损失，而且要接受新保险公司核保评估。

2. 保费标准及缴纳

被保险人的保费根据参加计划时的年龄、性别和缴纳方式而不同。由于女性需要护理概率高于男性，保费相对高。

2002年推出时，保费缴纳方式分为定期保费计划(Regular Premium Plan)、十年保费计划(10-Year Premium Plan)和趸交保费计划（Single Premium Plan）。其中定期保费计划是指缴纳保费直至被保险人65岁，十年保费计划是指保费分十年缴纳，趸交保费计划是指保费一次性缴纳。保单的缴费期最长至被保险人65岁，但保单提供的是终身保障(Lifetime Coverage)。对于定期保费计划和十年保费计划包含保费豁免(Waiver of Premium)利益，即被保险人获得护理保障后不再缴纳保费。

2007年改革后，新加坡政府取消趸交保费计划和十年保费计划，只保留定期保费计划。2002~2007年参保的被保险人可通过增加保费的形式，将乐龄健保300计划转换成乐龄健保400计划。除非投保人以书面申请终止保单，否则保单每年自动续保(Guaranteed Renewable)，每年的保费保持不变。新加坡公积金局将在第一次扣除保费后寄给户主确认信函。接下来的保费扣除情况，投保人可到新加坡公积金局网站(www.cpf.gov.sg)查询。

表22-3为目前乐龄健保400计划的保费标准。

为支持和鼓励年长的新加坡人参加乐龄健保计划，新加坡政府对56~69岁(2002年9月30日的年龄)给予保费津贴。此外，为避免保费调整幅度较大对投保人缴费的影响，新加坡政府确定了最大保费调整计划(Maximum

Premium Adustment)，保费每五年调整一次，如需调整，调整幅度不低于 5%、不超过 20%。

表 22-3　乐龄健保定期保费计划

参保年龄（岁）	支付保费的次数	年保费（正常应支付到 65 岁）（元）	
		男性	女性
40	26	174.96	217.76
41	25	182.03	227.11
42	24	189.71	237.29
43	23	198.12	248.41
44	22	207.36	260.6
45	21	217.53	274.03
46	20	228.78	288.87
47	19	241.27	305.32
48	18	255.21	323.68
49	17	270.83	344.23
50	16	288.44	367.4
51	15	308.44	393.7
52	14	331.34	423.79
53	13	357.79	458.55
54	12	388.67	499.13
55	11	425.19	547.1
56	10	469.03	604.68
57	9	522.6	675.03
58	8	589.48	762.94
59	7	675.36	875.94
60	6	789.68	1026.56
61	5	949.43	1237.34
62	4	1188.56	1553.35
63	3	1586.26	2079.69
64	2	2380.17	3131.62

资料来源：新加坡卫生部网站。

新加坡政府通过制定富有家庭亲情特点、以家庭为基本单位的政策措施，鼓励人们用保健储蓄账户（Medisave）为亲人购买乐龄健保计划。乐龄健保的保费从参保人或其亲属的保健储蓄账户扣除。亲属包括配偶、子女、父母和祖父母（祖父母必须是新加坡公民或者永久居民），每名投保人每年从保健储蓄账户缴纳保费限额为 600 新元。设定保费提取限额是为了防止被保险人过早用完保健储蓄而没有足够的金额支付老年医疗费用。被保险人可以使用现金支付保费。

在支付 5 年保费后，保单将享受不丧失价值（Non-forfeiture Benefits）条款而具有现金价值，不会因没有继续缴纳保费而终止。如果没有继续缴纳保费，保单将成为缴清价值（Paid-Up Values）保单，被保险人将终身得到保障但减少保险金额。

为避免投保人未及时缴纳保费而使保单失效，乐龄健保计划设置了宽限期（Grace Period）75 天，在宽限期内，投保人未缴纳保费，保单仍有效，超过了宽限期（除了不丧失价值保单），保单将失效。在宽限期后的 180 天内，投保人可申请保单复效（Reinstatement），但须提供可保证明，并补缴欠缴保费及利息，保单恢复有效。

（三）保险索赔

被保险人如果在保险期间不能从事至少 3 项或以上的日常起居活动，填写索赔表格后，在保险公司指定医生列表中选择一名医生进行预约，由医生对护理情况进行评估。如果该评估在医生的诊所进行，投保人须支付 50 新元。如果该评估由医生到投保人的家里进行，须支付 150 新元。

被保险人需准备索赔表格、完整的病历和出院单（如有）和正在服用的药物（如有）。医生将所有表格和证明被保险人护理状态的评估文件交给保险公司处理。如果索赔成功，保险公司将评估费全额退还被保险人。如果索赔不成功，被保险人自己支付评估费用。

如果被保险人不同意评估结果，可要求让一名专科医生评估。被保险人须支付评估费用。若索赔成功，保险公司将退还评估费用。如果专科医生评估后认为被保险人不符合索赔资格，被保险人仍然不同意评估结果，可上诉至新加坡卫生部设立的乐龄健保仲裁小组（ElderShield Arbitration Panel）。仲裁小组指定专家重新进行评估。仲裁小组的决定为最终决定。

为了确保乐龄健保计划在被保险人需要长期护理时才开始赔偿，赔偿将在被保险人达到护理状态 90 天之后才开始支付，这称为"延迟期"（Deferment Period）。如果没有"延迟期"，保险公司将需要赔偿暂时性和非严重程度的索赔，乐龄健保计划的保费将提高。

每月赔付金将直接转账到被保险人填在索赔表格里的银行户头。若有特别需求，保险公司也可以通过支票支付。对于被保险人不在新加坡而从海外提出的索赔，保险公司将进行护理评估，然后支付赔偿。在这种情况下，保险公司可能会与被保险人商量，将未来预计支付的赔付全部折算成现值，一次性付给被保险人。

被保险人需要接受保险公司指派评估员的定期复查，复查费用由保险公司承担。如果被保险人康复，乐龄健保计划将停止支付。被保险人赔偿金领取期限未满，且有未缴纳的保费，则须继续缴纳保费以享受保障。对于康复后又达到护理状态的被保险人，可以继续领取赔偿金，直到赔偿金领取期限满为止。在被保险人去世时，保单将自动终止。

除了储蓄、护理保险之外，政府还通过以下方式减轻护理费用和老年生活负担。

（1）护理援助。重度护理年长者可依赖的政府援助包括居家护理服务（年长者可在住家接受居家医疗与护理服务、治疗服务、日常生活照顾及家事服务等）、日间护理服务（只在日间需要照料的年长者可在白天接受日间护理，晚上回家享受家庭生活，包括日间护理、失智症者日间护理、康复护理）、疗养院（有需要特别照料的年长者可在疗养院舍接受全天候护理）。对于居家和日间护理，政府提供高达80%津贴，对于疗养院，政府提供75%津贴。

（2）经济援助计划。新加坡政府还提供其他经济援助计划，包括乐龄助行基金（按照支付能力补贴辅助设备、居家保健用品或往返于日间护理中心和洗肾中心的交通费用）、外籍女佣减税计划（为需要聘请外籍佣人来看护年长或残疾家人的家庭减低外籍女佣税。在该计划下，每月的外籍女佣税只需60新元）、女佣雇主补贴（需要聘请外籍女佣来看护中度或重度残疾家人的家庭在符合条件后，每月可获120新元补贴）、看护者培训津贴（看护者每年可享有高达200新元的培训津贴，学习如何更好地照顾年长或残疾家人）、建国一代残疾人士援助计划（中度或重度残疾的建国一代人士每月可获100新元津贴，用来抵消护理开销）。

（3）乐龄公寓。新加坡自1998年开始推行的居家养老模式，一般兴建在成熟社区中，户型面积以满足1~2两位老人需要为主，包括35平方米及45平方米（使用面积）两种，内外设施均按照老年人需求而设。例如，更宽的大门和电梯间便于轮椅出入，更大煤气、热水器等开关按钮，更亮的房间照明度，以及难以尽数的扶梯、休息场所和定制化健身设施。

乐龄公寓的基本申请条件是，申请者必须是55岁或以上的新加坡公民且拥有组屋，夫妇一起申请购买，单身人士、离婚者或丧偶组屋屋主均可申请。新加坡公民卖掉组屋后，一部分钱用来购买乐龄公寓，出于降低养老成本的考虑，新加坡政府制定较为低廉的价格，35平方米的户型平均售价大概为5万新元，45平方米为7万新元（目前成本上升至10万新元左右）；另一部分作为养老金之外的补充资金。乐龄公寓产权一般为30年，之后可适当延长，但不能转售，只能回售给建屋发展局，如不想拥有乐龄公寓或屋主去世时，政府按屋价比例退还余款。考虑到与子女团聚，新加坡建屋发展局会将老人分配至距离子女最近的乐龄公寓中。目前乐龄公寓已成为新加坡解决"老有所居"、"老有所养"的重要方式。

（4）慈怀护理（免费的临终关怀）。新加坡的临终护理起源于1985年。慈怀护理中心是一家慈善机构，对病症末期患者提供舒适的服务，专业的多学科综合治疗团队为患者提供临终关怀，并且上门探望病人及其家属。看护团队由医生、护士、社会工作者、顾问和经过培训的志愿者组成。护理中心设有总部及4个卫星中心，提供上门访问、日间护理、留住3种服务模式，并以居家护理为主。目前慈怀护理已经照顾了5.5万多名末期患者，每年进行4万多次家访，平均服务3500名患者，在任何时刻，都有800多名患者接受护理。新加坡卫生部为慈怀护理中心提供了60%~70%的资金，社会捐助占20%~30%的比例，其余10%来自筹款活动。

（四）乐龄健保补充计划

2007年乐龄健保改革后，为满足更高程度的护理保障需求，新加坡政府推出了护理保险补充计划。购买"乐龄健保补充计划"的投保人必须参加基本计划。区别于乐龄健康计划标准化产品，3家保险公司都开发差异化的护理保险补充产品（见表22-4），投保人可以向三家保险公司中任何一家购买护理保险补充产品。乐龄健保基本计划和补充计划是独立的保险计划。只要符合相应的索赔条件，可同时向这两个保单提出索赔。在补充计划下，投保人可获得以下更好的护理保障：一是更高的每月护理金额和一次性支付的赔偿金，让客户在遭受严重残疾时能获得更好的护理；二是保证终身护理保险支付利益，让客户安心；三是全面的利益，包括受养人照护利益以及康复利益或死亡利益等。

表 22-4 保险公司乐龄健保补充计划比较

乐龄健保补充计划	英杰华人寿 Mycare Plus	大东方人寿 Eldershield Comprehensive	职总英康保险合作社 Primeshield
索赔条件	"日常起居活动"至少2项	"日常起居活动"至少2项	"日常起居活动"至少3项
每月赔偿金	600~5000新元（前6年包含乐龄健保计划400新元）	300~3000新元	500~3000新元（前6年包含乐龄健保计划400新元）
最长赔偿期	12年或终身	10年或终身	终身
首次索赔时一次支付额外现金赔偿	每月赔偿金的3倍	每月赔偿金的3倍	每月赔偿金的3倍
不幸身亡（若发生于赔偿期间）可获得的额外现金赔偿	每月赔偿金的3倍	每月赔偿金的3倍	每月赔偿金的3倍
对投保人子女的保障	子女21岁以下提供3年每月200新元的保障		子女21岁以下提供3年每月投保人保额25%的保障
保费缴纳时间	终身缴纳	缴纳至80岁	缴纳至65岁或20年（以时间长为准）
保费折扣		每月保额1000新元以上可获得10%的保费折扣	

资料来源：作者整理。

以大东方人寿保险有限公司推出乐龄健保全保计划（Eldershield Comprehensive）为例，主要保险利益：一是提前支付护理利益。当被保险人在六项日常起居活动中丧失三项的自理能力时，基本乐龄健保计划将开始支付每月利益。乐龄健保全保计划可对丧失两项日常起居活动能力（2ADLs）即提前给予护理赔偿。二是享有更高的每月利益。除了基本乐龄健保计划支付的每月利益之外，被保险人可在乐龄健保全保计划下自行选择介于300~3000新元的额外每月利益。对于领取护理保险金时豁免保费。三是保障可达终身。被保险人可选择领取每月利益长达十年或终身索赔的计划类型。四是首期利益。在被保险人首次提出索赔时，乐龄健保全保计划会提供额外一次性的首期利益（相当于每月利益的3倍）。五是死亡利益。若被保险人在索赔期间逝世，乐龄健保全保计划将支付每月利益3倍的死亡利益。这笔赔偿金可作为善后费用。此外，保费率不受保证，保险公司可自行酌情在保单续保时调高保费。其中，补充计划护理终身保障、首期利益、死亡利益等都是乐龄健保计划所没有的责任。

表 22-5 乐龄健保全保计划男性每100新元每月利益年保费

投保年龄	全保2ADLs		全保3ADLs	
	10年	终身	10年	终身
40	63.5	69.9	55.9	61.5
41	66.1	72.7	58.3	64.2
42	68.7	75.6	60.7	66.8
43	71.5	78.7	63.3	69.7
44	74.6	82	66.1	72.8
45	77.8	85.5	69	75.9
46	81.2	89.3	72.2	79.5
47	84.9	93.4	75.5	83.1
48	88.9	97.7	79.1	87.1
49	93.1	102.5	82.9	91.2
50	97.8	107.5	87	95.7
51	102.8	113	91.4	100.6
52	108.2	119	96.1	105.8

续表

投保年龄	全保 2ADLs		全保 3ADLs	
	10年	终身	10年	终身
53	114.1	125.5	101.2	111.4
54	120.5	132.5	106.7	117.4
55	127.5	140.3	112.6	123.9
56	135.3	148.8	119.1	131.1
57	143.8	158.2	126.1	138.8
58	153.3	168.7	133.8	147.2
59	164	180.4	142.2	156.5
60	175.8	193.4	151.4	166.6
61	189.3	208.2	161.5	177.7
62	204.6	225	172.8	190.1
63	222.2	244.4	185.3	203.9
64	242.7	266.9	199.3	219.3

资料来源：新加坡大东方人寿保险有限公司网站。

（五）乐龄健保计划运行情况

乐龄健保计划每五年进行一次调整，新加坡卫生部2007年进行了五年运行总结：①从被保险人群看，截至2006年，乐龄健保计划被保险人数共747868人，其中40~49岁年龄段的占比最大（54%），其次为50~59岁年龄段，60岁以上的人群占比约15%。②从选择退出(Opt-out)比例看，呈现逐年下降的态势。乐龄健保计划2002年刚开始推出时，选择退出的比例（即不愿意参加计划）为38%，之后逐年下降，2003~2006年分别为25%、21%、18%和14%。③从索赔情况看，截至2006年，保险公司共收到2811份索赔，其中2366份成功索赔，占比84%，剩余445份未达到索赔条件没有得到赔偿。虽然60岁以上的人群只占总被保险人的15%，但占成功索赔件数62%（见表22-6）。随着年龄的增长，索赔率明显提高，70岁以上人群每千人索赔率是40~49岁人群的16倍。

在2002年乐龄健保计划开始之际，考虑到新加坡护理数据积累较少，精算定价主要参考国外的数据，新加坡政府在与保险公司签订协议时约定，如果五年后实际索赔数低于精算假设，保险公司将利润50%返还给客户。2007年和2012年运行总结时都发现实际索赔比当初的精算假设低。但是，2008~2012年，乐龄健保计划索赔率有明显上升，索赔人数从每年3900人提高至4900人。

表22-6 乐龄健保计划索赔年龄分数

索赔年龄（岁）	成功索赔件数（份）	占比（%）	每千人索赔率（‰）
40~49	303	13	1
50~59	613	26	3
60~69	1079	46	12
70及以上	371	16	16
总计	2366	100	3

资料来源：新加坡卫生部 Eldershield Experience 2002-2007。

截至2015年底，乐龄健保计划投保人数达122万人（40岁以上新加坡公民中，约65%投保该计划），共有12500名乐龄健保投保者顺利索偿，索偿额约9000万新元。乐龄健保补充计划投保人数39.8万人。

表22-7 乐龄健保计划近年投保人数（2010~2015年）

年份	2010	2011	2012	2013	2014	2015
乐龄健保计划投保人数（万人）	92.1	97.7	101.3	101.9	116.7	122
乐龄健保补充计划投保人数（万人）	18.9	23.4	26.5	32	35.7	39.8

资料来源：新加坡卫生部。

（六）乐龄健保计划新一轮改革

1. 改革背景

一是老龄化加剧。目前，新加坡65岁以上老人占人口比例超过14%，至2030年，新加坡老龄化将达到25%。每两位年满65岁以上的老人中，就有一位面临护理风险。

二是护理费用昂贵。目前，新加坡居家护理服务每次约80新元（每月约2400新元），家族帮佣每月约1000新元，疗养院每月1200~3500新元，社区医院每月8000~9000新元。长期护理还需要日常开销、药物与治疗、辅助日常生活的医疗器具、物理治疗等费用。尤其是当老人在长期内无法自行护理的情况下，家庭负担将更加沉重。

三是家庭小型化。随着家庭规模的不断缩减，小家庭子女日后供养父母及为他们提供长期护理的经济负担将更加沉重。从全社会看，较少年轻人供养年长者，2000年，新加坡年轻人（20~64岁）供养老年人（65岁及以上）的比例为8.4∶12015年为4.8∶12030年将进一步减少到2.1∶1①。

2. 改革进展

2016年，新加坡卫生部委任乐龄健保检讨委员会（14名委员会成员来自金融、教育、医疗和志愿福利组织等领域），针对计划中的赔付额、受保范围和索偿期限等项目进行评估和提出建议，希望涵盖更多的人、提供更好的保障，同时确保保费能够负担得起。

检讨委员会在2017年1月11日、2月18日和3月23日举行3场咨询活动。委员会咨询时讨论的问题包括：如何调整乐龄健保的覆盖率和保障水平，确保乐龄健保加上个人和家庭储蓄、政府津贴及其他财务援助计划，可帮助居民做好应对老年护理需求。目前的建议包括：一是检讨现有计划，取消年龄和现有疾病等限制，并强制全民参与，以便让全民得到保障。索赔金额与通货膨胀率挂钩（或定期调整），确保索赔金额跟上护理费用的上涨幅度。延长索赔期限至终身，或至少比现有长6年（如延长至10年），并进行经常性评估，确保索赔期限跟上护理需求的延长。确保居民负担得起乐龄健保的保费。二是给予年长国人的看护者更多的支援。政府提供看护者一笔津贴，或通过一笔特别基金，为年长国人填补保健储蓄或公积金退休账户等。三是强化中长期护理以新加坡人为主的劳动队伍。通过重新设计工作内容、培训、提高工资以及改善事业升迁途径等，进一步优化中长期护理领域的人力资源，培养以新加坡人为坚实核心的劳动队伍等。但是，改善护理保障福利的同时也须评估如何平衡对成本的影响，若增加乐龄健保的赔付额及索偿期限，保费成本也会随之增加。额外的成本最终由所有被保险人承担，被保险人可能需要缴付更高的保费，或通过税收间接补贴额外支出。

三、新加坡乐龄健保计划启示

（一）体现了个人责任与政府有限责任的原则

新加坡政府在社会保障方面倡导"自我积累、自我保障"的核心理念，主张每一代人对自己负责，在乐龄健保计划中也体现了这一原则，该计划实现"选择退出"投保，资金主要来源于保健储蓄计划，通过年轻时的投保为年老的护理提供保障储蓄，体现了个人负责原则。同时，政府在乐龄健保计划中承担了组织和有限责任：一是对投保前患有残疾及70岁以上的新加坡居民提供配套的乐龄残疾援助计划；二是为引导和鼓励年长者参加计划，政府提供了保费津贴；三是配套开展乐年龄公寓等配套计划。

从我国来看，在护理保险制度设计和建设中，在责任分担上，要坚持共担机制，强化个人和家庭的作用。这不仅体现在缴费和支付环节，更反映在护理方式的选择上。居家护理不仅遵从我国社会文化传统，符合老年人的心理需求和生活习惯，还能有效降低护理成本、节省支出。同时，政府应重点加强对家庭困难人员和精准扶贫对象的支持。

（二）实现政府与市场在护理制度中的功能作用

新加坡政府认为，在长期护理方面，政府有责任为国民提供基本的护理保障，同时需要引入市场竞争机制，以提高运作效率。新加坡在卫生保健的供给上采用了公私混合供给机制，不仅提供竞争，偏重服务效率，而且通过政府津贴等形式修正市场失灵和校准社会公平②。因此，新加坡政府在推出乐龄健保计划和具有商业保险性质的补充计划时，都引进保险公司进行运作。投保人达到年龄时加入乐龄健保计划，享受免核保的待遇，为避免逆选择和道德风险，对于以后加入的人群提高了准入门槛。

目前，在我国护理保险试点城市中，青岛、成都、南通等城市都引进商业保险公司参与承办工作。商业保险公司应积极参加长期护理保险制度建设工作，在人才、专业技术、信息系统等方面加大投入力度，营造长期参与和经营的专业技术和人才基础。同时，商业保险公司也要主动接受当地社保、财政、审计部门对护理保险经办工作的指导和监督，做好参保人员的个人信息安全保障。

（三）逐步完善的渐进道路和灵活调整机制

新加坡的医疗保障制度改革走的是逐步推进和完善的渐进式道路，而不是激进式的改革③。新加坡政府根据实际情况和需要，及时进行研究并推出相应社会保障计划，同时做出适当的调整，使其不断适应和满足实际需要。新加坡政府于2002年推出乐龄健保300计划，以适应老龄化社会的需要。在2007年进行评估后，考虑到费用上涨及基本医疗保障程度较低，推出了乐龄健保400计划，同时推出补充计划。目前正在进行新一轮改革征求意见阶段。

新加坡护理保险政策设计渐进式道路和保障责任灵活调整机制值得我们学习，护理保险对于全球来讲都是"年轻"的社会保险险种。我国目前采取先试点后推广的步骤，当前可以出台相关的指导意见，尽可能地统一规范，为后期制度的规范与统一打下基础。需要强调的是，政策法规出台前需要考虑多方的利益，可以通过社会调研、立法听

---

① 冯鹏程：《新加坡的乐龄健保计划》，《中国保险报》，2017年5月24日。
② 丁纯：《世界主要医疗保障制度模式绩效比较》，复旦大学出版社2009年版。
③ 乌日图：《医疗保障制度国际比较》，化学工业出版社2003年版。

证会和网测民意等方式收集资料,同时利用第三方评估的方法对制度的运行进行评估和检验,以利于制度的不断完善,使护理政策试点和制度完善适合中国国情和老龄化进展。

(四)充分利用城镇职工个人账户累积金额

新加坡利用保健储蓄账户资金缴纳护理保费。我国五项社会保险法定缴费率之和相当于工资水平的40%,这一比例超过了大多数国家,短期内再增加护理筹资难度较大,需要探索多元渠道的筹资机制,以保障制度本身的独立性。我国的城镇职工基本医疗保险制度借鉴新加坡健康储蓄计划,也设置了个人账户。截至2016年底,城镇职工基本医疗保险参保人数29532万人,个人账户基金累计结余5200亿元,人均积累金额为1761元。新加坡乐龄健保计划对于拓展我国城镇职工个人账户用途,通过"政府推动、政策支持、强制投保、商业运作"开展长期护理保险试点具有较强的借鉴意义和现实操作性。从提供多层次保障看,可借鉴新加坡乐龄健保补充计划的经验,保障范围由小到大,保障水平由低到高,尤其在制度建设的初期,一定坚持保基本的原则。对于高层次的护理需求,可以通过商业护理保险进行解决。基本护理保险实现标准化责任,满足基本的护理需求;补充护理保险可由各保险公司自主开发,满足多层次、多样化的护理需求。

分报告二十三
中国台湾地区长期照护计划的筹资模式与借鉴意义

中国台湾地区一直在进行长期照护计划"费制"和"税制"的讨论。在未能化解筹资模式争议确立筹资制度时，台湾地区采用了非常有效的过渡计划筹资机制，主要是先导计划和长期照顾十年计划。台湾地区目前形成了较为完善的长期照护服务体系，但长期照护筹资模式并未健全且一直存在争议，其十年长期照护计划的实施及其经验为我国长期照护保险制度的探索提供了思路。

一、台湾地区长期照护历史与现状

近年来，台湾地区人口老龄化程度严重，需照护人口急速增多。2015 年，台湾地区 65 岁以上老年人口与工作年龄人口（15~64 岁）的比例已经达到 15.8%，预计到 2061 年将高达 78%。统计表明，台湾地区人口一生中平均所需照护时长为 7.3 年。同时，家庭小型化、核心化趋势明显，家庭平均人数已经下降至 2.79 人并仍然在逐年下降[①]。为满足日益增长的照护需求，台湾地区发展长期照护保险，并进行筹资模式的讨论。台湾地区发展长期照护保险的目标是"构建高龄化社会完善之长期照护制度，借助互助、自助分担长期照护财务风险，带动长照服务资源发展，维护与促进失能者独立自主生活"。

台湾地区长期照护发展进程总体经历了四个发展阶段。第一阶段，家庭完全责任期（1980~1996 年），此阶段的特点是政府在老年人长期照护过程中起到的作用很小，主要的责任由老年人的亲属承担，但对于长期照护专业服务的需求已初步体现；第二阶段，全面整合期（1997~2002 年），《老人福利法》修订通过，此阶段的特点是政府在老年人长期照护中的角色逐步体现，同时也开始关注身心障碍人士的长照需求。该阶段是老年人长照政策的制定和推进实施时期；第三阶段，多元政策蓬勃发展期（1998~2007 年），此阶段，台湾地区政府相关部门将老年人长期照护提到更重要的关注层面，通过制定多样性的政策，多管齐下，多项实验方案齐头并进，推动如行政部门"加强老年人安养服务方案"、"内政部""加强老人安养服务方案"、卫生主管部门老人长期照护三年计划，建构长期照护体系先导计划等，是老年人长期照护体系构建的重要时期；第四阶段，长期护理保险规划与发展期（2007 年至今），通过执行"长期照顾十年计划——大温暖社会福利套案之旗舰计划"（2007~2016 年），台湾地区长期照护体系进入了规范化、高效化、专业化发展的阶段，且于 2009 年成立长期护理保险筹备组，研究和探讨推动长期照护保险与立法，探讨规划未来将长期照护保险与全民健康保险做适度连接，构建多层次长期照护保障制度。如果未来长期照护保险开办后，《长期照顾十年计划》规划由补助型计划转为服务网计划，主要用于配置长期照护服务资源、建立服务分级制度，提升服务效果。2016 年 6 月，台湾地区长期照护保险法草案经"行政院"审议，函送"立法会"。

台湾地区相比大陆提前近 20 年进入老龄化社会：1993 年 65 岁以上的老年人口占台湾地区总人口的 7.1%，超过联合国世界卫生组织所制定的 7% 门槛，正式迈入

[①] 台湾地区发展委员会，2015~2061 年人口推计报告，2015 年。

"老龄化社会"①。2015年，台湾地区65岁以上者为293.86万人，占比12.51%；社会抚养比为35.28%，低于全世界发达国家49.25%均值。预计到2018年，台湾地区65岁以上人口比例将超过14%，进而迈入老化型的高龄社会，而到了2025年，老年人口的比例更将会超过20%，而成为超高龄社会，从老化速度看，台湾地区已跃居全球第一。根据台湾地区"行政院经济建设委员会"的"人力运用与规划——2006~2051年人口推计"相关推测显示，65岁以上老年人占总人数的比例将从2006年的9.9%上升到2026年的20.6%。由于"战后"婴儿潮时期出生的人口逐渐迈入高龄，到2026年将变成3.3人必须扶养1位老人。

快速的人口老龄进程引发各种社会问题，长期照护需求人数快速增加，长期护理相关的公共支出迅速增长，人口和家庭结构的变化对完善长期照护保障制度的需求越来越迫切。联合国的一项研究显示：长期护理费用占GDP比例未来将增加1~3个百分点。长期照护的需求人群主要分为两类：一类是慢性病人群，主要为老年人；另一类是失能者或者残障人士。台湾地区除了老得快、生得少外，失智失能人口增加得更快。2015年，台湾地区失能人群为75.5万人，预计2019年达到82万人，至2031年增加至120万人，其中老年人失能率为15%~16%，总人口失能率也将由3%增加至5%②。失能、失智人群的增加，慢性病患者和残疾人数的增多引发大量新的护理需求。另外，台湾的少子化和人口迁移因素导致家庭结构的小型化，是社会长期照顾需求的重要因素；再者，妇女就业结构发生变化对长照需求改变影响很大。东亚社会的特点是以家庭为单位，老人抚养照护原来以家庭照顾为主，家庭照顾的主要提供者是隔代的妇女为主，以儿媳和女儿为主。由于人口的迁徙、妇女社会地位及生育率降低等因素，使妇女作为家庭中老年人主要照料者的传统模式受到了很大挑战，从而产生了大量社会化的长期照护需求。研究表明，台湾地区推行长期照护保险，在2019年将惠及82万失能者，减轻294万失能家庭成员的护理负担，直接与间接受益对象共计376万人，占台湾地区总人口的16%③。

二、台湾地区长期照护十年计划

1. 台湾地区长期照护十年计划概述

为应对人口老化与日趋严峻的失能人员长期照护问题，台湾地区"行政院社会福利推动委员会"于2001~2003年推动建构长期照护体系先导计划，从台湾地区长期照护体系的薄弱之处下手，以社区、居家服务为重点发展和探索新型服务模式，并在2004年成立长期照护制度规划小组，通过大量调研和规划，参考日本的"黄金计划"（Gold Plan），台湾地区"行政院"于2007年4月核定发布"长期照护十年计划"，即台湾地区长期照顾十年计划——大温暖社会福利套案之旗舰计划，预备用十年时间、817.36亿新台币经费，建构一个符合多元化、小区化（普及化）、优质化、可负担及兼顾性别、城乡、族群、文化、职业、经济、健康条件差异的长期照顾制度④。

长期照顾十年计划的服务对象是65岁以上老人、55岁以上山地原住居民、50岁以上身心障碍者以及仅工具性日常生活活动功能（IADLs）失能且独居的老人四类，为其提供机构服务、居家服务、日间照顾和喘息服务等。

长期照顾十年计划分为三个阶段执行：第一阶段为2008~2011年"中程计划"阶段，重点发展基础服务模式；第二阶段为2012~2016年"服务网计划"阶段，重点在于扩大服务对象并健全长期服务资源网络；第三阶段为2017年，衔接所谓"长期照顾保险法"。2008~2011年是台湾地区能否按照预期推行长期照顾十年计划，顺利衔接"长期照护保险法"最为关键的时期，是发展基础服务模式，构建完整长照体系的重要阶段，这段时期在台湾地区被称为"长期照护中程计划"，该阶段的重要任务主要体现在五个方面：①建立长照服务输送模式（包括建置长期照顾管理中心和建置长期照顾服务需求综合评估机制）；②建立多元长照服务方案；③建立阶梯式补助及部分负担机制（一般户由政府补助70%、民众部分负担30%；中低收入者政府补助90%、民众部分负担10%；低收入者全额由政府补助）；④发展长照服务人力资源（包括照顾服务员、社工人员、各类医事人员、照顾管理人员等人员的培训）；⑤提升长照服务使用比率。2012~2016年被称为十年长照"服务网计划"，该阶段重点健全长期服务资源网络。该阶段的目标是，完善小区式、居家式及机构式长照资源规划。目前，长照十年计划前两个计划已经完成，取得明显成效。具体表现为：一是机构服务数明显增加。截至2010年底，全台湾地区共有老人福利机构1053家、荣民之家18家、身心障碍福利机构252家、精神护理之家29家、一般护理之家391家、精神复健机构162家，共

---

①② 艺岚：《高龄社会的安心保障——长期照顾服务法》，《卫福季刊》（中国台湾地区），2015年第6期。
③ 台湾地区发展委员会：《2015~2061年人口推计报告》，2015年。
④ 台湾"行政院社会福利推动委员会"、台湾"内政部"：《长期照顾十年计划——大温暖社会福利套案之旗舰计》（核定本），2007年。

可提供床位数为123143个，虽各类型长照机构占床率略有不同，但平均占床率已达到约78.95%。二是机构评鉴数量质量提升。2008~2010年共计有1074家老人福利机构接受评鉴，其中优等机构98家、占9.12%，甲等331家、占30.82%，乙等514家、占47.87%，丙等100家、占9.32%及丁等31家、占2.87%。评鉴为丙等或丁等机构均由地方政府主管机关依所谓"老人福利法"第48条处以新台币6万~30万元罚款并令其限期改善再予复评，复评结果仍未达乙等者，则依"老人福利法"第49条规定令其停业1个月以上1年以下，以确保机构住民照顾质量。三是服务人数显著增加。自2008年开办，至2010年12月底，申请长照服务人数共94630人，经评估后需提供服务人数为70567人、占74.6%。2008~2010年提供服务量占失能人口比例，2008年为2.3%，2009年为5.7%，至2010年达16.3%。[①]

2. 台湾地区长期照护十年计划补助经费来源

长期照顾十年计划中照顾服务（含居家服务、日间照顾、家庭托顾）项目的补助经费，由各"直辖市政府社会局、县（市）政府"向"卫生福利部社会及家庭署"提交长期照顾整合型计划，经核定后，"直辖市政府社会局、县（市）政府"依据批示办理执行。有关服务对象、失能程度界定，依据长期照顾十年计划规定办理。政府补助比率：低收入全额补助、中低收入补助90%、一般户补助70%。经费来源为"直辖市政府社会局、县（市）政府"自筹经费加上向"卫生福利部"申请所获得的补助[②]。

三、台湾地区全民健康保险与长期照护保险

1. 台湾地区全民健康保险

台湾地区1995年之前，拥有各种医保，包括有公保、劳保、农保和军人医疗照护等14种健康保险制度。但这些制度只覆盖59%的民众群体，未覆盖的群体大部分为14岁以下的儿童及65岁以上的老人。为实现照顾全民健康的理想，台湾当局于1995年3月实施全民健康保险，即"一代健保"。"一代健保"费用由雇主、雇员共同缴纳，政府给予适当补助。这项政策关注公平，帮助没有缴费能力的参保人。在资金来源方面，烟草附加税作为补充资金。历经七年规划，现行全民健康保险整合了原有14种健康保险制度，并扩大纳保对象至全体民众。截至2000年底，参加全民健康保险的保险对象纳保率由初期的92%提高到96%。台湾全民健保的特色是：全民强制纳保的健康保险、公办为单一保险人；保险费由政府、雇主及被保险人三方缴纳。政府编列行政费用，保险财务随收随付，提供综合性医疗服务，实行多元支付和部分负担制度。全民健保属于强制性的社会保险，其主要宗旨是人人均纳保及获得平等医疗服务的权利。

全民健保经历了"一代健保"与"二代健保"两个阶段：自1995年3月1日正式开办全民健康保险至2011年1月4日"二代健保"被台湾地区"立法院"通过，这16年可称为"一代健保"时代。"一代健保"以个人薪资所得为保费计算基础，由被保险人、雇主和政府按照比例分担保费。台湾"一代健保"的优点：降低民众就医经济障碍，民众就医可及性提高，民众保费负担低，医疗给付项目范围广。"一代健保"的缺点：行政手续繁复，"健保局"定位混淆，财务结构脆弱，保费不公平支付制度不合理，医疗品质低劣，医疗浪费与药价黑洞，薪资所得非全部所得，能收到的保险费有限，被保险人可能高收入却低报保费有失公平，费率的调整常受政治干扰。

2011年1月4日台湾"立法院"推出"二代健保"改革方案，进入"二代健保"推进期。"二代健保"以个人和其他家庭成员总收入为保费计算基础，保费分担由政府及雇主按照公式计算，其余由被保险人按照家户总所得以年度费率分担。台湾"二代健保"的优点：建立权责相辅之健保组织体制，实现保费公平，扩大社会多元化参与，提供医疗信息提升医疗质量。"二代健保"的缺点：财务问题仍未完全解决，医疗质量改善程度有限，规划制度过于理想化，公民参与机制意义不大。"二代健保"制度的改革部分，其中权责相辅之健保组织体制可解决"一代健保"制度的行政手续繁复和"健保局"定位混淆的问题。而保费公平性方面，"二代健保"如能确实拟订保费费率、眷属人数以及保费上下限，那么保费公平性将比"一代健保"更为客观，但保费增长控制不容乐观。

2. 台湾地区长期照护保险

（1）长期照护商业保险。台湾地区第一份长期照顾商业保险保单于1995年由新光人寿保险公司推出，国泰人寿也于2000年紧随其后，2002年之后陆续有更多寿险公司加入开发长期照顾商业保险的市场，但南山人寿在2007年9月已经宣告停止该险种的销售，至2011年11月为止，台湾地区市场共有包括国泰人寿、新光人寿、三商美邦人寿、国华人寿、台湾人寿、富邦人寿、中国人寿

[①] 台湾"行政院"第1010061581号函《长期照顾十年计划-101年至104年中程计划_0003411000》。
[②] 台湾"卫生福利部社会及家庭署"，2014年。

及保诚人寿 8 家公司在售长期照顾商业保险产品。

台湾地区长期照顾商业保险分为主约型保险（可以单独投保）和附约型保险（必须先投保该公司长期寿险才能附加购买）两大类。长照保险金没有次数跟额度的限制，只要保户持续符合契约中载明的长期照护状态，就可在固定期间领取长期照护保险金直到契约期满，并且被保险人如果中途发生经济困难或个人因素而解约的话，保险公司也会将解约金额按契约规定还给客户，不会扣除过去曾领过给付的各项理赔金额。

一个好的社会保险机制，必须经历 20 年才可能趋于成熟，所以政府释出的长照保险，仍无法解决民众所有的长期照护需求，商业长期照护险可以弥补政府资金的不足；就政府财政而言，政府所提供的福利措施，无法满足民众在照护上的所有需求，政府在社会福利、公共化服务的给付方式，只能限缩给付对象并给予最低的保障，也就是被照护者需符合极穷或重病的条件，而民众长期照护支出缺口的部分，仍需民众自行负担准备或购买商业保险来转嫁风险。另外，商业长期照护保险可补充社会保险保障不足。目前政府的长期照护十年计划有年龄的限制。长期照护保险只能提供基本服务，无法满足每一个需要长期照顾家庭的需求。若以台湾地区目前的商业长期照护保险商品给付内容与社会长期照护保险于运作初期将失智症纳入照护范围相较，商业长期照护保险商品给付内容较为广泛亦较为多元化，除了失智症之外还包含了针对如无法自行入浴或无法自行起等参考 ADLS 指标而定的多项长期照护给付。

（2）社会长期照顾保险。台湾地区近期正在规划社会性长期照顾保险，出台所谓"长期照顾保险法"和"长期照顾服务法"，定于 2017 年实施长期照护保险即强制性社会保险。台湾地区社会长期照顾保险的规划发展借鉴了日本、德国的发展经验，为具有台湾户籍且在台湾地区设有户籍满三年并具全民健康保险对象身份的民众或连续参加全民健康保险满三年的民众提供居家照护、辅具服务和喘息服务等长期照护服务。长期照顾保险与全民健康保险分工合作，划定各自的责任范围，凡属医疗、可治疗、可逆的服务归健保给付，属照护且长期者归长保给付，使收益人群获得更全面的保障。

社会性长期照顾保险的资金来自"中央政府"、投保单位及保险对象三方。被保险人区分为六大类别，每个类别对应不同保费负担。政府每年负担不得少于每年度保险经费扣除法定收入后的 36%。政府编列保险相关预算负担，不足前项政府应负担最低总经费部分，由主管机关编列预算拨补。保险人至少每 3 年精算一次，每次精算为 25 年。保险对象应自行负担保险给付费用 15%（定额收取）。长照资源缺乏的地区，予以减免。长照保险提取安全准备基金，其来源为保险每年度收支结余。基金可用于公债、库券及公司债投资。

3. 台湾地区全民健康保险与长期照护保险筹资模式关系分析

台湾地区全民健康保险与长期照护保险的服务和财政实现无缝对接。凡属可医疗的归健保，属照顾且长期的归长保急性后期照护（中期照护）由健保推动试办计划发展整合照护服务模式，通过多元面向综合性评估，制订整合性照护计划。借助多元财源，整合医疗与长照服务。

对长期照护计划筹资模式而言，原有社会保障的筹资模式是最重要的参照，尤其是医疗保障筹资机制的参照。契合度越高，协同程度越高，效率越高。台湾地区的医疗保险即全民健康保险模式学习的是脱胎于日本和德国为主的社会保险模式，所以，台湾地区采用保险机制，规划和使用以社会保险为主、商业保险为辅的长期照护保险模式相对比较契合。因为融合度高，在制度规划，服务实施，效率体现时更容易推进和产生效果。当然，任何模式选择都有其优势和弊端，台湾地区在长期照护选择中除了学术争议外又主要夹杂了政党争议，使得这样一个社会保障计划成了政党的纲领，影响了社会的辨别能力和社会效率，体现了另类民主政治的弊端。台湾当局通过所谓的"长期照顾服务法"，避免争议，使得长期照顾服务体系和运行机制得以建立，形成既成社会保障的事实。这样，无论筹资模式来自何种方式，政府和社会都必须有一笔固定的资金与长期照护服务相匹配，促进了长期照护服务的提供，保障了长期照护服务的需求。

四、台湾地区长期照护计划筹资模式

（一）筹资来源与模式之争

台湾地区长期照护体系的经费目前主要来自政府部门有限的公共预算，而在长期照护经费的编列方面，台湾地区"中央政府"由于近年来总预算中年度支出总和中约有 70% 为法定义务支出，其他如长期照护十年计划等相关业务经费则属非法定社会福利支出，是依据计划与政府财政情况逐年酌情编列的，因此，台湾地区长期照护相关预算编列需要根据各年度财政余绌状况，额度往往因为预算困难而有所波动。为避免长期照护服务因为预算因素而中断，社会开始出现要求尽快开办长照保险等呼声，希望将长期照护纳入政府责任中，给予其稳定的经费来源。目前，台湾地区政府对于符合补助申请标准的高龄者及其家庭补贴内容，主要是依据长期照护十年计划提供长期照护相关服务及给付。项目大致包括：居家服务、居家照护、居家复健、短期或临时照顾、日间照顾（护）、机构式服务补助（含长期照护机构、护理之家、养护机构、安养机构）、营养餐饮服务、紧急救援服务、中低收入老人住宅设备设施补助改善、中低收入老人重病住院看护费补助、中低收入老人特别照顾津贴等项，并提供相关的喘息服务，支持、协助家庭照顾者。然而，台湾地区近年来由于经济发展停滞导致GDP增速放缓，政府正面临财政紧缩、预算不足的窘境，部分年度甚至需要动用第二预备金才能予以支撑。根据统计数据，台湾地区政府长期照护经费自2008年起平均每年均编列20亿元以上新台币，2008~2013年共计编列156.28亿元新台币，经费由2008年的25.33亿元新台币成长至2014年的41.62亿元新台币，增加幅度为64%，2014年就比2013年增加28%。

表 23-1 台湾地区卫政与社政公务经费预算（亿元新台币）

单位	年份	2008	2009	2010	2011	2012	2013	总计	2014
社政	预算	22.23	22.85	15.22	15.97	18.85	20.15	115.3	34.6
	第二预备金			0.78	3.82	5.4	7.3	17.4	
	第一预备金（原内政部）			0.22	0.18			0.4	
	其他社会福利补经费			0.59	1.01	0.35		1.95	
	小计	22.23	22.85	16.81	20.98	24.6	27.45	135	34.6
卫政	预算	3.1	2.88	2.17	2.32	2.46	3.11	16.04	3.42
	其他经费流用			0.3	0.25	0.92	0.02	0.95	
	医疗发展基金				1.25	1.25	1.8	4.3	3.6
	小计	3.1	2.88	2.47	3.82	4.09	4.93	21.29	7.02
总计		25.33	25.73	19.3	24.8	28.69	32.38	156.28	41.62

资料来源：台湾地区"卫生福利部社会及家庭署"，2014年。

台湾地区的长照十年计划已经执行到后期，2008年"行政院"开始积极规划长照保险制度，着手草拟所谓"长期照顾保险法"，拟通过保险筹资长效解决台湾地区长期照护问题，"行政院"版法案2015年6月由"立法院"三度通过。2016年4月民进党上台，时任台湾地区领导人蔡英文提出长照2.0计划，"行政院"版本长照保险法与民进党提出的税收制在筹资来源上有较大分歧，还未正式定案，长照保险具体的开办时间以及未来所采用的具体资金模式还需进一步研讨。但是，长期照护计划采用何种筹资模式与医疗保健制度采用的筹资模式存在正相关关系。台湾地区目前在医疗保健筹资方面的全民健保制度筹资模式主要借鉴于德国和日本的健康保险制度筹资模式，从与医疗保健筹资模式机制契合的国际经验来说，保险制度可能更适合中国台湾地区。

保险制的主张者认为，长期照护保险费用应基于自愿原则，体现互助共济的宗旨，由"政府"、雇主和参保人共同负担，缴纳保费才有待遇享受资格。长期照护保险以家庭收入为费基，一般保险费率拟设定为1.19%，补充保险费率拟设定为0.48%。无能力缴费的低收入人群可借助社会救助参保。台湾地区应引用长期照护保险费率的动态调整机制，精算方式以25年为一个周期，每2年精算一次，每3年根据收支情况调整一次费率，调整结果报主管部门面向社会公示。在财务安全方面，保险制支持者主张台湾地区实行财务收支联动，当有下列情形之一时，保险人应提出财务平衡方案，经长照保险会审议后，报由主管机关核定公告调整费率或给付；不能于期限内完成审议时，由主管机关迳行核定公告；精算之平衡费率与现行保险费率相差幅度逾10%；因调整给付，致预期之给付费用总额，较最近一年给付费用总额增减逾10%。为避免筹资不足的风险，台湾地区设立长期照护保险风险准备金制度，自设立保险第6年起，每年年底至少准备3个月风险准备金。据估测，实行长期照护保险后，长照经费较十年计划相比将大幅提高，达到每年1100亿新台币[①]。

税收制度支持者认为长期照护保险应由政府负担，民众免费享受，是一项全民性保障。他们主张以营业税为税基，提高营业税定向用于长期护理开支。税收制度虽然表面上减轻了民众负担，但也有弊端：第一，如果税收负担过重，民众抗拒加税，长期护理保险将会面临筹资不足的风险。第二，长期护理保险将与其他预算项目竞争财政资源，难以平衡。

综合税制与费制的特点，台湾地区"长期照护保险规划报告"指出了筹资模式制度选择的一般原则：第一，税（费）基必须稳定且具有自然弹性；第二，筹资来源专款专用，避免挪用；第三，保障多元筹资渠道，确保资金筹集充足，筹资制度公平，居民负担合理；第四，确保长期照护制度与其他社会保障制度良性衔接。

（二）福利私有化及市场化对筹资制度的影响

台湾地区在公共预算的长期照护财源方面始终存在瓶颈，无法满足台湾未来社会发展的高涨的长照需求。制度设计并不完善，导致如长照机构优质床位一床难求，但整体照护床位却供过于求的情况。台湾地区在发现此现状后，在十年长期照护计划中通过推动公私合作模式（Public Private Partnership，PPP），鼓励民间加入长期照护服务供给领域。而对照世界各国民间参与公共建设（PPP）的发展模式，财务自偿性高的案件以 PPP 模式发展，财务自偿性低的项目也以民间投资主导公共建设（Private Finance Initiative，PFI）方式推动。在 PPP 模式下，"政府"主要是购买服务。台湾"行政院"于2012年6月指示"公共工程委员会"（前促进民间参与公共建设法令主管机关）研究探讨以 PFI 方式扩大民间参与方式，经过所属行政部门的研议提出三项示范类别，长期照护即为其中一项。其办理方式依据经相关行政部门开会协商，如符合"促进民间参与公共建设法"第三条及第八条规定者依该法办理。

1. 对安养机构的影响

安养机构是指老人福利机构及荣民之家（安养床）全日型住宿的服务。公立安养机构的经费来源从1946年起，百分之百经费来源都由政府提供。20世纪80年代社会福利私有化政策影响，政府也委托私立机构提供安养服务，给予这些私立机构扶养疗养补助，或建筑与设备费上也予以私立机构经费上协助。90年代社会福利私有化政策除了鼓励公办民营外，也积极奖励私人资本投入长照服务。1989年"内政部"提出"加强推展社会福利服务奖助作业要点"，更鼓励地方民间机构投入。目前"政府"对私立机构的补助，大致可分为两类。其一，对供给面补助：补助奖励民间提供服务，例如奖励立案财团法人设立机构，补助硬件设施、人员薪资等；其二，对需求面补助，即对住民的补助，降低购买服务者的负担。

2. 对养护机构的影响

自20世纪90年代开始，"台湾地区机构式照护的发展，主要采用公办民营方式办理。从"内政部社会福利机构概况调查报告"推估，2011年，公立养护机构收入大约七成来自政府补助，剩下三成收入来自自费就养和其他收入。此外，公立养护机构住民结构主要以公费养护住民为主。然而，政府对公立养护机构的经费却逐年减少。同时，政府却在服务提供及入住者面向补助立案的财团法人养护机构。这样的补助大约占财团法人养护机构收入的两成多。

3. 对长照机构及护理之家的影响

当1999年台湾地区私立长照机构开始出现之时发展至今，私立长照机构家数和规模迅速扩大，2012年已达53家，长照机构市场几乎完全是私人资本所占有。20世纪90年代开始，台湾地区逐年减少对公立医院护理之家的补助，让公立医院自负盈亏。1995年全民健保开办之后，公立护理之家和私立护理之家完全在长照市场上竞争客源。当需求对象申请居家护理服务时，护理之家费用来自全民健保给付或长照十年计划给付。

（三）对台湾地区长期照护计划筹资模式的评价

第一，截至目前，台湾地区长期照护服务体系的筹资主要来自税收，长期照护保险因两派政党对于采用税收制还是保险制作为其未来的筹资来源，在学术认同上一直存在争议，目前尚未形成定论，无法以法律法规的形式决定最终模式。但台湾地区经过长期照护十年计划的推进，其长期照护覆盖人群、给付项目、年度总体预算相对稳定，也已经建立了相对完整和安全的长照储备金机制，为长照服务提供了重要的支持。

第二，台湾地区在过渡计划中，有效地统计了长期照护需求人群的数量、服务需求内容、服务等级要求以及总体服务量，通过建立精准的服务匹配模型，较为准确地测量了长期照护年度总规模。不管未来的长期照护计划筹资来自税收或者来自保险，都具备其实施的基本条件。

---

① 根据陈敏雄讲座《台湾长期照顾保险制度规划之探讨》中相关数据整理得出。

第三，作为世界上少有的对长期照护服务方向专门立法的地区，台湾地区所谓"长期照顾服务法"的颁布实施，为长期照护服务持续发展确立了法律依据。

第四，台湾地区在长期照顾保险和税收制研究长期广泛，社会参与度高，对明辨是非提供较为客观的论证过程。

第五，台湾地区社会税率低，保险费率低，民众负担低。

第六，台湾地区政府信息公开程度高，民众参与程度高，对民众支付接受形式容易取得真实资料。

总结台湾地区长期护理（照护）体系发展的经验，针对中国大陆地区日益严峻的老龄化现状和迫在眉睫的长期护理问题，提出以下几条重要借鉴：优先构建长期照顾服务网络；探讨效仿台湾地区设立长期照护专门法令的可行性；考虑实施过渡计划；以居家服务为优先支持方向；积极开展同社会力量合作；建立竞争性服务供给体系；进行体制改革，形成单一窗口管理；建立社会标准评价体系；公开民主，引领民众参与；打破官本位，让社会事业社会化；重视长期护理各类服务人员的教育和培养；在保险规划上采用多方筹资、先重后轻原则，注重差异；关注政府财政和民众负担承受能力。

第五部分

补充保险篇

分报告二十四
国内商业长期护理保险的十年探索

随着老龄化进程的加快,老年人口在我国人口结构中的比重呈现逐年上升的趋势,由此引发的老年人的护理保障问题日益受到重视。所以,长期护理保险应运而生。长期护理保险是一种为因年老、疾病或伤残而导致需要长期照顾的被保险人提供护理服务费用补偿的健康保险。

一、国内商业长期护理保险的发展历程及现状

我国目前的社会保险由基本医疗保险、基本养老保险、失业保险、工伤保险和生育保险五个险种组成。其中,基本医疗保险分为城镇职工、城镇居民基本医疗保险和新型农村合作医疗,基本覆盖了大部分民众因看病就医所产生的医疗费用。然而,多种原因导致的医疗及日常照护而产生的护理费用却不包括在其中。随着中国社会老龄化程度的逐年加深,因年老或疾病而产生的护理需求导致的经济风险开始受到重视。在我国,商业长期护理保险先于社会长期护理保险进行探索,至今已经超过10年,对社会、政府及个人在不同方面均产生不同的影响。

（一）国内商业长期护理保险的早期探索（2005~2006年）

商业性长期护理保险最早于20世纪70年代出现在美国,90年代开始盛行,此后以较快的速度发展,成为一些发达国家的重要险种之一。在我国,这一险种的探索始于21世纪初期,我国已经全面进入老龄化社会,老年人的长期护理问题越发引起社会的关注。然而我国经济状况仍然处于发展中国家水平,社会保障体系尚不完善,还不具备将长期护理保险作为强制性社会保险的条件。因此在长期护理保险发展的过程中,商业长期护理保险最先开始探索。

其中,国内首个具备商业性质的长期护理保险是2005年台资保险公司——国泰人寿在上海推出的"康宁长期护理健康保险"。该款保险产品的主要定位在于满足投保人的护理需求,当被保险人因年老或疾病而需要被人看护时为其提供护理费用补偿。此外,"康宁长期护理健康保险"的保障年限直至投保人88周岁为止,在此期间还提供被保险人身故、第一级残疾保险金及1倍满期保险金。

2006年12月4日,由国内第一家专业的健康保险公司——中国人民健康保险股份有限公司在全国范围内推出的"全无忧长期看护个人护理保险"是首个全国性的具有全面保障功能的长期护理保险。该款保险的推出,标志着我国商业长期护理保险迈出了实质性的一步。与"康宁长期护理健康保险"不同,"全无忧长期看护个人护理保险"更加综合全面。除提供长期护理保险金外,该产品还提供老年护理（生存）保险金、老年关爱（满期）保险金和身故保险金,保险期间为自合同生效起至100周岁。

此后,长期护理保险在我国得到了长足的发展。多家保险公司相继推出不同类型的长期护理保险产品,包括国寿的"康馨长期护理保险"、昆仑健康的"守护一生终身护理保险"等。这些护理保险产品的出现顺应了消费者新的保险保障需求,也大大丰富了我国商业保险市场。

（二）国内商业长期护理保险的高速发展（2006~2011年）

传统型商业长期护理保险产品的主要特征体现在三种保障责任：一是护理保险责任，提供对护理服务需求带来的经济负担的保障；二是生存金责任，即被保险人在确定年限仍生存且保单未满期，即可领取生存金，主旨为提升晚年的生活质量，多数命名为"健康维护金"、"老年护理保险金"等；三是满期给付责任，即在保单满期时给付的保险金，一般按所缴保费的总值或一定比例进行返还。

由于上述特征，这段时期商业长期护理保险体现出以下三种主要功能：

（1）保险保障功能。商业长期护理保险的最主要、最核心的功能，是为被保险人长期护理时发生的潜在巨额护理费用提供保险保障，商业护理保险产品最大限度地保障被保险人在多种机构内接受多种护理服务，包括但不限于在医疗服务机构、具备医疗资质的养老服务机构及由家人提供的护理服务。

（2）短期理财功能。商业护理保险产品具备设计成短期理财型产品的可能，主要体现在两个方面：一是根据该产品提供护理保障责任、生存金责任及满期金责任，使得该产品在传统型产品形态下，可以在较短期间内（1~3年期）提供较高的现金价值；二是商业护理保险产品可以设计成万能险的形式，也是形成短期理财型产品的另一种可能。

（3）长期储蓄功能。商业护理保险产品因为生存金的设置，即在保单生效满3年后且被保险人生存，即可提供生存金，而且护理险可以提供满期责任，致使护理保险的保障结构同寿险的两全险产品相类似，因此也具备设计开发成具有长期储蓄功能的保险产品的可能。

（三）理财型护理保险产品的集中爆发（2012~2016年）

2012年前后，随着我国经济发展和社会进步，民众的财富逐步增长和累积，国民的个人理财意识增强，对丰富且多元的财富管理及投资手段的需求不断高涨，社会进入"大资管时代"。顺应市场发展趋势，保险行业对兼具保险保障和理财投资功能的理财型保险产品的开发力度也日益加大。高现金价值产品[①]（以下简称高现价产品）除兼具保险保障和理财优势外，也因其本身可以为客户提供较稳定收益，并具有透明度高、销售误导少等特点，快速获得了市场的高度认可。

由于财险公司不具备开发长期险业务的能力，因此高现价产品主要集中在人身险公司。其中，寿险公司的高现价产品实现方式有多种，一般使用分红险、投连险及万能险形态展开设计。而专业健康险公司受经营范围限制，转而借助商业护理保险，衍生出一类具有高现价产品性质的、可提供短期高预期收益的护理保险产品。该类产品逐渐成为健康险公司个人规模保费的主要险种，为健康险公司吸引大量消费者，迅速实现保费的高速增长。

高现价产品的热销进一步推进了保险公司"资产驱动负债"的运营方式。由于高现价产品具有高于同期其他保险产品的预期投资收益率，保险公司以该特征为卖点，可迅速实现一定规模的保费收入，获得大量现金流作为资产端的牢固基石。同时，借助该时期资本市场的整体高收益，将资金合理投入优质项目，不断开拓投资领域做大资产端，利用杠杆投资为公司获得高额利差。

开发和销售高现价产品的做法在保险行业愈演愈烈，虽然满足了消费者对护理保险产品理财功能的需求，但渐渐违背了商业护理保险设计的初衷。2014年，中国保险监督管理委员会（以下简称保监会）正式下发了《中国保监会关于规范高现金价值产品有关事项的通知》（保监发〔2014〕12号），对高现价产品的相关事项进行了规定，对销售高现价产品的保险公司的偿付能力充足率、产品费差损管理、投资管理以及年销售规模等方面提出了严格的要求。

即使开发理财型护理保险受限，高现价业务增长势头依旧未变。以2015年为例，保险行业协会披露的数据显示高现价产品的规模约为6000亿元，约占行业总保费收入的30%，个别公司的高现价业务占整体收入的比例高达90%。

（四）国内商业长期护理保险的新发展（2016年至今）

（1）中短存续期产品[②]的限制性发展。随着高现价产品的市场占比慢慢增大，监管机构对其背后蕴含的风险也日益重视。鉴于各公司战略布局和经营管理水平的差异，个别公司可能会面临两类主要风险：一是由于实际存续期限较短产生的短线长投的资产负债不匹配风险；二是当资本市场不景气时因投资收益率下降导致的现金流不足等风

---

① 根据《中国保监会关于规范高现金价值产品有关事项的通知》（保监发〔2014〕12号），高现价产品是指除投资连结保险产品、变额年金保险产品外，第二保单年度末保单现金价值与累计生存保险金之和超过累计所缴保费，且预期该产品60%以上的保单存续时间不满3年的产品。该类产品于2016年更名为中短存续期产品。

② 根据《中国保监会关于规范中短存续期人身保险产品有关事项的通知》（保监发〔2016〕22号）中短存续期产品是指除投资连结保险产品、变额年金保险产品外，前4个保单年度中任一保单年度末保单现金价值（账户价值）与累计生存保险金之和超过累计所缴保费，且预期该产品60%以上的保单存续时间不满5年的人身保险产品。

险隐患。针对该现象，保监会密集出台一系列文件对中短存续期产品的开发、销售、管理等方面均进行了限制，不断强化"保险业姓保、保监会姓监"的导向。

2016年3月，保监会出台《中国保监会关于规范中短存续期人身保险产品有关事项的通知》（保监发〔2016〕22号，以下简称22号文），将高现价产品更名为中短存续期产品，主要是因为高现价产品的定义不全面，未能准确反映出该类产品的风险点。风险敞口形成于中短存续期产品可能带来的资产负债错配，现金流挤兑风险，而并非高现金价值。相反，高现金价值有利于保障投保人权益，减少投诉纠纷。此外，22号文要求将中短存续期产品的规模管控基准与投入资本和净资产挂钩，要求保险公司收紧中短存续期产品的销售额度。同时，将中短存续期产品按不同存续期限进行分类，并针对不同类别提出停售、限制销售规模等管控要求。

随后，保监会持续针对中短存续期业务颁布系列文件，旨在加大监管力度，不断收紧中短存续期产品的销售额度，并强调各保险公司不得超过规定额度要求进行违规销售，要求其完善自身对中短存续期业务的规划和监管工作：2016年9月，保监会发布《中国保监会关于进一步完善人身保险精算制度有关事项的通知》（保监发〔2016〕76号）要求保险公司不得将护理保险设计成中短存续期产品，并再次收紧中短存续期产品额度，提出保险公司应加强对中短存续期产品的资本管控和业务规划；2016年12月，保监会发布《中国保监会关于进一步加强人身保险监管有关事项的通知》（保监发〔2016〕113号）要求中短存续期产品季度规模保费收入占当季总规模保费收入比例不得高于50%；2017年1月，保监会发布《关于报送中短存续期业务报告的通知》（人身险部函〔2017〕52号）要求各人身险公司按月、季度报送公司中短存续期业务相关数据，对中短存续期业务进行严密监管。

（2）商业护理保险产品的储蓄性质的弱化。长期护理保险由于保险期间较长，在提供保险保障的同时保单通常还具有储蓄性质，更为全面地为客户提供保障。但近年来，人身险产品整体上存在风险保障功能弱化的问题，集中表现为长险短做和片面突出短期或长期理财属性的现象。

针对上述问题，保监会于2017年出台了《中国保监会关于规范人身保险公司产品开发设计行为的通知》（保监人身险〔2017〕134号），对两全保险及年金保险的生存保险金在时间及额度上做出明确限定，指出护理保险产品在保险期间届满前给付的生存保险金，应当以被保险人因保险合同约定的日常生活能力障碍引发护理需要为给付条件，而仅以生存作为给付条件的保险责任将不在长期护理保险产品中出现。自此，护理保险的保障特征将明显区别于寿险的两全保险及养老险的年金保险，而护理保险的长期储蓄功能将只在满期给付责任中予以体现，护理产品的重心将集中在长期护理保障责任。

（五）2005年以来国内护理保险产品开发情况

自2005年以来，多家人身险公司陆续开发经营护理保险产品，整体看目前共有12家人身险公司提供长期护

表24-1　2005年至今各人身险保险公司护理保险产品开发情况　　　　单位：款

公司名称	类别	2005年	2006年	2007年	2008年	2009年	2010年	2011年	2012年	2013年	2014年	2015年	2016年	2017年至今	合计
中国人民健康保险股份有限公司	健康险		4	3	6	4	5	2	4	5	0	5	6	2	46
和谐健康保险股份有限公司	健康险					5	1	8	10	7	14	6	2		53
昆仑健康保险股份有限公司	健康险					6	3	4	8			3	12	7	43
中国人寿保险股份有限公司	人寿险					1			2	1			2		6
中国人民人寿保险股份有限公司	人寿险											1		1	2
信泰人寿保险股份有限公司	人寿险														3
华夏人寿保险股份有限公司	人寿险											1			1
泰康人寿保险有限责任公司	人寿险								1				1		3
生命人寿保险股份有限公司	人寿险											2			2
陆家嘴国泰人寿保险有限责任公司	人寿险	1				1				1					2
平安养老保险股份有限公司	养老险											1	2	1	4
泰康养老保险股份有限公司	养老险											1		1	2

资料来源：根据中国保险监督管理委员会官网信息，由作者整理。

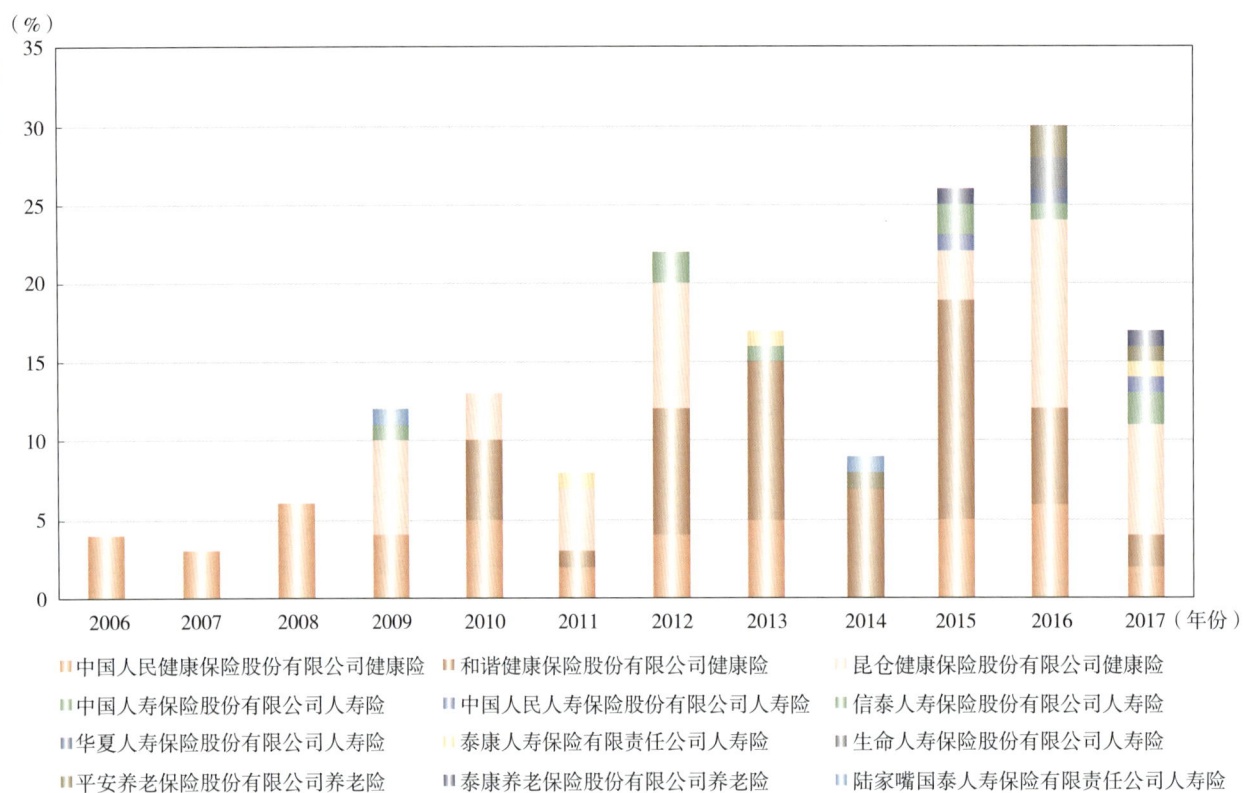

图 24-1 2005 年至今各人身险保险公司护理保险产品开发的比例

注：护理保险产品开发比例 = 各公司年度新开发护理保险产品 / 总年度新开发的护理保险产品

资料来源：根据中国保险监督管理委员会官网信息，由作者整理。

理保险产品，其中包括 7 家寿险公司、3 家健康险公司及 2 家养老险公司。各公司按年度的护理保险产品开发力度分布如下：

因健康险分类中包含医疗险、疾病险、护理险和失能收入损失保险四大类，护理险是健康险公司的主力产品线，由图 24-1 也可看出，国内主要的专业健康险公司——包括中国人民健康保险股份有限公司、和谐健康保险股份有限公司、昆仑健康保险股份有限公司——自 2005 年首款护理保险面市以来，累计开发商业护理保险 140 余款，占市场上全部护理保险产品的 85% 以上。

综合上述监管新规要求，同时结合自 2015 年以来在各地积极试点的社会保险性质的长期护理保险项目对市场需求的调动，人身险公司纷纷调整各自长期护理保险产品的市场定位，去除其短期理财特征，弱化长期储蓄功能，重点加大护理保障责任，同时结合国际市场的营销经验及风险管控手段，各类具有高保障责任的商业护理保险将逐渐投放市场，商业型长期护理保险产品进入新的发展阶段。

二、国内长期护理保险发展存在的问题

在老龄化加剧的社会背景下，我国商业长期护理保险在 10 多年时间内以较快的速度在人身险市场上占据了一席之地，也成为健康险公司保费收入的重要来源。然而，目前我国商业长期护理保险发展仍不成熟，与其他人身保险产品相比市场份额仍相对较小，其原因在于该险种在发展过程中还存在着以下问题：

（一）相关政策及法律法规尚不完善

我国商业长期护理保险发展起步较晚，配套的政策法规仍没有发展完善。目前关于老年护理产业的管理部门较为分散，难以统一管理。同时，我国虽已印发多个文件提出促进商业保险的发展，但大多没有针对长期护理保险提出具体的措施或管理办法。此外，针对长期护理保险的法

律法规也少之又少,目前明确针对护理保险的国家级政策只有 2016 年人社部门出台的《人力资源社会保障部办公厅关于开展长期护理保险制度试点的指导意见》(人社厅发〔2016〕80 号),此外再无国家级政策法规对长期护理保险制度作出明确指导及支持,相比发达国家差异较大。这种政策、法规的缺乏将无法为我国长期护理保险提供良好的制度保障,从而阻碍其发展。

(二)护理保险产品无明确定义

综观市场上在售的护理保险产品,不难发现不同保险公司对长期护理保险产品的定义不尽相同。如有些保险公司销售护理保险,主要保障医疗护理的风险;有些保险公司销售护理保险,主要针对日常居家护理风险进行保障。如此,各产品保障范围没有明确的规定,不利于长期护理保险的统一管理与发展。

(三)缺乏相关精算数据

在产品形态设计及开发定价之初,长期护理保险需要收集并测算符合当地实际的长期护理发生率,从而确定风险并厘定费率。然而,由于我国商业护理保险市场刚刚起步,目前国内的经验数据极为缺乏,从时间维度和累计数据量级等方面均不具有统计意义,但又无法直接照搬国外成熟市场的经验数据。因此,区别于其他较为成熟的医疗或意外类保险产品,国内保险公司很难对护理保险产品进行准确的风险测算,并做出具有创新性的长期护理保险,从而无法吸引客户、导致护理保险市场规模水平不理想。

(四)不符合大多数客户的消费偏好

中国保险行业协会于 2016 年 12 月发布了《2016 年中国长期护理调研报告》,该报告在调查"民众对商业长期护理保险的认知及消费动因"中的结果显示,超过 40%的年轻人以"我还年轻"或"我很健康"为由不愿购买长期护理保险,具体调查结果如图 24-2 所示。

调研结果在一定程度上代表了大多数人的消费习惯。护理风险无法在短期内呈现,人们便没有对几十年后的风

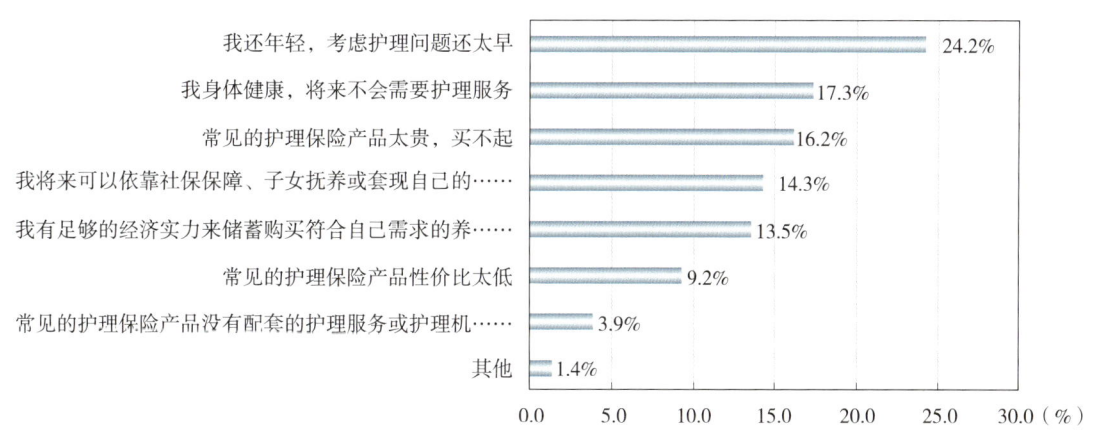

图 24-2 成年人不购买商业长期护理保险原因

资料来源:《2016 年中国长期护理调研报告》。

险进行投资的意识。此外,目前商业护理保险产品大多在其储蓄功能上大做文章,而根据调研报告的结果,占比最高的购买人群主要看中的却是护理保险的保障功能,这也是导致护理保险发展不利的原因。

(五)欠缺健全的护理服务体系

根据中保协《2016 年中国长期护理调研报告》,在我国保姆、养老院、福利院社区护理机构等第三方服务模式中,家政机构服务的占比最高。这类服务机构主要负责失能老人的日常生活护理,而专业性强的医疗护理服务占比较低,且还存在着价格高、服务人员素质参差不齐的情况。此外,我国长期护理服务的分类标准及行业规范仍不完善,不同机构的收费标准及护理服务内容都不尽相同。这可能导致投保人购买了长期护理保险后却无法得到相应水平的护理服务,从而影响到我国长期护理保险的发展。

由此,商业长期护理保险在发展过程中,必须尽快完善相关政策与法规、明确定义产品保障范围、注重保险保障功能、建立健全的护理服务体系等,才能被更多的消费者接受,从而拓宽保险市场,得到良好的发展。

三、国内长期护理保险的发展前景

在老龄化加剧的时代大背景下,长期护理保险的存在与发展具有重大的意义。根据《中国统计年鉴》数据显示,

自1982年以来我国65岁以上人口所占比重呈现出逐年上升的趋势，且在2015年已达到10.5%。这也意味着，未来长期护理服务的需求将大大增加，我国长期护理保险具有良好的发展前景。

关于长期护理保险的实施模式，借鉴国际经验，主要包括商业保险和社会保险两种类型。各国根据各自的财政支持政策、赡养文化认知、护理服务市场及保险市场等多种情况，形成了具有各自不同特征的护理保障体系。

自2015年以来，政府陆续出台政策持续力推长期护理保险。其中，国务院于2016年10月出台的《"健康中国2030"规划纲要》指出，各地应建立多层次护理保障制度，鼓励商业保险公司开展相关产品创新；国务院于2017年7月发布的《关于加快发展商业养老保险的若干意见》，指出应支持商业保险机构发展长期护理保险。保监会在2016年8月发布的《中国保险业发展"十三五"规划纲要》中也提出"鼓励发展多种形式的商业护理保险，积极参与国家长期护理保险制度建设和试点工作"。

2016年7月，人力资源社会保障部出台《人力资源社会保障部办公厅关于开展长期护理保险制度试点的指导意见》指出"探索建立长期护理保险制度，是应对人口老龄化、促进社会经济发展的战略举措，是实现共享发展改革成果的重大民生工程，是健全社会保障体系的重要制度安排"。并在山东省青岛市、河北省承德市、江苏省南通市、苏州市、上海市等15个城市展开试点。截至2017年8月，已有14个地区（除重庆）启动了长期护理制度试点，其中青岛、南通、上饶、承德、成都、石河子等地区完成了项目招标，上海、长春2个地区由政府经办。

目前开始着手实施社会保障型护理保险制度地区其资金都是从医保基金中划分，长此以往会给医保基金结余不足的地区带来沉重的财政压力，且保障程度也远远无法满足投保人的全部需求。而如果单纯以商业保险的形式提供长期护理保险，其保障程度虽高，但高额保费却会令大部分消费者望而却步。因此，就我国目前的经济情况和社会结构来说，采取以社会保险为基础、商业保险为补充的方式开展长期护理保险制度是最为合适的。同时，借鉴国际经验，我国也可以考虑采用长短期相结合的方式，既提供针对低收入人群的长期护理保险，也提供针对特殊需求人群的短期护理保险，以此使制度更有效，并提高覆盖率。当然，以上所提出的长期护理保险的制度结构也并不绝对，在制度实施过程中仍需要根据我国各地区的实际情况不断调整，争取使制度的实施达到最优效果。

其中，商保的保障范围较社保来说更为广泛，可以满足具有更高护理服务需求的人群，且商业长期护理保险不仅可以作为长期护理社会保险的补充，也具有提高投保人风险管控意识的功能。在发展长期护理保险的过程中，可以以护理保险为平台，引入多层级的护理服务，如为被保险人提供疾病预防服务、为养老机构提供医疗护理服务等，即在资金可支持、服务可多维的条件下，推动保险—护理一体化，提高投保人对健康的重视，尽可能推迟进入护理状态的时间，减少护理状态的发生，以及提高老年人的晚年生活质量。

与此同时，在长期护理保险制度发展的过程中仍有许多问题亟待解决，如相关法律法规尚不完善，部分地区的社保基金支付能力不足等。针对这一问题，全国政协委员、对外经济贸易大学保险学院副院长孙洁在两会上提出"应从养老精算报告编制开始，尽快建立社会保险精算报告制度"，对以社保费用及变化趋势做出长期预测，及时发现社保运行存在问题并为调整政策和基金收支精准定位，从而有效避免社保基金危机。同时，政府发挥主导作用，完善相关法律法规，加大财政投入力度，为长期护理保险制度的启动提供政策与资金支持。

总而言之，我国长期护理保险将会成为保险市场的重要构成，保险公司和各地社保政府都应加强对此险种的重视，尽快完善相关法律法规，提高保险保障程度，更好地应对老龄化带来的社会问题。

分报告二十五
国外商业长期护理保险：市场状况与发展启示

一、商业长期护理保险的特征

无论是商业保险[1]，还是社会保险，筹资及其相应的风险分散机制是它的基本职能和制度基础。因此，要探讨商业长期护理保险的特征，首先必须将其放在社会长期护理保险的框架内，研究两者之间的联系和区别。

与财政拨款和个人支付等其他方法相比，商业保险和社会保险都是以风险分散为核心功能的卫生融资手段。但同时，两者在不同人群之间的补贴程度、参与自由度、市场运作和管理等方面都有较大的不同。在卫生经济学领域，一般将保险资金的筹措来源和个人选择的自由度作为区别商业保险和社会保险的基本准则[2]。

社会保险的资金来源通常是社会保险基金成员的缴费或工薪税，缴费水平与参保人收入成正比。作为一种社会性的风险分散机制，它强调人群覆盖的广度，特别是对老年人及有疾病史的弱势群体的覆盖，因此参保一般是强制性的，保障内容和水平相对统一。由于这些特征，社会保险能实现医疗资源从高收入向低收入、年轻健康向年老体弱的人群之间的横向转移[3]，通过资源再分配实现社会公平的目标。

在基金运营层面，社会保险基金的运行通常由政府主导，由于参与人数众多，单位管理成本较低。此外，基金可以利用强大的购买力对护理服务的价格、数量和质量进行控制，因此与护理服务机构之间可以建立较为密切的关系。

与社会保险不同，商业保险的筹资来源是投保人自愿向保险公司缴纳的保费。其风险集中单位为单个保险公司，因此"投保人池"的风险水平对保险公司的盈利状况有重要影响。为控制赔付风险，商业保险公司往往规定排除已有疾病等较为苛刻的承保条件，并通常对产品采取风险定价法，即根据投保人年龄和健康状况等因素决定的潜在风险决定保险价格。商业保险的保费因此不与投保人的收入水平挂钩，融资负担的分布可能是不公平的，不健康人群、低收入者及小型团体成员的保费负担可能远大于健康人群、高收入群体及大企业。

此外十分重要的一点是，商业保险的参保原则上是自愿的，保障内容和保障水平由投保人和保险公司双方协商决定，因此产品的个性化较强。但同时，市场竞争可能导致较高的营销费用，并且由于投保人群比社会保险小，人

---

[1] "商业保险"一词在国际文献中曾以不同称谓出现，包括 private insurance（私人保险）、commercial insurance（商业性保险）、voluntary insurance（自愿保险）等。这些名词都突出了商业保险某个方面的特征。为方便讨论，并与我国的相关文献保持一致，本文统一使用"商业保险"一词，以强调它与社会保险相比的特征。

[2] Sekhri, N. & W., "Savedoff. Regulating Private Health Insurance to Serve the Public Interest: Policy Issues for Developing Countries", International Journal of Health Planning and Management, 2006, 21(4): 357-392.

[3] 社会保险在不同人群之间的资源转移也是相对的。以医疗保险为例，许多国家的社会医疗保障体系是以参保人职业为基础的，自由职业者、无业人员及由于健康状况而失业的人群被排除在社会保险制度之外。此外，某些国家还规定了社会保险缴费收入的封顶线，超额收入部分可免缴社会保险费，导致不利于低收入人群的融资不公平。

均保单管理费用相对较高。与社会保险相比，商业保险可实现个人在健康与疾病、青年与老年不同人生阶段之间的纵向资源转移，而不同人群之间的横向补贴程度则较低。

同时，商业保险对护理服务的提供方式和数量的干预能力相对较弱，除非市场规模非常大，或有相关政策引导，商业保险公司可能只能扮演第三方支付者和风险补偿者的角色。

综上所述，"私人经营"、"非强制参与"、"风险定价"、"风险承保"、"个人不同人生状态之间而非不同人群之间的资源转移"，这些是商业保险区别于社会保险的基本特征。

要说明的是，本报告的最后一章还将单独讨论一种特殊的商业保险：相互保险。相互制保险公司是与股份制保险公司相对立的一种机构组织形式，它最大的特点是保单持有人[1]也就是公司所有人，公司的任何盈利或亏损都由保单持有人共同承担。由于所有制不同，相互制保险公司和股份制保险公司的经营目标及手段也可能有较大差异：后者是以利润，也就是股东权益最大化为目的的，而前者则在理论上要保证被保险人的利益。为追求经营利润，股份制保险公司往往会实施严格的风险定价、风险承保、理赔管理等措施，而相互制保险公司在接受投保和理赔方面的政策可能更为宽松。当然，这一差异也不是绝对的。下面将要论述，随着相互制保险公司的规模不断扩大，保单持有人对日常经营管理的参与度迅速下降，而职业经理人的"内部人"掌控力不断增强，其市场行为可能将逐渐向股份制公司靠近。

二、国际商业长期护理保险发展状况

在大部分发达国家，商业长期护理保险通常扮演了补充者的角色。它是围绕该国的公共护理保险体系而发展起来的，所发挥的作用也是对公共体系在覆盖人群[2]或支付费用范围方面的补充[3]。除此之外，还有两个较为特殊的国家：美国和新加坡。在美国，除了低收入人群可以享受州政府出资建立的Medicaid计划支付的护理费用外，大部分人口需要自己购买商业长期护理保险。而新加坡则采取了以"政府组织、自动加入、允许退保、商业运营"为特点的合营式体制。以下就对这三种商业长期护理保险类型的代表国家做简单介绍。

（一）主要由市场供给：美国

美国没有建立覆盖全民的长期护理保险体系，而是坚持"市场主导、政府保底"的原则，在强调个人责任的前提下，利用适当的财税政策刺激商业性长期护理保险的发展。商业长期护理保险在美国有40多年的发展历史，主要覆盖被保险人在任何场所（急诊部分除外）因接受任何个人护理而发生的护理费用。保险合同规定，如果6种基本生活活动能力（ADLs）有2种受损，就有资格领取保险理赔。

商业长期护理保单可独立签发，也可以终身寿险保单的批单形式签发；可单独承保个人，也可以团体保险形式向团体提供承保。长期护理保险采取风险保费厘定方法，一般除了被保险人投保时的年龄外，还有被保险人选择的给付期、等待期和保险责任范围等因素。此外，美国许多长期护理保险合同还包括通货膨胀保护条款和"不没收价值"条款。

2012年，美国商业长期护理保险的有效保单达700多万件，保费收入115亿美元，但在长期护理费用补偿方面发挥的作用较为有限，仅占总支出的4%，而消费者自己负担的费用比例高达1/3。与此形成鲜明对比的是，在当年医疗费用中，35%由商业保险支付的，消费者自付比例为17%。在人口覆盖率方面，根据2008年数据，最富有的20%消费者中约有27%拥有长期护理保障，而在最贫困的20%的人群中覆盖率仅为4%。可见这种市场主导、社会救助式的制度安排保障力度有限，效率较低，对最需要保障的贫困人群覆盖面不够，公平性也较弱。

（二）强制性商业保险与社会保险并行：德国

德国采取的是覆盖全民的双轨制模式，社会长期护理保险和强制性购买的商业长期护理保险相结合。低收入者必须加入社会长期护理保险体系，高收入者则可选择承保社会保险或购买强制性商业长期护理保险。其中，社会长期护理保险采取现收现付制，统一按照雇员工资的1.7%征收保费[4]；商业长期护理保险则采用通常的风险定价法确定保费。两个体系的受益资格和给付标准相同，涵盖了对非正式家庭护理的现金支付、对专业家庭护理的非现金支付和对护理院正式护理的非现金支付三类不同类型的支付模式，每类模式各包括不同的支付级别。强制性保险保障不足的部分，由自愿购买的补充型商业保险补充。2012

---

[1] 相互制保险公司仍然保持"私人经营"和"非强制参与"两大主要特征，因此可以被看作是一种特殊的、不以营利为目的的商业保险公司。
[2] 典型的代表是德国法定强制型商业护理保险。
[3] 代表国家包括法国、比利时、日本、德国补充型商业保险。
[4] 2017年起调整为2.55%。

年,德国商业护理保险保费收入达到 20.1 亿欧元。

随着护理需求和费用的迅速上升,近年来德国运用多种成本控制措施,以保持社会长期护理保险体系的良好运行。除了严格控制受益资格和标准、鼓励居家护理外,德国还引入了护理成本共担机制和市场化竞争机制。

对保险需求方,社会保险只提供一定比例的费用支持,个人至少要负担总费用的 25%,如居家护理受益人的自付比例为 25%,在有些情况下这一比例可达到 50%,并且每月的受益金额均有上限。此外,针对护理院的保障内容不包括食宿费用。

对保险供给方,德国采取市场化竞争的方式。一方面,不限制服务供应商的数量,使其保证服务质量的前提下,尽可能地降低护理服务的成本;另一方面,允许消费者每年在不同长期护理基金之间进行选择,以促使各基金努力保持收支平衡,避免客户的流失。

(三)半强制参与及公私合营:新加坡

2002 年,新加坡政府牵头建立了覆盖全民的护理保险制度乐龄健保计划(ElderShield),利用全国医疗储蓄计划(Medisave)个人医疗储蓄账户中的资金购买护理险,委托商业保险公司承办。个人在 40 岁时自动注册加入该计划,但在每年的前 3 个月内可以选择退出。2013 年,该计划保单增长至 110 万份,保费收入达 1.5 亿美元(1.99 亿新加坡元)。

在乐龄健保计划中,每个人的保费由其最初加入该计划时的年龄决定,不会随年龄的增长而增加。保费可由个人医疗储蓄账户或现金支付,缴费期至 65 岁。当被保险人产生护理需求时,乐龄健保计划每月支付不超过 400 新加坡元的补助,支付年限最高为 6 年。

由于乐龄健保计划的保险金额有限,个人如果希望得到更高的失能保障,可以选择购买乐龄健保补充保障计划(ElderShield Supplements),保险金依然可以由个人医疗储蓄账户或现金支付,前者每年的支付限额为 600 新加坡元。

三、商业长期护理保险发展"困惑"——文献综述

上一章阐述了商业长期护理保险目前在大多数发达国家处于补充或辅助公共长期护理保障系统的地位。与之相应的,商业保险在提供长期护理服务筹资方面发挥的作用都很小。据统计,在大部分 OECD 国家,商业保险赔付占长期护理总费用的比例不到 2%。即使是在市场化程度最高的美国,商业保险的赔付占比也仅为 7%,而人群覆盖率仅为 40 岁以上人口的 5%[1],或市场主体人群的 10%[2]。

发达国家普遍面临巨大的失能风险和高昂的专业护理费用。以美国为例,2015 年有 630 万人达两项以上 ADL 完全失能,或患有严重的认知障碍。预计到 2050 年,这一数字将上升至 1500 万人[3]。此外,护理费用对大多数美国人来说是个重大的经济负担。根据 Genworth 公司的研究,美国养老院及居家护理的年费用各为 85000 美元及 25000 美元[4]。然而,不到 1/3 的美国人拥有超过 7 万美元的非不动产类退休储蓄,甚至有一半人的储蓄低于 1 万美元[5]。面对如此巨大的风险,商业保险却始终没有发展成为主要的护理风险防范工具。这一矛盾在相关研究文献中被称为长期护理保险的发展"困惑"。

根据传统的卫生经济学理论,由于投保人、保险人和医疗服务者三者之间复杂的委托—代理关系,以及由信息不对称问题导致的逆向选择和道德风险等"市场失灵"现象,极可能造成保障覆盖不充分、医疗服务过度消费、资源分配不公平等多种问题。此外,长期护理保险和普通健康保险相比在保障需求、定价条件、市场环境等方面更为复杂。除了常见的逆向选择和道德风险外,长期护理保险市场的运作还存在许多特有的问题,更是限制了商业保险的发展。

(一)需求层面分析

1. 商业长期护理保险价格过高

根据经济原理,导致某种商品需求不足的最简单的原

---

[1] Colombo, F., et al., *Help Wanted? Providing and Paying for Long-Term Care,* 2011, OECD Publishing, Paris.

[2] "市场主体人群"被定义为 2015 年家庭年收入超过 35000 美元、身体健康、年龄为 45 岁以上的人群。见 Yee, B., "Long-Term Care Insurance at a Crossroads", *Society of Actuaries Long-Term Care Newsletter,* Issue 45, August, 2017。

[3] ASPE., *Long-Term Services and Supports for Older Americans: Risk and Financing,* Issue Brief, 2015, HHS Office of the Assistant Secretary for Planning and Evaluation Office of Disability, Aging and Long-Term Care Policy. Washington, DC.

[4] Genworth Financial, "Genworth 2015 Cost of Care Survey Home Care Providers, Adult Day Health Care Facilities, Assisted Living Facilities and Nursing Homes", 2015, Richmond, Virginia.

[5] Jacobson G, C. Swoope, T. Neuman & K. Smith., "Income and Assets of Medicare Beneficiaries, 2014-2030", 2015, Henry J., Kaiser Family Foundation; Feder J. & H. Komisa, The Importance of Federal Financing to the Nation's Long-Term Care Safety Net, 2012, The SCAN Foundation.

因是价格过高。在保险市场，保单价格可用附加保费（Load Factor）①来衡量。Brown 和 Finkelstein（2011）②在研究美国商业长期护理保险后发现，如果投保人在 65 岁时购买市场最常见的保险产品，并持续缴费至身故，他/她的附加保费高达 0.32，也就是每缴 1 美元的保费，只能期望得到价值 68 美分的护理费用赔付。这一附加保费水平比同期的年金产品（附加保费为 0.15~0.25）和健康保险（0.06~0.1）都要高很多。如果考虑到投保人群的退保率，商业长期护理保险的附加保费还将提高至 0.5。

在另一篇文章中，Brown 和 Finkelstein（2007）③解释了导致附加保费的原因，包括保险公司管理成本、非完全市场竞争、信息不对称和整体护理费用上升。

有趣的是，当分性别来观察时，Brown 和 Finkelstein（2011）发现男性和女性面临的附加保费很不一样：同样在 65 岁购买商业长期护理保险，男性的附加保费为 0.55，而女性仅为 0.13。这一差别是由于美国通常不实行男女差别定价，而女性由于平均寿命较长，其发生专业护理费用的概率和服务使用量都远高于男性，因此获得的期望赔付也要高很多。虽然对于女性来说商业保险的价格更为合理，但她们的覆盖比例和男性相比几乎没有差别④。这说明，除了价格外，还有其他因素导致了商业长期护理保险的发展"困惑"。

2. 逆向选择问题

商业长期护理保险价格过高的一个很重要原因是逆向选择问题。投保人往往对自己的健康状况、家庭环境和未来的护理需求拥有比保险公司更全面的信息，因此更可能发生护理费用的人更有动力去自发购买保险。同样，人们也可能一直等到身体功能随年龄增长而明显下降时才会考虑购买保险。这些因素都导致"投保人池"中集中大量的"高风险"人群，直接推动保费上升。

有许多实证研究证明了商业长期护理保险市场中存在逆向选择问题。Sloan 和 Norton（1997）⑤、Finkelstein 和 McGarry（2006）⑥都发现投保人认为自己在未来几年内进入养老院的"主观"概率和其购买商业保险的概率之间有显著的统计关系。Courbage 和 Roudault（2008）⑦则利用法国的调查数据证明，以 BMI 数值和酒精摄入量衡量的失能风险对商业长期护理保险的购买行为有直接的影响。

比通常短期的健康保险更复杂的是，长期护理保险的购买和费用发生这两个节点之间往往存在十几年甚至几十年的时滞。这意味着长期护理保险实质上是一种长期合约，因此和所有长期合约一样，面临买卖双方履约能力的问题。

在合同买方——即投保人方面，如果所有消费者都选择在年轻时投保，由于投保人和保险公司双方对未来的失能概率和相应护理费用所拥有的信息程度较为相似，信息不对称问题相对较轻，保费也较低，购买长期护理保险是理性的行为，也就是说此时不存在静态的逆向选择问题。然而即使是这样，随着时间的推移，投保人将不断地更新和积累自己的健康信息，对自己未来失能的概率有更准确的认识，而保险公司仍然处于相对的信息劣势。此时，身体健康的人群可能选择退保，即发生动态的逆向选择问题。例如，Finkelstein 等（2005）⑧发现提前终止护理保险合同的人群在进入老年后，住进养老院的概率更低。如果保险公司由于预见到这一现象而提高初次投保的保费，又可能引发静态逆向选择。换句话说，合约买方的履约能力得不到保障。

3. 养老需求的复杂性

对许多老年人、特别是高龄老人来说，长期护理保险提供的风险保障价值可能较低，导致对这一险种本身的需求较小。原因主要有四方面：

---

① 附加保费的计算方法是：1−E（保额折现值）/E（保费折现值），它可以衡量已支付保费的"回报率"。

② Brown, J. & A., "Finkelstein. Insuring Long Term Care in the US", 2011, NBER Working Paper No. 17451.

③ Brown, J. & A. Finkelstein, "Why is the Market for Long Term Care Insurance so Small?" *Journal of Public Economics,* 2007（91）: 1967-1991.

④ AHIP, Who Buys Long-Term Care Insurance in 2010-2011? A Twenty Year Study of Buyers and Non-buyers (in the Individual Market), Washington, DC.

⑤ Sloan, F. & E. Norton, "Adverse Selection, Bequests, Crowding Out and Private Demand for Insurance: Evidence from the LTC Market", *Journal of Risk and Uncertainty,* 1997（15）: 201-219.

⑥ Finkelstein, A. & K. McGarry, "Multiple Dimensions of Private Information: Evidence from the Long-Term Care Insurance Market", *American Economic Review,* 2006, 96(4): 938-958.

⑦ Courbage, C. & N. Roudault, "Empirical Evidence on LTC Insurance Purchase in France", *Geneva Papers on Risk and Insurance,* 2008（33）: 645-658.

⑧ Finkelstein, A., K. McGarry & A. Sufi, "Dynamic Inefficiencies in Insurance Markets: Evidence from LTC Insurance", *American Economic Review Papers and Proceedings,* 2005（95）: 224-228.

一是处于被护理状态的老年人由于健康状况较差，对护理服务以外的消费需求往往很低，因此对保险收入保障功能的需求也可能较低。比如，Finkelstein 等（2008）[1]发现，随着人们所患慢性病的数量增加，财富所带来的边际效率减小，保险保障的医疗费用最优比例也大幅下降。这自然会降低对商业长期护理保险的需求。

这点是否成立在很大程度上取决于护理服务的需求结构。如果所需要的服务主要是日常生活照料，并且其费用较低，大部分老年人能自费承担。如果主要包括临床或康复性医疗服务，其中大部分可能已由健康保险支付。如果主要包括住宿及伙食费用，这属于老年人的正常生活支出，而非风险事件，也无须通过保险进行分担。因此，在存在个人储蓄、健康保险、养老金等其他保障手段的情况下，长期护理保险平滑收入曲线的功能实际上能发挥的作用较小[2]。

二是除了护理服务外，老年人在养老金、医疗、遗产馈赠等其他方面的需要可能会挤占其对长期护理保险的需求（Competing Demands）。特别是对收入水平较低的老年人来说，为应付基本日常生活及医疗开支，往往会牺牲以提升生活质量为目标的护理服务。

三是市场上存在许多长期护理保险的潜在替代品。个人储蓄、不动产、金融资产等替代型理财工具（Substitute Financing Mechanisms）都能为老年人提供护理服务融资，因此对保险的需求会随着老年人群的收入水平、风险偏好、金融投资收益、政府财税政策等许多因素变化而变化。此外，广覆盖的政府或公共保险也能在较大程度上削弱对商业长期护理保险的需求。

四是家庭照顾的"挤出"效应。在服务供给方面，许多老年人可以依靠家庭成员等渠道获得非专业的护理服务，因此对侧重于覆盖专业护理服务的长期护理保险的需求不高。事实上，如果年老的父母希望得到子女的照顾，他们可能因为担心子女以护理保险为借口把自己送进养老院，而理性地选择不购买商业护理保险[3]，或者以未来的遗产为条件，要求子女承担对自己的护理责任[4]。

4. 消费者"短视"、长期风险规划能力薄弱等非理性因素

对长期护理保险的发展来说，一个突出的问题是消费者的非理性行为。Pestieau 和 Ponthiere（2010）[5]总结了相关的行为经济学研究，认为造成这种不理性行为的原因是多方面的，包括缺乏长期的预测和财务规划的能力，缺乏对复杂或繁多的长期护理保险合约进行深入了解的动力和能力，对失能这一高损失、但低概率的事件抱侥幸心理，对自身健康状况持有过于乐观的认识，从心理上拒绝认真地思考发生疾病和失能等不利事件的可能性，受到"养儿防老"及政府养老等传统思想的影响，等等。这些都能导致他们对长期护理保障需求的认知度较低。一个典型的体现是，虽然从理论上说，由于风险水平和信息不对称问题都不是很严重，在年轻时购买长期护理保险是最理性的行为，但许多人认为考虑护理依赖相关的问题太遥远，往往直到老年、面临较高保费时，才做出购买决定。

（二）供给层面分析

1. 失能发生概率及护理费用的"不确定性"

保险要充分发挥保障作用的一个关键条件是保险人和被保险人都必须能对风险事件的发生概率及相关费用进行相对准确的估计，也就是说他们面临的是可估算的风险（Risk），而不是不可测算的不确定性（Uncertainty）。

然而对长期护理保险来说，保险公司和消费者都必须对几年甚至几十年后可能发生的事件进行预测，面临着未来护理的成本、供给和组织安排演变等带来的显著不确定性。其中至少有五个方面的不确定性：被保险人进入护理状态的概率、需要护理的依赖等级、需要护理时间的长度、单位护理费用、累计准备金投资的预计盈利[6]。受人口老龄化、预期寿命延长、疾病谱演变、医疗技术进步、社会经济环境变化等诸多因素的错综复杂的影响，保险合同的双方都很难对以上变量的高低水平，甚至是运行方向做出准确的预测。

以医疗技术进步为例。便携式医疗仪器、医疗机器人等创新发明可能减少失能老人对专业护理服务的依赖，从

---

[1] Finkelstein, A., E. Luttmer & M. Notowidigdo, "What Good is Wealth without Health? The Effect of Health on the Marginal Utility of Consumption", 2008, NBER Working Paper No.14089.

[2] Cremer, H., P. Pestieau & G. Ponthiere, "The Economics of Long-Term Care: A Survey", Center for Operations Research and Econometrics discussion paper, Université Catholique de Louvain, 2012.

[3] Pauly, M., "The Rational Non-Purchase of Long Term Care Insurance", *Journal of Political Economy*, 1990（98）：153-168.

[4] Norton, E., "Long Term Care", in A. Cuyler & J. Newhouse (Eds.), *Handbook of Health Economics*, 2000（1b）：17.

[5] Pestieau, P. & G. Ponthiere, "The Long Term Care Insurance Puzzle", in J. Costa-Font & C. Courbage（Eds.）, *Financing Long-Term Care in Europe*, 2010.

[6] Barr, N., "Long Term Care: A Suitable Case for Social Insurance", *Social Policy Administration*, 2010, 44（4）：359-374.

而降低护理的发生概率和延续时间,但同时也可能在老人进入护理状态后,增加护理服务的复杂性,提高护理费用。另外,先进的医疗技术使许多原来致命的疾病变为慢性病,老年人的带病寿命延长,这也可能同时增加失能护理状态的人群发生率、需要护理时间和整体服务费用。

2. 系统性风险（Systematic Risk）

通常意义上的保险能解决的是相互独立的非系统性风险。通过不同类型（如健康状况）人群之间的横向分散或不同代际人群之间的纵向分散等方法,保险公司能有效地分散非系统性风险。然而,Cutler（1993）[1]认为,长期护理服务面临的是人口整体老龄化、人力成本上升、通货膨胀、社会结构变迁、医疗技术进步等系统性风险,这些风险将导致护理费用的整体水平上升,而不仅仅是其变动程度的增加,大大制约了保险公司分散风险的能力。

系统性风险可分为两类：横向和纵向。横向风险指的是某个年龄层次人群的整体护理费用变化,比如随着美国"婴儿潮"人群进入退休年龄而产生的大量护理服务需求。这一风险可以通过在不同年龄人群间的交叉互补、即其他年龄人群补贴高风险人群而得到分散。纵向风险指的是不同年龄层次人群间在护理费用上的相互关联,是商业保险市场很难分散的。人口老龄化等大部分风险都是影响几代人的宏观因素,导致商业保险的风险保障能力越来越弱,保险公司则面临越来越大的风险,进一步推高商业保险保费。

3. 长期合约的履约保障

上文提到了长期护理保险合约中的需方履约问题。而这一问题在合同卖方——保险公司方面也同样存在。

由于面临上述的不确定性和系统性风险,保险公司无法承诺不会在未来提高保费或降低保障水平。为控制赔付风险,保险公司往往在保单中规定不与通货膨胀率挂钩的固定赔偿金额（Lump Sum）、免赔额（Deductibles）、最高赔付金额（Benefits Cap）,或对可以得到保险赔付的条件进行严苛的规定,使保险的产品形态越来越保守,保障价值越来越低。无论是哪种情况,都会极大削弱消费者对长期护理保险的需求。

(三) **公共政策对商业长期护理保险的"挤出"作用**

前文介绍,商业长期护理保险在大多数OECD国家都处于补充地位,公共护理保障体系的存在自然对商业保险市场的发展起了较大的遏制作用。这一作用在相关文献中被称为公共政策的"挤出"效应。即使是以市场为主导的美国,由于各州政府出资的Medicaid计划支付低收入人群的护理费用,学者们认为对该计划的预期会导致人们通过大量消费、隐藏财产、转赠遗产等方法将自己的财富水平降低至政府规定的Medicaid受益线,而不是储蓄或购买商业保险[2],这也在很大程度上导致了美国商业长期护理保险的发展"困扰"。

例如,Brown等（2007）[3]利用全国健康与退休调查数据,测算出Medicaid受益财富水平线每下降1万美元,商业长期护理保险的人群覆盖率将上升1.1个百分点。Brown和Finkelstein（2008）[4]根据对消费者风险厌恶程度的不同假设,计算了商业长期护理保险的边际支付意愿。他们发现,对于大多数风险偏好类型来说,购买商业护理保险带来的效用是小于零的,而Medicaid计划的存在可以解释至少2/3的保险需求减幅。

四、商业长期护理保险近期发展趋势

近年来,随着发达国家人口老龄化进程加速、医疗费用上升,在美国等拥有一定市场规模的国家,商业长期护理保险的监管政策和产品设计都在逐渐发生变化。由于关于美国的文献较为丰富,以下主要介绍美国的发展趋势和相关研究。

(一) **监管政策趋势**

由于上文分析的"挤出"效应,美国的Medicaid计划不仅抑制了商业保险市场的发展,也给各州政府带来了沉重的财政负担。为减缓这一效应,奥巴马政府在出台医疗体制改革措施时,曾经考虑制定配套的社区生活照护服务及支持法案（Community Living Assistance Services and Support Act, CLASS）,建立全国性的自愿长期护理保险体系。根据该法案,投保人只要购买商业保险,并连续缴费5年以上就可获得赔付资格,联邦政府还给予保费补贴。然而,由于议会认为该体系无法在实施后75年内保持基金平衡,CLASS法案于2011年"胎死腹中"。

虽然美国联邦政府的长期护理保险改革措施以失败告终,但各州政府一直在寻找减轻Medicaid费用负担的方法。

---

[1] Cutler, D., "Why doesn't the Market Fully Insure Long Term Care?", 1993, NBER Working Paper No.4301.

[2] 这是因为Medicaid计划在进行家计调查时,商业保险也被视为财产的一部分。

[3] Brown, J., N. Coe & A. Finkelstein, "Medicaid Crowd-Out of Private LTC Insurance Demand: Evidence from the Health and Retirement Survey", in J. Poterba (Ed.), *Tax Policy and the Economy*, 2007（21）: 1-34.

[4] Brown J. & A. Finkelstein, "The Interaction of Public and Private Insurance: Medicaid and the LTC Insurance Market", *American Economic Review*, 2008, 98(3): 1083-1102.

20 世纪 90 年代，加利福尼亚、印第安纳等四个州建立了长期护理保险合作计划（Partnership for Long Term Care，PLTC），允许在 Medicaid 家计调查中，把等价于该申请人所拥有的商业长期护理保险保额的财产剔除在外。这一政策的出台目的是降低人们、特别是中产阶级家庭为了符合 Medicaid 的收入条件，故意提高消费的动力[1]。经过 10 多年的运行后，美国议会于 2005 年通过了削减赤字法案（Deficit Reduction Act，DRA），允许所有的州政府建立相似的计划。到 2012 年，共有 37 个州建立了 PLTC 计划。

为保护消费者权益，法律规定参加 PLTC 计划的商业保险保单必须满足一定的条件，包括：家计调查豁免的金额必须完全等于商业护理保险的保障额度；对 76 岁以下的投保人必须提供通货膨胀保护条款；等等。

然而，实证研究表明，PLTC 计划对刺激商业长期护理保险的发展作用十分有限。Sun 和 Webb（2013）[2] 运用数据模拟的方法发现，在单身男性和女性群体中，PLTC 提高商业保险覆盖率的幅度仅为 5% 和 4%，并且这些大部分是原来就有购买动力的人群。Lin 和 Prince（2013）[3] 利用 5 次全国健康及退休调查数据也得到了同样的结论，此外，PLTC 仅对最富有的 20% 的人群有促进作用。

（二）商业保险产品趋势

近年来，美国商业长期护理保险的产品形态并未发生根本的变化，但随着赔付压力的不断上升，产品条款的设计逐渐趋向保守。根据美国全国保险监管者联合会（National Association of Insurance Commissioners，NAIC）的研究，2000 年以来，商业长期护理保险产品发生了以下主要变化[4]：

（1）保障的护理服务范围扩大，从只覆盖养老院到包括居家护理服务；

（2）免赔期限延长，从 20 世纪 90 年代的 20~30 天延长至 2015 年的 3 个月；

（3）加强对保险责任的控制，第一代不设赔付上限的保单几乎销声匿迹，取而代之的是对每日最高赔付金额的规定。然而，由于养老院和居家护理服务费用的不断上升，每日最高赔付额的水平也随之逐年提高；

（4）显著提高保费。20 世纪 90 年代，由于缺乏经验数据，商业护理保险产品在退保率、慢性病发病率、投资利率等方面的定价假设相对乐观。事实上，实际的消费者退保率远低于预期，同时慢性病、特别是阿尔茨海默症等认证障碍的发病率高于预期，使赔付水平大大提升。再加上疲软的投资市场，经营商业长期护理保险的公司经受了大面积的亏损。近年来，保险公司纷纷调整了定价假设条件，随之而来的是保费的大幅上升，与 90 年代相比增加了 1 倍以上。

（5）复合型产品初现端倪，独立的商业长期护理保险市场规模趋于稳定，但同时出现了与人寿保险或年金型产品捆绑销售的混合型护理保险。

五、长期护理社会保险和商业长期护理保险的比较

由于长期护理保险的特殊性，完全市场化的、自愿购买的商业保险面临许多发展问题，比如不确定性给保险产品的定价和风险管控带来较大困难，保险公司由于系统性风险和逆向选择面临较大经营风险，而消费者则因为保险价值低、认知能力弱等原因，保障需求也得不到释放。

作为抵御长期风险及系统性风险的手段，保险公司往往对商业长期护理保险设定较高的风险保费及附加费率。例如，美国的研究发现，常见的商业长期护理保险产品的保费远高于预期收益，并往往规定，如果整体风险水平增加，保险公司可自行上调保费。高昂的保费使消费者更愿意把收入投资到子女教育、固定及金融资产投资等其他方面，削弱了对商业护理保险的需求。保费的波动也使长期护理保险的成本难以预测，减少此类产品的公众信任度。此外，许多长期护理保险合同的条款十分复杂，使潜在投保人难以评估其现金价值。这些都大大降低了持有长期护理保险的效用。

而社会保险则可以借助政府的公信力和政策的约束力，为以上许多问题提供解决方法，在长期护理保险的人群覆盖面和筹资水平方面发挥更大的作用。

第一，解决有效需求不足。社会保险可通过强制参保解决消费者逆向选择（包括静态的和动态的）和认知程度

---

[1] Meiners, M., Long-Term Care Insurance Partnership: Considerations for Cost-Effectiveness, 2009, Center for Health Care Strategies Issue brief.

[2] Sun, W. & A. Webb, "Can Long-Term Care Insurance Partnership Programs Increase Coverage and Reduce Medicaid Costs?", 2013, Center for Retirement Research discussion paper.

[3] Lin, H. & J. Prince, "The Impact of the Partnership Long-Term Care Insurance Program on Private Coverage", 2013, Kelley School of Business at Indiana University working paper.

[4] NAIC, The State of Long-Term Care Insurance: The Market, Challenges and Future Innovations, 2006, CIPR Study Series 2016-1.

低等问题。特别是对于后者，美国等国家的商业医疗和养老保险市场的经验表明，由于大多数人对风险和负面事件发生概率的预期存在认知偏差（Cognitive Bias），强制投保是比宣传教育甚至是经济激励等其他手段更为直接有效的推进方法。而比强制投保宽松一点的是新加坡长期护理保险体系实行的"自动缴费、允许退出"的模式。无论是采取强制参保还是自动加入模式，社会保险都能为长期护理市场提供稳定的筹资来源、广泛的风险池以及具有规模效益的管理成本优势。

第二，缓解长期风险问题。无论采取哪种筹资方式，社会保险和商业保险都面临人口老龄化、通货膨胀等系统性风险。但和商业保险合同相比，社会保险由于有权威的政策约束力，能更灵活地根据现实情况调整缴费水平、受益标准、保障内容等条件。

第三，提高社会分配公平性。在大多数建立了社会保险体系的国家中，保险缴费水平和投保人的收入而不是年龄或健康状况挂钩，因此更有利于实现社会资源从高收入向低收入、从年轻健康向年老体弱的人群之间的横向转移，通过资源再分配实现社会公平的目标。

第四，促进护理服务供给。由于实现了人群的广覆盖，社会保险可以较低的成本聚集大量的护理保险资金，吸引社会资源投入护理服务市场，通过需求刺激供给的发展。此外，社会保险体系还能借助政府的权威性和公信力，建立并推广关于护理依赖等级及护理服务内容的行业标准，在较大程度上缓解对于护理发生概率及护理费用的不确定性。

但值得强调的是，商业长期护理保险也有社会保险无法超越的优势。由于社会保险强调人群覆盖的广度，在筹资水平有限的前提下，保障内容和水平往往相对统一，无法满足人们多元化的保障需求。此外，公共体系由于缺乏有效激励及竞争压力，也可能存在效率低下、机构臃肿等问题。

而商业保险则依靠市场竞争和激励机制，在专业化经营、管理效率、创新能力等方面具备显著优势，并可在融资水平方面对公共保障体系形成有力补充。

第一，由于竞争压力，商业保险公司有较大的动力去跟踪并掌握消费者个性化的保障需求及市场发展趋势，从产品设计、销售渠道和服务提供等各方面加强长期护理保险经营的专业化和管理的精细化。因此，商业保险市场对消费需求的变化十分敏感，并能在信息分散化的环境中，以较低的成本完成信息汇集和经营决策，加快产品和经营模式创新的步伐，更好地满足老年人群在保障水平、护理内容、护理机构等方面的个性化需求。

第二，商业保险机构出于降低理赔成本的目的，更愿意对护理服务实施管理，通过提升专业人才储备和数据分析能力，减少护理服务的提供者和使用者或购买方之间的信息不对称，对服务过程和护理结果进行监督，提高医护资源的使用效率。

第三，商业保险市场特有的盈利动机可加强长期护理体系的管理效率和服务质量，避免保障体系的僵化。

第四，公共保障体系依靠的是财政税收或强制缴费等筹资方式，它必须与国防和教育等其他社会发展目标竞争资金，因此融资来源不稳定，而通过提高税收或工资缴费水平来保证资金充足还可能遇到较强的政治阻力。相反，商业保险的筹资来源广泛而灵活，可补充或加强社会保险基金的筹资水平，在很大程度上缓解人口老龄化对政府财政及社会保险基金造成的资金压力。

六、发达国家相互制保险公司发展现状及启示

自1756年第一家真正意义上的相互保险公司——英国公平保险公司成立以来，相互保险在全球保险市场快速发展。而健康保险一直是其中一个表现活跃的重要组成部分。根据国际合作与相互保险联盟（ICMIF）最新发布的《2015年全球相互保险市场》报告[①]，2015年全球相互保险业务覆盖77个国家5000多家相互保险组织，雇员112万人，总资产7.9万亿美元，年保费1.2万亿美元，市场规模占比达26.7%，覆盖人群9.88亿人。其中，非人身险（包括保险）保费6600亿美元，占比55%。在非人身险相互保险业务中，保险占比27.4%，仅次于车险（占比32.5%），成为第二大非人身险险种。在欧洲市场，保险业务占非人身险业务的45%，为最大险种；人身险保费5400亿美元，占比45%。

（一）相互保险的特征

中世纪欧洲的基尔特（Guild）是商业和手工业者为了保护共同利益组成的同业者互助救济会，目的是对成员的死亡、火灾及疾病等危险进行担保，这也是现代保险业的起源之一。可以说，先有相互保险，再有股份制保险。从本质上讲，相互保险作为一种组织形式，强调的是由成员拥有、为成员服务、而非以商业利润为目的的组织运作原则。

---

① Global Mutual Market Share 2014, http://www.icmif.org/.

与股份制相比，相互保险具有以下几个主要特征：一是所有制不同。相互保险没有股本，而由全体投保人共同所有，开办费来自会员出资或第三者资金。二是组织治理不同。相互保险属于"人合性"组织，保单持有人兼具组织的所有人和被保险人的双重身份，最高权力机构是会员大会，会员可以平等参与公司管理，而股份制公司属于"资合性"组织，最高权力机构是股东大会。三是利益共享和风险共担机制不同。相互保险组织的保费收入在支付赔款和经营费用之后，盈余部分由会员共享，可以通过保单分红、降低来年保费等方式分配给会员。相互保险组织风险由全体成员承担。发生严重亏损时，可要求会员补缴保费或缩减保额以弥补亏损。四是发挥作用的领域有所不同。相互保险更注重高风险领域、中低收入人群，更加专注于某一客户群体。

（二）发达国家相互制保险公司发展状况

1. 相互保险公司（组织）的界定

相互保险公司是相互保险发展的重要依托和载体，是相互保险发展成熟的重要标志。相互保险公司是基于共担风险、共济保障的互助理念而设立并共同拥有的非营利性法人组织。比如，《德国保险监督法》规定，社团法人按照互助的原则为其成员提供保险，并获得主管监督机关授权经营业务而以法人组织形式存在者，称为相互保险公司。中国保监会的《相互保险组织监管试行办法》对相互保险组织的规定为，"在平等自愿、民主管理的基础上，由全体会员持有并以互助合作方式为会员提供保险服务的组织，包括一般相互保险组织、专业性、区域性相互保险组织等组织形式"。

从各国来看，对相互保险公司的监管与股份保险公司并无明显区别，基本采用共同的监管措施和规则。

2. 发达国家相互制保险公司

在德国、澳大利亚等发达国家，相互制保险公司起源于"基尔特"组织，由一群职业相同的人群，基于互助扶持的精神成立，共同出资对成员的疾病、死亡、火灾等风险进行救济。发展至今，相互保险公司已在这些国家的保险市场占据了重要地位。由于关于相互制长期护理保险的资料和文献较少，以下从相互制健康保险公司入手，介绍主要发达国家相互保险的发展情况。

（1）德国。德国《保险监督法》规定，专业保险公司在法律允许范围内经营健康保险，寿险公司和财产险公司不得经营健康保险业务。1960年，德国有97家健康保险公司（股份制公司7家，相互制公司90家），股份制公司市场份额33.7%，相互制保险公司市场份额66.3%。由于相互保险公司受限于资本市场灵活筹资等影响，公司数量和所占市场份额日趋缩小。到2014年，德国有48家健康保险公司，其中，相互制公司23家、市场份额下降至42.8%，股份制公司增长至24家、市场份额57.3%。

表25-1 德国商业健康保险经营主体及市场份额

年份	股份制保险公司		相互制保险公司	
	公司（家）	市场份额（%）	公司（家）	市场份额（%）
1960	7	33.7	90	66.3
1970	8	39.4	57	60.6
1980	10	43.3	39	56.7
1995	28	50.4	29	49.6
2000	31	53	24	47
2014	24	57.3	23	42.7

资料来源：Statistical Yearbook of German Insurance 2016.

为保护客户利益，商业健康保险保证续保，保险公司一旦承保，就不得解约，解约权属于投保人。如对保单保费进行调整，保险公司则应向保险监管部门申报，并提供详细论证材料，得到批准后新保费方可实行，并对所有该条款下的被保险人实行统一调费。

（2）澳大利亚。早在19世纪，澳大利亚就以行业为基础，发展相互保险协会（Friendly Societies），为会员提供医疗保障，澳大利亚目前大部分商业健康保险公司就起源于当地的相互保险协会。澳大利亚市场主要呈现以下特点：

一是市场主体日益集中。澳大利亚法律规定，健康保险公司（Health Fund）在法律允许范围内经营健康保险。对于相关的保险业务也可以经营，但必须与健康保险业务相对独立。1971年，澳大利亚有超过110家健康保险公司，2002年减少至43家，通过近年的合并，目前共有34家。由于保险市场较高的准入门槛和竞争壁垒，近20年澳大利亚仅新设立3家健康保险公司。

二是营利性健康保险公司数量少，但占据60%以上市场份额。澳大利亚健康保险公司分为营利性（For-profit）和非营利性（Not-for-profit）两种。其中，营利性公司11家，一般为股份制公司形式。非营利性公司23家，一般为相互制保险公司，可以免征收入税，但对资产使用有限制，仅限于投资、满足偿付能力需要、支付赔偿与费用、开展医疗研究等。由于非营利性保险公司利用资本市场的能力有限、仅能通过盈余来扩大资本规模等影响，公司数量和所占市场份额日趋缩小。营利性健康保险公司占据近70%的市场份额，非营业性保险公司占30%。

三是开放经营范围的健康保险公司数量多，占据90%以上市场份额。健康保险公司根据经营人群的大小，分为开放经营范围和限制经营范围。其中开放经营范围保险公司22家，对投保人群没有限制。限制经营范围保险公司12家，针对特定人群（如按职业、商会、行业协会等）提供商业健康保险。比如，针对警察的Police Health Ltd.，针对铁路和交通部门的Railway & Transport Health Fund Ltd.，针对医生的The Doctors' Health Fund Ltd.，针对教师的Teachers Federation Health Ltd.。在澳大利亚，开放经营范围的健康保险公司占主流，市场份额超过90%。

四是前五大健康保险公司市场集中度超过80%。2013年7月1日至2014年6月30日，前五大健康保险公司（包括Medibank Private Limited、Bupa Australia Pty Ltd.、The Hospitals Contribution Fund of Australia Ltd.、NIB Health Funds Ltd.、HBF Health Ltd.）都是开放经营范围的保险公司，市场份额81.6%。3家营利性，2家非营利性，但规模最大的前两家Medibank Private Limited、Bupa Australia Pty Ltd.都是营利性保险公司。澳大利亚最大的健康保险公司Medibank原是国有企业，经过股份化和公开募股，2014年12月25日正式上市。

（3）英国。英国国民保健服务体系(NHS)成立于1948年，成立60多年以来，逐渐遇到诸如效率低下、缺乏资金等问题。公众为解决公立医院就医等待时间长的问题，通过购买商业健康保险，以获得私立医院机构的就诊及报销。

目前商业健康保险覆盖人数近700万人，约占人口总数的12%，保费规模约50亿英镑。英国保柏公司(BUPA)、安盛公司(AXA)、英杰华公司（Aviva）是英国前三大商业保险公司，占据80%以上的市场份额。其中，成立于1947年的保柏是一家相互制保险公司，由当时17家互助联合会本着"预防、缓解和治疗病痛，改善各类亚健康状况"的原则联合建立而成，客户超过300万人，占据40%以上的市场份额。

（4）法国。法国实行的是覆盖全民的社会医疗保险体系。在社会保险政策范围内，参保人须承担20%~30%的自付费用，因此有90%以上的法国人通过相互保险公司、商业健康保险公司和民间共济会三大渠道获得补充保障，以减轻个人医疗费用负担。2013年，以上三类机构的保费占比分别为54%、28%和18%[1]。

（5）美国。在美国，商业健康保险的经营主体呈多元化格局：除了营利性商业保险公司外，由医疗机构及医生协会发起的蓝十字（Blue Cross）、蓝盾（Blue Shield）、凯撒医疗(Kaiser Permanente)等非营利性相互组织也发挥着主要作用。

凯撒医疗是美国最大健康管理组织(HMO)，共有1000多万会员，由三个不同实体组成：凯撒健康计划基金会（Kaiser Foundation Health Plans）通过与个人和团体签订预付合同来提供全面的医疗保健服务。凯撒基金会医院（Kaiser Foundation Hospitals）在美国拥有38家医院、619个诊所，主要集中在加州。雇员17.7万人，其中医生1.86万人，护士5.1万人。同时还赞助慈善、教育和研究活动。凯撒医疗团体（Permanente Medical Groups）由医生们合伙组成的专业组织构成，与健康计划基金会相独立，为会员们提供医疗服务。

3. 相互制健康保险公司垂直医疗模式经验

发达国家的一些相互制健康保险公司成功建立了垂直医疗整合模式。例如，英国保柏公司(BUPA)除了经营保险业务外，还在英国、澳大利亚、新西兰、西班牙等国家大量收购和经营医院、体检机构、牙科诊所、养老护理机构和家庭健康服务等，专注于客户对健康保险和医疗服务的全面需求。2016年，BUPA业务收入110.48亿英镑，其中健康保险保费收入79.90亿英镑，医疗护理收入为30.39亿英镑，医疗护理占业务收入的27.5%[2]。

另一个成功的例子是美国凯撒医疗组织，实现了医疗服务和医疗保险之间的闭环。凯撒医疗主要实现了四个方面的整合：一是医疗保险与医疗服务提供的整合。医疗机构和保险公司是利益统一体，医生只为参保的病人看病，提供服务后的结余资金可以在内部进行再分配。二是供方和需方利益的整合。医生通过健康管理，使服务对象少得病，可以节约大量医疗费用和病人就医的自付费用，节约的资金可用于医生的收益分配。三是服务提供模式的纵向和横向整合。能实现每个病人信息在所有平台直接共享。凯撒医疗成为拥有美国最全的电子健康记录的机构；采用

---

[1] Franc, C. & A. Picerre, "Compulsory Private Complementary Health Insurance Offered by Employers in France: Implications and Current Debate", *Health Policy*, 2016, 119（2）: 111-116.

[2] Annual Report BUPA 2016.

同行评议的方式对医务人员进行考核评价，促使全科医生和专科医生之间、不同层级的医务人员之间、不同专科医生之间的对接联系融洽。同时，实现了预防保健、门诊、住院、家庭康复之间的横向整合，使患者在不同阶段所接受的服务实现无缝衔接。四是线上和线下服务整合。公司APP和电子网站可查看客户医疗记录、预约医生、处方下单、浏览检验结果、给医生发信息等。

（三）相互制保险公司发展趋势——理论与实践

从其市场地位看，发达国家相互制保险公司近年来的发展呈现了两大特点：一是与股份制保险公司共存，发挥不同的市场作用。比如在法国，健康保险是相互制保险公司的主营业务，为强调保险的社会共济性，这类公司往往采用保证承保、社群定价等更有利于被保险人的经营手法。而健康保险在股份制保险公司的业务比重则很小，并且风险定价、风险承保等也是其常见的市场竞争行为。二是在不同国家呈现不同的发展趋势。在英国，保柏公司的保费占比达40%，一直稳居商业健康保险市场首位。但在德国，随着合并或股份制转型，相互制保险公司的市场规模逐年下降，数量从1960年的90家下降至目前的23家，市场份额也从66.3%下降至42.7%。

除了受税收政策、监管措施等客观因素影响外，相互制保险公司的发展特点更主要的是健康保险和相互保险制度两个事物交互作用、彼此影响的结果。这从本质上可归结为两大问题：相互制与股份制中哪一种是更适合健康保险发展的企业组织形式？相互制有利于哪一类保险业务或受保障人群？

相互制和股份制是两种在所有人、客户、经理人三者间的关系安排方面截然不同的公司组织形式。在相互制机构中，客户就是所有人，提供公司运作所需的资本金，拥有对剩余价值的最终诉求权，并承担所有的经营风险。而股份制公司的所有人与客户之间则有着清晰的分界线，前者提供资本金，以利润的形式获得剩余价值，风险则由两者共同承担。

事实上，相互制公司和股份制公司并存并且此消彼长这一现象是保险市场区别于普通商品市场的主要特点之一，除了健康保险外，在财产保险和人寿保险等其他市场更为常见。为解释这一现象，经济学家和保险学家多年来对两者的特点和比较优势开展了深入研究。而保险本身特有的逆向选择和道德风险问题自然就成为分析核心。

1. 逆向选择与相互制保险公司

与投保人对保险产品的选择不同，这里所说的"逆向选择"是指客户及投资人对企业组织形式的选择。在股份制的环境中，公司面临的所有风险都是由股东和保单持有人共同分担，而相互制公司的经营风险则完全由保单持有人承担。如果某种保险业务或覆盖人群的整体风险较高，客户就可能偏好选择股份制保险公司[1]。而当保单持有人的综合风险较低时，就会选择相互制保险公司，因为其化解风险的成本更低。

同样是由于风险分担机制，股份制公司的投资人可能会做出与保险客户完全相反的经营决策。他们可能避免经营承保风险高或无法精确预测的保险业务，特别是在面临系统性风险、市场风险分散能力有限的专属保险领域（如农业保险），或在外部筹资成本上升、无法及时补充资本金的时期，有实际需求的客户不得不依靠自发成立或参加相互制保险公司以获得保障。

由于客户和投资人对于风险分担机制的选择是相反的，因此经常出现在同一保险市场同时存在相互制公司和股份制公司的现象。对长期护理保险来说，应采取哪种组织形式取决于护理服务本身的风险特点及风险水平、外部及内部筹资渠道的相对成本等多个因素。根据以上分析，相互制保险可在至少两种情况下发挥主要的保障作用：一是对日常健康管理、保健预防等整体风险水平较低的医疗或护理服务，利用管理成本优势，以比股份制公司更低廉的保费提供保障产品[2]；二是对涉及人群小、经验数据基础薄弱的特殊病种或失能情况，在股份制公司缺位的情况下，由潜在风险人群发起，共同承担相关支出风险。因此，在长期护理保险体系发展初期，由于缺乏数据积累，可以在人口密度小的地区，或者针对认知障碍等特殊的失能人群，尝试相互制护理保险组织。

需要指出的是，相互制保险公司仍然面临第一种逆向选择问题。后文将会提到，由于组织架构的特殊性，相互保险公司在产品设计、定价、核保、理赔等方面的管理方法比大多数股份制公司更简单、更宽松，其经营模式的互助性、共济性更强，也许更适合覆盖风险水平及偏好相似的人群。因此，经营规模的扩大对相互制保险公司的影响是不确定的：一方面，公司资本金（也就是保费）规模将随着客户人数的增加而上升，增强其抗风险能力；但另一方面，其"风险池"的结构将更为复杂，随着高风险人群

---

[1] Laux, C. & A. Muermann, "Mutual versus Stock Insurers: Fair Premium, Capital and Solvency," CFS Working Paper Series，2006.

[2] 当然，还须考虑这类服务是否应纳入医疗保险保障范围，还是应进入免赔额度。这个问题涉及健康保险的最优设计模式，不属于本文的讨论范围。

比例的上升，赔付的次数和金额将大幅提升，低风险人群也许会逐渐退出互助团体，使相互制公司最终陷入常见的逆选择恶性循环。换句话说，在快速发展的保险市场，相互制保险是否为一个稳定的风险分散机制是需要进一步研究的问题。

2. 道德风险与相互制保险公司

与上文的分析一样，保险公司面临的道德风险也有两个来源：客户和公司所有人。

从理论上讲，由于客户和所有人两者的身份统一，无论是医疗服务使用过度，还是经营管理不当，其结果都将由自己承担，因此相互制公司受道德风险的影响可降至最低。而股份制公司则可能同时面临客户及所有人道德风险。前者已被大家所熟悉；后者是指保险公司在理赔环节"惜赔"、"拒赔"，或在风险管控和资产管理等环节过度提高保险资金风险水平等行为①。大量研究显示，与相互保险公司相比，股份制公司往往更少使用再保险分保②，也更偏好风险系数高的投资产品③。

根据以上分析，相互制似乎更有利于减少长期保险的道德风险问题，进而控制整体护理费用的增长速度。其资产管理策略也主要以保证医护费用给付为前提，因此资金安全有较大保障。然而，相互制的优势是受投保人群规模限制的。当互助人数超过一定水平后，单笔医疗费用分摊到每个人的金额就很小，互助保险就可能和股份制保险公司一样，面临"囚徒困境"式的问题，失去控制道德风险的能力。

3. 管理成本与相互制保险公司

虽然相互制保险客户理论上拥有对公司的所有权和投票权，但随着参保人数的增加，投票决策的成本迅速上升，每个个人对公司经营管理的实际控制能力微乎其微。根据一项20世纪80年代对美国60家大型人寿保险公司的调研，相互制公司参保人的投票率不超过0.2%，最低仅为十万分之一，而股份制公司股东的投票率则高达44.9%。

因此，随着公司规模的扩大，相互制保险也不得不像股份制公司那样，聘用专业的经营管理人员。客户/所有人和管理者之间的角色分离将使相互保险公司的内部组织与治理结构失去与股份制公司的显著差异。事实上，大型相互制公司的所有人面临比股份制公司更为不利的局面：他们同样处于信息不对称的劣势，却没有股权激励、重组并购等手段来有效控制经理人的行为④。为降低信息不对称对激励机制的影响，有学者认为相互制保险更适合风险种类单一、风险水平低、经营管理简单的险种或市场⑤。

这一原则是否适用于护理保险呢？也就是说，相互制保险公司是否只能相对简单的纯风险保障业务呢？上文介绍的保柏公司和凯撒医疗成功建立健康产业链的例子显然已证明，内部交易及代理人监督成本并不是决定相互保险制度优劣势的唯一标准，这两家公司在克服管理成本方面的经验也值得我们深入研究和学习。

（四）国际经验对我国相互制长期护理保险发展的启示

由以上分析可知，是否应该发展相互制长期护理险公司，或者应发展什么样的相互制长期护理险公司，这取决于长期护理险业务的风险特点、筹资成本、业务规模、管理机制、信息分布等许多复杂的因素，而这些因素的影响也会随经济金融环境、监管政策等外部因素的变化而变化。从20世纪上半叶相互保险公司的黄金发展期，到90年代后期的"去相互化"浪潮，说明每个经济发展阶段都有适合其特点和需求的保险组织形式。从我国来看，3家相互保险组织已开业，其中信美人寿相互保险社聚焦用户的健康和养老两大需求，借助模式创新和科技的力量，推动保险回归保障本质，力争成为普惠金融的新样本，帮助到更多的人。本报告结合国际经验和我国保险市场的发展现状，对我国相互制长期护理险公司的发展提出三点建议：

1. 利用各行业协会组织开展互助性长期护理保险

比如，中国职工保险互助会成立于1993年，是在民政部注册登记的全国性非营利社会组织，凭借工会在职工中的声誉，依托基层工会网络，充分发展服务中低收入群体，开展小额保障计划的优势，低成本、大规模的推广小额健康互助保障计划，覆盖了目前很多商业保险公司忽略或无法渗透到的中低收入职工群体⑥。在中国保监会《相互保险组织监管试行办法》下发后，对于"协会保险人"

---

① Merton, R. "An Application of Modern Option Pricing Theory," *Journal of Banking and Finance*, 1977（1）：3-11.

② Mayers, D. & C. Smith Jr. "On the Corporate Demand for Insurance: Evidence from the Reinsurance Market," *The Journal of Business*, 1990（59）：221-238.

③ Lamm-Tennant, J. & L. Starks. "Stock versus Mutual Ownership Structure: The Risk Implications," *The Journal of Business*, 1993（66）：29.

④ Viswanathan, K. & D. Cummins, "Owernship Structure Changes in the Insurance Industry: An Analysis of Demutualization," *The Journal of Risk and Insurance*, 2003（70）：401-437.

⑤ Mayers, D. & C. Smith, "Contractual Provisions, Organizational Structure and Conflict Control in Insurance Markets," *The Journal of Business*, 1981（54）：407-434.

⑥ 中国职工健康互助保障、中国保险行业协会、中国社会科学院课题组：《中国健康保险发展报告》，中国财政经济出版社2010年版。

（包括"中国渔业互保协会"等）如何厘定其身份，进一步纳入相互保险管理范畴，还需要集思广益、深入研究。

2. 研究医疗责任保险等领域相互制模式

保险公司的逆向选择类似于保单持有人的逆向选择，在股份制下，由于保险公司无法充分掌握投保人的信息，或者市场波动较大（如长尾风险），其可能就不会主动承保风险过高或不可预测的行业。对投保人而言，相互制就成为可供选择的组织形式。当风险不可分散而外部资金成本很高时，保险客户只能选择自己承担风险，这就是为什么相互制保险公司在具有特定风险类行业非常普遍的原因。英国医师执业注册的医学委员会（General Medical Council）要求医师加入互助性责任保险机构，或购买商业性责任保险，以保证其有足够的经济能力承担执业责任，否则公立医院不得聘用，卫生行政部门不得与其签约。20世纪70年代，美国医疗过失索赔案件数量和金额的快速提高，医疗责任险保费剧增，使许多医生因"买不起保险"和"买不到保险"而回避高难度的医疗手术和服务，造成严重的社会问题，为了解决这一问题，互助共保的医疗责任保险公司应运而生。因此，我国可考虑发展相互制护理责任保险，作为公共或商业护理保险的补充，以更好地促进长期护理服务市场的完善和发展。

3. 警惕发展过程中以相互保险名义获得保险公司牌照套利并去相互化的可能性

相互制保险公司的发展对于丰富我国保险市场主体类型，加大对中低收入人群和其他弱势群体的保险服务力度，促进保险市场均衡和满足个体差异化需求等方面能够起到一定作用。但由于我国保险市场还没有达到成熟的程度，推进相互长期护理公司的发展应持谨慎态度，特别是警惕发展过程中以相互保险名义获得保险公司牌照套利并去相互化的可能性。

分报告二十六
境内外消费者市场调查：长期护理需求与市场偏好

亚洲老龄化速度很快。未来10年内，65岁及以上人口预计每年新增1500万人。随着人口结构老龄化，资金需求和护理服务需求也会相应增加，我们也将面临更大挑战。各国政府和家庭已采取措施，用于提高退休收入，改善老年医疗保健服务，然而在为失能老人提供所需资金和服务方面采取的措施仍显不足，这些需求往往无法受到足够的重视，需要改变这种状况。人们在进行退休规划时应具有全局性，兼顾各方面需求，而不仅仅是简单地按优先级排序。同时，持续护理服务的需求并不仅仅来自老年人。例如，严重事故后丧失自理能力的年轻人也同样需要护理支持。

尽管潜在需求强劲，但现阶段长期护理保险的市场规模仍然较小。保险公司需要更加积极地设计价格合理、同时适应老年人护理需求的保险产品，从而帮助消费者弥补未来的资金缺口。保险公司首先要明确消费者需求，同时平衡审慎核保和风险控制。另外，政府也要继续发挥重要作用。各方应继续通力合作，努力满足亚洲国家未来护理需求，同时缓解资金缺口。

瑞士再保险对六个亚洲主要市场的护理资金需求和解决方案进行了研究，以深入了解消费者如何应对自身和家庭的未来护理需求这一主题。在此基础上，调研了目前消费者已经做了哪些准备，以及他们对可选的护理解决方案[1]的偏好。

一、调研背景

（一）亚洲人口老龄化现状

全球人口正迅速老龄化。到2030年，全球65岁及以上年龄段的人数将增至近10亿人，远高于2010年的5.3亿人[2]。目前，全球60%的人口居住在亚洲，其中包括全球五大人口最稠密国家中的3个（中国大陆、印度和印度尼西亚），而日本、新加坡和中国香港是人口出生预期寿命最长的市场。

2010~2030年，亚洲老年人口数量将从2.88亿人增加到5.72亿人，几乎翻了一番[3]。随着生育率的下降和老龄人口死亡率的降低，到2025年，10%的亚洲人口将是65岁或更加年长的老年人。在这之前，每年亚洲约有1500万人（相当于中国香港和新加坡的人口总和）将迈入65岁群体[4]。人口结构老龄化将引起社会经济的显著变化，包括家庭规模不断缩小、越来越多的年轻人在城市工作导致城乡年龄差距日益扩大，以及利好经济增长的人口红利日渐消退[5]。

---

[1] 护理解决方案是向有护理需求的被保险人/消费者提供现金、资金和（或）服务的商业保险产品或金融产品。
[2][3] 联合国人口司：世界人口预测（2012年修订）。
[4] 详细信息见瑞士再保险：《亚太地区人口趋势》，2013年10月。
[5] 人口红利是指，由于年轻人口支撑了劳动人口数量，从而促进了经济增长的时期。

（二）老龄化带来的资金压力

随着老龄人口的增加，长期护理服务及相关的资金需求也随之增加。在很多亚洲国家，养老金问题已经成为最重要的话题之一。很多国家并不具备全面的、资金充足的退休预案。在各国更为常见的是现收现付制的养老金计划，但在劳动人口日益缩减的环境下，现收现付的养老金体系不可持续。最近，为老年人提供医疗健康保障也成为热议话题。这些保障传统上一直由政府或社会公共部门提供，但由于老年人数量的增加以及慢性病患病率的上升，这一制度的可持续性也受到质疑。

（三）老龄化对服务供给带来的挑战

老龄化的第三个方面是，我们需要满足老年人的护理需求并为他们提供服务。这在过去受到的关注较少，但其实与前两点同等重要。很多老人缺乏自理能力，需要机构看护或家庭成员提供帮助。在亚洲发达市场和新兴市场，由于政府财政预算已非常紧张，居民将承担越来越多的责任，为自己及家庭成员的护理需求提供资金和护理服务。

文化和社会经济差异影响了亚洲各国应对护理挑战的方式和策略。例如，日本面临护理人员短缺问题，政府正在考虑引进更多国外的专业护理人员①。同时，护理机器人有望在提供护理服务方面发挥更大作用。日本经济产业省在2013年启动了"机器人护理设备开发与引进项目"，以推进机器人技术在护理领域的应用②。

在其他市场，如中国香港和新加坡，雇用家政人员照顾老人十分常见。无论是家庭成员或家政人员，这种非正式的护理方式都缓解了公共医疗系统的部分压力。不过，在这种形式下，看护人员缺乏正规培训也是一个问题。

（四）护理的连续性

多数亚洲市场的护理服务资金主要来自社会保障和政府收入，或由居民个人自付。虽然长期护理的需求非常强劲，但解决方案的种类往往有限，拥有这些产品的人也很少③。

在西方国家和一些亚洲国家，现有传统的长期护理保险产品主要关注需要深度护理的阶段。事实证明这并不足够，不仅因为早期干预更有可能改善健康状况。同时，仅提供深度护理阶段的资金和服务难以满足其他阶段的护理需求。越来越多的人认识到，对老年人的护理应覆盖老龄化各阶段的护理需求，作为更广泛的健康和社会关怀整体的一部分，即所谓的"护理连续性"（见图26–1）。尤其是，我们还需要保证护理和社会服务的利益协调，从而更好地满足整体护理需求。消费者通常更希望能够在家中

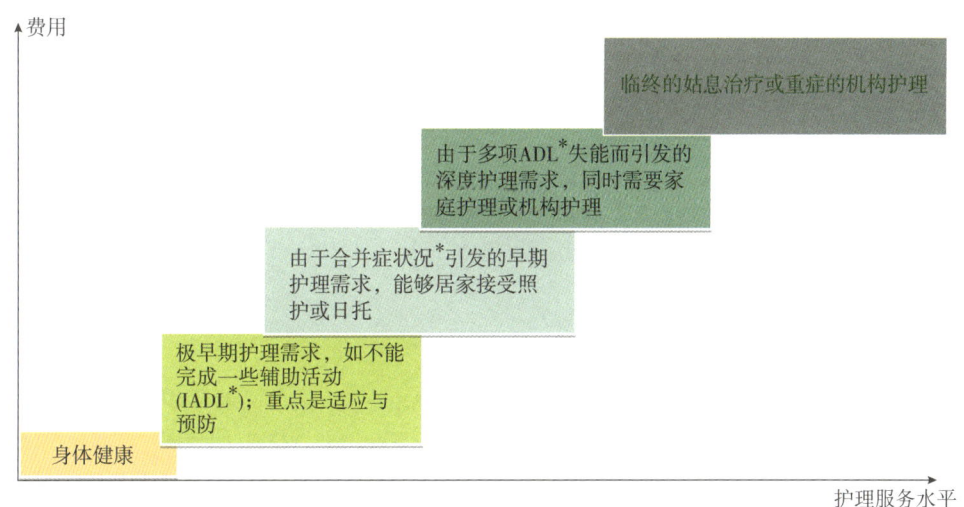

图26–1　护理的连续性

注＊：IADL（工具性日常生活活动）和ADL（日常生活活动）是衡量个人自我照顾能力的标准。合并症状况是指同时存在，但独立于另一种或相关状况的医疗状况。

资料来源：瑞士再保险，sigma，2014年第5期。

---

① 为了应对持续增长的对护理人员的需求，日本政府正在考虑引入海外护理者的多项计划。例如，2016年4月，日本卫生部批准了通过技术实习培训计划引进海外护理人员的计划。http://www.japantimes.co.jp/news/2015/01/27/national/japan-oks-plan-accept-foreign-nursing-care-workers/#.VcLUvP4cS71.

② 日本经济产业省，http://robotcare.jp/?lang=en

③ 即使在经合组织国家，商业保险的贡献比例通常不到长期护理总支出的2%。见《我们该如何提供护理？为老龄化社会寻找可持续的长期护理解决方案》，Sigma，2014年第5期，瑞士再保险。

得到护理，而满足这些需求则超出了目前的可行范围。

在此背景下，瑞士再保险进行了一项消费者调查，研究满足亚洲老龄人口未来护理需求所面临的挑战。重点涵盖以下方面：①消费者对护理服务的看法，包括护理服务的意识、优先次序和重要性，以及如何筹资和提供服务；②消费者已经采取或计划采取哪些行动，以满足自己和家庭未来的护理需求；③消费者对护理解决方案的偏好情况，即在购买护理产品时，消费者的主要考虑因素。

调查选取了中国大陆、中国香港、中国台湾以及韩国、日本和新加坡6个市场共6300名消费者[①]。抽样方法和受访者的详细统计特征见附录一。

二、消费者的看法

(一) 对护理需求的认知

护理服务对于亚洲消费者来说并不是一个新概念。孝道是亚洲各国社会文化的支柱，这意味着老年人长期以来一直受到子女和家庭的护理和照顾。在此次调查中，6个市场的受访者都非常认同，他们需要为未来的护理需求做好准备。在新加坡和中国台湾，人们的认同程度较高，而日本认同程度较低（见以下文本框："日本的长期护理"）。与我们预想的一样，较年长的受访者更看重为未来护理需求做准备的重要性。

日本的长期护理

在调查的六个市场中，日本的情况最为特殊。在亚洲，日本是人均年龄最高的国家之一，65岁以上人口占总人口的1/4以上。到2025年，每三个日本人中就有一人年龄在65岁以上。同时，过去三年来，日本总人口呈现负增长。

面对人口老龄化挑战，2000年日本政府推出了国家长期护理（LTC）体系，该体系由各级政府、雇主和雇员共同出资。该长期护理体系提供护理服务，而非现金。据估算，截至2012年3月底，约530万人需要长期护理服务。然而，随着国家长期护理险体系的建立，商业长期护理保险产品的需求逐渐减少。据报道，由于商业长期护理保险市场很小，保单销量低，一些保险公司已经退出了商业长期护理保险市场。除了国家制度带来的竞争外，也有人认为，商业长期护理保险的保费过高也是其市场规模较小的原因之一。

在此背景下，我们就很容易理解，在调查中为何多数日本受访者认为不需要为未来的护理需求做任何准备。他们对商业护理解决方案的认知程度也较低，主要因为可以依赖于国家长期护理体系，而且保险公司对推广商业长期护理保险产品兴趣不大。然而，日本公共财政越发紧张，社会福利可能将有所削减，日本消费者也感受到了未来长期护理体系的不确定性。总而言之，调查发现日本消费者整体态度比较悲观。他们怀疑政府是否有能力维持现行的老年护理服务体系，同时也十分担心政府无法承担长期护理的开支。

(二) 应对未来护理需求所做的准备

即便如此，在实际生活中，无论是从心理上还是财务上，很多消费者并未对未来的护理需求做好充分的准备（见图26-2）。人们意识到对于准备重要性的认识与实际准备程度呈正相关关系。在这方面，中国大陆和新加坡的消费者对自己所做的准备更有信心，也更倾向于认为他们有足够的财力可以满足自己和家庭未来的护理需求。

总体来看，在调查的6个市场中，男性比女性更倾向于认为自己已经做好充分准备。家庭收入较高的受访者认为他们准备得更加充分，但持这一观点的受访者占比也只略高于收入较低家庭的受访者占比。这表明，是否准备充分受家庭收入水平的影响不大，因为高收入家庭对护理服务水平和质量的期望也会更高。日本有更高比例的受访者认为自己在心理和财务上对未来的护理需求准备不足。而他们列举的缺乏准备原因与其他市场受访者给出的原因没有显著区别。

人们认为自己准备不足的主要原因是：①消费者不知道怎样开始为未来的护理需求做准备。在新加坡和韩国中，一半以上的受访者表示无法负担相关费用。这一比例在中国大陆较低，但在中国香港、中国台湾和日本仍很高。②受访者对老年阶段护理需求的意识非常高，这也说明他们对护理过程中所需要的实际资源十分了解，因此更加意

[①] 除中国大陆以外，其他市场的样本各有900名受访者，中国大陆样本数为1800人。

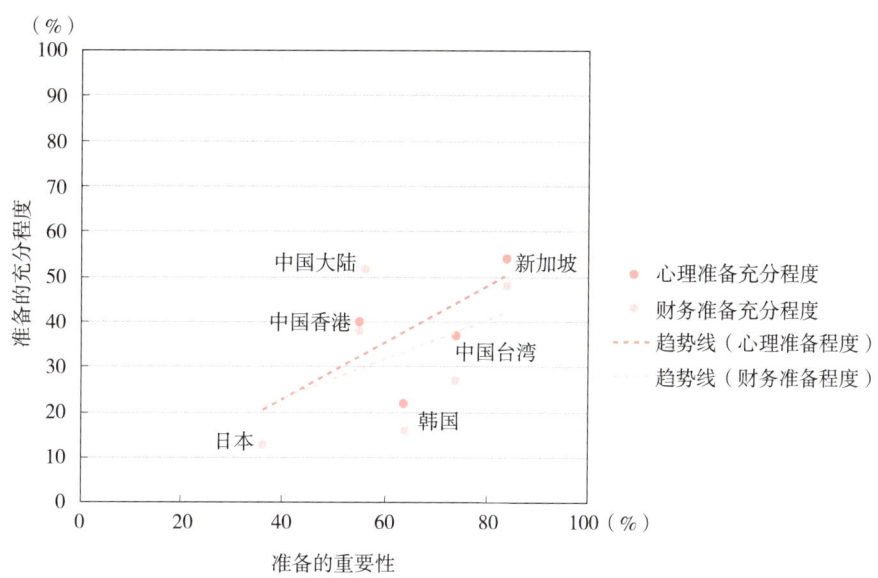

图 26-2 调查市场中消费者对未来护理需求的认知程度，重要性和准备程度

注：该图显示了消费者对"为未来护理需求做准备很重要"观点的认同度。准备充分程度是指受访者在 1~5 分评分栏回答"准备充分"或"有些准备"的比例，其中"准备充分"对应 5 分。这也同样适用于衡量做准备的重要程度。对于日本和中国来说，浅色点和深色点重叠。

资料来源：瑞士再保险，《聚焦亚洲护理解决方案》，2015 年。

识到自己并未做好准备。所以，全部受访者中只有 20% 左右（中国台湾不到 10%，中国大陆则接近 1/3）的受访者表示，"不觉得需要"做什么准备。③只有很少数的受访者（6 个市场中约 5%）相信政府能提供资金和未来所需的护理服务，因此很多受访者认为需要自己为未来的护理需求做准备。

（三）衡量资金缺口

只有约 10% 的受访者认为他们有足够的财力支付未来护理开销。这一比例在年长的受访者中明显上升。然而，受访者中很大一部分（新加坡的 1/4 到日本的 2/3）预计，即使有家庭成员和社会保障体系的支持，未来护理需求仍会存在资金缺口（见图 26-3）。平均来看，亚洲消费者认为，他们在未来护理服务需求方面存在 50%~60% 的资金缺口。

年轻的受访者（20~39 岁）普遍比较乐观，特别是在中国大陆。这可能是因为，他们认为自己有很多年的时间可以为将来的护理需求做准备。年长（60 岁以上）的受访者中也有一部分人对自己承担未来护理开销的能力很有信心，主要集中在中国香港和新加坡等发达市场。

然而，仍有很多亚洲消费者认为，他们无法积累满足未来护理需求所需的资金。这些消费者依据他们将来

的支付能力和对总开销的估算，预期平均的资金缺口为 50%~60%[①]。资金短缺程度的分布情况在各市场较为一致，见图 26-4。

（四）消费者采取的措施

亚洲消费者正试图通过储蓄并保持健康来缩小其未来护理需求的资金缺口（见图 26-5）。所有调查市场中的消费者都表示他们正将部分收入存储起来，为未来的护理支出做准备。

同时，消费者还非常倾向于采取健康的生活方式，以降低未来患病的风险。虽然这并不会影响应对未来护理需求所需的资金，但这将有助于延长健康生活的时间，并尽可能降低长期伤残或罹患重疾的风险。

多数消费者提及储蓄是缩小未来护理保障差距的关键措施之一。然而，储蓄通常是预防性的，旨在应对所有的意外事件。鉴于这并非仅用于未来的护理需求，其他重要事项诸如紧急的医疗救治等可能会大大消耗储蓄。

一般来说，消费者更倾向于为自己和配偶的未来护理需求做准备，并不包括父母。在新加坡、日本和韩国尤其如此。不过，也有消费者认为替父母的未来护理需求做准备非常重要，其中部分消费者已为此采取了一些措施，包

---

① 是指每个市场预期短缺的平均值。

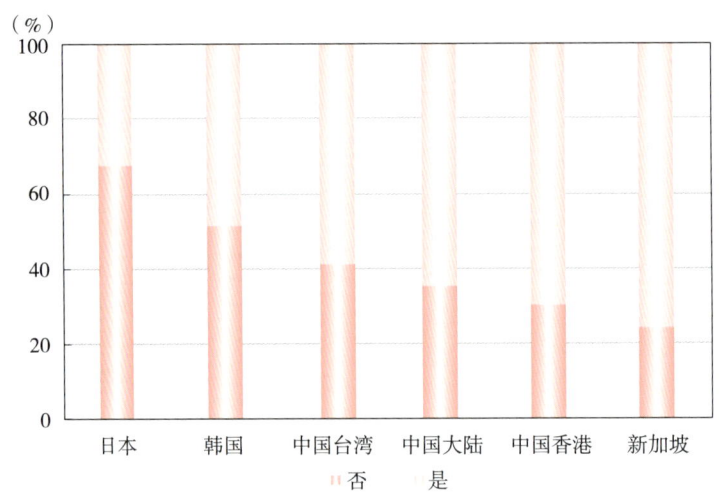

图 26-3　预计未来的护理需求存在资金缺口的消费者占比

注：受访者被问及，包括合理预期来自家庭成员或政府的资金支持在内，退休时是否有足够的财力资源以负担未来的护理需求。

资料来源：瑞士再保险：《聚焦亚洲护理解决方案》，2015 年。

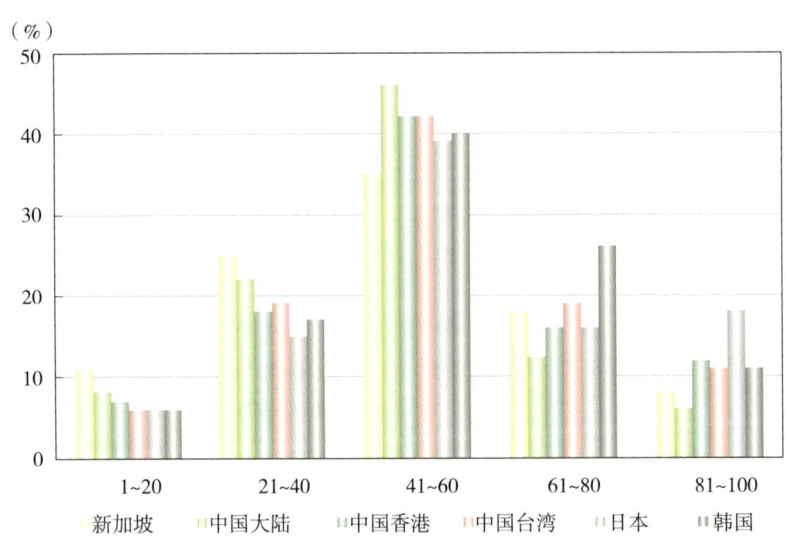

图 26-4　预计未来的护理服务资金缺口

注：针对那些认为到退休时没有足够财力资源的受访者（见图 26-3）被问及护理融资缺口规模，按受访者预计的金额计算的百分比情况。

资料来源：瑞士再保险：《聚焦亚洲护理解决方案》，2015 年。

括购买保险[①]。

在受访者中，认为已经"准备充分"的个人，并不一定采取了最多措施。那些认为自己"有一定准备"的个人是已经采取了措施的，包括储蓄、投资保险和金融产品，并健康地生活。

在受访者中，已经购买金融产品为未来护理需求筹资的个人，通常都购买了保险，而非其他产品。在新加坡尤其如此，尽管这可能受到参与"乐龄健保计划"[②]人群的

[①] 这也与另一项观察结果一致，即表示将照顾父母的受访者更有可能会购买保险。

[②] "乐龄健保计划"是新加坡的保险计划，通过每月现金给付，为需要长期护理的群体提供财务保障。新加坡卫生部已经指定了三家商业保险公司来管理该计划。参与者加入计划时确定保费，每年支付直至 65 岁。新加坡人可以选择以现金或通过"保健储蓄账户"进行付款。

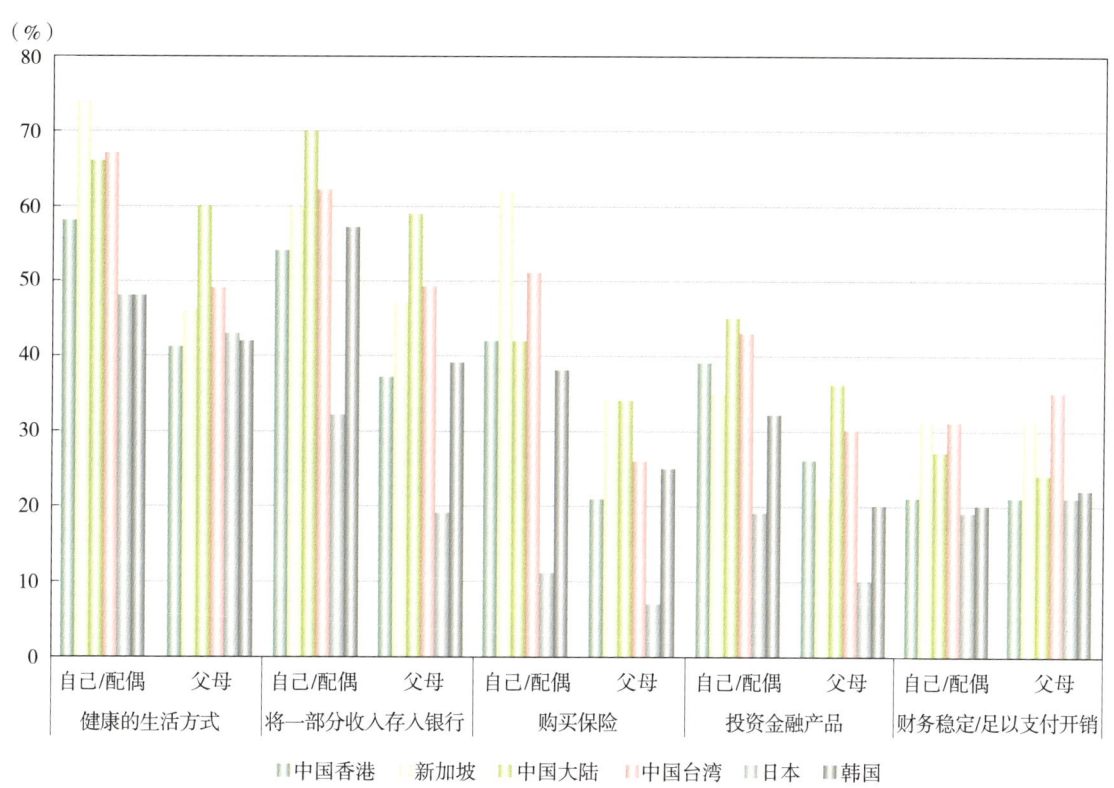

图 26-5　为未来护理需求做准备所采取的主要措施

注：由于答案为多选，各项数字加起来可能会超过 100%。
资料来源：瑞士再保险：《聚焦亚洲护理解决方案》，2015 年。

影响。

总体来说，调查结果显示，亚洲消费者强烈意识到他们需要为未来的护理需求有所准备。然而，很多受访者承认自己尚未准备充分，涉及的原因包括负担能力有限和不清楚如何准备。同时，部分消费者已采取了一些有效措施，包括遵循健康的生活方式或安排更多储蓄。即使如此，很多人对其是否拥有足够资金以支付未来护理需求仍缺乏信心。

三、保险的作用

（一）消费者普遍存在的问题

亚洲消费者普遍认为，为未来护理需求做准备极为重要。然而，多数人尚未为此做好准备。尽管超过 90% 的受访者表示已经为他们自己或家人未来的护理需求做了一些准备，但多数受访者预计未来仍会存在资金缺口。

帮助亚洲消费者更好地为未来的护理需求做准备，有三个关键的考虑因素。

第一，很多消费者根本不知道如何开始为未来的护理需求做准备（见表 26-1）。当被问及为什么认为自己准备不足时，很多受访者表示，他们"不知道如何开始或如何计划"。财务负担能力和"目前没有时间来做计划"分别是排名第二和第三的回答。

在 20~39 岁的受访者中，"不知道如何开始准备"的回答最为常见。而在较年长的（60 岁以上）受访者中，只有不到 1/5 的人不知道如何开始。而在中国大陆、中国香港和韩国（不太显著）等市场，富裕家庭更倾向于回答不知道如何开始。

第二，消费者往往把事情拖延太久。当被问及什么原因会触发他们去采取行动、为护理需求做准备时，常见的答案有：①行动能力受损；②无法完成日常基本生活活动；③被诊断患有某种慢性疾病，见表 26-2。

通常，人们只有在已经进入需要深度护理阶段时，才意识到自己需要有所行动。这就形成了恶性循环：拖延导致决策太迟，以至于到决定购买护理产品和服务时，所需的成本对很多人来说又难以负担。这种情况下，人们实际

表26-1 亚洲消费者认为自己没有为自己/配偶、父母的未来护理需要做准备的原因　　单位：%

		中国大陆	中国香港	中国台湾	日本	韩国	新加坡
自己/配偶	不知道如何开始/做什么计划	37	28	49	43	30	43
	不需要	32	26	9	21	26	10
	没有时间计划	19	21	19	29	32	19
	买不起	16	38	47	41	55	52
	没看到其他人做了准备	16	13	11	10	12	6
	财务稳定（足以支付开销）	14	13	10	3	6	20
	认为可以依靠政府	4	4	3	7	4	3
父母	不知道如何开始/做什么计划	46	32	50	41	26	40
	不需要	15	12	5	15	19	6
	没有时间去计划	15	18	20	23	28	20
	买不起	26	31	42	42	53	58
	没看到其他人做了准备	17	15	9	6	12	8
	财务稳定（足以支付开销）	15	20	16	7	12	15
	认为可以依靠政府	8	10	9	9	7	7

表26-2 触发消费者购买护理解决方案的理由　　单位：%

	中国大陆	中国香港	中国台湾	日本	韩国	新加坡
行动能力受损	56	53	57	39	44	36
无法完成日常基本生活活动	51	53	61	53	63	50
被诊断患有慢性病	50	56	48	53	49	70
住院	44	41	43	52	43	59
已到退休年龄（停止工作）	34	34	33	28	29	22
家庭成员生病/死亡	33	37	32	54	47	47
家庭不再住在一起	31	26	27	20	25	16

表26-3 消费者决定购买护理产品的主要原因

	中国大陆	中国香港	中国台湾	日本	韩国	新加坡
自己/家庭/配偶的安心	67	58	58	70	55	75
减少对家庭/配偶的依赖	59	57	53	63	48	64
需要护理的情况下有稳定的收入	59	54	60	58	49	48
这是整体退休计划的一部分	45	47	53	33	52	64
我不认为政府可以继续提供这些服务	30	33	27	43	45	17
我无法承担这种护理解决方案产品的费用	26	33	32	27	37	26
我的朋友/同事已经购买了这些产品	14	18	16	7	13	6

注：三种颜色指的是每个市场的前三位选择（深绿色的比例最大）。由于答案多选，各项数字加起来可能会超过100。

资料来源：瑞士再保险：《聚焦亚洲护理解决方案》，2015年。

上是没有保障的。

第三，消费者决定购买护理产品的原因（见表26-3）。在几乎所有被调查的市场中[1]，最主要的购买动机是"安心"。最常见的原因是能够减少家庭/配偶的负担。各个市场存在差异。例如，对中国台湾消费者来说，首要原因是"在需要护理的情况下，仍有稳定收入"。而在韩国和新加坡，消费者将护理需求看作是退休计划的一部分。

（二）对保险公司的启示

消费者认识到需要为未来的护理需求做准备，但很多人表示不知道如何着手。保险公司可以通过提供消费者培训来改善这一状况。消费者培训的内容可以介绍现有的长期护理保险产品，也可以告诉消费者若不做准备将面临的风险。保险公司主动提供长期护理相关信息，例如通过寿险代理人的交叉销售，可进一步帮助消费者为未来护理需求进行规划。在这方面，保险公司需要更好地了解消费者偏好，例如他们希望保险公司以何种方式与他们接触，以及希望从什么渠道获取护理保险产品的信息[2]。

人们通常认为，相比生活中其他重大事件，如购买房屋、规划退休养老金等，未来护理需求相对次要。我们不仅需要强有力的论据来说服消费者尽早准备，同时教育消费者如何管理老年阶段的不同需求也同等重要。相比优先级排序的方法，我们建议用更全面的方法规划未来。消费者应该对其退休生活进行整体规划、综合考虑多重影响因素，而非以零散的方式应对不同需求，如日常生活开销、医疗费用和潜在护理服务支出等。

保险公司也需要重新考量其在售产品。传统的长期护理保险产品主要用于被保险人需要机构护理时提供财务支持。但这通常发生在被保险人健康状况较差的深度护理阶段，而且只有发生严重损伤或残疾时才会获得财务支持。因此，保险公司仍有产品创新和改进的空间，以改善传统长期护理保险中存在的一些缺陷。将护理保险的保障范围从机构护理扩大到管理式护理，涵盖在退休早期（或退休前）采取的预防措施，可以有助于客户克服拖延决定的问题，通常也可以为消费者和保险公司带来更好的结果。

（三）消费者购买长期护理险的驱动力和阻碍

在购买保险行为方面，我们调查的亚洲各个市场都有其各自的特征。社会经济、人口结构和文化上的差异决定

了消费者对不同产品设计持不同态度。但这6个市场也存在一些共性。例如，保障责任主要集中在寿险、医疗报销和人身意外险方面。除日本外，各个市场的受访者普遍表示了解商业护理保险产品，同时都对护理解决方案具有浓厚的兴趣，然而经济负担能力和产品设计是两个关键的影响因素。

约1/6的受访者表示，他们有保险保障（新加坡最高，其次是大中华地区[3]）。其中，寿险最受欢迎，其次是医疗报销型和意外险产品。癌症/重疾险在中国台湾很受欢迎，而在中国大陆，一半的保单持有人都提到了年金。在职的、有孩子、且属于高收入家庭的人群更可能拥有保险。

在中国台湾，消费者拥有的保险类型最多[4]。平均来看，中国台湾每名保单持有人拥有四种以上不同类型的寿险及健康险。

很大比例的受访者对商业护理解决方案及相关产品有所了解。在新加坡和大中华地区，超过70%的受访者表示知道一种或多种护理解决方案或产品。这一比例在韩国略低，但仍达到62%。在日本，近70%的受访者称不了解此类产品。这可能是由于，政府提供的长期护理保险体系是消费者获得护理服务的主要渠道。日本的商业长期护理保险市场依然很小。

约40%的受访者有兴趣在未来12个月内购买护理保险产品。驱动购买决策的因素在各个市场相当一致（见表26-4）。总体来说，最重要的两个因素是"我能负担得起"和"充分满足我的需求"。而其中更为重要的原因是能够满足消费者的需求。在新加坡和韩国，经济负担能力分别是位列第二和第三的考虑因素。日本和新加坡的消费者也强调了"保障责任易于理解"的重要性。在各调查市场中，品牌均不在前三大考虑因素之列。

各种健康问题和疾病中，消费者最关注的是癌症和心血管疾病（CVD），其次是糖尿病和痴呆症（见表26-5）。最关注癌症和心血管疾病的受访者更可能在未来12个月里购买护理保险产品。

（四）消费者对长期护理保险产品设计的偏好

本部分重点讨论护理保险产品的设计。在此次调查中，我们向受访者简要介绍了护理保险产品，并询问了哪些产

---

[1] 中国台湾除外，台湾消费者认为收入稳定和安心同等重要。
[2] 可参考2015年1月瑞士再保险-LIMRA发布的《聚焦亚洲消费者渠道和产品偏好》。
[3] 中国大陆、中国香港和中国台湾。
[4] 这些是寿险、储蓄型寿险、投资型寿险、医疗报销型保险、癌症/重疾险、门诊保险、医院现金/手术保险、人身意外险、残疾人收入保险、长期护理保险和年金/养老金。

表 26-4 影响购买护理保险产品的因素 单位：%

	中国大陆	中国香港	中国台湾	日本	韩国	新加坡
我可以轻松负担	49	53	56	56	43	47
现金支付（如疾病、死亡等一次性付款）	48	35	28	15	35	31
充分满足我的需求	41	50	46	30	54	63
可以根据我的需求定制产品	34	33	35	24	48	30
易于完成申请流程	33	25	28	26	13	17
增值服务	22	19	22	18	16	18
知名品牌	21	18	17	13	12	8
保障责任易于理解	19	22	22	45	31	43
便于获得产品信息	15	17	20	18	20	23
捆绑现有保单	15	16	15	17	21	12

注：三种颜色是指，每个市场前三位选择（深绿色的比例最大）。由于答案为多选，各项数字加起来可能会超过100%。
资料来源：瑞士再保险：《聚焦亚洲护理解决方案》，2015年。

表 26-5 消费者最关心的健康问题/疾病类型 单位：%

	中国大陆	中国香港	中国台湾	日本	韩国	新加坡
癌症	51	56	54	54	52	73
糖尿病	31	29	21	19	21	27
痴呆症（如阿尔茨海默病）	19	26	33	52	47	27
抑郁症	12	16	12	16	15	8
肥胖症	11	14	15	18	15	6
关节炎	19	19	12	12	16	7
骨质疏松症（骨变质）	24	18	21	14	18	27
心血管疾病	68	54	58	44	52	69
视力和听力损失	21	24	24	21	18	19
牙科问题	20	16	14	22	24	8
事故/紧急意外情况	23	28	34	26	22	28
其他	*	*	1	2	*	*

注：*代表小于1%。
资料来源：瑞士再保险：《聚焦亚洲护理解决方案》，2015年。

品特征和属性会影响他们的购买意向。

1. 保费和保险赔付方式

亚洲消费者更希望获得按月给付的保障（见图26-6、图26-7）。各个市场对这一问题的偏好仍表现出明显差异。例如，中国大陆的消费者并不坚持认为按月给付的方式更好，一次性付清的产品设计对于这些消费者仍具有较强的吸引力，与我们此前的观察结论一致。值得注意的是，不到20%的消费者倾向于从保险产品中获得实际服务，而

分报告二十六 境内外消费者市场调查：长期护理需求与市场偏好

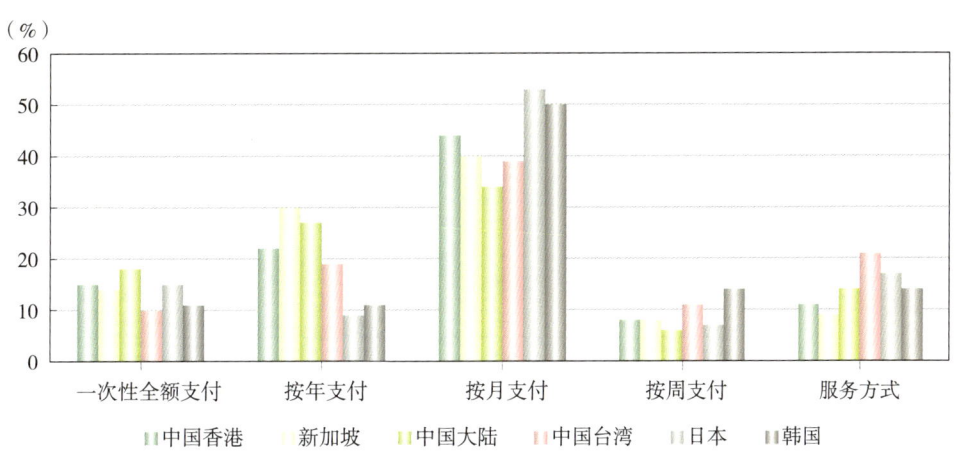

图 26-6 消费者对保障支付方式的偏好

注：服务方式如家庭救助、家庭护理等。

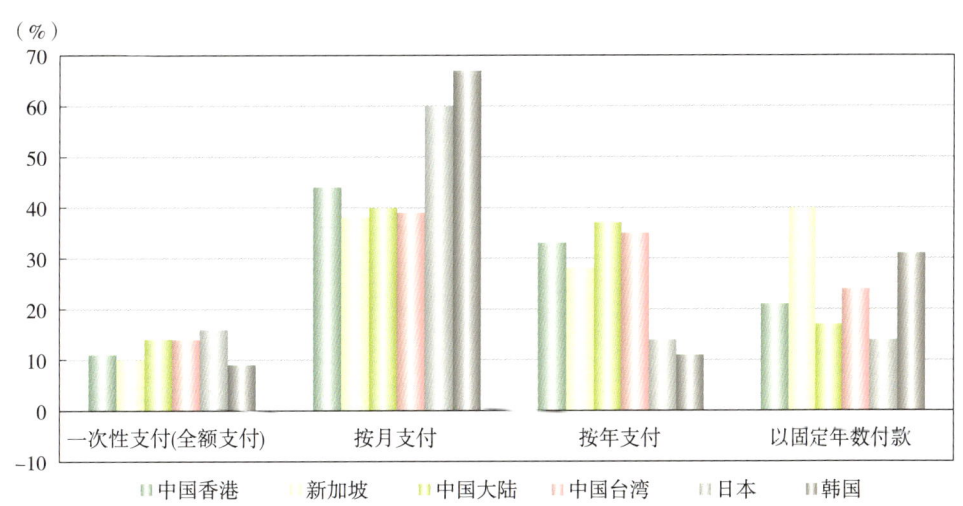

图 26-7 消费者对保费支付方式的偏好

非现金。在保费支付方式方面，人们更倾向于按月支付保费，而不是按年支付或趸缴保费。消费者更倾向于均衡保费的设计，而非逐年递增。

2. 保单期限

护理保险的另一个重要的产品特征是保障期限。由于人们寿命日益增长，保单期限变得越来越重要。护理保险的保障期限很长，使保险公司在预测未来护理服务成本方面面临巨大挑战。此次调查的结果表明，消费者特别是中国台湾的消费者，更乐于拥有终身护理保险产品（见图 26-8）。年长的消费者也更倾向于选择保障终身的护理保险。

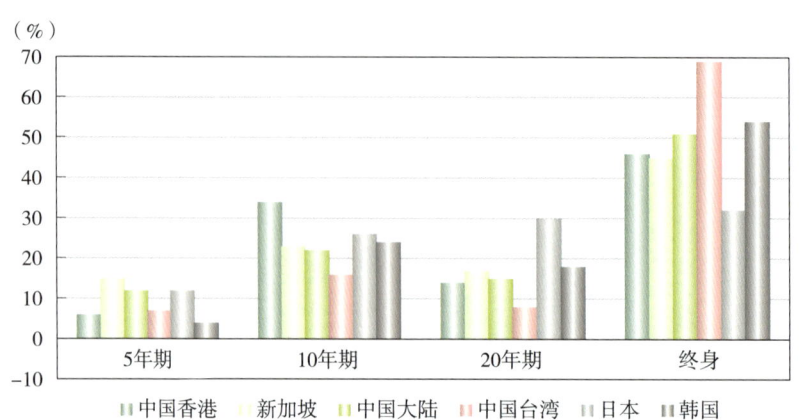

图 26-8　消费者对保单保障期限的偏好

资料来源：瑞士再保险：《聚焦亚洲护理解决方案》，2015 年。

3. 独立保单与附加型产品

近 70% 的受访者表示，他们认识护理保险解决方案可以帮助他们为未来护理需求筹资，如可转换为护理保险的即期年金或人身意外险。同时，消费者也更喜欢护理保险产品作为寿险健康险的附加产品形式。在 6 个市场中，每个市场只有约 20% 或更少的消费者倾向于拥有独立保障护理责任的产品形式。而其他消费者对产品组合中护理责任是主要或次要有着不同的偏好，见图 26-9。

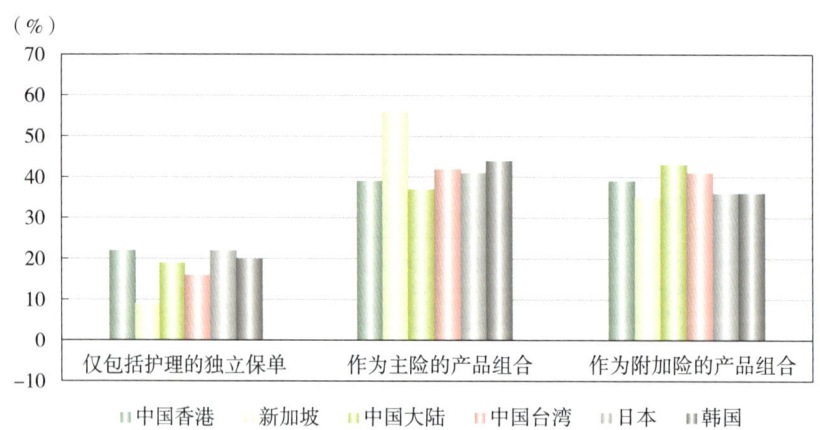

图 26-9　消费者对独立产品和产品组合的偏好

资料来源：瑞士再保险：《聚焦亚洲护理解决方案》，2015 年。

4. 分销渠道

保险代理人（日本除外）和在线渠道（特别是日本和韩国）是亚洲消费者购买保险的主要渠道。不过，医院和大型医疗集团也是潜在客户接触护理保险产品的有效途径，见图 26-10。

5. 增值服务（VAS）

在护理保险产品中，消费者对增值服务（VAS）的偏好非常传统[①]。当考虑一系列增值服务时，消费者更喜欢健康体检，其次是紧急救援和医疗咨询。对更多的非典型服务，如热线咨询和家庭设施改造兴趣不大（见图 26-11）。通常来说，消费者对检查/诊断和治疗相关的增值服务更感兴趣，而较少会考虑与康复相关的增值服务。这一结果在 6 个调查市场中比较一致。

---

① 增值服务用于表明产品特色，通常超出现有护理解决方案产品的常规定义，如向保单持有人提供健康监测设备或参与健康计划的激励。

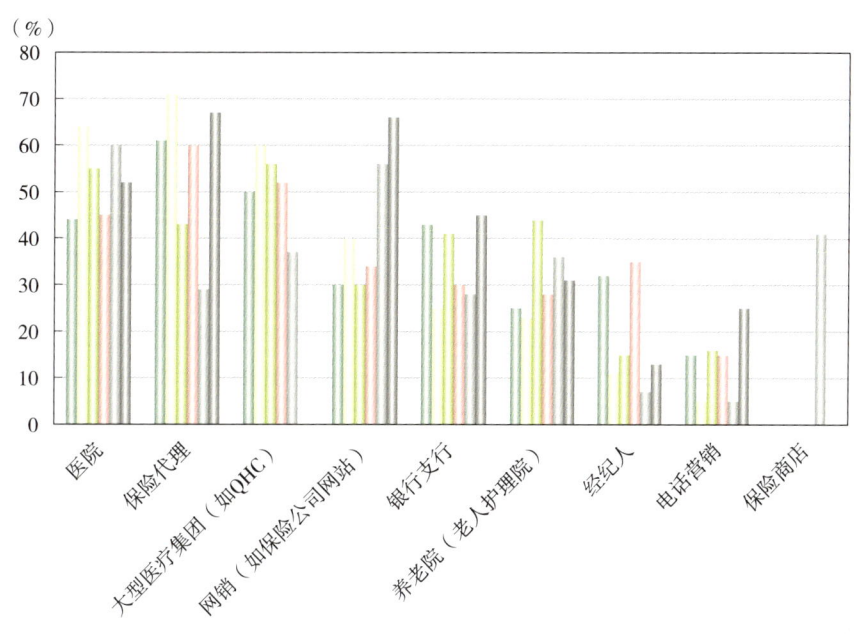

图 26-10　消费者对分销渠道的偏好

资料来源：瑞士再保险：《聚焦亚洲护理解决方案》，2015 年。

图 26-11　消费者对不同增值服务吸引的态度

资料来源：瑞士再保险：《聚焦亚洲护理解决方案》，2015 年。

研究发现，除了少数例外情况外，年轻的消费者一般比其他消费者更愿意支付一定金额购买增值服务。例如，在韩国和中国台湾，60岁以上的受访者非常愿意为增值服务付费，而新加坡的高收入家庭则最不愿意为此支付额外费用。总体而言，消费者倾向于将增值服务的额外费用控制在原保费的20%以内。在新加坡和韩国，更多的人只有在使用服务时，才愿意为增值服务付费。

消费者偏好与个人增值服务支付意愿之间的相关性较弱。例如，消费者倾向于将体检作为增值服务，但这个选项的定价不高。这可能是因为，除了可感知到服务外，体检价格更容易承受，且更易获得这一服务。另外，即使受访者并未对健康激励和热线咨询产生广泛关注，但这些服务由于并不常见或不易获得，因此仍可以包含更高定价。

四、结论

未来十年，亚洲每年将有1500万人步入65岁。为老年人群未来的护理需求筹资，并提供优质服务是全亚洲面临的一个关键问题。由于多数人认为政府将无法为未来护理方面的支出提供充裕的保障，而且护理成本难以预期，消费者越来越担忧自己对未来护理开销的经济承受能力。他们意识到有必要为自己和家人未来的护理需求做好准备，但实际上很多人仍准备不足，并预计会出现较大的资金缺口。

在满足亚洲消费者未来的护理需求方面，保险业的发展略显滞后。传统的商业长期护理保险产品供给有限，日本商业长期护理保险市场很小。然而，随着人口老龄化的加速，保险公司需要投入更多精力，协助消费者为未来的护理需求做好准备。现有的产品主要集中在为深度护理阶段提供资金，保险公司应扩大当前产品的保障范围。重新设计护理保险产品，使其在护理需求的各个阶段体现价值将更具吸引力。

同时，我们需要更加努力，帮助消费者在早期阶段以更全局化的视角考虑并尽早规划。消费者在规划未来退休生活时需考虑到潜在的护理需求。因此，保险公司采取积极措施教育消费者为未来的护理需求做准备非常重要。

商业保险并不是护理解决方案的唯一方式。在协助筹资和提供服务方面，与政府合作将继续发挥重要作用。然而，公共服务也不应对商业领域产生"挤出"效应。这对于确保消费者获得更多的选择和更有效的服务尤为重要。

附录：方法和人口统计

这项调查涵盖了6个主要亚洲市场的6300名消费者，这6个市场都面临日渐紧迫的老龄化挑战：中国大陆、中国香港、中国台湾、日本、韩国和新加坡。每个市场的主要城市中心都抽取了20~80岁人群的样本。表26-6显示了样本设计。

表26-6 样本设计

年龄段 地区	20~39岁		40~59岁		60~80岁		各地区样本总数
	20~29岁	30~39岁	40~49岁	50~59岁	60~69岁	70~80岁	
	目标人数	目标人数	目标人数	目标人数	最佳人数（最少50）	最佳人数（最少50）	
中国大陆	300	300	300	300	480	120	1800
中国香港	150	150	150	150	175	125	900
中国台湾	150	150	150	150	125	175	900
日本	150	150	150	150	148	152	900
韩国	150	150	150	150	122	178	900
新加坡	150	150	150	150	154	146	900

整个样本调查中考虑保持男性和女性受访者人数平衡。同时，对所有市场进行抽样时，注意了不同年龄、性别和其他人口变量的合理分布。

整个调查采用以下定义：

护理需求：为满足个人护理对现金、服务和支持的需求，包括预防和康复，健康和医疗护理以及帮助完成日常基本生活等一系列服务。具体包括家务、按照规定服用药物、金钱管理，以及购买行为。护理可居家、社区、辅助生活设施或养老院进行，由家庭成员、朋友、其他照顾人员或专业护理者提供服务。

护理解决方案：向有个人护理需求的被保险人/消费者提供现金、融资或服务的私人保险或金融产品。

表 26-7 解决方案

地理范围	亚洲六个主要市场（使用的调查语言）： ·中国大陆（简体中文），中国香港（繁体中文），中国台湾（繁体中文），日本（日文），韩国（韩文），新加坡（英文）
家庭范围	基于同家族的跨代生活安排： ·第一代 ·第二代（包括孩子属于劳动力人口范畴和孩子不属于劳动力人口的父母；这些细分是以原样/自然结果的方式统计，没有具体配额） ·第三代（与第二代的抽样方法类似）
年龄段	以 20 年为单位的 20~80 岁的年龄段： ·20~39 岁 ·40~59 岁 ·60~80 岁（在最大的努力基础上）
性别	目标保证男/女受访人数总体平衡
位置	在所有市场中，提供城市层次/地理位置的合理分布样本

护理需求可以包括（但不限于）以下类型的服务：家务；按规定服用药物；金钱管理；购买杂货或服装；使用电话或其他形式的通信；使用技术（如果适用）；社区内交通；沐浴和淋浴；穿衣；烹饪和吃饭；行动能力；个人卫生和仪容整洁；厕所卫生。

图 26-12 展示了受访者的人口结构统计。

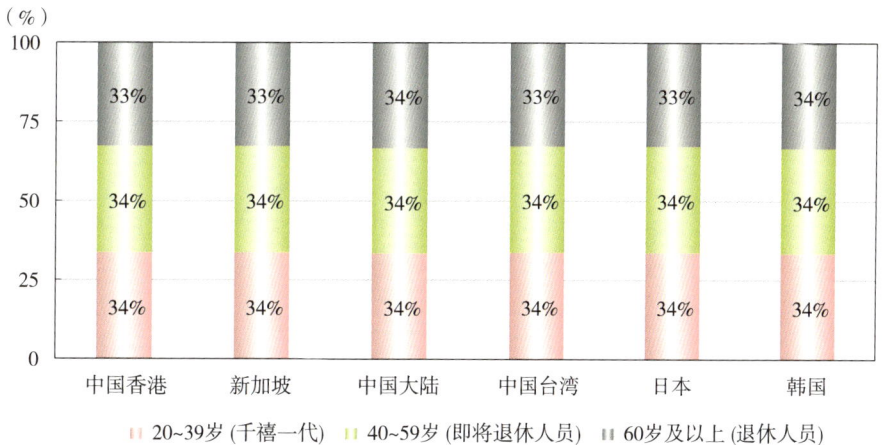

(a) 年龄组

图 26-12 人口结构统计

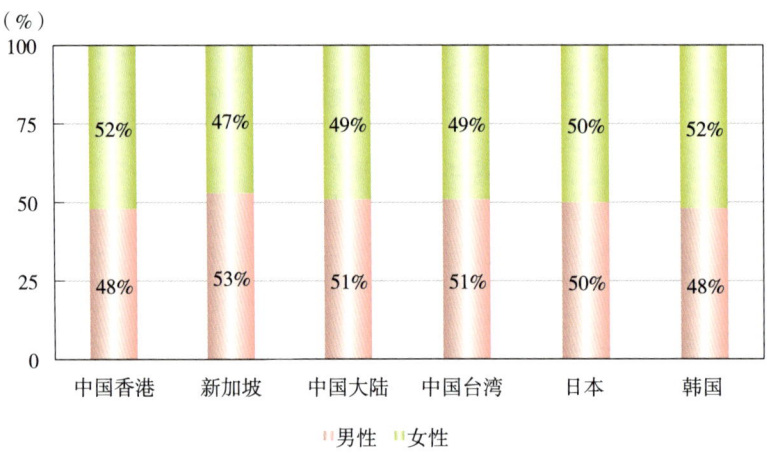

(b）性别

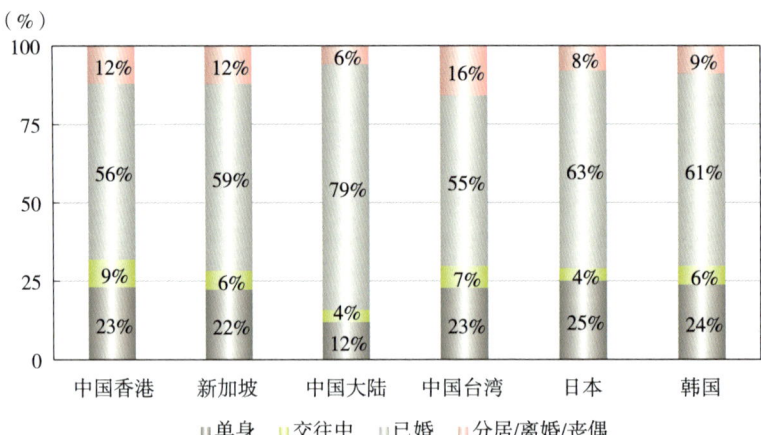

(c）婚姻状况

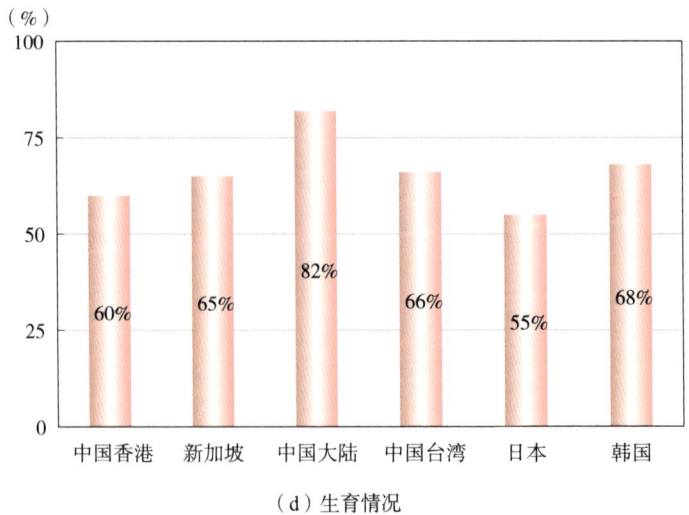

(d）生育情况

图26-12 人口结构统计（续图）

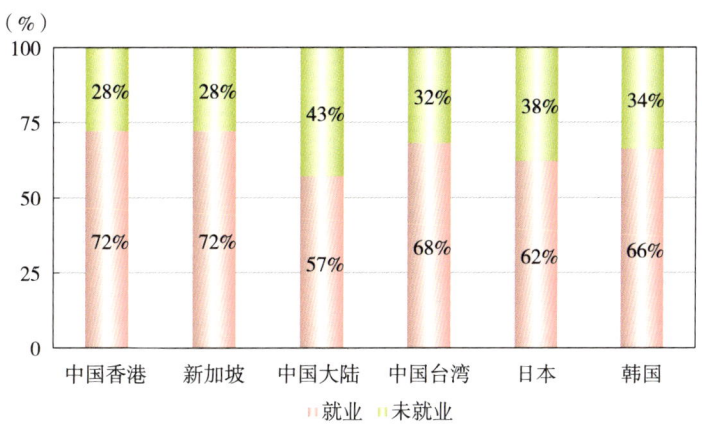

(e)就业情况

图 26-12　人口结构统计（续图）

分报告二十七
美国长期护理保险市场：税收激励与发展轨迹

长期护理保险最早起源于20世纪70年代的美国。美国健康保险协会将长期护理保险定义为，在一个较长的时间内，持续地为患有慢性病或者功能性损伤的人提供的护理费用补偿。美国人寿管理协会对长期护理保险定义为，由于年老或严重疾病或意外伤害影响需在家或护理机构接受稳定护理的被保险人，在支付医疗或其他服务费用时进行补偿的一种保险。长期护理保险，一方面能积极应对老龄化社会护理需求，减轻家庭精神和护理负担，另一方面能缓解公共护理保障压力。美国是长期护理保险出现最早的国家，是"自由主义"福利模式的"补缺型"最突出的代表，具有竞争性、灵活性、可保性等特点，且不断建立健全长期护理服务监督管理制度。

本报告通过研究美国长期护理保险产生、架构、问题和启示以及美国最大长护险公司Genworth的发展经验等，深入、全面地揭示美国长期护理保险的现状、问题和经验，以期对我国发展长期护理保险提供有益启示。

一、长期护理保险产生的背景及重要意义

（一）老龄化程度加深是根本原因

1900年，美国老年人口309.9万人，占总人口的4.08%，随着美国医疗水平的提高，人们生活质量的改善，人口寿命不断延长，美国于20世纪40年代步入老龄国家行列。1950年，美国老年人口占总人口比例进一步上升，达到8.14%[1]。高龄老年人增长速度更快，85岁及以上老年人数占总人口比例由1950年的0.4%增长到1980年的1.0%[2]。随着老龄化的日趋严重，美国面临高龄化、失能化等更多挑战，并伴随着慢性病风险的增大，越来越多的老年人将依赖于长期护理服务。

美国的人口老龄化与婴儿潮有直接关联。"二战"后婴儿潮一代占美国总人口的17%~18%，到2020年这些人达到70~80岁，对长期护理保险会有非常高的需求。到2020年，美国人口将会有1/6是65岁及以上的老年人[3]。据统计，65岁及以上的美国人里，42%会出现某种类型的功能性障碍，其中，大约14%会有一项功能障碍，17%会有两项功能障碍，11%会有三项以上功能障碍[4]；65~69岁年龄群组的失能概率为6.5%，而85~89岁年龄群组的残障概率则高达43%，失能老年在大部分时间里要靠他人的服务才能维持生活[5]。

（二）护理费用攀升、准备不足是主要动力

通过人口统计学的数据可以看到，美国65岁以上需

---

[1] 曾念华、李虹：《美国人口老龄化及相关社会福利政策》，《人口与经济》，1991年第6期。
[2] Baldwin J, Sweet R N, *Legislation on long-term Care Insurance*, Legislative Refence Bureau, 1987.
[3] 美国Genworth金融集团总裁兼首席执行官Thomas Mclnerney（托马斯·麦金纳尼）先生2017年3月24日在中国保险协会第137期保险大讲堂的演讲。
[4] Spillman B, Black K, "The Size of the Long-Term Care Population in Residential Care: A Review of Estimates and Methodology", Urban Institute, 2008.
[5] National Clearinghouse for Long-Term Care Information, U.S. Department of Health and Human Services (See: www.longtermcare.gov).

要长期护理的人数会从2010年的700万人增加到2050年的1600万人。比较重要的一个年龄界限是85岁,一旦超过85岁,患有认识功能障碍以及老年痴呆症的比例会大幅度的上升,到2050年患有痴呆症的美国人数将增至近3倍[①]。面对日益严重的老龄化、长期护理服务需求的不断增加、通货膨胀和护理费用的不断上涨,美国长期护理费用并不是一般老人所能承担的,虽然美国医疗保险会提供一部分机构护理补偿,但获得条件极为苛刻,因而美国长期护理保险发展较快。

长期护理是一笔巨大的社会支出。2009年,美国长期护理总支出约为2032亿美元[②]。一些研究试图计算非正式长期护理的经济成本,如美国国会预算办公室曾统计非正规的照护支出,认为其规模有500亿~2180亿美元(按2004年的美元币值)。除去金钱外,非正规照护的工作机会成本很高,根据National Alliance for Caregiving的调查,居家照护的提供者中,大约有6%的人辞去工作来照顾老人,10%削减了工作安排,17%需要请假照顾,4%失去了晋升机会[③]。60%~75%的照护是由家庭中的女性提供[④]。美国国会预算办公室认为65岁以上的老人中有33%将至少在护理院生活3个月以上。65~74岁的老人可能只有1%会用到护理机构,但85岁以上的老人则有11.5%会用到护理机构[⑤]。专业护理机构价格昂贵,根据美国大都会人寿的报告,护理机构的单间年均护理费用高达87200美元,双人间也高达78110美元,而单个的生活辅助设施费用需41700美元一年。自2003年起,护理院的支出以每年4.5%的增幅增长[⑥],这意味着这些数字在未来还将进一步提高。

预计在2014~2060年,将有近1.36亿美国人需要长期护理服务。美国长期护理服务的支出占GDP的比重预计会从1.25%增到约3%,大致增长1.5倍[⑦]。在美国,大多数人没有对将来长期护理需求进行计划,或者错误地相信他们已经有所保障了。很多人都误认为他们的常规医疗保险、健康保险覆盖长期护理支出,但实际上并未包含,这导致美国人对未来长期护理需求的计划远远不足。由于准备不足,未来家庭以及国家财政都将面临巨大的压力。所以,不管是美国还是中国,一个很重要的工作就是客户教育,使他们认识到自己是需要长期护理保险的。

(三)家庭护理服务能力下降是重要推手

传统的家庭护理模式一直存在,但是随着美国工业化进程的加快,家庭核心化趋势日益明显,家庭提供的长期护理服务逐渐不足。据相关数据显示,1970年美国已婚夫妇家庭占所有家庭类型的70.5%,而其中核心家庭占所有家庭的比例达40%[⑧]。随着家庭小型化和丁克家庭的增多,老年人生活照料变得不能仅仅依靠子女完成。此外,一般而言传统的家庭护理将由妇女完成,但随着现代化的不断发展,妇女已经不再局限于家庭当中,而是走出家庭开始就业或参与更多的社会活动。根据美国家庭及工作协会(Families Work Institute)的研究结论,对家庭成员中的老年人进行护理,会把正在受雇用员工的感情和身体拖垮。家庭小型化、家庭非正式护理的缺位,急切需要正式护理力量的介入。

美国社会巨大挑战不仅是人口老龄化的不断演变,而且在需要护理的人数越来越多的情况下,能够提供护理服务的人越来越少。在美国,2010年潜在护理人数(能够给予护理的人员)与80岁以上老年人员比例是7.2:1,到2030年就会下降到4.1:1,这个指标对中国可能意义更大[⑨]。我国监管机构、政府机关或者护理机构应该监控需要护理和给予护理的人数。

所以,从美国的经验看,人口老龄化是长期护理保险诞生的直接诱因,带来了护理费用的沉重负担,再加上社会家庭结构的变化,对家庭及政府的公共财政都将带来巨

---

①⑨ 美国Genworth金融集团总裁兼首席执行官Thomas Mclnerney(托马斯·麦金纳尼)先生2017年6月29日在上海2017中国健康保险业创新国际峰会演讲。

② Frank R G., "Long-term Care Financing in the United States: Sources and Institutions", *Applied Economic Perspectives & Policy*, 2012, 34(2):333-345.

③ AALTCI (American Association for Long-Term Care Insurance), The Sourcebook for Long-Term Care Insurance Information, 2010.

④ Johnson R W, Sasso A T L., "The Impact of Elder Care on Women's Labor Supply", *Inquiry*, 2006, 43(3):195-210.

⑤ Lewin Group, Preparing for Long-Term Services and Supports, Presentationby Lisa Alecxih American Public Policy and Management Association, 2009.

⑥ Market Survey of Long-Term Care Costs: The MetLife Market Survey of Nursing Home, Assisted Living, Adult Day Services, and Home Care Costs, 2011.

⑦ 美国Genworth金融集团总裁兼首席执行官Thomas Mclnerney(托马斯·麦金纳尼)先生2017年3月24日在中国保险协会第137期保险大讲堂的演讲。

⑧ 刘军怀:《当代美国家庭的多元化趋势》,《当代亚太》,2003年第8期。

二、美国长期护理保险体系概况

长期护理保险是对患有疾病、失能、认知障碍的老年人，在使用外部护士、治疗师、护理人员等的护理服务而产生的巨额费用的保障。通过赔付这些护理服务产生的费用，有效地保障保单持有人和家庭的收入和资产。通常保费是以年缴或者季缴的方式支付，可以由个人或者家庭来支付。长期护理保险不同于常规的医疗保险，医疗保险是由个人或者保险基金会提供的，用于看医生、进行药物治疗等。长护险也不是住院（急性护理）保险，住院保险主要是短期和长期的住院（如手术、骨折）费用。

在严重老龄化、需要长期护理服务的人数不断增加，加之家庭核心化明显、提供长期护理服务不足以及护理费用不断上升的社会大背景，美国长期护理保险应运而生，蓬勃发展。美国长期护理保障体系由公共保障（社会保险）和商业保险共同构成，其中，公共保障主要由Medicare、Medicaid、社区生活辅助和支持计划及长期护理合作计划构成。

（一）社会保险

美国公共长期护理计划较为健全，除Medicare和Medicaid两大公共医疗保障计划外，一些社会保障计划，如州政府生活补助金等项目也不同程度体现了对长期护理的融资。此外，为促进长期护理保险更好地发展，联邦政府进行了一系列改革措施，新增了社区生活辅助和支持计划（CLASS）及长期护理合作计划（LTCPP）等。

1. 医疗保险（Medicare）

Medicare是美国联邦政府在1965年根据《社会保障修正案》建立的医疗健康保险计划，主要针对年龄在65岁及以上的老年人、65岁以下的残疾人和永久性肾功能衰竭需要透析或肾移植的人群，包含住院保险、医疗保险和其他的一些附加保险，具有多样性和混合型。按照2014年美国政府官方医疗保险手册，Medicare计划被分为A、B、C、D四部分。其中A和B被称为基本医疗保险（Original Medicare），A部分为住院保险（Hospital Insurance），包括住院费用、专业的护理和康复服务、临终关怀、家庭健康护理等服务。B部分为医疗保险（Medical Insurance），包括医生和其他卫生保健者提供的服务、外出门诊、家庭健康护理、耐用医疗设备和一些预防性服务。C和D部分主要是在基本养老保险基础上，经医疗保险审核由私人公司或保险公司提供的保险计划，并不属于社会保险范畴。

总体而言，Medicare只涵盖了必要的医疗保健，专注于医疗急症护理，如看病、吃药和住院，Medicare虽也覆盖了一些有望改善较差状况的短期护理，例如运用物理治疗来帮助恢复由于中风而导致身体功能下降，但这仅是急性后期护理，不属于长期护理。

2. 医疗救助（Medicaid）

Medicaid被称为医疗保险最后的支付者，专属提供给低收入家庭，低收入家庭可为联邦贫困线及以下家庭，或是全部资产已经用于支付医疗费用，申请者必须符合政府所规定的收入和资产限制条件。在资金来源方面，不同于Medicare，Medicaid的资金由联邦和州政府共同提供，并且每一个州的Medicaid计划都必须符合联邦法律和本州的法律。在覆盖内容方面，与Medicare相比，Medicaid除了提供医疗护理费用保险外，还包含因意外或慢性病导致的长期护理费用，主要对养老院护理和家庭健康护理中的长期护理服务进行费用补偿，但这种医疗援助不直接补贴个人，而是对提供长期护理服务的运营者进行补贴。在1991~2001年，由Medicaid支付的长期护理费用中，家庭护理费用从14%提升到29%，占比不到1/3，其余超过2/3的费用用于支付机构护理[①]。

3. 社区生活辅助和支持计划（Community Living Assistance Services and Supports Act，CLASS）

美国大部分长期护理服务和支持是由公共保障即Medicare和Medicaid提供。但这些公共保障范围有限，并面临着较大的财政压力。由于商业护理保险具有缴费率较高、核查较为严苛、价值不确定等特征，年龄在50岁及以上人群中，仅有不到10%的人拥有商业护理保险[②]。为扩大护理保险的覆盖范围，为民众提供一种新的护理保险融资机制，奥巴马政府在2011年签署了社区生活辅助和支持计划法案。在适用人群方面，计划规定18岁及以上年龄，只要符合有保健牌照医生认证且有至少一个ADL功能受限，就可申请参加；在资金来源方面，保险的运营仅依靠投保人的保费，联邦政府不会对该计划进行补贴；在运行管理方面，由联邦政府主管，私人保险公司负责运营。由于该计划放宽了对被保险人的身体健康状况的限制，逆向选择问题随之出现并日益严重。根据多方测算，

---

① 彭荣、凌莉：《国外老年人口长期护理筹资模式潜在的问题与启示》，《中国老年学杂志》，2012年第11期。
② Kirsten J. Mulvey C J, *Community Living Assistance Services and Supports (CLASS): Overview and Summary of Provisions*, Congressional Research Service，2013.

这一计划依然会造成不可持续的财政负担，该计划的主管部门美国卫生部也承认该计划完全不可持续。该法案最终于2013年宣告废止。

4. 长期护理合作计划（Long-Term Care Insurance Partnership Policies，LTCPP）

加利福尼亚、康涅狄格州、印第安那州和纽约四州在1990年开始实施长期护理合作计划，现已有172000个合作计划正在实施。长期护理合作计划是一个为鼓励中等收入者购买由政府和私人保险公司合作的长期护理保险计划，其目的是通过延迟或排除一些需要通过Medicaid获得长期护理服务的参与者，以减少Medicaid的资金支出。在适用人群方面主要为中低收入者；在覆盖内容方面，参加长期护理合作计划的个人在最初支付长期护理服务费用时，应首先依赖他们的私人长期护理保险，如果参与计划者花光了其私人长期护理保险后，可从Medicaid获得长期护理费用支持，并且家计审查限额会放宽。具体而言，申请Medicaid需要经过家计审查，但根据长期护理合作计划，如果购买了政府获准的长期护理保单，家计审查的限额可以放宽到长期护理保单的现金价值；此外，多数长期护理合作计划提供的服务齐全，包含了养老院护理、以家庭和社区为基础的护理；在运作管理方面，长期护理合作计划由政府主办，私人保险公司负责经营；在具体运作中，计划保单必须符合联邦纳税条例和包含一些消费者保护条件，如通货膨胀保护，而需要购买通货膨胀保护的人群是75岁或75岁以下的人口，而75岁及以上人口由保险公司提供通货膨胀保护，无须自行购买。具体要求为：61岁以下应购买复合年度通货膨胀保护，而对于61~75岁的人群可购买一定程度的通货膨胀保护。

（二）商业保险

美国商业长期护理保险，主要满足不被公共长期护理保险所覆盖的中高产阶级的长期护理需求，但商业长期护理保险的占有率一直较低。2008年，年龄在65岁及以上的美国人中仅12.4%的人拥有私人长期护理保险，55~65岁的人群中仅8.8%的人拥有私人长期护理保险[①]。

1. 美国商业长期护理保险种类

按照美国国家保险委员会（The National Association of Insurance Commissioners）对商业长期护理保险的分类，可分为个人长期护理保险（Individual Policies）、通过雇主购买（Policies from My Employer）、联邦长期护理保险（Federal and State Long-Term Care）、协会保险（Association Policies）、持续护理退休社区提供的长期护理保险（Policies Sponsored by Continuing Care Retirement Communities）、人寿保险或年金保险（Life Insurance or Annuity Policies）六种。

（1）联邦和州长期护理保险。在覆盖对象方面，联邦和州长期护理保险适用于拥有联邦和美国邮政服务年金的员工、军警部门活跃的退休人员以及这些员工的合格亲属；在覆盖服务方面，服务全面且多样，被保险人无论在家中、在辅助生活设施地方、养老院或安宁的医疗住院环境都可以享受到长期护理保险。当非正式照料由家庭成员提供时，一般覆盖达500多天。在资金筹集方面，被保险人可自行缴纳，也可从被保险人的工资/年金/养老金中扣除，这种扣除是为确保按时足额的缴纳保费。此外，一旦拥有联邦长期护理保险，即使离开了联邦政府工作，依旧可获得联邦长期护理保险。联邦长期护理保险共有四种方案供选择。

（2）个人保险。很多长期护理保险都是专售给个人的，保险代理人会销售各种各样的保单，而保险公司一般通过邮件或电话销售保单。不仅每个公司出售的个人长期护理保险不尽相同，而且即使同一个公司也有很多不同种类的个人保单，每一公司、每一个保险代理人都会根据被保人的长期护理需要提供最适合的保险种类。

（3）雇主保单。雇主可能会提供团体长期护理保险或有团体折扣的个人保险，特别是在如今越来越多的雇主会提供此种福利。当雇主支付雇员长期护理保险时，会给予雇主联邦税务优惠。来自雇主的保单具有可以让被保险人不受相关医疗限制和放松对其医疗审查的特点。此外，即使被保险人离开工作岗位、被解雇或雇主取消团体计划，保险公司也会让其继续拥有这份保险，被保险人也可根据自身需求自由选择其他的长期护理保险。很多雇主也会将退休人员、雇员配偶、雇员父母纳入长期护理保险计划，但他们需要通过医疗审查且必须缴纳保险费用。

（4）协会保险。很多协会通过保险公司或代理人向其会员提供长期护理保险。类似于雇主团体计划，协会保险也会给其会员提供优惠。很多情况下，协会保险一定会保证其成员在其离开协会后还将被覆盖。

（5）持续护理退休社区提供的长期护理保险。很多持续护理退休社区（CCRC）都会提供或要求其成员购买长期护理保险。CCRC是一个可提供宽泛服务和多层次照料的复杂协会，由CCRC提供的长期护理保险与其他团体

---

① Johnson R，Park J.,"Who Purchases Long-Term Care Insurance?"，http://canatx.org/CAN-Research/Reports/2011/412324-Long-Term-Care-Insurance.pdf, 2011-02-28.

或个人的长期护理保险类似。

（6）人寿保险或养老保险。一些人寿保险和延期的养老保险中有嵌入部分资金去购买长期护理服务，例如家庭健康照料，辅助生活或养老院照料。不过，使用人寿保险或养老保险支付长期护理保险可能会有其他影响。例如，使用延期养老保险支付长期护理服务花费的，养老金将减少；如果使用人寿保险支付长期护理服务，受益人将得到较少的死亡赔偿，举例说明，依据所购买的人寿保险，投保人亡故后受益人本将获得20万美元的死亡赔偿，但由于之前用了12万美元支付长期护理服务，受益人只能获得8万美元的死亡赔偿。2011年，寿险/长期护理混合保险大多数采用趸交保费形式，平均保费为7万美元，赔付额为14.6万美元。部分年缴型保险的保费平均为5500美元/年，明显高于普通寿险或普通长期护理保险保费[1]。

2. 保险条款

重点介绍长期护理保险的相关给付、通货膨胀、不丧失保单价值等条款。

（1）长期护理保险的给付。长期护理保险的给付条件：一是日常生活能力丧失人群。日常生活能力量表（ADL）是最常见的保险公司用于确定能否获得保险的方法。ADL是所有人群在日常生活活动中都需要经常进行的工作，美国定义了六项日常生活活动，包括洗澡、穿衣、如厕、移动、控制大小便以及进食等。如果一个被保险人不能完成六项日常生活活动中的两项及其以上，就认为他满足了长期护理保险的索赔条件，保险公司就会为他支付要请护理人员帮他完成这些日常生活活动所产生的费用。二是认知功能障碍的老年人，具体表现为阿尔茨海默病或其他痴呆。三是有必要的医生认证和住院治疗。

想让长期护理保险产品成为一个成功的产品，非常重要的一点是需要整个保险行业、政府以及监管机构要达成一致，制定出统一、合理的赔付标准，确定长期护理保险所覆盖的理赔范围，这将影响到长期筹资模式的建立。

长期护理保险支付保费方式分为三种：一是护理费用产生即支付补偿（Expense-incurred）的方法，也就是说，保险公司只有在接受合格服务的时候才会支付保费。二是若使用的是赔款方式（Indemnity），则支付一整套护理资金。这种保险不是建立在所接受的具体服务和发生的具体费用基础上，而是保险公司决定是否有资格和所选择的险种是否包括所接受的护理。三是如果为残疾人士，只要满足保险标准，每天都将收到护理费用，即使没有接受任何长期护理服务。

支付保费的方式可分为按天、按周、按月支付三种方式。除了保险获得的资格和付费方式外，还包括最高给付额、给付期和等待期。在最高给付额方面，很多长期护理保险会限制最终的保费，但投保人可以自主选择最终保费的最高限度。最高给付额有每日最高给付额（限制），同时规定整个给付期最大给付限额与日给付限额。

在给付期方面，对年份进行限制，保险期限可能为1年、2年、3年等，或者为终身。在等待期方面，等待期是指保单生效后保险公司不承担保险责任的一段时间，在这段时间内，即使被保险人接受了长期护理服务，保险公司也不予以给付。等待期可为20天、30天、60天、90天或100天等，一般而言，等待期越长保费越低。

（2）通货膨胀条款。很多商业保险公司都会提供通胀保护。通常有两种方法：一是内嵌式自动通胀保护，二是保险单赋予被保险人定期增加保费的权利。自动通胀保护是指保单总额会通常自动按照每年5%进行增长，但所缴纳保费的金额不会改变。通货膨胀保护作为其中较为重要的选择之一，对缴纳的保费会产生很大影响。

（3）不丧失保单价值条款。不丧失保单价值条款是为了保障由于收入下降或保费上涨而无法继续缴纳保险费用的保费持有人。不丧失保单价值是让保单持有人将已经积累的保单价值转换为减额缴清较低层次的保险，原保单不丧失价值作为净保费，而后保单持有人无须再缴纳保险费用。

3. 接受护理的原因

导致需要护理最主要的原因是与神经系统有关的疾病，包括一些认知功能障碍或者是阿尔茨海默症、老年痴呆症。Genworth公司的数据可以看到，1/3的索赔来自患有痴呆/阿尔茨海默症的病人；从索赔金额看，患有老年痴呆/阿尔茨海默症的占比更高，已经超过了一半[2]。由于他们完全需要他人照顾，而且处于护理状态的时间往往很长，这导致他们的护理费用非常昂贵。除了认知方面的疾病以外，还包括大脑中枢神经出现的问题，以及包括一种肌肉骨骼因意外导致的身体部位的缺失或者是脊椎瘫痪而导致无法行动。

4. 护理方式

从接受护理方式看，绝大部分人是在家里得到护理的，与中国一样，大多数人倾向于住在自己家里。专业的人员在需要的时候上门提供服务，包括提供辅助护理设施或特

---

[1] Tell, J. E., *Overview of Current Long-Term Care Financing Options*, the Scan Foundation, March 2013.

[2] 美国Genworth金融集团总裁兼首席执行官Thomas Mclnerney（托马斯·麦金纳尼）先生2017年3月24日在中国保险协会第137期保险大讲堂的演讲。

殊的护理设备。当患者情况非常严重的时候，直接进入专门护理院接受专业护理，这个阶段的理赔费用非常昂贵。护理人员上门提供服务费用大约是200美元/小时；辅助护理设施，按照一年的区间收费，平均水平是在45000美元/年；护理院最贵，美国不同的专业护理院的收费平均下来大概是92000美元/年①。

5. 赔付年限

从接受护理的年限来看，根据美国经验，有些人可能几个月，有的人可能会非常的长，超过10年。总体来说，85%~90%的人理赔会在3年以内完成②。

三、美国长期护理保险市场的发展、挑战及经验借鉴

（一）发展与演变

在美国，长期护理保险是一个非常难以管理的产品，在过去发生了很大的损失，尤其是一些早期出售的保单。美国长期护理保险的先驱公司，在20世纪70年代就开始出售这样的产品，Genworth是其中一家，第一张发售的长期护理保险保单是在1974年。从20世纪90年代一直到2000年左右，长期护理保险在美国经历了快速增长，大量的公司进入这一领域。随着行业的发展，大家发现当初主要的一些定价假设，实际都跟当年的假设发生很大的偏差，产生了巨大的亏损。从2002年开始整个行业出现大幅度下滑，销售长护险的公司也开始迅速减少，从高峰期的将近130家公司到现在只剩下15家公司。大部分公司退出这一市场，主要原因是资本要求（23%）、产品业绩以及管理增费的能力（23%）、修订的风险评估（12%）、新的管理层不感兴趣长期护理保险（12%）③。

在过去产品的演变当中，长期护理保险覆盖范围发生了很大的变化。可以看到在20世纪70年代，只有在专业的护理机构就医，才能得到赔付；如果在家得到护理服务，保险公司是不赔的。如何判断能否获得长期护理的赔款，不是根据现在的6项基本生活功能中的2项，而是只要住院的时间超过3天，就可以触发长期护理保险的赔付。长期护理可保的内容越来越多，从最开始只有在护理院才能得到赔付，现在居家的护理费用也能得到赔付；从索赔触发看，以前可能是要住院3天才能得到长期护理赔付，而现在是看日常活动能力给予赔付。从核保的过程也能看到是在不断地进步，核保的精度也越来越高。在20世纪70年代，非常少的核保流程就能得到保单，现在会有非常详尽的整个核保过程，包括病历资料、认知测试以及验血和检验等风险细分手段。

从当前购买者的特征看，消费者平均在59岁的时候购买长期护理保险产品，理赔会发生在80多岁或者接近90岁，长期护理保险产品从客户投保到理赔会经历25~30年的时间。购买长期护理险的人，年收入的中位数是87000美元/年，家庭的净资产是325000美元/年，其中绝大部分是已婚人士，占比达到81%，女性占比超过一半，达到56%。

从产品特点看，现在美国市场只有15家公司还在出售长期护理保险产品，大部分产品由6~7家公司销售，现在已经没有公司在销售终身给付的产品，新产品都设置了平均3年左右的期限，最长年限不超过5年；产品设置了140美元/天左右的上限，每个月赔付上限是4200美元；新产品平均保费在2700美元/年④。

（二）挑战与应对

长期护理保险市场的发展面临着很多挑战。过去，老保单的定价经验不足，导致旧的业务如20世纪80年代或者90年代初的保单造成了较大亏损，近期最近开发的3~4年期产品，产品的假设进行了很多优化和调整，相对来说公司发展也更加健康。为了更好经营长期护理保险，需要了解它的风险，包括患病率、死亡率、利息率、退保率、保单继续率，这对未来我国开发该产品、监管部门更好地为市场提供监督机制以及保障产品的健康发展，都非常有借鉴意义。

美国的商业长期护理保险的发展较其他国家已经比较成熟。但即使如此，据统计，45岁及以上的美国人群中，仅有6.1%投保了长期护理保险。与之相对的，45~64岁的美国人中有83.9%投保了商业健康险⑤。作为一项相对新兴的险种，商业长期护理保险在近十年的发展过程中暴露出不少问题，使其作为长期护理服务支付来源的角色定位受到一些质疑。较为突出的包括保险投保率低、核保要

---

①②④ 美国Genworth金融集团总裁兼首席执行官Thomas Mclnerney（托马斯·麦金纳尼）先生2017年3月24日在中国保险协会第137期保险大讲堂的演讲。

③ 1 Life Plans, "Long-Term Care Insurance: A Product And Industry In Transition", Presented To NAIC Senior Issues Task Force, 2012（11）：28-31.

⑤ U.S. Department of Commerce, Census Bureau, *Income, Poverty, and Health Coverage in the United States:* 2009, 2010（9）：7-14.

求苛刻、理赔较为困难等。从供需两方面看，多种原因阻碍着长期护理保险对长期护理风险的有效保障。

从长期护理保险供给端看，长期护理保险产品在设计和运营方面的复杂性，再加上初始精算假设经验不足，美国商业长期护理保险在经历了2000年高峰后进入了调整转型期。第一，长期护理保险核保要求高，限制了覆盖面和赔付水平。实践中，长期护理保险对于风险升高的个体会拒保，年龄越大，越难以投保长期护理保险。据统计，50~59岁的投保者中大约有14%被拒保，60~69岁有23%被拒保，70~79岁有45%被拒保[1]。由于长期护理保险有较高的核保要求，所以最终能获得给付的人较少。第二，长期护理保险产品设计的复杂性和不稳定性。利率、退保率假设过高，超过80岁高龄投保，终身赔付等条件，精算假设与实际情况发生了较大偏差，人口老龄化、金融危机频发导致许多保险公司的长期风险管理能力不足和精算平衡能力不足。第三，难以预期的保费提升。人口老龄化导致未来偿付增加，保险公司很难分散长期护理赔付风险，近年来美国投资市场持续低利率使保险公司投资收益进一步恶化，多数保险公司提出保费提升要求，降低了公众对这一产品的信任度。

从长期护理保险的需求端看，公众对长期护理保险、乃至长期护理保障体系的认知不足，投保长期护理保险的意愿不足。第一，长期护理保险的复杂性阻碍了投保意愿，保单中通常包含多样化的专业选择，例如通货膨胀保护、待遇发放的时间限制、每日待遇额度、免赔持续期等，对于普通投保者而言远比其他类型的寿险、健康险复杂。第二，长期护理风险难以测度，使公众不易选择长期护理保险产品。对保险产品的选择，需要专业性的财务计算，需要精确估量各种风险发生的可能（如死亡率、致残率、失能持续时间等），这些对于个体而言是很难做到的。第三，"短视"也是美国公众不乐于投保长期护理保险的原因之一。个人难以预计长远未来的安排，同时还特别会回避令人不快的风险，因此短视在购买长期护理保险决策中很容易成为主导性的决策因素。美国大都会人寿调查报告指出，大约有50%的人会低估长期护理投保的需求。第四，对长期护理保障体系的认知偏差也阻碍了公众的投保意愿。多数美国家庭会高估了医疗保险Medicare对长期护理的保障程度，认为Medicare和Medicaid足以应对未来的长期护理开支，因而无须另行投保费用高昂、合同复杂、理赔困难的长期护理保险。第五，长期护理保险保费高昂。长期护理保险的保费随投保人的年龄增长而增长，长期护理保险平均保费为2283美元/年，老年人还需缴纳更多，这便将绝大多数中低收入者拒之门外[2]。

除去市场因素，Medicaid对商业长期护理保险市场存在一定的"挤出"效应。这是因为当个人因长期护理花费掉其大部分财产时，就往往有资格通过Medicaid获得救助。这使得对于中低收入阶层而言，Medicaid就是一种长期护理保险，据估计，将Medicaid作为其长期护理保障来源的人群中，大约有30%的人一开始并不符合救助条件，而是通过先用光其资产，再通过Medicaid获得长期护理补贴。

为促进长期护理商业保险的发展，除了前面提到的长期护理合作计划以外，美国政府也通过税收优惠鼓励投保长期护理保险。这些税收优惠措施包括允许个人使用健康储蓄账户支付长期护理保费、对雇主缴纳的长期护理保费实行税收抵扣、对超过收入10%的长期护理开支实行税收抵免等。税收优惠有助于吸引个人投保长期护理保险，但有研究表明，这对高收入阶层最有效果，成为其避税手段的一部分。但是，高收入阶层一般不会依赖Medicaid或商业保险来支付长期护理开支，自费方式足以解决问题。

除了政府鼓励拓展覆盖面以外，保险公司也在长期护理保险产品上寻求创新。保险公司"开源节流"：第一，降低赔付（如长期护理的每日补助费用以及赔偿期）来维持精算平衡。第二，调整保障范围，缩减赔付项目。第三，增加保费。有保险公司和分析家倾向于实行阶段性的浮动保费，也即是投保人面临的保费支出在一定期限（如五年内）维持不变，而下一个五年则会视当时的精算情况进行浮动。浮动保费固然增加了投保人成本的不确定性，但在人口老龄化和低利率背景下，这是维持长期护理保险可持续发展的一个合理选择。

为了应对未来不断增加的长期护理需求，保险公司也在引入新机制以吸引更多的投保人。例如，有些保险公司引入了保费返还附加险，规定如果被保险人在某一特定时期内没有申领保险金，那么在该时期末尾保险公司会返还给被保险人一笔现金补贴。有些保险产品加入了死亡津贴现行赔付附加险，从而被保险人可以提前将死亡津贴用于支付长期护理开支。有些保险产品将年金和长期护理保险相结合，当被保险人面临长期护理需求时，便可以获得额

---

[1] Braun R A, Kopecky K A, Koreshkova T., *Old, Frail, and Uninsured: Accounting for Puzzles in the U.S. Long-Term Care Insurance Market,* Social Science Electronic Publishing, 2017.
[2] 林熙、曹方咏峥：《美国长期护理保障的融资危机、应对策略及经验教训》，南京财经大学长护险论坛论文，2017年9月。

外的补偿津贴以支付护理开支。诸如此类的寿险和长期护理保险，以及年金和长期护理保险的混合险种，是美国保险市场上的新兴产品。根据这类保险的设计，如果被保险人需要长期护理开支，那么可以获得赔付；如果被保险人在保险期限内没有申请长期护理赔付，或者到保险期满（一般为个人死亡），保单的余额会作为死亡保险返还给被保险人①。

（三）借鉴与建议

一是推进公共、私人合作。政府和私营企业应共同努力确定自身角色和责任，共享信息并开发、促进鼓励个人承担长期护理保障责任，长期护理支出的未来风险应在个人规划（免赔额度或部分个人支付）、私人保险（限定的保险利益最高额）和公共项目（巨灾保险）之间共同分担。培育私营市场增长，吸引新的参与者并鼓励产品创新，促进行业与监管机构之间的更大合作。

二是在初始定价中适当保守的假设，包括利率、退保率、发病率和死亡率，关键假设应充分披露给监管机构和消费者。尽管在定价时已使用"最佳估计"，保险公司仍无法预测30~40年的风险，应采用"年度保费重估"模式取代"平准保费"模式。

三是尽早出台全国性的长期护理保险相关的需求评定标准及护理机构服务标准，有利于长期护理保险进行产品定价，建立长期可持续的筹资模式，确保服务质量。

四是针对中等收入群体提供更简单、更承受得起的产品和多元化的产品组合，能够让更加广泛的人群享受到长期护理的保障。

五是加强慢性和急性疾病的管理，促进健康老龄化，重视疾病预防和早期检测项目，支持对阿尔茨海默病、痴呆症的研究。

六是进行有意义的消费者教育，提高对长期护理规划需求的意识，为护理人员提供培训和支持。

七是国家有关单位及相关社会组织，通过市场调研等多种手段，及时了解并共享长期护理保险需求、养老护理机构发展等有关数据，利用更多社会力量促进长期护理保险的发展。

---

① 林熙、曹方咏峥：《美国长期护理保障的融资危机、应对策略及经验教训》，南京财经大学长护险论坛论文，2017年9月。

分报告二十八
法国长期护理保障体系：政策全景与 MGEN 实例

某些影响到个人经济生活的个体偶然事件也可能会对社会秩序构成破坏。相比个人承担而言，以社会共同分担的方式应对这种风险更具优势[①]。"失能"即适用于上述论断。"失能"可定义为"由于生理、心理及智力方面缺少或丧失了个人自主能力，需要协助或很大帮助才能完成基本生活行为[②]"。法国从法规和统计层面把年龄超过60岁的、可享失能护理服务的个人划分为"失能人士"，而低于这个年龄且丧失自主能力的，被划分为残障人士[③]、伤残人士，或由工伤保险保障人群。

日益严峻的失能老年人口保障问题促使政府和社会采取行动。

人口中的某些群体无力承担长期照护服务的成本。家庭作为照顾失能老人的主力，由于成本问题（老人及其家属的收入不够支付照顾和护理费用）、家人的工作生活协调问题、压力问题（照顾一个不能自理的老人可能需要全天陪护），以及能力问题（照顾一个自理程度很低的老人需要专业培训），常常无力独自承担失能老人长期照护的重担。

传统上，家庭成员之间相互帮助，有供养老人[④]的义务。然而，传统家庭模式已经转变，现代家庭的人口更少，单亲家庭的数量和代际依存关系也在变化，其他家庭成员也可能面临年龄老化难题，并无法承担照顾失能老人的责任。

因此，失能问题不仅对失能老人，也对他的亲人构成了风险。在此背景下，法国政府对这一问题的确认和应对就成为必然。

除家庭支持外，省级政府也向老人发放"第三方补充津贴"（ACTP）。法国于1975年设立此项津贴，最初是为残障人群提供帮助。领取这项津贴不设年龄上限，因此成了当时失能老人的主要保障福利。

经过多次讨论[⑤]，从1995年开始，政府陆续出台了针对老年失能者的社会福利政策[⑥]。自此，改革举措层出不穷但其核心内容变化不大。

一、老年失能的社会风险逐渐得到正式确认

近年来政府逐渐认识到养老干预政策的重要性。首先展开调研报告阶段，而后进入立法干预阶段。

[①] F. 凯瑟勒：《社会保障的法律》，达罗兹出版社2017年版。
[②] 推荐阅读：成员国部长委员会有关失能依赖问题（1998年9月18日在第641次部长代表会议上通过）。
[③] Bélorgey J.-M.：《残疾到失能依赖，陷阱》，《社会法律》1999年。
[④] 《民法典》205 条款 C。
[⑤] F. 凯瑟勒（编）：《老年失能：社会保障法的挑战》，斯特拉斯堡大学出版社1994年版。
[⑥] F. 凯瑟勒（指导论文）《老年失能者》，希瑞法律出版社1997年版。

（一）政府部门报告和议会报告

早在1962年，名为《拉洛克报告》的一份政府报告曾宣称："通过建设符合老年人生活方式的住房、普及家政服务、提供社会服务、组织娱乐活动，让老年人能尽量长时间地独立生活，让老人融入社会，是当务之急[1]。"这篇文章提到的老年人是普遍意义上的老年人[2]。对那些没有失去自理能力"可以继续相对独立生活的"老人提倡居家养老，防止他们因为进入养老机构，并缺乏与隔代家庭成员的共同生活而"逐渐失去活力"。提供家政服务一度成为解决老年问题的主要方式，但并未考虑老人的健康状况[3]和收入条件[4]。

这项政策在20世纪70年代继续得以发展。事实上，从第六个五年计划（1971~1975年）开始，历次政策都多多少少地涉及养老，其中促进失能老人保障的有关政策走向日渐清晰[5]。失能政策和其他许多政策一道，成为养老方针的组成部分。作为该政策的配套措施，根据老人需要，政府升级改造了医疗和社会福利系统[6]，养老机构逐步配备了医疗服务设施。

到了20世纪70年代末期，我们观察到居家养老政策从维持老人居家生活（maintien à domicile）[7]向由医疗保险承担上门服务护士费用的居家医疗转变。在这一时期，出现了"失能老人[8]"的概念。

直到1986年失能老人研究委员会提交调查报告后，老年失能问题才作为"独立"的议题，得到人们的重视[9]。

自此，报告层出不穷。社会事务调查局（IGAS）在1989~1990[10]年的报告中讨论该问题。1991年政府委托另一专家组进行的调研报告题目是"失能和互助共济，更好地帮助老年人"（Schopflin报告[11]）。另一份社会事务调查局未公开报告则涉及了长期住院问题[12]。社会事务调查局的另一个专项任务组提交了"失能老人"[13]的研究报告。议会也有所行动：国民议会社会事务委员会于1991年提交了一份题为"老年失能和互助共济"的报告（Boulard报告[14]）。

一项未能形成立法的法律草案[15]（五次立法提案，在

---

[1] 老年政策，老年问题研究委员会报告（1962）第9页。
[2] F.Cadou, N. Kerschen：《法国居家养老：从预防失能到老年失能者入住养老机构的替代方案》，《社会健康》1994年第1期。
[3] IGAS报告1969/1969：《老年人的社会问题》（1969），及J. C. Henrard, J. Ankri：《公共政策的风险：老年问题社会和医疗社会行动》，《法国社会事务》1993年第1期。
[4] G/IGL, Pflegebedürftigkeit und Behinderung im Recht der sozialen Sicherheit, Eine rechtsvergleichende Untersuchung für die Bundesrepublik Deutchland und Frankreich, Baden Baden, Nomos Verlag, 1987（1）：48.
[5] D.Benoist,《老年失能者带来的医疗和社会问题》，以经济社会委员会名义提交的报告，1985年8月11日，21页，F. Cadou, N. Kerschen, 上文曾提到。
[6] 参见1989~1990年度报告：《已经丧失自理能力的老年人政策》，1992年第93~95页；N. Kerschen的《社会法角度看老年失能》凯瑟勒指导（指导论文），《老年人失能问题》，1993年：《老年失能和社会法》，《公共卫生》1992年第6期。
[7] 《老年医疗》工作组在报告中明确表明希望出现这个变化。参见R. M. Vanlerberghe和S. Paul，老年医疗问题工作组报告（1980），75页。
[8] 1979年Arrecks报告第一次用失能老人一词代替了"老者"这个称谓，失能老人生活质量的改善（1979）；同年，A.Memmi发表著作《失能依赖》。
[9] 由此在1986年12月11日社会保险国务秘书Adrien Zeller写给Théo Braun的任务书中，我们可以读到"……这些人的处境已经成为一个社会问题，政府的担忧……"
[10] 上文已提到。
[11] 计划署（1991）参见：该报告概述刊登在《社会时事》1991年第67期，以及参见：1991年《社会保险问题》294页的《失能津贴呼之欲出？》。
[12] 指热纳维埃夫·拉洛克的报告，参见《医疗援助》2012年第12期。
[13] 社会事务调查局：《老年失能报告》，社会事务调查局1993年1月，可发现语义的细微变化：报告题目中"失能老人"变成"老人失能"。
[14] 有关失能的议会项目报告《共同生活》。参见1990~1991年国民议会第二次例会2135期。又参见Odas, 计划委员会的"老年失能。Schlopflin报告"报告比较和议会报告《共同生活。Boulard报告》（1991）。J. Delorme,《失能老人》,《医疗救助》1991年第21期, 2377页。
[15] 参议院通过的为老人设立失能津贴的法律提案，1990~1991年第一次例会（第1715期）。J. Pueche与A. Jourdain提交的有关失能老人保障法律提案，参议院，1992~1993年第一次特别会议，第236期。
R. Bachelot和J.-Y. Chamard提交的有关失能问题的法律提案，国民议会第十次立法第90号。
J. P. Fourcade提交的有关老年失能问题的法律提案，1992~1993年参议院第二次例会，第295号。
J. J. Weber, 关于失能老人保障的法律提案，国民议会第十次立法，第252号。

国民大会获得通过，但参议院未及讨论）[1]和国民大会审议社会事务部预算[2]的意见，以及参议院[3]就此议题的讨论，共同构成了涉及老人失能问题[4]的官方文件。

在若干报告推出之后，法国进入了立法阶段。

（二）立法阶段

立法机构在一篇涉及多项其他社会保障问题的文件中，提出了失能老人试行保障政策。通过1994年7月25日出台关于社会保险问题的94-637号法令的第38条款我们可以了解"在社会事务部长设立的国家一级项目计划书的框架内，在一些省政府、社会保险机构和地方政府部门之间达成了失能老人试行津贴的协议"，并成立了由社会事务部长担任主席的国家委员会，其成员包括国民议会、参议院两院代表、地方政府、社会保险机构和全国退休老龄委员会，负责评估失能老人津贴试行政策——失能老人试行津贴从法律上讲包括替代性的和增补性的两部分，即第三方补充津贴（ACTP），以及在此基础上增加的老年失能补充津贴（PSD）。失能老人试行津贴是有封顶的，虽然根据需求程度发放，但不得超过法律规定的伤残金或养老金第三人补充津贴的80%。

在津贴的个人适用范围上，失能老人试行津贴与收入相关。因其具有社会救助的特点，故以社会救助的机制运作。

试点政策被保留下来：失能老人救助被长期纳入社会救助体系，由省一级政府负责。

根据1997年1月24日法律，设立了有收入条件限制的老人失能补充津贴（PSD），该津贴发放时间是从1997年开始至2002年1月1日停止，因为在同一天，已于2001年7月20日通过的有关长期护理津贴（APA[5]）法律正式生效。在这次改革之前出台的两份新报告[6]为议会通过该法案提供了参考。APA津贴被设计成一种"实物性质补助"，"意味着该补助全部用于支付特定费用[7]"，APA津贴分居家养老和机构养老[8]两种，由省议会主席按照全国失能评估标准来决定，金额根据申请者的收入而不同，且和医保自费部分结合，并设置了津贴上限。

2003年3月31日的2003-289号法令[9]在不改变APA制度结构的情况下，又为其增加了新的筹款来源[10]。随后，这条纳入社会行动和家庭法典第三卷第二章的法规，又于2004年6月30日被有关老人和残障人士[11]自理团结的2004-626号法律修订，为这一社会保障规定了特别的筹款方式。

---

[1] 有关成立老年共济基金的法律草案。1992~1993年国民议会第一次例会3075号和1992年12月10日1992~1993年第一次例会的讨论（第116次场）。1992年12月11日第109号政府公报（1）AN(CR)277页和有关成立老年共济基金的法律草案1992~1992年第一次例会117号。

[2] 以文化、家庭和社会事务委员会名义，由M.J. Sublet女士提交的有关1992年财政法草案（2240号）第三卷社会事务和融合的意见，国民议会1991~1992年第一次例会2256号；以社会事务委员会名义，由Philippe Marini提交的1993年财政法第四卷老人政策法律草案的意见，1992~1993年参议院第一次例会60号；以财政、总体经济和计划委员会名义提交的1993年财政法附件5号法律草案的报告，1992~1993年国民会议第一次例会2945号；社会事务委员会针对Philippe Vasselle提交的1994年财政法草案第四卷老人政策部分，1993~1994年参议院第一次例会2945号。

[3] 1993年5月11日参议院辩论。1993年5月12日政府公报218页及续文。

[4] 法国雇员养老保险全国基金的科研部指导完成的两项研究报告，研究现行规则下或在提供失能津贴的情况下失能者保障成本问题法国雇员养老保险全国基金（CNAVTS），《失能的代价。不同住宿模式老年人支出的比较》（1991）和《失能津贴：模拟和预测》，《法国雇员养老保险全国基金退休和社会特刊》（1994）；这些文件和总结及提案一起，见证了社会保险基金通过其社会行动预算干预的重要性。参见A. Rozenkier,《社保在老年社会保障问题上的作用：现行老年服务计划》in AISS：《失能老人社会保障》日内瓦，AISS，学习研究，1990（28）：117。

[5] 2001年7月21日政府公报167号，11737页。

[6] P. Guinchard-Kunstler向总理提交的报告《在法国老去：失能老人政策新走向的挑战和需求》，1999年6月于巴黎；可通过下列链接www.ladoc francaise.gouv.fr/BRP/994001455/0000.htm找到这份提供了老年人和功能丧失人士交叉信息的报告；J.-P. Sueur,《自主个性化补贴：公平原则之上的新权利：递交给工作和互助共济部的报告，巴黎，工作和互助共济部》。F. 凯瑟勒,《围绕Sueur报告的观察简要》,《社会健康法律》，2000年第1期。

[7] P.Terrasse 2971号报告 http://www.assemblee-nationale.fr/rapports/r2971.asp，在L232-2条款下，可比较该定义和社会保险法典L321-1和L322-1社疾病保险实物资助的定义相比相对模糊。

[8] 社会行动和家庭法典A L.232-3条款到L.232-7条款。

[9] 2003年3月31日的L2003-289法律修订了2001年7月20日有关丧失功能老人保障和自主个性化津贴的报告，政府公报2003年4月1日，5695页；2003年3月28日有关自主个性化津贴发放条件的2003-278号政令，2003年3月29日政府公报5576页。

[10] Riehm-Cognée A. Kessler F.,《一项有关失能老人的无效改革举措》,《社会健康法律》，2003年第1期，514页。

[11] 2004年7月1日 政府公报11944页。

2015年12月28日通过的应对老龄化社会的2015-1776号法律①，主要是改革了失能老人接纳机构和服务部门的法律框架。

因此，综上形成的法国失能老人社会保障体制具有以下特点②：

（1）大多数失能老人被医疗保险列入长期患病（ALD）类别，因此享有更优惠的医疗保障。

（2）该政策只限于60岁以上人群，而缺乏法定津贴分配标准。

（3）没有从公共卫生角度出发考虑失能问题：未探究导致老人失能原因。社会行动和家庭法典只涉及已失能老人。

（4）以收入作为确定津贴额度的条件，此前该条件仅适用于社会保险，是确定给付金额的决定性因素③。

法国制度和其他国家相比有一些特殊性。如《为家庭护理者提供帮助》，或者被称为"非正式"帮助尚处于起步阶段④。我们同样发现，在老人无法独立完成日常起居却迫切希望能够对生活方式有所选择的情况下，失能老人保障政策的总体指导原则却是缺失的。政府也没有认识到建立失能预防或者康复措施法律框架的必要性。法律没有规定领取APA津贴者所享服务的质量问题。最终，私人补充保险在失能长期护理领域得到了发展⑤。

二、失能老人公共政策发展

虽然失能问题在公共政策、政府报告以及立法方面都与年龄挂钩，但老年人并不都是失能人士，一些人可以在身体健康地或者身体状况可控的情况下生存更长时间，另一些人则相对虚弱，需要靠疾病保险和伤残保险维持生命，还有一部分老年人由于长期慢性病导致失能。

2001年7月24日通过的有关失能老人照护保障⑥以及APA津贴的法律，成为七年间通过的第三份法律文书⑦。

为了保障失能老人和残疾人，特设了一些减税措施。在所得税方面，对住在协议养老机构⑧的个人，其"失能性支出"的1/4可以在所得税中抵扣。在购买老人和残疾人⑨专用仪器设备时享受退税。APA津贴不计入可征税收入范围内。一部分伤残人士享有家庭商数加分⑩。最后，一些残障人士仪器设备、电梯、特殊设施以及养老院提供的住宿和餐饮服务的消费增值税减少至5.5%⑪。

针对失能老人的社会政策，不仅包括发放津贴（A），以便让失能老人在承担失能费用的时候具备更强的"支付"能力，还包括特殊管理（B）方式，此外对失能老人接待机构也有特别规定（C）。

（一）个性化长期护理津贴

APA被设计成一种实物性质补贴，"意味着该津贴应全部用于支付特定费用⑫"，按照居家养老⑬和机构养老⑭有所区分。省议会主席按照失能等级的国家规定，根据个人失能程度，确定发放津贴标准，且不超过国家设定的上限。此外，根据个人收入，并与医疗保险自费部分关联，APA的金额可上下浮动。

领取APA的条件如下：年满60周岁⑮（长期稳定）居住在法国、被认定失能且其日常生活需要帮助才能完成的人。失能者其实可以"定义为一个尽管可以得到医疗服

---

① 2015年12月29日政府公报，24268页。
② Ennuyer B《1973~1997年失能养老领域建设：生物医学养老模式强势回归》，《预防》，2002年第35期。
③ 为宪法委员会，APA是"满足了全国互助共济需求的社会救助补贴。"（《宪法咨询》2001年第447期，2002年7月21日政府公报，11743页）。
④ 甚至提交议会的数据显示80%的失能老人是由家庭负责养老。
⑤ Morlet-Haïdara L，《失能：保险业的新挑战》，《法院报纸》2009年第15期。
⑥ 法兰西政府公报，上一个措施，被称为失能特殊津贴（PSD），被发现不论是在津贴水平还是在覆盖人群上都不尽如人意；凯瑟勒．F《自主个性化津贴：新的补助？（2001年7月20日颁布2001-647号法律的评论）》，《社会健康法律》2001年第1期。
⑦ Dessertine A., Kerschen N.，《残疾，衰老，失能。一个世纪的法规：趋同和分歧》，发表在1993年65期24页的《老年医学和社会》杂志，衰老和残疾部分。
⑧ 总税收法典CGI 199条款之十五。
⑨ 总税收法典200条之四。
⑩ 总税收法典195条和196条：法国家庭收支商数（户商），即纳税人应纳税之收入除以根据其家庭状况和负担确定的若干份额得出来的商数。
⑪ 总税收法典278条之十五。
⑫ Terrasse P. 报告，国民议会，2971期，www.assemblee-nationale.fr/rapports/r2971.asp，L232-2条款。
⑬ 社会行动和家庭法典，L. 232-3条款到L.232-7条款．
⑭ 社会行动和家庭法典，L. 232-8条款到L.232-11条款．
⑮ 2001-1085号政令条款一。

务，但其基本生活行为仍需要帮助或者需要定期监护的人[1]。这个定义之前的文字规定"所有人……均有权享有APA保障所需"。相关法规留出了诠释空间，并未限定发生失能状态的原因。APA津贴的分配程序由此建立。

APA的分配程序是独特的。受益人的失能程度通过一个称为"AGGIR"的老年失能评估等级表（即生活自主、老年医学、ISO组、收入等词的首字母缩写）进行。由一个至少包括一名医生和一名社会工作者在内的医学－社会学专业组负责评估申请人的生活自理丧失程度。在此基础之上，其他人员，尤其是辅助医疗人员[2]可成为评价团队成员。

由于缺乏失能这一风险的法律定义，医疗社会评估专家组在评估个人状况和准备扶助计划时拥有自由裁决权。

评估基于17个不同的变量：其中10个变量衡量的是身体和精神自主能力丧失水平，用于计算GIR（ISO-收入群）；7个变量衡量的是家庭和社会自主能力丧失水平，不计入GIR计算，但其数据用于建立扶助计划。

申请享受APA津贴的老人，根据其所需的扶助和技术辅助，按照国家规定的标准分成6个等级。只有达到前4个GIR等级的人才能领取APA津贴。

如果申请人希望居家养老，省议会委派专家组（由至少一名医生和一名社工组成）去老人住所进行家访审查，评价其失能程度和需求。专家组既衡量申请者也衡量其身边看护者的需求。对GIR评估在1~4级别[3]的申请者，他们将提供一份扶助计划，告知申请者其可能得到的援助以及推荐最佳照护方案，并会帮他找出还有哪些其他扶助渠道。医疗社会专家组将其意见递交省级委员会，再由省级委员会把审议结论和建议提交省议会主席批准。发放金额由委员会给出意见，议会主席最终决定是否发放津贴和额度，在不超过"全国规定"的范围内，可以与委员会的"建议"有所不同[4]。扶助计划根据该省能提供的长期照护服务制定，服务体系主要由省议会决定。

专家组得出的意见被递交给省一级委员会，后者提出的结论和建议供省议会主席最终定夺。该资助的发放不受收入条件限制，但是根据享有者的收入水平，以及失能人士是居家还是入住养老机构[5]，有可能要求享有人自己承担部分费用（医疗保险自费部分）。

作为参考的收入包括：年长者及其配偶或者同居伴侣收到的最近一份个人所得税缴税或免税通知上显示的收入；应缴固定税的投资性收入[6]；除了老年人、配偶或同居伴侣、子女或孙子孙女自住的主要居所外，其空置房产的部分租金价值。从2015年12月28日出台了有关应对老龄化社会的2015-1776号法律[7]后，每年1月1日老人自付部分都会被重新计算和更新，并根据扶助计划的金额进行调整。自此，获得最高金资助额的受益人将享有更加优惠的自费比例，在取得津贴资格以后，其"个人自费部分"可以根据收入变化调整而不用等到APA津贴修订的时候。

我们注意到，社会行动和家庭法典的L113-1-3法律条款承认配偶、同居伴侣、和年长者建立同居协议者、父母一方、姻亲或任何一个"和该人常居在一起或与他保持紧密稳定联系的，为其带来定期高频率的照顾"的人，"以非职业方式，帮助其完成全部或部分日常生活行为或活动"的"身边照护人"身份。"身边照护人"可享有短休权[8]，在帮助计划中特为"身边照护人"列出一笔附加金额。

如果需要，帮助计划的金额可以增加，其至超过规定上限。

机构养老扶助计划注明了需要老人自付部分。一旦申请者接受了该计划，在该计划书上提到的金额将成为APA津贴计算的基础。

入住养老机构老人的失能评估，同样以AGGIR评价标准为依据，在医生协调人或医疗保险签约医生的指导下，由机构内的医疗社工专家组完成评估。

养老机构的APA津贴用于支付部分EHPAD（老年失能人士养老机构）和长期护理单位（USLD）向入住老人开出的长期护理账单。

"阿尔茨海默氏病人自理与疗护照顾之家"更名为

---

[1] 社会行动和家庭法典 L232-1 al.2.
[2] 有老年病评估中心（CEG）为居家养老的失能老人服务，一般是城市医药机构和医院的衔接。通常由家庭医生建议老人去CEG。依托老年病网格化协调机制，在上游，依赖私人领域——家庭医生为代表——接待部门和急救服务，在下游，安排好的住院机构和短期老年医学治疗。
[3] 那些评价为GIR5或GIR6的人士将收到一份包含建议的访问报告，他们可从养老金机构获取帮助。
[4] 社会行动和家庭法典 L232-12 条款。
[5] 社会行动和家庭法典 L232-4 条款和 L232-8 条款，al.2.
[6] 总税收法典 125A 条款。
[7] Berthet P.，《人口老化：改革一瞥》——APA在适应老龄社会法律之后……半空的杯子》，阿哲法出版社2016年版。
[8] Denizot A，《人口老化——长者法律保护——短休权》，《民法季报》，2016年第1期。

《为生活自理提供辅助服务及治疗的一体化行动方法》（MAIA）：是指法国的一项创新举措，它把治疗、护理和照顾等为居家失能老人提供解决方案的机构整合在一起，同时涉及社会、医疗社会和卫生领域。

2011年9月29日的法令[①]批准的技术标准规定了这些机构的运营条件。整合服务的理念成为该机制的核心，包括三大方面：

（1）将福利机构、医疗机构和医疗养老机构等有关失能老人服务的机构进行整合。

（2）窗口整合，即同一地区用户从不同接待窗口过渡到一体化窗口服务。

（3）失能老人管理员：这是一种新兴岗位，管理员的工作内容包括为情况复杂的老人进行需求评估，和本人及照顾老人的护理人员一起制订帮助计划，并作为主要联系人协助失能老人与不同部门沟通。

MAIA拨款由生活自理共济金全国管理署（CNSA）向各大区卫生局（ARS）[②]提供。护理质量和协调干预基金会（FIGCS）也提供部分资金来源。

（二）管理和资金运作

失能老人负担费用分类如下：

（1）通过基本医疗保险及补充医疗保险承担医疗费。失能老人的医疗费用保障主要来自医疗保险。大多数情况下，该资金可以同时支付患病和失能费用。

（2）由本人和其家属支付的住宿和餐费。失能老人如果没有足够的收入，可以靠社会救助来承担他们的生活费用。不过，尽管这几年地方政府为提高支付能力做出很大努力，仍然只能部分承担失能老人的费用。亲属的经济支持依然起着决定作用。

（3）与失能相关的开支（家务劳动、公寓改造……）部分由省和CNSA通过APA津贴承担。

APA的资金来源是多方面的。2004年6月30日出台的关于保障失能老人和残疾人自理能力的2004-626号法律为筹款设立了团结共济日，规定所有雇佣劳动者根据下文所述的方法不计报酬工作一天[③]，雇主则缴纳相当于收入0.3%的税。这笔资金由CNSA统一管理。同时，1998年社会保险筹款法同样规定了从遗产和理财产品收入中抽取2%用于APA[④]。所有这些拨款被称为"生活自理共济税（CSA）[⑤]"入到CNSA的账目下。

国家把相当于0.3%雇员工资的生活自理共济附加税（CASA）用于APA的拨款。

普通社会保险税（CSG）的0.1%是该基金的自有收入来源。此外，基金还有多种附加筹款来源，尤其来自养老保险金以及养老金投资理财产品收入的资金收入。

APA的管理和资金运作也很独特。在省一级，服务提供商和负责评估失能老人需求的专家组一样，是由政府指定的。

除了起到主要作用的省议会外，还有主管残障人士保障工作的生活自理共济金全国管理署（CNSA），负责筹集和分配所有用于帮助老年失能者和残障人士自主生活的款项。

社会行动和家庭法典的L14-10条款规定，生活自理共济金全国管理署（CNSA）负责保证全面开支目标（OGD）金额"在全国各地的公平分配"，该金额相当于疾病保险在医疗社会方面的全国目标支出（ONDAM）和CNSA的自筹资金。

因此省级政府负责管理失能人士的社会保障，但资金由中央和省政府共同承担，中央政府通过CNSA以全国共济基金的性质拨款。

2004年6月30日颁布的法律规定了CNSA向各省拨款的分配方式，具体办法由2004年12月22日实施细则规定。为了平衡地区差异，其分配依据如下：超过75岁的老人数量、各省地方税收预估值、领取低保人数和APA年度支出。在这些原则的基础上，还有一项地区收支比上限规则，规定一个地方APA的支出额不能超过省地方税

---

① 社会行动和家庭法典L113-3条款；No.2011-1210政令，2011年9月29日，BO aff. soc.2011年11月15日 2011/10期。

② 社会行动和家庭法典L14-10-5条款。

③ 自2008年4月16日通过L.n° 2008-351号法律促成的新政（有关团结共济日）实施以来，因企业内部未达成集体协议或该协议无法在分支机构实施等原因，圣灵降临节不再是默认的团结日。为此，雇主在咨询了企业委员会或者雇工代表后，可单方面决定该企业完成"共济团结日"任务的具体办法。每年应协调一次。对于政府部门，则由相关地方国民大会的执行机构议决，由卫生部门负责人或部委安排某一天为"共济团结日"。集体协议可选择不同方式：可以把除了5月1日以外的某个休息日用来工作；可以把（工时缩短为7小时的）一个劳动日，或者集体协议规定休息日的工时平摊在超过一周以上的工作时间；也可以是其他任何一种方法，只要是把企业用工规定之前的七个非工时变成七个工时即可。由此某个周六上班或者是减少一天年休假都可以变成团结共济日。此外，还可以把团结共济日一天的工作时间分成几次完成，只要是相当于一年里增加7小时加班的有效工作时间即可。

④ 1997年12月29日第97-1164号，1997年12月23日政府公报，第97-1164号；《税务报》1998年第132期。

⑤ 社会行动和家庭法典L232-21III条款。

⑥ Grâtieux L.,《省间自主税款调整》,《社会保障学院报》，2012年第41期。

收的30%（这一上限由2006年11月16日政令规定）⑥。

（二）失能老人的居住服务

优先安排失能老人居家养老的政策精神在各大政府计划中得到体现（2003年《老年和团结共济》报告、2006年推出的2007~2012年的《高龄互助》计划、2008~2012年的《阿尔茨海默氏病》计划，2014~2019年的神经变性病计划）。只要失能老人能得到相应的医疗服务，他们可以和其他老人住同样的养老收容机构。但也设有接待失能老人的专门机构，其定价标准需按特殊规定。

这一政策由立法机构在2012年社会保险筹款法律框架内开始试行。理论上从2012年1月1日期开始启动，最长期限不超过5年。该试点试图通过优化就医过程的全新护理组织模式来降低老人失能风险。在保证老人在医疗机构住院时床位的同时，在其出院后继续提供多种卫生和医疗社会服务。参与该实验的签约方包括各大区卫生局（ARS）、疾病保险管理部门、医疗专业人士、住院机构、社会服务部门和医疗—社会服务部门以及志愿参与的地方政府部门①的不同合作伙伴。为此，在特定地区给照顾失能老人的家属搭建"陪护轮休平台"，向照顾病人的家属提供来自机构的多样协同服务。

1. 专业机构

有五类医疗社会服务机构提供失能老人专门服务，我们称为EHPAD。

（1）配备医疗服务的养老院（EHPAD），提供了包括住宿、专人协助日常起居、全面餐饮服务、个人衣物清洁、医疗监护、护士医疗服务和护工护理、全天候照管、休闲娱乐活动在内的全方位寄宿服务。

（2）小型生活单元（PUV）可以让老人，不论他们的自主程度，生活在环境熟悉的社区里。这一类型机构包括一些集体宿舍和失能老人之家（MAPAD）（最多容纳24人），相当于社区公寓。这些寓所通常接待规模很小（最多6~12人）②；

（3）社会福利机构或医疗养老机构，按照社会行动和家庭法典L312-1条款第六条I相关内容的和有关老人公寓③的规定。这些机构负责完成"失能防护"任务并"方便入住者享有居家护理和上门医疗服务"。为了确保该项工作的顺利进行，这些机构享有政令规定的"最低津贴"④。这是一些主要供老人作为主要居所使用的自理住宅小区，这里的设施包括私人处所（带家具或空房）和住户共有空间。一些公寓提供附加服务，包括餐饮、洗衣、医疗监护，供入住者选择。这些接待机构被称为"太阳之家"，因为住户在享受集体服务设施的同时，一部分入住者的公寓和房间可以分散在同一座楼房里，或在附近的楼房里⑤。这些机构完成"失能防护"任务的资金来自省级政府划拨的"生活自理款项"，用于支付这些机构护理员报酬、社会保障支出和相关税赋。

（4）老有所为自然活动中心（"康多"Cantou），成立这一机构的初衷是想通过把失智老人和其他相对健全老人安排在一起生活，以提高前者的生命活力，维持自理能力。后来，该中心还致力于帮助那些有失智老人居家养老的困难家庭（特别是心智退化但身体其他功能丧失程度较低的情况）。有两种类型的"康多"中心：医疗式养老院合并运营；独立运营。

所有接待失能老人住宿的养老机构都应配有一名负责协调老人照护的医生⑥。

2. 机构定价

从1999年起，为了结合失能老人实际情况，养老住宿机构的收费采取三元定价方式。

这个定价模式适用于所有失能老人接待机构，既包括"提供老人住宿"的医疗养老服务机构，也包括根据公共卫生法典的L611-2条款规定"提供长期护理，为包括健康状况需要持续医疗监护和护理者的失能人士提供住宿"的公共和私立医疗卫生机构。

所有失能老人医护养老院（EHPAD）和小型生活单位（PUV）的管理机构必须与大区卫生局（ARS）及省议会签署规定了职责和的运营方式的多年期合同（CPOM），合同包括保障老人的三方面服务：住宿、生活自理和照护治疗。

（1）住宿收费表包括基础管理费用、住所、餐饮和娱乐活动⑦。这部分费用由老人承担。当入住者收入不够的

---

① 2011年12月21日2011-1906号法律，70条款，2001年12月22日政府公报。
② 社会行动和家庭法典 L. 313-12 II 条款 和 D. 313-16 条款。
③ 建设住房法典 L633-1 条款。
④ 社会行动和家庭法典，L312-12 III 条款。
⑤ 建设住房法典 L633-1 和 R351-55。
⑥ 社会行动和家庭保险，L.313-12-V 条款和 D. 312-156 条款到 D.312-159. 条款。
⑦ II 覆盖服务包括：全部管理、宾馆接待、餐厅服务、打扫、机构内文娱社交生活（1999年4月26日，99-316法令条款2）；Destais N.，失能老人收容机构治疗费用筹款（EHPAD）-医疗总体费用的补充评估任务，IGAS 2013年10月。

时候，由家庭和具备失能老人照护资质的机构领取的社会救助金承担。

（2）失能收费表是指日常生活护理协助的服务，收费根据失能程度来定。APA 津贴是根据失能服务费用以"套餐"形式支付。政府为每个养老机构同一失能级别的入住者计算出的统一收费标准。根据该机构入住者平均失能水平，政府给予的失能津贴也按照不同套餐标准发放。

（3）医疗护理费用[①]由医疗保险制度来承担。2015年12月28日出台的2015-1776号法规[②]，引入了新的"套餐"资金划拨政策。运用价格公式预估出入住老人护理费用总包价格，政府再以此标准划拨资金。

（四）商业失能保险作为补充

在国家法定社会保障的基础上，还有一些股份制或相互制的商业保险机构提供补充长期护理保险。

补充商业长护险分为以下类型：

（1）少数行业的团体险。由某个行业领域的雇主组织和工会组织之间谈判达成协议，要求雇主和员工参保。所有律师事务所的员工享有的团体长护险即是一例，其长护险是在职员工伤残补充险的延伸，退休员工也可享有保障。

（2）某些保险机构提供个人长期护理保险，经常与医疗补充险相结合。

这些商业补充长护险具有几个共性：

（1）保险赔付基于 APA 长期护理津贴（APA）的发放，即被保险人一旦申请得到 APA 津贴，其在补充保险机构的保险赔付即可启动。

（2）然而，通常补充长护险只针对重度失能人员（GIR 1 和 GIR 2）。

（3）补充保险给付数额有限，大多数情况下不足以偿清基本保险的自付部分。

（4）商业保险机构有一个发展方向值得关注，那就是在各省政府给失能老人提供的服务措施基础之上提供补充服务。

相互保险作为一种不以营利为目的、以互助共济为原则的商业保险模式，在长期护理补充保险中有着其独特作用和意义。下文以法国教育健康相互保险机构 MGEN 为例，从全景进入近景，对于相互制长期护理补充保险做进一步详细阐述。

三、相互保险机构长期护理补充保险：MGEN 实例

（一）MGEN 发展长期护理险的背景

法国教育健康相互保险机构 MGEN 作为法国健康及社会保障领域最大的相互保险机构，为 400 万即大约 6% 的法国人口提供保障。MGEN 同时也是 ISTYA 相互保险集团的发起成员，该集团是法国补充医疗保险的领军者，法国 10% 的人口即 630 万人在该集团的机构参保。

从成立之日起，MGEN 一直受国家委托，承担教育、文体、环保等系统的公务员的社保基本医疗保险管理工作。2011 年其管理的基本医保报销超过 30 亿欧元。

同时 MGEN 也是法国最大的补充医疗保险机构之一。2011 年在医疗和生育保险方面的给付额超过 10 亿欧元。

此外 MGEN 还发展了社会保障性质的保险业务，针对失能风险设计了收入、长短期伤残、长期护理、死亡等保障产品。其健康医疗保险和社会保障业务被统一整合在 MGEN 的"综合保障计划"中。

在法国，MGEN 拥有并管理 33 家医护和养老机构，包括养老院、医院、康复中心、医疗护理中心、精神康复医院等。MGEN 医护和养老机构共有 3300 张床位。

1. 法国人口数量变化预测及长期护理需求

法国人口结构的变化主要是由老龄人口急剧增加造成的。

人口数量预测显示了老龄化如何在未来影响长期护理需求数量及受照护者的支出金额。2011 年，119 万法国人享受了长期护理津贴（APA）。而到 2030 年，当在婴儿潮期间出生的人口年龄到达 85 岁以上时，长期护理需求人数将超过 155 万人，即 20 年期间的增长量达 35%，之后至 2045 年的年平均持续增长率为 2%。到 2050 年，接受长期护理服务人数将达到 230 万人，即 4% 的全法人口。

2. 长期护理成本及资金来源

以领取长期护理津贴（APA）的老人为基数，2010 年法国在长期护理服务方面的支出总额达到 346 亿欧元，即法国国民生产总值的 1.8%。

长期护理成本由以下三项组成：

（1）长护津贴的现金发放、居家护理税收抵扣、收入税扣减。承担"失能成本"的资金主要来源于公共财政支

[①] 即入住老人身体和心理疾病保障所需医疗和辅助医疗的全部服务。这是"技术性治疗"；辅助医疗服务相当于护理、卫生、舒适和保证日常生活秩序的医疗。这些是"基础治疗"。

[②] 2015 年 12 月 29 日第 301 号政府公报，24268 页。

持（82%来自公共财政，18%来自私营融资）。

（2）医疗护理成本（涵盖门诊、医院、养老院的医护费用）也主要由公共财政支持：承担93%的开销。

（3）居家护理（包含住房补贴、养老机构建设税收补贴）：81%的居家护理费由个人及其家庭承担；72%的机构护理由私营部门承担。

长期护理费用69%的资金来源是法国公共财政，即国民生产总值的1.3%，主要通过三种渠道进行投入：

（1）社会保险（强制性基本医保）是主要渠道，承担了62%的公共支出，涉及机构及居家的医护费用。

（2）地方财政部门负责22%的公共资金支持，并负责发放长期护理津贴（APA）。2010年，APA支付总额达53亿欧元。长期护理津贴以现金的形式向长护需求人士发放（其中居家照护占比61%，机构照护占比39%）。

（3）国家层面的社会福利资金：法国自理能力基金会（The National Solidarity fund for Autonomy）提供11%的公共资金支持。

尽管有国家的支持，但每个家庭单独承担的护理成本依然超过了平均养老金水平：法国人均养老金为1216欧元/月，而人均居家长期护理花费达1800欧元/月，机构长期护理费用在2200~2900欧元。

3. 未来老龄长期护理需求的资金来源：危机下的挑战

随着老龄失能人口数量的增加，不断提高的长期护理需求和公共现金补贴将导致公共财政入不敷出，对政府债务及税收形成压力。

2012年，法国的国民生产总值增长不超过0.3%。2011年，法国政府债务水平达到国民生产总值的86%，与2010年相比增加3.7%。税收和社保缴费占国民生产总值的43.9%，2010年同期收入占国民生产总值的42.5%。在2009年，68.2%的税务及社保收入用于国民医疗健康及社会保障，占国民生产总值的28.4%。

在持续抵御经济衰退的背景下，面对严重的经济危机和悲观增长预期，政府已无法通过借款继续填补医疗及社保赤字。法国政府不得不开始对长期护理制度进行改革，否则法国将难以维持或扩大长期护理保障。

4. 法国的私营长期护理保险及MGEN的市场地位

就人口覆盖率方面，法国和美国是全球最大的两个私营长期护理保险市场。2010年，550万的法国人持有长护险保单，占40岁以上人口的15%；这一比例在美国达到5%。

团体长期护理险的市场相对较大。根据法国保险协会的统计，团体长护险的比重占全部长期护理保险市场的45%（团体长期护理保险：企业为雇员购买的长期护理保险计划）。

现金给付型合同是私营保险机构应用最广的模式，即被保险人身体状况满足赔付条件时，获得以现金形式发放的保险金。

从覆盖人口数量方面看，MGEN是法国最大的长期护理保险机构，拥有40%的市场份额（220万保单持有人）。

对于法国人来讲，衰老带有着非正面意义，西方社会更常把年老与死亡联系在一起。日本当代作家三岛由纪夫曾评论到：西方人对于死亡普遍怀着深深的恐惧，将其理解为生命的痛苦结束而不是自然的过程和重生的机会。将老人与死亡等同的价值观深刻影响了对老年人口需求的普遍认知。在这种观念中，长期护理的对象代表着虚弱、绝望、孤独与贫困，实际上我们已忽略了生而为人的原始身份和使命。

由于更年轻的成年人对于考虑老年护理需求仍然表现得很勉强，在法国长期护理保险平均参保年龄高达62周岁。

(二) MGEN长期护理保险

1. MGEN会员特征

MGEN为法国教育系统提供基本医疗管理以及健康和长期护理补充险，教育系统的公职人员是MGEN参保会员的重要组成部分，而法国的教育从业者以女性为主，因此MGEN保单持有人大多数为女性。

图28-1显示了MGEN成员于2011年的年龄金字塔构成，以及2040~2050年的预期。该预期与21世纪的法国人口特征变化趋势部分相似。实际上，MGEN成员年龄金字塔与日本人口年龄分布结构更接近。由于法国人口变化及财政预算的限制，教育部门在近几年不断改变招聘政策，供应岗位大幅减少（近五年来平均每年缩减1.2万~1.6万个岗位），使得MGEN年轻成员的比例也在缩减。另外，私营保险市场的强烈竞争（特别是在健康保险方面），以及早期缺乏吸引年轻成员加入的积极措施，也使得成员金字塔结构呈现出老龄化趋势。

分报告二十八 法国长期护理保障体系：政策全景与 MGEN 实例

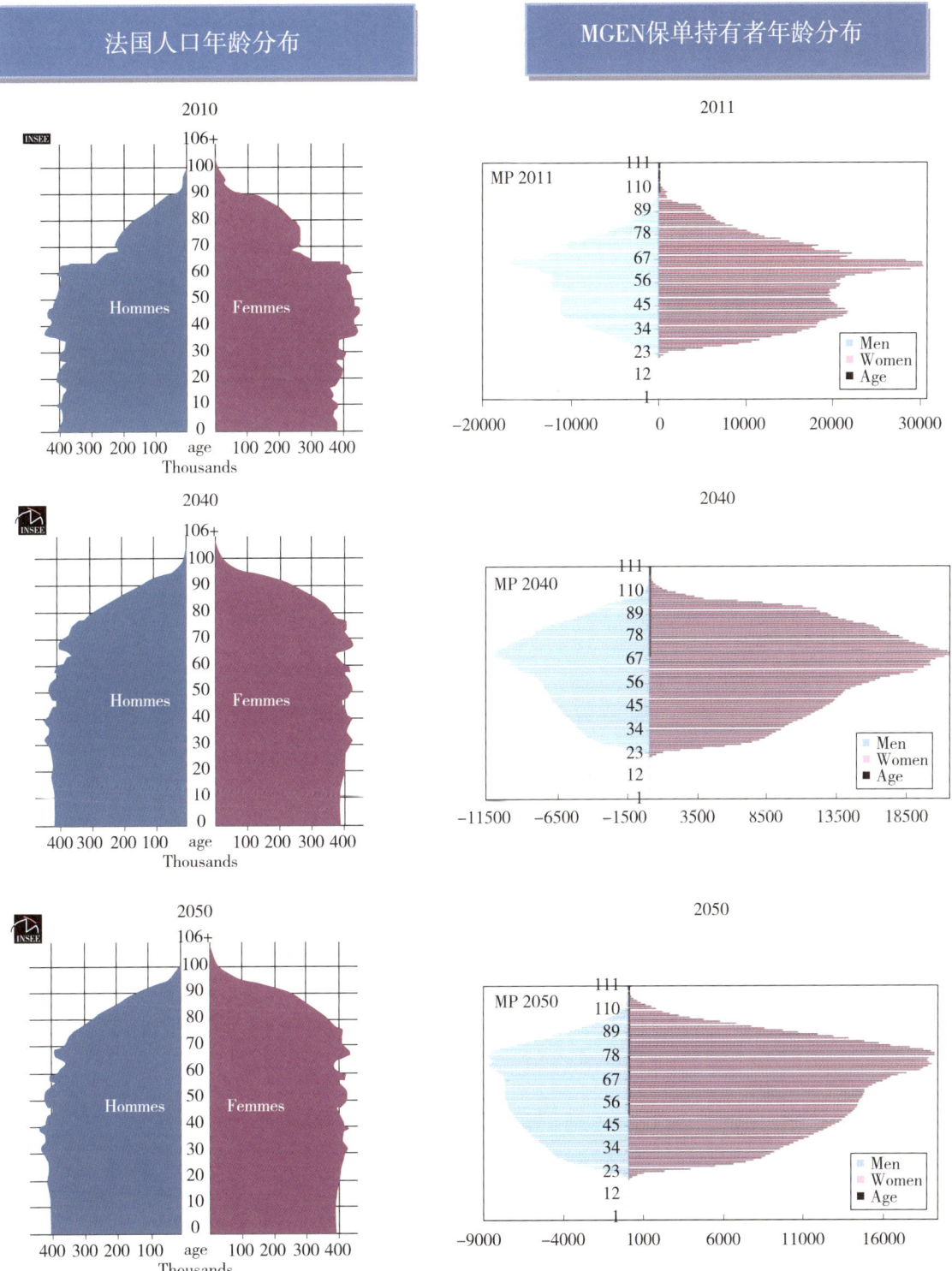

图 28-1 法国人口与 MGEN 保单持有者的人口年龄金字塔（千人）

2. MGEN 长期护理保障内容

在法国政府多次推进长期护理体系改革的情况下，MGEN 于 2010 年决定将基本长期护理保障纳入保险业务。

MGEN 将长期护理险与健康医疗保险相结合，纳入一个综合保障计划，该计划为 340 万人提供整体保障，为超过 200 万成年人提供长期护理保障。

MGEN 综合保障计划中的长护险是对法国公共长期护理体系（主要形式为长期护理现金津贴）的补充保障，见图 28-2。

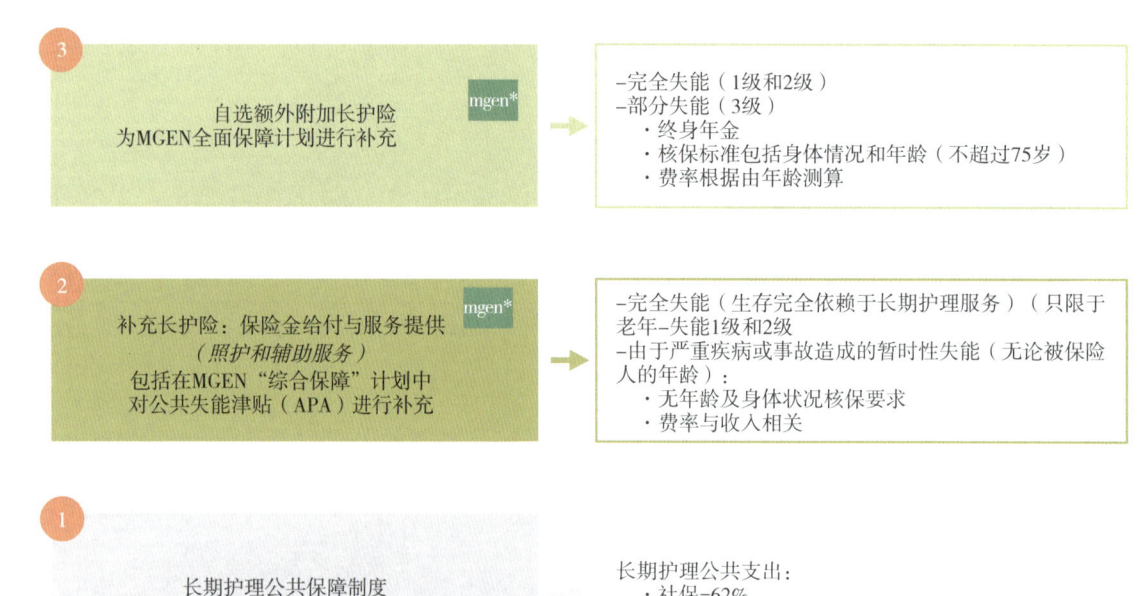

图 28-2　MGEN 提供的长期护理保险是公共长期护理保障的重要补充

MGEN 长期护理保障提供包含现金给付和一系列服务，目标服务人群涵盖居家照护、养老机构的被保险人及家庭护理提供者。该保险可满足不同级别的失能人员的护理需求：包括长短期照顾和护理服务，并不限于被保险人身体状态的持续时间和长短期护理需求。

（1）暂时失能：不分年龄由严重疾病或事故形成的暂时性失能或残疾或照护服务需求。

（2）全部失能（针对1级失能老人与2级失能老人）。

（3）永久部分失能（针对3级失能老人）。

（4）少量支持性照顾服务需求（针对4级失能老人与5级失能老人）。

为帮助老龄参保会员延缓进入失能状态，MGEN 长期护理保障同样包含失能预防措施及相关服务（如由 MGEN 健康管理中心举办的记忆力训练工作坊，MGEN 分部为健康老人设立的积极养老俱乐部），并且发展老龄友好型生活环境（防摔倒和防受伤），以及推广健康生活（健康消化、合理营养、预防不合理用药风险）。

服务和长期照护的现金支付也可向家庭护理者提供：支付护理年金以及多种形式的服务，包括信息、协助、定期的照护喘息服务和设施（如家庭照护的日间托养服务）。

3. 保险设计原理

MGEN 的综合保障计划包含健康医疗补充保险和长期护理险，风险由各个年龄层的相互保险会员共同分担（如图 28-1 显示共计 200 万会员），因此针对长期护理部分的缴费额度较低。

在此综合保障体系下，长护险的风险是年度性的，通过年度风险率体现，对完全失能者提供终身年金，对居家照护者提供特定保障，另有补充现金津贴（如购买家庭护理设备的一次性津贴）及终身辅助支持服务。

所有的失能理赔申请给予受理，失能年金终身发放。当年的保费收入被用于该年度申请的终身失能年金发放和预备（即直至被保险人去世或失能状况改善至最轻1

级；失能程度由重至轻分别为 1 级失能、2 级失能、3 级失能）。该套体系被称作"pay-as-you-go"（现收现付型给付）。

对于 MGEN 的会员，该体系在实际场景中的应用中意味着：

（1）他／她在本年度所缴保费将保障本年度发生的风险，并不覆盖未来风险。

（2）在该年末：

1）如果被保险人不幸进入失能状态并接受照护服务，他／她将可以获得长护险赔付，即使已不再是 MGEN 的会员，或不再缴纳保费。

2）被保险人不需要长期护理，那么他／她将不会获得长护险赔付，并需继续缴纳次年保费以抵御下一年度的失能风险。

MGEN 于 2010 年推出长护险（见图 28-3），本着团结互助的原则，通过自有资金向 5000 名会员发放了终身年金，这些会员是接受长期照护的失能人员，同时领取 APA 公共长期护理津贴。

保险金发放须申请理赔人得到失能认定，地方政府（省政府）有专业团队对失能等级（1 级和 2 级）进行评估认定，得到失能认定的人可以领取公共长期护理津贴（APA）。

"完全失能保障"是为老年会员提供的风险保障，与之对应的是为任何年龄段会员提供的"部分失能或残疾保障"，即严重疾病或事故发生时，被保险人会获得长期护理现金给付和由 MGEN 预付的辅助支持性服务。这一保

图 28-3　MGEN 提供的长期护理保障

障产品的设计是为了吸引更多年轻会员加入。

另外，MGEN 还提供自选性的额外附加长期护理保险（见图 28-4），对综合保障计划项下的长期护理险做出补充，目标服务人群是"完全失能 1 级和 2 级"和"部分失能 3 级"。为满足被保险人的多种风险保障需求，MGEN 提供两种不同水平的保险金选择。自选性额外附加长护险保障的风险是长期终身失能风险，并为全部及部分失能老人提供终身年金和可用于家庭护理设备购买的额外现金给付。所有加入此项保障的会员共同分担风险。为防范逆选择，保险申请人需要填写医疗问卷，且年龄不得超过 75 岁。

同样，失能理赔须申请人得到失能认定，地方政府（省政府）有专业团队对失能等级进行评估认定，得到失能认定的人可以领取公共长期护理津贴（APA）。

MGEN 综合保障计划的独特性主要基于两方面：

（1）由于参与基本保障级别的会员共同分摊风险，全面失能保障产品的保费（包括综合保障中涵盖的长护险和额外自选产品）在市场上很有价格竞争优势。

（2）保险金发放的鉴定程序使满足给付条件的会员同时获得保险金赔付和政府发放的公共失能津贴。

4. 失能保障实施 6 年以来的分析和总结

最显著的效应是法国国会在 2015 年通过了长期护理服务法案，从国家政策层面，完善了满足老龄人口需求的服务框架。在欧盟财政预算紧缩的背景下，并未给公共支出增添明显的负担。

（1）社会对老龄化和长护需求的关注度提升。为建立

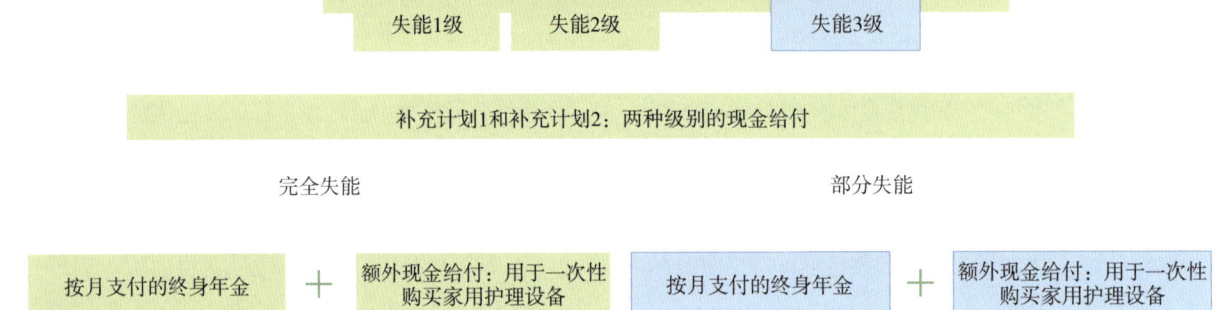

图 28-4 MGEN 提供的自选性额外附加长期护理保险

完整的服务体系，政府与私营机构的合作逐渐加强。

（2）如何保持金融支持的财务稳定性，还有待更深入的研究和实践，直至我们可以找到满意的方法。

基于多年的服务经验，MGEN 决定对全面保障中的补充产品在两方面进行创新：

（1）对失能会员提供更强大的资金支持：将原有两个级别的给付金额拓展为四个级别，并为刚进入失能状况的会员提供资金，用于支付初始的护理费用。

（2）不仅在失能状况发生和恶化期间为失能会员及照护者提供更全面的服务，还增加风险发生之前的预防举措。

编后记

2015年10月中共十八届五中全会通过的《"十三五"规划建议》首次从国家战略层面提出"探索建立长期护理保险制度",2016年6月人社部确定15个城市开展试点,2017年3月十三部委联合发文将长期护理保险制度的建设列入"十三五"健康老龄化的四大目标,在继续完善原有社会保险项目基础上,我国社会保险制度架构中将迎来新的成员,深化社会保障制度改革也将掀起新的篇章。探索建立长期护理保险制度,不仅是社会保险的大事,也是实施健康中国战略进而在2020年全面建成小康社会的大事。中国社会科学院世界社保研究中心联合中国社会保险学会,以《中国长期护理保险的制度构建与模式选择》为题展开课题合作研究,为长期护理保险制度的顶层设计建言献策。

以构建长期护理保险体系为主旨设立研究课题,并将其作为2017年中心年度发展报告的主题,是经过深思熟虑的:一方面,在中央三令五申"降成本"的大背景下,此时建立长期护理保险制度,比以往任何一个社会保险制度的设计更具挑战性。如果说2012年青岛的"长期医疗护理保险"、2015年长春的"失能人员医疗照护保险"和2016年南通的"基本照护保险"只是地方尝试的话,那么2016年人社部办公厅80号文确定15个城市开展全国试点就是我国构建长期护理保险制度的正式启航。80号文确定了我国长期护理筹资采取社会保险模式,这是一个全面深化社会保障改革的重大事项、一项牵动所有人最终可以"有尊严老去"的重大民生工程,但无论是从筹资模式、覆盖人群、缴费标准,还是资格认定、待遇水平等环节,都还很难看出一个清晰可循的路线,这不禁令人想起20世纪90年代初基本养老保险从各地试点到全国统一、直至今日还未完全消除"碎片化"的困局。越早为制度"定型",改革的成本就越小。在这一点上,我们作为独立学者,应当有使命感,深耕研究,为建立统一的长期护理保险制度出谋划策。另一方面,"多层次"是我国社会保险制度设计的基本原则,但同时也是社会保险制度发展最大的短板,我国养老保险"第一支柱"于20世纪90年代中后期建成,"第二支柱"的形成晚了至少10年,"第三支柱"至今还未完全落地、晚了不止20年,三个支柱不能并行建立、三条腿不能同步行进,造成基本养老保险制度长期过度倚重第一支柱,政府的压力不断加大、市场的作用不能发挥。我们中心在过去三年分别完成了对这三个支柱的研究,并分别出版了三部年度报告,在这一点上,我们非常清楚"多层次"建设的重要性及其困难所在,因而就有了责任感,要避免再走弯路,让长期护理保险制度的建设健康起步。正是这样的使命感和责任感,推动着我们开展这项研究。

我们将此项研究的想法与中国社会保险学会胡晓义会长和吕建设副会长进行了交流,得到两位领导的认可,随即列入中国社会保险学会的年度研究项目中,双方签订协议,设立《中国长期护理保险的制度构建与模式选择》课题组,邀请试点地区政府和多家保险机构参与课题研究与写作。历经一年时间,终将付梓出版。

课题报告的完成,首先要感谢中国社会保险学会胡晓义会长的指导,项目的设立和顺利推进离不开晓义会长的引领指导；感谢吕建设副会长，不仅多次参与课题讨论，贡献想法，还积极协调课题组参与地方试点讨论，帮助充实研究思路；感谢赵宏秘书长对课题立项和管理的重视和推进，为研究工作顺利展开提供了根本保障。必须感谢人力资源和社会保障部一如既往的支持，医疗保险司陈金甫司长给予高度重视，职工医疗保险处彭康康副处长参与课题讨论并协助联系地方调研，使得课题组能够全面、深入了解各地试点政策实施情况，为报告写作和观点形成打下坚实基础。中国劳动和社会保障科学研究院谭中和副院长亲自参加课题讨论会，提出指导和建议，对我们后期研究很有帮助，在此表示衷心感谢。

项目开展后，课题组先后赴长春、南通、上海、青岛、成都等试点地区调研，每到一处都要与当地主管部门深入交流。我们诚恳感谢长春、南通、上海、青岛、成都等试点城市主管部门给予课题调研的积极配合和大力支持，他们不仅无私地拿出试点经验与课题组交流，提供实践数据供课题组分析，积极回应课题组的想法和建议，还组织课题组到访长期护理服务定点机构，与服务机构负责人、工作人员以及被照护者及居民家庭进行座谈。这些信息和交流对课题研究提供了巨大帮助，在此表示感谢。我们还要感谢平安健康管理有限公司对课题的帮助，高菁董事长百忙之中从上海奔赴北京，参与课题讨论，贡献了他们在商保经办上的丰富经验，协调联系使课题组成员顺利调研厦门医保账户管理经验，对课题研究帮助非常大。感谢中国保险行业协会对课题的鼎力支持，通过中国大学生保险责任行活动平台为我们的研究提供全国24个城市的调查问卷资料数据，诚恳感谢中保协学校教育工作部部长秦沛鑫的辛勤组织、人身险工作二部副部长（主持工作）魏杰的通力协调以及人身险二部室主任王未女士代表该协会的全程参与和指导。

本年度报告的一大特色是对长期护理保险体系的多层次架构同时进行研究，因此继续采取学界、业界联合的形式，邀请来自多家保险公司的专业人士共同参与，分别从不同角度对长期护理保险制度和商业长期护理保险进行研究。这里既有一线管理经验，也有对制度设计的思考，有国内实践的探索和创新做法，也有国外实践的考察和借鉴，大大丰富了报告内容。作者名单与分工附后。这些来自不同机构的作者，都是业务中坚，平日工作繁忙，但为完成课题研究，他们牺牲大量个人休息时间。他们不是学者，却愿意花如此大力气参与课题研究和写作，展示出对长期护理保险制度建设倾力贡献的拳拳之心和社会责任感，令人钦佩。

我们要感谢安邦保险连续四年对我中心课题研究的资助。安邦集团副总裁姚大锋先生一向支持我中心的研究工作，安邦养老总经理周沛参与课题讨论，并在组织协调、经费安排、会议保障等方面给予大力支持和倾力协调。在此对他们多年一贯的支持和信任表示感谢。

我们要感谢经济管理出版社的杨世伟总编辑和张永美编辑，感谢他们的组织和出版社高效的编辑工作，确保报告按时高质出版。

课题组先后对长春、南通、上海、青岛、成都等试点城市以及北京海淀、福建厦门等非试点地区展开实地调研，举办20余次座谈会和讨论会，发行了11期《课题简报》，并历经半年的写作和修订，终于完成了这部《中国养老金发展报告2017》。与往年惯例一致，2017年的养老金发展报告继续发布了关于基本养老保险和企业年金基本运行情况的两个分报告。但要说明的是，由于数据滞后的原因，基本养老保险基金分析报告是对近几年来的一个总结分析，2016年的实际数据我们将在来年补充。

这里，有必要对中国社会科学院世界社保研究中心今年的报告编制工作做一个说明。从本年度开始，我们尝试了"轮流牵头、团队合作"的新工作机制。2017年的长期护理保险课题交由张盈华副研究员负责设计，她的博士后研究主题就是长期护理保险，撰写的《老年长期照护：制度选择与国际比较》一书被中国社会科学院创新工程学术出版资助项目选中，纳入"全国博士后管理委员会资助项目"，2015年底由经济管理出版社正式出版，在这方面有研究基础。张盈华副研究员欣然接受任务，负责本研究报告的整体设计、篇章布局、作者遴选、外地调研、组织研讨、分配选题、全书统稿、出版简报、联系作者与出版事宜等全流程，并撰写了"分报告三《中国构建长期护理保险体系的框架定位与制度创新》"；中心其他成员房连泉、齐传钧、高庆波、孙永勇不仅共商课题设计、讨论课题观点、分别承担了1~2个分报告的撰写任务，还参与了多地的实地调研、撰写了数万字的调研报告；李亚军、赵秀斋、杨洋、刘桂莲、沈澈参与调研、汇编调研实录、撰写工作快讯及时向社会发布；中心的董玉齐和闫江两名助理为课题研究做好后勤服务，负责研讨会的交通住宿、课题调研的经费报销以及年底发布会的各项前期准备，工作高效。正是这支团队所有成员的通力合作，保证了课题如期、高效完成。在此，对我们中心团队及参与报告写作的各方成员，也表示深深的谢意！

《中国养老金发展报告》年度系列已经连续第七年出版了，今年有一个新变化：2017年12月24日，《中国养老金发展报告2017》将"中国养老与健康保险50人论坛"作为重要发布平台，向社会公开发布。"中国养老与健康保险50人论坛"由中国社会科学院世界社保研究中心主任郑秉文教授和中国保险学会会长姚庆海博士联名发起成立，旨在动员社会各界力量共同参与研究，推动保险服务民生，为中国积极应对人口老龄化建言献策。

《中国养老金发展报告2017》的作者分工如下：

分报告序号	题　目	作者及单位
序言	—	胡晓义，中国社会保险学会会长，人社部原副部长
主报告	一年半来长期护理保险试点进展：归纳总结与深层思考	郑秉文，中国社会科学院世界社保研究中心主任；沈澈，中国社会科学院世界社保研究中心执行研究员，美国研究所博士后
第一部分		年度发展篇
分报告一	2010年以来基本养老保险基金运行情况评估与展望——形势日趋严峻，应坚决深化改革	孙永勇，中国社会科学院世界社保研究中心执行研究员，华中师范大学副教授，博士
分报告二	2016年企业年金基金市场状况评估——覆盖范围日渐固化，投资收益再度下滑	齐传钧，中国社会科学院世界社保研究中心副秘书长，中国社会科学院拉丁美洲研究所副研究员，博士
第二部分		制度探索篇
分报告三	中国构建长期护理保险体系的框架定位与制度创新	张盈华，中国社会科学院世界社保研究中心执行研究员，中国社会科学院拉丁美洲研究所副研究员，博士
分报告四	中国长期护理现况与需求分析：基于全国24个城市的问卷调查	高庆波，中国社会科学院世界社保研究中心执行研究员，中国社会科学院拉丁美洲研究所副研究员，博士
分报告五	中国建立长期护理保险体系的背景与意义	齐传钧，中国社会科学院世界社保研究中心副秘书长，中国社会科学院拉丁美洲研究所副研究员，博士
分报告六	中国长期护理保险制度的基本特征与政策推进	孙永勇，中国社会科学院世界社保研究中心执行研究员，华中师范大学副教授，博士
分报告七	商业保险机构介入长期护理基本险的三个层次分析	宋湘茵，太平养老保险股份有限公司战略发展部副总经理；李泽岳、王雪莹、丁诗聪、黄莹丽、丁敬芳、何宇鹏、朱大中
分报告八	新兴信息技术在我国长期护理保险实践中的应用和展望	李艳华，泰康保险集团执行副总裁；刘大为，副总裁；泰康养老总公司：刘洪波、胡洪耀；泰康保险集团：汤晋军、张浩、周雄志、杜宇、杜彦斌、王金才、朱沁宇、李夫路
第三部分		试点实践篇
分报告九	国内长期护理保险制度的政策比较与试点进展	赵秀斋，中国社会科学院世界社保研究中心执行研究员，北京劳动保障职业学院讲师，博士
分报告十	长期护理保险制度的成本控制：以青岛市"长期医疗护理保险"为例	鲁蓓，澳大利亚人口老龄化研究中心（Cepar-UNSW）研究员
分报告十一	长期照护保险制度的可持续性分析：以南通市"基本照护保险"为例	李亚军，中国社会科学院世界社保研究中心执行研究员，山东工商学院讲师，博士
分报告十二	长期护理保险制度的运营模式创新：以北京市海淀区"长期失能护理互助保险"为例	齐维珊，中国人民人寿保险股份有限公司互动业务部总经理助理；孙健健，中国人民人寿保险股份有限公司互动业务部
分报告十三	长期照护保险制度的经办模式创新：以成都"相互保险社"为例	张新梅，成都市武侯区人力资源和社会保障局；边异，阳光人寿政策健康险部副总经理；黄尖，阳光人寿政策健康险部高级主管

续表

分报告序号	题 目	作者及单位
分报告十四	长期护理保险制度的费率厘定测算：以某市数据为例	周海珍，浙江财经大学金融学院保险系主任，副教授；杨馥亿，中华财险浙江分公司财产保险部业务管理岗；陈本毅，山东省潍坊市社会保险事业管理中心财务科副科长，全国社会保险精算骨干团队医疗组副组长
第四部分		境外经验篇
分报告十五	境外长期照护保险制度的模式比较与经验借鉴	齐维珊，中国人民人寿保险股份有限公司互动业务部总经理助理；孙健健，中国人民人寿保险股份有限公司互动业务部
分报告十六	中国引入长期护理社会保险制度——德国、日本和韩国的经验启示	房连泉，中国社会科学院世界社保研究中心秘书长，中国社会科学院拉丁美洲研究所研究员，博士
分报告十七	荷兰长期照护保障制度：财务压力，渐进改革	李癸哲，民政部中国福利彩票发行管理中心职员
分报告十八	德国长期护理保险制度：立法最早，关联收入	沈澈，中国社会科学院世界社保研究中心执行研究员，美国研究所博士后；周斌，太保安联健康保险股份有限公司副总经理；杨雪明，太保安联健康保险股份有限公司市场企划部总经理
分报告十九	以色列长期护理保险制度：社会保险，服务外包	孙守纪，对外经济贸易大学保险学院社保系主任、副教授；孙洁，对外经济贸易大学保险学院副院长、教授
分报告二十	日本长期护理保险制度：财政支持，持续变革	冯文猛，国务院发展研究中心副研究员
分报告二十一	韩国长期护理保险制度：谨慎起步，开放市场	于环，中国社会科学院世界社保研究中心执行研究员，中国财政科学研究院博士后
分报告二十二	新加坡长期护理保险计划：政府主导，商业承办	冯鹏程，中国人寿保险股份有限公司健康保险事业部经理，高级经济师；李青宜，国际劳工组织中国和蒙古局项目官员，中国社会科学院博士生
分报告二十三	中国台湾地区长期照护计划的筹资模式与借鉴意义	江崇光，中国保险学会副秘书长，中国保险创新研究院常务副院长
第五部分		补充保险篇
分报告二十四	国内商业长期护理保险：十年探索与缓慢前行	辛丹，中国人民健康保险股份有限公司产品开发部市场研究/产品管理处处长；杨爽、蔡梓煜，中国人民健康保险股份有限公司产品开发部
分报告二十五	国外商业长期护理保险：市场状况与发展启示	王未，中国保险行业协会人身险二部室主任；冯鹏程，中国人寿保险股份有限公司健康保险事业部经理，高级经济师
分报告二十六	亚洲长期护理市场调查：消费需求与市场偏好	黄硕辉，瑞士再保险集团瑞再研究院亚洲首席经济学家
分报告二十七	美国长期护理保险市场：税收激励与发展轨迹	舒高勇，泛海控股保险总部执行副总裁；吴庆涛，泛海控股保险总部战略规划研究部副总经理
分报告二十八	法国长期护理保障体系：政策全景与MGEN实例	弗兰西斯·凯瑟勒，巴黎一大索邦大学法学院教授，基德律师事务所AARPI高级顾问；卫然（法国教育健康相互保险机构MGEN首席执行官，国际合作和相互保险联盟副理事长

中国社会科学院世界社保研究中心主任　郑秉文
中国社会科学院世界社保研究中心秘书长　房连泉
2017 年 10 月 20 日

中国社会科学院世界社保研究中心／社会保障实验室年度学术活动和成果一览

《快讯》（2017）

第 203 期：肺腑感言：郑秉文教授宣介《中国养老金发展报告2016》，2017年1月5日。

第 204 期：三支柱养老金顶层设计将很快面世（中证报专版），2017年1月12日。

第 205 期：郑秉文：年金制度改革重点是扩大参与率，2017年1月19日。

第 206 期：12月24日《中国养老金发展报告2016》媒体报道集萃，2017年1月20日。

第 207 期：专家建议加快发展企业年金 尽快建立起多层次养老保障体系，2017年2月9日。

第 208 期：郑秉文：养老金全国统筹应推进中央层面大收大支，2017年2月16日。

第 209 期："建立可持续社保基金管理体制"研讨会暨《拯救未来：加拿大养老金"1997改革"纪实》中文版发布会在京召开，2017年2月24日。

第 210 期：拯救未来：加拿大养老金"1997改革"纪实英文版序言和后记，2017年3月2日。

第 211 期：《中国养老金发展报告2016》发布：企业年金参保企业、职工仅增3%和1% 扩大参与率是改革首要任务，2017年3月9日。

第 212 期：经济下行拖累福利，企业年金扩容停滞，2017年3月16日。

第 213 期：中国社科院：养老金研究的重镇，2017年3月23日。

第 214 期：五险一金怎么降，2017年3月30日。

第 215 期：人社部否认北京医保"穿底"，2017年4月6日。

第 216 期：洪范法律与经济研究所学术会议在京举行，2017年4月13日。

第 217 期：财经57号｜企业年金，你有吗？2017年4月20日。

第 218 期：中心主任郑秉文教授参加"2017年养老基金投资管理国际论坛"并发表演讲，2017年4月27日。

第 219 期："健康中国"的解读：从理念精髓到中国国情——学习习近平总书记在全国卫生与健康大会上讲话的体会，2017年5月4日。

第 220 期：中国长期护理保险的制度构建与模式选择项目研讨会在京召开，2017年5月11日。

第 221 期：养老金改革有"方"可循，2017年5月18日。

第 222 期："长期护理保险发展报告"项目工作会在京召开，2017年5月25日。

第 223 期：税优指向个人养老账户，推进完善我国多层次养老保险体系，2017年6月1日。

第 224 期：医疗卫生事业为什么需要商业保险，2017年6月8日。

第 225 期："中国长期护理保险的制度构建与模式选择"项目研讨会在京召开，2017年6月15日。

第 226 期：引入"自动加入"机制 提升企业年金参与率，2017年6月22日。

第 227 期：中国私人养老金发展的痛点与出路，2017年6月29日。

第 228 期：完善"自动加入"配套措施 扩大企业年金参与率，2017年7月6日。

第 229 期：美国和英国扩大年金参与率的经验与启示，

2017 年 7 月 13 日。

第 230 期：有关个人税优健康险的 12 个问题，2017 年 7 月 20 日。

第 231 期："中国长期护理保险的制度构建与模式选择"课题组赴南通、上海调研，2017 年 7 月 27 日。

第 232 期："中国长期护理保险的制度构建与模式选择"课题组赴长春市调研，2017 年 8 月 3 日。

第 233 期：加快推动企业年金制度改革，2017 年 8 月 10 日。

第 234 期："中国长期护理保险的制度构建与模式选择"项目中期报告会在京召开，2017 年 8 月 17 日。

第 235 期：拉美社会保障减贫的作用："增长性贫困"与"3% 假说"，2017 年 8 月 24 日。

第 236 期：中国社科院世界社保研究中心在京举办小型学术研讨会，2017 年 8 月 31 日。

第 237 期：历史与传承：郑秉文参加爱德传一基金成立仪式暨"慈善文化：传承与变革"圆桌研讨会，2017 年 9 月 7 日。

第 238 期："中国长期护理保险的制度构建与模式选择"课题组赴青岛调研，2017 年 9 月 14 日。

第 239 期：长期护理保险：健康养老大有作为——中国社科院世界社保研究中心参加专家座谈会，2017 年 9 月 21 日。

第 240 期：郑秉文："商业养老保险"将会给我们带来什么，2017 年 9 月 28 日。

第 241 期：商业养老保险的新机遇和新阶段，2017 年 10 月 12 日。

第 242 期：郑秉文：养老保险顶层设计已确定，全国统筹未实现，2017 年 10 月 19 日。

第 243 期：我国社会保障改革成就卓著，2017 年 10 月 25 日。

第 244 期：名义账户理论报告会暨世界银行第二部名义账户中文版发布式在京召开，2017 年 11 月 2 日。

第 245 期：构建"多层次混合型"养老保障体系的里程碑，2017 年 11 月 9 日。

第 246 期：社会保障：稳增长拉内需保民生，2017 年 11 月 16 日。

第 247 期：学习贯彻落实十九大精神暨《世界社会保障法律译丛》发布会在京召开，2017 年 11 月 24 日。

第 248 期：安宁疗护：长护服务的终段，2017 年 11 月 30 日。

第 249 期：从当前 15 个城市试点情况，看中国长期护理保险制度模式的选择，2017 年 12 月 7 日。

第 250 期：房连泉研究员受邀参加国际劳工组织和 HelpAge 组织举办的养老金培训授课，2017 年 12 月 14 日。

第 251 期：国资划转社保之后，社保制度该如何改革？2017 年 12 月 21 日。

《工作论文》（2017）

WP No.036《企业年金改革面临抉择：扩大参与率的历史时刻》，作者：郑秉文

WP No.037《Rural Pension Reform in China: Progress and Suggestions》，作者：John B.Williamson、房连泉、Esteban Calvo

WP No.038《全国社会保障基金理事会管理体制改革与养老金投资——写在基本养老基金投资进入市场之际》，作者：郑秉文

WP No.039《中国企业年金的发展历程与展望》，作者：齐传钧

WP No.040《中国企业待遇领取方式选择及其风险管理》，作者：孙守纪

WP No.041《机关事业单位职业年金"委托代理"中的风险与博弈》，作者：郑秉文

WP No.042《Population ageing and the impacts of the universal Two-child policy on China's socio-economy》，作者：郑秉文

WP No.043《职业年金制度的财政负担预测与潜在风险分析》，作者：张盈华

WP No.044《企业年金自动加入制度：英美经验借鉴》，作者：孙永勇、李洋

WP No.045《企业年金管理体制改革：放开个人选择权的重要性》，作者：房连泉

WP No.046《QDIAs 的发展与引入的可行性探析》，作者：高庆波

出版著作（2017）

《拯救未来：加拿大 1997 养老金改革纪实》，郑秉文等译，中国劳动社会保障出版社，2017 年 2 月

《世界社会保障法律译丛》（共六卷），中国社会科学院世界社保研究中心等组织翻译，中国社会科学出版社，2017 年 10 月

《养老金世界变化中的名义账户制　上卷：进展、教训与实施》，郑秉文等译，中国劳动社会保障出版，2017 年 10 月

《养老金世界变化中的名义账户制　下卷：性别、政治与可持续性》，郑秉文等译，中国劳动社会保障出版社，2017 年 10 月